26 중등수학교육

통계적 사고의 의미와 교육

대니 벤 즈비 · 조안 가필드 지음
이경화 · 지은정 · 고은성 · 강현영 · 신보미
이동환 · 이은경 · 이정연 · 박민선 · 박미미 옮김

KM 경문사

머리말

David S. Moore

이 책이 출판된 의미를 다음과 같이 세 가지로 정리할 수 있다. 첫째, 각 장의 저자들은 학습 연구에 관한 한 최고의 전문성을 갖춘 연구자들이므로 이 책으로부터 통계 학습에 관한 많은 것을 배울 수 있다. 필자를 비롯한 통계학자들은 무엇보다도 통계적 지식에 기초하여 학생을 지도한다고 주장해왔다. 물론 사실이다. 어떤 학교급의 학생을 가르치건 교사들은 자신이 다루는 주제를 이해해야 하며, 실제로 가르치는 내용 이상으로 깊이 있게 이해하고 있어야 한다. 또한 교사는 학생들이 어떻게 배우며, 어떤 어려움을 겪는지 구체적으로 알고 있어야 하며, 학생들의 이해를 도울 수 있는 방법이 무엇인지 고려해야 한다. 통계학자들은 이러한 교육적 안목을 단지 스승으로부터 또는 경험에 비추어 직관적으로 발전시킨다. 그러나 교사들은 이러한 교육적 안목을 구체적이고 적극적으로 발전시켜야 하며, 이러한 측면에서 이 책을 예비교사 교육을 위한 자료로 활용할 것을 제안한다. 이 책을 활용하여 통계를 지도할 교사를 교육한다면 통계 수업의 질이 향상될 것이다. 대학교수들은 수학자나 심리학자 또는 통계학자로 자신을 바라보기 때문에, 자신의 전공이 아닌 분야에서 제시된 교수학적 조언을 받아들이기 어려워하는 경향이 있다. 이는 어리석은 태도이지만, 대부분의 교수들이 이러한 생각을 고수하고 있다. 필자는 이미 오래 전부터 이 책의 저자들에게서 많은 것을 배웠으며, 이 책을 읽으면서 더욱 더 많은 것을 배웠다.

둘째로, 이 책은 자료에 기초한 통계교육에 주목하기 시작한 시점에 맞게 출간되었다는 점에서 환영할 만하다. 미국에서는 현재 학교 수학의 한 분야로 자료 분석 활동을 포함시키고 있으며, AP 과정에서는 통계적 추정에 대한 전반적인 내용을 포함시켜 다루고 있다. 또한 대학에서는 통계학 강좌를 수강하는 학생의 수가 지속적으로 증가하고 있다. 통계는 수학과에서 가르치는 과목 중 수강생이 증가하고 있는 유일한 과목이다. 이러한 동향은 다른 나라에서, 특히 학교 수학의 수준에서 공통적으로 나타나는 것이기도 하다. 이 책의 제목에서 알 수 있듯이 통계적 사고는 단지 통계를 전공하는 학생들 뿐만이 아니라 모든 학생들에게 필요한 교육 내용이다. 통계적 소양은 교육을 받은 사람들이 갖추어야 할 기본적인 것이며, 교사들은 학생들이 통계적으로 사고하는 것을 학습하도록 도울 수 있어야 한다. 이러한 측면에서 이 책은 큰 도움을 줄 것이다.

마지막으로, 이 책은 통계가 수리과학의 한 분야이지만 단지 수학의 하위 분야가 아니라는 인식에 기초하고 있다는 점에서 통계학자들로부터 환영받을 만하다. 통계학은 수학적인 도구를 이용하여 문제를 다루는 학문이다. 그러나 통계적 사고는 탐색적 자료 분석의 전략을 이용하여 인과관계를 밝히려고 노력하는 과정에서, 그리고 관찰과 실험 등 다양한 조치의 차이점을 다루는 과정에서 발전하는 것으로, 수학과는 본질적으로 차이가 있다. 그런데 그 동안의 통계교육은 수학교육의 하위 분야로 특히 확률교육에 관련된 연구 분야로 간주되어 왔다. 이 책의 저자들은 통계가 단지 수학의 일부는 아니며 그러므로 통계교육도 수학교육과 밀접하게 관련되기는 하지만 동일하지 않다라는 것을 연구한 선구자들이다. 이들 덕분에 이 책에서는 확률이 아니라 자료에 대한 추론을 중점적으로 다룰 수 있게 되었으며, 특히 자료 분석, 자료에서의 변이와 분포를 통한 자료의 변이에 대한 설명, 표본추출, 표집분포의 개념과 같은 주제에 관해 자세하게 연구한 결과를 볼 수 있다.

한 권의 책으로 새로이 발전한 학문 분야를 집대성하면서 동시에 실제적인 요구까지 반영하기는 어렵다. 이 책은 이 어려움을 극복한 모범적인 예라고 생각한다.

서 문

과거 10여 년간 통계교육을 통해 통계적 소양, 통계적 추론, 통계적 사고에 주목해야 한다는 요구가 강력하게 제기되어 왔다. 이 책의 저자들은 모든 학교급의 학생들이 이러한 인지 기능을 발달시키고 잘 학습할 수 있도록 노력해왔으며, 이 책은 이와 동일한 목적을 가진 교사와 연구자들에게 도움이 되는 연구 결과를 제시하기 위해 계획되었다. 이 책에서는 통계를 가르치고 배우는 것에 관련된 최근의 연구 그리고 구체적인 교수학적 시사점을 제시한다. 이것이 교사, 교육과정 개발자, 공학도구 개발자뿐만 아니라 통계교육에 관심을 가진 독자들에게 도움이 되기를 희망한다.

이 책의 집필 계획은 1998년 싱가폴에서 열린 제5회 국제통계교육학회(ICOTS-5)에서 수립되었다. 이 학회를 통해 관련 분야의 연구자들은 통계적 추론, 사고, 소양에 대한 학습목표 진술에 일관성이 결여되어 있음을 인식하였다. 모든 학교급에서 통계교육을 강조하고 통계적 추론, 사고, 소양에 대한 용어를 활발히 사용하게 되면서, 교육 자료를 개발하거나 연구할 때 이들 용어의 의미를 명확하게 정의하고 그 차이점을 구별하는 것이 연구의 발전뿐만 아니라 연구자들 사이의 원활한 의사소통을 위해서도 필요하다는 것을 알게 되었다.

관련 용어들의 정의를 명확하게 한 것에 이어 소규모이지만 목적이 분명한 국제 연구 단체인 SRTL(통계적 추론, 사고 그리고 소양)을 결성하여 관련 분야에 속한 연구자들 사이의 의사소통을 돕고 이 분야의 발전을 구체화하기 위한 방안 등을 협의하기로 하였다. 첫 번째 국제모임인 제1회 SRTL은 1999년 이스라엘에서 개최되었다. 이 모임에서의 성과와 논의를 구체화하기 위한 제2회 SRTL이 2001년 오스트레일리아에서 개최되었으며, 이때 통계적 추론의 다양한 유형들을 논의하였다. 이 책은 이 두 번의 모임에서 발표된 논문들 중 일부를 담고 있다. 이 학회는 2년에 한 번씩 열리는 것으로 합의되었고, 제3회 SRTL이 2003년 미국에서 개최되었다. 이로 인하여 이 분야에 대한 관심과 연구가 급속하게 증가하고 있다. 이 책을 다음과 같이 활용할 수 있다.

- 1장에서는 통계적 소양, 추론, 사고의 정의와 특징에 대하여 개략적으로 설명한다. 또 각 장에서 다룰 주요 내용을 소개한다.
- 제1부(2장부터 5장까지)에서는 역사적, 심리적, 교수학적 관점에서 통계적 소양, 추론, 사고를 종합적으로 알아본다. 또한, 통계적 추론의 인지 발달 단계 모델을 소개한다. 개별 연구의 기초를 확립하기 위해 이론적 배경을 찾고 있는 독자들은 제1부의 내용을 참고하는 것을 권한다.
- 통계적 추론의 구체적인 유형 관련 연구들은 관련 연구들을 먼저 살펴보고, 수업, 평가, 연구에 관련된 실질적인 시사점을 제시하는 구조로 기술되어 있다. 각 장의 내용을 빨리 파악하려는 독자들은 이 구조를 이해하고 내용을 보기 바란다.
- 이 책의 마지막 장(17장)에서는 통계교육의 연구 동향과 학문적으로 고유한 특성에 대해 논한다. 이 책을 통해 드러난 주요 논점과 난제를 요약하여 제시하였으며, 학생들을 가르치고 평가하는 데 활용할 수 있는 시사점을 제시하였다.

이 책이 통계적 소양, 추론, 사고를 개발하는 것과 관련된 모든 논의를 포괄하지는 못한다. 그러나 각 장에서 통계적 소양, 추론, 사고와 관련된 최근의 연구, 이론, 실질적인 제언을 풍부하게 제시하였다. 이 책이 통계교육의 발전에 기여하고, 이 분야의 연구공동체에서 학문적인 논의를 촉진시키기를 바란다. 또한 이 책에서 다루어진 다양한 논점과 난제를 면밀하게 다룬 후속 책자가 출간되기를 바란다.

이 책을 출간하기까지 많은 연구자들과 기관으로부터 도움을 받았다. 우선, 여러 차례의 검토와 편집 요구를 거절하지 않고 교육 공동체에서 연구자들의 경험과 견해를 공유하려고 노력한 저자들에게 감사의 뜻을 전하고 싶다. 저자들의 열정과 지원, 후원에 힘입어 그토록 어려운 작업을 잘 마무리 할 수 있었다.

1999년, 2001년, 2003년 세 차례의 SRTL 개최를 허락하고 지원해 준 이스라엘의 Kibbutz Be'eri, 호주의 뉴잉글랜드(New England) 대학, 미국의 네브라스카 링컨(Nebraska-Lincoln) 대학에도 감사드린다. 이 학회를 통해 이 책의 저자들을 만나 책을 완성했을 뿐만 아니라 앞으로의 연구에 대해 조언을 얻거나 좋은 정보를 공유할 수 있었다. 또한, 다음과 같은 여러 조직과 기관이 이 학회의 개최를 후원해주었다: 미국의 미네소타(Minnesota) 대학, 이스라엘의 와이즈만(Weismann) 연구소, 국제통계교육협회(IASE), 미국통계협회(ASA)의 통계교육 분과, 밴더빌트(Vanderbilt) 대학. 이 기관들의 후원은 이 책을 출간하는 데 중요한 역할을 하였다.

이 책을 출판한 Kluwer Academic Publisher와 초고를 검토해 준 인문사회과학 분야의 편집자인 Michel Lokhorst에게 감사의 마음을 전한다. 이 책의 교열과 판형에 도움을 준 이스라엘의 하이파(Haifa) 대학과 미국의 미네소타 대학에도 감사드린다. 특히 이 책이 출판되기까지 촉박한 일정을 관리해주고 여러 작업을 준비해 온 Ann Ooms와 Michelle Everson, 그리고 교열을 도와준 Christianne Thillen에게 감사의 마음을 전한다.

마지막으로 배우자인 Hava Ben-Zvi와 Michael Luxenberg, 그리고 아이들 Noa, Nir, Dagan, Michal Ben-Zvi와 Harlan, Rebecca Luxenberg에게 고맙다는 말을 전한다. 우리 가족들의 지지와 후원이 이 책을 출판하는 데 원동력이 되었다.

Dani Ben-Zvi(Hoifa대학, 이스라엘)와
Joan Garfield(Minnesota 대학, 미국)

차 례

1부 통계적 소양, 추론, 사고에 대한 소개

2부 통계적 추론에 대한 연구

1부

통계적 소양, 추론, 사고에 대한 소개

역사적, 심리적, 교수학적 관점에서 통계적 소양, 추론, 사고가 서로 다른 인지 과정이고 서로 다른 학습 성과이면서 동시에 상호작용하는 세 영역임을 포괄적으로 설명한다.

1장

통계적 소양, 추론, 사고

: 목표, 정의, 난제

Dani Ben-Zvi and Joan Garfield

개요

과거 10여 년간 통계적 소양, 추론, 사고에 중점을 둔 통계교육의 필요성이 강력하게 제기되었다. 전통적인 통계 교수법에서는 기능, 계산, 절차를 강조하였으나 학생들이 통계적으로 추론하고 사고하지 못했다는 문제가 제기되었다. 이 책에서는 통계적 소양, 추론, 사고의 본질과 발달에 대해 논의한 선행 연구를 검토하여, 전 학년에서 교육자에게 제기되는 난제인 학습 목표를 설정하는 방법에 대해 논의한다. 우선, 학습 결과에만 주목하는 통계교육을 개선하려는 시도에 대해 개관하면서 이 장을 시작한다. 그리고 모호한 정의로 인하여 혼용되어 온 용어를 구별하기 위하여 통계적 소양, 추론, 사고에 대한 예비적인 정의를 제시한다. 각 장에서 다룰 주요 논점에 대해 간단하게 설명한 후, 결론에서는 요약과 시사점을 제시한다.

통계의 중요성

현대 사회에서는 어디에서든지 양적인 정보를 접하며, 통계는 광고나 토론, 주장 등의 신뢰성을 높이기 위해 널리 활용되고 있다. 자료에 근거한 주장을 적절히 평가하는 것은 중요한 능력으로 모든 학생들은 교육과정을 통해 이를 학습해야만 한다. 통계를 배움으로써 바람직한 사회인으로 실생활의 양적 정보를 합리적으로 다루는데 필요한 기술을 습득할 수 있다. 그러나 교육받은 성인들조차 자신의 삶에 영향을 미치는 주요 이슈에 대해 통계적으로 사고하지 못한다는 여러 연구가 있다.

미국통계협회(American Statistical Association)의 전임 회장인 Moore(1990)에 따르면 통계는 학문을 구성하는 어떤 구체적인 기법보다도 중요한 기본적인 연구 방법, 일반적인 사고방식이 되어야 한다(p.134). 통계의 중요성에 비추어 볼 때, 초등학교와 중학교의 수학 교육과정에서 통계 내용이 증가하고 있는 것(NCTM, 2000)과 대학 수준의 통계 입문 과정이 꾸준히 증가하고 있는 것은 당연한 일이다.

통계교육의 난제

통계교육의 필요성이 증대되었지만, 역사적으로 통계교육은 대부분의 학생들에게는 배우기 어렵고 재미없는 것이며 대부분의 교사들에게는 지도하기 어렵고 지도의 효과가 적은 것으로 간주되었다. 통계 입문 과정을 이수하는 학생들이 점점 증가하면서, 교사가 학생들이 통계를 성공적으로 학습할 수 있도록 하는데 있어 다음과 같은 어려움에 직면하게 되었다.

- 통계적 아이디어와 규칙의 대부분이 복잡하고 어려우며 반직관적이다. 따라서 통계를 열심히 학습하도록 동기를 유발하기가 어렵다.
- 많은 학생들이 분수, 소수, 대수식과 같은 기초 수학을 어려워하기 때문에 관련된 통계 내용을 배우는데 어려움을 겪는다.
- 통계 문제의 맥락은 학생들이 적절한 통계적 절차보다는 그 답을 구하기 위해 불완전한 직관과 경험에 의존하도록 한다.
- 학생들은 통계가 수학이라고 생각하여 수, 계산, 공식이 중요하고, 하나의 정답이 존재할 것으로 기대한다. 학생들은 자료가 정리되지 않고 제시된다는 점, 다양한 전제에 근거하여 다양한 해석이 가능하다는 점, 쓰기 및 의사소통 기능을 빈번하게 사용해야 한다는 점을 어렵게 생각한다.

학생들의 수학적 능력은 부족하며, 어려운 주제를 배우려는 동기도 낮다. 또한 학생들은 통계를 배우는 과정이 수학을 배우는 과정과 마땅히 같아야 한다고 생각하며, 불완전한 직관과 오개념에 의존한다. 이와 같이 어려운 상황 속에서도 많은 교육자들은 학생들의 통계적 소양, 추론, 사고를 개발하려고 노력하고 있다. 학생들이 통계를 배우는 가장 중요한 목표는 통계적 소양, 추론, 사고의 함양이며, 이런 목표들이 현재 거의 성취되지 못하였다는 점에는 이견의 여지가 없다. 대학이나 대학원에서 정식으로 통계를 학습한 학생들조차도 통계적으로 사고하고 추론하는 능력이 부족하며, 이는 통계 분야에 대한 재조명이 필요함을 시사한다.

통계교육 개혁을 위한 주요 시도

오늘날 통계학자들은 통계를 수학으로부터 분리하여 독자적인 학문으7로 간주한다(4장). 몇몇 통계학자들은 통계를 교양 과목의 하나로 다루어야 한다고 주장한다(Moore, 1998). 통계를 교양과목으로 보는 것은 통계에 특유의 강력한 사고방식이 포함된다는 것을 의미한다. "통계는 어디에서든지 자료, 변이, 가능성이 드러나는 곳에 적용되는 보편적이고 지적인 방법이다. 현대 사회의 삶에서는 항상 자료, 변이, 가능성과 마주칠 수 있기 때문에 통계적인 사고방식이 중요하다. 통계는 수학의 한 분야라기보다는 그 자체의 핵심 개념을 갖는 독립적인 학문이다"(Moore, 1998, p.1254).

학문으로서 통계가 점점 발전하고 그 고유한 가치가 더 증가함에 따라 통계 지도의 변화가 요구되었다. 대학 통계 입문 과정에 대한 만족스럽지 못한 결과로 인하여 통계를 이론보다는 자료에 주목하여 지도하자는 개혁 운동이 시작되었다(Cobb, 1992). Moore(1997)는 학습 내용에서 확률보다는 자료 분석을, 교수법에서 강의보다는 역동적인 학습을, 공학에서 자료 분석과 시뮬레이션을 새롭게 강조해야 한다고 하였다.

초등학교와 중학교 수준에서 학생들이 기능과 절차를 분리해서 배우기보다는 자료 분석에 더 익숙해지고 이를 잘 이해하도록 하기 위해 노력하고 있다(6장). 통계적 추론과 이해의 개발이라는 통계교육의 원대한 목표 하에 새로운 K-12 교육과정이 개발되었다(예를 들어, 호주-교육부, 1991, 1994; 영국-교육국, 1999; 뉴질랜드-교육부, 1992; 미국-미국수학교사협의회, 2000; 과학적 소양을 위한 프로젝트 2061의 규준, 미국 과학진흥협의회, 1993).

다양한 수준에서 통계 지도를 변화시키려는 현재의 노력은 다음과 같다.

- 자료 탐색의 새로운 기법을 도입하는 등 통계 분야 자체의 변화를 시도하고 있다.
- 통계 활동에서 공학 사용 방식이 변화하고 사용 빈도가 증가하며, 학교와 가정에서 공학의 유용성이 증가하고 있다.
- 학생들이 통계 수업에서 점수는 좋지만 통계적으로 사고하고 추론할 수 없다는 것에 대한 인식이 증가하고 있다.
- 응용 통계와 자료 분석을 전혀 경험하지 않고 K-12 수준과 대학 수준에서 통계를 지도할 교사 양성 과정에 대해 우려하고 있다.

일반적인 개혁 운동의 한 부분으로, 통계교육과정에 대한 지도 방식이 다음과 같이 제시되었다.

- 더 많은 자료와 개념을 통합하라.
- 단순히 현실적인 자료가 아니라 실제적인 자료에 더 치중하라.
- 통계적 소양과 추론, 사고력을 개발하는데 초점을 맞추어라.
- 가능한 한 공학 도구를 사용하여 계산과 그래픽을 자동화하라.
- 강의가 아닌 다양한 대안을 통해 역동적인 학습이 이루어질 수 있도록 하라.
- 통계적 절차, 가능성, 무작위성, 탐색적 엄밀성의 영향력에 대한 통찰을 포함하는 다양한 태도와 통계적 주장에 대한 비판적 성향을 장려하라.
- 학생들의 학습을 더욱 잘 이해하고 문서화할 수 있는 대안적인 평가 방식을 사용하라.

위와 같은 권고는 대학 수준의 지도 관행에 다소 영향을 미쳤다(Garfield, Hogg, Schau, & Whittinghill, 2002). 개혁을 위한 이와 같은 노력에도 불구하고, 여러 통계교육과정에서 그 내용은 여전히 동일한 순서로 지도되고 있으며, 기능과 절차의 숙달이 강조되고 있다. 개정된 교육과정에 대해 학생과 교사가 만족스러워하는 것으로 드러났음에도 불구하고, 여전히 대부분의 학생들은 통계를 곧 잊어버릴 기술과 도구의 집합으로서 인식한다. Pfannkuch와 Wild(2장)는 기능의 숙달에 치중한 현재의 지도 방법에 대해 논의함으로써 통계적으로 사고하는 능력을 가르치는데 어떻게 실패하였는지를 설명한다.

통계적 소양, 추론, 사고 : 정의와 특징

통계교육의 개혁에 대한 제언이 담긴 논문을 보면 통계적 소양, 추론, 사고와 같은 학습 목표의 정의가 일관되지 않음을 알 수 있다. 통계적 사고와 통계적 추론은 같은 능력을 지칭하는 용어인 반면, 통계적 소양은 양적 소양과 혼용된다. 1998년 싱가포르에서 개최된 제5회 국제통계교육학회(International Conference on Teaching Statistics)에서 이러한 용어의 혼용을 확인하였다. 통계교육자나 연구자들이 통계적 추론, 사고, 소양에 대해 말하거나 평가할 때, 그 인지 과정에 대한 정의와 이해가 각기 서로 달랐다.

학습 목표를 설정하고, 교수 활동을 설계하며, 적절한 평가 도구를 통해 학습 과정을 평가하고자 할 때, 이들 인지 과정간의 유사점과 차이점을 주요하게 고려해야 한다. 이 분야에 속한 연구자들이 서로 교류하고 공통의 정의, 목표, 평가절차에 대해 합의하기 위하여 국제연구단체가 결성되었다. 이러한 요구에 부합하기 위해 제1회 SRTL(International Research Forum on Statistical Reasoning, Thinking, and Literacy: SRTL-1)이 1999년 이스라엘에서 개최되었다. 제1회 SRTL에서는 몇몇 기초적인 정의가 제시되고 논의되었다. 2001년 호주에서 개최된 제2회 SRTL(SRTL-2)에서는 통계적 추론의 다양한 형태에 초점이 맞추어졌다. 이 두 번의 학회를 통해 발표된 많은 연구 보고서가 이 책의 여러 장에 제시되어 있다. 이 분야에 대한 관심과 연구가 지속적으로 커짐에 따라, 2년에 한 번씩 학회를 개최하게 되었고, 제3회 SRTL(SRTL-3)은 2003년 미국에서 개최되었다.

통계적 소양, 추론, 사고에 대한 정의와 특징을 공식적으로 합의한 바는 없지만, 일반적으로 통용되는 견해를 다음과 같이 요약할 수 있다(Garfield, delMas, & Chance, 2003).

- **통계적 소양**은 통계적 정보나 연구 결과를 이해하는데 이용되는 기본적이고 중요한 기능을 의미한다. 이러한 기능에는 자료를 조직하고, 표를 작성하여 제시하고, 자료를 다양한 표현으로 나타낼 수 있는 것 등이 있다. 또한 통계적 소양에는 개념, 용어, 기호를 이해하고 확률을 불확실성의 척도로 간주하는 것이 포함된다.
- **통계적 추론**은 통계적 아이디어를 통해 추론하고 통계적 정보를 이해하는 방식

으로 정의될 수 있다. 이는 자료의 집합, 자료의 표현, 자료의 통계적 요약에 기초하여 해석하는 것을 포함한다. 통계적 추론은 하나의 개념을 다른 개념과 연결시키는 것(예를 들어, 중심과 퍼짐), 자료와 가능성에 대한 아이디어를 결합시키는 것을 포함하기도 한다. 통계적 추론은 통계적 과정을 이해하고 설명할 수 있으며, 통계적 결과를 완전하게 해석할 수 있는 것을 의미한다.

- **통계적 사고**는 통계적 탐색이 진행된 이유와 방법, 통계적 탐색의 근거가 되는 '포괄적인 아이디어'에 대한 이해를 포함한다. 포괄적인 아이디어에는 변이의 편재를 인식하는 것, 자료를 수치적으로 요약하거나 시각적으로 표현하는 자료 분석의 시기와 방법을 적절히 선택하는 것 등이 포함된다. 표본추출의 본질, 표본을 통해 모집단에 대해 추정하는 방법, 인과 관계를 설명하기 위해 실험 설계가 필요한 이유 등을 이해하는 것도 의미한다. 무작위 현상에 대한 시뮬레이션을 진행하기 위해 모델을 이용하는 방법, 확률을 추정하기 위해 자료를 조작하는 방법, 조사 연구를 위해 추정 도구를 사용하는 방법, 시기, 이유 등을 이해하는 것 역시 포함된다. 또한 통계적 사고에는 조사 연구를 구성하고 그 결론을 유도할 때, 문제 상황을 이해하고 이용하는 능력, 전체적인 절차(자료 수집에서 문제를 제기하고 가정을 검증하여 해석에 이르는 과정 등)를 파악하는 능력이 포함된다. 마지막으로, 통계적으로 사고하는 사람은 해결된 문제나 통계적인 연구 결과를 비판적으로 평가할 수 있다.

위 정의와 특징에 대한 자세한 논의는 Chance(2002), delMas(2002), Garfield (2002), Rumsey(2002)의 연구와 이 책의 2, 3, 4장을 참고하기 바란다.

이 책의 기본 관점과 목표

전 학년에서 학생들의 통계적 소양, 추론, 사고를 개발하려는 요구가 증대됨에 따라, 이와 관련된 교육적 성과가 연구 논문에서 충분히 다루어지지 않았으며 교육과정에도 반영된 적이 없다는 사실이 밝혀졌다. 실제로 통계적 추론에 대한 조사 연구는 아직도 진행 중이며, 학생들의 통계적 소양, 추론, 사고를 개발하려는 노력이 시작되었다.

모든 수준에서 통계적 소양, 추론, 사고를 육성하는데 관심이 있는 교육자와 연구자에게 유용한 자원을 제공하는 것이 이 책의 집필 목적이다. 통계적 소양을 갖춘 시민에 대한 요구, K-12 수학 교육과정에서 통계 영역의 확대, 중등 수준에서 통계를 학습하는 학생의 증가(예를 들어, 미국 고등학교의 Advanced Placement Statistics 과정), 중등 교육 이후 통계 입문 과정을 필요로 하는 학생의 증가 등과 같이, 통계에 대한 관심이 폭넓게 증가함에 따라 통계교육과 관련된 구체적인 교수학적 시사점이 있는 최근의 연구를 수집하고 이를 안내하는 일은 매우 중요하다.

이 책에서는 진행 중인 연구 분야를 종합하는 동시에 다음과 같은 방식으로 실제적인 요구에 대한 해답을 제공한다.

- 통계 지도의 다양한 성과를 중점적으로 살펴봄으로써 통계교육의 기초를 수립한다.
- 통계를 가르치고 배울 때 드러나는 고유한 논점을 인식하고, 통계적 소양, 추론, 사고를 일반적인 수학적 소양, 추론, 사고와 구별한다.
- 교육자와 연구자에게 연구에 근거한 지침과 조언을 제공함으로써, 교육 연구와 실제를 연결한다.

통계라는 용어는 일반적으로 확률과 통계적인 분석 모두를 표현하는데 사용되지만, 이 책의 저자와 편집자는 확률보다는 통계적인 분석에서의 추론과 사고에 초점을 둔다. 학문으로서의 통계가 수학과 확률을 활용한다고 할지라도, 실제로 확률은 수학의 한 영역이다. 통계교육에 대한 대부분의 초기 연구는 확률의 교수 학습에 초점을 맞추고 있지만, 이 책에서는 학생들이 자료와 자료 분석에 대해 추론하고 사고하는 방식을 살펴보고자 한다. 통계와 확률이 서로 연관되어 있기 때문에, 일부 장에서는 확률 학습과 관련하여 논의할 수도 있다.

이 책의 독자

이 책은 다양한 독자를 대상으로 한다. 이 책의 주요 독자는 현재 및 미래의 통계교육 연구자이다. 그러나 통계 교수 학습에 대한 현재의 논의거리와 난제를 이해하기 위해 연구자가 아닌 사람들도 이 책의 독자가 될 수 있다. 저자들에게 특별히 학생을 지도하고 평가하는 것에 관한 시사점을 논하도록 부탁하였으므로, 교사도 학생을 지도하는데 이 연구 결과들을 활용할 수 있다.

이 책을 읽는 방법

이 책의 독자인 연구자, 교사, 교육과정 개발자, 공학 도구 개발자에게 이 책의 사용법에 대해 다음과 같이 조언한다.

- **연구자** 각 장은 변이성에 대한 추론, 통계적 소양, 통계 교사 양성과 같은 구체적인 주제와 관련된 세부적인 문헌 검토 결과를 다루고 있으므로, 관련 연구를 진행하는데 도움이 될 것이다. 또한 각 장은 현재 통용되고 있는 연구 방법론의 예를 제시하고 있으며, 후속 연구에 대한 조언 뿐 아니라, 교육에 대한 실제적인 시사점을 제공한다. 이 책에서는 통계적 소양, 추론, 사고에 대한 최근 연구를 제시하고 있기 때문에 통계교육 연구 분야에서 진행되는 연구들의 전체적인 경향을 파악할 수 있다. 덧붙여, 이 책의 저자는 관련 분야에서 진행될 연구에 관심을 갖고 있는 연구자들에게 의미 있는 인적 자원이 될 것이다.
- **교육과정 개발자** 통계 수업 활동과 교육과정을 설계하는 사람들은 이 책에서 현재까지 진행된 통계교육의 연구 성과를 알아볼 수 있다. 교육과정 개발은 관련 연구의 검토, 수업 설계, 학생의 학습 과정 분석이 긴밀하게 연결되고 통합된 주기에 따라 이루어지며, 이에 대한 피드백은 교육과정 설계의 수정에 영향을 미친다. 이 책의 대부분의 장에는 학습 성과를 평가하는 적절한 방식이 제안되어 있다.
- **공학 도구** 이 책의 많은 부분에서 통계적 추론을 개발하기 위한 공학 도구의 역할에 대해 논의하고 있다. 다양한 공학 도구의 유형을 제시하고, 공학 도구의 유형이 학생의 추론에 미치는 영향력을 평가한다.

앞에서 언급한 바에 따르면, 이 책은 대학 수준에서도 활용될 수 있다. K-12 수준의 수학 교사 교육, 대학이나 전문학교의 통계 교사 교육, 수학 및 통계교육, 심리학 연구 세미나 등에서 활용될 수 있다.

중학생과 같이 특정 학년 수준의 학생들에 관한 연구에만 관심이 있더라도 다른 학년 수준의 학생들을 대상으로 한 다른 연구들도 참고하기를 바란다. 통계적 사고와 절차를 도입할 때 학년에 상관없이 거의 같은 소재와 개념(예를 들어, 자료의 시각적 표현을 만들고, 자료의 중심과 산포를 설명하고, 자료로부터 추론하는 등)을 이용하기 때문이다. 더욱이 초등 수준에서 자료를 다루도록 함으로써, 고등학교 과정과 대학 과정에 걸쳐 통계적 추론이 지속적으로 성장할 수도 있다. 그러므로 특정 연령대를 대상으로 한 논의는 다른 연령대의 학생을 대상으로 한 연구에도 도움이 될 것이다.

각 장의 개요

이 책의 모든 장은 통계적 소양, 추론, 사고에 대한 내용을 다룬다. 어떤 장은 통계적 소양과 같이 일반적인 주제에 대해 논의하는 반면, 일부는 분포에 대한 추론을 중학생에게 지도하는 것과 같이 구체적인 교육 수준과 환경의 맥락에서 논의하기도 한다. 각 장의 저자들은 교육자, 통계학자, 다른 관련 분야 종사자가 직면한 어려움에 대해 정리하고 있다. 각 장은 다양한 활동의 예나 참고 자료, 자료 집합, 지도 수준에 맞는 평가 과제를 제시한다. 연구자들은 자신들의 연구 결과를 실제적인 환경에서 해석할 책임이 있다고 믿기 때문에 연구와 실제의 연결을 강조하고 있다.

6장부터 15장에서는 학생이나 교사의 통계적 추론 유형에 대해 소개하고 독자가 쉽게 활용할 수 있도록 통합적이고 친숙한 구조로 기술한다. 우선 각 장에서 주요 개념에 대한 추론을 소개한다. 그 다음 **문제**(연구된 추론의 형태, 중요한 이유, 추론 형태가 교육과정에 합치되는 방식 등에 대한 설명), **선행 연구와 배경**(선행 연구, 이론적 배경), **연구 방법**(연구참여자, 활용되는 방식, 자료 수집, 활동과 개입), **분석과 결과**(자료 분석, 연구 결과와 성과에 대한 설명), **논의**(연구의 시사점, 새롭게 제기되는 문제, 제한점)의 순서로 명확하고 유익하게 기술한다. 마지막으로 **시사점**에서는 연구뿐만 아니라 지도와 평가에 관한 중요하고 실제적인 시사점을 강조한다.

이 책은 세 부분으로 나누어져 있으며 이를 요약하면 다음과 같다.

1부. 통계적 소양, 추론, 사고에 대한 소개 (2장~5장)

이 책의 1부에서는 역사적, 심리적, 교수학적 관점에서 통계적 소양, 추론, 사고가 서로 다른 인지 과정이고 서로 다른 학습 성과이면서도 동시에 상호작용하는 세 영역임을 포괄적으로 설명한다. 따라서 이 부분은 2부에서 제시될 각 연구의 토대가 된다.

1부의 첫 장인 2장에서 Pfannkuch와 Wild는 통계적 사고에 대한 패러다임으로 실험 연구에서 통계적 사고를 규정하는 4차원 개념틀을 제시한다(Wild & Pfannkuch, 1999). 이들은 통계적 사고의 기본적인 5가지 유형을 규정한다. 또한 현재 통계적 사고로 이해된 것을 설명함으로써 통계적 사고의 기원을 밝힌다. 역사적으로는 초기 통계학 연구에서 출발하여 최근에 의생태학, 심리학, 품질 경영이 통계에 미친 영향을 고찰한다. 통계교육에서의 초점을 기술적인 방법에서 사고로 이동시킨 통계교육 연구자와 통계학자의 최근 연구 결과에 대한 논의로 결론을 맺는다.

3장에서 Gal은 통계적 소양을 개념화하고, 이것을 이루는 주요 요소를 제시한다. 통계적 소양은 학교 교육의 결과로 정보화 사회에서 시민들에게 요구되는 기본 능력으로서 수치적이면서 기본적인 소양으로 기술된다. 통계적 소양을 통계적 정보와 메시지를 해석하고, 비판적으로 평가하고, 의사소통하는 능력이라 설명한다. Gal에 따르면, 통계적 소양을 지닌 행동은 **지식** 요소(5가지 인지적 요소: 기본 소양, 통계적 지식, 수학적 지식, 맥락적 지식, 비판적 질문)와 **성향** 요소(2가지 요소: 신념과 태도, 비판적 자세)가 역동적으로 결합된 것이다.

4장에서 delMas는 수학적 추론과 통계적 추론의 본질을 다룬다. 먼저 추론의 일반적인 본질을 다룬 뒤 수학자들이 논의한 수학적 추론에 대해 설명하고, 수학적 추론을 개발하기 위한 교육적 경험과 관련된 수학교육자들의 권고에 대해 논한다. 통계적 추론에 대한 선행 연구를 검토하고 학생들이 가장 어려워하는 통계적 추론 영역을 확인하기 위해 추론에 관한 일반적인 연구를 살펴본다. 마지막으로 통계적 추론과 수학적 추론을 비교한다.

1부의 마지막 장인 5장에서 Jones, Langrall, Mooney, Thornton은 통계적 추론의 인지 발달 모델과 통계교육에서 이러한 발달 모델의 역할에 대해 조사한다. 심리학적 관점에서 발달 모델을 고찰한 뒤, 역사적으로 통계적 추론 발달 모델이 확률의 발달 모델로부터 어떻게 발전되었는지 기술한다. 구체적인 통계 영역과 자료 탐색을 통해 학생들이 드러내는 통계적 추론의 특징을 기술하는 인지 발달 모델뿐만 아니라 통계적 추론의 다양한 과정을 다루는 포괄적인 인지 발달 모델을 기술하고 분석한다. 저자들은 학생들의 통계적 추론이 위계적 수준과 주기를 거치면서 진행된다고 주장한다.

2부. 통계적 추론에 대한 연구 (6장~13장)

2부에서는 학생들이 통계의 구체적인 영역에 대해 어떻게 추론하는지에 초점을 두고, 자료 분석, 분포, 중심 측도, 변이, 공변동, 정규분포, 표본과 표집분포와 같은 주제를 다룬다. 이러한 연구들은 통계 지도에 초점을 둔 통계교육 분야의 연구 성과로, 전 학년에서 학생들의 통계적 추론을 개발하는 방식과 통계의 포괄적인 아이디어(17장)에 대해 탐구한 결과이다.

6장에서 Ben-Zvi는 중학생들이 자료에 대해 추론하는 방법과 탐색적 자료 분석(EDA)을 이해하는 방법에 대해 설명하고 분석한다. 중학생들이 기능, 절차, 개념을 학습하는 동안 자료에 대한 추론이 발달하는 과정에 대해 설명한다. 또한 응용과 연습에서 보이는 전형적인 특징을 확인한 다음 이를 통계적 사고와 관련지어 설명한다. 저자는 두 가지 사례 연구를 제시하는데 하나는 자료와 자료 분석을 포괄적으로 다루는 견해에 초점을 맞춘 것이며, 다른 하나는 자료 분석에 대한 통계적 추론을 촉진시키기 위해 의미 있는 EDA를 설계하는데 초점을 맞춘 것이다. 두 가지 사례 연구를 분석한 결과, 자료 분석에 대한 추론을 학습하는 것이 의미 있다고 설명한다.

7장에서 Bakker와 Gravemeijer는 분포에 대한 비형식적 추론이 공학적인 학습 환경에서 어떻게 개발될 수 있는지를 조사한다. 7학년 학생들이 다양한 표현에 대해 추론하는 과정에서 나타나는 분포에 대한 추론의 발달을 3단계로 설명한다. 소프트웨어 도구를 어떻게 설계하였으며 학생들이 어떤 그래프를 그리는지, 분포에 대해 다양한 측면을 학습할 수 있도록 어떻게 과제를 고안하는지를 설명한다. 이 과정에서, 일부 학생은 특이점과 표본의 크기 같은 통계적 개념을 융기라는 용어를 사용하여 추론한다.

8장은 연구 저널에 발표된 Konold와 Pollatsek의 연구 논문이므로 다른 장과는 형식이 다르다. 이 장은 본질적인 것과 비본질적인 것이 혼합된 가운데 자료의 안정적인 특징으로서 평균을 개념화한다. 자료를 신호와 소음의 관점에서 생각하도록 함으로써, 서로 다른 세 가지 유형의 통계적 과정의 맥락에서 신호와 소음의 은유를 조사한다. 각 과정에서 얻은 자료를 신호와 소음의 결합으로 간주하는 것의 개념적인 어려움을 지적한다. 평균에 대한 이러한 해석과 교육과정에서 자주 등장하는 평균에 대한 해석을 대비시킨다. 또한 학생의 사고와 학습에 대한 연구 방향과 더불어 중심경향성의 아이디어를 어떻게 발전시키고 확장시킬 것인지에 대해서도 제언한다.

변이성의 본질과 편재를 이해하는 것은 통계적 추론의 근본적인 구성 요소이다. 9

장에서 Reading와 Shaughnessy는 학생들이 가지고 있는 변이성의 개념을 조사하기 위해 세 나라에서 여러 연구를 진행하였다. 이 장에서는 이러한 최근 연구 중 9~18세의 학생들이 표본추출 상황에서 변이에 대해 추론하는 과정을 자세히 살펴본다.

10장에서 Moritz는 공변동에 대한 추론의 세 가지 기능 (a) 언어적으로 진술된 공변동을 그래프로 그려보는 가상적 자료 생성 기능, (b) 산점도를 언어적 진술로 설명하고 그 설명을 평가해보는 언어적 그래프 해석 기능, (c) 어떤 값을 읽고 내삽하는 수치적 그래프 해석 기능에 대해 논의한다. 저자는 3, 5, 7, 9학년 학생들의 반응 결과로 공변동에 대한 추론의 4단계를 설명한다.

11장에서 Batanero, Tauber, Sánchez는 컴퓨터 기반의 대학 입문 강좌에서 학생들의 정규분포 학습에 대한 연구 결과를 제시한다. 정규분포에 대한 학생들의 올바른 추론과 잘못된 추론의 다양한 측면을 기술하고, 학생들이 추론한 예를 다양한 범주에서 제시한다.

12장에서 Watson은 표본이 무엇인지, 표본이 어떻게 수집되어야 하는지, 표본의 크기에 대한 영향력을 학생들이 어떻게 이해하는지에 대해 초기 면담을 실시한 다음 3~4년이 지난 후에 재면담한 장기적인 면담 연구 결과를 기술한다. 이를 통해 학생들의 표본과 표본추출에 관한 추론을 확장하여 논의한다. 초기 면담에서 학생들의 반응 결과는 여섯 개의 범주로 요약되었으며, 3~4년이 지난 후에는 여섯 개의 반응 결과와 더불어 새롭게 추가된 수준이 관찰되었다.

13장에서 Chance, delMas, Garfield는 표본추출 상황에서 나타나는 추론에 대해 설명한다. 이 장에서는 학생들이 표본추출 상황을 배울 때 겪는 어려움에 초점을 맞춘 일련의 연구 결과를 제시한다. 표집분포에 대한 학생들의 추론 능력을 향상시키기 위해 활용된 컴퓨터 소프트웨어의 영향을 조사한 7년 동안의 공동연구 결과를 살펴본다. 저자들은 표집분포를 심도 있게 이해하는데 필요한 다양한 개념들과 그 관계를 설명하며, 추론 능력의 발달을 설명하는데 필요한 모델을 규정한다.

3부. 통계교육과정, 통계교육, 통계교육 연구에 대한 논점 (14장~16장)

3부에서는 학생들의 통계적 추론 능력 개발을 위해 필요한 교육적 논의로 교사들의 통계 지식과 이해, 교수 설계의 문제를 다룬다.

14장에서 Mickelson와 Heaton은 통계 교수 학습의 복잡성을 조사하고, 초등 교사들의 통계적 지식과 맥락의 상호작용에 대해 탐구한다. 이 연구에서는 3학년을 담당하고 있는 어떤 교사가 교실에서 진행되는 통계적 탐구의 맥락에서 자료와 분포에 대해 어떻게 통계적으로 추론하는지를 분석한다. 이러한 맥락에서 교사의 통계적 추론은 교실에서 진행되는 탐구 상황을 계획하고 조직하는데 중요한 역할을 한다.

15장에서 Makar와 Confrey는 중등 교사들의 통계적 추론에 대해 논의한다. "두 자료 집합이 다른지를 어떻게 판단하는가?"라는 질문을 4명의 교사에게 제시하고, 두 분포의 비교에 대한 교사들의 통계적 추론에 주목한다. 이 연구는 주 단위 학업 성취도 평가 결과를 교사들이 이해하는데 도움이 되도록 고안된 6개월간의 교사 전문성 개발 과정의 마지막 단계에서 실시되었다. 저자는 교사들의 추론을 검토하여 양적 분석과 질적 분석을 진행한다.

16장에서 Cobb과 McClain은 초등학교에서 자료 생성과 EDA의 맥락에서 자료에 대한 통계적 추론을 개발하는데 필요한 설계 원리를 제시한다. 수업 설계 실험에 대해 간략히 개관하고, 전형적인 사례로 구조화하여, 학생들의 통계 학습을 뒷받침하는데 결정적인 역할을 하는 수업 환경의 5가지 측면인 중요한 통계적 개념, 교수 활동, 수업 활동의 구조, 학생들이 사용한 컴퓨터 기반 도구, 교실 담화에 초점을 맞춘 설계 원리를 도출한다.

요약 및 시사점 (17장)

17장에서 편집자들은 이 책에서 다루어진 연구에서 도출한 지도 및 평가와 관련된 논점, 난제, 시사점을 정리한다. 신생 연구 영역으로서 통계교육에 대해 논의하고 통계의 포괄적인 아이디어에 대한 연구, 교육, 평가에 주목할 필요가 있음을 강조한다. 그리고 통계를 학습하는 집단의 다양화(예를 들어, 학생을 지도하는 교사뿐만 아니라 다양한 교육 수준의 학생들)뿐만 아니라, 통계적 추론을 개발하는데 있어서 공학 도구의 역할에 대해서도 기술한다. 다음으로 통계적 추론을 연구하는데 활용되는 연구 방법론을 요약하고, 전통적인 수업 설계의 단점과 질적 연구의 광범위한 활용에 대해 논의한다. 마지막으로 지도 및 평가를 위한 시사점을 고찰하고 후속 연구 방향을 제시한다.

이 책에서는 통계적 소양, 추론, 사고에 대한 논리 정연하고 일관된 지식을 다룬다. 이는 전 학년을 대상으로 한 통계 교사와 교육자들의 교수학적 효율성에 기여하고, 통계적 소양, 추론, 사고에 대한 연구를 확장시키며, 통계교육 분야의 성장을 이끌 것이다.

참고문헌

American Association for the Advancement of Science (Project 2061). (1993). *Benchmarks for science literacy*. New York: Oxford University Press.

Australian Education Council (1991). *A naitonal statement on mathematics for Australian schools*. Carlton, Vic.: Author.

Australian Education Council (1994). *Mathematics—a curriculum profile for Australian schools*. Carlton, Vic.: Curriculum Corporation.

Chance, B. L. (2002). Components of statistical thinking and implications for instruction and assessment. *Journal of Statistics Education* [Online], *10(3)*. Retrieved June 24, 2003, from http://www.amstat.org/publications/jse/

Cobb, G. W. (1992). Report of the joint ASA/MAA committee on undergraduate statistics. In *American Statistical Association 1992 Proceedings of the Section on Statistical Education*, (pp. 281-283). Alexandria, VA: ASA.

delMas, R. C. (2002). Statistical literacy, reasoning, and learning: A commentary. *Journal of Statistics Education* [Online], *10(3)*. Retrieved June 24, 2003, from http://www.amstat.org/publications/jse/

Department for Education and Employment (1999). *Mathematics: The national curriculum for England*. London: Author and Qualifications and Curriculum Authority.

Garfield, J. (2002). The challenge of developing statistical reasoning. *Journal of Statistics Education* [Online], *10(3)*. Retrieved June 24, 2003, from http://www.amstat.org/publications/jse/

Garfield, J., delMas, R., & Chance, B. (2003). *Web-based assessment resource tools for improving statistical thinking*. Paper presented at the annual meeting of the American Educational Research Association, Chicago.

Garfleld, J., Hogg, B., Schau, C., & Whittinghill, D. (2002). First courses in statistical science: The status of educational reform efforts. *Journal of Statistics Education* [Online], *10(2)*. Retrieved June 24, 2003, from http://www.amstat.org/publications/jse/

Ministry of Education(1992). *Mathematics in the New Zealand curriculum*. Wellington, NZ: Author.

Moore, D. S. (1990). Uncertainty. In Lynn Steen (Ed.), *On the shoulders of giants: A new approach to numeracy* (pp. 95-137). National Academy of Sciences.

Moore, D. (1997). New pedagogy and new content: The case of statistics. *International Statistical Review*, *65*, 123-137.

Moore, D. (1998). Statistics among the liberal arts. *Journal of the American Statistical Association*, *93*, 1253-1259.

National Council of Teachers of Mathematics (2000). *Principles and standards for school mathematics*, Reston. VA: Author.

Rumsey, D. J. (2002). Statistical literacy as a goal for introductory statistics courses. *Journal of Statistics Education* [Online], *10(3)*. Retrieved June 24, 2003, from

http://www.amstat.org/publications/jse/
Wild, C. J., & Pfannkuch, M. (1999). Statistical thinking in empirical enquiry. *International Statistical Review 67*(*3*), 223-265.

2장

통계적 사고의 이해

Maxine Pfannkuch and Chris Wild

개요

지금까지 통계학자들은 통계적 사고에 중점을 두고 통계교육이 이루어져야 한다고 주장하면서(Bailar, 1988; Snee, 1993; Moore, 1998) 기술 습득에 중점을 두고 있는 전통적 교수법은 통계적으로 사고하는 능력을 향상시키지 못한다고 비판해왔다. 즉, 기존의 통계교육을 통해서는 “통계적 방법을 어떻게 적용하고 결과를 어떻게 해석하는지 알지 못한 채 단지 기술만을 익히게 된다.”는 것이다(Mallows, 1998, p.2).

이러한 상황을 개선하기 위한 해결책으로 대학의 통계교육에서 학습 방법을 다양화하고 학생들이 실생활 문제를 다루는 과정을 통해 통계적 사고를 경험하도록 하는 것 등이 제시되었다. 그러나 Bailar(1988)가 지적했듯이 교사들이 이를 경험하지 못했다는 점이 장애물이 되고 있는 실정이다. 또한 통계적 사고가 무엇인지에 대한 체계적인 지식의 부족은 이러한 상황을 더욱 악화시키고 있으며 심지어 대학에서 통계를 가르치는 경험 있는 통계학자들의 교육적 효율성까지 제한하고 있다. Mallows (1998)는 1997년 Fisher를 위한 추모 강연에서 응용 통계학에서의 사고 방법을 이해하는데 필요한 이론의 확립이 시급하다고 역설하였는데, 이는 이러한 사고 방법의 이해가 응용 통계를 지도하는데 유용하기 때문이다.

이 장에서는 확률에서의 사고보다 통계에서의 사고에 초점을 맞춘다. Moore(1992b)에 의하면, 학문으로서 통계학은 수학과 확률을 이용하지만 확률론은 수학의 한 분야인데 반해 통계학은 그렇지 않다. 통계학은 수학 내에서 발생한 학문이 아니라 20세기 초 이래 경험과학을 통합하면서 새로운 학문으로 발전한 논리적 과학이다. 통계학과 통계교육에 관한 문헌을 검토하여 현재 우리가 무엇을 통계적 사고로 이해하고 있는지 살펴보고 이를 통해 통계적 사고의 기원을 찾고자 한다.

문헌 검토를 위한 모델

Wild와 Pfannkuch(1999)가 개발한 통계적 사고 모델(그림 1)을 토대로 관련 문헌을 검토하고자 한다. 이 모델은 통계학자와 통계 과제를 수행하고 있는 대학생들을 대상으로 한 면담과 문헌 분석을 토대로 개발되었다(자세한 내용은 '결론과 요약' 참고). 이 모델은 통계학에서 기본이 되는 사고 유형을 다섯 가지로 구분하여 제시하고 있는데(그림 1의 (b)), 각 사고 유형에 대한 자세한 설명은 다음과 같다.

자료의 필요성 인식

통계 연구는 실제 상황에 대한 올바른 판단을 내리기 위해 적절하게 수집된 자료에 대한 분석은 필수적이라는 가정 하에 이루어진다. 판단을 내리고 의사결정을 하는데 있어 일화적 증거나 개인적 경험은 신뢰할 만한 자료가 되지 못하며 또한 잘못된 판단이나 결정을 내리도록 하기도 한다. 그러므로 실제 상황에 대한 신뢰할 만한 판단을 내리기 위해서는 적절한 자료의 선택이 필수적이다.

통계적 변형

두 번째 사고 유형을 설명하기 위해 우리는 **통계적 변형**(Transnumeration)이라는 새로운 용어를 도입하였다. 통계적 변형이란 '이해 가능하도록 표현을 변형하는 것'을 의미한다. 실세계 구조와 통계적 구조를 모델링 관점에서 고려할 때 다음과 같이 세 가지 경우에서 통계적 변형이 일어나는데, 첫째, 실제 상황의 속성이나 특징을 '포착'하는 측정값을 발견할 때, 둘째, 수집된 자료로부터 의미를 해석해내는 과정에서 원자료를 다양한 시각적 표현과 통계량으로 나타낼 때, 셋째, 자료의 해석된 의미, 즉 자료로부터 판단을 다른 사람들이 이해할 수 있는 형태로 의사소통해야 할 때가 이에 해당된다.

변이의 고려

적절한 자료를 수집하고 그 자료에 기초하여 올바른 판단을 내리기 위해서는 어떻게 변이가 발생하고 자료에서 나타나는 변이의 패턴이 어떠한지 이해할 수 있어야 한다. 또한 설명되지 않은 변이로부터 발생하는 불확실성을 이해해야 한다. 변이의 고려는 실생활에서 변이를 인식하는 것에서부터 설계 단계와 자료 처리 단계에서 알려진 변이성의 원인을 제거하거나 줄이기 위해 채택하는 전략에까지 영향을 미치는 사고 유형이다. 더 나아가 분석과 결론 단계에서도 변이를 무시할지 통제할지 등 존재하는 변이에 대해 어떻게 대처할지를 결정함으로써 지속적으로 변이를 고려한다. 응용 통계학은 예측하고 해석하고 원인을 찾고 맥락 속에서 지식을 얻는 활동에 관한 것이다. 따라서 변이의 패턴을 찾고 특징을 기술하며 문제 해결 과정에서 이 패턴을 맥락과 관련하여 이해하고자 한다. 변이에 대한 고려는 조사 주기에서 이루어지는 모든 사고에 영향을 준다.

통계 모델을 이용한 추론

대부분의 통계 모델은 자료 분석을 위해 개발된 것이다. 많은 사람들이 '통계 모델'을 회귀 모델이나 시계열 모델과 동일한 의미로 해석하지만 통계 그래프와 같은 간단한 도구도 실제를 통계적으로 사고하고 표현하므로 통계 모델로 간주될 수 있다. 통계 모델은 개별 자료를 대상으로 한 추론과 자료 집합을 대상으로 한 추론 모두를 이용하지만 후자에 좀더 초점을 둔다. 개별 자료를 대상으로 한 추론은 개별 자료를 자료 집합과 거의 연결하지 않고 개별 자료에만 관심을 두는 반면, 자료 집합을 대상으로 한 추론은 전체로서의 자료 집합의 패턴과 관계에 초점을 둔다. 자료와 통계 모델 사이에서 상호작용이 이루어진다. 즉 통계 모델을 통해 자료에서 패턴을 발견하고 자료 집합의 성질을 찾고 분포에 대한 아이디어를 이용해 패턴에 대한 변이를 알 수 있다. 또한 각 자료의 특성을 고려해 다양한 방법으로 자료를 요약할 수 있다. 예를 들면, 판단을 내리기 위한 근거를 찾는 과정에서 그래프, 중심, 퍼짐, 군집, 특이점, 잔차, 신뢰구간, p값 등을 읽고 해석하며 추론한다. '과정'의 아이디어에 기초한 다양한 유형의 통계 모델에서는 각 단계가 서로 다른 단계의 추론에 영향을 미친다. 예를 들면, 조사 주기에서의 각 단계는 다른 단계에서 이루어지는 추론에 영향을 미친다(Joiner, 1994; Wild & Pfannkuch, 1999, 4절).

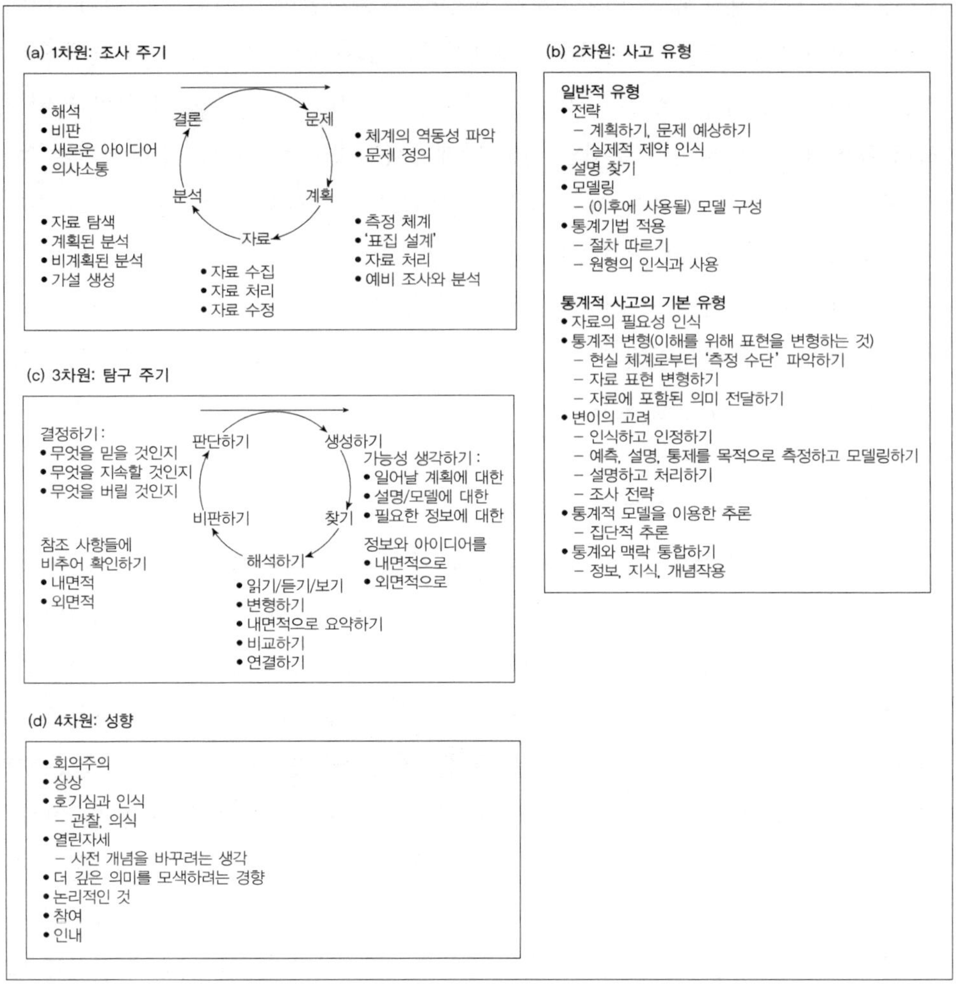

그림 1 경험적 연구에서 통계적 사고에 대한 4차원 모델(Wild & Pfannkuch, 1999)

통계와 맥락의 통합

위에서 살펴본 사고 유형들도 맥락적 지식과 관련이 있지만 통계적 지식과 맥락적 지식의 통합 역시 통계적 사고의 주요 요소이다. 통계 모델은 반드시 실제 상황의 요소를 반영해야 한다. 따라서 결과로 나온 자료는 그 자체의 이론적 배경, 또는 좀 더 일반적으로 맥락적 지식을 지니게 된다(Cobb & Moore, 1997). 실생활에 관한 정보는 통계적 요약에 포함되므로 자료로부터 얻을 수 있는 것을 이끌어낼 수 있도록 통계적 지식과 맥락적 지식을 통합해야 한다.

다음에서는 지금까지 살펴본 다섯 가지 사고 유형을 토대로 통계적 사고에 대한 여러 분야의 관점을 분석하고 해석할 것이다.

통계학에 기여한 분야들

통계학의 발달은 작은 마을이 주변 마을과의 상호교환을 통해 서서히 크고 내실 있는 나라로 발전해가는 모습과 비슷하다. 통계학이 하나의 학문으로 정립되는데 기여한 여러 분야의 공헌을 모두 추적하는 일은 엄청난 작업이며 사실상 불가능하다(Kotz & Johnson, 1992의 세 권의 책 참고). 여기에서는 통계적 사고 방법이 발달하는 과정에서 있었던 몇몇 주요 사항들과 좀더 최근에 이루어진 통계적 사고의 개발을 목적으로 하는 교수법의 발달에 주목한다(Scheaffer, 2001). 또한 새로운 방식으로 실세계를 인지하도록 한 사고를 강조하여 설명할 것이다. 즉, 여러 학파에서 자료로부터 추론을 이끌어내기 위해 다양한 확률 모델을 사용한 것이 논의의 초점이 아니라 자료로부터 추론을 이끌어내기 위해 확률 모델을 사용하기 시작했다는 것을 중요하게 다룰 것이다.

이 장은 초기에 통계학을 연구한 사람들에 관한 이야기와 함께 역학(疫瘧), 심리학 그리고 품질관리 분야에서부터 최근 통계학에 이르기까지 통계학에 기여한 여러 분야에 대해 다룬다. 그리고 교수법의 초점이 통계적 방법에서 통계적 사고로 옮겨가는데 영향을 미친 통계교육학자와 통계학자들의 최근 논의로 마무리할 것이다.

통계적 사고의 기원

일상생활에서 우리가 행하는 모든 방식에 통계적 사고가 스며 있음에도 불구하고 불과 350년 전에 이르러서야 자료로부터의 추론과 같은 가장 기본적인 통계적 관점이 발달하기 시작했다는 것은 이해하기 어려운 부분이다(Davis & Hersh, 1986). 이것은 르네상스 시대에 이르러서야 비로소 지식의 본질과 증거의 본질에 대한 두 가지 사고의 변화가 일어났기 때문이다(Hacking, 1975). 첫째, 절대적 진리만을 참된 지식으로 간주하던 관습이 의견 수준에 해당되는 사실도 지식으로 받아들이게 되면서 이와 함께 사고도 개연론적 관점으로 바뀌게 되었다. 이로 인해 회의적인 태도와 귀납적인 사고를 필요로 하게 되었다. 둘째, 증거의 본질이 권위자의 견해에서 관찰을 통한 추론으로 변화하면서 사고방식도 자료로부터의 추론으로 바뀌게 되었다. 이러한 변화는 세상을 바라보고 배우는 새로운 패러다임의 시초가 되었다.

자료로부터의 추론

통계적 사고의 기원은 1662년 《Natural and Political Observations》를 지은 Graunt(David, 1962; Kendall, 1970; Greenwood, 1970)로 거슬러 올라간다. 이전까지 정부에서 사용하는 통계는 자료를 저장하는 것이 전부였다. 그런데 수백 년간 지속되어온 전염병의 전염 경로, 즉 전염병이 사람을 통해 전염되는지 아니면 오염된 공기를 통해 전염되는지에 대한 논쟁에서 Graunt는 새로운 방식으로 사고하게 된다. 대부분의 사람들은 두 경우가 모두 옳다고 믿었다. 그들은 환자가 공기를 오염시킨다고 생각했으며 또한 외국 항해를 마치고 돌아오는 배가 더럽고 오염된 공기를 가지고 오기 때문에 부두에서 전염병이 시작될 수 있다고도 생각하였다. 사람들이 이러한 관습적 사고와 조언에 따라 전염병의 원인을 제거하고자 노력한 반면 Graunt는 전염된 사람의 수를 조사한 후 다음과 같이 추론하였다(Hacking, 1975, p.105).

> 전염병의 전염성은 환자의 몸에서 비롯되는 것이 아니라 공기에 의한 것이다. 이는 전염병이 급속하게 확산되어 한 주 만에 118명에서 927명으로 증가하고 다시 993명에서 258명으로 감소하였으며 바로 다음 주에 다시 852명으로 증가하였다는 사실을 통해 증명할 수 있다.

전염병이 사람을 통해 전염된다면 이러한 통계적 수치를 설명하는 것은 불가능하지만 오염된 공기에 의해 전염된다면 이러한 수치를 설명하는 것이 가능하게 된다. 이 예를 통해 Graunt가 자료로부터 추론했음을 알 수 있다. Graunt는 자신의 맥락적 지식을 토대로 수들의 차이를 감지하고 이를 설명하는 등 기본적인 통계적 사고를 이용하였다. 또한 그는 산술적인 계산을 통해 '런던의 인구에 대한 최초의 타당한 추정값'(Hacking, 1975, p.106)을 제시하였다. 전체 인구를 추정하기 위해 출생아의 수를 이용하여 가임여성의 수를 추정하였으며 이를 토대로 전체 가구의 수와 가족 구성원의 수의 평균도 추정하였다. 그의 동료들은 Graunt가 자료로부터 추론하는 새로운 방법을 통해 통계학적인 인구 조사를 가능하게 했다고 평가하면서 그를 '콜롬버스'라고 불렀다.

동시대에 이와 유사한 사고법이 서유럽의 많은 나라에서 독립적으로 발전하였다. 이들 연구자로는 Petty, King, Halley, Hudde, Huyghens, Davenant를 들 수 있다. Kendall(1970, p.46)에 의하면 이들은 정치적 맥락에서 자료에 대한 추리적 접근법을 취하였는데, 이들이 '자료로부터 **추론**'을 하였기 때문에 '오늘날 우리가 사고하는 것과 동일한 방식으로 사고'했다고 간주할 수 있다. 이들의 접근법은 사실을 기술하거나 수집하는 것이 아니라 자료로부터 추정하고 예측하여 사실을 알게 되는 것이다.

자료의 필요성 인식

Graunt와 이들 정치산술가들은 보험률 계산을 위한 실제 사망률을 표로 나타낼 때 많은 논의가 필요한 것처럼 국가 정책을 결정할 때도 교회나 귀족 집단의 권위가 아니라 자료에 근거해 결정해야 한다고 역설하였다(Porter, 1986). 여기에서 기본적인 통계적 사고가 영향을 미쳤음을 알 수 있다. 즉, 상황을 올바르게 판단하기 위해 자료가 필요함을 인식하게 된 것이다. 이는 정치가들이 '수량적인 자료가 없는 법률은 잘못된 것이거나 비계획적인 것'이므로 양적인 증거를 기반으로 하는 정책이 논의되어야 한다고 주장했던(Porter, 1986, p.37) 1800년대 후반까지 중요하게 다루어지지 않았던 부분이다(Cline Cohen, 1982).

통계적 모델링의 시작

확률론의 기초가 통계학의 기초와 나란히 그리고 거의 동시에 Pascal(1623~1662)과 Bernoulli(1654~1705)에 의해 확립되었음에도 불구하고 확률 아이디어는 경험적 자료나 통계적 분석에 통합되지 않았다. 여기에는 몇 가지 장애물이 있었는데, 항아리 문제를 실세계 문제와 연결하기가 어렵다는 점, 실세계 문제에서 등확률인 경우가 드물다는 점, 원인이 복합적일 경우 예측이 불가능하다는 생각, 그래프와 같은 도구가 유용하지 않다는 생각, 본질적으로 다르며 새롭게 발전된 내용들을 일관된 하나로 통합할 때 나타나는 불가피한 시간 지체 등이 이에 해당된다고 볼 수 있다. Stigler(1986)에 의하면 Bernoulli와 de Moivre(1667~1754)의 확률 분석의 역과정에 의해 확률을 양적 추론에 적용하는 것이 가능해졌다.

1764년 Bayes는 두 가지 결정적인 핵심 아이디어를 통해 새로운 추론을 하게 되었다. 첫 번째 아이디어는 우연게임(games of chance)의 관점에서 사고하지 않는다는 것인데 Bayes는 항아리에서 공을 꺼내는 것 대신 사각형 표에 두 개의 공을 던지는 상황을 생각하였다. 이러한 새로운 사고 수단으로 연속적인 임의의 양을 넓이로 설명할 수 있게 되었으며 이 문제를 대칭적인 특성을 지닌 것으로 가정할 수 있게 되었다. 두 번째 아이디어는 1755년 천문학 문제를 해결하면서 개념적 돌파구를 마련한 Simpson에 의한 것이었다. Simpson은 관찰한 값들의 산술 평균을 계산하는 대신 기록된 관찰 결과와 관찰되고 있는 천체의 실제 위치와의 차이에 주목하면서 측정 오차의 분포에 대한 구체적인 가설을 설정하였다. 사고에서의 이러한 주요 변화는 불확실성을 수량화하여 적용할 수 있는 계기를 마련하였다. Lightner(1991, p.628)는 "통계학자들이 관찰된 자료로부터 성질을 추론할 때 반드시 확률 모델을 고려해야 했기 때문에 확률로부터 발생하는 많은 개념들이 통계학과 분리될 수 없었던 이러한 상황을 과도기 단계"라고 설명하였다.

그리하여 Laplace(1749~1827)와 Gauss(1777~1855)의 수학적 방법을 이용하여, 즉 측정 오차의 정규분포와 최소자승법을 이용하여 불확실성을 측정하고 자료로부터 추론하기 위해 확률을 사용하는 것이 천문학과 측지학에서 보편화되었다. 이 단계에서 더 기본적인 통계적 사고가 시작되었음을 알 수 있다. 즉 산술적인 추론으로부터 통계 모델을 이용한 추론과 오차의 측정 및 모델링으로까지의 변화가 있었던 것이다. 변이에 관한 개념은 아직 어디에도 없다는 것이 중요하다. 변이에 관한 개념과 다른 주요한 개념적 장애가 극복되고 나서야 이러한 사고가 사회과학까지 확산될 수 있었다.

사회적 자료 그리고 자료집단에 기초한 추론

프랑스 혁명이 끝난 19세기 초 사회의 새로운 역동적 기운에 의해 통계학이 하나의 국가적 학문으로 간주되면서 사고에 미묘한 변화가 나타났다. 통계학자들은 무역, 산업 발전, 노동력, 가난, 교육, 공중위생, 범죄에 대한 조사를 실시하였다(Porter, 1986). "사회적 상황과 공공 정책의 효율성을 분석하기 위해 통계학을 이용하는 것이 오늘날에는 보편적이지만 당시에는 그렇지 않았다"(Cohen, 1984, p.102). 이러한 상황에서 사회통계학의 개척자인 Quetelet(1796~1874)이 등장하였다. 그는 통계학의 기초가 수학자와 천문학자에 의해 수립되었다고 주장하였다. 그는 자살율과 범죄율의 조사를 통해 대규모 집단에서 규칙성이 있다는 사실을 발견하고 이에 놀랐다. 그리고 사회에서의 일반적인 결과는 일반적인 원인에 의해 만들어지며 우연은 집단적으로 고려될 때 사건에 영향을 미칠 수 없다는 것을 깨달음으로써 Bernoulli의 큰 수의 법칙을 사회 물리학의 기본 공리로 채택하였다. Porter (1986, p.55)는 "개별 현상의 구체적인 원인에서 벗어나 집단 전체에 의한 통계적 정보에 주목할 때 얻을 수 있는 장점을 설득력 있게 주장한 점"을 Quetelet의 주요 공헌으로 간주하였다. Quetelet의 연구 결과는 널리 알려졌으며 '인간의 자유의지'에 관한 논쟁을 불러일으켰다. Buckle이나 Dickens와 같은 정치가와 작가들은 이에 감명을 받아 불변의 통계 법칙이 사람의 도덕적 상태와 물리적 상태를 지배한다고 생각하고 이에 대해 기술하였다. 예를 들면, 어떤 사람이 범죄를 저지르지 않더라도 다른 누군가가 범죄의 연간 발생률에 다다를 때까지 범죄를 저지를 것이라는 논의가 이루어졌다. 이렇듯 새로운 정보처리과정은 실제를 자각하고 결정주의를 재평가하는 촉매 역할을 하였다.

Quetelet의 또 다른 주요 공헌은 1844년에 천문학자의 오류 법칙, 즉 오차 곡선을 키와 같은 인간의 특성에 적용할 수 있다고 발표한 것이다. 그는 '평균인(average man)'을 완벽한 원형으로 보았다. 평균인에 대한 그의 연구 결과는 그 시대에 널리 알려졌으며 이 용어는 오늘날에도 여전히 사용된다. 모든 사람은 평균인에 대한 구체적인 사항에 따라 결정되지만, 영양, 기후 등의 요인으로 평균인의 측도에 도달하는데 실패하게 된다(Porter, 1986). 그는 인간에 대한 이러한 측정 오차를 진정한 오차라고 생각하였다. 그의 자료 집합의 상당 부분이 정규성을 나타냄에도 불구하고 그는 경험적인 사회적 관찰값을 이론적 분포를 통해 모델화할 수 있다는 인식의 풍토를 만드는데 성공하였다. 그는 평균적인 것으로 간주할 만한 임의의 원인이 존재한다는 증거와 '자연의 법칙이 확률의 법칙을 따른다'고 여길만한 '증거'를 제시하였다(Stigler, 1986, p.220). 확률에서 Quetelet은 측정 오차에서 벗어나 변이에 주목하기 시작했으며 '오차 곡선'이 변이를 통제하는 분포가 되어가는 과정을 소개하였다.

개념으로서의 변이

19세기 후반 Galton은 자료의 변이가 정규 곡선으로 표현된다는 중요한 개념적 돌파구를 제공하였다(Stigler, 1986). 그는 이 곡선이 유전적 가능성을 부정한다고 생각하였다. 부모가 크면 자식도 반드시 크고 부모가 작으면 자식도 반드시 작을 텐데 왜 매년 사람의 키에 대한 모집단의 변이성이 증가하지 않는 것인가? 그는 정원에 있는 대, 중, 소 크기의 배에 대한 고찰과 유추에 의한 퀸컹크스(quincunx)의 개발을 통해 근사적으로 정규성의 조건을 만족하는 분포들을 혼합하면 그 결과도 근사적인 정규분포가 된다는 것을 '입증'하였다. 이 경험 이론은 완두콩 실험을 통한 그의 돌연변이 연구 및 유전적 성장 연구와 함께 마침내 평균으로의 회귀 이론을 탄생시켰다. 처음으로 통계적 사고가 오차가 아닌 변이 개념과 통합된 것이다.

사회과학에서 통계학의 사용에 관한 논쟁은 계속되었다. 그동안 진행된 논의는 통계적 규칙성은 사건의 원인에 관하여 아무것도 입증할 수 없다는 것이다. Einstein은 그의 유명한 인용구 "신은 주사위를 던지지 않는다."를 통해 과학 법칙은 인과적 가정에 기초하며 또한 인과적 실제를 반영한다는 19세기 후반의 관점을 언급하였다. 인간의 자유의지에 대한 옹호가 다양한 영역에서 통계적 사고에 대한 재평가를 고취시켰다. 변이와 가능성(chance)이 전에는 없었던 세상의 근본적인 양상으로 어느 정도 인식되었다. 이렇듯 비결정론의 수락은 그 시대의 괄목할만한 지적 발전 중의 하나가 되었다. Porter(1986, p.319)에 의하면 1662년부터 1900년까지 이루어진 통계적 사고의 진화는 "가능성을 단지 어떤 개별적인 현상의 특성으로 부각시킨데 있는 것이 아니라 뚜렷하게 나타나는 규칙성과 인과관계를 밝힌데" 있다.

새로운 도구와 통계적 변형

1750~1800년대까지 숫자를 나타내기 위해 표가 아닌 추상적 그림을 사용하는 것은 생각조차 하지 못하였다. 시계열이나 산점도와 같은 통계 그래프는 수학에서 데카르트 평면을 사용하고 나서야 만들어졌다. "Playfair(1759~1823)는 관습적인 수표(tables of number)를 '선형적 산술(linear arithmetic)'의 체계적인 시각적 표현으로 변형하고자 시도하면서 다양한 기본적인 그래프를 개발하거나 발전시켰다." (Tufte, 1983, p.9) 또 다른 선구자인 Nightingale(1820~1910)도 새로운 도해적 표현을 발전시켰다(Cohen, 1984). 예를 들면, 표에 있는 자료를 새로운 그래프 형태로 바꾼 표현은 크림 전쟁 동안 막을 수 있었던 사망자의 수를 추정할 수 있게 해주었다. 자료로부터 새로운 해석을 도출하거나 자료가 담고 있는 의미를 전달하기 위해 이와 같이 자료의 표현을 변형하는 것은 기본적인 통계적 사고를 잘 보여준다.

새로운 학문의 출현

Porter(1986, p.315)에 따르면 '통계학의 학문적 특성'은 1900년이 되어서야 구체화되었으며, 현대 통계학자들에 따르면 통계학은 “Pearson(Karl Pearson, 1857~1936) 또는 Galton(1822~1911)으로부터 시작된 것”으로 볼 수 있다. 통계적 사고의 출현은 네 가지 주요 아이디어에 기반을 두고 있다. 첫째는 자료의 분석이 그 상황에 관한 지식을 제공해줄 수 있다는 아주 기본적인 아이디어이다. 즉 지식 습득이 조사에 근거하여 이루어질 수 있다는 인식을 바탕으로 한다. 둘째는 수학적 확률 모델은 인간 집단과 같은 집단의 행동을 모델링하고 예측할 수 있다는 것이다. 그래서 수학적 확률 모델과 실제 상황 사이의 상호 작용은 실제에 대한 비결정론적 견해를 수반하는 사고로의 전환을 가능하게 하였다. 셋째는 수학적 확률 모델을 다양한 분야에 적용해보는 것으로 이를 통해 통계 분야에서 새로운 방식의 사고, 예측 그리고 해석이 가능하게 되었다. 예를 들면, Quetelet과 Galton이 각각 사회과학과 생물학에서 수학적 오차 모델을 사용했는데, 이를 변이나 가능성에 대한 통계 모델로 재해석하면서 새로운 사고 방법이 나타나게 된 것이다. 넷째는 통계가 적용되는 새로운 상황으로부터 새로운 도구가 발달한 것이다. 이러한 새로운 도구는 통계적 사고의 발달에 일조하였다. 통계적 사고는 통계적 지식과 상호작용하는 맥락적 지식으로부터 나타난다고 볼 수 있는데 여기에서 통계적 지식은 세상을 모델링하고 인식하는 새로운 방법을 창안하는 결과적 통합체를 의미한다.

20세기 초 Karl Pearson, Fisher(1890~1962), Neyman(1894~1981), Egon Pearson(1885~1980)은 현대 통계학의 토대를 마련하였다(Salsburg, 2001). 실험이나 조사에서 임의추출과 같은 원리에 대한 그들의 통찰은 이론적인 통계학의 발달과 함께 여러 분야에 걸쳐 새로운 사고 방법을 증진시켰다. 특히 Fisher의 연구는 통계학의 학문적 토대뿐만 아니라 동식물 사육, 진화 생물학, 의생태학과 같은 분야에 개념적 토대를 제공하였다. Krishnan(1997)은 임의추출, 반복실험, 국소적 통제와 같은 실험 설계의 기초를 형식화한 점을 Fisher가 이룩한 통계학과 과학에서의 가장 큰 업적으로 들고 있다. 식물의 생장 조건에서처럼 변이를 고려하는 것은 실험 설계 연구에서 핵심적인 사고 요소이다.

“아가씨와 차 한 잔”은 실험 설계에 대한 Fisher의 논의의 기초가 되었던 유명한 사고 실험으로 그는 이 실험을 결코 실행한 적이 없다. 이에 대한 아이디어는 이보다 12년 전에 Bristol 박사가 우유를 먼저 넣지 않고 만든 밀크티를 거부했던 실제 사건에서 비롯되었다. Fisher와 약혼자는 우유를 먼저 넣은 것과 나중에 넣은 것의 차이를 알 수 있는지 여부를 실험해보고자 하였다. 약혼자는 Fisher가 이것을 증명할 수 있다고 자신하였다. Box(1978, p.134)는 Fisher가 "실험에서 몇 컵의 차를 사용해야 할까? … 온도, 당도 등에서 우연 변이를 고려해야 할까? 한 번의 완벽한 성공 또는 여러 번의 시행착오를 통해 어떤 결론을 내릴 수 있을까?"와 같은 질문에 대해 숙고했을 것이라고 생각하였다. Fisher는 다음과 같은 실험 설계와 관련된 질문들을 고려함으로써 그의 연구를 시작할 수 있었다.

> 한 아가씨가 밀크티의 맛을 보고 컵에 우유를 먼저 부었는지 차를 먼저 부었는지 알 수 있다고 한다. 이를 뒷받침하기 위한 실험 설계를 고찰할 것이다(Fisher, 1935, Box, 1978, p.135에서 인용).

실험 설계에 있어서 Fisher의 두 가지 중요한 공헌은 분산분석과 임의추출을 도입했다는 것이다. Box(1997, p.102)에 의하면 Fisher는 "기초 이론을 명료화하였으며 연구자들이 생물학 실험에서 접하게 되는 변이들을 다루는데 반드시 필요한 통계적 방법을 제공"하였다. Fisher는 또한 통제된 농업 실험에서 임의추출을 이용하는데 중요한 공헌을 하였다(Fienberg & Tanur, 1996). Fisher(1935)에 의하면 임의추출은 "어떤 특정한 자료 및 분포의 정규성을 가정하지 않은 채 가설을 검증하는 방법에 영향을 미치기 때문에"(Box, 1978, p.151에서 인용) 검사의 유의성에 대한 타당성을 논할 때 필요하다. 임의추출 없이 요소들을 조합하게 되면 편향된 추정을 내릴 수 있다. Fisher의 연구는 수량화 가능한 측도를 통해 불확실성을 포착할 수 있다는 인식을 심어주는데 기여하였다. 여기에서 수량화 가능한 측도는 불확실성의 본질을 깊이 있게 인식하고 이해할 수 있도록 해주는 것이다(Box, 1997). Porter(1986)는 Fisher가 이룩한 통계학과 실험 설계의 통합은 자료에서 패턴을 관찰하는 것을 넘어 인과관계의 존재를 입증할 수 있게 하기 때문에 본질적으로 통계학의 특성을 변화시켰다고 믿었다.

의생태학 분야의 기여

변이와 임의추출

변이가 의학 분야에서 연구방법론과 사고의 핵심임에도 불구하고 그동안 의학 분야에서 통계적 사고를 설명할 때 변이를 언급한 적이 없다. 이는 의학 분야가 최근에 들어와서야 실제를 수량화하고 객관화했기 때문이다(Porter, 1995). 20세기 중반 세 명의 통계학자 Hill, Cornfield, Doll(Gail, 1996)의 업적으로 인해 의생태학에서 통계적 사고와 방법이 중요함을 인식하게 되었다. 이들은 의학 분야에서 일반적으로 수용되고 있는 무선비교 임상 실험과 관찰 연구를 수용하는데 영향을 끼친 주요 통계학자들이다. 무선비교 임상 실험은 1940년대 Hill의 초기 백일해 백신 연구로부터 시작되었으며 관찰 연구는 자료 분석을 통해 흡연과 폐암의 연관성을 조사한 이들의 연구에서부터 시작되었다. 그러나 무선비교 임상 실험을 인간에게 적용하기에는 상당수의 의사들이 수학에 무지했으며 극복해야 할 윤리적 문제도 있었다(Gail, 1996). 최근에서야 무선비교 임상 실험을 수용하게 된 또 다른 이유는 1920년대에 들어와서야 겨우 Fisher에 의해 농업 실험의 맥락에서 비교를 위한 통계적 방법이 창안되었기 때문이다. 현재의 보편적인 관행과 증거에 대한 사고방식이 겨우 1960년대에 들어와서야 의학 분야에서 받아들여지기 시작했다는 것은 주목할 만하다.

인과적 추정

Fisher는 흡연이 폐암의 원인인가에 관한 지속되는 논쟁에서 주요 인물이었다(Box, 1978). 폐암의 원인으로 다른 원인이 있을 수 있다는 그의 주장과 Cornfield, Doll, Hill의 주의 깊고 논리적인 자료 분석은 의학 분야에서 통계적 사고의 중요성을 부각시켰다(Gail, 1996). Fisher 등이 제기한 폐암과 흡연 사이의 연관성에 관한 대안적인 설명을 체계적으로 반박하던 Cornfield, Doll, Hill은 자료에 대한 그럴 듯한 해석이 더 이상 불가능하게 되자 반박을 멈추었다. 1928년부터 시작된 이 논쟁은 1964년 발표된 U.S. Surgeon General의 보고서에서 절정을 이루었다. 그 보고서는 관찰 연구로부터 인과적 관계를 추정하기 위해 필요한 증거의 기준을 설정한 지표이다.

결국 의생태학에서는 관찰된 자료에 순수한 통계적 방법을 적용하여 인과적 관계를 증명할 수 없다고 생각하게 되었다. 따라서 인과적 유의성은 '전문가'의 판단을 근거로 결정되었는데 이때 후속연구와의 연관성의 일치도, 연관성의 정도, 시간적 패턴 그리고 인과적 가설과 증거와의 일관성 같은 다양한 인과적 기준들을 활용한다(Gail, 1996). 실험연구든지 관찰연구든지 주목해야 할 것은 연구자가 항상 인과적 추정을 하기 전에 대안적인 설명과 가능한 편의를 찾아 평가할 의무가 있다는 것이다.

인과적 추정은 의생태학의 핵심이다. Hill(1965)이 처음으로 발표하면서 의생태학은 인과적 기준의 초석을 마련하게 되었다. Porter(1995)에 의하면 이러한 서로 합의된 규칙과 협약들은 국제적인 의사소통에서도 중요하다. 달리도마이드 수면제는 전문가의 판단에 의하면 원래 안전한 것으로 여겨졌으나 뜻하지 않던 부작용이 나타나면서 과학적 절차와 새로운 지식의 수량화에 근거한 더 많은 기준을 필요로 하게 되었다. Gail은 다음과 같이 언급하였다(1996, p.1).

> 통계적 사고, 자료 수집, 자료 분석은 과학적 증거의 장점과 단점을 이해하는데 중요했으며 … [그리고] 인과적 관계를 추정하는데 필요한 기준에 대한 새로운 방법론적 직관과 건설적인 논쟁을 불러일으켰다. 이러한 생각은 현재의 대부분의 의생태학에서 나타나는 관행의 토대가 되고 있다.

통계적 지식을 맥락적 지식에 통합하고 실험연구와 관찰연구의 조사 주기의 모든 단계에서 변이를 고려하는 것이 의생태학에 스며 있는 통계적 사고이다. 따라서 이러한 맥락에서 통계적 사고란 변이에 대한 지식과 이해를 바탕으로 원인을 찾는 것이다.

심리학 분야의 기여

통계적 사고에서 변이의 중요성은 실험 설계와 관찰 연구를 통해 인식되어왔다. 그러나 1960년대 후반 심리학에서 통계와 사람들의 사고방식 사이의 관련성을 인식하기 시작하였다.

세계를 지각하는 방식으로 통계적 사고를 인식하기

1970년대 초반 Kahneman과 Tversky는 불확실한 상황에서의 의사결정에 관한 중요한 연구를 발표하기 시작하였다(Tversky & Kahneman, 1982). 이들은 사람들이 통계적 사고를 어려워 한다는 것을 알게 되었다. 이들은 의도적으로 수집된 자료로부터 추론하는 것뿐만 아니라 어떤 목적 없이 수집되거나 자료로 여겨지지 않는 일상적인 자료로부터 추론하는 것을 통계적 사고로 바라볼 수 있게 하였다. 이 개념을 설명하기 위해 이 분야가 어떻게 시작되었는지 살펴보도록 하자. McKean(1985)에 의하면 비행 교관들을 대상으로 한 심리학 수업에서 Kahneman은 비둘기를 이용한 연구를 통해 보상이 체벌보다 더 효과적인 교수 전략이라는 것을 발견했다고 언급했는데 비행 교관들은 이 연구가 인간에게 적절하다는 것에 거의 동의하지 않았다. 그들은 작전을 잘 수행했다고 칭찬을 들은 경우 다음 작전에서 좋지 않은 결과가 나오며 작전을 잘 수행하지 못해 꾸중을 들은 경우 다음 작전에서 거의 향상된 결과를 나타낸다는 것을 경험으로부터 알고 있었다. 이 예에서 Kahneman은 평균값에 회귀한다는 Galton의 통계 원리를 이용하여 통찰력 있는 설명을 제공하였다.

이와 관련된 아이디어를 다음과 같이 설명할 수 있다(그림 2 참조). 만약 그림에서처럼 정규분포와 같은 임의 분포에서 독립적으로 표집된 자료의 시계열 그림을 살펴보면 상당히 작은 값의 다음 관찰값은 커지는 경향이 있고 아주 큰 값의 다음 관찰값은 작아지는 경향이 있음을 알 수 있다. 그 값은 평균값을 향해 가거나 '회귀'한다.

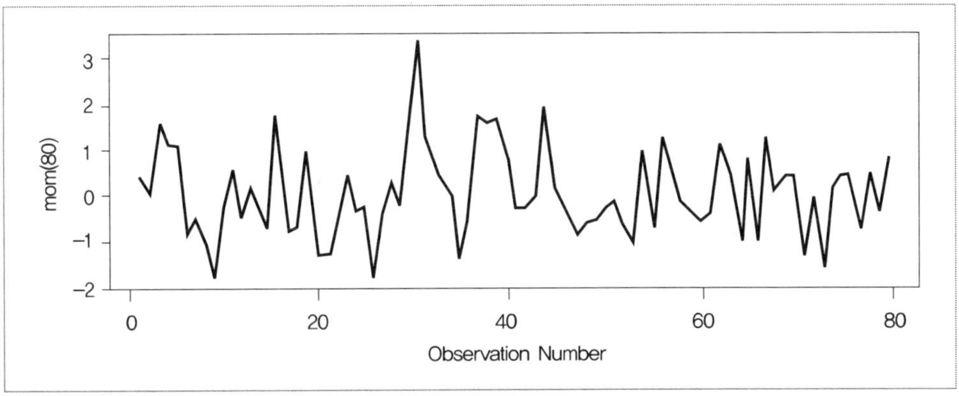

그림 2 정규분포에서 독립적으로 표집된 자료의 시계열 그림(μ=0, σ=1)

따라서 이런 식으로 비행 수행이 임의의 과정이고 잘한 비행에 대한 칭찬과 잘못한 비행에 대한 꾸지람은 전혀 효과가 없음에도 불구하고 비행 교관들은 체벌을 하면 더 잘하고 보상을 하면 더 못한다는 경험을 했다고 생각할 수 있게 된다. 그래서 비행 교관들은 질책은 효과적이지만 칭찬은 역효과를 낸다는 결론을 내리게 된다.

Kahneman은 비행 훈련생들의 기술은 천천히 향상되므로 비행에 있어서 전과 후의 수행정도의 차이는 대부분 운에 좌우된다고 설명하였다. 이러한 회귀는 완벽한 세 지점 착륙을 수행한 학생일지라도 칭찬 또는 질책과 무관하게 다음 날 수행정도는 그림과 같은 지그재그 모양을 나타낸다는 것을 보여준다. 그러나 이 사실을 깨닫지 못한 교관들은 칭찬의 효과를 부정적으로 평가하였으며 처벌의 효과를 긍정적으로 평가하였다(Mckean, 1985, p.25).

이러한 유형의 통계적 사고에 대해 Kahneman과 Tversky가 명시적으로 특정한 용어를 사용하지는 않았지만 우리는 이것을 변이의 경향 이해하기라 명명하고자 한다. 이러한 사고를 위해서는 불확실성이 가능함을 인정할 수 있어야 한다. 사람들은 학생들의 수행을 기본적으로 평균값을 지닌 임의의 과정으로 인식하기보다 개별적 변화가 어떠한 원인에 의한 것으로 생각하면서 잘못을 범하게 된다. Kahneman과

Tversky는 평균에 회귀하는 주변의 현상에 관심을 갖게 되었으며 평균값으로의 회귀로 설명될 수 있는 놀라운 현상을 찾아내어 목록으로 만들었다.

Kahneman과 Tversky는 이러한 관점을 통해 또 다른 반직관적인 통계원리에 대해 생각하게 되었다. 소표본이 모집단을 대표한다고 생각하거나 모집단의 특성을 반영한다고 생각하는 것도 이러한 통계원리의 하나이다(Tversky & Kahneman, 1982). 변이 관점에서 생각하면 소표본이 대표본보다 더 많은 변이를 가지고 있다. 결과적으로 사람들은 종종 소표본의 결과를 너무 많이 신뢰한다는 것이다. 그러나 여기에 상반되는 예가 있다. 다른 연구에 의하면 사람들은 모집단의 크기에 비해 상대적으로 작은 임의 표집의 결과를 상당히 의심하며(Bartholomew, 1995) 소표본이 모집단을 반영할 수 있다고 생각하지 않는다.

Tversky와 Kahneman의 연구는 사람들이 실세계에서 행동하는 방법에 통계적 사고가 구현되지 않음을 밝혀낸 것으로 이것은 통계학의 역사를 생각하면 그리 놀랄 만한 것은 아니다. 사실, 심리학자 Falk와 Konold(1992, p.151)는 사람들이 그들 나름의 '확률적 혁명'을 거쳐 결정론적인 관점에서 "확률적 아이디어가 중심이 되고 필수적이라"는 관점으로 세상을 보는 눈이 바뀌어야 한다고 믿었다. 이와 상보적이지만 매우 다르게 표현된 관점이 품질관리 분야에서 나타났다. 이 분야는 사람들이 통계적 사고를 어떻게 이해하는가가 실제에 대한 이해에 영향을 미친다는 신념을 포함하고 있다(Provost & Norman, 1990).

품질관리 분야의 기여

통계적 사고는 품질관리 분야의 문헌에서 중요하게 다루어지고 있다. Snee(1999)는 통계학이 지속적으로 발전하기 위한 다음 단계로 통계적 사고의 발달을 언급하였으며 Provost와 Norman(1990, p.43)은 "21세기에는 산업, 정치, 교육 등 사회 전반에 걸쳐 통계적 사고가 더 많이 요구될 것"이라고 언급하였다. 통계적 사고의 중요성에 대한 이러한 생각은 품질관리 분야에 널리 내재되어 있으며 과정의 개선을 위한 체계적인 접근에 초점을 두고 있다. 과정을 통한 지식과 과정에 대한 지식을 바탕으로 과정의 개선을 위한 변화를 모색한다는 것이 이러한 접근법의 핵심이다. 이로 인해 통계적 사고에 관한 문헌이 출판되고 많은 강좌가 개설되었다. 이러한 문헌과 강좌의 대부분은 관리자에게 필요한 여러 기술에 관한 것이었다(Joiner, 1994). 통계적 사고에 관한 그들의 정의에서 가장 눈에 띄는 것은 변이의 역할이다. 넓은 의미에서 과정을 개선시킨다는 것은 변이를 통제하고 최소화하는 것이다.

변이의 통제

Hare, Hoerl, Hromi, Snee(1995)에 의하면 통계적 사고는 1925년에 발표된 생산품의 질을 유지하는 것에 관한 Shewhart의 연구에 그 기원을 둔다. 이로 인해 품질관리 분야가 발달할 수 있었으며 Deming 또한 이 분야에서 선구자적인 역할을 하였다(Shewhart & Deming, 1939). Shewhart와 Deming의 연구는 하나의 과정에서 변이에 대한 두 가지 원인이 존재한다는 것에 토대를 두고 있다. 즉, 특별한 원인 변이와 일반적 원인 변이(또는 우연 변이)가 존재한다는 것이다. 특별한 원인을 확인하고 개선하고 제거함으로써 통계적 안정성의 수준을 향상시키고, 과정에 내재되어 있는 고유의 변이성, 즉 일반적 원인 변이를 수용하는 것이 오랫동안 품질관리에서 유지되어온 방법이다. 관측치가 $m \pm 3\sigma$ 내에 있는 한 그 과정을 그대로 두는 것이 원칙이다. 변이에 대한 이러한 태도는 엄격해진 기준과 더 높은 기대치로 인하여 변해 왔다. 이제 품질관리의 초점은 품질을 통제하는 것이 아니라 지속적인 품질의 향상에 있다.

변이의 최소화

Pyzdek(1990, p.104)은 변이에 대한 사고를 다음과 같이 정리하였다.

- 모든 변이에는 원인이 있다.
- 과정에서 설명되지 않은 변이는 과정에 대한 무지의 수준을 파악하는 측도이다.
- 과정에 대한 이해를 증진시키는 것, 즉 무지를 줄이는 것은 항상 가능하다.
- 과정 변이의 원인을 이해하고 통제할 때 변이를 줄일 수 있다.

이와 같이 변이를 이해한다면 과정 변이를 줄일 수 있을 뿐만 아니라 과정의 평균 수준을 변화시킬 수 있다(Snee, 1999). 따라서 품질 향상에서 변이성을 정당하게 최소화하기 위해서는 변이의 원인을 확인하고 제거하거나 적어도 줄이기라도 해야 한다. 이를 위해 우선 변이의 일반적 원인과 특별한 원인을 구별해야 한다. 특별한 원인에 의한 변이는 즉시 조사 가능한 것으로 보는 반면, 일반적 원인에 의한 변이는 시스템의 구조적인 변화와 장기적인 관리 프로그램을 통해 줄일 수 있는 것으로 본다. 변이의 일반적 원인을 다루기 위해 원인과 결과 다이어그램, 층화분석, 파레토 분석, 설계 실험, 패턴 분석, 모델링 절차와 같은 도구들을 사용하여 인과 관계를 조사한다. 이때, 과정에 대한 깊이 있는 지식이 필수적이다. 자료의 패턴을 찾아야 하며 연구 질문에 맞게 자료를 수집하거나, 재수집하거나, 계층화하거나, 재계층화해야 한다. 일반적 원인에 대한 정보를 찾을 때 다양한 방법으로 자료를 조사할 필요가 있다. 또한 자료에 대해 적절한 의문을 갖기 위해 맥락을 알아야 한다.

Pyzdek(1990)은 하나의 체계에서 '우연'을 설명할 수 없으나 통제 가능한 것으로 보는 대신, 설명가능하고 줄일 수 있는 것으로 보는 것이 어떻게 과정을 향상시킬 수 있는지 이에 대한 사례를 제시하였다. 먼저 모든 파동이 최소 조밀 회로 패턴을 따르는 동안 생산과정에서 납땜 파동의 평균 부족량은 1000개의 납 당 40에서 20으로 감소하였다. 이후 생산과정에 두 가지 변화를 줌으로써 평균 부족량이 1000개의 납 당 5로 감소하였다. 따라서 Pyzdek(1990, p.108)은 우연적 원인은 우연으로 남겨져야 한다는 낡은 신념을 거부하고 "모든 변이에는 원인이 있으며 대부분의 과정이 향상될 수 있다."는 새로운 관점을 제시하였다. 그의 관점은 지속적인 향상을 점점 더 강조하는 것으로 시장에 적용되었다. 이러한 관점은 변이의 원인이 이미 결정되어 있음을 인정하는 것으로 보이지만 또한 여전히 결정되지 않은 것들이 있음을 인정하는 것이다. 즉, 더 많은 지식을 습득하면서 결정되지 않은 것들을 더 줄여나갈 수 있다는 의미이다.

실제로 변이는 항상 존재한다. 자료에서 패턴을 발견할 수 없다면 과정에서 변이성의 정도를 추정해서 허용할 수 있다. 자료에서 패턴이 발견되었는데 성별과 같이 그 원인을 조작할 수 없을 때 원인을 확인하여 개별적인 자료에 대해 더 나은 예측을 할 수 있으며 변이를 허용하도록 과정을 설계할 수 있다. 원인이 조작가능하다면 '원하는' 결과를 증대시키기 위해 그 과정을 변형할 수 있다(Wild & Pfannkuch, 1999). 따라서 통계적 사고란 원인, 즉 가능한 모든 설명을 찾는 것이기도 하지만 변이가 존재할 수 있음을 인식하는 것이다. 이러한 사고와 함께 패턴으로 보일 수 있는 것이 실제로는 임의적이거나 설명되지 않은 변이일 수 있다는 인식이 나타난다.

세상을 지각하는 방식으로서의 변이

품질관리 분야에서 체계를 개선하기 위해 필요한 통계적 사고에 대해 합의가 이루어지고 있다. 품질을 통제하는 것에서 품질을 관리하는 것으로 관심이 이동함에 따라 이 분야에서 요구하는 통계적 사고 역시 생산품의 안정적인 변이성에 주목하는 것에서 관리자가 어떻게 변이성을 조작하고 사고해야 하는지로 발전하였다.

Snee(1990, p.116)는 통계적 사고에 대한 진정한 이해가 필요하며 통계적 도구에 주목하기보다 개념적 수준에서 또는 하나의 '체계적' 관점에서 통계적 사고에 주목하는 것이 중요하다고 생각하였다.

> 통계적 사고는 일련의 사고 과정이다. 일련의 사고 과정이란 변이는 우리 주위에 존재하고 행하는 모든 것에 포함되어 있으며, 모든 활동은 일련의 내적으로 연결된 과정들이며, 변이를 확인하고, 특징을 찾고, 수량화하고, 통제하고, 줄임으로써 과정을 개선할 수 있음을 인식하는 것이다. 이러한 정의는 과정, 변이, 분석, 지식의 발달, 처치, 품질 향상에 대한 모든 아이디어를 통합한다.

Hare 외(1995, p.55)에 의하면 "통계적 사고는 하나의 사고방식(mind-set)이다. 통계적 사고를 이해하고 사용하기 위해서는 현재의 사고방식을 바꾸어야만 한다." 이들은 관리자에게 요구되는 중요한 통계적 사고 요소로 "과정적으로 사고하기, 변이 이해하기, 실행 방향을 정하기 위해 자료 이용하기"를 들고 있다. 특히, 변이를 줄임으로써 품질을 향상시키고 개별 자료가 아닌 체계에 주목하고 과정을 향상시키기 위해 자료를 중요시해야 한다고 강조하였다. Kettenring(1997, p.153) 역시 관리자는 "자료를 통해 관리한다는 것이 무엇을 의미하는지 인식"해야 한다고 언급하면서 이러한 관점을 지지하였다.

그러나 Snee(1999, p.257)는 효과적인 통계적 사고를 위해 자료가 필요하지만 필수적인 것은 아니라고 주장하였다. 그는 자료를 이용하지 않고도 변이의 존재를 관찰할 수 있음을 보였다. 예를 들어, "투입 과정의 변이를 줄이면 산출 과정의 변이가 감소"한다는 것은 일반적으로 잘 알려져 있다. 따라서 자료가 없어도 회사는 통계적 사고를 통해 변이를 유발할 수 있는 공급원을 줄여야 한다고 제안할 수 있다. Britz, Emerling, Hare, Hoerl, Shade(1997, p.68)는 자료 없이 통계적으로 사고하는 능력을 다음과 같이 설명하였다. "통계적 사고의 고유한 특성은 수치적 기술이 아니라 사고 과정에 있으며 이러한 사고 과정은 사람들이 정보를 이해하고 처리하고 반응하는 방법에 영향을 미친다."

보상과 처벌의 효과에 대한 사람들의 신념에 평균으로의 회귀가 어떻게 영향을 미치는지에 대한 Tversky와 Kahneman의 통찰은 품질관리에서 '변이에 관한 이론을 이해'하기 위해 필요한 것으로 널리 알려져 있다. 이것을 설명하기 위해 주로 사용되는 상황은 직원들의 판매량에 대한 판매 관리자들의 반응이다. Joiner와 Gaudard (1990)에 의하면 많은 관리자들이 시간에 따른 직원들의 판매실적에서 적절히 변이를 인식하고 해석하지 못하며 또한 적절히 반응하지 못한다고 한다. 이들은 관리자들이 단일 시간 구간에서의 변화를 관찰하고 칭찬과 책망이 실적의 향상에 도움이 되지 않는다는 것을 이해할 수 있도록 노력하였다. 실적을 향상시키는 방법은 몇 가지 체계를 변화시켜 실적의 평균 수준을 올리는 것이다. 관리자들은 변이가 항상 존재할 수 있으며 체계에 대한 변화가 없이는 평균으로 회귀한다는 것을 인식해야 하는데 이것은 관리자들이 비결정론적 세계관을 가져야 함을 시사한다.

품질관리 분야에서의 통계적 사고는 자료로부터 정보를 얻는데 필요할 뿐만 아니라 실세계를 지각하는 하나의 방식이다. 품질관리 분야의 고찰을 통해 통계적 사고는 무엇보다 먼저 변이를 고려하는 사고 과정임을 알 수 있다. 또한 통계적 사고는 변이를 규명하기 위한 설명을 찾고, 실행의 방향을 제시할 수 있는 자료가 필요함을 인식하며, 하나의 전체로서의 체계 또는 과정에 대해 사고함으로써 자료로부터 추론하는 것이다. 변이에 대한 이러한 개념은 개별적인 것이 아닌 체계에 대한 인과적 사고가 중요하다는 것을 함축한다. 일단 변이의 형태가 특별한 원인이나 일반적 원인으로 분류되고 나면 변이의 원인을 확인할 수 있는 적절한 전략을 알 수 있다. 품질관리 분야에서의 사고는 우연에 의한 것으로 변이를 방치하는 것이 아니라 과정과 실행을 개선시키기 위해 줄여나가는 것이다.

통계교육 연구자들의 기여

품질관리 분야에서 통계적 사고는 경험적 자료에 대한 중요성을 인식하고 과정을 개선하기 위해 발생했는데, 이와 달리 통계교육 분야에서는 통계적 사고의 기원을 수학교육에서 찾으려 하였으며 귀납적 문화가 아닌 연역적 문화에서 그 기원을 찾으려 하였다.

통계교육 연구는 1970년대 후반에 등장하였으며 주로 확률에 관심을 두었다 (Fischbein, 1975; Tversky & Kahneman, 1982). 통계적 사고가 논의되기 시작한 것은 불과 10년 전의 일이다. 여기에서는 이러한 발달에 관해 논의하고자 한다.

통계와 맥락의 통합

Biehler와 Steinbring(1991)은 도해적 표현을 만들고 해석할 때 자료와 맥락 사이의 관련성을 확인하는 것이 필수적인 요소임을 확인하였다. 이들은 **통계적 탐정 활동**(statistical detective work)이라는 용어를 도입하였다. 이것은 실제 상황에서 판단이나 결정을 내릴 때 지속적으로 자료에 의문을 갖는 일련의 활동을 의미한다. 또한, Shaughnessy, Garfield, Greer(1996, p.206)도 학생들은 탐정과 같은 사고방식으로 자료와 대화할 수 있어야 하며 자료는 특별한 맥락에서 수집된 것이므로 "자료의 이면을 볼 수 있어야 한다."고 주장하였다.

> 자료를 수집하고 제시하는 사람들은 주로 특별한 문제의식을 가지고 있다. 따라서 자료 처리과정에서 자료의 이면에 숨겨진 신념과 태도를 고려하는 것은 자료를 조직하고 분석하는 방법만큼이나 중요하다. … 이것은 하나의 맥락에서 이루어지는 수학적 탐정 활동이다. … 자료를 처리할 때 자료의 관련성, 응용가능성, 다중 표현 그리고 해석을 중요시 한다. 토론과 불확실한 상황에서 의사결정은 중요한 목표이다. … 다른 학문과의 연결 또한 하나의 목표가 된다.

통계적 변형과 맥락적 지식

Ben-Zvi와 Friedlander(1997)는 기술공학을 사용하는 통계프로젝트에 참여한 학생들을 대상으로 연구를 실시하였다. 연구자들은 자신들이 만든 사고 양식의 위계체계에서 표현의 역할을 강조했으며 또한 맥락의 역할도 암묵적으로 강조하였다. 그리고 학생들이 다중 표현을 의미 있고 창의적인 방식으로 다루며, 패턴을 찾고 아이디어를 전달하기 위해 그래프를 사용하고, 이와 함께 비판적인 태도를 갖추고 있을 때 통계적으로 사고한다고 보았다. 이러한 사고 양식의 위계체계에서 확인된 주요 개념 중 하나가 통계적 변형이라 부르는 통계적 사고의 기본 유형이다.

Hancock, Kaput, Goldsmith(1992, p.339)는 자료가 실세계 상황의 모델이라는 아이디어를 반영하는 모델링 관점에서 통계를 조망하였다. 이들은 자료 산출과 분석이 자료 모델링의 영역을 구성한다고 보았다. "다른 모델과 마찬가지로 통계적 모델은 불완전한 표현으로 이것의 타당성은 사용되는 맥락 내에서 판단되어야 한다. 이러한 생각은 자료에 기초한 논증을 비판적으로 바라보는데 필요한 주요 아이디어이다." 이들은 그동안 자료 산출이 무시되어 왔다고 언급하면서 다음과 같이 주장하였다.

> 자료 산출 과정은 어떤 자료를 수집해야 하는지에 대한 판단, 자료를 조직하기 위한 구조의 설계, 자료를 측정하고 범주화하기 위한 체계적인 방법의 정립 등을 포함해야 한다. … 분석을 통해 얻어진 결론의 적절성과 신뢰성은 분석의 토대가 된 자료에 의존하기 때문에 자료 산출은 자료 분석에 정보를 제공한다. 자료에 기초한 논증에 대한 가장 흥미로운 비판은 잘못 찍힌 점을 찾기 위해 그래프를 세밀하게 관찰할 때 나타나는 것이 아니라 상황의 중요한 측면이 자료 수집에서 무시되었거나 또는 모호하거나 왜곡되었음을 고려할 때 나타난다.

자료의 산출은 적절한 '측도'를 실세계에서 찾아낼 필요가 있을 때 문제의 초기 단계에서 나타나는 통계적 변형의 훌륭한 예가 되며, 또한 문제에 상황에 대한 맥락적 지식을 부여하고 자료를 적절히 해석하기 위해 맥락적 지식을 통계적 지식과 통합하는 훌륭한 예가 된다.

통계 모델을 이용한 추론

Hancock 외(1992) 그리고 Konold, Pollatsek, Well, Gagnon(1997)은 학생들의 통계적 사고 발달에서 개별적 사례가 아닌 집단의 경향에 관한 추론이 기본이 되어야 한다고 주장하였다. 그러나 Konold 외(1997)는 개별적인 사례에 기초한 추론에서 자료 집합에 기초한 추론으로 나아가는 것이 학생들에게 매우 어렵다는 것을 발견하였다. 예를 들면, 수학에서는 하나의 반례로 가설이나 주장을 반박하지만 통계에서는 하나의 반례, 즉 하나의 개별적인 사례로 집단의 경향에 관한 이론을 반박할 수 없다. 게다가, 통계적 그래프를 통해 추론하기 위해 학생들은 하나의 전체로서의 자료 집합에서 패턴을 '볼 수 있어야' 하는데, 이때 패턴을 임의적인 것으로 생각할 수 있어야 하며 상황에 따라서는 개별적인 추론도 필요함을 인식할 수 있어야 한다.

자료의 필요성 인식

Hancock 외(1992), Konold 외(1997), Watson 외(1995)에 의하면 학생들은 종종 자료 수집과 분석을 상황에 대한 그들의 지식을 확인하는 기회로 생각하였다. 또한 학생들은 자신들이 구성한 그래프를 무시하고 신념에 근거하여 결론을 내리기도 하였다. 일부 학생들의 경우 통계적 사고의 기본 요소인 상황을 판단하기 위해 자료가 필요하다는 인식이 부족하였다. 개인적인 경험과 의견은 부적절하거나 편향적일 수 있다는 인식과 더 나아가 의견은 수집된 증거에 의해 수정될 수 있다는 인식은 통계적 사고의 기본 요소에 해당된다.

통계적 사고 그리고 통계에 근거한 정보와의 상호작용

Ministry of Education(1992)을 포함한 여러 수학교육과정은 대중매체와 통계에 기초한 보고서의 해석과 비판적 평가를 통계교육과정의 바람직한 목표로 설정하고 있다. 대중매체가 제시하는 통계적 정보의 수준이 상당히 높고(Knight et al., 1993) 교육과정의 일반적 목표가 소양을 갖춘 시민의 양성이므로 이러한 목표의 설정은 놀라운 일이 아니다.

대중매체의 주장에 의문을 제기하고 보고서를 비판적으로 평가하기 위해서는 높은 수준의 사고 기술이 필요하다(Watson, 1997). 학생들은 보고서를 평가할 때 어떤 것이 신뢰할 수 있는 것인지, 좀더 수행되어야 하는 것은 무엇인지, 좀더 확신을 주기 위해 무엇을 더 제시해야 하는지를 고려해야 한다. Gal(1997)은 보고서를 평가하기 위해 학생들은 비판적 태도와 함께 '비판적 사고를 위한' 질문들을 떠올릴 수 있어야 한다고 주장하였다. 이러한 질문들은 조사 주기의 단계들에 대한 비판을 토대로 제기된다. 이러한 기초적 사고를 위해 학생들은 직접 연구자가 되어 측도, 설계, 대안적 설명, 가능한 추정 등과 같은 여러 측면들을 고려해보는 기회를 가져야 한다. 이런 과정을 경험하면서 학생들은 설계와 추론에서 나타날 수 있는 결함들을 확인하게 된다. 이러한 평가과정에서 학생들은 자신들의 통계적 지식뿐만 아니라 맥락적 지식도 사용해야 한다. 예를 들면, 결과의 의미에 대한 대안적인 설명을 생각할 때 학생들은 반드시 문제의 맥락에 대한 다른 정보를 고려하거나 자료의 의미를 설명하는데 도움이 되는 일상적 지식을 참조해야 한다(Gal, 1997, p.50).

Gal과 Watson의 연구는 학생들이 통계적 조사에 직접 참여한다고 해서 통계적 사고가 완전히 발달하는 것은 아님을 보여주었다. Gal 외(1995, p.25)는 이러한 결과에 대한 이유로 "서로 다른 인지적 기술과 성향이 요구된다는 사실과 함께 기능 전이의 문제"를 제시하였다. 따라서 통계 보고서를 평가하는 것에 대한 교육이 뒷받침 될 때 완전한 통계적 사고의 발달을 기대할 수 있을 것이다.

확률 모델에 기초한 탐구와 새로운 사고 모델을 찾는 탐구

Biehler(1994)를 제외한 대부분의 교육학자들은 실천가의 관점에서 통계적 사고를 설명하는데 크게 관심을 갖지 않았다. Biehler(1994)는 통계학에는 두 가지의 사고 문화, 즉 확률 모델에 기초한 탐구와 새로운 사고 모델을 찾는 탐구가 있다고 보았다. 후자는 자료의 변이성을 형식적 확률 모델에 대응시키지 않으려는 탐색적 자료 분석(EDA) 방법에 잘 나타나 있다. **원인을 찾는 과정에서 패턴이 발견되지만 사람들은 종종 무작위 속에서 패턴을 '본다'고 생각하며 이러한 현상 때문에 필터가 필요하다.** "탐색적 자료 분석을 지지하는 통계학자들은 전통적인 통계학자들에 비해 자료를 해석하기 위한 배경지식으로 내용 지식과 판단을 중요시하는 것 같다." (Biehler, 1994, p.7)

확률적 사고는 이론적 확률 모델을 이용해 추론할 때 발생한다. 어떤 특정 모델의 임의 표본이 되는 자료에 기초하여 논쟁이 일어나는 상황을 예로 들 수 있다. Biehler(1999, p.261)는 확률 분포로 어떤 체계를 모델링하게 되면 "개별적인 사례에서는 발견할 수 없는 새로운 형태의 지식, 새로운 원인, 설명, 유형 요소를 드러낼 수 있다."고 주장하였다. 이러한 상황에서는 체계 변이와 임의 변이 그리고 이들의 상보적인 역할 또한 이해해야 한다(Konold et al., 1991). 따라서 Biehler는 통계적 사고를 위해 확률 모델에 기초한 탐구 활동과 새로운 모델을 찾는 탐구 활동이 모두 필요하며 뿐만 아니라 자료 집합을 대상으로 한 추론과 개별적인 자료를 대상으로 한 추론 모두가 필요하다고 주장하였다. Tukey가 1962년에 발표한 획기적인 논문의 영향으로 통계학에서는 탐색적 자료 분석으로의 변화가 나타났으며(Kotz & Johnson, 1992) 이후 Tukey가 이를 발전시켰다(Tukey, 1977). 이러한 변화로 통계 교육자들은 통계적 사고가 맥락적 지식, 통계적 지식, 핵심적 요소로서의 변이, 원인에 대한 탐구, 통계 모델과 확률 모델을 이용한 추론 등을 포함한다는 사실에 주목하게 되었다.

통계적 사고의 기초로서의 변이

교육에 관심을 가졌던 통계학자들은 변이가 통계적 사고의 기초라고 강력히 주장하였으나(Moore, 1990) 교육학자들은 최근에 와서야 이러한 사실을 인식하였다(Shaughnessy, 1997; Pfannkuch, 1997). Shaughnessy(1997)는 변이에 관한 연구가 부족한 것은 그동안의 연구가 주로 교육과정에서 강조하는 것만을 반영했기 때문이라고 생각하였다. Shaughnessy, Watson, Moritz, Reading(1999)은 그들의 연구에서 학생들의 변이성 개념이 특정 과제에 대해 명료하게 발달하지 않음을 확인하였다.

학생들의 사고에 관한 연구를 살펴보면 통계적 사고의 기본 요소가 통계교육연구에서 밝혀졌음을 알 수 있다. 최근에 와서야 논의된 변이는 실제로 관찰할 수 있는 움직임을 패턴, 예외, 무작위성과 같은 추상적 개념들과 관련시킬 수 있도록 해주는 강력한 개념이다. 통계교육연구는 학생들이 사고하는 방식을 확인하고 통계적 사고는 타고난 것이 아니며 또한 학생들마다 다양함을 인식함으로써 통계적 사고에 대한 통찰을 제공하였다. 통계적 사고는 통계학의 특성을 고려한 교육 환경과 실제적인 통계 연구 환경에서 학습되고 개발되어야 한다. 통계교육연구자는 통계적 사고방식으로의 이행에서 학생들이 보이는 어려움을 강조하였다. 그들은 또한 통계적 사고는 경험적 탐구 활동과 통계적 보고서를 평가하는 활동에서의 서로 다른 인지적 기술을 포함한다는 인식을 확장하였다.

통계학자들의 기여

최근 10년간 Moore는 교육과정에서 통계적 사고방식의 발달을 강조해야 하며, 변이에 대한 사고가 통계교육의 중심이 되어야 한다고 강력히 주장해왔다. 1996년에 이르러서야 미국통계학회(ASA)는 교육과정에서 통계적 사고 요소를 강조해야 한다는 권고를 받아들이고(Moore, 1997), Moore(1990)가 제시한 것과 유사한 정의를 채택하였다.

통계적 사고의 핵심으로서의 변이

Moore(1990, p.135)는 통계적 사고를 다음과 같이 요약하였다.

- **과정에서의 변이의 편재** 개별적 사례들은 변화한다. 동일한 개별 대상을 반복 측정한 값들은 변화한다. 자연과 인간사에서 엄격하게 결정할 수 있는 것은 매우 제한되어 있다.
- **과정에 대한 자료의 필요성** 통계학은 이론적이기보다는 확실히 경험적이다. 자료를 조사하는 것이 가장 먼저이다.
- **변이를 고려한 자료 산출의 설계** 통제되지 않은 변이의 원인을 인식하고 임의 추출을 지향하고 비교를 통한 실험연구를 시행한다. 그리고 무작위성을 이용하여 자료 산출에 의도된 변이를 도입한다.
- **변이의 수량화** 임의 변이는 확률에 의해 수학적으로 기술된다.

- **변이의 설명** 통계 분석을 통해 개별적 사례와 측정값에 대한 임의의 변이성이 영향을 미치는 체계적인 효과를 조사한다.

Moore(1992a, p.426)는 "미래의 학생들은 '변이가 중요하다'고 말하는 가운데 변이와 관련된 사고 구조를 가지고 학교를 떠나야 한다."라고 주장하면서 변이의 중요성을 강조하였다. 사고의 구조가 명확히 무엇인지 그리고 사고의 구조가 교수과정에서 어떻게 명료하게 표현되는지 또는 모델화되는지는 분명하지 않다. 근본적으로 사고의 구조는 결정론과 비결정론에 관한 아이디어로 나타난다.

변이, 무작위성, 가능성, 인과관계가 서로 연결되고 중첩되는 부분이 존재한다. Wild와 Pfannkuch(1999)가 시행한 연구의 3절에서 이들의 차이를 명확하게 설명하고 있다.

맥락적 지식에 기초한 논의

Cobb과 Moore(1997, p.801)는 자료를 통한 사고에서 맥락이 중요한 역할을 한다고 보고 "자료는 단지 수가 아니라 맥락을 지닌 수이기 때문에 통계학은 다양한 종류의 사고를 필요로 한다."고 언급하였다. 이들은 자료 분포를 이해하기 위해 자료의 '배경'을 알아야 한다고 강조하였다. 패턴을 찾을 때 자료 분석가는 궁극적으로 '패턴이 의미를 갖는지, 어떤 가치를 지니는지'를 판단해야 한다. 이러한 판단은 패턴의 흐름이 맥락의 흐름과 어떻게 연결되어 있는지에 달려 있는데 이는 '맥락이 의미를 부여'하기 때문이다(Cobb & Moore, 1997, p.803). Hawkins(1996)는 "통계 분포를 최종 결과물로 생각하는 학생들은 통계적 문맹이 된다."고 언급하면서 이들의 주장과 의견을 같이 하였다.

맥락적 지식은 자료 수집 설계를 통해 산출된 자료의 질을 판단하고 자료와 문제의 관련성을 판단하는데 있어 본질적인 역할을 한다. Mallows(1998, p.2)는 자신이 0번째 문제라고 부르는 "관찰된 자료와 관찰될 수 있는 다른 자료와 문제와의 관련성을 고려하는 것"에 대해 통계학자들이 충분히 관심을 갖지 않고 있다고 생각하였다. 그는 "통계적 사고는 변이성과 불확실성이 존재하는 실세계 문제와 양적 자료의 관계에 관한 것이며 관심 있는 문제에 대해 자료가 말하고자 하는 것이 무엇인지를 정확히 하고 분명하게 하려는 시도이기 때문에"(Mallows, 1998, p.3) 통계학자가 실세계 상황에서 측도를 구하고자 할 때 자료와 문제의 관련성에 관한 사고가 무시되어서는 안 된다고 주장하였다. Moore(1997)와 Hoerl, Hahn, Doganaksoy(1997)는 자료 산출 과정의 설계에 관한 맥락적 지식을 통해 자료의 질을 평가할 수 있기 때문에 자료 산출과정의 설계에 관심을 가져야 한다고 강조하였다. Hawkins(1996)는 학생들이 자료가 왜, 어떻게 수집되었는지 알지 못한다면 통계적 추론을 할 수 없다고 주장하면서 이러한 개념을 더 강조하였다. Scheaffer(1997, p.156) 또한 "자료를 어디에서 수집했는지 그 수가 의미하는 것이 무엇인지"를 아는 것이 중요하다고 언급하였다. Moore(1998, p.1263)는 "통계적 추론을 효과적으로 사용하기 위해서는 0번째 문제, 곧 문제 이전의 맥락을 고려할 수 있어야 하며 특별한 상황의 맥락에서 형식적인 결과를 해석할 수 있어야 한다."고 말하면서 이러한 주장들을 종합하였다. 이것은 통계적 사고가 자료 이면을 보아야 하며 자료를 산출된 맥락과 연결시켜야 함을 의미한다.

통계적 변형

자료 정리와 자료 표현은 많은 양의 자료를 다루는데 필수적이다. Moore(1998, p.1258)에 따르면 "통계적 사고는 많은 양의 자료를 정리하고 무질서한 자료에 순서를 부여하고 의미 없는 것에서 의미를 분리해내고 관련 없는 많은 자료에서 관련 있는 몇 개의 자료를 찾아내는 간단하지만 비직관적인 도구"를 제공한다. 따라서 통계적 사고 과정은 정보를 얻을 수 있는 형태로 자료를 변형하는 것부터 시작되어야 한다. Hawkins(1997, p.144)는 이러한 추론과 사고를 설명하기 위해 **정보처리력**(informacy)이라는 용어를 도입하였다. 정보처리력을 갖추려면 "정보가 질적인 것이든 양적인 것이든 자신과 타인을 위해 정보를 요약하고 표현하는 기술"을 갖추어야 한다. 이러한 통계적 변형은 자료 처리 과정에서 기본적인 것이다.

자료가 지닌 정보와 의사소통하는 것, 즉 통계적 변형은 추리적 사고와 밀접한 관련이 있다. 자료와 문제와의 관련성을 고려하는 것 외에 자료로부터 가능한 추론을 고려하는 것 역시 중요하다. 1950년에 Deming은 처음으로 열거적 연구와 분석적 연구 사이의 중요한 차이점을 지적하였다(이에 대한 자세한 논의는 Hahn & Meeker, 1993 참고). 열거적 연구의 목적이 현재의 상황을 기술하는 것인 반면, 분석적 연구의 목적은 미래의 모집단이나 과정에 대하여 조치를 취하거나 예측을 하는 것이다. 신뢰할 수 있는 통계적 추론의 범위는 실제로 모집단이나 표집 과정에 의해 영향을 받는다. 예를 들면, 다음 선거에서 누구를 선출할 것인가에 대한 미국인들의 현재의 여론을 조사하는 것은 열거적 연구로 형식적 추정을 통해 신뢰할 만한 타당한 결과를 얻을 수 있을 것이다. 만약 여론조사가 다음 선거의 결과, 즉 미래의 과정을 예측하는데 사용된다면 그 연구는 분석적 연구가 된다. 많은 중요한 문제에서 미래의 과정이나 모집단의 가능한 행동을 예측하기 위해 현재의 과정이나 모집단에 관한 자료를 필요로 한다. 이에 대한 통계적으로 신뢰할 만한 방법은 없다. 불확실성에 대한 측도는 현재 과정에 대한 불확실성을 반영하므로 미래의 과정에 대한 불확실성을 합리적으로 판단하는 것은 더 어려워진다. 이전의 사실을 통해 미래의 과정을 추정하는 것에 대한 타당성은 상황의 맥락적 지식에 의해서만 정당화될 수 있다.

세상을 지각하는 방식으로서의 통계적 사고

Ullman(1995)은 통계적 사고를 일상생활에서 비형식적으로 사용될 수 있는 기초적인 틀로 보았다. "우리는 항상 양적으로 사고한다. … 우리는 통계학을 사용하지 않고도 모든 것을 측정하고 추정하고 실험한다." (p.6) Ullman은 이러한 양적 사고를 통계학의 고유한 특성으로 보았다. 그는 양적 사고의 기저가 되는 몇 가지 원리를 제시하였는데, "첫째, 모든 것에는 목적이 있으며, 둘째, 사람들이 행하는 대부분의 것들은 과정을 포함하며, 셋째, 측정은 정보를 제공하며, 넷째, 전형적인 결과가 발생하며, 다섯째, 변이는 어디에나 존재하며, 여섯째, 평가는 지속되며, 일곱째, 판단은 반드시 필요하다는 것" (p.5)이 이에 해당된다. 결국 양적 사고를 통해 현실을 통계적으로 인식할 수 있다.

독립적인 지적 방법으로서의 통계적 사고

통계학은 수학의 한 분야가 아니라 그 자체가 하나의 인식론이다(Moore, 1992b). Hawkins(1996)는 "수학을 학습한 사람도 통계적 문맹이 될 수 있다."고 주장하였다. Moore(1998, p.1263)는 통계적 사고를 "자료, 변이, 가능성에 관한 일반적이고 근본적이며 독립적인 추론 양식"으로 보았다. 또한 Ullman(1995, p.2)은 통계적 사고 혹은 양적 사고가 불확실한 경험적 자료를 다루는 추론이기 때문에 고유한 사고방식을 갖는다는 의견에 동의하였다. 즉, "통계적 사고를 기본적인 사고라고 생각하였다."

이들 통계학자들이 말하는 통계적 사고는 독립적인 지적 방법이기 때문에 중요하다. 통계적 사고 방법은 경험적 탐구 주기를 갖는다. 그러나 그것은 세계에 대해 사고하고 인지하는 하나의 방식으로 확장되어야 한다. 통계적 사고는 수학의 영역을 넘어선다. 통계학자들은 그들의 목적을 달성하기 위해 단지 수학을 도구로 사용할 뿐이다. 이들 통계학자가 설명하는 통계적 사고의 본질은 변이를 인식하고 이해하고 사용하고 수량화하고 설명하고 평가하는 것이다. 자료의 '배경'에 대해 생각하고 적절한 자료와 측정값을 찾아내고 자료를 요약하여 표현하고 의사결정에서 불확실성과 자료의 변이성을 고려하는 것이다.

논의와 요약

통계적 사고와 경험적 연구

Wild와 Pfannkuch(1999)의 4차원 모델(그림 1)은 통계에 익숙한 사람들이 경험적 연구를 수행할 때 사고하는 방식의 특징을 묘사한 것으로 교육과정이 추구하는 목표를 반영하고 있다. 앞에서 언급했듯이 이 모델은 선행 연구의 검토와 통계학자와 통계프로젝트에 참여한 대학생을 대상으로 한 면담결과에 기초하여 개발되었다. 이 연구는 문제를 형식화하는 단계에서부터 결론을 의사소통하는 단계까지 통계적 연구 주기의 세부적인 모든 단계에서 나타나는 통계적 사고에 주목하였다. 경험적 연구에서 나타나는 통계적 사고에 관한 4차원 틀(그림 1)은 통계 문제를 해결하는데 영향을 미치는 조사 주기, 탐구 주기, 사고유형, 성향으로 이루어져 있는 사고방식을 나타내고 있다. 이 틀이 보여주듯이 이들 사고방식은 비위계적이고 비선형적이며 역동적이다. 통계적으로 사고하는 사람은 4차원 모두를 동시에 활용한다. 예를 들면, 통계적으로 사고하는 어떤 사람의 행동을 1차원(조사 주기)의 계획 단계, 2차원(사고 유형)의 변이의 고려, 3차원(탐구 주기)의 비판하기, 4차원(성향)의 회의주의적 사고로 범주화할 수 있다.

조사 주기(그림 1의 (a))는 통계학자들이 실행하는 연구 절차 그리고 맥락에서 더 많은 것을 알아내기 위해 그들이 고려하는 바를 기술하고 있다. 성향(그림 1의 (d))은 사고자가 다른 차원으로 이동하는데 영향을 주거나 이를 유발한다. 탐구 주기(그림 1의 (c))는 통계학자가 문제, 자료, 자신과의 지속적인 대화를 나눌 때 끊임없이 사용하는 사고과정이다. 이 주기는 문제와 자료에 대한 해결책을 찾기 위해 대화가 이루어지는 동안 문제와 자료를 이해하고자 노력하는 탐구와 평가의 과정이다. 사고유형(그림 1의 (b))은 일반적 사고유형과 고유한 통계적 사고유형으로 구분되는데("문헌 검토를 위한 모델"이라는 절 참고), 전자는 모든 문제 해결에 공통적이며 후자는 근본적으로 통계적이라 간주되는 사고유형이다. 이들 사고유형은 통계학자가 실세계로부터 통계적 질문을 추상화하고 통계적 모델과 측정값에서 실세계와 관련된 요소를 찾아내고 자료에 기초한 추정을 하기 위해 통계 모델을 사용하고 자료로부터 실세계에 관해 알게 된 것을 의사소통할 수 있게 한다.

이 틀은 통계에 익숙한 사람들의 통계적 사고과정을 명백히 설명하기 위해 만들어졌다. Resnick(1987, p.35)에 의하면 "각 학문은 그 나름의 독특한 추론방법을 가지고 있다." 각 학문의 교수와 학습은 이러한 사고과정을 포함해야 한다. 통계적 문제해결은 통계적 요소로 이루어진 전체적이며 통합적인 사고(holistic thinking)를 필요로 하는데 이에 대해서는 2차원(그림 1의 (b))의 '**통계적** 사고의 기본 유형'에 제시되어 있다.

이 틀은 문제해결 영역에서 우리가 통계적 사고로 간주하는 것과 역사, 선행연구 그리고 실험 연구에서 얻은 지식을 통합하여 나타낸 것이다. 비록 이 틀이 통계적 연구의 평가와 일상생활에서의 통계적 사고를 다루고 있지는 않지만 그러한 분야에도 도움이 될 수 있다.

학생들은 '정보를 이용할 때' 다른 사람이 수행한 통계적 조사 결과와 상호 작용하는 것을 배워야 한다(Barabba, 1991; Gal, 2000). 학생들은 사회적 이슈에 관한 정보를 얻기 위해 통계에 기초한 정보를 이용해야 한다. 또한 의료, 도박, 보험과 같은 분야에서 자신의 일상에 관해 의사결정을 하고, 마케팅, 제조, 법률과 같은 자신의 직업에서 의사결정을 하기 위해 통계에 기초한 정보를 이용해야 한다. 이러한 결정을 할 때 연구자가 작성한 전문 보고서나 대중매체가 제공하는 보고서를 이용한다. 이러한 보고서로부터의 정보는 적어도 3차 요약값이다. 이러한 정보를 이용할 때 두 가지 과정을 고려하는 것이 중요하다. 하나는 '정보를 어느 정도까지 신뢰해야 하는가?'이고 다른 하나는 정보로부터 의미를 찾는 것이다. 보고서가 제공하는 정보를 비판적으로 평가할 때 주로 연구자가 1차원에서 PPDAC(문제, 계획, 자료, 분석, 결론) 단계를 거쳐 진행한 방법을 평가한다. 사용한 통계량, 연구 설계, 분석 방법이 적절하지 못해 치명적인 결함이 자주 발견되기도 하며, 결론 단계에서는 표본으로부터 가능한 추정을 벗어난 외삽을 조심해야 한다는 것을 알게 된다. 통계교육에서 그래프의 사소한 결함을 찾는 것이 그래프에서 의미를 찾는 것보다 더 강조되는 경향이 있다. '사소한 결함이 있는' 그래프에서도 종종 올바른 정보를 추출할 수 있다. 읽기 전략과는 별개로 보고서를 해석해서 그 의미를 찾는 과정은 통계적 조사에서 의미를 찾는 과정의 일부이다. 통계적 조사에 관한 지식이 비판 능력보다 선행하기 때문에 이것은 경험적 연구에서 통계적 사고가 가장 기초적인 형태의 통계적 사고임을 의미한다. 통계 연구에 대한 평가가 조사 과정에 대한 지식에 기초하고 있지만 둘 사이를 잘 연결하기 위해서는 특별한 교육이 필요하다.

또한, 일상생활에서 접하는 현상과 우연한 정보를 해석하는데 영향을 미치는 통계적 사고가 존재한다. 이러한 사고 기술은 자료가 없는 상황에서도 매우 유용할 수 있다. 특히, Tversky와 Kahneman(1982), Snee(1999), Britz 외(1997)가 설명하였듯이 일상생활을 통해 변이를 인식하는 것에서부터 통계적 사고가 시작된다. 통계 학습을 통해 경험에서 얻는 편의, 작은 크기의 표본, '자료'의 변이와 같은 주제에 민감해질 수 있고 불확실한 상황과 의사결정에 대한 사고방식이 변할 수도 있다. 이러한 아이디어를 통합하고 다소의 일관성을 부여하는 것은 가치 있는 활동으로 보여진다(Gigerenzer, Todd & ABC Research group, 1999; Gigerenzer, 2002 참고). 그러나 사람들이 실세계를 자신만의 독특한 방식으로 경험하기 때문에 일관성을 부여하는 것이 어려운 경우도 있을 수 있다. 그리고 통계적 조사에 대한 단편적이고 부수적인 특징만을 다루게 될 수도 있다. 그러나 이러한 시도는 필요하다. 교육과정에서 경험을 통해 얻은 '자료'와 통계적 사고 요소를 직접적으로 결부시키지 않는다면 통계 교육은 일상생활에서 사람들이 사고하는 방식의 발달에 도움을 주지 못할 것이다.

통계적 사고는 실제적인 문제를 해결하기 위해 자료를 기반으로 탐구하고 논증하며 상호작용하는 동안 그리고 자료로부터의 결과와 상호작용하는 동안 유발되는 사고과정이다. 이러한 사고 '기술'은 생소하지만 인간 사고의 많은 영역에서 점점 필수적인 부분이 되어 가고 있다. 이러한 사고 기술의 중요성을 평가절하해서는 안 된다. 교육자들은 통계적 사고를 발달시키는 것이 오늘날의 주위 상황을 이해하고 조작하기 위해 그리고 실세계를 인지하기 위해 매우 중요한 요소임을 깨달아야 한다. 우리의 과제는 이것을 교육 현장에 통합시키는 방법을 모색하는 것이다.

지도와 평가를 위한 시사점

학생들의 통계적 사고의 발달을 위해 고려해야 할 네 가지 주요 과제가 있다. 교육자를 위한 첫 번째 과제는 통계적 사고의 특징을 인식하고, 통계적 사고에 대한 공통된 이해를 이끌어내고, 통계적 사고를 설명하고 의사소통할 수 있는 공통의 언어를 개발하는 것이다. 두 번째 과제는 다양한 맥락과 상황에서 통계적 사고를 인식하고, 어떻게, 왜 그러한 유형의 의사소통이 통계적 사고를 구성하는지 설명하고 정당화할 수 있어야 한다(Chance, 2002). 세 번째 과제는 교육자 스스로 충분히 통계적 사고를 인식한 후 학생들의 통계적 사고를 촉진시키고 강화할 수 있는 교수전략을 개발하는 것이다. 또한, 통계적 사고의 발달 경로에 맞게 교육과정을 계획하고 학생들에게 내재되어 있는 직관적인 통계적 사고에 대해 알아야 하며 인식할 수 있어야 한다(Pfannkuch & Rubick, 2002). 마지막 과제는 학생들의 통계적 사고의 발달에 초점을 둔 지도와 평가 전략을 실행하는 것이다. 즉 학생들이 통계학자처럼 추론하고 활동하는 방법을 익히고 세상을 바라보는 새로운 방식을 개발할 수 있도록 이에 적절한 지도와 평가가 이루어져야 한다.

참고문헌

Bailar, B. (1988). Statistical practice and research: The essential interactions. *Journal of the American Statistical Association*, *83*(*401*), 1-8.

Barabba, V. (1991). Through a glass lens darkly. *Journal of the American Statistical Association*, *86*(*413*), 1-8.

Bartholomew, D. (1995). What is statistics? *Journal of the Royal Statistical Society A*, *158*(Part 1), 1-20.

Ben-Zvi, D., & Friedlander, A. (1997). Statistical thinking in a technological environment. In J. Garfield & G. Burrill (Eds.), *Research on the role of technology in teaching and learning statistics* (pp.45-55). Voorburg, The Netherlands: International Statistical Institute.

Biehler, R. (1994). Probabilistic thinking, statistical reasoning and the search for causes: Do we need a probabilistic revolution after we have taught data analysis? In J. Garfield (Ed.), *Research Papers from The Fourth International Conference on Teaching Statistics*, Marrakech, 1994. Minneapolis, MN: University of Minnesota.

Biehler, R. (1999). Discussion. Learning to think statistically and to cope with variation. *International Statistical Review*, *67*(*3*), 259-262.

Biehler, R., & Steinbring, H. (1991). Entdeckende Statistik, Stengel-und-Blatter, Boxplots: Konzepte, *Begrundungen und Erfahrungen eines Unterrichtsversuches. Der Mathematikunterricht*, *37*(*6*), 5-32.

Box, J. F. (1978). *R. A. Fisher, The life of a scientist*. New York: Wiley.

Box, J. F. (1997). Fisher, Ronald Aylmer. In N. Johnson & S. Kotz (Eds.), *Leading personalities in statistical sciences: From the 17th century to the present*. New York: Wiley.

Britz, G., Emerling, D., Hare, L., Hoerl, R., & Shade, J. (1997). *How to teach others to apply statistical thinking*. Quality Progress, June 1997, 67-79.

Chance, B. (2002). Components of statistical thinking and implications for instruction and assessment. *Journal of Statistics Education*, *10*(3). Retrieved February 10, 2003 from http://www.amstat.org/publications/jse/v10n3/chance.html

Cline Cohen, P. (1982). *A calculating people: The spread of numeracy in early America.* Chicago: University of Chicago Press.

Cobb, G., & Moore, D. (1997). Mathematics, statistics and teaching. *American Mathematical Monthly, 104(9)*, 801-823.

Cohen, I. B. (1984). Florence Nightingale. *Scientific American, 250*(3), 98-107.

David, F. (1962). *Games, gods and gambling.* London: Charles Griffen.

Davis, P., & Hersh, R. (1986). *Descartes' dream.* Orlando, FL: Harcourt Brace Jovanovich.

Falk, R., & Konold, C. (1992). The psychology of learning probability. In F. & S. Gordon (Eds.), *Statistics for the twenty-first century.* MAA Notes, no. 29 (pp. 151-164). Washington, DC: Mathematical Association of America.

Fienberg, S., & Tanur. J. (1996). Reconsidering the fundamental contributions of Fisher and Neyman on experimentation and sampling. *International Statistical Review, 64(3)*, 237-253.

Fischbein, E. (1975). *The intuitive sources of probabilistic thinking in children.* Dordrecht, The Netherlands: Reidel.

Gail, M. (1996). Statistics in action. *Journal of the American Statistical Association, 91(433)*, 1-13.

Gal, I. (1997). Assessing students' interpretation of data. In B. Phillips (Ed.), *IASE papers on statistical education ICME-8*, Spain, 1996 (pp. 49-57). Hawthorn, Australia: Swinburne Press.

Gal, I. (2000). Statistical literacy: Conceptual and instructional issues. In D. Coben, J. O'Donoghue, & G. FitzSimons (Eds.), *Perspectives on adults learning mathematics* (pp. 135-150). Dordrecht, The Netherlands: Kluwer Academic Publishers.

Gal, I., Ahlgren, C., Burrill, G., Landwehr, J., Rich, W., & Begg, A. (1995). Working group: Assessment of interpretive skills. In Writing group draft summaries, *Conference on Assessment Issues in Statistics Education* (pp. 23-25). Philadelphia: University of Pennsylvania.

Gigerenzer, G. (2002). *Calculated risks: How to know when numbers deceive you.* New York: Simon & Schuster.

Gigerenzer, G., Todd, P.M., & ABC Research Group (1999). *Simple heuristics that make us smart.* New York: Oxford University Press.

Greenwood, M. (1970). Medical statistics from Graunt to Farr. In E. S. Pearson & M. G. Kendall (Eds.), *Studies in the history of statistics and probability* (pp. 47-126). London: Charles Griffen.

Hacking, I. (1975). *The emergence of probability: A philosophical study of early ideas about probability, induction and statistical inference.* Cambridge, England: Cambridge University Press.

Hahn, G., & Meeker, W. (1993). Assumptions for statistical inference. *American Statistician, 47*(1), 1-11.

Hancock, C., Kaput, J., & Goldsmith, L. (1992). Authentic enquiry with data: Critical barriers to classroom implementation. *Educational Psychologist, 27(3)*, 337-364.

Hare, L., Hoerl, R., Hromi, J., & Snee, R. (1995, February). The role of statistical thinking in management. *Quality Progress*, *28(2)*, 53-60.

Hawkins, A. (1996). Can a mathematically-educated person be statistically illiterate? *Mathematics for the new Millennium—What needs to be changed and why?* Nuffield Foundation: pre-conference paper (pp. 107-117).

Hawkins, A. (1997). Discussion—New pedagogy and new content: The case of statistics. *International Statistical Review*, *65(2)*, 141-146.

Hill, A. B. (1965). The environment and disease: Association or causation. *Proceedings of the Royal Society of Medicine*, *58*, 295-300.

Hoerl, R., Hahn, G., & Doganaksoy, N. (1997). Discussion—New pedagogy and new content: The case of statistics. *International Statistical Review*, *65(2)*, 147-153.

Joiner, B. (1994). *Fourth generation management*. New York: McGraw-Hill.

Joiner, B., & Gaudard, M. (1990, December). Variation, management, and W. Edwards Deming. *Quality Progress*, *23*(12), 29-37.

Kendall, M. G. (1970). Where shall the history of statistics begin? In E. S. Pearson & M. G. Kendall (Eds.), *Studies in the history of statistics and probability* (pp. 45-46). London: Charles Griffen.

Kettenring, J. (1997). Discussion—New pedagogy and new content: The case of statistics. *International Statistical Revirw*, *65*(2), 153.

Knight, G., Arnold, G., Carter, M., Kelly, P., & Thornley, G. (1993). *The mathematical needs of New Zealand school leavers*. Palmerston North, New Zealand: Massey University.

Konold, C., Lohmeier, J., Pollatsek, A., Well, A., Falk, R., & Lipson, A. (1991). Novice views on randomness. In *Proceeding of the Thirteenth Annual Meeting of the International Group for the Psychology of Mathematics Education-North American Chapter* (pp. 167-173). Blacksburg, VA: Virginia Polytechnic Institute and State University.

Konold, C., Pollatsek, A., Well, A., & Gagnon, A. (1997). Students analyzing data: Research of critical barriers. In J. Garfield & G. Burrill (Eds.), *Research on the role of technology in teaching and learning statistics* (Proceedings of the 1996 International Association of Statistics Education round table conference, pp. 151-167). Voorburg, The Netherlands: International Statistical Institute.

Kotz, S., & Johnson, N. (1992). *Breakthroughs in statistics*, Volumes I-III. New York: Springer-Verlag.

Krishnan, T. (1997). Fisher's contributions to statistics. *Resonance Journal of Science Education*, *2*(9), 32-37.

Lightner, J, (1991). A brief look at the history of probability and statistics. *Mathematics Teacher*, *84*(8), 623-630.

Mallows, C. (1998). 1997 Fisher Memorial Lecture: The zeroth problem. *American Statistician*, *52*(1), 1-9

McKean, K. (1985, June), Decisions, decisions. *Discover*, *6*, 22-33.

Ministry of Education (1992). *Mathematics in New Zealand Curriculum*. Wellington, New Zealand: Learning Media.

Moore, D. (1990). Uncertainty. In L. Steen (Ed.), *On the shoulders of giants: New approaches to numeracy* (pp. 95-137). Washington, DC: National Academy Press.

Moore, D. (1992a). Statistics for all: Why? What and how? In D. Vere-Jones (Ed.), *Proceedings of the Third International Conference on Teaching Statistice*, Vol. 1 (pp. 423-428). Voorburg, The Netherlands: International Statistical Institute.

Moore, D. (1992b). Teaching statistics as a respectable subject. In F. & S. Gordon (Eds.), *Statistics for the twenty-first century*. MAA Notes, no. 26 (pp. 14-25). Washington, DC: Mathematical Association of America.

Moore, D. (1997). New pedagogy and new content: The case of statistics. *International Statistical Review*, *65*(2), 123-165.

Moore, D. (1998). Statistics among the liberal arts. *Journal of the American Statistical Association*, *93*(444), 1253-1259.

Pfannkuch, M. (1997). Statistical thinking: One statistician's perspective. In F. Biddulph & K. Carr (Eds.), *People in mathematics education* (Proceedings of the 20th annual conference of the Mathematics Education Research Group of Australasia, pp. 406-413). Rotorua, New Zealand: MERGA.

Pfannkuch, M., & Rubick, A. (2002). An exploration of students' statistical thinking with given data. *Statistics Education Research Journal*, *1*(2), 4-21. Retrieved December 19, 2002 from http://fehps.une.edu.au/serj/

Porter, T. M. (1986). *The rise of statistical thinking 1820-1900*. Princeton, NJ: Princeton University Press.

Porter, T. M. (1995). *Trust in numbers: The pursuit of objectivity in science and public life*. Princeton, NJ: Princeton University Press.

Provost, L., & Norman, C. (1990, December). Variation through the ages. *Quality Progress*, *23*(12), 39-44.

Pyzdek, T. (1990). There's no such thing as a common cause. P*roceedings of American Society for Quality Control 44th Annual Quality Congress Transactions—San Francisco* (pp. 102-108), Milwaukee, WI: ASQC.

Resnick, L. (1987). *Education and learning to think*. Washington, DC: National Academy Press.

Salsburg, D. (2001). *The lady tasting tea: How statistics revolutionized science in the twentieth century*. New York: Freeman.

Scheaffer, R. (1997). Discussion—New pedagogy and new content: The case of statistics. *International Statistical Review*, *65*(2), 156-158.

Scheaffer, R. (2001). Statistic education: Perusing the past, embracing the present, and charting the future. *Newsletter of the Section on Statistical Education of the American Statistical Association*, *7*(1), Winter 2001. (Reprinted in *Statistics Education Research Newsletter*, *2*(2), May 2001. Retrieved May 18, 2001 from http://www.ugr.es/local/batanero/sergroup.htm)

Shaughnessy, J. M. (1992). Research in probability and statistics: Reflections and directions. In D. Grouws (Ed.), *Handbook of research on mathematics teaching and learning* (pp. 465-494). New York: Macmillan.

Shaughnessy, J. M. (1997). Missed opportunities in research on the teaching and learning of data and chance. In F. Biddulph & K. Carr (Eds.), *People in mathematics education* (Proceedings of the 20th annual conference of the Mathematics Education Research Group of Australasia, pp. 6-22). Rotorua, New Zealand: MERGA.

Shaughnessy, J, M., Garfield, J., & Greer, B. (1996). Data handling. In A. Bishop, K. Clements, C. Keitel, J. Kilpatrick, & C. Laborde (Eds.), *International handbook of mathematics education* (pp. 205-238). Dordrecht, The Netherlands: Kluwer Academic Publishers.

Shaughnessy, J. M., Watson, J., Moritz, J., & Reading, C. (1999). School mathematics students' acknowledgement of statistical variation. Paper presented at *the research pre-sessions of 77th annual meeting of the National Council of Teachers of Mathematics*, San Francisco, 1999.

Shewhart, W., & Deming, W. E. (Ed.). (1986). *Statistical method from the viewpoint of quality control*. New York: Dover Publications. (Original work published 1939).

Snee, R. (1990). Statistical thinking and its contribution to quality. *American Statistician, 44*(2), 116-121.

Snee, R. (1993). What's missing in statistical education? *American Statistician*, *47*(2), 149-154.

Snee, R. (1999). Discussion: Development and use of statistical thinking: A new era. *International Statistical Review*, *67*(3), 255-258.

Stigler, S. (1986). *The history of statistics—The measurement of uncertainty before 1900.* Cambridge, MA: Belknap Press of Harvard University Press.

Tukey, J. (1977). *Exploratory data analysis*. Reading, MA: Addison-Wesley.

Tufte, E. (1983). *The visual display of quantitative information*. Cheshire, CT: Graphics Press.

Tversky, A., & Kahneman, D. (1982). Judgment under uncertainty: Heuristics and biases. In D. Kahneman, P. Slovic, & A. Tversky (Eds.), *Judgment under uncertainty: Heuristics and biases* (pp. 3-20). New York: Press Syndicate of the University of Cambridge. (Originally published in *Science*, *185*(1974), 1124-1131.)

Ullman, N. (1995). Statistical or quantitative thinking as a fundamental intelligence. Unpublished paper, County College of Morris, Randolph, NJ.

Watson, J. (1997). Assessing statistical thinking using the media. In I. Gal & J. Garfield (Eds.), *The assessment challenge in statistics education* (pp. 107-121). Amsterdam: IOS Press.

Watson, J., Collis, K., Callingham, R., & Moritz, J. (1995). A model for assessing higher order thinking in statistics. *Educational Research and Evaluation*, *1*, 247-275.

Wild, C., & Pfannkuch, M. (1999). Statistical thinking in empirical enquiry (with discussion). *International Statistical Review*, *67*(3), 223-265.

3장

통계적 소양

:의미, 요소, 전망

Iddo Gal

개요 및 필요성

수학뿐만 아니라 다른 학문의 교육과정과 국가 및 국제 수준의 교육 정책에서는 정보 기반 사회에서 모든 사람들이 효율적으로 자신의 역할을 다할 수 있도록 하는 것이 중요하다고 강조하고 있다(UNESCO, 1990; 호주 교육위원회(AEC), 1991; 미국과학 진보 위원회(AAAS), 1995; 유럽 연합(EC), 1996; NCTM, 2000). 이 장에서는 성인과 학생들이 교양 있는 시민 및 근로자가 되기 위해 필요하지만 그동안 소홀히 여겨져 온 통계적 소양에 대해 논의한다.

사회에서 통계적 추론이나 통계적 지식이 중요하다는 주장은 오래전부터 분명하게 제기되어 왔다. 예를 들면, Moore(1998)는 미국통계협회 회장 취임 연설에서 모든 정책 문제는 통계적 요소를 포함하고 있다고 언급하면서, 자료, 변이, 확률 상황이 현대 생활에 만연해 있기 때문에 통계가 문제 해결을 위한 일반적이며 근본적인 도구라고 주장하였다. Wallman(1993)은 1992년 미국통계협회 회장 취임 연설에서 사람들이 공적 또는 사적인 결정을 내릴 때 통계에 대해 여러 잘못된 이해, 인식, 믿음, 불안감을 가지고 있어 모든 사람들의 통계적 이해와 통계적 사고를 강화하는 것이 중요하다고 강조하였다. 인지 과정에 관심이 있는 연구자들은 적절한 판단 과정과 확률적 추론이 효과적인 의사결정을 하는데 기여함을 강조하였으며(Kahneman, Slovic, & Tversky, 1982), 또한 통계교육이 특정 유형의 일상 문제를 해결하는데 도움이 된다는 것을 확인한 연구결과도 있다(Kosonen & Winne, 1995). 산업현장에서 교육을 담당하거나 계획하는 사람들은 다양한 현장에서 필요한 기술 중의 하나로 통계적 이해와 수학적 능력을 언급하면서 이들의 중요성을 강조하였다(Carnevale, Gainer, & Meltzer, 1990; Packer, 1997).

이러한 여러 의견들이 다양한 삶의 현장에서 통계적 소양의 중요성을 뒷받침하고 있지만 성인의 통계적 소양의 특징을 포괄적으로 기술하려는 시도는 거의 없었다. 우선 통계적 소양과 관련된 정의를 이해해야 한다. 공식적인 담화에서 '소양'은 종종 컴퓨터 소양과 같이 특별한 지식 영역을 나타내는 용어와 결합되어 사용된다. 이 경우에 '소양'에 대해 모든 시민이 갖추어야 하는 '기초적 기술'의 최소의 공통부분이라는 이미지를 떠올리게 된다. 이와는 반대로 단지 소수의 사람만이 취할 수 있는 고급 수준의 기술과 지식으로 여겨지기도 한다. 이러한 맥락에서 일부 사람들은 통계적 소양을 기초적인 통계적 개념과 절차에 대한 최소한의 지식, 아마도 형식적인 지식을 의미하는 것으로 이해할 수 있다. 그러나 특정 영역에서 목표가 되는 행동을 하는데 필요한 사람들의 능력을 설명할 때 사용되는 소양이라는 용어는 일반적인 의식과 비판적인 관점뿐만 아니라 사실적 지식, 특정한 형식적 기술 및 비형식적 기술 그리고 신념, 사고 습관, 태도를 포함하는 광범위한 집합체를 의미한다.

Wallman(1993)은 소양이라는 용어에 대해 확장된 개념을 사용하여 통계적 소양을 일상생활 곳곳에 침투해 있는 통계적 결과들을 이해하고 비판적으로 평가하는 능력이라고 주장하였다. 그리고 공적으로나 사적으로 전문적이고 개인적인 의사결정을 하는데 통계적 사고가 기여하는 바를 인식하는 능력과 결합시켰다. Watson(1997)은 정교함의 정도에 따라 세 수준으로 구분되는 통계적 소양의 틀을 제시하였다. 확률 및 통계적 용어에 대한 기본적인 이해의 수준, 통계적 용어와 개념이 좀더 넓은 사회적인 논의의 맥락에서 구체화될 때 이들을 이해하는 수준, 적절한 통계적 자료에 근거하지 않고 제기된 모순된 주장에 통계적 개념을 적용하여 문제를 제기하는 수준으로 구분된다.

특정 영역에서 소양에 대한 좀더 복잡하고 확장된 의미는 '학문적 소양'이라는 개념에 대한 고찰을 통하여 설명할 수 있다. Shamos(1995)는 학문적 소양에 관한 선행 연구를 고찰한 후 기본적인 용어에 대한 이해, 학문 과정에 대한 이해, 학문과 기술공학이 사회에 미치는 영향력에 대한 이해로 구분할 수 있다고 제시하였다. Jenkins(1996)는 학문적 소양을 학문적 방법론에 대한 이해와 결부된 학문적 지식과 태도로 특징지을 수 있다고 주장하였다.

Shamos(1995)는 어떤 사람이 학문적 소양이 있다 또는 없다고 가정하는 것은 너무 단순화하는 것이라 주장하면서 학문적 소양이 정교함에 따라 어느 정도 중첩되는 세 수준으로 구성된 연속체라고 주장하였다. 가장 기본적인 것으로 '문화적' 학문 소양은 그 학문 분야와 관련된 문제를 보도할 때 대중매체에서 일반적으로 사용하는 기본적인 용어를 이해하는 것이다. 다음으로 '기능적' 학문 소양은 개인이 비전문적이지만 의미있는 맥락에서 학문적 용어의 필요성을 인식할 뿐 아니라, 용어를 사용해 자유롭게 이야기하고 읽고 쓸 수 있는 것이다(p.88). 이 수준에 속하는 사람은 지구는 태양 주위를 돈다, 일식이나 월식은 어떻게 일어나는가와 같은 태양계에 대한 지식과 같이 자연의 간단한 일상적인 사실을 이해할 수 있다. 마지막으로, '진정한' 학문 소양은 학문적이고 탐구적인 과정에 대한 이해가 동반된 전반적인 학문 체계를 이해하는 것이다. 즉 학문의 토대를 형성하고 있는 주요 개념적 도식이나 이론에 대한 기초적인 지식과 이러한 기초 지식에 어떻게 도달하였는지에 대해 이해한다. 예를 들면, '사실'과 '이론'의 상대성을 인식하는 능력, 어떻게 지식이 축적되고 타당화되는지를 이해하는 능력, 학문에서 실험과 수학의 역할을 이해하는 능력, 그 학문 분야의 문제에 대한 공식적인 의사소통을 이해하는 능력, 학문과 기술이 생활에 미치는 영향력을 이해하고 논의하는 능력 등이 진정한 학문적 소양이다(Rutherford, 1997).

'소양'과 '통계적 소양'이라는 용어가 위와 같이 광범위하게 사용된다는 점을 고려하여 이 장에서는 성인들이 갖추어야 할 통계적 소양이 무엇인지, 특히 산업 사회에 살고 있는 성인들이 갖추어야 할 통계적 소양이 무엇인지 그 개념을 정립하고자 한다. 이것은 통계를 학습하는 학생들이 갖추어야 할 소양과는 다르다. 이러한 맥락에서 **통계적 소양**을 서로 관련되어 있는 두 가지 요소를 지칭하는 것으로 기술한다. 그 중 하나는 다양한 맥락에서 접하는 통계 정보나 자료와 관련된 주장, 또는 확률통계적 현상들을 해석하고 비판적으로 평가하는 능력이고, 다른 하나는 통계 정보에 대해 토론하고 의사소통하는 것인데, 예를 들면 정보의 의미를 이해하거나 정보가 함축하고 있는 것에 대해 의견을 제시하거나 또는 제시된 결론을 수용하는 것에 관심을 보이는 것 등이 이에 해당된다. 이러한 능력과 행동들은 독립적으로 이루어지는 것이 아니라 이 장에서 논의하고자 하는 서로 관련된 여러 기초 지식과 성향에 근거한다.

통계적 소양은 다양한 방법으로 개인과 그 개인이 속한 공동체에 기여한다. 성인이 범죄율, 인구 증가, 질병의 확산, 산업 생산력, 교육 성취도, 취업 경향과 같은 사회적으로나 개인적으로 중요한 경향과 현상을 제대로 이해하기 위해서는 통계적 소양이 필요하다. 통계적 소양은 복권 구입이나 보험 정책, 의학적 권고의 이해와 같이 확률 기반 상황에 직면했을 때 적절한 선택을 할 수 있도록 한다. 공적인 논쟁이나 사회 활동에서 정보에 근거하여 참여하게 한다. 노동자들이 생산 과정의 품질에 대한 통계적 정보를 이해하기를 기대하는 요구가 점차 증가하면서 많은 산업현장에서 통계적 소양이 필요하게 되었다(Packer, 1997). 또한 노동자들이 조직에 대한 자료를 이해한다면 자신의 권리를 더 적절히 행사할 수 있다는 주장이 제기되면서 통계적 소양의 필요성은 더욱 절실해졌다(Bowen & Lawler, 1992).

통계적 소양이 적극적으로 이용되는 상황의 다양한 예들을 살펴보면 대부분의 성인은 통계 정보에 대한 생산자가 아니라 소비자이다. 그러나 다양한 삶의 맥락에서 통계적 소양이 중심적인 역할을 함에도 불구하고 성인의 통계적 소양을 구성하고 있는 기술과 성향의 본질에 대해서는 자세한 논의가 이루어지지 않았다(Gal, 1994; Watson, 1997). 이 장에서는 이런 점에 주목하여 통계적 소양을 구성하는 기본 요소들의 특성을 명확히 하고 통계적 소양에 중점을 둔 평가나 교육에 관한 여러 문제들을 다룬다.

모델

이 장은 사람들이 다양한 일상 생활에서 유능한 '자료 소비자'로 행동하는데 필요한 능력에 주목하는데, 이를 지칭하기 위해 **맥락 파악하기**라는 용어를 사용한다. 예를 들면, 집에서 TV를 보거나 신문을 읽을 때, 쇼핑 중에 광고를 볼 때, 인터넷 사이트를 방문했을 때, 공동체 모임에 참여하거나 정치적 행사에 참여할 때, 직장에서 자료를 읽거나 보고를 받을 때 이러한 맥락에 접하게 된다. 이러한 맥락은 인쇄물과 시각적인 자료만을 포함하는 상황에 국한된 것이 아니라, 기사화된, 즉 '정보에 기반한' 환경에서 접하는 상황도 포함한다(European Commission, 1996). 이러한 맥락에서 문서 형태나 구술로 전해지는 통계 정보는 문자, 수나 기호, 그래프나 표, 이렇게 세 가지 방식을 통해 표현될 수 있는데, 때로는 몇 가지 방법을 조합하여 표현되기도 한다. 이 장에서는 수동적이든 능동적이든 행위자로, 화자로, 저자로, 독자로, 청취자로, 관람자로 맥락 파악하기에 참여하는 모든 사람들을 간단히 지칭하기 위해 **독자**라는 용어를 사용한다.

맥락 파악하기를 학생이나 통계학자가 실제 자료를 경험적으로 탐구하는 **맥락 탐구하기**와 구별해야 한다(Wild and Pfannkuch, 1999). 맥락 탐구하기에서 개인은 '자료 생산자'나 '자료 분석자'로 행동하는데, 일반적으로 자료와 결과를 해석해야 하며 발견한 사항이나 결론을 제시해야 한다. 맥락 탐구하기는 통계적 추론에 관한 문헌에서 충분히 다루어지지 않았으며 맥락 파악하기와는 방식에 있어서 중요한 차이가 있다.

표 1에서 제시한 통계적 소양 모델은 성인과 고등학교나 대학을 졸업한 학습자들이 맥락 파악하기 상황에서 접하게 되는 통계적 메시지를 이해하고, 해석하고, 비판적으로 평가하고, 반응하기 위해 요구되는 기초 지식과 이를 가능하게 하는 과정을 나타낸다. 이 모델은 앞서 인용한 통계적 소양 및 학문적 소양에 관한 선행 연구에 기초하여 통계적 소양이 크게 지식 요소와 성향 요소로 구성되어 있다고 가정한다. 지식 요소는 기본 소양, 통계적 지식, 수학적 지식, 맥락적 지식, 비판적 질문이라는 다섯 가지 인지적 요소로 구성되며, 성향 요소는 비판적 자세, 신념과 태도라는 두 가지 요소로 구성된다.

표 1 통계적 소양 모델

지식 요소	성향 요소
기본 소양 통계적 지식 수학적 지식 맥락적 지식 비판적 질문	신념과 태도 비판적 자세
→ 통계적 소양 ←	

사람들은 일반적으로 어느 정도의 수리적 사고 능력을 가지고 있기 때문에(Gal, 2000), 모델에서 제시하는 요소들을 고정되거나 분리된 실체로 간주하는 것이 아니라 함께 작용하여 통계적 소양을 갖춘 행동을 가능하게 하는 맥락 의존적이며 역동적인 지식과 성향의 집합체로 보아야 한다. 통계 정보를 '이해'하고 '해석'할 수 있기 위해서는 통계 지식뿐만 아니라 기본 소양, 수학적 지식, 맥락적 지식과 같은 다른 기초 지식도 함께 사용할 수 있어야 한다. 그러나 통계 정보를 이해하고 해석한 후에 이루어지는 '비판적 평가'는 비판적인 질문을 제기하고 비판적인 자세를 취하는 능력과 같은 추가적인 요소를 필요로 하며 확고한 신념과 태도에 의해 유지되며 뒷받침된다.

모델의 요소는 다음 절에서 설명하겠지만 일부 요소는 서로 중첩되어 분리되지 않을 수도 있다. 이 장의 마지막 절에서는 교육적 어려움 및 정책적 어려움과 후속 연구를 위한 시사점을 논의한다. 이 장의 목적은 시민들이 통계적 요소나 주장을 포함하는 실세계 메시지를 어떻게 이해하는지에 관심이 있는 교육자, 통계학자, 정책입안자, 다른 분야의 전문가들의 연구에 도움을 주는 것이다.

통계적 소양의 지식 요소

이 절에서는 표 1에 제시한 통계적 소양의 지식 요소가 되는 다섯 가지 하위요소를 살펴본다. 이것은 통계적 메시지를 이해하고, 해석하고, 비판적으로 평가하고, 필요한 경우 적절하게 대응하는 능력을 형성하는데 요구되는 요소들이다.

다음에서 소개할 아이디어에 대한 맥락을 제시하는 그림 1, 그림 2, 그림 3, 그림 4는 인쇄 매체를 통해 성인에게 통계적 개념과 통계 관련 정보나 주장이 전달되는 주요 양상인 맥락 파악하기의 예가 된다. 그림 1은 여러나라의 신문이나 잡지에 실렸던 통계적 메시지를 담고 있는 6개의 기사이다. 그림 2는 미국의 한 신문에 실렸던 통계 관련 표이다. 그림 3은 이스라엘의 한 신문에서 발췌한 막대그래프이다. 그림 4는 신문에서 사용하는 그래프와 유사한 형태의 원그래프로 국제성인소양조사(IALS: Statistic Canada and Organization for Economic Co-operation and Dcvelopment[OECD], 1996)에서 사용한 것이다.

기본 소양

사실상 모든 통계적 메시지는 글이나 말로 전달되거나 또는 특별한 기본 소양이 필요한 표나 그래픽 정보를 다루는 능력을 요구하기 때문에 통계적 소양을 위한 기초 지식을 살펴보기 위해서는 우선 기본 소양에 대해 살펴보아야 한다(Mosenthal & Kirsch, 1998).

통계적 메시지를 이해하기 위해서는 제시된 정보로부터 의미를 도출해내는 문서처리 기술이 필요하다. 그림 1의 기사와 같이 글로 쓰여진 부분이 길어지면 복잡한 문장을 이해하는 능력이 필요할 수 있으며, 그림 3이나 그림 4와 같이 하나의 그래프와 몇 개의 단어로만 이루어질 수도 있다. 독자는 더 적절한 맥락에서 통계 관련 내용을 이해하기 위해 그 내용을 구체화하거나 제시된 그래프를 설명하는 내용 외적인 것도 함께 이해해야 한다. 상황에 따라 독자는 글이나 말로 자신의 의견을 명확하게 전달해야 하는 경우가 있는데, 이런 경우 상대방이 그 의견의 합리성을 판단할 수 있도록 근거가 되는 논리나 증거에 대한 충분한 정보를 제공해야 한다. 따라서 통계적 소양과 일반 소양은 서로 연관되어 있다.

실생활에서 독자는 복잡함의 정도도 다르고 글의 형태나 말하는 형태가 다른 광범위한 영역의 메시지를 이해할 수 있어야 한다(Wanta, 1997). 이러한 메시지는 언론인, 사무원, 정치가, 광고주, 또는 다양한 언어적 수치적 기술을 가진 사람들이 만들어낸다. 이들은 독자에게 심어주고자 하는 당연하게 여겨지는 사실이나 이미지, 결론에 관하여 다양한 목표를 가질 수 있다. 일부 메시지는 독자나 청취자가 특별한 관점을 수용하거나 거부하도록 할 수 있고, 한 쪽에 치우친 논점을 사용하거나 선택적인 정보를 제시할 수도 있으며(Clemen & Gregory, 2000), 원하는 인상을 심어주기 위해 "놀라운 5%의 수익"과 같이 수식어를 사용할 수도 있다.

여러 연구자들(Laborde, 1990; Gal, 1999)이 지적한 것처럼 수학적 또는 통계적 메시지를 다루기 위해서는 다양한 기본 소양이 필요하다. 예를 들어, 독자는 대중매체에서 사용하는 무작위성, 대표성, 비율, 평균, 신뢰성과 같은 통계적 용어가 일상적 의미와는 다르게 사용될 수 있음을 알아야 한다. 전문적으로 적절한 기술적 용어를 사용하여 메시지를 전달할 수도 있지만, 어떤 통계 전문 용어들은 모호하거나 잘못 사용된 것일 수도 있다. 일부 신문과 대중매체에서는 선거 결과와 같이 통계적인 사실을 전달할 때 의미에 대한 설명 없이 '표집 오차'와 같은 용어를 의례적으로 사용한다.

공간과 시간의 제약 또는 편집상의 문제로 인해 신문 기자나 TV 아나운서는 사무적이고, 세밀한 정보가 부족한 메시지를 전달할 수도 있다. 자세한 정보가 제시되지 않거나 정보 생산자에게 질문을 할 수 없기 때문에 독자들은 메시지에 대하여 다양한 가정을 하거나 추정을 해야 할 수도 있다. 결국, 이러한 것들로 인해 메시지에 대한 이해가 어렵고 해석 과제가 복잡해지며 독자들의 기본 소양이 더 많이 요구된다. 이것은 모든 성인들에게 해당되는데, 특히 두 개의 언어를 사용하거나 또는 모국어나 공용어 사용이 익숙하지 못한 성인들에게 더욱 그러하다(Cocking & Mestre, 1988). 그러나 국제성인소양조사(IALS; Statistics Canada and OECD, 1996)는 조사된 대부분 나라의 대다수 성인들이 단지 기본적인 이해 능력만을 가지고 있으며 일상적인 읽고 쓰기와 계산 과제를 능숙하게 처리하지 못한다고 보고하였다. 그러므로 사람들의 부족한 기본 소양은 통계적 기본 소양에 장애가 될 수 있다.

#1: 미국에서 평균 체중의 여성이 평균보다 15% 적은 체중의 여성보다 심장병에 걸릴 확률이 50% 더 높다는 연구 결과가 나왔다(Watson, 1997, p.109; from Hobart Mercury, Tasmania, February 10, 1995).

#2: 정책 결정은 표본조사를 통해 이루어진다. … 10년마다 이루어지는 인구조사에서 표본추출의 정확성보다 더욱 논쟁이 되고 있는 것은 연방 예산의 수십억 달러가 각 주와 도시에 거주하는 사람들의 수에 기초하여 배당되며 인구의 이동으로 인해 주거 지역이 재설정될 수 있다는 것이다. 소수 민족의 폭발적인 증가는 보통 민주주의에 도움이 될 수 있다(Philadelphia Inquirer, August 25, 1998).

#3: 10대들의 음주를 제한하는 것에 대한 여론조사: 7000명 이상의 성인을 대상으로 조사한 연구 결과에서 … 이 연구의 표본 오차는 2%이며, 조사 대상의 1/2 이상이 술 광고의 제한을 지지하였으며, 60% 이상이 TV에서 맥주와 와인 광고를 금지하는 것에 대해 지지하였다(USA Today, October 5, 1998).

#4: 인류는 올해 작년보다 더 많은 성교 횟수를 유지하고 있다. 즉, 작년에 한 개인이 평균 109회 행한 것에 비해 올해는 평균 112회였다. 이것은 피임약 제조 회사인 듀렉스(Durex)에서 실시한 종합적인 조사 결과이다. 이 연구는 14개국에서 실시되었으며, 전문가에 따르면 전세계의 국민이 …(Yediot Aharonot, Israel, October 28, 1997)

#5: 교육부는 1994년과 1998년에 실시한 국가수준의 읽기 시험에서 어떤 학생들의 점수를 제외하였는지에 대한 주의 결정에 따라 각 주별 점수가 부풀려졌는지를 조사하고 있다. 전반적으로 제외된 학생의 비율은 거의 6%로 같았다. … 켄터키(Kentucky), 코네티컷(Connecticut), 루이지애나(Louisiana)에서는 다른 주에 비해 1998년 평가에 참여한 표본 학생들 중 주로 장애아나 영어에 대한 지식이 부족한 학생들을 제외한 비율이 증가하였다(USA Today, April 13, 1999).

#6: 유방암이 걱정된다면, 새로운 위험성 평가는 … 당신이 앞으로 5년 이내에 유방암이 발생할 가능성을 추정한다. 그 수치가 1.7이거나 그 이상이면 상당히 위험성이 크다. 대부분은 위험성이 이처럼 높지 않겠지만 스스로 그 위험성을 깨달아야 한다. 증명? 35세 이상의 여성들의 유방암 발생률에 대한 중요한 연구에서 호르몬 치료제인 놀바덱스를 먹은 여성들은 당 성분의 약을 먹은 여성들보다 유방암 발생률이 낮았다. 놀바덱스를 먹으면 유방암 발생률이 줄어들지만 그 위험성이 완전히 사라지는 것은 아니며, 생존 가능성을 높이지도 않는다. 이 연구에서 놀바덱스를 먹은 여성들은 자궁암, 또는 폐나 다리에 혈종이 생길 가능성이 2~3배 정도 높았다. 비록 이러한 부작용은 1% 미만의 여성들에게서 나타나지만 … 당신과 당신의 담당 의사는 놀바덱스의 이점이 이러한 부작용보다 그 가치가 더욱 큰 지에 대해 논의해 보아야 한다(People magazien, August 30의 전면 상업 광고에서 인용).

그림 1 일간신문과 잡지에 실린 통계적 문장의 예

'매트릭스' 실질적인 1위를 차지함

키아누 리브스(Keanu Reeves) 주연의 공상과학 스릴러 〈매트릭스(The Matrix)〉가 2주 연속 박스오피스 순위에서 1위를 차지하였다. 새로운 관람자를 포함한 결과 로멘틱 코미디 〈25살의 키스(Never Been Kissed)〉가 당당하게 2위를 차지하였고, 10위까지의 순위는 다음과 같다.

영화	Box office(millions) Wkd.	Total	Avg. Per site	Pct. Chg.	Weeks out
1 매트릭스	$22.6	$73.3	$7,772	−19%	2
2 25살의 키스	$11.8	New	$4,821		1
3 내가 널 사랑할 수 없는 10가지 이유	$5.05	$20.4	$2,218	−39%	2
4 도시 탈출	$5.01	$16.2	$2,380	−39%	2
5 애널라이즈 디스	$5.0	$85.8	$2,125	−21%	6

* USA Today(April 13, 1999)에 실린 표를 재구성 함. 몇몇 세부적 내용은 지면을 옮기는 과정에서 생략하였음.

그림 2 신문에 실린 표의 예

이스라엘에서 가장 많이 유포되는 일간 신문인 예디엇 하로놋(Yediot Aharonot)의 2000년 7월 11일자 내용에서 가져온 그래프이다. 제목은 '이스라엘에서는 여성의 교육 수준이 더 높다'이다. 부제목은 '이스라엘은 석사나 박사과정의 학생들 중에서 여학생이 차지하는 비율이 세계에서 가장 높은 나라'이다. 막대그래프는 위에서부터 각각 이스라엘(55.4%), 미국, 호주, 덴마크, 영국, 핀란드, 스웨덴, 스위스, 일본(21.5%)의 비율을 나타낸다(허락 하에 재인용 함).

그림 3 세계 여러 나라의 여성 교육

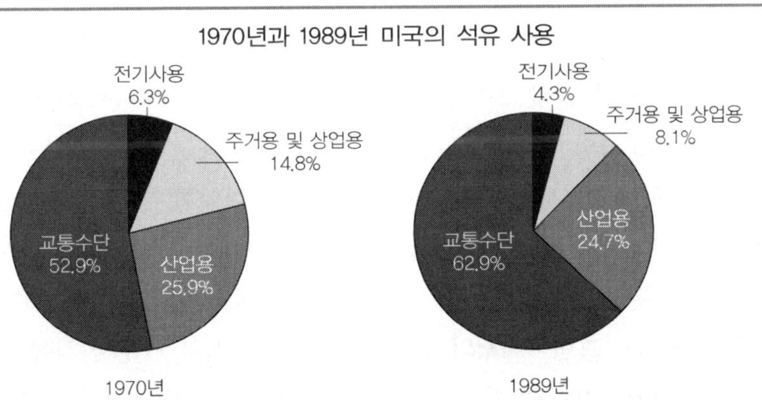

그림 4 1970년과 1989년의 석유 사용(IALS 항목에서 허락 하에 재인용 함)

문서 소양

통계적 소양을 갖추기 위해 필요한 기본 소양은 산문 형식의 글을 쓰는 과정 이상의 기술을 필요로 한다. 이 절에서는 그래프, 차트, 표를 포함하고 있는 다양한 비산문 형식의 글을 읽는데 필요한 문서 소양 기술을 살펴보면서 더욱 확장된 논의를 한다. 그래프 이해에 관한 선행연구는 간단한 그래프 읽기에서부터 그래프에 기초한 추론까지 그래프 이해와 관련된 다양한 과정을 조사하였지만(Bright & Friel, 1998) 일반적으로 그래프를 문서의 하위 형태로 보지 않았다.

문서 소양이라는 개념은 Kirsch와 Mosenthal의 연구에서 시작된 것으로(Kirsch, Jungeblut, & Mosenthal, 1998), 이들은 소양이 서로 밀접한 관계에 있는 세 요소인 산문 소양, 문서 소양, 양적 소양으로 이루어졌다고 말한다. 주로 미국과 캐나다(Kirsch, Jungeblut, Jenkins, & Kolstad, 1993) 그리고 호주에서 실시된 청소년 및 성인의 소양에 대한 국가수준의 연구와 가장 최근의 국제성인소양조사(IALS; Statistics Canada and OECD, 1996; OECD & Human Resources Development Canada, 1997)와 같은 여러 대규모 연구에서 이러한 소양의 개념을 사용하였다.

Kirsch와 Mosenthal(1990)은 문서가 학교 이외의 상황에서 기본 소양을 필요로 하는 주된 형태로 정보의 중요한 원천이 되며 행동과 의사결정을 위한 토대가 된다고 주장하였다. 문서 소양을 조사하는 과제는 목록, 표, 색인, 스케쥴, 차트, 그래프 형태로 주어진 정보를 확인하고, 해석하고, 이용하는 능력을 평가한다. 이렇게 표현된 정보는 대개 그래프와 차트에 의해 표현되는 양적 또는 통계적 정보뿐 아니라 수나 비율과 같은 명시적인 양적 정보를 포함한다. Mosenthal과 Kirsch(1998)은 대부분 그래프나 차트를 포함하는 문서는 복잡성의 정도가 다양하다고 주장한다. 즉 이러한 문서들은 그림 3이나 그림 4의 간단한 표, 막대그래프나 원그래프에서와 같이 '간단한 목록'이나 '결합된 목록'을 포함하거나, 그림 2의 이원분류표나 다양한 요소를 가진 복잡한 그래프에서와 같이 '교차된 목록'이나 '중첩된 목록'을 포함한다.

Kirsch와 Mosenthal의 연구는 문서에서 정보를 찾아내는데 요구되는 인지적 조작과 질문이나 지시에 제시된 정보를 이에 대응하는 다양한 수준의 복잡성을 지닌 정보에 적절하게 관련시키는데 필요한 읽기 전략을 자세히 기술하고 있다는 점에서 중요하다. 주어진 문장이나 표현에서 구체적인 정보를 **찾아내기**, 다양한 문장이나 표현을 서로 **변환하기**, 그림 4에서와 같이 두 그래프의 서로 다른 위치에 있는 정보를 **통합하기**, 표나 막대그래프에서 비율의 차이를 발견하는 것과 같이 새로운 정보를 생성하기가 주요 과정이다. 더 나아가 독자들은 관련이 없는 정보가 담긴 자료로부터 추정을 해야 하며, 그래프나 표에 포함된 정보뿐만 아니라 수학적 연산을 해야 하는 경우도 있을 것이다.

Mosenthal과 Kirsch(1998)가 주장하는 것처럼, 많은 유형의 일반적인 통계 정보는 그래프나 표 모두로 표현할 수 있으며, 간단한 목록의 표가 간단한 막대그래프로 변형될 때와 같이 어떤 한 형태는 다른 형태의 단순한 변형에 지나지 않는다. 그래프 이해에 대한 구체적인 측면(Tufte, 1997)을 다루고 있지는 않지만 이들의 연구는 다양한 유형의 문서나 표현을 해석하는 소양적 측면을 이해하는 일반화된 방법을 제시하고 있으며, 일반적 소양이라는 좀더 큰 틀에서 통계적 소양을 논의할 수 있도록 해준다.

통계적 기초 지식

통계 및 확률적 개념과 절차에 대한 기초 지식 그리고 이와 관련된 수학적 개념과 주제는 통계적 메시지를 이해하고 해석하기 위한 선행 조건이다. 그러나 통계적 내용이 풍부한 사회에서 살고 있는 성인의 능력에 관심이 있는 대부분의 연구자들은 통계적 소양을 위해 어떤 지식이 필요한지를 논의하는 것이 아니라, 학교에서 어떠한 것을 가르쳐야 하는지에 주목하며 고등학교나 대학교를 졸업한 학생들이 다양한 통계적 개념에 정통해야 한다고 주장한다. 이들은 학교에서 통계교육을 통해 성인으로서 통계적 소양을 확실히 갖출 수 있다고 생각한다. 이러한 주장에 대해서는 Scheaffer, Watkins, Landwehr(1998)의 연구에서도 확인할 수 있다. 통계교육에 대한 광범위한 선행 연구와 다양한 교육과정 문서를 토대로 이 연구자들은 고등학교 통계 영역에서 학습되어야 할 필수적인 내용으로 다음과 같은 영역을 제시하였다.

- 수 감각
- 변량에 대한 이해
- 표와 그래프의 해석
- 조사나 실험을 계획하는 것과 관련된 다양한 측면(예를 들어, 적절한 표본의 구성, 자료 수집 방법 그리고 설문지 설계)
- 자료 분석 과정(예를 들어, 단일변량이나 이변량 도수를 갖는 자료의 패턴 찾기, 주요 특징을 요약 통계치로 나타내기)

- 확률과 통계의 관계(예를 들어, 임의 표본의 특징 결정하기, 유의성 검정에 대한 배경지식)
- 통계적 추정(예를 들어, 신뢰구간이나 가설 검정)

이 목록이 통계적 소양에 필요한 수학적 및 통계적 기초 지식의 '이상적인' 집합으로 여겨질 것이다. 사실 우리도 대부분의 성인이 이러한 지식을 지니기를 바란다. 무엇이 '기초' 지식인가에 대해서는 절대적인 기준으로 논의할 수 있는 것이 아니라 일반 시민에게 요구되는 통계적 소양의 수준, 직장에서 또는 신문을 읽는 어떤 행동 맥락에서 기능적으로 필요한 능력, 좀더 넓은 사회적 맥락의 특징에 의거하여 논의할 수 있는 것이다. 따라서 위에서 제시한 목록은 모든 문화적 맥락에 적절한 것은 아니며 어떤 경우에는 지나치게 구체화된 것으로 볼 수 있으며 또 어떤 경우에는 다른 요소를 추가해야 할 수도 있다.

지금까지 성인이 접하거나 어떤 특정 상황에서 반드시 다루어야만 하는 통계적 메시지나 상황과 관련된 통계 및 확률 개념과 주제를 체계적으로 조사하거나 분석한 연구는 없다. 따라서 대중매체의 메시지를 읽고 해석하는데 요구되는 통계적 소양에 대한 어떠한 합의도 이루어지지 않았다. 단지 Joram, Resnick, Gabriele(1995)의 비교 연구만이 미국에서 아동, 청소년, 성인을 대상으로 출판된 주간지나 월간지에서 볼 수 있는 분수, 비율, 평균과 같은 유리수의 특징을 분석하여 이러한 복잡한 주제에 대해 논의하였다. 이 연구는 소양을 기술이나 능력뿐만 아니라 사람들이 참여하는 문화적 관행의 모임으로 보는 것이 유용하다는 가정에 기초한다. 따라서 이 연구자들은 사람들이 이해해야 하는 문서 자료의 특징을 조사하고, 이러한 특징들이 사람들의 소양을 어떻게 형성하는지 확인하는 것이 중요하다고 생각하였다.

Joram과 동료들(1995)은 다양한 독자를 대상으로 하는 유명한 7개의 잡지(Reader's Digest, National Geographic, Better Homes and Gardens, National Enquirer, Time, Consumer Reports, Sports Illustrated)를 표본으로 선택하였다. 각 잡지에서 하나의 주제를 다루고 있는 전체 분량 중 중간에 위치한 20쪽 분량에 나타나는 유리수, 특히 분수, 비율, 평균이 나타난 빈도수를 복잡한 코딩 방법을 사용하여 조사하였다. 이 장의 논의와 관련 있는 결과는 다음과 같다.

- 20쪽 중에서 분수, 비율, 평균이 나타난 빈도수의 평균은 각각 4.86, 10.00, 2.00이다.

- 7개의 잡지에서 비율과 관련된 표현 중 $\frac{1}{2}$이 "113개의 핵원자로에서 우리나라 전력의 20%를 생산한다."와 같이 부분과 전체의 관계를 나타냈으며, $\frac{1}{3}$은 "전력 소비가 1년에 2.5% 증가한다면, 실제적인 문제에 부딪칠 것이다."와 같은 증가와 감소를 나타냈다.
- 성인용 잡지에서 유리수에 관한 문장의 14%만이 "전체 중에 놀랍게도 35%"와 같은 형용사의 수식을 받고 있었다. 이러한 결과에 대해 Joram과 동료들은 성인용 잡지의 저자들은 수를 해석하는데 그들이 접하고 있는 맥락을 반영하고 있지 않아 독자는 수 자체만으로 그 의미를 해석해야 한다고 지적하였다.
- 7개의 잡지 중 4개는 20쪽 내에서 최소한 하나의 표나 그래프를 제시하고 있었다. 7개의 잡지를 모두 합하면 어떤 양적 정보를 제시하기 위해 4개의 표, 4개의 막대그래프, 1개의 피라미드 그래프가 사용되었다.

Joram과 동료들이 보고한 결과와 또 다른 연구 결과는 잡지에서 통계적 정보를 제시할 때 유리수 중 비율을 가장 일반적으로 사용하며(Parker & Leinhardt, 1995), 수치적 또는 통계적 정보는 그래프뿐만 아니라 표로도 나타낼 수 있다고 주장한다. 잡지에 실린 통계적 정보를 완벽히 이해하기 위해 성인은 유리수나 그래프에 대한 맥락을 제시하는 구절을 이해할 수 있어야 하며, 제시된 구절이나 표현이 서로 어떻게 관련되어 있는지를 이해할 수 있어야 한다. 이러한 결론은 통계적 메시지를 해석하는데 필요한 기본 소양에 대한 초기 논의와 일치하는 것으로 이를 뒷받침한다.

Joram과 동료들(1995)이 제시한 자료 이상의 광범위한 기초 연구는 없다. 즉, 성인들이 생활하는 모든 영역과 환경에서 통계적 소양의 필요성을 제안하는 기초 연구는 없다. 통계적 소양을 위해 필요한 통계적 기초 지식의 다섯 가지 하위 요소를 표 2와 같이 요약할 수 있다. 이러한 기초 지식은 수학 및 통계교육자들의 연구(Shaughnessy, 1992; Moore, 1990, 1997b; chapters in Steen, 1997; chapters in Gal & Garfield, 1997; chapters in Lajoie, 1998; NCTM, 2000), 학문적 소양에 관한 문헌(Shamos, 1995; AAAS, 1995), 수학과 통계에 관한 뉴스 보도 자료(Huff, 1954; Hooke, 1983; Crossen, 1994; Paulos, 1995; Kolata, 1997)를 검토하여 정리한 것이다.

표 2 통계적 기초 지식의 다섯 가지 하위 요소

1. 자료의 필요성과 자료 생성 방법에 대해 알기 2. 기술 통계와 관련된 기초 용어와 아이디어에 대해 알기 3. 그래프와 표를 알고 해석하기 4. 기초적인 확률 개념에 대해 이해하기 5. 통계적 결론을 내리거나 추정하는 방법에 대해 알기

자료의 필요성과 자료 생성 방법에 대해 알기

일반적으로 성인은 보고된 결과나 표현의 기초가 되는 자료의 기원을 어느 정도 이해해야 하고, 자료를 생성하는 방법을 알아야 할 필요성을 이해해야 하며, 자료 생성을 위한 적절한 설계가 특정 질문에 답하는데 도움이 된다는 것을 알아야 한다(Cobb & Moore, 1997). 또한 공공 기관, 조직체, 고용인, 광고주, 다양한 공공의 장에서 일하는 사람들은 신뢰할 만한 경험적 증거를 토대로 주장이나 결론을 도출해야 한다는 것을 알아야 한다. 그리고 적절하게 생성된 자료는 공적인 논쟁에 일화적인 증거보다 훨씬 더 많은 정보를 제공할 수 있으며 의사결정이나 자원 분배를 위한 기초 자료가 될 수 있음을 알아야 한다(Moore, 1998).

보고된 조사 결과나 자료에 기초한 주장을 비판적으로 이해하기 위해, 성인은 통계적 탐구의 기초가 되는 핵심적이고 포괄적인 아이디어를 비형식적으로라도 알아야 한다(Garfield & Gal, 1999). 대부분의 통계학자들이 제시하는 첫 번째 아이디어는 변이의 존재이다(Moore, 1998). 소음이나 변이가 존재함에도 불구하고 핵심적인 특성이나 경향을 확인하기 위해서는 자료를 축약할 필요가 있음을 이해해야 한다. 이러한 이해를 바탕으로 자료 생산자로부터 자료 소비자에게 정보를 전달하기 위한 도구로 평균이나 그래프와 같은 통계적 요약치를 사용할 수 있다(Wild & Pfannkuch, 1999).

또한 성인은 대중매체에서 주로 언급되는 주요 연구 설계 이면에 숨겨진 논리를 이해해야 한다. 즉, 어떤 원인이 영향을 미치는지 알아보기 위해 실험 집단과 비교 집단을 사용하는 실험과 그 이유(그림 1의 인용문 6), 인구조사(그림 1의 인용문 2), 선거 및 설문조사(그림 1의 인용문 3, 4), 예비 조사의 역할과 한계를 알아야 한다. 선거와 설문조사가 널리 이용되므로 성인들은 적어도 직관적으로 표본추출의 논리, 표본을 통해 모집단을 추론하는 것에 대한 필요성, 대표성과 이에 관한 편이의 개념을 이해해야 한다(Cobb & Moore, 1997; Wild & Pfannkuch, 1999). 또한 임의 표

집의 이점, 편의 추출의 위험성, 표본추출 과정, 표본의 크기, 표본의 구성이 연구자가 표본으로부터 모집단에 대해 추론하고 일반화하는 능력에 미치는 영향에 대해서도 구체적으로 알아야 한다.

기술 통계와 관련된 기초 용어와 아이디어에 대해 알기

성인이 자료 생성의 이유와 방법을 이해한다면, 독자들에게 정보를 전달하기 위해 일반적으로 사용되는 기초 개념이나 자료 표현에 정통해야 한다. 개념의 두 가지 주요 유형은 비율(Parker & Leinhardt, 1995)과 중심경향치로서 주로 신문에서 평균이라는 단어로 표현되는 산술평균과 중앙값이다. Gal(1995)은 통계적 자료를 이용하는 사람들은 평균과 중앙값이 자료의 집합을 요약하는 간단한 방법이며 그 '중심'을 나타낸다는 것을 알아야 한다고 주장한다. 또한 평균은 중앙값에 비해 양끝 값에 의해 더 많은 영향을 받으며, 중심경향치는 자료의 분포나 그 형태가 고르지 않거나 쌍봉형인 경우 또는 계산에 사용한 자료나 표본이 전체 모집단을 대표하지 않는 경우 잘못된 결과를 야기할 수 있음을 알아야 한다(그림 1의 인용문 5). 일반적으로 비율, 평균, 중앙값과 같은 다양한 요약치들이 동일한 현상에 대해 서로 다르거나, 때로는 모순되는 결과를 야기할 수도 있다는 것을 아는 것도 중요하다.

그래프와 표를 알고 해석하기

성인은 자료가 정보의 다양한 측면을 조직하여 자료의 경향을 감지하고 비교할 수 있는 그래프와 표 형태로 제시될 수 있음을 알아야 한다(Tufte, 1997). 이와 관련하여 표나 그래프에 있는 자료를 읽을 수 있어야 하고, 그래프나 차트를 만드는 관습적인 방법에 익숙해야 하며, 그림 3의 그래프와 같이 관습적인 그래프에서 다소 변형된 부분에 주목할 수 있어야 한다(Bright & Friel, 1998). 그림 3에서 막대의 상대적인 길이가 실제 비율에 비례하는 것이 아니며, 막대의 내부에 위치한 비율과 비례하는 것도 아니다. 그래프 왼쪽에 넣은 여성의 모습은 때로는 장식이거나 흥미를 주기 위한 것일 수 있으며 또한 그래프의 일부를 가려 잘못된 해석을 유도할 수 있다. 이 경우 독자는 실제 비율을 확인할 필요가 있음을 알아야 한다.

성인은 Curcio(1987)와 Wainer(1992)가 말한 "자료 사이 읽기"와 "자료 이상 읽기"를 어느 정도 할 수 있어야 한다. 즉, 주어진 자료로부터 어떠한 것을 예측할 수 있어야 하며, 그래프나 표에서 특정한 자료점이 아니라 전체적인 패턴을 관찰해야 한다는 것을 알아야 한다(Gal, 1998). 또한 서로 다른 그래프나 표가 동일한 현상에 대하여 서로 다른 견해나 모순된 견해를 도출할 수 있음을 알아야 한다. 마지막으로, 올바른 이해를 방해하거나 어떤 특수한 경향이나 차이점을 지나치게 강조하기 위해 의도적으로 그래프의 일부를 부각시킬 수 있다는 것을 알아야한다. 이와 관련한 다양한 예는 Huff(1954)의 연구에 제시되어 있다. 이후에 논의하겠지만 Orcuut와 Turner(1993)의 연구도 Newsweek가 특수한 견해를 강조하기 위해 약물 사용에 대한 설문조사 자료를 어떻게 조작했는지에 대해 제시하고 있다.

기초적인 확률 개념에 대해 이해하기

성인이 접하는 많은 유형의 메시지에 확률 및 우연 사건과 관련된 아이디어가 명시적으로 또는 암묵적으로 포함되어 있다. 많은 통계적인 보고서에는 확률적 진술을 사용하여 설문조사나 실험을 통한 결과를 제시하기도 한다(그림 1의 인용문 1, 인용문 6). 이러한 보고서에서 메시지는 일기 예보관, 유전자 전문가, 내과의사, 대학 입시 전문가와 같은 다양한 전문가들이 사건의 가능성에 관하여 만든 확률적 추정이 담긴 것일 수도 있으며, 비가 올 가능성, 합격에 대한 자신감의 정도가 나타난 것일 수도 있다. 이러한 주장 중 일부는 통계 연구에 기초한 것이 아닐 수도 있으며, 개인의 주관적인 추측에 의한 것일 수도 있다.

적어도 성인은 '확률과 관련된 언어'를 정확하게 해석하는 문제에 민감해야 한다(Wallsten, Fillenbaum, & Cox, 1986). 비율, 승률, 비, 언어적 추정과 같은 다양한 근거로 제시되는 확률이나 위험성을 추정하는 다양한 방법을 지각해야 한다. 그림 1의 인용문 6은 이러한 다양한 방법이 하나의 기사에서 어떻게 복잡한 방식으로 결합하는지를 보여준다.

다음으로 성인은 무작위성 개념에 익숙해질 필요가 있으며, 사건의 예측 정도나 독립성의 정도가 다양함을 이해하고, 예측 불가능한 사건에 대해서도 이해해야 한다. 따라서 어떤 사건이 동시에 일어난다고 해서 그 사건들이 반드시 관련되거나 서로에게 영향을 미치지 않는다는 것을 이해해야 한다. 무작위 과정이 단순하거나 간단하지 않다면 더욱 명시적이고 깊이 있게 이해하기는 어렵다. 모든 계층의 사람들이 확률통계적 현상에 대한 이해나 추론에서 많은 오개념이나 단편적인 지식을 지니고 있음을 선행 연구를 통해 알 수 있다(Konold, 1989; Gal & Baron, 1996; Shaughnessy, Grafield, & Greer, 1997). 더욱이 무작위성 현상에 대한 이해는 판단, 의사결정, 합리성과 같은 인지 과정에 관여하는데, 여러 연구들에 따르면 이러한 과정에서 많은 문제점들이 나타나고 있다(Baron, 1988; Mellers, Schwartz, & Cooke, 1998).

그럼에도 불구하고 만약 성인들이 확률적인 주장을 이해하고 비판적으로 평가해야 한다면, 적어도 어떠한 **근거**로 그러한 확률적 추정이 이루어졌는지 확인하는 것이 중요함을 알아야 한다. 성인은 가능성이나 위험성의 추정이 빈도, 모델링, 실험과 같은 형식적 근거와 주관적이거나 일화적인 근거와 같이 다양한 근거에 기인한다는 것을 알아야 한다. 그리고 그러한 추정의 신뢰도나 정확도가 다양하다는 것을 알아야 한다. 그러므로 주장을 제기한 사람은 확률적 진술에 대한 증거나 기본 정보를 구체적으로 제시할 수 있어야 하며, 확률적 판단은 유동적이어서 자료를 추가할 때 변할 수 있다는 것을 알아야 한다(Clemen & Gregory, 2000).

마지막으로 성인들이 적어도 직관적으로라도 현상에서 확률적 변이성을 이해하기를 기대한다. Cobb과 Moore(1997)의 설명에 따르면 "자료를 생성할 때 명시적으로 확률 메커니즘을 사용하면 확률은 … 동일한 모집단에서 반복 추출된 표본에서 나타나는 변이를 묘사할 수 있게 된다."(p.813) 따라서 표준적인 통계적 추정은 확률에 기초하므로 확률에 대한 이해는 집단 사이의 차이에 대한 유의성 또는 특정한 결과를 얻을 수 있는 가능성에 대한 진술을 이해하는 토대가 된다(Cobb & Moore, 1997).

통계적 결론을 내리거나 추정하는 방법에 대해 알기

대부분의 성인이 자료의 생산자가 아니라 소비자이지만 평균값, 중앙값, 비율, 그래프를 이용하는 것과 같은 몇몇 전형적인 자료 요약 방법을 알아야 한다. 자료 수집 방법이 다양하고 표본추출 과정이나 무작위 과정이 포함될 수 있기 때문에 성인들은 또한 어떻게 자료를 분석하고 결론을 내리는지를 알아야 하며, 이와 관련된 여러 문제들을 알아야 한다.

첫째, 성인은 표본추출, 측정, 추정에서 다양한 **오차나 편차**가 있을 수 있다는 사실을 인지해야 하며, 조사 결과의 안정성이나 일반성에 대해 관심을 가져야 한다. 둘째, 적절한 연구 설계를 통해 오차를 통제할 수 있음을 아는 것이 중요하며, 확률적 진술을 통해 오차를 예측하거나 설명할 수 있음을 알아야 한다. 이와 관련하여 '오차의 한계'가 대중매체에서 다루어진 예로 그림 1의 인용문 3을 들 수 있다. 인용문 5에서는 국가수준의 읽기 시험 점수가 어떻게 부풀려졌는지를 보여주고 있다. 셋째, 집단 사이의 차이에 대한 유의성이나 '정확성'을 결정하는데 다양한 방법이 있음을 아는 것이 도움이 된다. 그러나 이를 위해서는 집단의 크기, 표본추출 과정의 적절성, 표본이 편향될 가능성을 고려해야 한다는 것을 알아야 한다. 그림 1의 인용문 1과 6에서의 주장을 비판적으로 판단하기 위해서는 이 개념에 대한 이해가 필요하다. 마지막으로, 인용문 4와 같이 관찰 결과에서 차이나 경향이 존재할 수도 있지만 그것이 의미가 있을 정도로 크지 않을 수도 있으며 확률 과정에 의한 것일 수도 있음을 아는 것이 중요하다.

수학적 기초 지식

통계적 소양을 갖추기 위해 성인이 지녀야 할 수학적 지식의 유형을 신중하게 결정해야 한다. 한편, 비율이나 평균과 같은 보통의 통계적 수치를 구하는데 기본이 되는 수학적 절차를 명확하게 알아야 한다. 동시에 대학 입문 수준이나 고등학교에서 다루는 기초적인 통계적 아이디어들을 이해하는데 필요한 형식적 수학의 양과 수준이 최근 변하고 있다(Moore, 1998). 이 절에서는 통계적 소양에 필요한 수학적 기초 지식에 대해 알아보기 위해 이와 관련된 핵심적인 아이디어를 간단히 설명한다.

통계학자들은 지난 몇 년 동안 수학과 통계 사이의 몇 가지 근본적인 차이점을 명확히 하고자 노력해왔으며(Moore & Cobb, 2000), 적어도 대학 입문 수준에서 통계를 학습하는데 필요한 일반적인 수준의 수학에 대하여 몇 가지 가정을 제시하였다. Cobb과 Moore(1997)는 통계교육에 대한 ASA/MAA 위원회의 조언을 요약하고(Cobb, 1992), 대학 입문 수준에서의 통계는 수학에 중점을 두기보다 자료의 필요성, 자료 생성의 중요성, 변이성의 편재, 변이성의 설명과 기술의 필요성과 같은 통계적 아이디어에 초점을 맞추어야 한다고 제안하였다.

최근에는 컴퓨터가 많은 계산을 해주기 때문에, 대학 입문 수준의 통계교육에서 다루는 핵심 아이디어들의 기초가 되는 수학적 계산 절차를 이해하는 것은 중요하지만 제한될 필요가 있다. 학생들이 통계적 절차가 마치 마술처럼 어떤 기초적인 수학적 지식도 없이 이루어지는 것으로 여기도록 해서는 안 되며, 일찍부터 너무 많은 수학적 이론을 강조해서도 안 된다. 즉, 수학적 이론을 너무 강조하게 되면 수학적인 표현으로 나타낼 수 없는 통계에만 독특하게 존재하는 핵심적인 통계적 아이디어나 개념에 대한 직관적인 이해를 개발하는데 방해가 될 수도 있다(Moore, 1997a;

Wild & Pfannkuch, 1999). Cobb과 Moore(1997)는 확률이 초등 수학에서 개념적으로 가장 어려운 과목이라고 주장하며, 확률 계산을 완벽하게 습득하여 교재의 연습문제를 완벽하게 푸는 학생들도 확률에 대하여 혼란을 보인다는 심리적인 연구 결과를 강조하였다. 따라서 추정이나 확률의 형식적인 측면을 이해하기 위해서 수학적 지식을 어느 정도 제한할 필요가 있다.

위와 같은 논리는 성인들의 통계적 소양에 필요한 수학적 지식을 결정하는데 도움이 된다. 여러 나라에서 대부분의 성인들은 대학 수준의 통계를 학습하지 않기 때문에(Moore & Cobb, 2000; UNESCO, 2000), 통계적 소양을 위해 필요한 형식적인 수학 지식의 수준과 양은 제한될 수 있다.

아마도 성인들에게 필요한 가장 간단한 지식은 비율, 평균, 확률 등과 같은 간결한 양적 진술을 이용하여 다수의 관찰값을 요약하는데 어떤 수학적 도구와 절차를 적용해야 하는지를 아는 것이다. 성인들은 통계적인 보고서에서 사용된 수를 올바르게 해석할 수 있는 수에 대한 충분한 능력을 가지고 있어야 한다. '수 감각'은 다양한 유형의 수를 올바르게 이해하는데 필요한 필수적인 능력이다. 예를 들면, GNP 동향과 같은 큰 수와 위험이나 부작용의 발생가능성을 나타내는 분수, 소수, 비율과 같은 작은 수를 올바르게 이해하기 위해서 수 감각이 필요하다(Paulos, 1995; Curry, Schmitt, & Waldron, 1996; Scheaffer et al., 1998; NCTM, 2000).

비율이나 '평균'과 관련된 기초적인 통계 자료를 이해하기 위해서는 이러한 통계치를 만들어내는데 토대가 되는 수학적 절차나 계산을 직관적이면서도 어느 정도 형식적으로 이해하고 이에 익숙해질 필요가 있다(Garfield & Gal, 1999). 보통의 시민이라면 평균은 자료 집합의 양끝값에 의해 영향을 받을 수 있으며 따라서 자료가 비대칭인 경우에 평균은 자료 집합의 '중간'을 나타내지 않을 수도 있다는 것을 이해하기 위해 평균을 어떻게 계산하는지를 알아야 한다. 그림 1에서 인용문 5는 6%와 같은 극단적인 관찰값을 갖는 비율을 제외하는 것이 중심경향성에 어떤 영향을 미치는지를 이해할 필요가 있음을 보여주는데, 이것 역시 성인이 알아야 할 내용이다.

대중매체에서는 많은 유형의 통계적 정보를 비율을 이용하여 기술하고 있으며(Joram et al., 1995) 때때로 그래프를 포함하기도 한다. 이에 대한 많은 예를 그림 1과 그림 2에서 찾아볼 수 있다. 비율은 겉보기에는 간단한 수학적 개념이며, 일반적으로 비나 비례를 표현하는 것으로 인식된다. 중학교 수준에서 비율을 완전히 습득할 것이라고 인식되므로 학교 교육을 받은 대부분의 성인들은 비율을 이해할 것이라고 예상한다. 그러나 비율을 이해하는 것은 그처럼 간단하지 않다. Parker와 Leinhardt(1995)는 비율이 얼마나 널리 사용되는지와 얼마나 복잡한 개념인지를 강조했으며, 또한 학교에서는 잘 다루지 않지만 신문 기사에서 자주 접하는 100%보다 더 큰 비율이나 비율의 비율과 같은 특수한 유형의 비율을 소개하였다. Parker와 Leinhardt는 대학생을 포함한 많은 학생들이 비율을 완전히 이해하지 못하고 있으며 이는 부분적으로 비율이 하나의 수, 관계의 표현, 통계치, 함수, 가능성의 표현과 같이 다양한 수학적 의미를 갖고 통계적으로도 다양하게 사용되는 개념이기 때문이라고 주장한다. 대중매체에 제시된 비율의 수학적 의미와 통계적 의미를 이해하는 것은 어려울 수 있다. 예를 들면, 비율을 계산하는데 필요한 근거가 메시지에 구체적으로 나타나 있지 않은 경우에 독자들은 추정이나 가정을 해야 할 수도 있다. 그림 1에서처럼 비율은 조건부확률과 같은 복잡한 관계를 나타낼 수도 있으며, '평균보다 15% 이하' 또는 '2% 오차의 한계'와 같이 그 자체로 복잡한 의미를 가질 수도 있다.

비율과 평균값 및 중앙값의 계산을 포함한 예들은 대중매체에 실린 간단해보이는 통계치를 해석하기 위해서는 그 통계치가 계산된 절차를 알아야 할 필요가 있음을 보여준다. 그러나 항상 통계치를 계산하는 형식적인 연습이 필요한 것은 아니다. 성인들은 통계치, 그래프, 도표와 이것들이 바탕을 둔 본래의 자료 사이의 수학적인 연결을 이해해야 할 뿐만 아니라 어떤 통계적 지표를 생성하는데 필요한 수학을 적어도 비형식적으로라도 이해해야 한다.

좀더 복잡한 개념을 이해하기 위해 수학을 어느 정도까지 알아야 하는지는 어려운 문제이며 이에 대해 통계교육자와 수학교육자 사이에 논쟁이 이루어지고 있다(Moore, 1997a). 뉴스 기사에서 사용된 용어들을 피상적으로 이해하게 하는 형식적인 통계적 훈련이 없이도 성인들은 대중매체에서 사용하는 용어들, 예를 들면 '오차의 한계', '통계적으로 유의한 차이'와 같은 용어들을 직관적으로 이해할 수 있다. 결국 초등학교와 중학교의 통계 입문 단계에서 이러한 아이디어들이 성공적으로 지도되고 있다고 볼 수 있다(Friel, Russell, & Mokros, 1990). 그러나 위에 제시된 개념과 이와 관련된 개념을 더 깊이 이해하고 정확한 의미를 올바르게 해석하기 위해서는 분산의 양화, 반복 추출, 표집분포, 그래프, 통계적 추정의 논리 등 기초가 되는 통계적 아이디어를 좀더 명확하게 이해할 필요가 있다. 이러한 통계적 아이디어의 기초가 되는 수학적 내용을 이해하는 복잡한 과정을 추가하지 않더라도 이 개념들은 대학교 수준의 학생들에게도 어려운 것이다(Cobb & Moore, 1997; Watson &

Moritz, 2000).

맥락적/일상적 기초 지식

성인이 통계적 메시지를 적절히 해석하기 위해서는 메시지를 맥락 속에서 다루는 능력과 그들이 가진 일상 지식을 활용하는 능력이 필요하다. 또한 일상 지식은 일반 소양을 갖추는데 기여하며 메시지를 '이해'하는데 중요한 역할을 한다. Moore(1990)에 따르면, 통계에서 맥락은 절차를 만들어내는 동기 역할을 하고, 자료는 맥락을 담고 있는 수로 간주되어야 한다. 따라서 그는 맥락이 의미의 근원이 되며 얻은 결과에 대한 해석의 토대가 되어야 한다고 주장한다. 그러나 사람들은 자료를 생성하고 계산이나 분석을 실행할 때 맥락을 고려하지 **않는다**. 연구 설계, 표본추출 계획, 질문지의 사용 등과 같은 자료 생성 과정을 파악하고 연구자와 통계학자가 자료를 분석하기 위해 행하는 절차를 잘 파악하기 위해서는 주어진 메시지가 명료하고 상세한 정보를 담고 있어야 한다. 수동적으로 정보를 받아들이는 사람들은 메시지 생산자의 영향을 받는다.

통계적 주장이나 그래픽 표현을 이해하는 성인의 능력은 연구나 자료의 배경에 대한 메시지로부터 이끌어낼 수 있는 정보에 의존한다. 맥락적 지식은 독자가 **변이와 오차의 근원**을 파악하는데 중요한 역할을 한다. 학습자나 독자가 자료를 수집한 맥락에 익숙하지 않다면, 왜 집단 사이에 차이가 발생하는지, 보고된 조사 결과에 대한 대안적인 해석이 무엇인지, 연구가 어떻게 잘못되었는지를 생각하기가 더욱 어려워진다.

대중매체를 통해 연구 결과가 발표되는 방법을 보면 주어진 증거의 근원에 대하여 독자가 이용할 수 있는 정보를 쉽게 가리거나 왜곡할 수 있음을 알 수 있다. 예를 들면, 어떤 기자가 연구의 타당성을 높이기 위한 방법으로 실제로 실험 연구가 아님에도 불구하고 **실험**이라는 용어를 사용하는 경우가 있다. 그러므로 통계적 정보에 대해 비판적으로 반성하고, 보고된 조사 결과나 통계치가 갖는 의미를 이해하기 위해서 기본 소양이 포함된 일상적 지식은 반드시 필요하다. 성인들이 객관적으로 글쓰기, 양쪽의 주장을 모두 제시하기, 정확하게 보고하기, 배경 정보를 미리 살펴보기와 같은 훌륭한 저널리스트식의 글쓰기에 대한 감각과 능력을 소유하고 있으면 이야기의 맥락을 바르게 이해하는 데에 도움이 된다.

비판적 능력

일반적으로 시민을 대상으로 하는 정보들은 정치적이고 상업적이거나 다른 특정한 목적을 갖는 경우가 있는데, 이는 통계 수업이나 경험적인 조사 맥락에서는 잘 드러나지 않는다. Mosteller는 "정책은 정치를 의미하고, 정치는 논쟁을 의미하며, 어떤 사람이 어떤 정책을 지지하기 위해서 사용하는 자료가 다른 사람에 의해 그 정책을 반대하는 근거로 사용되기도 한다."고 말하였다(Moore, 1998, p.1255). 성인들의 기본 소양과 수적 소양에 관심이 있는 교육자들은 공적인 정보를 비판적으로 평가하는 능력이 필요함을 계속해서 언급해왔다(Freire, 1972; Frankenstein, 1989).

기본 소양에 대한 논의에서 언급했듯이, 일반적으로 대중매체의 정보는 기자, 정치가, 제품 생산자, 광고주와 같은 매우 다양한 생산자에 의해 만들어진다. 이들은 추구하는 필요나 목적이 다르기 때문에 조사 결과나 의미를 반드시 공평하고 객관적으로 보고하는데 관심을 갖지는 않는다. 이에 관한 유명한 예로 Orcutt와 Turner(1993)의 연구가 있다. 이 연구에서는 인쇄 매체, 특히 Newsweek가 ISR이라는 연구소에서 1975년과 1985년 사이에 미국 고등학교 학생들의 마약 사용에 대해 수집한 자료를 어떻게 선택적으로 분석하여 의도적으로 자료를 조작했는지를 분석하였다. Orcutt와 Turner에 의하면 Newsweek는 몇 년에 걸친 조사 중 단지 일부의 자료만을 인용하였고, 끝수를 버리거나 삭제한 후에 그래프를 이용하여 작은 비율의 차이를 시각적으로 매우 크게 보이도록 하여 대중이 '마약의 재앙'을 상상하도록 유도하였다.

Orcutt와 Turner(1993)는 1992년 후반에 Newsweek가 고등학교 학생들의 LSD 사용이 "불안할 만큼 상승하고 있다."는 보고와 함께 1976년 이래로 처음으로 코카인보다 더 많이 사용하였다는 보고를 전하며 다시 국가적 위기감을 조장하려 하였다고 덧붙였다. 그러나 Newsweek의 이러한 주장의 근거가 되는 ISR의 자료를 분석해 보면 이 주장은 경험적으로 아무런 근거가 없다는 것을 알 수 있다. 코카인의 사용은 1989년 6.5%에서 1990년 5.3%로 감소하였고, 주어진 표본의 크기에 대해 통계적으로 유의한 변화가 있는 반면, LSD의 사용은 4.9%에서 5.4%로 증가하여 표집오차의 범위 내에 있었다. Newsweek는 이들 숫자를 비교하는 방법을 사용했고 기사에 설명과 함께 그래프를 제시하였는데, 이것은 자료를 의도적으로 오용한 것이며 자극적인 보도 관행의 경향을 보여준다.

그림 1에 있는 인용문 4와 인용문 6은 자료가 어떻게 특정한 단체, 예를 들면 어떤 지역이나 제조업자의 필요에 맞게 가공될 수 있는지를 잘 보여주며, 특정한 결정

을 내리는데 있어서 독자나 청취자가 가진 의견에 영향을 미치도록 어떻게 보고가 이루어지는지를 잘 보여준다. Paulos(1995, p.79)는 인간을 괴롭히는 질병, 사고, 불행에 관한 자료를 처음으로 제시하는 사람은 자신의 흥미에 맞게 절대적인 수들을 선택적으로 제시하여 자료를 더욱 돋보이게 하고 놀랍게 만들거나, 이와는 반대로 발생률을 이용하여 자료가 중요하지 않은 것처럼 보이게 할 수도 있다고 지적하였다. 예를 들면, "전국적으로 2,500명의 사람들이 X로 고생하고 있다."처럼 절대적인 수를 제시해서 두려워하게 하거나, "100,000명의 1명 꼴로 X 때문에 고생하고 있다."처럼 발생률을 제시하여 중요하지 않은 것처럼 보이게 할 수 있다. Huff(1954)와 Crossen(1994)의 연구는 이와 관련한 많은 예를 제시하고 있다.

여러 예에서 살펴보았듯이 대중매체는 편파적으로 보고할 가능성이 있기 때문에(Wanta, 1997) 성인은 대중매체에서 제시하는 주장에 대해 의문을 갖고 합리적인지를 조사해야 한다. 제시된 정보나 결론의 기초가 되는 증거의 특징과 신뢰성, 메시지의 타당성에 관심을 가져야 하며, 결론에 대해 어떤 대안적인 해석이 가능한지를 주의 깊게 고려해야 한다. 성인은 제시된 통계 정보와 관련하여 그들의 마음속에 '비판적 사고를 위한 질문'을 품고 있어야 한다(Gal, 1994; Moore, 1997b; Garfield & Gal, 1999). 표 3은 이와 관련된 10개의 질문을 정리한 것이다. 해석적인 통계 과제에 접했을 때 사람들은 이 표에 제시된 내용을 떠올리며 각 질문에 대해 '이 질문이 지금의 상황, 메시지, 과제와 관련이 있는가?'를 생각하고 적절성을 판단할 수 있다.

이러한 질문들에 대해 대답해보는 것은 통계 정보를 비판적으로 평가하는 과정에 도움이 되며 좀더 풍부한 정보에 근거하여 해석하고 판단할 수 있도록 해준다. 물론 성인의 필요와 삶의 맥락에 따라 표 3의 질문 목록은 수정될 수 있으며 일부 요소는 재조직될 수 있다. 이 목록은 기초적인 통계적 주제를 넘어 통계적인 과정 통제나 품질 보증과 같은 여러 직업에 관련된 통계적 주제 또는 확률과 위험성에 관한 주제까지 확대될 수 있다.

표 3 통계적 메시지에 대한 '비판적 사고를 위한 질문'의 예

1. (진술의 기초가 되는) 자료는 어디에서 얻은 것인가? 그것은 어떤 종류의 연구였나? 이런 종류의 연구는 이 맥락에 적합한가? 2. 표본이 사용되었는가? 표본을 어떻게 선택하였는가? 실제로 얼마나 많은 사람들이 참여하였는가? 표본은 충분히 큰가? 표본은 모집단을 대표할 수 있는 사람이나 단체를 포함하는가? 표본이 편중되어 있지 않은가? 전체적으로 이 표본을 통해 모집단에 대한 타당한 추론이 가능한가? 3. 보고한 자료를 생성하기 위해 사용한 실험 도구나 측정 도구(시험지, 질문지, 인터뷰)는 얼마나 믿을 만한가? 그리고 얼마나 정확한가? 4. 통계적 요약치의 기초가 되는 실제 자료의 분포 형태는 어떠한가? 분포의 형태가 중요한가? 5. 보고된 통계치들은 이러한 종류의 자료에 적합한가? 예를 들면, 서열형 자료를 요약하기 위해 평균을 사용하였는가? 최빈값은 대푯값으로 타당한가? 특이점으로 인하여 통계적 요약치가 자료의 원래 모습을 왜곡하지는 않았는가? 6. 주어진 그래프는 적절하게 그려졌는가? 혹은 자료의 경향성이 왜곡되지는 않았는가? 7. 이 확률적 진술을 어떻게 도출한 것인가? 가능성에 대한 추정을 정당화할 만큼 신뢰할만한 자료가 충분히 있는가? 8. 전체적으로 제시된 주장은 합리적이며 자료가 주장을 뒷받침하고 있는가? 예를 들면, 상관관계를 인과관계와 혼동하고 있는가? 혹은 사소한 차이를 크게 보이도록 만들지는 않았는가? 9. 제시된 주장의 타당성을 평가하기 위해 추가적인 정보나 절차를 사용할 수 있어야 하는가? 간과한 것은 없는가? 예를 들면, 저자가 변화율의 기준 또는 실제 표본의 크기에 대한 구체적인 정보를 제시할 때 '편의상 간과한 것'은 없는가? 10. 조사 결과의 의미에 대한 대안적인 해석이 있는가? 혹은 조사 결과의 원인에 대한 다른 설명이 있는가? 예를 들면, 결과에 영향을 미치는 간섭 변인이나 매개 변인이 있는가? 언급되지 않은 추가적인 의미나 다른 의미가 있는가?

기초 지식의 상호 작용

지금까지 논의한 다섯 가지 기초 지식을 편의상 나누어 제시했지만 이들은 서로 중첩되며 독립적으로 작용하지는 않는다. 예를 들면, 언어의 모호함과 관습적인 보고 형식에 대해 아는 것은 성인에게 필요한 기본 소양의 일부분이지만, 또한 일반적인 일상적 지식의 일부분이기도 하다. 그리고 비판적 능력의 일부분으로서 의도적이고 편향된 보고 관행에 관한 지식 또한 필요하다. 예를 들면, 중앙값이나 평균값을 구하는데 사용되는 계산 절차가 다르다는 점과 서로 다른 상황에서 각각의 통계치의 해석이 의미하는 바가 서로 다르다는 점에서 기초적인 통계 지식의 몇 가지 측면은 수학적 지식과 중첩된다.

어떤 실생활 메시지는 성인들이 직접 과제를 다루기 위해 앞에서 설명한 모든 기초 지식들을 사용하게 한다(Gal, 1997). 그림 2는 통계 정보를 해석하는 것과 관련하여 인쇄 매체의 독자가 직면할 수 있는 복잡한 과제의 예이며, 통계적 소양의 기반이 되는 기초 지식의 내적연결성을 잘 보여주고 있다.

그림 2는 1999년에 USA Today에 실린 표의 일부분을 수정한 것이다. 이 표는 파격적인 제목과 함께 절대적인 수치, 평균, 비율이라는 다양한 정보를 포함하는 몇 가지 간단한 목록을 제시하고 있다. 표를 해석하기 위해 기본적으로 평균과 비율을 아는 것뿐만 아니라 기본 소양이 필요하다. 그리고 다양한 유형의 배경지식을 사용할 수 있어야 한다. 수학적 정보를 완벽하게 이해하는데 필요한 몇몇 세부사항들을 완전히 제시하지는 않고 독자가 자신의 일반적인 일상적 지식에 기초하여 추정하도록 하였다. 즉, 평균을 'avg.'로 나타냈으며, 비율을 'pct. chg.'로 나타냈는데 두 가지 모두 비정상적인 축약어이다. 그리고 비율을 'per site'라고 하였는데 'site'에 대한 설명이 없으며, 평균은 일주일 전체에 대한 평균인지 주말에만 해당하는 평균인지에 대한 설명도 없다. 음수를 이용하여 **변화**를 비율로 나타냈지만 그 기준이 주어져 있지 않다.

통계적 소양의 성향적 측면

앞에서 인용한 통계적 소양에 관한 여러 개념에서 강조하고 있는 '비판적 평가' 개념은(Wallman, 1993) 어떤 상황에서 유용한 통계적 정보나 확률적 정보에 대한 단지 수동적인 해석이나 이해가 아니라 하나의 행동 양식이다. 만약 어떤 사람이 앞서 제시한 다섯 가지 기초 지식을 **사용하려는 경향** 또는 자신의 의견, 판단, 대안적인 해석을 다른 사람과 공유하려는 경향을 보이지 않는다면 완벽한 통계적 소양을 지녔다고 말하기 어렵다.

통계적으로 소양이 있는 행동은 다양한 양식으로 명확하게 나타날 수도 있고 그렇지 않을 수도 있다. 이러한 행동은 읽었던 문장의 의미를 생각하거나 비판적인 질문을 떠올리고 그것에 대해 반성적으로 사고하는 것과 같은 내적인 사고과정일 수 있다. 이것은 문장 다시 읽기, 신문에서 접하는 그래프 검토하기, 도박꾼의 오류라는 기사를 읽고 확률 게임 그만두기, 가족이나 동료와 저녁식사 중 TV에서 보도하는 조사 결과를 함께 논의하기와 같은 좀더 외적인 양식으로 확장될 수도 있다. 그러나 어떤 행동 양식이 나타나고 지속되기 위해서는 특정한 성향이 필요하며 활성화되어야 한다.

이 장에서 **성향**이라는 용어는 통계적 소양에서 필수적인 세 가지의 서로 다른 개념이지만 서로 관련되어 있는 개념인 비판적 자세, 신념, 태도를 통합한 의미로 사용한다. 이들 개념은 내적으로 서로 연결되어 있으므로(McLeod, 1992), 앞에서 다섯 가지 기초 지식을 설명했던 것과는 달리 구분하여 설명하기 어렵다. 이 절에서는 먼저 비판적 자세를 설명하고 이어서 비판적 자세의 기초가 되는 신념과 태도에 대해 알아본다.

비판적 자세

성인에게 기대되는 성향 중 첫 번째는 외부적 자극 없이도 의도적이든 우연이든 간에 잘못되거나, 한쪽만을 다루거나, 편향되거나, 불완전할 수 있는 양적인 자료에 대해 의문을 가지는 태도이다(Frankenstein, 1989). 성인은 보고서나 자료에 기초한 주장 또는 조사나 경험 연구로부터 얻은 결과를 접했을 때 자연스럽게 '비판적 사고를 위한 질문'(표 3)을 떠올릴 수 있어야 하며 또한 기꺼이 이러한 질문을 해야 한다(Gal, 1994).

어떤 통계적 정보나 자료를 접하였을 때 성인이 기꺼이 행하는 이런 행동들이 불확실한 조건에서도 필요하다는 것을 유념해야 한다. 논의거리나 제시된 추정치에 대한 배경지식이 부족한 경우, 개념과 그 의미에 대해 부분적인 지식만을 가지고 있는 경우, 독자에게 너무 어려운 기술적인 용어를 다루어야 하는 경우 등을 불확실한 조건의 예로 들 수 있다. 이러한 경우는 정규 교육을 받지 않았거나 기본 소양이 없는 성인에게서 나타나며 많은 국가에서 그 비율은 상당히 높다(Statistics Canada and OECD, 1996; UNESCO, 2000). 이러한 상황에서의 행동이나 반응은 어떤 통계적 주제에 대하여 경험이 없거나 익숙하지 않다는 사실을 다른 사람에게 드러내는 어려움을 유발할 수 있으며 다른 사람과 논쟁의 필요성이나 당혹감을 경험하도록 할 수도 있다.

신념과 태도

어떤 신념과 태도는 비판적 자세와 비판적으로 사고하려는 경향을 갖도록 하는 토대가 되며, 때로는 통계적 소양의 일부 행동을 무리하게 진행하도록 하기도 한다. '신념'과 '태도'라는 두 용어를 구분하는 것이 조금 애매하기 때문에 이들에 대해 논의할 때는 정의적인 어려움이 따른다. 예를 들면, 연구자들은 학생, 대학생, 성인 등과 같은 어떤 특정한 모집단에서 그들이 무엇을 측정하는지와 상관없이 통계적 태도와 신념을 암묵적으로 정의한다.

수학교육의 정서적 측면에 대한 McLeod(1992)의 연구에 의하면 감정, 태도, 신념은 구분되는 것이 바람직하다(Edwards, 1990; Green 1993). 감정은 즉각적인 경험에 의해 유발되는 긍정적이거나 부정적인 일시적 반응이다. 예를 들어, 수학이나 통계를 공부할 때 또는 처방된 치료의 부작용의 정도에 대한 의학적 정보를 듣는 것과 같은 어떤 확률 상황에 놓였을 때 나타난다. 태도는 오랫동안 긍정이나 부정적인 감정의 반응이 반복되면서 점진적으로 내재화되어 만들어지는 상대적으로 안정적이며 강렬한 느낌이다. 태도는 좋음-싫음, 기쁨-슬픔과 같은 긍정-부정의 연속선상에서 표출된다. 태도는 "나는 선거나 여론조사원을 좋아하지 않는다. 그들은 항상 나를 숫자로 혼란스럽게 만든다."와 같이 대상, 행동, 주제에 대한 느낌으로 표현된다. 신념은 어떤 영역에 대해("정부의 통계는 항상 정확하다.") 또는 자신에 대해("나는 사실 통계적 정보에 대하여 미숙하다.", "나는 수에 익숙한 사람이 아니다.") 또는 사회적 상황에 대해("정부는 대규모 조사에 돈을 낭비해서는 안된다.") 가지고 있는 개인적인 생각이나 의견이다(Wallman, 1993 참고). 신념을 갖기 위해서는 시간이 필요하며 이때 문화적 요인이 중요한 역할을 한다. 신념은 태도보다 인지적 요소가 지배하는 면이 많으며 덜 감정적이다. 그리고 신념은 태도에 비해 더욱 안정적이며 변화에 대해 저항하려는 성질이 있다.

성인은 자신이 통계와 관련된 상황에서 기꺼이 '통계적으로 사고'하려는 자세나 흥미를 지녔을 뿐 아니라 통계적이고 확률적인 추론을 할 수 있는 능력을 지닌 사람이라는 긍정적인 생각을 발전시켜야 한다. 이것은 통계적 과정의 위력을 인식하고 적절히 계획된 연구가 일화나 개인적 경험에 의존하여 이루어진 연구보다 잠재적으로 더 나은 결과를 도출하며 더 타당한 결론을 이끈다는 것을 수용할 때 가능하다(Moore, 1998). 인간의 일반적인 지적 기능의 부분으로 여겨지는 더욱 광범위한 메타인지 능력은 논리적으로 추론하는 성향과 호기심을 지니고 개방적으로 사고하는 것과 같은 통계적 소양을 갖춘 행동을 할 수 있도록 뒷받침해준다(Baron, 1988).

Gal, Ginsburg, Schau(1997)은 통계교육에서 태도와 신념의 역할을 조사하였는데, 문제를 생산적으로 해결하기 위해 학생들은 탐구하고 추측하는 것을 편안하게 느끼며, 일시적인 혼란이나 불확실한 상태를 편안하게 받아들여야한다고 주장하였다. 사람들이 자료의 소비자로서 맥락을 파악하는 것은 Gal과 동료들이 제시한 맥락을 탐구하는 상황에서 맥락을 파악하는 것과는 여러 가지 면에서 다르다는 것을 이미 주장하였다. 그러나 이러한 두 맥락은 모두 행동을 지지하는 신념이 필요하다는 공통점이 있다. 맥락을 파악할 때도 탐구하고 가정하는 것을 신뢰해야 하며, 비판적인 독자나 청취자의 역할을 할 때에도 편안하게 느껴야 한다. 그리고 자신들이 메시지를 이해하는 능력이 있다는 것에 확신을 가져야 하는데, 그래야 비판적인 행동을 위한 동기가 생기고 이를 계속적으로 유지할 수 있기 때문이다(Gal, 1994).

마지막으로, '비판적 자세'와 '신념 및 태도'를 함께 살펴본다. 비판적 자세를 유지하기 위해서 비판적인 행동이 정당하다는 신념을 갖고 있어야 한다. 통계적 메시지나 주장이 공식적인 자료에 근거한 것이든 아니든 간에 이것에 대해 비판적으로 고려하는 것이 정당하다는 것을 명심해야 한다. 형식적인 통계나 수학을 많이 배우지 않았다 하더라도 혹은 필요한 모든 배경 지식을 갖추지 않았다 하더라도, 보고된 연구의 결과나 그 결과에 대한 제안된 해석의 어떤 측면에 대하여 관심을 갖고 적절한 "비판적 사고를 위한 질문"을 제기하는 것이 정당하다는 것에 동의해야 한다.

논의 및 시사점

이 장의 주된 목적은 통계적 소양을 개념화할 필요가 있음을 제기하고 통계적 소양의 주요 요소들을 설명하는 것이다. 통계적 소양에 관한 선행 연구가 부족한 관계로 이 장에서 제시한 모델은 성인의 통계적 소양의 개발과 연구에 관하여 학문적으로 논의하는데 필요한 서문과 같다. 이 장에서는 통계적 소양을 통계적 정보, 통계적 주장, 통계적 자료에 대하여 의사소통이 필요한 경우 이를 해석하고 비판적으로 평가하는 능력이라고 설명한다. 통계적으로 소양있는 행동은 서로 관련된 다섯 가지 기초 지식, 즉 기본 소양, 통계적 지식, 수학적 지식, 맥락적/일상적 지식, 비판적 지식이 서로 결합하여 활성화 될 때 가능하다고 주장한다. 또한 통계적으로 소양있는 행동은 비판적 자세와 이를 뒷받침하는 신념과 태도가 있어야 가능하다고 주장한다.

이 장에서 제시한 통계적 소양의 개념은 비통계적인 요인 및 요소가 통계적 소양에서 중요한 역할을 하고 있음을 강조하며, 통계적 소양이 활성화될 수 있는 광범위하고 때로는 다각적인 성질을 반영하고 있다. 통계적 소양에 대한 우리의 소견은 다음과 같다. 첫째, 이 장에서 논의한 다섯 가지 기초 지식은 통계적 소양을 갖춘 성인이 되는데 필요한 것이 무엇인지에 대해 생각할 때 고려해야 할 지식의 범주를 명확히 하는데 기여한다. 이러한 기초 지식은 관심 있는 문화적 맥락에 따라 그리고 어떤 나라나 공동체에서 시민이나 근로자에게 기대하는 통계적 소양의 수준에 따라 수정되거나 정교화될 수 있다. 다른 기능적 기술을 개념화하는 것과 마찬가지로 특정 나라에서 통계적 소양을 위해 필요하다고 여기는 특수한 것들은 동적일 수 있으며 기술의 발달과 사회의 변화에 따라 변할 수 있다.

둘째, 다섯 가지 기초 지식과 신념, 태도, 비판적 자세의 결합이 통계적 소양을 위해 필수적인 것이라고 제시하였지만, 맥락을 읽고 이해하는 해석적인 과제를 해결하기 위해 반드시 모두 완벽하게 갖추어야 하는 것은 아니다. 성인의 기본 소양(Wagner et al., 1999)과 수적 소양(Gal, 2000)에 대한 현재의 개념에 따르면, 통계적 소양은 이것이 야기되거나 적용되는 맥락에 따라 어떤 한 개인 내에서도 서로 다른 수준으로 존재할 수 있는 능력의 집합체로 간주되어야 한다. 통계적 소양이 무엇으로 구성되어 있는지에 대한 설명은 직장 상황, 개인적/가정적 상황, 공적인 담화 상황, 형식적인 학습 상황에 따라 각각 다를 수 있다.

통계적 소양은 다양한 삶의 맥락에서 중심에 위치하고 복잡한 성질을 지녔다는 점에서 교육자, 통계학자, 전문가들은 시민들이 매일 접하는 수많은 문제와 책임에 직면하는 통계적 메시지를 얼마나 잘 해석하고 의사소통할 수 있는지에 관심을 갖는다. 다음에서는 통계적 소양을 위한 교육과 이 분야에서 가능한 후속 연구에 대해 논의한다.

교육적 문제

일부 나라와 단체에서는 때로는 자료 다루기, 확률통계, 가능성이라 불리는 자료 분석과 확률에 관한 학교 수준의 교육과정을 개선하기 위한 프로그램을 도입해왔다(Australian Education Council, 1991; NCTM, 2000). 그러나 전반적으로 자료 분석과 확률과 같은 주제는 수학의 다른 주제와 비교하여 상대적으로 교육과정에서 거의 주목받지 못했기 때문에, 학교에서 대부분의 학생들은 형식적인 통계를 학습할 것이다(Moore, 1998). 이런 점에서 TIMSS(Third International Mathematics and Science Study)의 교육과정 요소 분석 결과만이 가장 신뢰할 수 있는 정보이다. TIMSS는 40여개국의 교육과정과 교과서를 검토하고 전문가들의 의견을 듣는다(Schmidt, McKight, Valverde, Houang, & Wiley, 1997). TIMSS에서 제시하는 자료를 보면 교육과정의 틀이 매우 다양하며, 의도된 교육과정과 실행된 교육과정 사이에 차이가 있음을 확인할 수 있다. 즉, 교육과정 계획과 보수적 성향을 띠는 교과서에서 실제 구현된 것 사이에는 다양한 차이가 있다.

TIMSS 평가는 통계 항목을 거의 포함하지 않는다. 그러므로 통계에서 학생들의 성취도를 설명하기 위해 수준을 분류하기는 어렵다. 그러나 통계적 과제에 대한 학생 개개인의 학업성적에는 문제점이 있다. 예를 들어, Mullis, Martin, Beaton, Gonzalez, Kelly, Smith(1998)의 연구는 12학년의 학생들을 대상으로 통계적 소양과 직접 관련된 과제를 이용하여 학생들의 성취도를 보고하였다. 이 연구에서 사용한 과제는 2년 동안의 강도 범죄 발생수를 나타내며 특별한 인상을 전달하기 위해 조작된 막대그래프에 대해 '엄청난 증가'라고 표현한 기자의 보고가 합당한지를 설명하는 것이다. 이 막대그래프는 연도별 범죄 발생수를 막대로 각각 나타내었으나, 막대의 밑부분을 잘라서 나타내어 2년 동안의 작은 차이를 크게 보이도록 하였다. 이 과제에 대해 학생들의 성취도는 나라마다 다양하였다. 대략 졸업한 학생들 중의 절반도 안 되는 학생들만이 최소한 부분적으로라도 이 과제를 해결할 수 있었다. 이 과제는 교육자들이 보통 모든 시민들이 갖추기를 기대하는 통계적 소양 능력에 대한 예로 사용하는 가장 기초적인 능력 중 하나이다. 또한 표현된 자료와 이러한 자료에 대해 주어진 해석 사이의 모순을 발견하는 능력을 확인할 수 있는 과제이다. 많은 나라에서 상당수의 학생들이 고등학교를 졸업하기 전에 학교를 그만두는 것을 고려하면, 이러한 과제를 해결할 수 있는 학생들의 수는 더욱 적어질 것이다.

중등이나 고등 수준에서 통계교육을 개선하기 위해서는 내용과 방법, 교사 준비 및 연구, 평가, 공학 도구의 사용을 포함한 다양한 영역에서 변화가 필요하다는 것을 확인하였다(Cobb, 1992; Pereira-Mendoza, 1993; Gal & Garfield, 1997; Lajoie, 1998). 그러나 이러한 변화가 학생들의 해석적이고 통계적인 소양 능력을 어느 정도 개발시킬 수 있는지가 중요한 문제이다. 이 문제의 복잡함을 인식하기 위해 학문적인 소양과 관련된 상황을 고려해보자. Eisenhart, Finkel, Marion(1996)은 개혁안에서 광범위하고 진보적이며 포괄적인 학문적 소양이 제한되고 관습적인 방식으로 충족되고 있다고 주장한다. 따라서 개혁적인 노력이 국가적인 학문적 소양에서 현저한 변화를 가져오지 못할 수도 있다고 주장한다. 교육적 목표를 명백히 하기 위해서는 학문적 소양의 수준을 설명하기 위해 제안된 연속체와 유사한 방식으로(Shamos, 1995) 통계적 소양의 수준을 확인하는 것이 가능할 수 있다(Watson, 1997; Watson & Moritz, 2000).

이 장에서는 통계적 소양을 다섯 가지 기초 지식에 주목하여 논의하며, 기본 소양, 맥락적 지식, 비판적 능력, 필요한 성향이 중요한 역할을 한다고 주장한다. 통계적 사실, 규칙, 절차에 대해 학습하는 것 또는 형식적인 교실 탐구 맥락에서 자료 분석 프로젝트를 통해 개인적이고 통계적인 경험을 얻는 것이 적절한 수준의 통계적 소양을 갖추게 하는지는 분명하지 않다.

최근 여러 차례 통계교육에서 전통적인 접근이 변화되어야 한다는 요구가 있었다. 이 중 일부의 변화는 성공적이었다(Moore & Cobb, 2000). 그러나 교육자들은 더 많은 양의 통계를 가르치는 것 또는 잘 가르치는 것과 다른 또는 부수적인 목적을 위해 통계를 가르치는 것을 구별해야 한다. 통계를 배우는 학생들에게 필요한 소양은 맥락 파악하기로 특징지어지는 것과 같이 '기본 소양'에 관한 절에서 설명했던 것보다 좀더 제한된다. 통계를 배우는 학생들이 동료가 고안한 프로젝트 보고서를 읽거나 들을 때(Starkings, 1997) 또는 학술적인 연구 보고서를 읽을 때, 실세계에서 제시되는 것보다 다양하지 않은 언어로 결과나 결론을 표현하는 경향이 있다. 이것은 저자, 학생, 교사가 사용할 것이라 기대하는 표현과 형식의 유형을 제한하거나 변형하는 학술적 관행 때문에 나타날 수 있으며, 또는 교사가 수행할 수 있는 교실 담화의 풍부함과 영역을 제한하는 통계입문 과정에서의 논리적 제한 때문일 수도 있다(Wild, Triggs, & Pfannkuch, 1997). 대중매체의 소비자와는 달리, 학생들이 친숙하지 않거나 모호한 용어를 접했을 때 학생들은 교사와 의사소통하여 그 용어의 해석을 명확히 할 수 있다. 결론적으로 통계 수업에서 필요한 소양은 성인들이 일반적으로 통계적 메시지를 처리하는 이질적인 의사소통 환경에서 요구되는 소양일 필요는 없다.

통계적 소양을 개발하기 위해, 어린 학생들과 성인에게는 학습자로서 현재 사용하고 있는 수업 방법과는 다르거나 그 이상의 학습이 필요할 수도 있다. 통계적 소양을 위한 모든 기초 지식을 갖추기 위해서는, 시간이나 교사의 준비 부족으로 정규 통계 수업이나 입문 과정에서는 보통 강조되지 않는 주제와 기술들을 다루어야 할지도 모른다. 이에 대한 몇 가지 예를 들면 다음과 같다.

- 신문이나 다른 대중매체에 보도된 선거, 표본, 실험으로 나타난 결과 이해하기(Landwehr, Swift, & Watkins, 1987; MacCoun, 1998)
- 신문이나 다른 대중매체에 보도된 위험성이나 부작용에 대한 진술의 확률적 내용 이해하기(Clemen & Gregory, 2000)
- 신문이나 잡지의 보고나 광고에서 사용한 형식, 관습, 편의에 대해 학습하기

- 단지 전달목적의 메시지나 잘못 해석될 수 있는 그래프와 같은 실제적인 예를 이용하여 '비판적 사고를 위한 질문'을 적용해보는 경험을 통해 이러한 질문에 익숙해지기, 또는 교사와 같이 누군가가 이러한 질문을 적용해보는 것을 살펴보기
- 통계적 탐구의 유용함과 같은 영역 및 그 자체에 대한 긍정적인 믿음과 태도를 보이는 비판적 자세와 신념 개발하기

교육과정 계획과 학교 관련 변인들에 관한 TIMSS 보고서는 졸업을 앞둔 학생들이 자료 분석과 확률을 충분히 학습하지 않았음을 보여준다. 현재 중요한 더 큰 문제는 성인 집단에서 나타난다. 어느 나라든지 대부분의 성인 집단은 앞서 설명한 통계적 기초 지식이나 수학적 기초 지식을 형식적으로 학습했더라도 통계적 소양을 충분히 갖추고 있지 못한 것으로 나타났다(Statistics Canada & OECD, 1996; UNESCO, 2000). IALS(OECD & Human Resources Development Canada, 1997)와 다른 연구에서 나타난 바와 같이, 선진국일지라도 많은 성인들의 통계적 소양 수준이 낮다. 이 장에서는 문서 소양 능력을 포함한 기본 소양이 통계적 소양을 갖추기 위해 필요한 기초 지식의 중요한 요소임을 주장한다. '모든 사람이 통계적 소양을 갖추도록' 하기 위해서는 형식적인 방법과 비형식적인 방법으로 다양한 교육 체제와 다른 여러 체제가 협력하여 노력해야 한다.

많은 성인 학습자들은 성인 기본 교육 센터, 성인 소양 프로그램, 직장 학습과 단체 프로그램, 평생 교육이나 대학 교양 프로그램을 통해 중요한 교육을 받는다. 이러한 교육은 성인의 통계적 소양을 촉진하는데 중요한 역할을 하며, 이 중 일부는 성인 학습자를 위한 교육과정에 통계적으로 논의하고 메시지를 비판적으로 평가하는 것이 포함되어야 한다는 것을 공식적으로 인정하기 시작하였다(European Commission, 1996; Curry et al., 1996; Stein, 2000). 그러나 대중매체 기관과 대중매체 전문가들(Orcutt & Turner, 1993), 국가의 통계기관과 같이 통계적 문제에 관해 의사소통하는 공공 및 사설 기관과 협회(Moore, 1997b), 상인이나 광고주(Crossen, 1994) 모두는 이와 관련하여 어느 정도 책임이 있다. 이러한 사람들은 일반 사람들이 통계적 소양을 갖추고 이를 신장시키기 위한 혁신적이고 새로운 방법을 고안해야 한다.

연구와 평가 문제

앞에서 지적한 바와 같이, 초중등학생이나 대학생, 성인의 통계적 소양에 대한 현

재의 기초 지식은 단편적이다. 구체적이고 경험적인 정보가 결여된 상태에서 제시한 이러한 의견은 교육 혁신의 핵심적인 자리에 있는 정책 입안자들의 행동 변화를 이끌지 못할 수도 있다. 따라서 다음과 같은 세 가지 관련된 분야에서의 후속 연구가 필요하다.

학생과 성인들의 통계적 소양에 관한 연구

학생들을 대상으로 하는 TIMSS나 성인을 대상으로 하는 IALS와 같은 연구는 유용한 정보를 제공하지만, 이러한 연구들은 주로 다양한 수학적 주제를 다루기 때문에 사람들의 통계적 소양에 대해서는 제한된 측면에서의 기초적인 자료만을 제공한다. 평균과 중앙값에 대한 이해, 표본추출이나 실험 설계에 대한 지식, 확률과 관련된 문장에 대한 이해와 같은 이러한 연구에서 평가는 통계적 소양에 기초가 되는 지식 요소를 포함하지 않는다. 새로운 OECD의 국제 학업 성취도 평가(http://www.pisa.oecd.org)나 성인 소양에 대한 연구(http://nces.ed.gov)와 같은 국제적 규모의 평가는 수학적 소양이나 수적 소양의 개념을 확장하는 측면에서 통계 문제를 좀 더 광범위하게 적용할 수 있을 것이다. 그러나 대규모 연구에서는 평가 시간이나 문제로 다룰 수 있는 영역의 수가 제한되기 때문에 통계적 소양 능력 및 태도, 이와 관련하여 나타나는 차이에 관한 좀더 포괄적인 정보를 제공할 수 있는 연구가 필요하다. 이러한 점에서 사고 과정, 수업에 대한 이해와 효과를 깊이 있게 조사하는 질적 연구가 필요하다.

다양한 환경에서 요구되는 통계적 소양에 관한 연구

앞에서 언급한 Joram과 동료들(1995)의 연구는 통계적이며 수치적인 정보들이 독자들에게 전달되는 방법을 설명하였으며, 인쇄물에서 소양적인 요소와 통계적인 요소가 강력하게 결합되어 있음을 지적하였다. 그러나 일간 신문, 업무 관련 자료, TV 방송과 같은 다른 대중매체를 대하는 소비자들이 갖추어야 하는 것, 유리수 이상의 통계적이고 확률적인 주제 영역에 관해서는 알려진 것이 거의 없다. 성인이 생활하는 모든 영역에서 필요한 통계적 소양의 토대를 마련하는데 신뢰할만한 자료는 매우 부족하다. 국가 내에서 그리고 국가 간의 변화를 고려할 때, 다양한 수준의 통계적 소양을 목표로 하는 효과적이고 효율적인 수업을 계획하기 위해서는 이 분야의 연구가 반드시 필요하다.

성향적 변인에 관한 연구

이 장에서는 통계적 소양을 사람들이 일상생활에서 실제로 사용하리라 여겨지는 상호 관련된 기초 지식과 능력의 행동 지향적 집합으로 보았다. 이러한 관점에서 통계적으로 소양있는 행동에 영향을 미치거나 그러한 행동을 뒷받침하는 비판적 자세와 동기, 성향, 신념, 태도를 고려해야 한다. 그러나 이러한 변인을 개념화하고 평가하는데 많은 어려움이 따른다(Gal et al., 1997). 이와 관련하여 다양한 맥락에서 통계적으로 소양있는 행동을 형성하는 원동력을 이해하기 위한 연구 방법을 개발해야 한다. 모든 사회 계층 사람들의 통계적 소양을 향상시키기 위한 교육적 중재의 영향을 평가하는 일부분으로 성향의 변화를 평가해야 한다.

참고문헌

American Association for the Advancement of Science (AAAS) (1995). *Benchmarks for science literacy*. Washington, DC: Author.

Australian Education Council (1991). *A national statement on mathematics for Australian schools.* Carlton, Victoria: Curriculum Corporation.

Baron. J. (1988). *Thinking and deciding*. New York: Cambridge University Press.

Bowen, D. E., & Lawler, E. E. (1992, Spring). The empowerment of service workers: What, why, how, and when. *Sloan Management Review*, 31-39.

Bright, G. W., & Friel, S. N. (1998). Graphical representations: Helping students interpret data. In S. P. Lajoie (Ed.), *Reflections on statistics: Learning, teaching, and assessment in grades K-12* (pp.63-88). Mahwah, NJ: Erlbaum.

Carnevale, A. P., Gainer, L. J., & Meltzer, A. S. (1990). *Workplace basics: The essential skills employers want.* San Francisco: Jossey-Bass.

Cobb, G. W. (1992). Teaching statistics. In L. A. Steen (Ed.), *Heeding the call for change: Suggestions for curricular action* (pp. 3-43). Washington, DC: Mathematical Association of America.

Cobb, G. W., & Moore, D. S. (1997). Mathematics, statistics, and teaching. *American Mathematical Monthly*, *104*, 801-823.

Cocking, R. R., & Mestre, J. P. (Eds.). (1988). *Linguistic and cultural influences on learning mathematics*. Hillsdale, NJ: Erlbaum.

Clemen, R., & Gregory, R. (2000). Preparing adult students to be better decision makers. In I. Gal (Ed.), *Adult Numeracy Development: Theory, Research, Practice*. Cresskill, NJ: Hampton Press.

Crossen, C. (1994). Tainted truth: *The manipulation of fact in America*. New York: Simon & Schuster.

Curcio, F. R. (1987). Comprehension of mathematical relationships expressed in graphs.

Journal for Research in Mathematics Education, 18, 382-393.

Curry, D., Schmitt, M. J., & Waldron, W. (1996). *A Framework for adult numeracy standards: The mathematical skills and abilities adults need to be equipped for the future*. Final report from the System Reform Planning Project of the Adult Numeracy Network. Washington, DC: National Institute for Literacy. Available online at http://www.std.cow/anpn/

Edwards, K. (1990). The interplay of affect and cognition in attitude formation and change. *Journal of Personality and Social Psychology, 59*, 202-216.

Eisenhart, M., Finkel, E., & Marion, S. F. (1996). Creating the conditions for scientific literacy: A re-examination. *American Educational Research Journal, 33*(2), 261-295.

European Commission. (1996). *White paper on education and training: Teaching and learning—towards the learning society*. Luxembourg: Office for official publications of the European Commission.

Frankenstein, M. (1989). *Relearning mathematics: A different "R"—radical mathematics*. London: Free Association Books.

Freire, P. (1972). *Pedagogy of the oppressed*. New York: Penguin.

Friel, S. N., Russell, S., & Mokros, J. R. (1990). *Used numbers: Statistics: middles, means, and in-betweens*. Palo Alto, CA: Dale Seymour Publications.

Gal, I. (1994, September). *Assessment of interpretive skills*. Summary of working group, Conference on Assessment Issue in Statistics Education. Philadelphia, PA.

Gal, I. (1995). Statistical tools and statistical literacy: The case of the average. *Teaching Statistics, 17*(3), 97-99.

Gal, I., & Baron, J. (1996), Understanding repeated simple choices. *Thinking and Reasoning, 2*(1), 1-18.

Gal, I. (1997). Numeracy: Reflections on imperatives of a forgotten goal. In L. A. Steen (Ed.), *Quantitative literacy* (pp. 36-44). Washington, DC: College Board.

Gal, I. (1998). Assessing statistical knowledge as it relates to students' interpretation of data. In S. Lajoie(Ed.), *Reflection on statistics: Learning, teaching, and assessment in grades K-12* (pp. 275-295). Mahwah, NJ: Erlbaum.

Gal, I. (1999). Links between literacy and numeracy. In D. A. Wagner, R. L. Venezky, and B. Street (Eds.), *Literacy: An international handbook* (pp. 227-231). Boulder, CO: Westview Press.

Gal, I. (2000). The numeracy challenge. In I. Gal (Ed.), *Adult numeracy development: Theory, research, pracice* (pp. 1-25). Cresskill, NJ: Hampton Press.

Gal, I., & Garfield, J. (Eds.). (1997). *The assessment challenge in statistics education*. Amsterdam, Netherlands: International Statistical Institute/IOS Press.

Gal, I., Ginsburg, L., & Schau, C. (1997). Monitoring attitudes and beliefs in statistics education. In I. Gal & J. B. Garfield (Eds.), *The assessment challenge in statistics education* (pp. 37-54). Amsterdam, Netherlands: International Statistical Institute/IOS Press.

Garfield, J. B., & Gal, I. (1999). Assessmetnt and statistics education: Current challenges and directions. *International Statistical Review, 67*(1), 1-12.

Green, K. E. (1993, April). *Affective, evaluative, and behavioral components of attitudes toward statistics*. Paper presented at the annual meeting of the American Educational Research Association, Atlanta, GA.

Hooks, R. (1983). *How to tell the liars from the statisticians*. New York: Marcel Dekker.

Huff, D. (1954). *How to lie with statistics*. New York: Norton.

Jenkins, E. W. (1996). Scientific literacy: A functional construct. In D. Baker, J. Clay, & C. Fox (Eds.), *Challenging ways of knowing in English, maths, and science* (pp. 43-51). London: Falmer Press.

Joram, E., Resnick, L., & Gabriele, A. J. (1995). Numeracy as a cultural practice: An examination of numbers in magazines for children, teenagers, and adults. *Journal for Research in Mathematics Education*, *26*(4), 346-361.

Kahneman, D., Slovic, P., & Tversky, A. (Eds.) (1982). *Judgment under uncertainty: Heuristics and biases*. New York: Cambridge University Press.

Kolata, G. (1997). Understanding the news. In L. A. Steen (Ed.), *Why numbers count: Quantitative literacy for tomorrow's America* (pp. 23-29). New York: The College Board.

Kirsch, I., & Mosenthal, P. (1990). Understanding the news. *Reading Research Quarterly*, *22*(2), 83-99.

Kirsch, I. S., Jungeblut, A., Jenkins, L., & Kolstad, A. (1993). *Adult literacy in America: A first look at the results of the National Adult Literacy Surve*y. Washington, DC: National Center for Education Statistics.

Kirsch, I. S., Jungeblut, A., & Mosenthal, P. B. (1998). The measurement of adult Literacy. In S. T. Murray, I. S. Kirsch, & L. B. Jenkins (Eds.), *Adult literacy in OECD countries: Technical report on the first International Adult Literacy Survey* (pp. 105-134). Washington, DC: National Center for Education Statistics, U.S. Department of Education.

Konold, C. E. (1989a). Informal conceptions of probability. *Cognition and Instruction*, *6*, 59-98.

Kosonen, P. & Winne, P. H. (1995). Effects of teaching statistical laws on reasoning about everyday problems. *Journal of education psychology*, *87*(1), 33-46.

Laborde, C. (1990). Language and mathematics. In P. Nesher & J. Kilpatrick (Eds.), *Mathematics and cognition* (pp. 53-69). New York: Cambridge University Press.

Lajoie, S. P. (Ed.). (1998). *Reflections on statistics: Learning, teaching, and assessment in grades K-12*. Mahwah, NJ: Erlbaum.

Landwehr, J. M., Swift, J., & Watkins, A. E. (1987). *Exploring surveys and information from samples*. (Quantitative literacy series). Palo Alto, CA: Dale Seymour Publications.

MacCoun, R. J. (1998). Biases in the interpretation and use of research results. *Annual Review of Psychology 49*, 259-287.

McLeod, D. B. (1992). Research on affect in mathematics education: A reconceptualization. In D. A. Grouws (Ed.), *Handbook of research on mathematics teaching and learning* (pp. 575-596). New York: Macmillan.

Mellers, B. A., Schwartz, A., & Cooke, D. J. (1998). Judgment and decision making. *Annual Review of Psychology*, *49*, 447-477.

Moore, D. S. (1990). Uncertainty. In L. A. Steen (Ed.), *On the shoulders of giants: New approaches to numeracy* (pp. 95-137). Washington, DC: National Academy Press.

Moore, D. S. (1997a). New pedagogy and new content: The case of statistics. *International Statistical Review*, *65*(2), pp. 123-165.

Moore, D. S. (1997b). *Statistics: Concepts and Controversies*. San Francisco: Freeman.

Moore, D. S. (1998). Statistics among the liberal arts. *Journal of the American Statistical Association*, *93*(444), 1253-1259.

Moore, D. S., & Cobb, G. W. (2000). Statistics and mathematics: Tension and cooperation. *American Mathematical Monthly*, *107*(7), 615-630.

Mosenthal, P. B., & Kirsch, I. S. (1998). A new measure for assessing document complexity: The PMOSE/IKIRSCH document readability formula. *Journal of Adolescent and Adult Literacy*, *41*(8), 638-657.

Mullis, I. V. S., Martin, M. O., Beaton, A. E., Gonzalez, E. J., Kelly, D. L., & Smith, T. A. (1998). *Mathematics and science achievement in the final year of secondary school: IEA's Third International Mathematics and Science Study (TIMSS)*. Boston: Center for the Study of Testing, Evaluation, and Educational Policy.

National Council of Teachers of Mathematics (NCTM). (2000). *Principles and standards for school mathematics*. Reston, VA: Author.

Orcutt, J. D., & Turner, J. B. (1993). Shocking numbers and graphic accounts: Quantified images of drug problems in the print media. *Social Problems*, *40*(2), 190-206.

Organization for Economic Co-operation and Development (OECD) and Human Resources Development Canada (1997). *Literacy for the knowledge society: Further redults from the International Adult Literacy Survey*. Paris and Ottawa: OECD and Statistics Canada.

Packer, A. (1997). Mathematical competencies that employers expect. In L. A. Steen (Ed.), *Why numbers count: Quantitative literacy for tomorrow's America* (pp. 137-154). New York: The College Board.

Parker, M., & Leinhardt, G. (1995). Percent: A privileged proportion. *Review of Educational Research*, *65*(4), 421-481.

Paulos, J. A. (1995). *A mathematician reads the newspaper*. New York: Anchor Books/Doubleday.

Pereira-Mendoza, L. (Ed.). (1993). *Introducting data-analysis in the schools: Who should teach it and how*? Voorburg, Holland: International Statistical Institute.

Rutherford, J. F. (1997). Thinking quantitatively about science. In L. A. Steen (Ed.), *Why numbers count: Quantitative literacy for tomorrow's America* (pp. 69-74). New York: The College Board.

Shamos, M. H. (1995). *The myth of scientific literacy*. New Brunswick, NJ: Rutgers University Press.

Scheaffer, R. L., Watkins, A. E., & Landwehr, J. M. (1998). What every high-school graduate should know about statistics. In S. P. Lajoie (Ed.), *Reflections on statistics: Learning, teaching and assessment in grades K-12* (pp. 3-31). Mahwah, NJ: Lawrence Erlbaum.

Schmidt, W. H., McKnight, C. C., Valverde, G. A., Houang, R. T., & Wiley, D. E.

(1997). *Many visions, many aims (Vol. 1): A cross-national investigation of curricular intentions in school mathematics*. Dordrecht, The Netherlands: Kluwer.

Shaughnessy, J. M. (1992). Research in probability and statistics: Reflections and directions. In D. A. Grouws, (Ed.), *Handbook of research on mathematics teaching and learning* (pp. 465-494). New York: Macmillan.

Shaughnessy, J. M., Garfield. J. B., Greer, B. (1997). Data handling. In A. Bishop (Ed.), *International handbook on mathematics education* (pp. 205-237). Dordrecht, The Netherlands: Kluwer.

Starkings, S. (1997). Assessing student projects. (1997). In I. Gal & J. Garfield, (Eds.), *The assessment challenge in statistics education* (pp. 139-151). Voorburg, The Netherlands: International Statistical Institute and IOS Press.

Statistis Canada and Organization for Economic Co-operation and Development (OECD). (1996). *Literacy, economy, and society: First results from the International Adult Literacy Survey*. Ottawa, Ontario: Author.

Steen, L. A. (Ed.). (1997). *Why numbers count: Quantitative literacy for tomorrow's America*. New York: The College Board.

Stein, S (2000). *Equipped for the future content standards: What adults need to know and be able to do in the 21st century*. Washington, DC: National Institute for Literacy. Retrieved January 1, 2001, from http://www.nifl.gov/lincs/collections/eff/eff_publications.htm1

Tufte, E. R. (1997). *Visual explanations: Images and quantities, evidence and narrative*. Cheshire, CT: Graphics Press.

UNESCO. (1990). *Final Report on the World Conference on Education for All* (Jomtien, Thailand). Paris: Author.

UNESCO. (2000). *World Education Report: The right to education—Towards education for all throughout life*. Paris: Author.

Wagner, D. A. (1991). *Literacy: Developing the future*. (International Yearbook of Education, vol. XLIII). Paris: UNESCO.

Wagner, D. A., Venezky, R. L., & Street, B. V. (Eds.). (1999). *Literacy: An International Handbook*. Boulder, CO: Westview Press.

Wainer, H. (1992). Understanding graphs and tables. *Educational Researcher*, *21*(1), 14-23.

Wallman, K. K. (1993). Enhancing statistical literacy: Enriching our society. *Journal of the American Statistical Association*, *88*, 1-8.

Wallsten, T. S., Fillenbaum, S., & Cox, J. A. (1986). Base rate effects on the interpretations of probability and frequency expressions. *Journal of Memory and Language*, *25*, 571-587.

Wanta, W. (1997). *The public and the national agenda: How people learn about important issues. Mahwah*, NJ: Lawrence Erlbaum.

Watson, J. (1997). Assessing statistical literacy through the use of media surveys. In I. Gal & J. Garfield, (Eds.), *The assessment challenge in statistics education* (pp. 107-121). Amsterdam, The Netherlands: International Statistical Institute/IOS Press.

Watson, J. M., & Moritz, J. B. (2000). Development of understanding of sampling for statistical literacy. *Journal of Mathematical Behavior*, *19*, 109-136.

Wild, C., Triggs, C., & Pfannkuch, M. (1997). Assessment on a budget: Using traditional methods imaginatively. In I. Gal & J. B. Garfield (Eds.), *The assessment challenge in statistics education* (pp. 205-220). Amsterdam, The Netherlands: International Statistical Institute/IOS Press.

Wild, C. J., & Pfannkuch, M. (1999). Statistical thinking in empirical enquiry. *International Statistical Review, 67*(3), 223-256.

4장

수학적 추론과 통계적 추론

Robert C. delMas

개요

이 장에서는 수학적 추론과 통계적 추론의 본질에 대해 알아본다. 먼저 추론의 일반적 성질에 대해 알아본 후, 수학자들이 설명하는 수학적 추론과 함께 어떻게 하면 수학적 추론을 향상시킬 수 있는지에 대한 수학교육자들의 권고에 대해 알아본다. 또한 통계적 추론과 일반적 추론에 관한 선행연구 결과를 검토해 학생들이 가장 어려워하는 통계적 추론의 영역을 확인하고자 한다. 그리고 통계적 추론과 수학적 추론을 비교하고 교육과 연구를 위한 시사점을 제시한다.

추론의 본질

인류는 수천 년에 걸쳐 지적으로 놀라운 발전을 이룩하였으나, 사람들은 여전히 판단을 할 때 체계적인 오류(systemic errors)를 범하곤 한다. Wason과 Johnson-Laird(1972)는 사람들이 잘못된 추론을 하게 되는 조건에 대해 연구하였다. 추론에 관한 연구에서 부딪히는 어려움 중 하나는 추론의 정의에 대한 합의가 이루어지지 않았다는 것이다. Wason과 Johnson-Laird(1972)는 "용어의 정의에 대한 논쟁은 무익하다고 언급하면서, 증거로부터 명확한 결론을 어떻게 이끌어 내는지에 관심을 두어야 한다."고 주장하였다(p.1). 추론에 관한 연구에서 Galotti(1989)는 추론을 구성하는 요소에 대한 합의가 이루어지지 않았기 때문에 결과를 해석할 때 문제가 생긴다고 주장하였다. 그녀는 '추론'이 종종 사고, 문제 해결, 의사 결정, 비판적 사고, 브레인스토밍과 같은 용어들과 상호 교환적으로 사용됨을 지적하였다. 이러한 여러 가지 형태의 사고는 공통된 정신활동을 포함하고 있기 때문에 혼란이 더욱 심화되는데, 결론을 끌어내기 위해 기존의 지식에 근거해 주어진 정보를 변형하는 하는 것을 하나의 예로 들 수 있다.

Galotti(1989)는 추론과 다른 형태의 사고를 구별하기 위해 추론의 정의를 제시하였다. 추론은 주어진 정보를 변형하는 정신활동이며, 추리를 하거나 결론을 이끌어내는 것과 같이 적어도 한 가지 이상의 목적을 가지고 있으며, 전제와 모순되지 않으며, 논리 체계와 조화를 이룬다. 그리고 Galotti는 정신활동이 자기 제한적(self-contained)일 필요는 없으며, 즉 추론하는 사람이 전제를 수정할 수 있으며, 결론이 반드시 연역적으로 타당할 필요도 없다는 조건을 추가하였다. 그러므로 추론에 관한 연구를 수행할 때 추론하는 사람이 전제를 수정하였는지 여부를 판단하고 그에 따르는 추론의 질을 판단하는 것이 중요하다.

추론에서의 오류

추론에 관한 연구들이 서로 다른 의견을 제시하기도 하지만, 그동안의 연구를 보면 인간이 이성적으로 사고한다는 사실만은 널리 인정되고 있다. 그리고 대부분의 연구들은 명제나 술어의 계산으로 해결되는 삼단논법과 같이 필요한 모든 정보가 제공된 추상적이고 형식적인 추론 과제들을 어떻게 수행하는지에 대해 다루었다(Evans, 1989; Evans, Newstead, & Byrne, 1993; Oaksford & Chater, 1998; Wason & Johnson-Laird, 1972). 몇몇 연구들은 좀더 기능적이고 상황 특수적인 목적을 가진 실제적이고 비형식적인 추론에 대해 조사하였다(Evans et al., 1993; Galotti, 1989). 선행연구(Evans, 1989; Evans et al., 1993; Galotti, 1989; Gilovich, Griffin, & Kahneman, 2002; Wason & Johnson-Laird, 1972)의 검토를 통해 얻은 추론에 관한 일반적인 결과들을 요약하면 다음과 같다.

- 사람들은 부정적으로 진술된 가정을 부정해서 타당한 결론을 이끌어내는 것을 어려워한다. 일반적으로 이중 부정을 이용한 논증을 어려워한다(Evans, 1989; Evans, Newsted, & Byrne, 1993; Galotti, 1989).
- 사람들은 종종 전제의 성격이나 의미를 바꾼다. 심지어 전제를 어떻게 해석하는지에 대한 방법을 교육받은 경우에도 그러하다(Galotti, Baron, & Sabini, 1986).

- 조건문이 제시되었을 때 전건(오늘밤 하늘이 맑다면)과 후건(내일 아침은 추울 것이다) 사이에 마치 인과관계가 함의된 것처럼 생각한다. 그래서 후건이 확실하다면 전건이 참이라고 잘못 생각하게 된다. 예를 들어, "오늘 아침은 매우 춥기 때문에 어젯밤 하늘은 분명히 맑았을 것"이라고 생각한다(Wason & Johnson-Laird, 1972).
- 추론은 연역적이지만 실제적인 경향이 있다. 사람들은 일반적으로 순수한 추상적 정보로부터 추론하는 것을 잘 하지 못한다. 그러나 대상과 상황에 매우 익숙할 때에는 복잡한 과제에서 놀라운 추론 능력을 보인다(Evans, Newstead, & Byrne, 1993; Kahneman & Tversky, 1982; Wason & Johnson-Laird, 1972).
- 사람들은 추상적 과제가 주어졌을 때, 관련이 있든 없든 무심코 자신의 개인적 지식을 포함시켜 주어진 정보와 전제를 수정한다(Wason & Johnson-Laird, 1972).
- 본질적으로 추론은 연역적이고 강력하지만 형식 논리에서 명제 계산논법에 대한 진리 함수의 관계와 완전히 일치하게 추론을 하지는 않는다(Galotti, 1989).
- 사람들은 전제에 대해 가능한 모든 해석들(Erickson, 1978; Johnson-Laird, 1983) 또는 전제를 조합하는 다양한 모든 방법들(Johnson-Laird, 1983)을 고려하지 않는 경향이 있다. 그래서 정보를 모두 고려하지 못하고 함의를 철저히 고려하지 못하게 되어, 결국 잘못된 결론을 도출하게 한다(Baron, 1985). 이에 관한 예가 편향 확증(confirmation bias)인데(Evans 1989; Nisbett & Ross, 1980; Ross & Anderson, 1982; Wason, 1977), 이는 논증을 의심할 수 있는 증거들을 고려하지 않고 오로지 확증적인 증거만을 찾는 성향을 말한다. 사람들은 자신들이 참이라고 믿는 결론은 쉽게 받아들이며, 거짓이라고 믿는 결론은 쉽게 받아들이지 못한다.
- 피드백을 통해 개념적 불일치가 일어난다면, 추론의 몇몇 선입관들은 극복될 수 있다는 증거가 있다(Nisbett & Ross, 1980). 항상 그런 것은 아니지만 사람들은 반론적인 증거를 접하였을 때 그들의 추론을 조정하는 경향이 있다.
- 추론은 논리적 관점에서 아무런 영향을 미치지 못하는 요인들에 의해 쉽게 영향받는다. 예를 들면, 경우의 수가 작은 사건(예를 들어, 경우의 수가 3인 사건)에 대해서는 경우의 수가 큰 것을 생각하고, 경우의 수가 큰 사건(예를 들어, 경우의 수가 9에서 12인 사건)에 대해서는 경우의 수가 작은 것을 생각하는 경향이

있다. 이러한 경향은 경우의 수를 과대 추정하거나 과소 추정하려는 동인을 조절하고, 사건에 대한 전문적인 지식을 제공함으로써 중재될 수 있다(Schwarz & Vaughn, 2002).

- 사람들은 편향 확증과 회상 효과로 인해 추론의 타당성을 지나치게 확신하는 경향이 있다(Fischhoff, 1982; Lichtenstein, Fischhoff, & Phillips, 1982).

추론의 이러한 특성은 수학적 추론과 통계적 추론의 본질에 시사점을 제공한다. 가장 중요한 것은 사람들이 추상적인 추론을 어려워하고, 익숙한 상황에서 추론을 잘하며, 개인적 지식이 종종 추론에 방해가 되며, 모든 가능성을 고려하는데 자주 실패한다는 것이다. 이중 시스템 추론 이론(Two-system theories of reasoning)은 이러한 추론의 결점을 다음과 같이 설명하고 있다(Evans, 1995; Evans & Over, 1996; Sloman, 2002). 분리되어 있지만 상호작용하는 두 개의 추론 시스템이 대부분의 추론 과제에서 이용된다. 두 시스템 중의 하나는 본질적으로 연합적이며, 지각된 특징과 일시적인 구조의 규칙성을 이용해 자동적인 반응을 일으킨다. 반면 다른 시스템은 본질적으로 규칙에 기반하고, 더 신중하고 체계적이며(Evans & Over, 1996), 연합 시스템으로부터 얻은 결과를 거부하도록 한다(Stanovich & West, 2002). 어떤 문제에 직면하면 두 시스템이 활성화되고 각각 독립적인 반응을 보인다. 대부분의 경우 두 반응은 일치하거나 적어도 협력적이지만, 서로 상충되기도 한다. 또한, 자동적인 연합 시스템이 먼저 완료되어 규칙에 기반을 둔 시스템이 타당성을 체크하기도 전에 반응을 보일 수도 있다. 두 시스템이 결론을 이끌어낼 때에도 연합 시스템의 반응이 규칙 기반 시스템의 결과를 방해할 수 있다(Sloman, 2002). 이러한 방식으로 규칙에 기초한 논리적인 조작이 이루어지기 전에 첫인상만으로 판단을 내릴 수 있으며, 이때문에 특정 조건에서는 근거가 부족하고 부적절한 결론을 내리게 된다. 인지 능력과 같은 요인들이 관여할 때조차도 이중 시스템 추론에 의한 예측과 일치하는 추론에서 체계적이고 규범적이지 않은 선입관이 발견되기도 한다(Stanovich & West, 2002).

수학적 추론의 본질

수학적 아이디어는 본래 근본적으로 은유적이라는 주장이 제기되어 왔다. 그러므로 수학을 단지 형식적 증명을 수행하거나 계산 기술을 익히는 것으로 가르쳐서는 안 된다. Lakoff와 Nunez(1997)에 따르면 "수학은 아이디어에 관한 것이며, 수학을 아이디어에 관한 것으로 가르쳐야 한다."(p.85) Lakoff와 Nunez는 교육이 학생들의 수학적 추론에 영향을 미치려면 수학의 은유적 본질을 가르쳐야 한다고 주장한다. 은유에 의한 추론이 지력의 특징이기 때문에, 그들은 은유적 사고를 강조하는 것은 수학이 인간의 마음과 독립적으로 존재한다는 생각과 대비된다고 믿는다. 수학적 추론과 은유적 추론을 전적으로 동일시하는 것은 수학은 마음의 산물이며 객관적 세상의 대상이나 사건과 반드시 대응될 필요가 없는 산물이라는 증거로 받아들여질 수 있다.

수학, 기호, 언어

수학은 패턴을 연구하는 학문으로 볼 수 있다. 따라서 수학적 추론은 패턴에 대한 추론을 수반한다. Devlin(1998)은 수학을 실세계 또는 "인간 마음의 내적 작용에서 추출된 추상적 패턴을 다루는 것"이라고 언급했다(p.3). 수학은 이러한 추상성뿐만 아니라 현대수학의 대수식과 같은 추상적 기호의 사용에 의존하는 특징이 있다. 효과적이고 간편한 방법으로 패턴을 다루기 위해 추상적인 표기 체계가 발전되었지만, 이로 인하여 더욱 복잡해지고 일상적인 경험이나 지식에서 상당히 멀어지게 되었다. 컴퓨터는 학생들이 기호 표현의 일부를 시각화하는데 도움을 줄 수 있지만 한계가 있다. 현대수학 내에서 컴퓨터 시뮬레이션에 적합한 부분은 상대적으로 적기 때문이다.

상징적 기호는 그 자체가 저절로 수학이 되는 것은 아니다. 기호가 의미를 갖기 위해서 참조물 역할을 하는 실제적인 수학적 실체에 대한 정신적 모델이 필요하다(Devlin, 1998). Devlin은 수학교육에서 계산과 절차가 강조되기 때문에 수학의 이러한 측면이 무시되고 있다고 주장한다. 그는 수학을 물리적 세계에 존재하지 않는 실체로 이루어진 순수한 인간 창조물로 간주하였다. 왜냐하면 이러한 실체들은 오직 "인류의 마음에만 존재하는 순수한 추상"이기 때문이다(p.9). 추상적인 수학적 내용을 다루는 것은 뛰어난 수학자들에게도 어려운 일이다. Devlin은 Newton과 Leibniz가 움직임과 변화의 과정을 함수로 표현할 수 있었고 함수를 수학적 실체로 다룰 수 있었기 때문에 미적분을 개발할 수 있었다고 언급하였다. 미분은 연속적인 근사 과정과 극한의 개념에 기인하는데, 당시에 극한 개념은 수용가능한 정의가 아니었다. Weierstrauss가 연속적인 근사 과정을 실체로 인식하고, 극한의 정확한 정의를 발표하기까지 수학적 사고의 발전에는 약 200년의 시간이 필요하였다.

언어와 수학은 모두 인간 지성과 문화의 추상적 산물이다. Devlin(2000)은 인간이 언어를 처리하는데 사용하는 정신 능력이 바로 추상적인 수학적 사고를 수행하는데 필요한 능력이라고 주장하였다. 그러나 이것이 사실일지라도 언어 능력이 곧 바로 수학 능력으로 전이되지 않는데, 여기에는 몇 가지 이유가 있다. 언어는 과거와 미래의 대상에 대한 지시물이 만들어질 수 있는 것처럼 본질적으로 추상적이지만, 그것의 지시물은 종종 구체적이다. 사랑, 행복, 절망과 같이 지시물이 추상적인 개념인 경우에도 의미의 토대를 제공하는 감정과 경험에는 여전히 대응물이 존재한다. 수학적 사고는 개인이 정신적 지시물을 창조하는 것, 즉 물리적 대응물 없이 정신적 실체를 만들어 낼 수 있는 과정을 필요로 한다. 수학적 사고의 어려움을 가중시키는 것은 수학적 증명을 사용해야 한다는 것이다. 수학적 증명에 관한 연구로부터 본질적으로 형식 논리 체계가 창안되었는데, 앞서 언급한 바와 같이 많은 사람들은 형식 논리의 사용을 어려워한다.

교육과 수학적 추론

수학의 추상적 성질 때문에 오늘날 수학교육 연구자들은 추상적인 수학 개념을 익숙한 개념이나 과정과 관련지어 지도하는 방법을 매우 강조하고 있다. 수학에서 이미지 기반 추론의 중요성은 이미 잘 알려져 있다(Devlin, 1998; English, 1997). 수학자들은 이미지 또는 시각적 표현이 다른 유형의 상징적 표현보다 추론을 촉진시키기에 적합하다는 것을 알고 있다. 하지만 궁극적인 목적은 학생들을 '현실적 실재(actual reality)' 담화에서 Sfard(2000)가 언급한 '가상적 실재(virtual reality)' 담화로 나아가도록 하는 것이다. 현실적 실재 담화는 실세계 지시물과 접해있을 수 있으며 중재될 수 있다. 예를 들어, 누군가 "그녀의 이름은 Cedar야"라고 말하면서 자신의 개를 가리킬 수 있다. 자신의 애완견을 가리킴으로서 화자는 그가 생각한 것은 나무가 아니며, 여성성을 지닌 것임을 분명히 할 수 있다. 담화 대상은 개념과 독립적으로 존재하며 논의를 지각적으로 중재하는데 사용될 수 있다. Sfard(2000)는 $\frac{1}{4}$이 $\frac{3}{12}$과 같다는 진술은 가상적 실재 담화의 예가 된다고 주장하였다. 왜냐하면 지각적 중재는 기껏해야 대체하는 실세계 대상으로 이루어질 뿐, 논의되는 개념을 충분히 표현하지 못하기 때문이다. Sfard는 가상적 실재 담화를 수학적 의사소통의 일차적인 방법으로 간주하였다. 수학적 담화는 인간 행동이나 실재에 직접적으로 영향을 주지 않으며, 자유로운 탐구 상황을 만들어낸다. 그러나 또한 이로 인해 수학을 의미 없고, 중요하지 않으며, 다른 것에는 거의 관심이 없는 것처럼 생각하게 만들 수도 있다.

현대의 수학교육과정에서 추론은 실용적인 것으로 인정되며, 수학 개념과 구조를 의미 있게 하기 위한 방법으로 실세계 문제를 포함시키고 있다. English(1997)에 따르면, "수학적 추론은 환경과 상호작용할 때 이루어지는 신체적 경험으로부터 생성되는 구조에 관한 추론을 필요로 한다."(p.4) 그리고 네 가지 '사고의 도구'가 수학적 추론에서 이용되는데, 유추, 은유, 환유, 심상이 그것이다. 이 네 가지는 포괄적인 정신적 도구로 수학적 추론에서 서로 배타적으로 사용되지 않는다. 이들 모두는 환경에 대한 정신적 모델이나 표상과 구체적인 경험을 대응시킬 수 있는 방법을 제공한다. English는 수학적 추론을 개발하기 위해 구체적인 경험에서 구조적 정보를 수학적으로 추상적인 정신적 표상과 대응시키는 경험, 즉 유추와 은유의 토대가 되는 경험이 필요하다고 주장한다. Sfard(2000)는 현실적 실재 담화(actual reality discourse)와 가상적 실재 담화(virtual reality discourse)는 모두 중재된 대상이라고 주장한다. 컴퓨터 과학의 객체 지향적 프로그래밍과 같은 과정에서 가상적 실재 담화가 현실적 실재 담화로부터 나온다고 보았다. 만일 현실적 실재 담화를 다른 모든 담화의 기원으로 간주한다면, 가상적 실재 담화는 개념을 추상적 맥락까지 반복적으로 확장함으로써 실세계 지시물로부터 특성과 형태를 물려받는 것으로 볼 수 있다. 이는 기술과 절차를 가르치는 것을 넘어서 학생들이 수학적 대상에 적용하는 구조적 관계, 조작, 변환을 압축한 추상적이며 상징적인 이미지를 개발하도록 동기를 부여하는 Thompson(1985)의 교수법과 유사하다. 수학적 담화는 추론과 의사소통의 초점이 되는 물리적 지시물이 존재하지 않을 수 있으므로 쉽지 않다. 수학적 탐구의 궁극적인 목적은 실세계 맥락과 독립적인 수학적 대상을 이해하는 것이다(Cobb & Moore, 1997).

통계적 추론과 통계적 사고

최근 통계학자들은 통계를 독자적인 학문으로 정립하기 위해 통계와 수학 사이의 차이점을 지적해왔다(Moore, 2000; Cobb & Moore, 1997). 통계는 수학을 응용하는 물리학과 같은 학문들과 유사해보이지만, 수학적 탐구와는 전혀 다른 방법론과 개념을 개발해왔다. 수학적 추론과 달리 통계적 탐구는 자료 의존적이며(Chance,

2002), 대체적으로 맥락에 기초한다(Cobb & Moore, 1997; Moore, 1998; Pfannkuch & Wild, 2000; Wild & Pfannkuch, 1999). 통계학자는 조사를 통해 문제를 명백히 확인하고, 패턴과 예외적인 것을 조사하기 위해 자료를 탐색하고, 자료 수집에 적절한 계획을 세우고, 자료 분석에 적절한 모델을 선택하는 등의 대부분의 작업이 끝난 후에, 통계적 문제를 해결하는데 수학을 보조적으로 사용할 수도 있다(2장).

통계적 사고와 통계적 추론은 종종 동일한 유형의 인지적 활동을 표현하는데 상호 교환적으로 사용되어 왔다. 추론이 일반적으로 사고 유형으로 간주된다면 통계적 추론과 통계적 사고는 어떤 관련이 있는가? Wild와 Pfannkuch(1999)은 통계적 사고를 통계적 추론과 구별해주는 통계적 사고 모델을 제안하였다. Lovett(2001)는 통계적 추론을 "자료를 요약하고, 예측하며, 자료로부터 결론을 이끌어내기 위해 통계적 도구와 개념을 이용하는 것"으로 정의하였다(p.350). 이 정의는 Pfannkuch와 Wild(2장) 그리고 Chance(2002)가 제시한 통계적 사고에 대한 설명과 너무 유사하기 때문에 통계적 추론을 구별해주지 못한다. Garfield(2002) 역시 이와 유사한 정의를 제시하였지만, 통계적 지식은 자료를 이해하는데 사용되는 '방법'이라는 측면을 좀더 강조하였다. 그럼에도 불구하고, Garfield는 통계적 추론에 해당되는 것이 무엇인지에 대해서는 합의가 매우 부족하며, 통계적 추론에 관한 연구는 여전히 진행 중임을 밝혔다.

하나의 과제를 다룰 때 통계적 사고와 통계적 추론이 모두 사용되므로 이 두 가지 유형의 정신 활동을 반드시 문제의 내용에 따라 구분할 수 있는 것은 아니다(delMas, 2002). 그러나 과제의 특성에 의해 구분하는 것은 가능하다. 예를 들어, 언제 어떻게 통계적 지식과 절차를 적용하는지를 아는 사람은 통계적 사고를 하고 있는 것이다. 반면 왜 그런 결과가 나왔는지 또는 왜 결론이 타당한지를 설명할 수 있는 사람은 통계적 추론을 하는 것이다. 통계적 추론에 대한 이러한 관점은 일찍이 Galotti(1989)가 제시한 정의와 일치한다. 통계적 추론의 예는 의미를 진술하게 하거나 결론을 정당화하도록 할 때, 또는 추리를 하도록 할 때 인간의 사고에서 쉽게 발견된다. 이러한 관점에 따르면 통계적 추론은 특정 결과가 기대되거나 나타난 이유를 설명할 수 있을 때, 또는 특정 모델이나 표현을 선택하는 것에 대한 적합한 이유를 설명할 수 있을 때 드러난다. 그리고 선택된 모델이 특정 맥락을 잘 나타내는가를 조사할 때에도 드러난다. 이러한 설명을 하기 위해서는 일반적으로 자료 산출

과정에 대한 이해가 우선적으로 필요하다. 학생들이 표본을 추출하는 과정과 표본에서 통계량을 도출하는 과정을 이해하게 될 때, 표집분포의 경향을 더 잘 예측하고 표본과 통계량에 근거한 절차를 훨씬 잘 이해할 수 있을 것이다(13장).

이를 이해하는 학생은 어떠한 통계 방법이 맥락에 적절한지 그 이유를 설명하고 정당화할 수 있다. 즉, 통계적으로 사고할 수 있다. 그러나 통계적 사고자가 문제를 해결하기 위해 가장 적절한 방법을 선택하기 때문에 이러한 정당화는 맥락과 독립적으로 이루어질 수 없으며 구체와 추상 사이의 상호작용을 필요로 한다. 이러한 점에서 통계적 추론은 맥락과 독립적인, 즉 객관적 세계와 독립적인 수학적 추론과 다르다.

통계적 추론의 어려움

통계적 사고는 항상 구체적 맥락에서 일어나기 때문에 학생들이 통계적 추론을 하는 데 별 어려움이 없다고 주장하는 것은 타당한 것처럼 보인다. 추론에 관한 연구의 일반적인 결과에 의하면 사람들은 추상적으로 표현된 문제에서 모순된 결론을 이끌어내더라도 친숙하고 구체적인 자료를 이용한 동형 문제에서는 타당한 결론을 이끌어 내는 경향이 있다(Evans et al., 1993). 그러나 대부분의 통계교육자들은 학생들이 통계적 추론뿐만 아니라 통계의 내용도 어려워한다고 말한다. 왜 그럴까?

통계적 내용의 추상적 성질

통계 내용이 학생들에게 어려운 이유는 통계에서 사용되는 많은 개념들이 친숙하지 않을뿐더러 본질적으로 추상적이며, 낯설고 추상적인 내용에 대해 추론하는 것이 대부분의 학생들에게 어렵기 때문이다. 예를 들면, 자료 집합의 평균을 계산하는데 사용되는 수학적 절차는 자료 집합에는 존재하지 않는 값을 만들어낸다. 많은 학생들이 존재하지 않는 대상을 이해하는 것을 어려워한다. 수학에서처럼 통계교육도 학생들의 이해를 증진시키기 위해 추상적인 개념과 과정을 표현하는 데에 유추, 은유, 이미지를 이용할 수 있다. 산술평균에 대한 일반적인 은유는 무게 중심을 맞추기 위해 막대를 따라 지렛대를 움직이는 과정으로, 여기에서 지렛대는 산술평균의 대응물 역할을 한다. 수학에서처럼 산술평균에 대한 적절한 정신적 모델을 개발하기 위해 저울대 은유에 대한 포괄적인 경험을 필요로 할 수 있다. 그러므로 이러한 유형의 이해는 앞서 제시한 수학적 추론과 유사하다. 학생들이 수학의 추상적 내용을 어려워하는 것만큼 통계의 이러한 측면을 어려워하는 것은 놀라운 일이 아니다.

통계적 추론은 자료와 맥락에 대한 이해를 수반하지만, 이것이 모든 통계적 개념은 구체적이며 이해하기 쉽다는 것을 의미하는 것은 아니다. 많은 통계적 내용은 Sfard(2000)가 말한 가상적 실재 사고를 필요로 한다. 탐색적 자료 분석은 실제적이고 구체적이어서 좀더 이해하기 쉬우므로 통계교육을 탐색적 자료 분석부터 시작해야 한다는 주장이 제기되어 왔다(Cobb & Moore, 1997). 심지어 초등학교 학생들에게도 매우 추상적인 것을 이해하고 추론하기를 기대한다. 학생들은 탐색적 자료 분석을 배우면서 자료의 경향과 패턴을 표현하고 탐구하는데 사용되는 다양한 그래픽 기술을 익힐 수 있다. 그래픽 기술의 많은 측면들은 비수학적이지만, 패턴을 찾기 위해 이러한 기술을 사용하는 것은 학생들이 수학에서 직면하는 추상적 패턴만큼이나 어려운 수준의 추상성을 요구할 수 있다. 그래프 표현이 맥락에 포함된 실제자료에 기반을 둔다 하더라도, 자료의 어떤 특성은 강조되고 다른 특성은 무시되는 추상성을 갖게 된다.

자료 분석은 측정에 의해 생성된 자료에 의존한다. 측정은 IQ는 무엇을 측정하는가와 같이 매우 추상적인 실체이거나, 혈액의 질소 산화물 농도와 같이 친숙하지 않은 것일 수 있다. 따라서 도시와 고속도로에서 자동차가 1갤런 당 달리는 거리(mpg)의 비율과 같은 구체적이거나 친숙한 측정으로 교육을 시작하는 것이 중요하다. 그러나 자료가 친숙할 때에도 측정은 복잡한 실체의 한 측면만을 표현하는 추상적인 것이다. 오직 '하나의 관심 있는 측면만을 측정하는' 것은 학생들에게 좀더 중요해보이거나 흥미로워 보일 수 있는 측면에 주목하지 않아야 하기 때문에 측정 상황에 익숙한 학생들에게도 어려울 수 있다.

자료를 그래프로 나타내야 할 때 다른 수준의 추상성을 필요로 한다. 줄기와 잎 그림은 종종 학생들로 하여금 맥락으로부터 자료를 분리할 것을 요구한다. 예를 들어, 자동차와 모델 이름은 갤런-거리의 그래프에 표현되지 않는다. 그리고 분포에 대한 시각적 그림에는 종종 측정의 상세한 부분이 생략된다. 줄기는 잎들과 분리되고, 잎들은 수치 형태의 정보를 모두 표현하지 못한다. 예를 들어, 줄기는 백의 자리 숫자를 표현하고 잎은 십의 자리 숫자를 나타내므로 일의 자리 숫자는 전혀 사용되지 않는다. 또한 자료에서 의미 있는 패턴을 찾기 위해 그래프를 확장하거나 축소할 때에도 추상성이 필요할 수 있다. 이것은 많은 학생들에게 매우 익숙하지 않은 표현방식이며, 이러한 추상성은 그래프 형태의 자료 표현에 관한 추론을 어렵게 할 것이다.

상자 그림을 이용해 자료 집합을 탐구할 때 역시 다른 수준의 추상성을 필요로 한다. 상자 그림은 둘 이상의 자료 집합을 비교할 때 일반적으로 사용되는 그래프이다(Cobb & Moore, 1997, p.89). 상자 그림은 특정한 특징을 부각시키기 위해 자료 집합에서 중심 경향성, 변이성, 정적왜도, 부적왜도 등과 같은 세부적인 부분을 상당 부분 제거한다. '상자'라는 추상적 표현이 어떻게 자료 집합의 추상적인 측면, 즉 변이성에 대한 구체적이고 국소적인 부분을 부각시키는지를 이해하는 것은 쉬운 일이 아니다. 학생은 Sfard(2000)가 말한 기표와 기의 사이의 관계를 설정해야 한다. 기표와 기의 모두는 마음의 추상적인 구성물에 근거한다. 따라서 그래프 표현들이 전문적인 통계학자에게는 기본적이고 기초적이라 할지라도 많은 학생들에게는 이해하기 어려운 것임을 예상할 수 있다.

논리적 오류와 통계적 추론

앞서 언급한 것처럼 사람들은 주어진 상황에서 다양한 모든 가능성을 고려하려고 하지 않으며, 편향 확증을 범하기 쉽다. 따라서 건전한 통계적 사고 능력으로서 특정 모델을 평가하기 위해 경향에 부합하지 않는 것을 확인하는 것은 일부 학생들에게 어려운 일이다. Wild와 Pfannkuch(1999)가 설명한 통계적 사고 모델의 탐구 주기에서 학생들에게 대안을 제시하도록 요구할 때, 또는 학생들에게 회의적인 성향을 증진시키고자 할 때에도 이와 동일한 어려움이 나타날 수 있다.

Cobb과 Moore(1997)는 통계를 수학이 아닌 독자적인 학문으로 규정하는 통계교육의 몇 가지 영역들을 확인하였다. 실험설계는 전형적으로 수학교육과정에는 없고 통계학에서 찾아볼 수 있는 주제이다. 실험설계는 수학적 배경을 거의 필요로 하지 않고 상당 부분 맥락에 의존하지만 독특한 논리를 따르고 있다. 대체적으로 전제와 같은 몇몇 가정들과 관련되어 있다. 예를 들어, 통제 조건과 처치 조건은 단지 하나의 특성만 다르고 다른 모든 측면들은 동일하다. 통제된 실험에서 두 조건 사이에 신뢰할만한 차이가 발견된다면, 그 차이는 조건이 바뀐 그 특징의 차이 때문에 나타난 것이 된다. 비록 이러한 설명이 실험설계의 세부사항들을 지나치게 단순화한 것일지라도, 실험 결과에서 결론을 어떻게 도출하는지를 고려하는 것으로 충분하다. 조건들 간에 신뢰할만한 차이가 발견된다면 바뀐 특성들을 신뢰할 수 있다는 결론이 되므로 전건에 대해 확신할 수 있다. 이것은 형식 논리의 **긍정식**에 해당한다(Evans et al., 1993). 반대로 변화된 특징이 인과적인 것이 아니라면, 두 조건 사이에 신뢰할만한 차이가 발견되지 않을 것이라는 논리가 나온다. 이를 **부정식**이라고 한다. 사람들은 **긍정식**을 자연스럽게 다루는 반면, **부정식**을 어려워한다(Evans et al., 1993). 학생들도 실험설계의 논리를 이해하는데 있어 이와 유사한 어려움을 보일 수 있다.

통계학에서 형식적 추정

형식적 추정은 주로 통계학의 기초 과정에서 소개된다. 형식적 추정은 표본에 대한 경험적 관찰로부터 모집단의 특성에 대한 결론을 이끌어내는 규칙과 관련된다. 형식적 추정은 주로 신뢰구간이나 유의성 검정 중 하나 또는 두 가지 모두를 이용해 지도된다(Cobb & Moore, 1997). 두 가지 접근 방법은 Wild와 Pfannkuch(1999)가 "논리적인 것"이라고 언급한 성향을 전제로 한다. 이 방법들은 부분적으로 확률론에서 유래된 것이지만 본질적으로는 통계적 논리를 포함하고 있다. 이를 완벽하게 이해하기 위해서는 논리적 사고와 수학적 사고가 필요하기 때문에 많은 학생들이 어려워한다. 형식적 추정에 포함된 논리적 사고의 유형을 살펴보면 학생들이 형식적 추정을 어려워하는 이유를 통찰할 수 있다. Cobb과 Moore(1997)가 설명한 것처럼 유의성 검정은 모집단에 효과가 존재하지 않는다는 가정에서 시작한다. 추론은 다음과 같은 과정으로 이루어진다. 모집단에 효과가 존재하지 않는다면 표본에서 그러한 효과가 나타나지 않을 확률이 높으므로, 효과가 있는 표본을 뽑을 가능성은 낮아진다. 따라서 효과가 있는 표본을 뽑았다면 이것은 본래의 전제가 거짓이고 모집단에 효과가 존재한다는 증거가 된다.

수학은 모집단에 효과가 없을 때 관찰된 표본의 효과가 따르는 확률 분포에 대해 알려준다. 통계학은 기각역을 결정하는 절사점(cutoff point)에 관한 확률적 판단을 돕는다. 이후의 추론은 술어 계산의 형식 논리에 의해 이루어진다. 유의성 검정의 논리는 전제의 부정을 포함하는데, 이는 형식적 추론 과제 중에서도 성취도가 가장 낮은 유형의 논리이다. 모집단의 효과를 입증하는 논리적 추론은 **부정식**을 따른다. 즉, 후건을 부정하여 전건의 부정을 결론으로 이끌어 낸다. 앞서 살펴보았듯이 **부정식**은 어려운 유형의 추론이므로 유의성 검정의 논리가 학생들에게 어려운 것은 당연하다. 학생들에게 친숙한 상황에서 상식적인 예를 사용한다면 부정식의 논리가 쉽게 이해될 수 있다. 그러나 후건 부정의 조건에서 학생들이 타당한 결론을 도출해내는 것은 '이미 그것을 알고 있기' 때문이지 그 이면의 논리를 이해하고 있기 때문은 아니다.

신뢰구간을 이용한 추론

신뢰구간은 또 다른 형식적 추정의 방법으로서, 모수에 대한 구간 추정을 제공한다. 하나의 표본 자료로부터 구간을 추정하는데, 표집의 변이성 때문에 모수의 참값이 그 구간에 반드시 포함된다고 보장할 수는 없다. 확률 이론을 사용함으로서 모집단에서 추출한 임의 표본이 모수를 포함할 가능성이 어느 정도인지를 추정할 수 있다. 이러한 확률을 신뢰수준이라고 한다. 따라서 95% 신뢰구간이라는 의미는 임의로 선택한 표본이 모수를 포함하는 신뢰구간을 제공하는 표본 가운데 하나일 가능성이 95%라는 것이다. 이것을 이해하기 위해서는 몇 가지 관련 개념이 복잡하게 얽힌 정신적 모델이 필요한데, 이것이 신뢰구간에 관한 추론을 어렵게 만들 수 있다. 게다가 신뢰구간에 기초한 형식적 추정은 유의성 검정과 동일한 논리를 사용한다. 신뢰구간이 모수를 포함할 확률은 상당히 높다. 두 집단이 같은 모집단에서 추출되었기 때문에 두 집단의 차이가 없는 경우처럼 모집단에 효과가 없다고 가정한다면, 신뢰구간은 효과 없음을 포함할 것이다. 즉, 신뢰구간에 0이 포함될 것이다. 반면, 신뢰구간이 0을 포함하지 않는다면, 즉 결론을 부정하게 되면, 모집단에 효과가 있다는 결론이 나온다. 다시 말하지만, 전제를 부정하는 **부정식**에 해당하는 추론이 필요하다.

통계적 추론과 수학적 추론의 비교

이제 수학적 추론과 통계적 추론을 어떻게 비교하고 대조할 것인지를 생각해볼 필요가 있다. 수학적 추론과 통계적 추론은 매우 추상적인 개념이나 관계에 관한 추론으로서 유사한 특징을 갖는다. 따라서 학생들이 느끼는 어려움의 정도 역시 비슷하다. 학생에게 처음부터 추상적 개념을 가지고 추론하도록 한다면, 개념들 간의 관계를 찾기 위해 상당한 집중력과 인내를 필요로 할 것이다. 그러한 노력을 기울이지 못한다면 결국 잘못된 판단과 결론을 내리게 될 것이다. 또한 문제 해결도 완전한 이해에 필요한 반성과 통합의 과정이 모두 부족한 상태에서 이루어진다.

통계 문제는 수학적 추론과 통계적 추론 모두를 설명할 수 있는 예가 될 수 있다. 통계 시험 문제에 이변량 그래프, 상관관계의 값을 포함하는 요약 통계, 기울기를 계산하는 공식이나 y절편의 좌표가 나올 수도 있다. 많은 학생들은 기울기와 y절편을 구해야 할 때 제시된 공식을 이용하지 않을 것이다. 대신 이변량 그래프의 '전형'

으로 보이는 두 점을 선택해 선형대수에서 배운 절차를 이용해 기울기를 알아내고, 결과적으로 y절편의 좌표를 계산할 것이다. 이러한 '추론'은 절대로 추론이 될 수 없다. 이러한 절차가 맥락에 적합한 지를 고려하지 않고 단순히 잘 연습한 '기울기 찾기'라는 익숙한 절차를 기억해 낸 결과일 뿐이다. 이러한 절차를 따른 학생들은 수학적 이해나 통계적 이해가 부족하다고 볼 수 있다.[1)]

익숙한 맥락에서 잘 훈련된 개념과 절차를 이용해 문제를 해결할 때에는 내용이 통계적이든 수학적이든 상관없이 어려움이나 오류가 거의 일어나지 않을 것이다. 앞의 예는 학생들에게서 나타나는 보편적인 잘못된 이해를 보여준다. 그러나 잘못된 이해를 인식했을 때, 각각의 모델을 어떤 상황에서 적용하는 것이 적합한가에 관한 이해를 증진시킨다면 학생들이 수학적 개념과 통계적 개념에 대해 깊이 있게 이해하도록 돕는 기회가 될 수 있을 것이다. 일단 수학적 맥락과 통계적 맥락을 구분하고 각각의 과정을 적용하기 위한 충분한 기회가 주어진다면, 본질적으로 논리적인 오류보다는 조작적인 오류가 좀더 나타날 것이다.

수학적 추론과 통계적 추론은 유사한 것처럼 보이지만 두 종류의 추론을 어렵게 하는 원천은 서로 다르다. 모델의 추상화는 두 학문에서 공통적으로 나타나는 일반적 과제이다. 그러나 과제의 본질에서 통계와 수학은 약간 다르다. 수학에서 맥락은 중요한 역할을 할 수도 있지만 그렇지 않을 수도 있다. 수학교육에서는 처음에 학생들에게 동기를 부여하고 추상적 개념의 기저에 있는 구조를 이해하기 쉽도록 친숙한 맥락을 사용한다. 그러나 교육이 이루어지면서 친숙한 맥락이지만 근원적인 수학 개념을 이해하는 것과 무관한 측면들 때문에 잘못 인도될 수 있다. 안내된 탐구나 구성주의적 접근으로 인해 학생들은 맥락으로부터 도출된 피드백에 견주어 모델과 가설을 검증하며 수학적 대상에 대한 정신적 모델을 구성하고 개발하게 된다. 여기서 학생은 수학적 개념에 관한 추론을 위해 더 이상 문제를 맥락화할 필요가 없다. 개념을 이용한 더 깊이 있는 활동은 학생의 이해를 돕기 위해 사용된 어떠한 본래의 맥락과도 관련시킬 필요가 없는 순전히 상상적이고 비유적이며 추상적인 방법으로 이루어진다. 상징적 표현 외에 어떠한 실세계 지시물도 동반하지 않는 순수한 정신적 세계에서 수학적 개념과 다양한 관계들을 다룬다. 이 과정에는 상당한 인지적 노

1) 역자주: 직선그래프는 직선 위의 모든 점을 고려해야 하지만 이변량 그래프의 모든 점이 한 직선 위에 있지 않을 수 있으므로 선형모델에 관한 기본적인 수학적 이해가 부족한 것으로 볼 수 있다. 또한, 학생이 선형모델의 전형으로 보이는 두 점을 임의로 선택했기 때문에 이변량 그래프의 점들 사이의 고유한 변이성을 인식하지 못했으므로 통계적 이해도 부족하다고 볼 수 있다.

력이 요구되며, 이는 수학적 추론을 매우 어렵게 한다.

통계에서 모델의 추상화는 항상 맥락에서 출발한다. 통계 수업에서 학생은 모델의 선택과 개발을 안내하는 맥락의 특징에 의존한다. 어떤 점에서 이것은 수학적 추론에 필요한 순수한 정신적 활동보다 더 어려운 과제일 수 있다. 모델을 선택하고 구성하는 과정에서 맥락에 비추어 모델의 타당성을 조사하게 되는데, 이때 추상적 추론에서 요구되는 것과 유사한 인지적 과정이 필요하다. 많은 연구에서 보여주었듯이 맥락에서 시작되는 추론은 다양한 오류를 만들어 낼 수 있다. 그러므로 학생 또는 통계학자 모두 관련이 없거나 잘못된 일상적 지식이 추론을 방해하지 않도록 조심해야 한다. 또한, 자연스럽게 이루어지기는 하지만 잘못된 해석을 유도하거나 실제로 존재하지 않는 관계를 인식하도록 하는 연합적인 과정인 발견술을 경계해야 한다. 학생이 이러한 함정을 성공적으로 피해간다면 모델로 제시된 통계적 분석을 수행할 수 있으며 분석 결과를 얻고 이를 본래의 맥락과 연결시킬 수 있다. 이러한 변환이나 연결은 다양한 관계들을 찾아내고 정당화할 때 오류가 일어나는 또 하나의 잠재적 원인이 되며 맥락은 다시 한 번 추론에 영향을 미치게 된다.

요약하자면, 수학적 추론과 통계적 추론은 많은 점에서 매우 유사하다. 그러나 두 학문의 상이한 특성으로 인해 서로 다른 추론의 오류가 발생한다. 수학교육과 통계교육 모두 맥락화에 의해 이끌어지고 촉진될 수 있지만, 수학적 실제는 실세계 맥락과 분리되는 경향이 있는 반면 통계적 실제는 실세계 맥락에 상당히 의존적이라는 차이가 있다(Cobb & Moore, 1997). 통계적 추론은 맥락 의존적이기 때문에 추론의 오류를 범할 수 있으며 이러한 오류들 중 어떤 것은 경험 있는 전문가들조차도 극복하기 어렵다.

통계교육과 연구를 위한 시사점

교육

통계적 추론을 개발하고 강화하기 위해서는 통계적 추론이 교육의 목적으로 명확하게 제시되어야 한다. 수학교육에서도 마찬가지이겠지만 통계교육에서는 단순한 절차의 습득이 아니라 확률통계적 과정에 대한 깊이 있는 이해를 개발하는데 필요한 통계적 방법을 습득해야 한다. 통계에는 추상적 성질을 지닌 통계적 개념뿐만 아니라 수학적 내용들이 포함되어 있기 때문에, 유추, 은유 심상의 사용에 대한 수학교육자들의 연구를 소홀히 해서는 안 된다(English, 1997a; Thompson, 1985). 이러한 접근은 추상적으로 표현된 자료와 맥락을 파악할 수 있도록 해주며, 학생들 스스로 표현을 창안하고 평가하도록 해준다. 수학교육자들(Kelly & Lesh, 2000)과 통계교육자들(Cobb & Moore, 1997) 모두는 학생들이 추상적인 개념을 이해하고 추론하는데 도움이 되는 구체적이고 물리적인 활동에 기초해 교육을 실시할 것을 권고한다.

통계적 추론을 촉진하기 위해 자료 수집 과정을 직접 경험하고 자료의 경향을 탐구해야 하는데, 이것은 일상에서 쉽게 접할 수 있는 경험은 아니다(Moore, 1998). 그러나 이러한 경험은 표집분포와 같이 일상에서 접하기 어려운 통계적 개념에 친숙해지고 이를 이해하는데 도움이 된다. 이러한 경험에서 자료가 왜, 어떻게 생성되는지, 통계량이 왜, 어떻게 작용하지는지, 결론이 왜, 어떻게 도출되는지를 고려해야 한다(delMas, 2002). '논리적' 성향을 개발하기 위해서는 관계를 인식하고 결론을 이끌어내는 포괄적인 경험이 생각보다 더 많이 필요할 수도 있다. 학생들의 사고방식과 학습에 부합하도록 통계적 내용을 도입할 수 있는 방법을 모색해야 한다. 이러한 통계 지도 방법 중 하나는 상황을 도수로 표현하는 활동으로(Sedlmeier, 1999), 이것은 자료와 자료의 생산을 교육에 통합시키는 확장된 방법으로 볼 수 있다. 또 다른 방법은 예측-검증 활동을 이용하는 것으로(delMas, Garfield, & Chance, 1999), 확률통계적 과정에 대한 오류를 경험하고 이를 수정할 수 있는 기회를 학생들에게 제공하는 방법이다.

통계교육 연구

지난 10년 동안 통계적 사고, 개념적 이해, 공학의 사용, 진정한 평가, 활동적 학습에 초점을 두고 바람직한 통계교육을 위한 개혁이 이루어졌다(Cobb, 1992). 수학교육학, 교육학, 심리학에서의 연구가 이런 움직임의 동기가 되었으며(Garfield, 1995), 또한 통계 지도에 중요한 영향을 미쳤다(Garfield, Hogg, Schau, & Whittinghill, 2002). 양적 추론이 유능한 시민의 주요 요건으로 간주됨에 따라 모든 연령대에서 점점 더 많은 학생들에게 통계를 가르치고 있다(NCTM Standards, 2000). 과거 통계 입문 과정에서 다루어진 내용, 교수법, 공학의 사용은 현대에 들어서면서 개념, 실제적인 자료, 효과적인 공학의 사용에 초점을 두게 되었으며(Cobb, 1992; Moore, 1997), 이제 교사들은 새로운 학습 자료를 이용해 이러한 변화를 수행할 수 있게 되었다(Moore, 2001).

그러나 통계교육이 상당히 발전하고 많은 관심을 받게 되었음에도 불구하고, 오로지 통계교육 문제에만 전념한 연구는 거의 없었다. 가장 경시된 연구 영역 중 하나가 학생들의 통계적 추론을 이해하기 위한 연구이다. 확률 문제를 추론할 때 학생들이 범하는 오류와 오개념에 대해서는 잘 알려져 있다(Gilovich, Griffin, & Kahneman, 2002; Kahneman, Slovic, & Tversky, 1982; Sedlmeier, 1999; Shaughnessy, 1992). 이들 대부분의 연구는 학생들의 사고를 평가하기 위해 비교연구를 실시했으며 선택형 문항을 사용하였다. 몇몇 예외적인 연구가 있기는 하지만(Konold, 1989; Mokros & Russell, 1995), 학생들이 추론할 때의 사고 과정을 기록하고 모델화하기 위해 임상적 방법을 사용한 연구는 거의 없다(Shaughnessy, 1992).

통계적 추론, 사고, 소양에 대한 학회(SRTL-1과 SRTL-2)에서 발표되는 연구들은 학생들의 통계적 사고를 연구하기 위해 교실 연구와 임상 면담 방법을 사용하였다. 학생들의 추론에 대해 상당한 통찰력을 제공한다는 점에서 이러한 방법론이 개발되어왔다(Kelly & Lesh, 2000). 앞으로는 오류와 오개념을 보고하는 수준을 넘어 잘못된 통계적 추론과 올바른 통계적 추론을 뒷받침하는 절차에 대한 이해와 정신적 구조를 깊이 있게 조사하는 연구가 이루어져야 한다. 앞에서 통계적 추론을 이해할 때 학생들이 어려움을 느끼는 영역에 대해 논의하였다. 이렇게 어려움을 예상하는 것은 당연하지만, 실제로 어려움이 존재하는지를 확인하고 그 특징을 드러내기 위한 경험적 증거가 필요하다. 학생들의 정신적 모델과 과정을 깊이 있게 이해한다면 통계적 추론의 개발을 위한 지도 방법을 설계하고 발전시킬 수 있을 것이다. 교육을 받는 동안 학생들이 형성하는 정신적 구조와 인지적 과정에 대해 더 상세하게 기술하는 것은 교육의 효과를 해석하는데 귀중한 초석이 될 것이다.

참고문헌

Baron, J. (1985). *Rationality and intelligence*. Cambridge, UK: Cambridge University Press.

Chance, B. L. (2002). Components of statistical thinking and implication for instruction and assessment. *Journal of Statistics Education, 10*(3). Retrieved April 7, 2003, from http://www.amstat.org/publications/jse/

Cobb, G. (1992). Teaching statistics. In L. A. Steen (Ed.), *Heeding the call for change: Suggestions for curricular action* (Notes: vol. 22, 3-43). Washington, DC: Mathematical Association of America.

Cobb, G. W., & Moore, D. (1997). Mathematics, statistics, and teaching, *American Mathematical Monthly*, *104*, 801-823.

delMas, R. (2002). Statistical literacy, reasoning, and thinking: A commentary. *Journal of Statistics Education*, *10*(3). Retrieved April 7, 2003 from http://www.amstat.org/publications/jse/

delMas, R., Garfield, J., & Chance, B. (1999). A model of classroom research in action: Developing simulation activities to improve students' statistical reasoning, *Journal of Statistics Education*, *7*(3). Retrieved April 7, 2003 from http://www.amstat.org/publications/jse/

Devlin, K. (1998). *The language of mathematics: Making the invisible visible*. New York: Freeman.

Devlin, K. (2000). *The math gene: Why everyone has it, but most people don't use it.* London: Weidenfeld & Nicolson.

English, L. D. (1997). Analogies, metaphors, and images: Vehicles for mathematical reasoning. In L. D. English (Ed.), *Mathematical reasoning: Analogies, metaphors, and images*. Hove, UK: Erlbaum, 3-18.

Erickson, J. R. (1978). Research on syllogistic reasoning. In R. Revlin & R. E. Mayer (Eds.), *Human reasoning*. Washington, DC: Winston.

Evans, J. St. B. T. (1989). *Bias in human reasoning: Causes and consequences*. Hillsdale, NJ: Erlbaum.

Evans. J. St. B. T. (1995). Relevance and reasoning. In S. E. Newstead & J. St. B. T. Evans (Eds.), *Perspectives on thinking and reasoning: Essays in honour of Peter Wason*. Hillsdale, NJ: Erlbaum, 147-171.

Evans, J. St. B. T., Newstead, S. E., & Byrne, R. M. J. (1993). *Human reasoning: The psychology of deduction*. Hillsdale, NJ: Erlbaum.

Evans, J. St. B. T., & Over, D. E. (1996). *Rationality and reasoning*. Hove, England: Psychology Press.

Fischhoff, B. (1982). For those condemned to study the past: Heuristics and biases in hindsight. In D. Kahneman, P. Slovic, & A. Tversky (Eds.), *Judgment under uncertainty: Heuristics and biases*. New York: Cambridge University Press, 335-351.

Galotti, K. M. (1989). Approaches to studying formal and everyday reasoning. *Psychological Bulletin*, *105*(3), 331-351.

Galotti, K. M., Baron, J., & Sabini, J. P. (1986). Individual differences in syllogistic reasoning: Deduction rules or mental models? *Journal of Experimental Psychology: General*, *115*, 16-25.

Garfield, J. (1995). How students learn statistics. *International Statistical Review*, *63*, 25-34.

Garfield, J. B. (2002). The challenge of developing statistical reasoning. *Journal of Statistical Education*, *10*(3), Retrieved April 7, 2003 from http://www.amstat.org/publications/jse/

Garfield, J., Hogg, B., Schau, C., and Whittinghill, D. (2002). First courses in statistical science: The status of educational reform efforts. *Journal of Statistics Education*, *10*(2). Retrieved April 7, 2003 from http://www.amstat.org/publications/jse/

Gilovich, T., Griffin, D., & Kahneman, D. (Eds.) (2002). *Heuristics and biases: The psychology of intuitive judgment*. New York: Cambridge University Press.

Johnson-Laird, P. N. (1983). *Mental models*. Cambridge, MA: Harvard University Press.

Kahneman, D., & Tversky, A. (1982). Judgment under uncertainty: Heuristics and biases. In D. Kahneman, P. Slovic, & Tversky (Eds.), *Judgment under uncertainty: Heuristics and biases*. New York: Cambridge University Press, 3-20.

Kahneman, D., Slovic, P., & Tversky, A. (eds.) (1982). *Judgment under uncertainty: Heuristics and biases*. New York: Cambridge University Press.

Kelly, A. E., & Lesh, R. A. (Eds.). (2000). *Handbook of research design in mathematics and science education*. Mahwah, NJ: Erbaum.

Konold, C. (1989). Informal conceptions of probability. *Cognition and Instruction*, *6*, 59-98.

Lakoff, G., & Nunez, R. E. (1997). The metaphorical structure of mathematics: Sketching out cognitive foundations for a mind-based mathematics. In L. D. English (Ed.), *Mathematical reasoning: Analogies, metaphors, and images*. Hove, UK: Erlbaum, 21-89.

Lichtenstein, S., Fischhoff, B., & Phillips, L. D. (1982). Calibration of probabilities: The state of the art to 1980. In D. Kahneman, P. Slovic, & A. Tversky (Eds.), *Judgment under uncertainty: Heuristics and biases*. New York: Cambridge University Press, 306-334.

Lovett, M. (2001). A collaborative convergence on studying reasoning processes: A case study in statistics. In S. M. Carver & D. Klahr (Eds.), *Cognition and instruction: Twenty-five years of progress*. Hillsdale, NJ: Erlbaum, 347-384.

Mokros, J., & Russell, S. J. (1995). Children's concepts of average and representativeness. *Journal for Research in Mathematics Education*, *26*(1), 20-39.

Moore, D. S. (1997). New pedagogy and new content: The case of statistics. *International Statistical Review*, *65*, 123-137.

Moore, D. (1998). Statistics among the liberal arts. *Journal of the American Statistical Association*, 1253-1259.

Moore, D. (2000). Statistics and mathematics: Tension and cooperation. *American Mathematical Monthly*, 615-630.

Moore, D. (2001). Undergraduate programs and the future of academic statistics. *American Statistician*, *55*(1), 1-6.

National Council of Teachers of Mathematics. (2000). *Principles and standards for school mathematics*. Reston, VA: NCTM.

Nisbett, R., & Ross, L. (1980). *Human inference: Strategies and shortcomings of social judgment*. Englewood Cliffs, NJ: Prentice-Hall.

Oaksford, M., & Chater, N. (1998). *Rational models of cognition*. New York: Oxford University Press.

Pfannkuch, M., & Wild, C. J. (2000). Statistical thinking and statistical practice: Themes gleaned from professional statisticians. *Statistical Science*, *15*(2), 132-152.

Ross, L., & Anderson, C. A. (1982). Shortcomings in the attribution process: On the origins and maintenance of erroneous social assessments. In D. Kahneman, P. Slovic,

& A. Tersky (Eds.), *Judgment under unceratinty: Heuristics and biases*. New York: Cambridge University Press, 129-152.

Schwarz, N., & Vaughn, L. A. (2002). The availability heuristic revistited: Ease of recall and content of recall as distinct sources of information. In T. Gilovich, D. Griffin, & D. Kahneman (Eds.), *Heuristics and biases: The psychology of intuitive judgment*. New York: Cambridge University Press, 103-119.

Sedlmeier, P. (1999). *Inproving statistical reasoning: Theoretical models and practical implications*. Hillsdale, NJ: Erlbaum.

Sfard, A. (2000). Symbolizing mathematical reality into being—or how mathematical discourse and mathematical objects create each other. In P. Cobb, E. Yackel, & K. McClain (Eds.), *Symbolizing and communicating in mathematics classrooms: Perspectives on discourse, tools, and instructional design*. Mahwah, NJ: Erlbaum, 37-98.

Shaughnessy, M. (1992). Research in probability and statistics: Reflections and directions. In A. Grouws (Ed.), *Handbook of research on mathematics teaching and learning*. New York: Macmillan, 465-494.

Sloman, S. A. (2002). Two systems of reasoning, In T. Gilovich, D. Griffin, & D. Kahneman (Eds.), *Heuristics and biases: The psychology of intuitive judgment*. New York: Cambridge University Press, 379-396.

Stanovich, K. E., & West, R. F. (2002). Individual differences in reasoning. In T. Gilovich, D. Griffin, & D. Kahneman (Eds.), *Heuristics and biase: The psychology of intuitive judgment*. New York: Cambridge University Press, 421-440.

Thompson, P. W. (1985). Experience, problem solving, and learning mathematics: Considerations in developing mathematics curricula. In E. A. Silver (Ed.), *Teaching and learning mathematical problem solving: Multiple research perspectives*. Hillsdale, NJ: Erlbaum, 189-243.

Wason, P. C. (1997). On the failure to eliminate hypotheses—a second look. In P. N. Johnson-Laird & P. C. Wason (eds.), *Thinking*. Cambridge, UK: Cambridge University Press, 89-97.

Wason, P. C., & Johnson-Laird, P. N. (1972). *Psychology of reasoning: Structure and content*. Cambridge, MA: Harvard University Press.

Wild, C. J., & Pfannkuch, M. (1999). Statistical thinking in empirical enquiry. *International Statistical Review*, *67*(3), 223-265.

5장

통계적 추론의 발달 모델

Graham A. Jones, Cynthia W. Langrall,
Edward S. Mooney, and Carol A. Thornton

개요

최근 몇 년 동안 학교 수학의 핵심적인 개혁 그룹(예를 들어, 호주 교육부[AEC], 1994; 전미교사협회[NCTM], 1989, 2000; 교육부와 과학부, 웨일즈 정부[DFE], 1995)은 통계를 포함한 수학교육과정에서 학생들의 사고와 추론의 중요성을 강조해왔다. 이 장에서는 통계적 추론 발달의 인지 모델과 통계교육에서 이러한 모델의 역할에 대해 살펴보고자 한다. 인지 모델을 일변량 자료 또는 다변량 자료를 탐구할 때 적용하는 의사결정, 예측, 추정, 설명과 같은 통계적 추론 과정으로 설명하고 분석하고자 한다.

통계적 추론 발달 모델을 분석하기에 앞서 심리적 관점에서 발달 모델을 살펴보고 확률 발달 모델로부터 통계적 추론 모델이 역사적으로 어떻게 발달되어왔는지를 살펴본다. 우선 선행 연구를 통해 통계적 추론의 복합적인 과정을 확인하고, 학생들의 통계적 추론이 위계적으로 나타나며 주기적이라고 제안하는 포괄적인 인지 발달 모델을 살펴본다. 이 장에서는 특히, 자료 모델링, 중심과 변이의 측정, 집단 간의 편차, 두 변량 사이의 관계, 표본추출과 표집분포 등과 같이 통계의 구체적인 내용 영역과 자료 탐색에서 학생들의 통계적 추론을 특징짓는 인지 발달 모델에 주목한다.

이 장에서 소개하는 통계적 추론 발달 모델은 구조화된 면담과 임상 연구, 교수 실험을 통해 형식화된 것이다. 교수 실험을 포함하는 연구에서는 연구자와 교사가 수업이 이루어지는 동안 학생 개개인과 공동체 내에서 통계적 추론의 발달 과정을 추적할 수 있다. 인지 모델은 학생들의 통계적 추론에 관한 일관된 모습을 제시하므로, 교육과정 설계, 수업, 평가 영역에 대한 시사점을 제시한다. 특히 통계적 추론 모델이 교사들에게 수업을 계획하고 수행하는데 필요한 지식의 토대를 제공할 수 있다는 데 주목한다.

통계적 추론 발달에 대한 모델의 의미

Piaget(1954, 1962) 이래로, 인지 발달심리학은 수학을 포함한 여러 분야에서 인간의 이해에 대한 변화의 구조와 역동성을 이해하는데 주목해왔다. 세상에 대한 인간의 이해에서 변화의 역동성에 주목한 이러한 심리적 관심은 아이들의 지적 발달이 일련의 단계를 거치는지와 관련된 논쟁을 수반해왔다. 특히 피아제주의 이론에서 구성주의적 틀과 구조주의적 단계 모델 사이에는 항상 팽팽한 긴장감이 있어왔다. 구성주의에서는 지식의 획득을 특별한 환경에서 아동의 창의적인 자기 조직 활동의 산물로 특징짓는다. 다시 말해, 구성주의에서 Piaget의 관점은 환경의 존재와 교육적인 중재가 필요함을 어느 정도 인정한다. 이와 달리, 단계 모델은 지식을 독립적인 특정한 맥락이나 특성 없는 맥락에서 생물학적으로 구성된 보편적인 구조로 설명한다. 즉, 표면적으로는 환경과 교육적 중재가 인지 발달 단계에서 어떤 역할도 하지 못한다는 것이다.

신피아제주의 인지 발달 이론가들(Bidell & Fischer, 1992; Biggs & Collis, 1982, 1991; Case, 1985; Case & Okamoto, 1996; Fischer, 1980)은 후속 연구를 통해 단계-이론 모델 영역을 확장해왔다. 그러나 이 또한 Piaget의 보편적인 단계 모델을 특정 영역과 관련된 이론으로 대체하는 결과를 낳았다. 특정 영역 이론에 따르면 지식은 모든 종류의 과제와 상황을 초월하여 하나의 단일 구조에서 구성되는 것이 아니라, 오히려 자료 탐색과 통계적 추론에 포함된 것과 같은 특정 내용이나 과제로 정의되는 특정 영역 내에서 구성된다. 더욱이 당대의 신피아제주의자의 이론은 유기체와 환경을 분리하기보다는 연결 짓는다. 예를 들어, Biggs와 Collis의 연구와 Case의 연구는 학교 상황을 포함한 일상 환경에서 발생하는 인지 발달 과정을 조사하였다.

인지 발달 모델에 대한 논의에서는 인지 발달에 관한 현재의 모델이 통계적 추론과 같은 특정 영역 지식을 다룬다는 것을 인식하고 본질적으로 유기체와 환경을 연결짓는 입장을 취한다. 따라서 이 장에서 사용하는 **인지 발달 모델**이라는 용어는 유기체와 환경적인 영향을 인정하며, Reber(1995)가 주장한 "성숙에 의한 영향과 상호작용의 영향"(p.749) 모두를 인정할 것이다. **통계적 추론에서의 인지 발달 모델이라는** 용어는 구조적이거나 비구조적인 학습 환경 모두에서 성숙이나 상호작용의 영향으로 귀결되는 통계적 추론의 다양한 수준과 향상의 패턴을 제시하는 이론이다.

인지 발달의 주요 모델

앞 절에서는 수학적 지식의 다양한 측면을 포함하는 특정 영역 지식의 발달에 초점을 둔 신피아제주의자의 몇 가지 모델에 대해 언급하였다. 예를 들어 Biggs와 Collis(1982, 1991)의 모델, Case(1985)의 모델, Case와 Okamoto(1996)의 모델, Fischer(1980)의 모델은 일관적으로 수, 연산, 기하, 확률에서 학생들의 수학적 사고와 추론을 연구할 때 바탕이 되어왔다. 이 절에서는 학생들의 통계적 추론에서의 인지 발달 모델을 개발하는 데에 폭넓게 사용되고 있는 Biggs와 Collis의 모델에 대해 좀더 상세히 살펴본다(Chance, delMas, & Garfield, 13장; Jones et al, 2000; Mooney, 2002; Watson, Collis, Callingham, & Moritz, 1995 참고).

Biggs와 Collis 모델은 관찰된 학습 결과의 구조(SOLO) 분류법과 함께 발달한 모델이다(Biggs & Collis, 1982). SOLO 분류법은 학생들의 추론의 복잡함을 5가지 기능 양식(태어날 무렵의 감각운동적 양식, 18개월 무렵의 영상적 양식, 6세 무렵의 구체적 기호적 양식, 14세 무렵의 형식적 양식, 20세 무렵의 후형식적 양식)과 각 양식에서 재생하고 이동하는 5가지의 인지 수준(전구조적 수준, 단일 구조적 수준, 다중 구조적 수준, 관계적 수준, 확장된 추상 수준)으로 설명하였다. 이후에 다양한 형태의 학습에서 다양한 기능 양식의 존재와 중요성을 인식하여 SOLO 모델을 확장하였다(Biggs & Collis, 1989, 1991; Collis & Biggs, 1991; Pegg & Davey, 1998). 즉, 초기의 발전된 양식은 다음 양식에 포함되며, 초기 양식의 발전이 실제로 다음 양식의 발전을 이끈다는 것이다. 사실상 다음 양식의 향상은 자주 초기 양식과 결합된 행동이나 사고로 나타난다. 이 장에서는 초등학생부터 대학생들을 대상으로 한 통계적 추론 모델에 대해 논의할 것이므로, 모든 기능 양식과 이러한 양식들간의 상호작용에 주목할 것이다.

앞에서 언급한 것처럼, 이러한 다양한 기능 양식은 각 양식 내에 **5가지**의 위계적인 수준을 나타내는 학습 주기를 통합한다(Biggs & Collis, 1982, 1989, 1991;

Biggs, 1992; Watson, Collis, & Callingham et al., 1995). 전구조적(P) 수준의 학생들은 과제를 다루지만, 초기 양식에 속하는 부적절한 측면에 주목하여 빗나가거나 잘못된 전개를 한다. 단일 구조적(U) 수준의 학생들은 적절한 영역에 관심을 갖고 과제의 한 측면을 고려한다. 다중 구조적(M) 수준의 학생들은 과제에서 공통적이지 않은 몇 가지 적절한 측면을 고려하지만 이러한 측면들을 통합하지는 않는다. 관계적(R) 수준의 학생들은 다양한 측면을 통합하고 과제를 좀더 일관된 형태로 이해한다. 마지막으로 확장된 추상적(EA) 수준의 학생들은 더욱 상위 기능 양식의 사고를 나타내는 새롭고 좀더 추상적인 특징을 이해하고 구조를 일반화한다. 모든 기능 양식 내에서 중간의 세 수준이 가장 중요하다. 왜냐하면 Biggs와 Collis가 언급한 바와 같이, 전구조적 반응은 세 수준의 이전 양식이며 확장된 추상 반응은 다음 양식이기 때문이다.

Biggs와 Collis의 학습 주기 수준은 초등학생에서 대학생에 이르기까지 학생들의 통계적 추론에 관한 연구를 위한 주요한 이론적인 토대를 제공한다(Chance, delMas & Garfield, 13장; Jones et al., 2000; Mooney, 2002; Watson, Collis, & Callingham et al., 1995). Biggs와 Collis는 가운데 세 수준의 중요성을 강조했으나, 몇몇 연구자들은 학생들의 통계적 추론을 다섯 가지 수준으로 특징지은(13장) 반면에, 몇몇 연구자들은 학생들의 통계적 추론에서 처음 4수준과 일치하는 특징을 확인하였다(Jones et al., 2000; Mooney, 2002). 이러한 연구들은 또한 통계적 추론이 Biggs와 Collis 모델의 다중 기능 양식에 따라 다양한 양식을 거쳐 작용함을 밝혀내었다. 특히 영상기, 구체적 상징기와 관련된 양식의 이동에 관해 주목할 만하다.

수학, 과학, 통계적 추론에 관한 최근 연구에서는 구체적 상징기 내에서 작용하는 두 개의 U-M-R주기를 확인하였다(Callingham, 1994; Campbell, Watson, & Collis, 1992; Levins & Pegg, 1993; Pegg, 1992; Pegg & Davey, 1998; Watson, Collis, & Campbell, 1995; Watson, Collis, & Callingham et al., 1995). 좀더 구체적으로 살펴보면, 이러한 연구자들은 학생들이 분수, 부피 측정, 좀더 고차원의 통계적 사고에 대한 추론을 할 때 두 개의 주기를 확인하였다. 첫 번째 주기는 개념의 발달과 관련이 있고 두 번째 주기는 첫 번째 주기에서 발달한 개념을 통합하고 적용하는 것과 관련이 있다(Watson, Collis, Callingham et al., p.250).

다음 절에서, 통계적 추론에서 다양한 발달 모델을 고려할 때 Biggs와 Collis의 모델을 언급할 것이다. 이 책의 다른 저자들(예를 들어, Reading & Shaughnessy,

9장; Watson, 12장) 또한 자신들의 연구가 Biggs와 Collis의 연구와 어떻게 관련되는가에 대해 상세히 설명할 것이다.

확률통계에서 발달 모델에 관한 역사적 관점

인지 발달 모델은 Piaget와 Inhelder(1951, 1975)의 확률론에 관한 독창적인 연구이래로, 확률통계[2)]에 관한 문헌에 자주 등장한다. Piaget와 Inhelder가 임상 연구를 통해 주장한 바와 같이, 확률 개념은 Piaget의 일반적인 인지 발달 이론에 따른 단계를 거쳐 획득된다. Piaget와 Inhelder의 연구 이래로, 확률통계 분야에서 인지 모델에 많은 관심을 가져왔다. 그러나 대부분은 통계적 추론보다 확률적 추론에 주로 관심을 가져왔다(Fischbein, 1975; Fischbein & Gazit, 1984; Fischbein & Schnarch, 1997; Green, 1979, 1983; Jones, Langrall, Thornton, & Mogill, 1997; Olecka, 1983; Polaki, Lefoka, & Jones, 2000; Tarr & Jones, 1997; Watson, Collis, & Moritz, 1997; Watson & Moritz, 1998). 확률적 추론에 관한 이러한 모델 중 일부는 Biggs와 Collis의 모델(예를 들어, Jones, Langrall, Thornton, & Mogill; Watson, Collis, & Moritz; Watson & Moritz)이나 Case의 모델(예를 들어, Polaki, Lefoka, & Jones)과 같이 신피아제이론에 속한다. Scholz(1991)는 Piaget와 Fischbein의 연구와 같은 발달 모델을 포함하는 확률에 관한 심리학적 연구에 대해 논평하였다. 그는 또한 학생들에게 확률 과제를 해결하고 반성할 수 있는 기회를 제공해 줄 것으로 예측되는 그 자신만의 확률적 사고의 정보처리 모델을 소개하였다. Scholz는 직관적인 확률적 추론보다 반성을 강조하였는데, 이는 1990년대 후반의 확률적 추론에 관한 연구에 영향을 끼친 것으로 보인다. 그리고 이 장의 후반부에서 논의할 통계적 추론에 관한 연구에도 많은 영향을 끼쳤을 것이다.

또 다른 인지 발달 모델(Shaughnessy, 1992)은 통계적 추론과 확률적 추론을 관련짓는 하나의 방법으로 확률통계적 개념을 설명하였다. Shaughnessy는 이러한 개념을 비-통계적 유형, 소박-통계적 유형, 유사-통계적 유형, 실용-통계적 유형이라는 네 가지 유형의 개념으로 설명한다. 비-통계적 유형은 신념 또는 결정론적인 모델, 단일 결과 기대에 기초한 반응이며, 소박-통계적 유형은 확률을 거의 이해하

---

2) stochastics는 확률론과 통계학을 모두 언급하려고 할 때 유럽에서 주로 사용하는 용어이다(Shaughnessy, 1992).

지 못하며 주관적인 판단에 의한 발견이나 경험에 기초한 비표준적인 반응이다. 유사-통계적 유형은 표준적인 수학적 모델을 바탕으로 한 반응이며 이러한 반응에서 직관과 확률 모델 사이를 구별할 수 있다는 증거가 나타난다. 실용-통계적 유형은 수학적 모델에 대해 깊이 있게 이해하며 다양한 확률 모델을 비교하고 대조하는 능력을 보여주는 반응이다. Shaughnessy는 이 네 가지 유형의 개념들을 선형적인 순서를 지니거나 서로 배타적으로 보지는 않았다. 그러나 세 번째와 네 번째 유형은 수업에 의한 창안물로 보고, 실용-통계적 유형을 나타낸 사람이 거의 없음에 주목하였다.

확률적 추론에서 인지 모델에 관한 연구는 통계적 추론에서 발달 모델에 관한 연구보다 앞서 이루어졌다. 한편, 교사가 학생들이 수학을 어떻게 생각하고 학습하는지에 관한 연구 기반의 지식을 사용하여 수학적 사고와 학습을 촉진시킬 수 있다고 주장하는 수업 모델은 통계적 추론에 관한 연구에도 또한 영향을 끼쳤다(Carpenter, Fennema, Peterson, Chiang, & Loef, 1989). 이러한 수업 모델의 영향으로 Cobb과 동료들(1991), Resnick(1983)의 연구는 수학 수업을 계획하고 발전시키는 것을 안내할 수 있는 학생들의 추론에 관한 상세한 인지 모델이 필요하다는 점을 뒷받침하였다. Cobb과 Resnick에 따르면, 이러한 인지 모델은 내용 영역의 중요한 요소와 학생들이 영역 내에서 내용을 이해하는 과정을 통합해야만 한다. 따라서 통계적 추론의 경우, 학생들이 자료를 수집하고 탐색하고 변이의 존재를 인식하고, 통계치와 표현을 통해 자료를 축약하고, 표본을 통해 모집단의 모수를 고려하고, 표본추출 과정의 논리를 이해하고, 오차에 대해 평가하고 조절하며, 인과적 요인을 다루기 시작할 때 나타나는 학생들의 의사결정, 예측, 추정과 같은 과정을 통합하는 인지 모델에 주목해야 한다(Gal & Garfield, 1997).

통계적 추론에서 포괄적인 발달 모델

여러 연구자들이 다양한 통계 과정을 통합하는 인지 발달 모델을 제시하여 왔다(Jones et al., 2000; Mooney, 2002, Watson, Collis, Callingham, & Moritz, 1995). Jones와 동료들의 연구(2000)와 Mooney(2002)의 연구는 각각 초등학생과 중학생의 통계적 추론을 자료 기술하기, 자료 정리하기, 자료 표현하기, 자료 분석하기 및 해석하기와 같은 네 개의 과정으로 특징지어 설명하였다. Watson, Collis, Callingham과 동료들(1995)은 자료 정리하기, 관계와 연관성 찾기, 추정하기와 같은 과정을 통합하는 카드 과제를 이용하여 중학생들에게서 나타날 수 있는 상위 수준의 통계적 추론을 확인하고 그 특징을 설명하였다.

Jones와 동료들의 모델과 Mooney의 모델

Jones와 동료들(2000, 2001), Mooney(2002)의 연구 프로그램은 더 포괄적인 관점에서 초등학생과 중학생의 통계적 추론의 발달을 특징짓는 특정 영역의 틀을 고안하였다. 이 연구자들의 틀은 두 가지 이론적 관점을 바탕으로 한다. 먼저 학생들의 통계적 추론을 확인할 수 있으며, 학생들은 다각적인 측면에서 자료 다루기의 개념을 이해하고 이것을 시간이 지남에 따라 발전시켜 나가야 함을 인정한다. 둘째, Biggs와 Collis(1991)의 일반적인 발달 모델에 따르면 학생들의 추론은 복잡한 변화를 반영하는 여러 단계를 아우르는 발달로 특징지을 수 있다고 가정한다. 이러한 이론적 관점에서 Jones와 동료들 그리고 Mooney는 앞에서 언급한 네 개의 통계적 과정에 따라 학생들의 통계적 추론을 설명하였다. 이들은 이러한 네 개의 과정 각각에 대하여 학생들의 추론을 주관적, 이행적, 양적, 분석적으로 표현되는 4수준의 추론 발달로 특징지을 수 있다고 주장한다.

Jones와 동료들(2000, 2001)과 Mooney(2002)의 연구에서 제시한 틀에서 설명하고 있는 네 개의 통계 과정은 Shaughnessy, Garfield, Greer(1996)의 연구에서 확인한 자료 다루기의 요소와 일치하며 학생들의 통계적 추론에 관한 중대한 연구 영역을 제시한다. 다음은 이 네 개의 과정에 대한 설명이다.

자료 기술하기

이 과정은 원시 자료 또는 표, 차트, 그래프로 나타난 자료를 명확히 읽는 것이다. Curcio(1987)는 '자료 읽기'를 자료를 해석하고 분석하는 첫 단계로 여겼다. 자료 표현을 읽는 능력은 학생들이 자료에 대해 예측하고 경향을 발견하기 시작하는데 기초가 된다. 자료 기술하기에 관한 두 가지의 하위 과정에는 자료 표현의 특징 인식하기, 변량의 단위 확인하기가 있다.

자료 정리하기

이 과정은 자료를 요약된 형식으로 배열하고 범주화하며 통합하는 것이다. 자료 표현을 설명하는 능력과 자료를 정리하는 능력은 자료를 분석하고 해석하는 방법을 학습하기 위해 매우 중요하다. 자료 묶음이나 자료 집단에서 자료를 배열하여 자료의 패턴이나 경향을 명백히 확인할 수 있다. 자료의 중심이나 산포에 대한 측정은 자료 집합 사이를 비교하는데 유용하다. 자료 정리하기에 관한 세 가지의 하위 과정에는 자료 묶기, 중심으로 자료 요약하기, 자료의 퍼짐 설명하기가 있다.

자료 표현하기

이 과정은 자료를 그래프 형식으로 나타내는 것이다. Friel, Curcio, Bright(2001)는 자료를 표현하는데 필요한 그래픽 감각은 "자료를 구조화하는 도구로서의 그래프를 구성하는 데에 포함되어야 하는 것들을 고려하며, 무엇보다도 중요한 것은 주어진 상황에 알맞은 그래프에 대한 최적의 선택이 무엇인가를 고려하는 것이다."라고 언급하였다(p.145). 앞의 두 과정과 같이 자료 표현하기는 자료를 분석하고 해석하는데 중요하다. 어떤 표현을 사용하여 자료를 어떻게 나타내느냐에 따라 자료에 대한 예측과 확인할 수 있는 경향이 달라진다. 또한 동일한 자료에 대한 다양한 자료 표현은 다양한 생각들을 이끌어내고 의사소통할 수 있게 한다. 자료 표현하기에 관한 두 가지의 하위 과정에는 주어진 자료 집합에 대한 자료 표현을 완성하거나 구성하기, 자료를 표현할 때 자료 표현 유형에 대한 효과를 평가하기가 있다.

자료 분석하기 및 해석하기

이 과정은 통계적 추론의 핵심이다. 이 과정은 자료의 패턴과 경향을 인식하고, 자료로부터 추정하고, 예측하는 것이다. 이 과정의 두 가지 하위 과정에는 Curcio(1987)가 설명한 **자료 사이 읽기**와 **자료 이면 읽기**가 있다. 자료 사이 읽기는 보간(補間) 추론으로서 자료를 결합하고, 통합하고, 비교하기 위해 수학적 연산을 사용하는 것이다. 자료 이면 읽기는 외삽(外挿) 추론으로서 학생들이 자료에서 명시적으로 드러나지 않는 정보를 얻기 위해 그들이 이미 지니고 있는 도식을 사용하여 자료로부터 추정하고 예측하는 것이다. 초등학생과 중학생의 통계적 추론의 틀을 살펴보며 두 가지 하위 과정에 관련된 과제의 예를 소개할 것이다.

Jones와 동료들(2000, 2001)과 Mooney(2002)의 통계적 추론의 틀은 학생들의 통계적 추론을 주관적 수준, 이행적 수준, 양적 수준, 분석적 수준의 4수준으로 특징짓는다. 주관적 수준에서 학생들의 추론은 주어진 자료와 관련없이 주관적이며, 종종 개인적 경험이나 주관적인 신념에 의존한다. 이 수준은 Biggs와 Collis(1991)

가 설명한 전구조적 수준에 대응된다. 이 수준에서 학생들은 문제 상황의 부적절한 측면에 주목하여 혼란스러워하고 잘못된 추론을 한다. 이행적 수준에서 학생들은 양적 추론의 중요성을 알기 시작한다. 그러나 이러한 추론을 하는데 모순된 모습을 보인다. 이 수준에서 학생들은 적절한 방법으로 과제를 해결하며 추론하지만, 일반적으로 문제 상황의 한 측면에만 주목한다. 이 수준은 Biggs와 Collis(1991)의 모델에서 단일 구조적 수준이다. 양적 수준에서 학생들은 문제 상황의 수학적 아이디어를 확인할 수 있고, 문제 상황의 부적절한 측면에 주목하여 혼란스러워하거나 잘못된 추론을 하지 않으며 시종일관 양적으로 추론한다. 그러나 이 수준에서 학생들의 추론은 과제를 해결할 때 관련된 수학적 아이디어를 통합하지는 않는다. Biggs와 Collis(1991)의 모델에서 이러한 수준은 다중 구조적 수준이다. 분석적 수준에서 학생들의 추론은 문제 상황의 다각적인 측면을 연결시키며 이루어지고, 과제의 적절한 측면을 의미 있는 구조로 통합할 수 있다. 예를 들어, 다양한 자료 표현을 만들거나 합리적인 예측을 할 수 있다. 이 수준을 Biggs와 Collis(1991)는 관계적 수준으로 보았다.

Jones와 동료들(2000)의 틀은 앞에서 언급한 4수준에 걸친 **초등학생들**의 통계적 추론 발달의 특징을 설명하였다. 이들의 틀은 네 개의 통계적 과정 각각에 대해 각 수준에서 학생들의 추론을 구체적으로 설명하였다. 그림 1은 Jones와 동료들의 틀 중 **자료 분석하기 및 해석하기** 과정에 관한 것으로 두 개의 하위 과정인 자료 사이 읽기와 자료 이면 읽기에 대해 각 수준별 특징을 나타낸 것이다. 자료 사이 읽기에 관한 적절한 과제로는 나비 전시회에 참여한 학생들의 이름과 각 학생들이 참여한 시간을 알 때, 오후 1시 전과 후에 참여한 학생들의 수를 비교하는 것이다. 자료 이면

과정	1수준 주관적	2수준 이행적	3수준 양적	4수준 분석적
자료 분석하기 및 해석하기	자료 사이 읽기			
	자료를 비교하도록 했을 때, 주관적이거나 근거가 없는 반응을 나타낸다.	단일 자료값 사이를 일부 비교하지만, 전체적인 경향을 보지 못한다.	부분적으로 또는 전체적으로 비교하지만, 비교한 것을 연결시키지 못한다.	부분적으로 그리고 전체적으로 비교하며, 비교한 것을 서로 연결짓는다.
	자료 이면 읽기			
	예측을 하도록 했을 때, 주관적이거나 근거가 없는 반응을 나타낸다.	자료와 잘 연결되지 않은 애매하거나 모순된 예측을 한다.	일관된 방법으로 자료를 사용하여 예측한다.	자료와 맥락을 모두 사용하여 완전하고 일관되게 예측한다.

그림 1 초등학생의 자료 분석하기 및 해석하기의 특징을 설명한 틀

과정	1수준 주관적	2수준 이행적	3수준 양적	4수준 분석적
자료 분석하기 및 해석하기	자료 사이 읽기			
	자료 집합 내에서 그리고 자료 집합들 사이를 부정확하게 비교한다.	하나의 정확한 비교를 하거나(자료 집합 내에서 그리고 자료 집합들 사이를) 부분적으로 정확하게 비교한다.	자료 집합 내에서 그리고 자료 집합들 사이를 부분적으로 또는 전체적으로 비교한다.	자료 집합 내에서 그리고 자료 집합들 사이를 부분적으로, 전체적으로 비교한다.
	자료 이면 읽기			
	자료에 바탕을 두지 않은 추론을 하거나 부적절한 주제를 바탕으로 추론한다.	부분적으로 자료에 기초하여 추론한다. 추론 중 일부는 단지 부분적으로만 합리적일 수 있다.	근본적으로 자료에 기초하여 추론한다. 추론 중 일부는 단지 부분적으로만 합리적일 수 있다.	자료와 맥락에 기초하여 합리적으로 추론한다.
	필요한 경우 비례 추론을 사용하기			
	상대적으로 사고하지 못한다.	질적으로 상대적인 사고를 한다.	불완전하거나 근거가 없는 방법으로 상대적이고 비례적으로 추론한다.	상대적이고 비례적으로 추론한다.

그림 2 중학생의 자료 분석하기 및 해석하기의 특징을 설명한 틀

읽기에 관한 적절한 과제로는 일주일 동안 매일 민수의 집을 방문한 친구들의 수를 알 때, 한 달 동안 민수의 집을 방문한 친구들의 수를 예측하는 것이다.

Mooney의 틀(Mooney, 2002; Mooney, Langrall, Hofbauer, & Johnson, 2001)은 Jones와 동료들이 설명한 틀과 같이 동일한 과정과 4수준을 거치는 중학생의 통계적 추론 발날을 설명한다. 그림 2는 Mooney의 틀 중 **자료 분석하기 및 해석하기** 과정에 관한 것으로, 자료 사이 읽기와 자료 이면 읽기에 관한 두 하위 과정의 설명뿐만 아니라 상대적이고 비례적으로 추론하는 하위 과정이 추가되어 있다. 자료 사이 읽기에 적절한 과제는 각 나라가 획득한 금, 은, 동메달의 수를 알 때 다섯 나라가 획득한 메달의 수를 비교하는 것이다. 자료 이면 읽기에 적절한 과제는 그림 3에 주어진 것처럼 여러 가수가 공연을 한 도시의 수, 공연의 수, 공연의 전체 수입을 알 때 이 가수들의 공연을 비교하는 것이다. 이 과제의 경우에는 비례 추론을 해야 한다.

학생들의 통계적 추론에 관한 이러한 특징을 설명하고 초등학생과 중학생의 통계적 추론을 대조하기 위해, 이 장에서는 자료를 분석하고 해석하는 활동을 요구하는 **공연 과제**(그림 3)에 대한 학생들의 반응을 살펴보았다. 그리고 각 틀의 4수준에 해당하는 초등학생과 중학생의 전형적인 반응을 표 1에 제시하였다.

공연 과제: 다음은 Barbra Streisand, the Rolling Stones, Boys II Men,

Eagles의 공연에 관한 정보를 나타낸 그래프이다. 어떤 가수의 공연이 가장 성공적이었는지 선택하고, 자신의 선택에 대한 정당한 이유를 설명하여라.

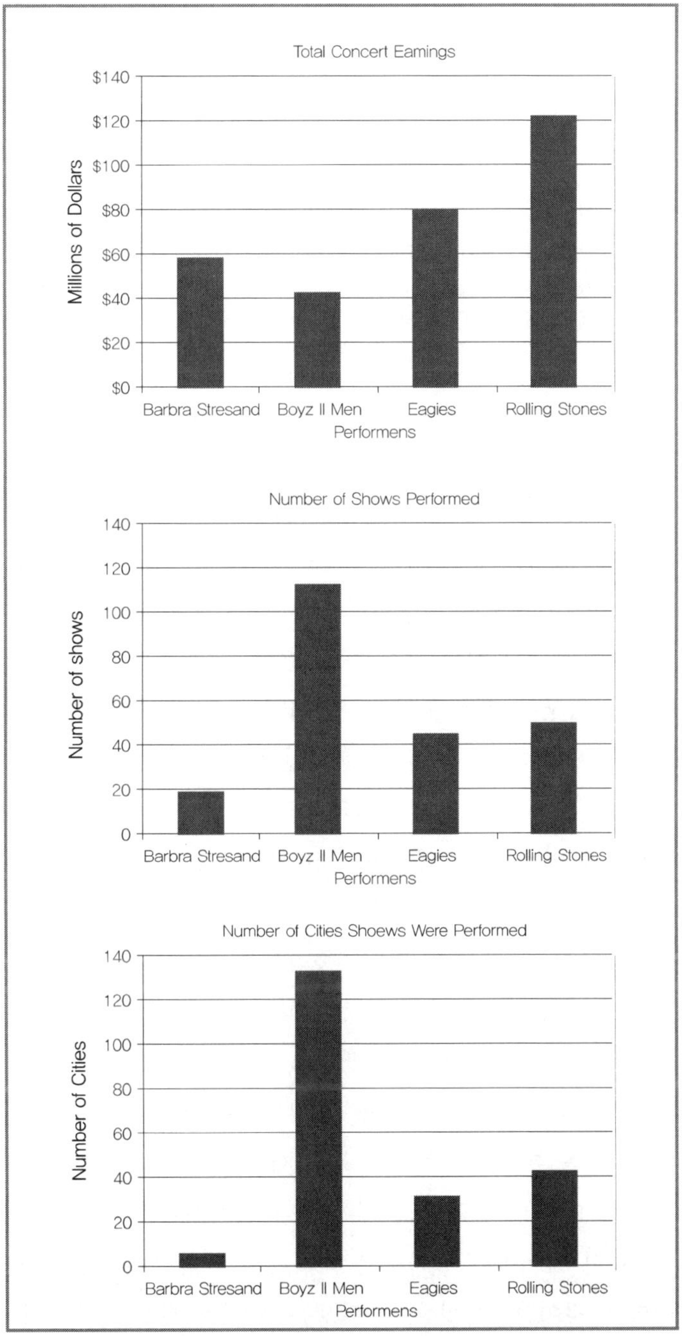

그림 3 공연 과제

표 1 공연 과제에서 각 수준의 추론에 대한 학생들의 전형적인 반응

단계	초등학생의 대답	중학생의 대답
주관적	Boys II Men, 내가 이 공연 중 하나에 갔었다.	각 가수들의 막대를 모두 모아 가수별로 쌓는다면 Boys II Men이 가장 높고 가장 성공적이다.
이행적	Boys II Men, 막대들이 가장 높다.	Rolling Stones가 Barbra Streisand보다 세 배 더 많은 공연을 했지만 수입은 그녀보다 두 배 많다. 나는 Barbra Streisand의 공연이 성공적이라 생각한다.
양적	각 그래프를 살펴보고, 이것[모든 공연의 수입 그래프]을 골랐다. Rolling Stones의 공연이 성공적이라고 선택하였다. 왜냐하면 공연의 수입이 가장 많기 때문이다.	Barbara Streisand는 60(전체 공연 수입) 대 20(공연 수) 즉 3대 1이다. Boys II Men은 살펴볼 필요가 없다. Eagles는 약 2 대 1, Rolling Stones는 정확하게 2 대 1. 따라서 Barbara Streisand의 공연 수입이 가장 많다.
분석적	Boys II Men이 많은 공연을 했으나 수입이 많지는 않다. Rolling Stones은 수입이 많지만, 공연을 많이 하지는 않았다. 나는 Rolling Stones의 공연이 성공적이라 생각한다.	나는 각 가수들의 한 공연 당 수입을 계산하였다. Streisand는 공연 당 2.8백만 달러, Boys II Men은 0.3백만 달러, Eagles는 1.45백만 달러, Rolling Stones는 약 2백만 달러이다. 나는 Barbara Streisand를 지지한다. 그러나 밴드의 구성원의 수, 청중의 수와 같은 것을 더 알아볼 수도 있다.

주관적 수준에서 초등학생은 "내가 공연에 갔었다."와 같은 자신의 경험을 바탕으로 추론하는 경향을 보이는 반면에, 중학생은 모든 막대를 쌓는 것과 같이 종종 부적절한 방법으로 주어진 자료를 이용하였다. 이행적 추론을 보인 초등학생과 중학생은 자료의 한 측면에만 주목하는 경향이 있었다. 예를 들어, 초등학생은 막대의 높이에 주목하였고 중학생은 비율에 주목하였지만 완전히 연결짓지는 못하였다. 중학생들은 초등학생들보다 좀더 세련된 수학적인 생각을 하였지만 완전히 정당화하지는 못하였다. 양적 수준에서는 초등학생과 중학생 모두 다양한 양적 비교를 하였지만, 자신들의 생각을 연결하는 것을 어려워하였다. 예를 들어, 초등학생은 세 개의 그래프에서 자료를 비교하고, 그래프를 연결하고 '가장 적절한' 자료 집합(모든 공연의 수입)내에서 부분적으로 비교하였다. 중학생은 모든 공연에서의 수입과 공연의 수에 근거하여 다양하게 비교하였으나, 실질적으로 비율을 공연과 연결하지는 못하였다. 이 수준에서 초등학생과 중학생 반응의 주요한 차이점은 중학생들은 비례 추론을 사용한다는 것이다. 분석적 추론을 한 학생들은 타당한 추론을 하기 위해 자료와 맥락에 대한 지식을 부분적으로 그리고 전체적으로 비교하였다. 예를 들어, 초등학생과 중학생 모두 공연의 수와 공연 수입을 관련지어야 할 필요가 있음을 알고 있었다. 그러나 중요한 차이점은 중학생은 맥락에서 파생된 알맞은 비율을 실제로 계산하고 비교한다는 것이다. 사실상, 중학생은 자신의 결정에 제한이 될 수도 있는 몇 가지 추가적인 요인을 제기하기도 하였다.

앞에서 소개한 틀에서 4수준에 나타난 초등학생과 중학생의 전형적인 반응 사이의 차이점을 SOLO 모델과 관련지어 설명할 수 있다(Biggs & Collis, 1991). 이러한 차이점은 구체적 기호적 양식에서 나타날 수 있는 통계적 추론의 서로 다른 두 개의 주기를 보여준다(Pegg & Davey, 1998; Watson, Collis, Callingham et al., 1995). 본질적으로 초등학생의 통계적 추론과 관련된 주기는 통계적 개념의 개념적인 발달을 다루는 반면에, 중학생의 추론으로 설명되는 두 번째 주기는 이미 배운 통계적이고 수학적인 개념과 절차의 응용을 다룬다. Watson과 동료들은 다음에서 소개할 포괄적인 모델을 통해 통계적 추론을 두 개의 발달 주기에 비추어 좀더 자세히 살펴보았다.

Watson과 동료들의 모델

Watson, Collis, Callingham, Moritz(1995)는 중학생에게서 나타날 수 있는 상위 수준의 통계적 추론의 특징을 찾기 위해 Biggs와 Collis(1991)의 인지 발달 모델을 사용하였다. 특히 이 연구자들은 학생들의 상위 수준의 통계적 추론을 두 개의 위계적인 단일 구조적-다중 구조적-관계적(U-M-R) 주기로 설명할 수 있다고 가정하였다. 이때 첫 번째 주기는 통계적 개념의 **발달**을 다루고 두 번째 주기는 이러한 통계적인 개념들의 **통합**과 **적용**을 다룬다.

이 연구는 중학생에게서 나타날 수 있는 상위 수준의 통계적 추론의 특징을 살펴보고자 6학년 학생 6명과 9학년 학생 1명을 임상 면담하고, 소집단 활동으로 학습하는 6학년 두 개 학급의 3차시의 수업을 관찰하였다. 연구자들은 이 연구를 위해 자신들이 개발한 16개의 자료 카드 집합을 사용하여 면담하였다. 카드에는 학생들의 이름, 나이, 취미, 눈동자의 색깔, 몸무게, 주당 패스트푸드를 먹는 횟수와 같은 정보가 적혀 있었다.

임상 면담에서는 학생들에게 주어진 카드를 이용하여 대답할 수 있을 만한 다소 흥미로운 질문을 생각하게 하였다. 학생들이 학교에서 주관하는 프로젝트를 진행하고 있다고 상상하도록 하여 활동을 격려하였다. 면담 자료에 대한 분석을 한 후에 연구자들은 수업 상황에서 다시 카드 과제를 사용하였다. 첫 번째 수업에서 학생들은 통계적 관련성을 찾는 것에 대해 생각해보았고, 자료에서 흥미로운 질문을 찾고 자료들을 **연결해야** 하는 프로젝트에 참여하였다. 두 번째 수업에서 학생들은 카드와는 상관없는 그래프 등을 이용하여 자료를 표현하는 방법을 학습하였다. 두 번째 수업의 나머지 시간과 세 번째 수업 일부분 동안에 학생들은 첫 시간에 주어진 프로젝트를 수행하였고 보고서와 포스터 형식으로 프로젝트를 발표하였다.

이 연구를 통해서 면담한 7명 학생들의 통계적 추론을 첫 번째 U_1–M_1–R_1 주기로 설명할 수 있음을 확인하였다. U_1 수준의 학생들은 어떤 한 변량이 왜 그렇게 나왔는지 상상해보면서 개별 자료에 주목하였다. M_1 수준의 학생들은 한 번에 하나의 변량에 주목하고, 그 변량을 설명하며, 카드를 다양한 집단으로 분류하였다. R_1 수준의 학생들은 한 번에 하나 이상의 변량에 주목하여 카드를 다양한 집단으로 분류하였고, 변량들을 관련지어야 할 필요가 있음을 인식하였다. 3명의 학생들이 U_1 수준으로, 또 다른 3명의 학생들이 M_1 수준으로 그리고 1명의 학생이 R_1 수준으로 분류되었다. 이와는 대조적으로 수업에 참여한 학생들의 통계적 추론은 두 개의 U–M–R 주기로 설명할 수 있었다. 뿐만 아니라 모든 집단 프로젝트와 개인 프로젝트는 U_1 수준 이상으로 분류되었다. 두 번째 U_2–M_2–R_2의 주기의 특징은 정당화와 적용을 포함하는 추론으로의 이동이다. U_2 수준의 학생들은 추측한 연관성을 정당화할 필요를 인식하였으나 그것을 더 이상 진행시키지는 못하였다. M_2 수준의 학생들은 표나 그래프를 사용하여 연관성이나 원인에 관한 주장을 뒷받침하였다. R_2 수준의 학생들은 평균값과 같은 통계치를 사용하여 연관성에 관한 주장을 뒷받침하였다. Watson, Collis, Callingham과 동료들(1995)은 또한 구체적 기호적 양식에서 학생들의 추론과 의사결정을 뒷받침하는 영상적인 직관과 지각 다중 기능 양식에 대한 몇 가지 증거에 주목하였다. 학습 주기 모델과 다중 기능 양식은 교사에게 수업에 대한 정보를 제공하며 학생들이 맥락적 자료 탐색 과정에 어떻게 반응하는지에 대한 지식을 확장시킬 수 있도록 돕는다.

연구 관점에서 보면, 초등학생을 연구대상으로 한 Jones와 동료들(2000)의 연구와 중학생을 연구대상으로 한 Mooney(2002)의 연구가 학생들의 통계적 추론을 설명하기에 충분한 학습 주기를 각각 하나씩 발견한 것에 비하여 Watson, Collis, Callingham과 동료들(1995)의 연구는 중학생의 상위 수준의 통계적 추론에 관한 모델을 만들기 위해 두 개의 학습 주기를 발견한 것이 흥미롭다. 한편 이러한 차이는 Watson과 동료들이 Biggs와 Collis의 모델에 관한 상세한 지식을 지니고 있었으며, '학생들의 이해를 좀더 자세히 고려할 때' 추가적인 주기를 확인할 수 있다는 그들의 제언 때문일지도 모른다(p.250). 다른 한편으로는 Jones와 동료들 그리고 Mooney가 확인한 두 개의 학습 주기가 구체적 기호적 양식에서 두 개의 서로 다른 주기로 나타날 수 있다. 첫 번째 주기는 통계적 개념에 대한 개념적 발달에 초점을 두고, 두 번째 주기는 통계적 개념의 적용을 통합한다. 이러한 이론적인 설명이 가능함에도 불구하고 통계적 추론에서 발달 모델을 형식화하기 위해서는 명확하게 구체적 기호적 양식이나 형식적 양식과 같은 기능 양식에서 다중 학습 주기의 존재를 주장하는 새로운 연구가 필요하다(Callingham, 1994; Campbell, Watson, & Collis, 1992; Pegg & Davey, 1998; Watson, Collis, & Campbell, 1995).

특정한 통계적 개념과 과정에 대한 인지 발달 모델

이 장에서는 특정한 통계적 개념과 관련된 인지 발달 모델에 주목한 선행 연구들을 살펴본다. 특히, 자료 모델링, 중심과 변이의 측정, 집단간의 편차, 공분산과 연관성, 표본추출과 표집분포 등의 핵심 개념과 과정에 대해 주목한다. 이러한 모델을 조사함에 있어 이 영역의 모든 발달 모델을 철저히 규명하지는 않으며, 이 책의 나머지 장들에서 좀더 상세하게 고려할 개념과 과정에 대해 미리 살펴본다.

자료 모델링

많은 연구자들은 학생들이 자료가 주어진 자료-모델링 문제나 모델-도출 문제를 접할 때, 통계적 추론에서의 향상 패턴을 연구해왔다(Ben-Zvi, 6장; Ben-Zvi & Arcavi, 2001; Doerr, 1998; Doerr & Tripp, 1999; Lehrer & Romberg, 1996; Lehrer & Schauble, 2000; Lesh, Amit, & Schorr, 1997; Wares, 2001). 자료-모델링 문제는 고유한 성질을 갖기 때문에, 개방형 상황에서 학생들의 통계적 추론을 관찰할 수 있는 특별한 맥락을 제공한다. 모델링 문제는 자료를 정리하고, 표현하고, 패턴을 만들고, 관계를 찾는 것에 초점을 둔다(Lesh & Doerr, 2002). 이를 통해 학생들의 의사결정, 추정, 예측과 같은 통계적 추론을 살펴볼 수 있다. 뿐만 아니라 자료-모델링 문제를 통해 변이 다루기, 자료 변환하기, 통계적 모델 평가하기, 문제의 맥락적이고 통계적인 특징 통합하기와 같은 특히 본질적인 과정으로 통계적 추론에 대한 학생들의 심도있는 개념적 아이디어를 밝혀낼 수도 있다(Wild & Pfannkuch, 1999).

중심과 변이의 측정

중심의 측정과 관련된 대부분의 연구들은 평균, 대표성, 또는 평균값의 개념에 주목해왔다. 여러 연구들이 중심 측정에 대한 학생들의 다양한 개념을 설명하였으나(Bright & Friel, 1998; Konold & Pollatsek, 2002; Konold & Pollatsek, 8장; Morkros & Russell, 1995; Strass & Bichler, 1988), 학생들의 이해 수준 발달을 다루지는 않았다. 중심 측정에 대한 학생들의 추론 발달을 다룬 연구로는 Reading과 Pegg(1996), Watson과 Moritz(2000a)의 연구가 있다. 변이와 퍼짐의 개념을 다룬 소수의 연구들도 변이에 대한 학생들의 추론 발달을 조사하였다(Shaughnessy, Watson, Moritz & Reading, 1999; Reading & Shaughnessy, 2001; Reading & Shaughnessy, 9장; Torok & Watson, 2000).

두 개의 자료 집합 비교하기

통계적으로 추정하는 것은 통계적 추론에서 중요하며, 통계적 추정의 이러한 중요성은 이미 여러 나라의 교육과정에 나타난 바와 같이 중요하게 인식되어 왔다(AEC, 1991; NCTM, 2000; DFE, 1995). 학생들에게 통계적 추정을 소개할 수 있는 방법 중 하나는 자료의 수가 같거나 같지 않은 맥락에서 수치적 자료 집합을 두 개 또는 두 개 이상 제시하여 비교하도록 하는 것이다. 여러 연구자들(Cobb, 1999; McClian & Cobb, 1998; Mooney, 2002; Watson & Moritz, 1999)은 두 개의 자료 집합을 비교하며 통계적으로 추정하는 학생들의 추론을 특징짓는 발달 모델을 만들었다.

이변량 관계

상관관계와 회귀에 관한 연구는 통계학에서 중요하다. 왜냐하면 이러한 과정들은 두 개 또는 그 이상의 변수 간의 통계적 관계를 확인하고, 적절한 시점에서 인과적으로 설명하는데 사용되기 때문이다. 따라서 상관관계와 회귀를 이해하는 것은 학교 수학 교육과정에서 중요하다(예를 들어, AEC, 1994; NCTM, 1989, 2000). 그러므로 일부 연구자들은 상관관계와 회귀에 관한 학생들의 개념 발달을 조사하였다(Batanero, Estepa, Godino, & Green, 1996; Ross & Cousins, 1993; Wavering, 1989; Mevarech & Kramarsky, 1997). 이러한 연구들이 Moritz와 Watson(2000), Moritz(2001), Mooney(2002)의 연구에서 제시하는 좀더 명확한 인지 모델의 전조가 되어온 것이다.

표본추출과 표집분포

표본을 통해 부분으로서 전체에 관한 정보를 얻을 수 있게 된 이래로, 표본 개념은 통계에서 가장 근본이 되는 개념 중 하나이다(Moore, 1997). 특히 표본추출을 통해 모집단에 대해 추정하는데, 이는 표본의 통계치를 이용하여 모집단의 모수를 예측하는 것이다. 추정 및 예측과 같은 과정은 학생들이 이해하기 어려운 복잡한 개념인 표집분포 개념의 토대가 된다. 이 영역의 연구는 표본 개념, 표본의 크기, 표본추출 절차와 관련된 것(Watson, 12장; Watson & Moritz, 2000b)뿐만 아니라 표집분포(Chance, delMas, & Garfield, 13장; Saldanha & Thompson, 2001)와 중심극한정리(Chance, delMas, & Garfield, 13장; delMas, Garfeld, & Chance, 1999) 같이 좀더 복잡한 개념에 대한 학생들의 통계적 추론 발달을 조사하였다.

통계교육에 대한 시사점

통계교육에서는 수학교육에서처럼 지도 과정과 학습 과정을 연결하려는 지속적인 연구가 있었다. 이러한 연구의 경향은 학생들의 수학적인 구성을 촉진하려는 교육적인 요구와 학습에 대한 구성주의적 접근의 출현과 더불어 더욱 두드러지게 나타났다. 지도와 학습 사이의 이러한 연결의 중요성은 국제적으로도 분명히 인식되어 왔다. 교육과정(AEC, 1991; NCTM, 1989, 2000; DFE, 1995)은 '학생들이 아는 것과 알아야 하는 것에 대한 교사들의 이해'를 강조하는 수학 교육 개혁을 지지한다. 그리고 학생들은 "경험과 이전의 지식으로부터 활동적으로 새로운 지식을 만들어가며 수학을 이해하면서 배워야 한다."고 주장한다(NCTM, 2000, p.11).

지도과 학습에 대한 강조와 더불어 학생들이 수학적이고 통계적인 지식을 활동적으로 구성하게 할 필요가 있다는 강력한 요구로 인하여 지난 15년 동안 새로운 수업 모델이 제시되었다. 현실적 수학교육(Realistic Mathematics Education, RME; Gravemeijer, 1994), 인지적 안내 수업(Cognitively Guided Instruction, CGI; Carpenter et al., 1989), 수학 교육 주기(Mathematics Teaching Cycle, MTC; Simon, 1995) 등이 이에 해당한다. 이러한 수업 모델은 많은 차이점을 가지고 있지만, 학생들의 학습이 수업 과정의 중심이 되어야 할 뿐만 아니라 수업 과정을 반드시 주도해야 한다는 공통적인 견해를 갖고 있다. 예를 들어, 현실적 수학교육은 기계적인 교수 학습에서 벗어나 실제와 사회문화적 맥락을 바탕으로 재구성 활동을 통한 학습을 강조한다(Streefland, 1991). 인지적 안내 수업은 학생들의 추론에 대한 연구-기반 지식을 사용하여 수업에 대해 알아야 함을 주요 내용으로 한다. 수학 교육 주기는 "활동에 대한 교사의 계획과 학생들이 그 활동에 참여하며 나타나는 추론을 고려하는 것 사이의 재귀적인 관계"를 강조한다(Simon, p.133). 이런 수업 이론은 모두 교사가 수학 교실에서 나타나는 학생들의 추론을 이해하고 이를 사용해야 함을 강조한다.

지도와 학습에 관한 이러한 동향에 비추어 볼 때, 통계적 추론 발달에 관한 모델은 통계 수업에서 중요한 역할을 한다. 이러한 모델들이 핵심적인 통계 개념과 과정에 따라 학생들의 통계적 추론에 대한 특정 영역 지식을 통합하고 있기 때문에, 이러한 모델은 교사들이 통계와 자료 탐색 수업에서 수업을 설계하고 실행하고 평가하는데 사용할 수 있는 중요한 지식을 제공한다.

수업 설계에 관하여, 인지 발달 모델을 통해 교사는 수업에서 학생들이 진행할 수 있는 통계적 추론의 다양한 범위에 대해 일관된 상을 가질 수 있다. 수업 설계에서 인지 모델을 사용하는 것은 Simon(1995)의 가설 학습 경로라는 개념을 조사하는 것으로 상세히 설명할 수 있다. Simon은 **가설 학습 경로**라는 것을 학습 목표, 학습 활동, 가설 학습 경로를 형식화하는 것으로 생각하였다. 우선 학습 목표와 관련하여, 이 장에서 논의한 다양한 인지 모델은 학생들이 개념 목표와 관련하여 나타낸 그 특성으로 주요 과정과 개념 목표를 제시하였다. 예를 들어, Jones와 동료들(2000)의 모델은 자료 기술하기, 자료 정리하기, 자료 표현하기, 자료 분석하기 및 해석하기라는 핵심 과정을 확인하였다. 또한 각 수준에 대한 특징을 설명하여 개개인이나 하나의 전체 학급에 적절한 목표를 제시하였다. 학습 활동과 관련하여, 인지 모델에 관한 연구는 학생들이 통계적으로 추론하도록 사용되어 온 과제와 활동을 일관되게 통합한다. 예를 들어, 공학 도구에서 시뮬레이션을 활용하여 표집분포를 알아보는 과제(13장)는 대학과 고등학교 수업 환경에 잠재적으로 보급되어 있다. 마지막으로 인지 모델은 교실에서 일어날 학습 과정의 가능한 방향을 예측하는 것에 관하여, 교사들이 수업을 통해 학생들이 발견할 것이라 기대하는 통계적 추론의 영역에 대하여 배경이 되는 지식을 제공한다. 예를 들어, Watson과 Moritz(2000b)의 모델에 따르면 표본추출을 다룬 3학년 수업에서 모든 아이들이 주관적인 방법을 사용하여 50% 이상의 작은 표본을 추출하였다.

수업을 실행할 때, 학생들의 반응을 분석하고 특징짓는 여과장치로 발달 모델을 활용할 수 있다. 교수 실험(Jones et al., 2001)에서 학생들의 반응을 발달 모델을 이용하여 분류하면, 교사들은 이러한 여과장치를 활용하지 않을 때보다 더 풍부한 기초 지식을 확립할 수 있는 것으로 나타났다. 특히, 이러한 모델은 학생들이 학급이나 집단에서 논의한 다양한 추론을 조절하는 질문이나 과제의 틀을 교사가 구성하는 데에 도움이 된다. 이와 같이 교사는 학생들의 추론을 민감하게 조절하여 좀더 발달된 수준의 추론을 할 수 있도록 돕는다. 예를 들어, 어떤 학생이 통합적인 방식(5 수준, 13장 참고)으로 표본추출 과정의 차원에 대해 추론했던 초기의 집단 활동을 알고 있는 교사는 학생의 이러한 반응에 초점을 두어 표본추출의 차원에 관한 형식적이고 요약적인 논의를 할 수 있다. 또는 표본추출의 차원에 관한 이행적 추론(3 수준, 13장 참고)을 하는 학생의 반응을 사용하여 표본추출이 완비되어야 하고 개념과 절차가 서로 연결되어야 할 필요성에 주목하게 할 수 있다.

마지막으로 통계적 추론에서 발달 모델은 교실 수업의 효과를 평가하는 데에도 유용할 뿐만 아니라 시간이 지나면서 학생들의 수행을 관찰하고 평가하는 데에 도움을 준다. 실제로, 중학생이 자료 분석하기 및 해석하기와 관련하여 Mooney(2002)의 발달 모델 4수준에 따라 선형적으로 성장한다고 주장하는 것은 아니다. 그러나 교사들은 Mooney 모델의 수준에 따라 인식할 수 있는 중학생들의 집합적이고 개별적인 통계적 추론에서의 차이를 관찰할 수 있다. 이와 유사한 방법으로 교사들은 발달 모델을 사용하여 자신들의 수업을 평가하거나 수업에서 공학 도구의 사용을 평가할 수 있다. 예를 들어, Chance와 동료들(13장)은 공학 도구를 이용하여 표집분포에 관한 시뮬레이션을 행하고 이를 평가하고 수정하는데 인지 모델을 사용하였다. 모델에 따라 학생들의 추론이 변화하는 것을 평가하고 관찰함으로써 공학 도구의 약점을 확인하고, 이를 좀더 개선하고 변화시켰다. 그리고 학생들의 추론을 다시 평가하였다. 이러한 평가와 개선의 주기는 공학 도구의 교육적 효과, 특히 마이크로월드의 사용을 평가하는 데 커다란 잠재성을 가지고 있다.

이 장의 연구에서 드러난 바와 같이, 초등학생에서 대학생에 이르기까지 학생들의 통계적 추론은 다양하고 때로는 주관적이다. 더욱이 학생들의 통계적 추론은 항상 변화한다. 따라서 정적이기보다는 매우 역동적이다. 학생들의 통계적 추론이 다양하며 역동적임에도 불구하고, 통계적 추론의 패턴이나 수준이 순환하는 것은 시종일관 관찰가능하다. 단, 학생들이 의사결정, 추정, 예측과 같은 중요한 통계적 과정을 경험할 때와 표본추출, 자료 정리하기 및 표현하기, 중심과 변이, 분석 및 해석과 같은 개념을 다룰 때 관찰 가능하다. 이러한 통계적 추론의 재귀적인 패턴과 이로부터 발전되어가는 발달 모델은 교실에서 학생들이 스스로 통계적인 생각을 하거나 그 생각을 재형식화 함으로써 통계적 추론을 학습하도록 초점을 맞춘 수업 프로그램에 대한 정보의 밑바탕이 된다.

참고문헌

Australian Education Council. (1991). *A national statement on mathematics for Australian schools*. Carlton, VIC: Curriculum Corporation.

Australian Education Council. (1994). *Mathematics: A curriculum profile for Australian schools*. Carlton, VIC: Curriculum Corporation.

Batanero. C., Estepa, A., Godino, J. D., & Green, D. R. (1996). Intuitive strategies and preconceptions about association in contingency tables. *Journal for Research in Mathematics Educations*, *27*, 151-169.

Ben-Zvi, D., & Arcavi, A. (2001). Junior high school students' construction of global views of data and data representation. In J. Garfield, D. Ben-Zvi, & C. Reading (Eds.), *Background Readings of the Second International Reasearch Forum on Statistical Reasoning, Thinking, and Literacy* (pp. 73-110). Armidale, Australia: Centre for Cognition Research in Learning and Teaching, University of New England.

Bidell, T. R., & Fischer, K. W. (1992). Cognitive development in educational contexts: Implications of skill theory. In A. Demetriou, M. Shayer, & A. Efklides (Eds.), *Neo-Piagetian theories of cognitive development: Implications and applications for education* (pp. 11-30). London: Routledge.

Biggs, J. B. (1992). Modes of learning, forms of knowing, and ways of schooling. In A. Demetriou, M. Shayer, & A. Efklides (Eds.), *Neo-Piagetian theories of cognitive development: Implication and applications for education* (pp. 31-51). London: Routledge.

Biggs, J. B., & Collis, K. F. (1982). *Evaluating the quality of learning: The SOLO taxonomy*. New York Academic.

Biggs, J. B., & Collis, K. F. (1989). Towards a model of school-based curriculum development and assessment using the SOLO taxonomy. *Australian Journal of Education*, *33*, 151-163.

Biggs, J. B., & Collis, K. F. (1991). Multimodal learning and intelligent behavior. In H. Rowe (Ed.), *Intelligence: Reconceptualization and measurement* (pp. 57-76). Hillsdale, NJ: Erlbaum.

Bright. G. W., & Friel, S. N. (1998, April). *Interpretation of data in a bar graph by students in grades 6 and 8*. Paper resented at annual meeting of the American Educational Research Association, San Diego, CA.

Callingham, R. A. (1994). *Teachers 'understanding of the arithmetic mean*. Unpublished master's thesis. University of Tasmania, Hobart, Australia.

Campbell, K, J., Watson, J. M., & Collis, K. F. (1992). Volume measurement and intellectual development. *Journal of Structural Learning and Intelligent Systems, 11*, 279-298.

Carpenter, T. P., Fennema, E., Peterson, P. L., Chiang, C. P., & Loef, M. (1989). Using knowledge of children's mathematical thinking in classroom teaching: An experimental study. *American Educational Research Journal, 264*, 499-532.

Case, R. (1985). *Intellectual development: A systematic reinterpretation*. New York: Academic Press.

Case, R., & Okamoto, Y. (1996). The role of conceptual structures in the development of children's thought. *Monographs of the Society for Research in Child Development, 61* (1-2, Serial NO. 246).

Cobb, P., Wood, T., Yackel, E., Nicholls, J., Wheatley, G., Trigatti, B., & Perlwitz, M. (1991). Assessment of a problem-centered second-grade mathematics project. *Journal for Research in Mathematics Education*, *22*, 3-29.

Cobb, P. (1999). Individual and collective mathematical development: The case of statistical data analysis. *Mathematical Thinking and Learning*, *1*, 5-43.

Collis, K, F., & Biggs, J. B. (1991). Developmental determinants of qualitative aspects of school learning. In G. Evans (Ed.), *Learning and teaching cognitive skills* (pp. 185-207). Melbourne: Australian Council for Educational Research.

Curcio, F. R. (1987). Comprehension of mathematical relationships expressed in graphs. *Journal for Research in Mathematics Education*, *18*, 382-398.

delMas, R. C., Grafield, J., & Chance, B. (1999). A model of classroom research in action: Developing simulation activities to improve students' statistical reasoning [Electronic version]. *Journal of Statistics Education*, *7*(3), 1-16.

Department of Education and Science and the Welsh Office (DFE). (1995). *Mathematics in the national curriculum*. London: Author.

Doerr, H. M. (1998). A modeling approach to non-routine problem situations. In S. Berenson, K. Dawkins, M. Blanton, W. Coulombe, J. Kolb, K. Norwood, & L. Stiff (Eds.), *Proceedings of the nineteenth annual meeting, North American Chapter of the International Group for the Psychology of Mathematics Education* (Vol. 2, pp. 441-446). Columbus, OH: ERIC Clearinghouse for Science, Mathematics, and Environmental Education.

Doerr, H. M. & Tripp, J. S. (1999). Understanding how students develop mathematical models. *Mathematical Thinking and Learning*, *1*, 231-254.

Fischbein, E. (1975). *The intuitive sources of probabilistic thinking in children*. Dordrecht, The Netherlands: Reidel.

Fischbein, E., & Gazit, A. (1984). Does the teaching of probability improve probabilistic intuitions? *Educational Studies in Mathematics*, *15*, 1-24.

Fischbein, E., & Schnarch, D. (1997). The evolution with age of probabilistic, intuitively based misconceptions. *Journal for Research in Mathematics Education*, *28*, 96-105.

Fischer, K. W. (1980). A theory of cognitive development: The control and construction of hierachies of skill. *Psychological Review*, *87*, 477-531.

Friel, S. N., Curcio, F. R., & Bright, G. W. (2001). Making sense of graphs: Critical factors influencing comprehension and instructional implications. *Journal for Research*

in *Mathematics Education*, *31*, 124-158.
Gal, I., & Garfield, J. B. (1997). Curricular goals and assessment challenges in statistics education. In I. Gal & J. B. Garfield (Eds.), *The assessment challenge in statistical education* (pp. 1-15). Amsterdam, The Netherlands: IOS Press.
Gravemeijer, K. (1994). Educational development and developmental reserch. *Journal for Research in Mathematics Education*, *25*, 443-471.
Green, D. R. (1979). The chance and probability concepts project. *Teaching Statistics*, *1*(3), 66-71.
Green, D. R. (1983). A survey of probability concepts in 3000 pupils aged 11-16. IN D. R. Grey, P. Holmes, V. Barnett, & G. M. Constable (Eds.), *Proceedings of the first international conference on Teaching Statistics* (pp. 766-783). Sheffield, UK: Teaching Statistics Trust.
Jones, G. A., Langrall, C. W., Thornton, C. A., & Mogill. A. T. (1997). A framework for assessing and nurturing children's thinking in probability. *Educational Studies in Mathematics*, *32*, 101-125.
Jones, G. A., Langrall, C. W., Thornton, C. A., Mooney, E. S., Wares, A., Jones, M. R., Preey, B., Putt, I. J., & Nisbet, S. (2001). Using students' statistical thinking to inform instruction. *Journal of Mathematical Behavior*, *20*, 109-144.
Jones, G. A., Thornton, C. A., Langrall, C. W., Mooney, E. S., Perry, B., & Putt, I. J. (2000). A framework for characterizing students' statistical thinking. *Mathematics Thinking and Learning*, *2*, 269-307.
Konold, C., & Pollatsek, A. (2002). Data analysis as the search for signals in noisy processes. Journal for Research in Mathematics Education, 33, 259-289.
Lehrer, R., & Romberg, T. (1996). Exploring children's data modeling. Cognition and Instruction, 14, 69-108.
Lehrer, R. & Schauble, L. (2000). Inventing data structures for representational purposes: Elementary grade children's classification models, Mathematical Thinking and Learning, 2, 51-74.
Lesh, R., Amit, M., & Schorr, R. Y. (1997). Using "real-lfie" problems to prompt students to construct statistical models for statistical reasoning. In I. Gal & J. Garfield (Eds.), *The assessment challenge in statistics education* (pp. 65-84). Amsterdam, The Netherlands: IOS Press.
Lesh, R., & Doerr, H. (2002). Foundations of a models and modeling perspective. In R. Lesh & H. Doerr (Eds.), *Beyond constructivist: A models and modeling perspective on mathematics teaching, learning and problem solving.* Mahwah, NJ: Lawrence Erlbaum Associates.
Levins, L., & Pegg, J. (1993). Students' understanding of concepts related to plant growth. *Research in Science Education*, *23*, 165-173.
Mevarech, Z. A., & Kramarsky, B. (1997). From verbal descriptions to graphic representations: Stability and change in students' alternative conceptions. *Educational Studies in Mathematics*, *32*, 229-263.
McClain, K., & Cobb, P. (1948). Supporting student's reasoning about data. In S. Berensor, K. Dankins, M. Blanton, W. Coulombe, J. Kolb, K. Norwood, & L. Stiff

(Eds.), *Proceedings of the nineteenth annual meeting, North American Chapter of the International Group for the Psychology of Mathematics Education* (Vol. 1, pp. 389-394). Columbus, OH: ERIC Clearinghouse for Science, Mathematics, and Environmental Education.

Mokros, J., & Russell, S. J. (1995). Children's concepts of average and representativeness. *Journal for Research in Mathematics Education, 26*, 20-39.

Mooney, E. S. (2002). A framework for characterizing middle school students' statistical thinking. *Mathematical Thinking and Learning, 4*, 23-63.

Mooney, E. S., Langrall, C. W., Hofbauer, P. S., & Johnson, Y. A. (2001). Refining a framework on middle school students' statistical thinking. In R. Speiser, C. A. Maher, & C. N. Walter (Eds.), *Proceedings of the twenty-third annual meeting of the North American Chapter of the International Group for the Psychology of Mathematics Education* (Vol. 1, pp. 439-447). Columbus, OH: ERIC Clearnighouse for Science, Mathematics, and Environmental Education.

Moore, D. S. (1997). *Statistics: Concepts and controversies* (4th ed.). New York: Freeman.

Moritz, J. B. (2001). Graphical representations of statistical associations by upper primary students. In J. Garfield, D. Ben-Zvi, & C. Reading (Eds.), *Background Readings of the Second International Research Forum on Statistical Reasoning, Thinking, and Literacy* (pp. 256-264). Armidale, Australia: Centre for Cognition Research in Learning and Teaching, University of New England.

Moritz, J. B., & Watson, J. (2000). *Representing and questioning statistical associations.* Unpublished manuscript, University of Tasmania, Hobart, Australia.

National Council of Teachers of Mathematics (1989). *Curriculum and evaluation standards for school mathermatics.* Reston, VA: Author.

National Council of Teachers of Mathematics (2000). *Principles and standards for school mathematics.* Reston, VA: Author.

Olecka, A. (1983). An idea of structuring probability teaching based on Dienes' six stages, In D. R. Grey, P. Holmes, V. Barnett, & G. M. Constable (Eds.), *Proceedings of the First International Conference on Teaching Statistics* (pp. 727-737). Sheffield, UK: Teaching Statistics Trust.

Pegg, J. (1992). Assessing students' understanding at the primary and secondary level in the mathematical sciences. In J. Izard & M. Stephens (Eds.), *Reshaping assessment practice: Assessment in the mathematical sciences under challenge* (pp. 368-365). Melbourne, VIC: Australian Council of Educational Research.

Pegg, J., & Davey, G. (1998). Interpreting student understanding in geometry: A synthesis of two models. In R. Lehrer & D. Chazan (Eds.), *Designing learning environments for developing understanding of geometry and space* (pp. 109-135). Mahwah, NJ: Erlbaum.

Piaget, J. (1954). *The construction of reality in the child.* New York: Basic Books.

Piaget, J. (1962). *The origins of intelligence in the child.* New York: Norton.

Piaget, J., & Inhelder, B. (1975). *The origin of the idea of chance in children* (L. Leake, P. Burrell, & H. D. Fischbein, Trans.). New York: Norton. (Original work published 1951.)

Polaki, M. V., Lefoka, P. J., & Jones, G. A. (2000). Developing a cognitive framework for describing and preparing Basotho students' probabilistic thinking, *Boleswa Educational Research Journal. 17*, 1-20.

Reading, C., & Pegg, J. (1996). Exploring understanding of data reduction. In L. Puig & A. Gutierrez (Eds.), *Proceedings of the 20th conference of the International Group for the Psychology of Mathematics Education* (Vol. 4, pp. 187-194). Valencia, Spain: University of Valencia.

Reading, C., & Shaughnessy, J. M. (2001). Student perceptions of variation in a sampling situation. In J. Garfield, D. Ben-Zvi, & C. Reading (Eds.), *Background Readings of the Second International Research Forum on Statistical Reasoning, Thinking, and Literacy*, (pp. 119-126). Armidale, Australia: Centre for Cognition Research in Learning and Teaching., University of New England

Reber, A. S. (1995). *The Penguin dictionary of psychology* (2nd ed.). London: Penguin.

Resnick, L. B. (1983). Developing mathematical knowledge. *American Psychologist, 44*, 162-169.

Ross, J. A., & Cousins, J. B. (1993). Patterns of students' growth in reasoning about correlational problems. *Journal of Educational Psychology*, *85*, 49-65.

Saldanha, L. A., & Thompson, P. (2001). Students' reasoning about sampling distributions and statistical inference. In J. Garfield, D. Ben-Zvi, & C. Reading (Eds.), *Background Readings of the Second International Research Forum on Statistical Reasoning, Thinking, and Literacy* (pp. 291-296). Armidale, Australia: Centre for Cognition Research in Learning and Teaching, University of New England.

Scholz, R. W. (1991). Psychological research on the probability concept and its acquisition. In R. Kapadia & M. Borovcnik (Eds.), *Chance encounters: Probability in education* (pp. 213-254). Dordrecht, The Netherlands: Kluwer Academic.

Shaughnessy, J. M. (1992). Reserch in probability and statistics: Reflections and directions. In D. A. Grows (Ed.), *Handbook of research on mathematics teaching and learning* (pp. 465-494). New York: Macmillan.

Shaughnessy, J. M., Garfield, J., & Greer, B. (1996). Data handling. In A. J. Bishop, K. Clements, C. Keitel, J. Kilpatrick, & C. Laborde (Eds.), *International handbook of mathematics education* (Part 1, pp. 205-238). Dordrecht, The Netherlands: Kluwer Academic.

Shaughnessy, J. M., Watson, J. M., Moritz, J. B., & Reading, C. (1999. April). *School mathematics students' acknowledgment of statistical variation.* Paper presented at the 77th annual conference of the National Council of Teachers of Mathematics, San Francisco, CA.

Simon, M. A. (1995). Restructuring mathematics pedagogy from a constructivist perspective. *Journal for Research in Mathematics Education*, *26*, 114-145.

Strauss, S., & Bichler, E. (1998). The development of children's concept of the arithmetic average. *Journal for Research in Mathematics Education*, *19*, 65-80.

Streefland, L. (1991). *Fractions in Realistic Mathematics Education—A paradigm of developmental research*. Dordrecht, The Netherlands: Kluwer Academic.

Tarr, J. E., & Jones, G. A. (1997). A framework for assessing middle school students' thinking in conditional probability and independence. *Mathematics Education Research Journal*, *9*, 39-59.

Torok, R., & Watson, J. (2000). Development of the concept of statistical variation: An exploratory study. *Mathematics Education Research Journal*, *12*, 147-169.

Wares, A. (2001). *Middle school students' construction of mathematical models.* Unpublished doctoral dissertation, Illinois State University, Normal.

Watson, J. M., Collis, K. F., Callingham, R. A., & Moritz, J. B. (1995). A model for assessing higher order thinking in statistics. *Educational Research and Evaluation*, *1*, 247-275.

Watson, J. M., Collis, K. F., & Campbell, K. J. (1995). Developmental structure in the understanding of common and decimal fractions. *Focus on Learning Problems in Mathematics*, *17*(1), 1-24.

Watson, J. M., Collis, K. F., & Moritz, J. B. (1997). The development of chance measurement. *Mathematics Education Research Journal*, *9*. 60-82.

Watson, J. M., & Moritz, J. B. (1998). Longitudinal development of chance measurement. *Mathematics Education Research Journal*, *10*, 103-127.

Watson, J. M., & Moritz, J. B. (1999). The beginning of statistical inference: Comparing two data sets. *Educational Studies in Mathematics*, *37*, 145-168.

Watson, J. M., & Moritz, J. B. (2000a). The longitudinal development of understanding of average. *Mathematical Thinking and Learning*, *2*, 11-50.

Watson, J. M., & Moritz. J. B. (2000b). Developing concepts of sampling. *Journal for Research in Mathematics Education 31*, 44-70.

Wavering, J. (1989). Logical reasoning necessary to make line graphs. *Journal of Research in Science Teaching*, *26*, 373-379.

Wild, C. J., & Pfannkuch, M. (1999). Statistical thinking in empirical enquiry. *International Statistical Review*, *67*, 223-265.

2부

통계적 추론에 대한 연구

학생들이 통계의 구체적인 영역에 대해 어떻게 추론하는지에 초점을 두고, 자료 분석, 분포, 중심의 측정, 변이, 공변동, 정규분포, 표본과 표집분포와 같은 주제를 다룬다. 이러한 연구들은 통계 지도에 초점을 둔 통계교육 분야의 연구 성과로, 전 학년에서 학생들의 통계적 추론을 개발하는 방식과 통계의 포괄적인 아이디어에 대해 탐구한 결과이다.

6장

자료 분석에 대한 추론

Dani Ben-Zvi

개요

이 장은 중학생들이 자료에 대해 추론하고 탐색적 자료 분석(EDA)을 이해하는 방법을 설명하고 분석한다. 학생들이 EDA에 관한 기술, 절차 및 개념을 학습하는 동안 자료에 대한 추론이 발달하는 과정을 설명한다. 이러한 추론 발달 과정은 학생들이 통계적 사고와 결합된 몇 가지 습관과 관점을 익히고 연습하는 과정을 관찰한 결과이다. 첫 번째 사례 연구는 자료와 자료 표현을 전체적으로 조망하게 되는 발달에 주목하였고, 두 번째 사례 연구는 자료 분석에 대한 통계적 추론을 촉진시키는 의미 있는 탐색적 자료 분석의 학습 환경 설계에 주목하였다. 자료 분석에 대한 추론을 학습한다는 것이 무엇을 의미하는지에 대하여 분석의 관점에서 기술하였고, 교육 및 교육과정 측면에서 시사점을 제시하였다.

탐색적 자료 분석의 특성

Tukey(1977)에 의해 개발된 탐색적 자료 분석은 주로 시각적 표현과 공학 도구를 이용하여 자료를 조직하고, 설명하고, 표현하고, 분석하는 것이다. 탐색적 자료 분석은 미지의 땅을 탐험하는 탐험가처럼 자료를 이해하는 것을 목표로 한다(Cobb & Moore, 1997). 탐색적 자료 분석의 본질적 개념은 Mosteller와 Tukey(1977), Velleman과 Hoaglin(1981)에 의해 좀더 발전된 이후에야 자료 분석에 대한 접근 방법으로 받아들여지기 시작했다(Biehler, 1990; Moore, 1990, 1992).

Graham(1987), Kader와 Perry(1994)는 의문점 제기 및 가설 세우기, 자료 수집

하기, 자료 분석하기, 결과 해석하기 및 결론에 대해 의사소통하기의 네 단계 과정에 따라 자료 분석이 진행된다고 말한다. 그러나 실제로 통계학자들은 이러한 과정을 선형적으로 진행하지 않고 재귀적으로 앞뒤로 이동하며, 가능한 경로를 고려하고 선택하면서 진행한다(Konold & Higgins, 2003). 따라서 탐색적 자료 분석은 위의 네 단계의 과정보다는 좀더 복잡하다. "자료 분석은 어떤 현상에 대해 연구자들이 생각하는 바와 그런 현상에 대해 자료가 무엇을 말해주는지를 주고받는 대화와 같다. 연구자들은 자료를 통해 알게 된 것으로 그들이 처음에 이해한 것을 바꾸고, 이를 통해 자료를 보는 방법이 바뀌고, 이러한 변화는 그들이 이해하고 있던 것을 바뀌게 한다."(Konold & Higgins, 2003, p.197)

탐색적 자료 분석은 자료 집합에 대한 통찰을 극대화시키기 위해 다양한 기술을 사용하는데, 대부분 그래픽 기술을 이용한다. 자료 집합에 대하여 형태, 중심, 퍼짐을 탐구하고, 자료 값들이 모여 있는지, 차이가 있는지, 특이값을 갖는지를 확인하기 위해 다양한 그래프를 조사하며 자료 집합을 탐색한다. 이러한 방법으로 자료의 기본 구조와 패턴을 찾고, 기본적인 가정을 검증하고, 질적으로 빈약한 모델을 발전시킨다. 탐색적 자료 분석에서 사용되는 많은 그래픽 기술은 줄기와 잎 그림, 상자그림처럼 매우 단순하다. 탐색적 자료 분석과정에서는 컴퓨터로 Data Desk(Velleman, 2003), Fathom(Finzer, 2003), Tabletop(TERC, 2002)과 같은 통계 소프트웨어 패키지를 이용하여 자료를 수치적으로 빨리 조작하고 표현하는 것이 가능하다.

그러나 탐색적 자료 분석은 기술을 익히는 것이 아니라 자료를 이해하는 것에 초점을 둔다. 즉 어떻게 자료 집합을 상세히 분할해야 하는지, 무엇을 찾아야 하는지, 어떻게 보아야 하는지, 어떻게 해석해야 하는지에 주목한다. 탐색적 자료 분석은 자료를 설명하기에 어떤 모델이 적절한 지에 대한 전통적인 '통계적 추정'의 가정을 뒤로 미루고, "자료를 대표하는 어떤 수들이 자료에 대해 말하게 하는"(Moore, 2000, p.1) 좀더 직접적인 접근을 통해 자료 자체가 자료 내에 숨겨진 구조와 모델을 드러내도록 한다.

자료 분석에 대한 이렇게 완전하고 복잡한 측면은 학생들에게 탐색적 자료 분석을 가르칠 때와 학생들의 통계적 추론에 대해 연구할 때 반영되어야 한다. 자료 분석을 단순하게 생각한다면 처방적인 접근을 하는 자료 분석 수업이 이루어지고 통계적 기술에 대한 표면적인 이해에만 머무르는 연구가 이루어질 수 있다.

학교 교육과정에서의 탐색적 자료 분석

탐색적 자료 분석은 학생들이 공학 도구를 이용하여 개방형 자료를 탐구할 수 있는 교육적 기회를 마련한다. 학생들이 자료를 탐구하도록 하는 것은 이해를 위한 교수 학습(Perkins & Unger, 1999), 조사에 기반한 학습(Yerushalmy, Chazan, & Gordon, 1990), 프로젝트형 학습(Evensen & Hmelo, 2000)과 같은 현재의 교육적 패러다임과 부합한다. 그러나 탐색적 자료 분석이 복잡하기 때문에, 새롭게 변화하는 통계 영역에서 통계적 방법을 어떻게 가르칠 것인지, 교사들의 경험 부족을 어떻게 보충할 것인지, 탐색적 자료 분석을 통합한 효율적인 K-12학년의 통계교육과정을 어떻게 구성할 것인지와 같은 수많은 교수학적 어려움이 있다.

호주, 영국, 뉴질랜드, 미국의 학교 수학 교육과정은 탐색적 자료 분석의 요소를 통합하였다. Chance and Data(Lovitt & Lowe, 1993), The Connected Mathematics Project(Lappan, Fey, Fitzgerald, Friel, & Phillips, 1996), Data: Kids, Cats, and Ads(Rubin & Mokros, 1998), Data Handling(Greer, Yamin-Ali, Boyd, Boyle, & Fitzpatrick, 1995), Data Visualization(de Lange & Verhage, 1992), Exploring Statistics(Bereska, Bolster, Bolster, & Scheaffer, 1998, 1999), The Quantitative Literacy Series(e.g., Barbella, Kepner, & Schaeffer, 1994), Used Numbers (e.g., Friel, Mokros, & Russel, 1992)와 같이 최근에 개발된 교육과정은 자료 분석에 대한 학생들의 통계적 추론을 발달시키고, 그래픽 접근 방식을 사용하며, 학생들이 필요한 자료를 직접 수집하고 지적으로 탐구하고, 교육적 소프트웨어와 시뮬레이션 및 인터넷을 사용하고, 타 교과와 연결시키고, 학습을 위한 출발점으로 잘못 사용되고 왜곡된 것들에 대해 탐구하는 것을 강조하고 있다.

자료 분석에 대한 추론 연구

자료 분석에 대한 추론 연구는 하나의 고유한 연구 영역으로 부각되기 시작하였다. Biehler와 Steinbring(1991)은 중학생을 대상으로 수행한 교수실험에서 자료 분석을 '탐정' 활동으로 소개한다. 일반적으로 교사들은 학생들에게 과제, 개념, 그래픽 표현들로 구성된 하나의 자료 '도구 상자'를 제시한다. 연구자들은 모든 학생들이 탐색적 자료 분석을 시작하는 도구를 획득하는 데는 성공하지만, EDA에 대한 교수와 학습은 그 과정이 개방될수록 더 어렵다는 결론을 내렸다. 이 연구에서 직접적인 지도 방법과 직접적이지 않은 지도 방법 사이의 차이점이 나타났다. de Lange,

Burrill, Romberg(1993)의 연구는 교사들이 학생들을 안내하는 권위적인 설명에서 벗어나 자신들의 지도 전략을 변화시키는 것을 어려워하므로 EDA의 지도에 관해 교사들의 전문성 발달이 필요하다고 강조하였다. 또한 교육과정 개발자들이 혁신적인 EDA의 교육 자료를 만들 때 이러한 교육적 논의를 고려해야 한다고 주장하였다. Cobb(cf., 1999)은 교수와 학습의 사회 문화적 관점을 강조하면서 중학교에서 분포나 공변동과 같은 주요 개념에 관한 EDA 지도에 대하여 실험 연구를 수행하였다.

Ben-Zvi와 Friedlander(1997b)는 학생들이 자료 표현을 다룰 때 관찰된 추론 과정의 특징을 네 가지 패턴으로 설명하였다. 첫째, 무비판적인 사고를 한다. 즉 기술적 힘과 통계적 방법을 '목적을 가지고 사용'하기보다는 임의적으로나 무비판적으로 사용한다. 둘째, 표현을 의미 있게 사용한다. 즉 자신들의 연구 질문에 답하고 결과를 해석하기 위하여 적절한 그래픽 표현이나 통계치를 사용한다. 셋째, 다양한 표현을 의미 있게 다룬다. 자신들의 탐구 과정을 모니터링할 뿐만 아니라 타당한 결과를 얻기 위해 의미를 찾고 해석하는 과정을 지속적으로 행한다. 넷째, 비판적 사고를 한다. 즉 특별한 표현이나 방법이 자신들의 생각을 잘 나타낸다고 결정하고, 혁신적인 그래픽 표현이나 자신이 고안한 통계치나 분석 방법을 제시한다.

연구 동향

이론적 관점

지난 수십 년간 수학적 인지에 관한 연구들에서는 수학을 학습하고 이해하고 경쟁력을 갖추는 것에 대한 몇 가지 중요한 결과를 제시하였다. 일반적으로, 이러한 연구들은 수학이나 통계와 같은 복잡한 주제 영역에서 경쟁력을 갖추기 위해서는 "특정한 기술, 전략, 지식을 획득하는 것보다 해석하고 의미를 찾는 습관이나 성향을 획득하는 것이 더 중요할 수 있다."는 것을 보여준다(Resnick, 1988, p.58). 이것은 인지적 발달 및 '수학을 행하는 것'의 문화와 가치로의 '사회화 과정' 모두를 의미한다(문화화, enculturation). 많은 연구자들은 학문적인 수학 내에서 수학을 안다는 것이 의미하는 바에 더 가깝게 학교에서 수학을 알아가게 하는 교수 설계에 대하여 고민해왔다(Lampert, 1990, p.29). 이 장에서는 EDA의 영역에서 이러한 과정들을 이해할 수 있도록 돕고자 한다.

통계교육에서의 문화화 과정

이 연구에서 사용되는 핵심 개념은 **문화화**이다. 최근의 수학교육 학습 이론들은(cf., Schoenfeld, 1992; Resnick, 1988) 문화화 과정을 포함한다. 간단히 말해 이 과정은 하나의 공동체에 참여하거나 한 사회의 관습을 따르고 그들의 관점을 익히는 것을 의미한다. 학생들이 어떤 인지적이고 문화적인 실행에 참여하는 것을 배울 때, 교사는 조언자, 중재인, 또는 **문화전수자**로 중요한 역할을 하게 된다. 특히 통계적 사고의 가치와 신념 체계 그리고 질문하고, 표현하고, 결론 내리고, 의사소통하는 습관을 갖추게 하는데 교사가 중요한 역할을 한다. 따라서 **통계적 문화화**를 이루기 위해서는 교실에서 이루어지는 의사소통 과정과 함께 특별한 사고 도구가 개발되어야 한다.

통계적 사고

통계학 내에서 통계를 안다는 것이 의미하는 바에 좀더 가깝게 학교에서 통계를 알도록 하기 위해서는 다음 설명이 필요하다. Wild와 Pfannkuch(1999, 2장)는 통계학자와 통계학을 공부하는 학생을 대상으로 한 심층 면담에 기초하여 통계적 사고 과정을 문제 설정에서부터 결론에 이르기까지 포괄적으로 설명한다. 이들은 통계학자들이 탐구 주기, 사고 유형, 연구 주기, 성향이라는 4차원 모델에 따라서, 때로는 동시에, 사고한다고 주장한다.

이 장에서는 이러한 관점에 기초하여 다음 연구 문제를 해결하기 위한 사례 연구를 수행하고 수집한 자료를 분석하였다.

- 중학생들이 자료에 대해 어떻게 추론하기 시작하는가? 그리고 컴퓨터를 사용할 수 있는 개방형 형태의 문제 해결 상황의 맥락에서 EDA 관점을 어떻게 이해하기 시작하는가?
- 학습 환경의 여러 측면이 자료 분석에 대한 학생들의 통계적 추론을 어떻게 촉진시키는가?

연구 방법

이 연구는 7학년 학생들이 두 자료 집합을 비교하는 맥락에서 자료에 대한 통계적 추론을 조사하기 위하여 질적 분석 방법을 사용한다. 그리고 연구 참여자, 연구 환경, 교육과정, 공학 도구, 자료 수집 방법 및 분석 방법에 대해 설명한다.

연구 환경

이 연구는 Tel-Aviv에 있는 진보적인 실험학교에서 13세인 7학년 남녀합반 세 학급을 대상으로 이루어졌다. 이 학급의 수업을 담당한 교사들은 교육과정의 정신과 목표를 잘 인식하고 있는 노련한 교사였다. 이 교사들은 CompuMath 교육과정 개발팀의 일원이자 이스라엘 와이즈만 연구소에 있는 수학 교사, 통계 교사 및 연구자를 포함한 연구팀의 일원이다. CompuMath 프로젝트는 7~9학년을 대상으로 하는 광범위하고 포괄적인 수학 교육과정으로(Hershkowitz, Dreyfus, Ben-Zvi, Friedlander, Hadas, Resnick, Tabach & Schwarz, 2002), 컴퓨터를 이용한 환경에서 동료 협동과 교실 토론으로 개방형 문제 상황을 논의하며 수학을 가르치고 배울 수 있도록 구성되어 있다.

CompuMath 프로젝트의 한 영역인 **통계교육과정**은 13세인 7학년 중학생들에게 EDA의 '기술과 문화'(Ben-Zvi & Friedlander, 1997b 참고)와 통계적으로 추론하는 것을 소개하고자 개발되었다. 또한 학생들이 자료에 기초한 전문가들의 탐구 과정 일부를 경험할 수 있는 작은 시나리오를 기반으로 설계되었다. 이 교육과정은 여러 학교와 교사 교육과정에서 사용되었고, 그 후 몇 차례의 교육과정 개발을 거치면서 개정되었다.

통계교육과정은 앞에서 설명한 학습에 대한 이론적 관점과 통계적 사고의 전문가적 견해를 바탕으로 다음 두 가지 사항을 강조하여 설계하였다. 첫째, 분석적 도구로 시각적 표현을 신중하게 사용하며 자료 상황(스포츠 기록, 여러 나라 사람들의 이름의 길이, 노조 갈등, 자동차 상표와 같이 학생들에게 친숙한 주제)을 조직하고, 기술하고, 해석하고, 표현하며, 분석하는데 학생들이 적극적으로 참여할 수 있도록 구성하였다(Garfield, 1995; Shaughnessy, Garfield, & Greer, 1996). 둘째, 학생들이 다양한 자료 표현을 간단히 사용하고 변형시키기 위하여 기술적 도구를 혼합하여 사용하도록 구성하였다(Biehler, 1993, 1997; Ben-Zvi, 2000). 이 교육과정은 두 달 반 이상에 걸쳐서 30차시의 수업으로 계획되었고 학생을 위한 교재(Ben-Zvi & Friedlander, 1997a)와 교사를 위한 안내서(Ben-Zvi & Ozruso, 2001)가 포함되어 있다.

공학 도구

교육과정에 따라 연구가 진행되는 동안 스프레드시트 패키지(엑셀)를 사용하였다. 엑셀이 자료 분석을 위한 이상적인 도구는 아니지만(Ben-Zvi, 2000), 이를 선택한 이유는 다음과 같다.

- 스프레드시트를 이용하면 학생들은 직접 다양한 형태로 자료를 살펴보고 조사할 수 있으며, 회귀직선을 찾는 것과 같이 자료에 적합한 다양한 모델을 조사할 수 있다.
- 스프레드시트는 학생들이 자료를 가지고 실험할 수 있도록 하며, 자료의 시각적 표현을 쉽게 바꿀 수 있는 유연하고 역동적인 도구이다. 예를 들어, 스프레드시트는 표에 있는 자료를 변경하거나 삭제하거나 추가할 수 있다. 그래프 위에서 자료값을 직접 바꾸거나 조작하여 그래픽 결과를 고려할 수 있고, 회귀직선으로 결과를 관찰할 수도 있다. 스프레드시트는 내용과 결과의 형태를 제어할 수 있는 융통적인 도구이다.
- 스프레드시트는 일반적으로 많이 보급되어 친숙하고, 컴퓨터에 대한 기본적인 소양의 일부로 인식되고 있다(Hunt, 1995). 수학 교육과정의 다른 분야에서 뿐만 아니라 일상생활의 많은 분야에서도 사용하며, 많은 학교의 컴퓨터실에서 사용하기 쉽다. 그러므로 스프레드시트를 이용한 통계 학습은 실세계와 연결된 것들에 대한 개념을 강화시킨다.

연구 참여자

첫 번째 사례 연구는 A와 D라는 2명의 학생을, 두 번째 사례 연구는 A와 D 그리고 이들의 동료 학생 4명을 대상으로 하였다. A와 D는 평균 이상의 능력을 갖춘 학생들로 언어구사능력이 뛰어나며, 컴퓨터를 사용하는 환경에서 협동 학습을 한 경험이 있었다. 또한 자신들의 생각, 태도, 의구심, 어려움을 공유하고자 하였고, 정규 수업 시간에 이루어지는 이 연구에 참여하는데 동의하였다. 또한 분석을 위해 비디오로 녹화하고, 수업 후에 면담하며, 학생들의 노트를 활용하는 것도 동의하였다.

이 교육과정으로 학습하기 시작할 때, A와 D가 학교에서 배운 통계의 내용은 제한되어 있었다. 그러나 방송매체를 통해 전문적인 통계 용어를 접한 경험이 있기 때문에 통계에 대한 약간의 비형식적인 개념과 긍정적인 성향을 가지고 있었다. 이들은 초등학교에서 단지 평균과 몇 가지 다이어그램을 이용하는 방법만을 배웠고, 통계교육과정에 따라 학습하기 전에 이와 유사하게 대수에서 스프레드시트를 사용하여 수치적 선형 패턴을 일반화하는 것을 학습하였다(Resnick & Tabach, 1999).

학생들은 진지하게 교육과정에 임하였고, 각각의 과제를 이해하고 해결하려고 노력하였다. 주어진 과제를 매우 독립적으로 해결하였으며, 문제를 해결하는 동안 기술적인 혹은 개념적인 어려움이 있는 경우에만 교사에게 도움을 청하였다. 학생들은 자신들이 비디오로 녹화되고 있다는 것을 불편하게 여기지 않았다. 오히려 카메라에 대고 큰 소리로 이야기하면서 즐거워하였고, 자신들의 행동, 의도, 잘못 이해한 것을 설명하며, 자신이 옳다고 믿는 것을 공유하려 하였다.

자료 수집

새로운 교육과정의 효과를 확인하기 위해 비디오 기록, 교실 관찰, 면담, 학생들의 노트와 연구 프로젝트에 대한 평가를 이용하여 학생들의 행동을 분석하였다. 거의 모든 수업에서 A와 D의 모습을 20시간 분량의 테이프로 녹화하였고 그들의 노트도 분석하였다.

자료 분석

비디오로 녹화된 자료는 해석적 미시분석으로(Meira, 1991, pp.62~63 참고) 일화에 대하여 질적으로 세밀하게 분석하였으며, 언어, 태도, 상징적인 행동이 발생한 상황에서 그것들을 고려하였다. 이러한 분석은 인지적 구조의 발달과 이해와 학습에 대한 사회 문화적 과정을 추론하고 자취를 살펴보기 위해 이루어졌다.

자료 분석의 타당성을 위하여, CompuMath 연구팀 중 한 명과 와이즈만 연구소 4명의 연구자 중 한 명이 분석에 참여하였다. 이들은 자료나 통계교육과정과는 관계가 없는 사람들로 각자 자료에 대해 분석하였다(Schoenfeld(1994)의 의미에서 삼각검증법). 분석을 하면서 두 연구자는 학생들의 인지적 구조에 대해 논의하고, 의견을 제시하고, 가설을 좀더 발전시키거나 기각하고 해석하고 추론하였다. 자료에 대한 해석을 좀더 발전시키거나 반박하는 과정에서 과거 그리고/또는 미래의 에피소드, 앞에서 설명한 것과 같은 자료의 모든 근거들을 포함한 가능한 한 많은 증거가 필요하였다. 그리고 사용가능한 증거에 기초하여 이와 동등하게 강력한 대안적인 해석이 필요하기도 하였다. 대부분의 경우에 두 연구자의 분석은 거의 일치하였으며,

의심스러운 점이나 반박되는 부분에 대해서는 자료를 다시 분석하여 이의를 제기하거나 해결하였다.

사례 연구 1: 자료를 전체적으로 조망하기

첫 번째 사례 연구는 학생들이 EDA의 문화에 입문하여 학습하고, 자료와 자료 표현에 대한 추론이 발전하기 시작함에 따라 그들이 지닌 개념이 발전하고 변화하는 것에 주목하였다. 이 연구는 특별히 국소적인 관찰과 전체적인 관찰 사이의 이동에 주목하였다. EDA에서는 자료가 제시된 표에서 특정 자료값에 주목하는 것 또는 그래프에서 하나의 점에 주목하는 것과 같이, 하나의 자료 집합 내에서 개별적인 자료값이나 그것들 중 몇 개에 주목하는 경우를 자료에 대해 국소적으로 이해했다고 본다. 이에 비해 분포를 육안으로 직접 관찰하거나, 통계적 매개변수나 기술을 통하여 자료 집합에서 일반적인 패턴(시간에 따른 변화, 경향)을 찾고, 인식하고, 묘사하고, 설명하는 능력을 갖추었을 때, 자료에 대해 전체적으로 이해했다고 본다. 자료 집합의 패턴과 보편성을 인식하는 하나의 방법으로 그래프를 전체적으로 보는 것은 통계에서 중요하다. 이러한 관점은 자료에서 변이성에 기초하여 설명하고, 비교하고, 예측하는 과정을 포함한다. 통계는 자료가 어디에 집중되어 있는지, 어떻게 분포되어 있는지 혹은 시간에 따라 어떻게 변하는지에 주목하여, 개별적인 자료에서는 드러나지 않지만 개별적인 자료로 구성된 전체에서는 드러나는 특징을 다룬다.

자료를 전체적으로 보는 것을 배우는 과정은 복잡할 수 있다. 수학 교육에 관한 연구를 살펴보면 어떤 수학적 개념을 국소적으로 이해한 학생들은 수학적 개념을 전체적으로 조망하는 능력을 개발하는데 어려움을 겪는다(Monk, 1988; Bakker, 7장). Konold, Pollatsek, Well(1997)은 1년간 통계 과정을 이수한 고등학생들이 여전히 자료 집합의 성향보다는 각 사례의 성질에 주목하는 경향이 있음을 관찰하였다.

통계 전문가들은 자료에 대한 국소적인 조망과 전체적인 조망 사이의 상호 작용을 도구에 반영하여 사용한다. 자료에 기초한 논의와 설명, 가능한 예측을 뒷받침하는 도구 중 하나가 시계열 그림이다. 이것은 경향, 특이값, 중심, 변화율, 파동, 주기, 차이와 같은 자료의 특징을 두드러지게 한다(Moore & McCabe, 1993). 학생들이 반성을 하도록 하기 위해 축의 눈금 크기를 변화시킴으로써 '경향'은 강조되거나 모호해질 수 있다. 예를 들어, 좌표평면 위에 나타낸 그래프에서 연속적으로 나열된 점들을 연결하는 선분의 기울기가 가파르다는 시각적 인상을 주기 위해 수직축을 '늘릴' 수 있다. 전문가들은 이러한 시각적인 왜곡을 피하기 위하여 기준을 제시한다(cf., Cleveland, 1994, pp.66~67).

과제

통계교육과정의 첫 번째 활동은 **올림픽 경기 중 남자 100m 달리기**에 관한 것이다. 학생들은 남자 100m 달리기 우승자의 기록이 제시된 실제 올림픽 경기 자료를 조사하였다. 그리고 자료가 나타내는 경향과 흥미로운 현상을 찾기 위해 두 명씩 짝을 지어 스프레드시트로 자료를 분석하였다. 이러한 공변동 문제는 표와 그래픽 표현(시계열 그림)의 이해와 관련이 있고 이러한 표현들을 해석하는 것뿐만 아니라 언어로 명확히 진술하는 것과 관련이 있다. 이 활동의 두 번째 부분에서 주어진 문제는 다음과 같다.

> 두 명의 스포츠 기자가 100m 달리기 기록에 대해 논쟁을 하고 있다. 한 명은 기록을 향상시키는 인간의 능력에는 한계가 없다고 주장하고, 다른 한 명은 언젠가는 결코 깨지지 않는 기록이 나타날 것이라 주장한다. 두 기자는 자신들의 주장을 뒷받침하기 위해 그래프를 사용하였다.

이 문제에서 학생들은 올림픽 100m 달리기 기록이 상당히 향상되었다는 주장과 시간이 지나도 기록에는 큰 변화가 없었다는 주장을 뒷받침하기 위한 표현을 컴퓨터를 이용하여 만들어내야 하였다.

분석: 통계학자들의 추론을 지향하기

학생들은 보통의 자료 탐구에서 요구되는 일반적인 질문들을 이해하면서 EDA 과정을 시작하였다. 학생들은 종종 관련없는 대답을 하였고 자신들의 답에 대해 만족하지 못하였다. 또한 교사에게 도움을 요청하고, 다른 답을 도전해보기 위해 교사의 피드백을 이용하였다. 이들은 교육과정의 전반적인 목표를 부분적으로 이해하면서 EDA 과정에 참여하였고, 다양한 조사 맥락에서 다양한 자료의 집합에 대해 동일한 논의를 하며 자신들의 어려움을 극복하였다. 교사는 학생의 관찰이 완벽하게 옳지는 않더라도 올바른 '유형'이라는 정당성을 부여하거나 질문에 다시 주목시키는 역할을 하였다. 잘 알려지지 않은 영역에서 이러한 초기 단계는 문화화 과정의 한 측면으로 간주된다(e.g., Schoenfeld, 1992; Resnick, 1988).

표 1 1896년부터 1996년까지 23번의 올림픽에서 남자 100m 달리기 우승 기록에 대한 표의 일부

연도	도시	선수이름	나라	기록(초)
1896	Athens	Thomas Burke	USA	12.0
1900	Paris	Francis Jarvis	USA	10.8
1904	St. Louis	Archie Hahn	USA	11.0
1908	London	Reginald Walker	South Africa	10.8
1912	Stockholm	Ralph Craig	USA	10.8
1920	Antwerp	Charles Paddock	USA	10.8
1924	Paris	Harold Abrahams	UK	10.6

또한 처음에 학생들은 표와 그래프에서 제시된 국소적인 정보를 어떻게 읽고 이해해야 하는지 고민하였다. 이 단계에서는 표 1과 같이 여러 자료를 담고 있는 표에서 각 행을 하나의 사례로 보는 능력을 갖추어야 하였다. 또한 연도와 기록 시간에 주목하는 것처럼 하나의 속성에 주목하는 것은 이 활동의 교육과정의 목표에 도달하기 위해 중요하다. 그래프는 표와 달리 두 개의 변수만을 나타내므로 그림 1과 같이 학생들이 시계열 그림으로 자료를 나타낼 때 가장 관련 있는 두 가지 정보와 더불어 각각의 행을 보는 이러한 관점이 강화되었다. 이렇게 국소적인 정보를 이해하는 것은 후에 "시간이 변함에 따라 올림픽 기록이 어떻게 변하는가?"라는 질문에 대답하면서 자료를 전체적으로 조망하는 것을 발전시키는 토대가 되었다.

학생들은 그래프를 자료에서 패턴을 발견하는 방법으로 일반성이나 경향을 나타내는 도구라고 여기기보다는, 이산적인 자료들이 어떻게 나타나는지를 보여주는 표현으로 여기고 먼저 그래프의 특성과 언어에 주목하였다. 자료를 전체적으로 조망할 수 있도록 그림 1에서 선을 사용하여 점을 연결하도록 하였으나, 학생들은 자신들이

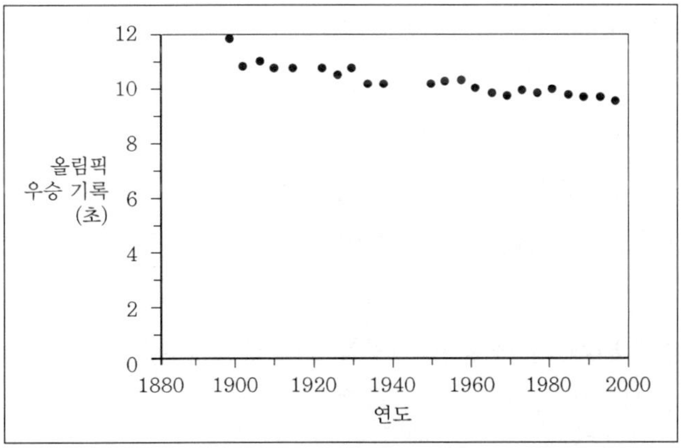

그림 1 남자 100m 달리기 우승 기록을 보여주는 시계열 그림

배우고 편안하게 받아들인 국소적인 시각에서 그 활동은 의미가 없다고 여겨서 이를 거부하였다.

올림픽 100m 달리기 기록을 나타낸 표 1에서 알게 된 것을 설명해보도록 하였을 때, A와 D는 표를 살펴보고 "이 자료에는 일정한 것이 없어요."라고 말하였다. 그리고 교사가 그들이 관찰한 것이 정당하다는 것을 인정했을 때, 그들이 일정하다고 말한 것의 의미에 대해서 다음과 같이 좀더 명백하게 설명하였다.[3)]

D　　첫 번째 질문 "이 표를 통해 무엇을 알 수 있는가?"에 대답해보자.

A　　… 사이에 일정한 차이가 없어.

D　　… [표를 읽으며] 우리는 이 표에서 기록 시간 사이에는 일정한 차이가 없다는 것을 알 수 있어.

A　　결과가 …

D　　선수들의 기록 시간이 …

A　　각 올림픽에서 선수들 간에 일정한 차이는 없어.

학생들은 인접한 자료 사이의 차이에 주목하였고, 이러한 차이가 일정하지 않음을 확인하였다. 학생들이 이렇게 비교하는 것은 대수에서 스프레드시트를 사용하여 하나의 공식을 찾으려던 사전 지식과 경험에 의한 것이라고 추측할 수 있다. 다시 말해, 학생들이 패턴을 관찰하도록 촉진시킨 요소 중 하나는 사전 지식을 적용하는 것이었다. 따라서 학생들이 관찰하고 표현할 수 있었던 일반적인 패턴은 자료들 사이의 차이가 일정하지 않다는 것이었다. 대수와는 달리 EDA의 새로운 영역에서 이러한 자료의 성질은 무질서하고 이러한 자료에서 하나의 결정된 식을 찾는 것은 불가능하다고 암묵적으로 이해한 것처럼 보였다.

A와 D는 잠시 동안 100m 달리기 기록을 분석한 후 "자료에서 경향으로 여겨지는 임시적인 가설을 세워보라."는 질문을 해결하고자 하였다. 그들은 경향의 의미를 모른다는 것에 당황스러워하는 것처럼 보였고, 교사에게 도움을 청하였다.

A　　경향이 뭐예요? 경향이 무엇을 의미하는 거예요?

---

3) 역자주: 이 대화는 히브리어로 이루어진 것을 영어로 바꾼 것이고, 이를 다시 한글로 바꾼 것이므로 본래의 대화만큼 그 의미가 정확하지 않을 수 있다

T　경향이 무엇이냐고? 경향이란… 경향이란 단어의 의미가 무엇이지?

A　아, 네, 다른 것들과 사용될 때… 그런데 이 질문에서 의미하는 바가 뭐죠?

T　좋아, 함께 보자. 우리는 무엇을 보기로 했지?

D　표에서.

T　표에서. 좀더 자세하게. 무엇이지?

A　기록이요.

T　기록이라. 그래. 그럼 이제 우리가 본 것에 대해서 이야기해보자. 그것들은 항상 감소하니?

A와 D　아니요.

T　그래. 그럼 항상 증가하니?

A와 D　아니요.

T　그래. 그럼, 결국 어떻게 이야기할 수 있지?

D　변해요.

T　그래 맞아. 변해.

A　일반적으로 다음 올림픽에서는 변해요. 일반적으로요, 항상은 아니고.

T　때때로 그것은 전혀 변하지 않아. 아주 잘했어! 여전히 이것은 변하기도 하지. 그리고 전반적인 방향이 있니?

D　없어요.

T　전반적인 방향이 없어?

A　전반적으로 줄어들지는 않아요. 다시 말해서, 기록 향상이요.
그런데, 때때로 기록이 나빠지기도 해요…

T　잠깐만. 전반적인 방향이라? 경향과 방향은 같아.

A와 D　증가해요, 증가해요!

T　일반적인 경향이란…

D　기록이 향상되요.

T　"기록이 향상된다."는 것이 뭐니?

A　기록 시간이 짧아진다는 거요

T　맞아. 기록 시간이 짧아지지. 좋아… 하지만…

A　때때로 올라가기도 하고, 계단 모양이 되기도 해요…

T　하지만 이것은 여기저기에서 전반적인 방향으로 편차가 있더라도, 여전

히 전반적인 방향은 이것이지… 좋아. 이것을 적어보렴.

학생들은 **경향**이라는 용어에 익숙하지 않았고, 질문의 목적과 형식을 막연하다고 생각하였다. 교사는 학생들이 차츰 자료에 대해 전체적으로 조망하며 추론하도록 이끌려고 노력하였다. 자료의 가장 큰 특징으로 불규칙적인 변화를 보았던 학생들이 일단 질문의 의도를 이해한 후에는 국소적인 값에서 특징을 살피기 시작하였다. 하지만 국소적인 퇴행에 주목하여 일반적인 의미로의 방향이나 경향을 보지는 못하였다.

교사는 직접 대답하지 않고 다양한 방법으로 학생들을 돕기 위해 노력하였다. 첫째, 교사는 질문을 학생들에게 양도(Brousseau,1997, pp.33~35, pp.229~235의 의미)하였다. 그리고 양도할 수 없을 때에는 "우리는 무엇을 보기로 했지?", "좀더 자세하게. 무엇이지?"라는 질문을 하여 다시 보도록 하였다. 그리고 교사는 직접적인 질문을 통해 힌트를 주기도 하였다. "그럼 항상 증가하니?", "그럼, 결국 어떻게 이야기 할 수 있지?" 이외에도 교사는 학생들이 사용한 단어와 대답을 사용하여 대화를 이끌기 위해 "그래 맞아. 변해.", "증가해.", "감소해."와 같이 학생들의 대답을 적절하게 변형하여(Moschkovich, 1989의 의미)[4] 사용하였다. 또한 **융기(bump)**를 **편차**로 바꾸는 것과 같이 학생들이 사용한 언어를 미묘하게 변형하거나, "전반적인 방향이 있니?"와 같은 원래의 질문을 바꾸어 다시 말하였다.

앞에서 제시된 것과 같은 상호작용 후에, A와 D는 자신들의 노트에 "기록은 전반적으로 향상되지만 때때로 이전 올림픽에서의 기록보다 더 나쁜 기록이 있기도 하다."라는 가설을 적었다. 이 시기에 학생들은 경향의 의미를 어느 정도는 이해한 것으로 보였다. 그러나 이전보다는 조금 덜 하지만, 패턴에 적합하지 않은 국소적인 특징에 여전히 사로잡혀 있었다.

활동의 두 번째 부분에서, 교사는 학생들에게 그림 1과 같은 그래프에서 1896년 첫 번째 올림픽 기록인 12초와 같은 '특이점'을 지우게 하였다. 그리고 학생들은 특이점을 지우는 것이 그래프의 형태에 미치는 영향에 대하여 설명하였다. 교육과정은 학생들이 경향을 강조하기 위해 그래프를 변형시키는 방법을 배우도록 안내하고자 하였다. 학생들이 특이점에 주목하고 그것들을 지우는 활동을 통하여 그래프의 일반적인 경향을 볼 수 있음을 확인할 수 있었다. 이러한 결과는 특이점이 학생들로 하여금 어떻게 그래프에 대해 전체적인 의미를 구성하도록 하는지를 설명한

4) 역자주: 적절성의 부여(appropriation, Moschkovich, 1989)는 교사와 학생 사이에서 서로의 의견을 이해하고, 상대방의 의견을 따르는 과정이다.

Ainley(1995)의 연구 결과와 일치하는 것으로 보인다.

다음 대화는 활동의 두 번째 부분에서 이루어진 것으로, 학생들이 실제 100m 달리기 기록의 그래프에서 수직축의 범위를 0~12(그림 2)에서 0~40(그림 3)으로 변화시키고 그 결과에 대해 이야기를 나눈 것이다.

A　음, 전체 그래프의 형태는 같은데 아래로 내려갔어.

D　형태는 같아, 하지만, 열[y축]이 높이 올라가서 무척 많이 낮아졌는걸, 이해했어? [D는 두 손으로 하나는 그래프가 아래위로 이동했음을 가리키고, 하나는 y축을 가리켰다.]

A　가장 안 좋은 기록인 12가 낮아졌어. 12는 가장 높은 기록이었어. 그러므로 이 그래프는 매우 높은 곳에서 시작했었지만 이제는 [그래프가] 매우 낮은 곳에 있어.

학생들은 y축 범위의 변화로 그래프를 하나의 전체로 볼 수 있었다. 그들은 그래프의 형태가 "동일함"을 인식한 반면, 그래프의 전반적인 상대적 위치의 변화에 대해 이야기하였다. 그리고 y축을 이용한 변화를 이해하기 시작하면서("열이 높이 올라가서") 각각의 두드러진 점들을 참고하여("가장 안 좋은 기록인 12가 낮아졌어.") 그래프의 전체적인 특징을 설명하였다("전체 그래프가... 아래로 내려갔어."). A는 자신의 노트에 다음과 같은 문장을 적었다. "그래프의 형태는 동일하게 유지되지만 아래로 이동하였다. 왜냐하면 가장 좋지 않은 기록인 12가 y축에서 가장 높은 값이었지만, 지금은 낮아졌기 때문이다."

그러나 y축의 범위를 늘린 것은 학생들이 그래프를 여러 가지 의미에서 하나의 전

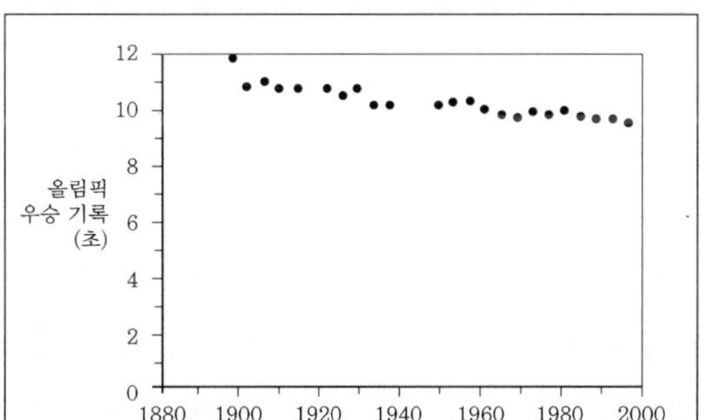

그림 2　원래의 100m 달리기 그래프

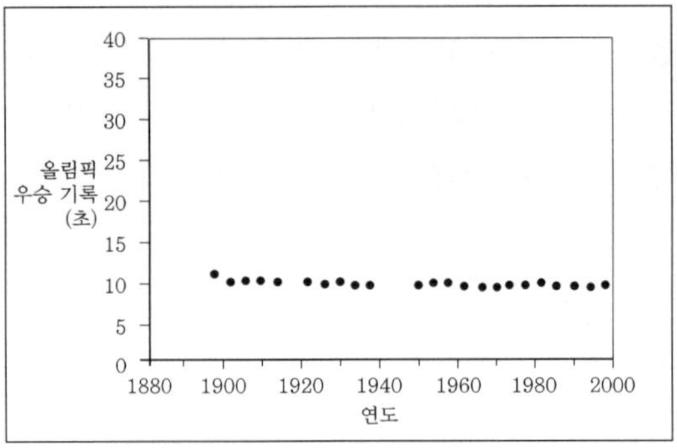

그림 3 y축의 범위를 변화시킨 후의 100m 달리기 그래프

체로 볼 수 있도록 한 것이었다. 즉, 기록에서 두드러진 변화가 없다는 기자의 주장을 시각적으로 뒷받침하기 위해서였다. 그러나 학생들이 그래프를 전체적으로 보긴 하였으나, y축 범위를 변화시킴으로써 그래프에서 나타나는 경향보다 그래프 전체의 상대적 '위치'를 더 특별하게 인식하였다.

A와 D는 "시간이 지남에 따라 올림픽에서 100m 달리기 기록은 상당히 향상되었다."는 주장을 뒷받침하는 그래프를 그려야 했을 때, 과제를 이해하지 못하고 교사에게 도움을 청하였다.

T　[컴퓨터 화면 상에서 y축의 범위가 0~40인 그래프를 가리키며, 그림 3 참고] 너는 그래프를 어떻게 평평하게 했니?

A　[매우 놀라며] 이걸 우리가 어떻게 평평하게 했지?

T　그래, 너는 그것을 평평하게 했다는 걸 분명히 알고 있어, 그렇지?

D　아니요. 그래프는 전에도 이것과 비슷했어요. 단지 [화면상에서] 위쪽에 있었을 뿐이죠.

교사와 학생들은 서로 다른 말을 하는 것으로 보였다. 교사는 학생들이 자신이 기대하는 방법으로 과제를 이해하고, 그래프의 형태에서 y축의 범위의 변화 때문에 포괄적이고 시각적인 결과를 이해하고 있다고 추측하였다. 학생들이 기자의 주장을 뒷받침하기 위해 범위를 어떻게 변화시켰는지를 어려워할 것이라고 예상하여 "너는 그래프를 어떻게 평평하게 했니?"라는 질문을 하였다. 교사의 이러한 질문이 힌트가 되어 학생들은 자신들이 y축의 범위를 바꾸었던 행동을 기억하였다. 그러나 그들은

“그래프를 어떻게 평평하게 했니?”라는 교사의 말을 이해하지 못했을 뿐만 아니라, “그래프는 전에도 이것과 비슷했어요.”라고 반응한 것처럼 자신들이 그래프의 형태를 변화시켰다고 생각하지도 않았다. 이러한 교사의 중재는 잘못된 의사소통을 이끄는 흥미로운 사례이지만, 다음 대화에서 볼 수 있듯이 교사가 학생들의 문제를 파악한 후에는 교사의 질문이 명백히 촉매제가 되었다.

T 그 기록에 아주 큰 향상이 있었다는 것을 어떻게 보여줄 수 있을까?

A [0~40 범위의 그래프를 가리키며, 그림 3 참고] 이건 [y축의 최댓값] 작아져야 해요. 반대로… [우리가 이전에 했던 것처럼]

D 아니야. 이것이 커지기 위해서는 [12초 같이 그래프에서 가장 큰 값을 위로 올리기 위해서]

A 그래프는 더욱 내려갈 거야.

D 아니야. 그래프는 더 올라갈 거야.

A 아니야. 그래프는 내려갈 거야.

D 너는 [그래프에서 가장 큰 값이 위에 있다고 하는 것] 커지는 것을 의미하는 것이고, 나는 [y축의 최댓값을 줄이는 것] 줄이는 것을 말하는 거야.

A 아하… 글쎄, 이것을 줄이려면… 좋아. 그래 그것이 내가 말하는 거야. 좋아. 이해했어.

D 우리는 실제로는 같은 그래프인데 그래프 형태를 다르게 보이게 만들었어. 이건 마치 어떤 특별한 주장을 지지하는 하는 것처럼 그렇게 보일거야.

교사가 학생에게 “그 기록에 아주 큰 향상이 있었다는 것을 어떻게 보여 줄 수 있을까?”라고 다시 한 번 물어보았을 때, 학생들은 여전히 그래프 전체가 위 아래로 움직였다고 생각했지만 교사의 말을 이해하기 시작하였다. D는 y축 범위의 변화가 그래프에서 얻을 수 있는 지각적인 인상을 바꾸어 놓았다고 생각하였다. “그래프를 어떻게 평평하게 했니?”라는 교사의 첫 번째 중재는 학생들이 과제를 이해하도록 도우려는 의도였지만 적절하지 않았다. 교사는 학생들의 질문의 특징을 이해하지 못했고, 그들의 입장을 잘못 판단하여 y축의 범위를 변화시킨 학생들의 이전 행동을 상기시키려고 하였다. 학생들은 y축의 범위를 변화시키는 것에 익숙해진 듯 보였지만, 이러한 활동을 교육과정에서 의도한 것과는 다른 도구로 보고 있었다.

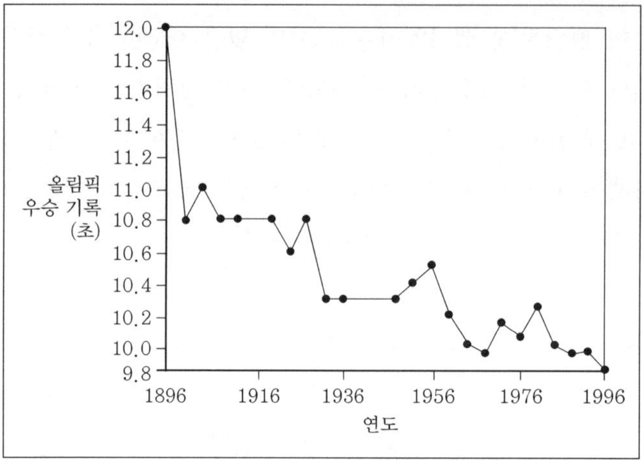

그림 4 100m 달리기 기록이 상당히 향상되었다는 주장을 뒷받침하기 위해 설계한 그래프

학생들은 잘못된 의사소통 그 자체와 그러한 상황에서 벗어나기 위한 교사의 시도를 통해 좀더 진보할 수 있었다. 우선 A와 D는 자신들이 그래프를 **평평하게** 했다는 교사의 말에 놀랐다. 그리고 교사의 관점으로 "바라보았다"(Moschkovich, 1989의 의미). 또한 화면상에서 그래프의 상대적 위치보다는 그래프의 형태에 관심을 갖기 시작하였고, '가장 설득력 있는' 그래프를 얻기 위해 하나의 축의 범위를 여러 차례 변화시키는데 주목하였다. 간단히 말해, 학생들은 더 이상 교사의 중재없이도 그림 4와 같이 만족스러운 그래프를 얻을 때까지 y축의 범위를 변화시키는 활동을 여러 차례 반복하였고, 정교하게 만들어나갔다(이 활동에 대한 좀더 자세한 설명은 Ben-Zvi(1999)의 연구 참고). A와 D는 그래프가 자신들이 원하는 모습으로 나타낼 때까지 최적의 범위를 찾기 위해 표와 그래프에서 국소적으로 관찰하고 전체적으로 고찰하는 방법을 유연하고 호환적으로 사용하였다.

결론적으로, 처음에 학생들은 y축의 범위를 변화시킨 결과로 그래프의 형태가 변했다고 해석하기보다는 그래프가 아래로 이동했다고 해석하였다. 그러나 교사의 중재를 따르면서 각 축의 범위를 변화시키는 것이 그래프의 형태에 어떤 영향을 미치는지 고려하기 시작하였다. 더 나아가 자신들이 원하는 형태의 그래프를 얻기 위해 이러한 축의 범위를 변화시키는 조작 능력을 발전시킬 수 있었다. 이러한 과정에서 학생들은 두 개의 표현에서 자료를 국소적으로 조망하는 것과 전체적으로 조망하는 것 사이를 오고 가기 시작하였다.

"우리는 실제로 엄청난 차이가 있는 것처럼 결과를 나타내었어."와 같이 학생들이 지속적으로 자료값 사이의 '차이'를 언급한 것에 다시 주목하는 것은 흥미로운 일이다. 학생들이 처음에는 차이가 일정하지 않다는 점에 주목했던 것과는 달리, 축의 범위를 변화시킨 후에는 그 차이들이 '과장되어' 보인다는 점에 주목하였다. 학생들의 사전 지식은 새로운 목적을 위해 새롭게 사용하고 적용하는데 중요한 역할을 하였다. 학생들이 자료에서 패턴을 이해하는 방법으로 차이를 사용하게 하였는데, 이 방법은 자료에서 경향에 대한 어떤 주장을 시각적으로 뒷받침하기 위한 그래프의 설계가 성공적인지를 평가하는 강력한 도구가 되었다.

사례 연구 2: 입장 취하기

두 번째 사례 연구는 자료 분석에 대한 학생들의 추론을 돕는 통계교육과정에서 학습 환경의 역할에 주목하였다. 이 연구에서는 자료 분석을 토대로 하는 **입장 취하기** 논쟁에 참여한 학생들을 관찰하였다. 이 연구는 이러한 환경에서 학생들이 어떻게 학습하는지, 교육자들이 '더 나은' 과제를 설계하기 위해 학생들의 추론을 어떻게 더 잘 인식할 수 있는지를 이해할 수 있도록 이루어졌다. 더 나은 과제란 학생들이 좀더 진지하게 참여하고, 활동하고, 반성하며, 자료에 대한 통계적 추론을 발전시킬 수 있는 상황이다.

통계교육과정의 활동 중 하나는 인쇄 회사의 임금 협상에 관한 것이다. 이 활동에서 고용인들은 전체 임금의 10% 인상 동의안에 관하여 논쟁하고 있다. 이 논쟁은 전체 임금에서 10% 인상된 돈을 고용인들 사이에서 분배하는 문제로 시작한다. 학생들에게 활동을 안내하는 학습 교재와 고용인 100명의 임금 목록을 제시하였다. 또한 국가 수준의 평균 임금과 최저 임금에 대한 정보를 제시하였고, 임금에 관한 자료를 인터넷을 사용하여 찾도록 하였으며, 임금 논쟁과 파업에 관한 신문 기사들을 이용하도록 하였다. 활동의 도입부에서 학생들은 논쟁에서 취할 입장과 자신들의 주장을 명백하게 밝혀야 하였다. 그리고 자신들의 입장을 뒷받침하기 위해 컴퓨터를 사용하여 임금의 분포를 설명하고, 중앙값, 평균값, 최빈값, 범위와 같은 통계치를 사용하였다. 이를 통해 학생들은 자료를 분할했을 때 얻는 효과와 자신들의 입장을 주장할 때 통계치를 다양하게 사용하는 법을 배웠다. 활동의 세 번째 부분에서 학생들은 10% 한계를 넘지 않는 선에서 임금 결정을 어떻게 할 것인지에 대한 대안을 제시하였다. 즉 논쟁을 해결하기 위하여 대안을 제시하고, 자신들의 의견을 뒷받침하거나 반대편의 주장을 반박할 수 있는 표현들을 만들어냈다. 마지막으로 학급 토론이 이루어졌으며, 투표를 통해 대안이 결정되었다. 이러한 모든 활동은 대략 7차시에 걸쳐 총 6시간 동안 이루어졌다.

학생들은 과제에서 주어진 자료가 흥미롭고, 사실적이고, 의미가 있었기 때문에 그 맥락을 일상적인 것으로 받아들일 수 있었다. 자료를 수정하여 학생들이 조작하기 편하게 하였고, 중요한 통계적 개념들을 다루는 출발점으로 제시하였다. 예를 들어, 다양한 중심경향치가 서로 다른 경우에 학생들은 자신들의 입장을 주장하기 위해 대표적인 통계치를 선택할 수 있었다. 평균 임금(5000 IS)은 실제 국가 수준 평균 임금(모든 고용인의 경우 4350 IS, 인쇄 회사의 경우 4500 IS)보다 높았다.

학생들이 이러한 활동을 통해 자신의 생각을 분명히 하고, 서로의 의견을 듣는 것을 배우며, 서로의 생각을 이해하기를 기대하였다. 그러나 학생들에게 가장 중요한 것은 갈등 상황에서 입장을 취하는 것이었다. 학생들이 어떤 입장을 취하는 것은 자료 다루기, 통계치 선택하기, 표현 창안하기, 주장하기와 같은 활동에 동기를 부여하고, 이 활동을 안내하고 활동하는 목표가 되었다. 그러나 때때로 학생들은 이러한 활동을 하면서 자신의 본래 입장을 바꾸기도 하였다.

한 실험 학급에서 이루어진 대화에서 학생들이 이러한 과제를 진행시키기 위해 사용한 개념, 주장, 통계적 추론을 확인할 수 있다. 이 대화는 고용인의 한 쪽 입장을 선택한 한 집단의 학생들 사이에서 이루어진 것이다. 학생들은 자신의 주장을 분명히 하고, 논쟁에서 자신들의 입장에 따라 현재 임금의 분포를 설명하였다. 또한 논쟁을 위해 관리자의 입장과 고용인의 입장에서 임금을 구조화할 수 있는 다양한 대안을 준비하였고, 자신들의 입장을 뒷받침하는 그래픽 표현을 만들고, 약 10명의 동료 학생들과 자신들이 제시한 대안에 대하여 지속적으로 논의하였다. 다음 대화는 첫 번째 사례 연구에 참여했던 A와 D 그리고 다른 4명의 학생들이 참여한 두 번째 '고용인' 회의에서 이루어진 것이다(네 명의 학생들을 S, N, M, H라 하기로 한다).

D　좋아, 우리에겐 이 원그래프가 있으니, 이것을[그림 5를 보며] 이용해서 계획을 세워보자. 모두 동의하지?

학생들　그래, 좋아

D　그럼 이걸 보자. 여기서 무얼 알아내야 할까? 실제로 …의 60%가…

A　고용인의 60%가 평균 임금[4500 IS]보다 적게 받고 있어. 이제, 12%를 더하면 [국가 수준 평균 임금보다 적게 받는 고용인이] 훨씬 적어지네.

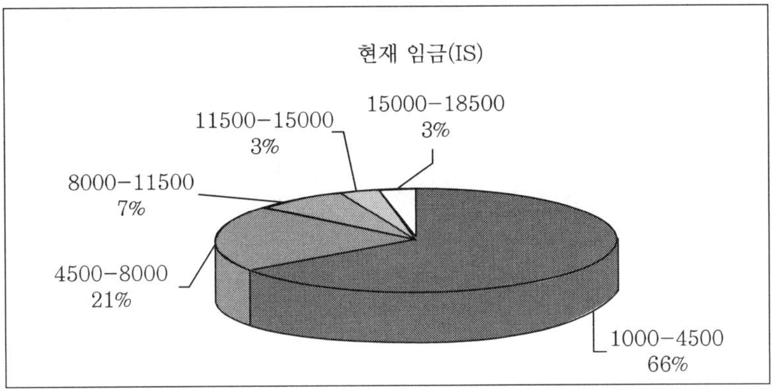

그림 5 '고용인'의 현재 임금 분포

S 좋아. 하지만 거의 모든 사람들이 평균 임금 이상을 받을 수 있게 하는 한 가지 방법이 있어. 평균 임금보다 적게 받는 49명의 사람들에게 1000셰켈을 준다면…

N 그건 불가능해. 그게 말이 되니?

S 이건[내 제안은] [평균 임금]보다 많이 받는 다른 고용인들에게 분배될 수 있는 1000셰켈을 주자는 거야.

A 그럼 그들 각각은 정확히 5셰켈씩 받겠네!

M 하지만 이러한 방법으로는 우리가 이길 수 없어.

D 뭐가 문제야? 이러다가 싸우겠다. 마지막 논쟁에서 그러길 바라니?

S 아무튼, 이게 내 제안이고, 더 나은 방법이 없다면…

D 여기 있어. [관리자의 임금을 제외하고] 각 임금의 12%를 인상하자.

H 좋아. 네 제안으로 60%를 얼마나 많이 줄일 수 있는지 설명해 봐.

N 나는 지금 모든 사람들이 [국가 수준의] 평균 임금 이상을 받을 수 있는 멋진 생각이 떠올랐어. 평균 임금보다 적게 받는 사람은 한 명도 없게 될 거야! 그렇게 하려면 관리자들의 임금에서 꽤 많은 돈을 가져와야 해…

이러한 이야기를 주고받으며, 임금 구조에 대한 세 가지 대안이 제시되었다. A와 D가 제시한 첫 번째 대안은 관리자들의 임금은 동결한 채, 모든 고용인들의 임금을 12% 인상하는 것이다. S가 제시한 두 번째 대안은 국가 수준 평균 임금(4350 IS)보다 적게 받는 고용인 49명의 임금에서 균등하게 1000 IS를 인상하고 남은 금액은 다른 고용인들에게 나누어주는 것이다. 이 대안에서도 관리자의 임금은 변하지 않았다. N이 제시한 세 번째 대안은 관리자의 임금에서 상당 부분을 떼어서 국가 수준 평균 임금보다 적게 받는 모든 고용인들에게 주어 그들의 임금을 평균 이상으로 올리는 것이다.

학생들의 활동에서 가장 중요한 것은 고용인들의 입장에 서는 것이었다. 예를 들어, 그림 5에서는 인쇄업자의 국가 수준 평균 임금보다 적게 받는 고용인의 비율이 크다는 것이 강조되었다. 게다가 학생들은 고용인의 입장에서 대표적인 통계치와 그래프 표현을 선택하였다. 또한 학생들은 입장 취하기를 통해 자신들의 방법과 주장을 확인하고 극단적인 상황까지 고려하여 결론을 내렸다. 학생들은 교사와 동료들이 자신의 주장에 대해 비판하고 반론하는 것 그리고 자신들이 그들에게 답변해야 하는 것을 자연스럽게 느꼈다.

이러한 관찰을 통해 입장 취하기와 같은 문제 상황의 설계가 학생들이 자료와 상호작용하는 것뿐만 아니라 자료에 대해 추론하는 것에도 큰 영향을 준다는 것을 알 수 있다. 학생들은 이러한 활동을 통해 다음과 같은 것을 할 수 있었다.

- 복잡한 상황과 그와 관련된 평균, 비율, 차트 등의 통계적 개념 다루기
- 그래프를 볼 때 EDA 추론의 중요한 구성 요소인 중심경향치 선택하기
- 대립되는 대안에 맞서기 위해 비판적으로 논증하기
- 시각적 표현과 컴퓨터를 사용하여 하나의 맥락 내에서 하나의 목적을 가지고 문제 해결을 위한 통계적 절차와 개념 사용하기
- 적극적으로 참여하고, 관심을 갖으며, 열정적이고 의욕 있는 모습으로 학습하기
- 자신만의 의견과 표현을 포함한 결과물 만들기

논의

두 가지 사례 연구는 학생들이 EDA를 사용하여 자신들의 관점과 그러한 관점을 뒷받침하는 도구들을 발전시켜 나가며 자료 분석에 대해 추론하는 과정을 보여준다. 이 사례 연구들을 사회문화적 관점과 인지적 관점에서 좀더 자세히 분석할 것이다. 사회문화적 관점에서는 전문가들의 기술과 절차를 학습하는 것뿐만 아니라, 전문가 집단의 관점을 받아들임으로써 EDA와 같은 복잡한 영역에 대한 학습에 주목한다. 따라서 이 연구에서는 학습을 두 가지 요소를 갖는 문화화 과정으로 보았다. 한 요소는 직접 행하고, 조사하고, 논의하고, 결론을 내리는데 참여하는 학생이고, 다른

한 요소는 적절한 시기에 중재를 통해 학생들이 입문하는 문화의 대표자로서 역할 모델이 되어주는 교사이다. 인지적 관점에서는 학생들이 가지고 있는 개념을 발전시키고 변화시키며, 자신들의 추론을 발전시키는데 주목한다. 이 관점에서 학습이란 학습자가 정보를 수집하고, 조직하고, 처리하여 지식으로 변형하는 상호 관련된 일련의 활동으로서, 이러한 활동으로 만들어진 지식을 사전 지식과 연결시키고 새로운 해석을 제시할 수 있게 한다(Davis, Maher, & Noddings, 1990).

이와 같이 두 가지 관점에서 분석하는 것은 쉽지 않다. 개념과 추론은 사회 상황의 의도적인 맥락 내에서 서서히 발전할 수 있다. 다른 한편으로 전문가의 관점을 개발하고 동료나 교사와 의사소통함으로써 복잡한 개념과 관련된 특정 과제 내에서 정신적인 활동을 경험할 수 있다. 이러한 활동들은 시간이 흐르면서 EDA의 문화를 학습하고, 추론을 발전시키는 의미 있는 경험이다. 두 가지 관점에서 자료를 분석함으로써 EDA 환경에서 학생들의 자료에 대한 추론 발전 과정에서 다음 요소들을 확인하였다.

사전 지식의 역할

A와 D가 적용하고 반복적으로 언급한 지식 중에서 가장 잘 드러나는 부분은 대수 교육과정에서 경험한 두 자료값 사이의 차이이다. 이러한 배경 지식은 다양한 역할을 하였다. 한편으로 학생들에게 차이라는 렌즈를 제공하여 잠정적으로 결론을 내리도록 하였고, 다른 한편으로는 '순수한' 국소적 관찰에서 벗어나 차이가 일정하지 않다는 전체적인 결론에 다시 주목하게 하였다. 또한 차이를 보는 것은 학생들이 대수와는 다른 새로운 영역에 익숙해지도록 도와주었다. 학생들에게 익숙한 대수에서는 규칙성이 하나의 정확한 공식으로 표현되지만 자료는 그렇게 결정적인 방식으로 표현되지 않는다.

A와 D는 차이에 주목함으로써 여러 가지를 배울 수 있었다. 차이에 주목하는 것은 자료에서 패턴을 찾을 때 뿐만 아니라, 그래프 축의 범위를 변화시킨 결과를 동시에 평가하고자 했을 때에도 효과적으로 나타났고 적용되었다. 학생들은 축의 범위를 변경한 그래프가 경향에 대한 어떤 주장을 뒷받침하기 위해 그래프를 만든 목적에 어느 정도 부합하는지 판단하는데 차이를 사용하였다.

그러므로 A와 D의 사전 지식은 때때로 그들이 보는 것을 제한하기도 했지만 다른 경우에는 그들이 보는 것을 가능하게도 하였다. 또한 이들의 사전 지식은 새로운 맥락적 경험에 비추어 서서히 발전하면서 새로운 목적으로 사용되었다. 결론적으로,

이러한 분석을 통해 사전 지식이 다방면에 걸쳐 때로는 기대하지 않은 역할을 하고 발전을 방해하기도 하지만 언젠가는 흥미로운 방식으로 지식을 발전시키는 역할을 한다는 것을 알 수 있다.

국소적 조망에서 국소적 조망과 전체적 조망의 유연한 조합으로 이동하기

첫 번째 사례 연구에서 A와 D는 지속적으로 국소적인 점들과 이웃한 값의 차이를 강조하였다. 이들의 관점은 대수에서 학습한 규칙성과 선형 관계와 같은 사전 배경 지식과 관련되어 있었다. 초기에 학생들은 통계 자료 집합에서 명확한 규칙성이 나타나지 않음을 이해하는 것, 즉 변이성을 이해하는 것을 어려워하였다. 학생들은 일정한 대수적 패턴이 나타나기를 기대하는 대신에, 경향의 개념을 받아들이기 시작했을 때에도, 여전히 '국소적인 편차'가 현저히 나타나는 것에 주목하였고 이러한 편차 때문에 자료를 좀더 자유롭게 전체적으로 바라보지 못하였다. 이후에 특이점의 위치를 확인하고 삭제하는 것과 같은 국소적인 관찰을 통해 하나의 전체로서 그래프의 형태에 직접 주목할 수 있었다. A와 D는 축의 범위를 변화시키면서 그래프를 하나의 전체로 보았다. 그러나 경향에 주목하기보다는, 다른 범위를 갖는 평면에서 그래프의 상대적인 위치에 대해 논의하였다. 학생들은 축의 범위를 변화시키고 기자들의 주장을 뒷받침하고자 한 질문의 의도를 관련시켰을 때에야 경향을 이해하기 시작하는 것처럼 보였다.

자료를 국소적으로 보는 것은 때때로 학생들이 전체적으로 조망하는 것을 제한하지만, 전체적으로 조망하는 것의 바탕이 됨을 확인하여 흥미로웠다. 또한 학생들에게 전체적으로 조망한다는 것의 의미가 어떤 맥락 내에서는 그래프의 경향에 주목하기보다는 그래프의 위치에 주목하는 것처럼 전문가와는 다른 의미로 작용한다는 것도 흥미롭다.

적절성의 부여[5]: 이해를 촉진시키는 학습 과정

학습의 대부분이 학생들 사이의 담화와 교사와의 대화를 통해 이루어짐을 확인할 수 있었다. 학생들의 요구에 의해 교사가 중재하는 장면은 특히 흥미롭다(교사의 중재에 관한 다른 예는 Ben-Zvi & Arcavi(2001)의 연구 참고). 이러한 중재는 비록

---

5) 역자주: 적절성의 부여는 본문에서 설명하는 바와 같이, 두 방향으로 서로 상호 작용하지만, 교사와 학생의 역할이 다르므로 비대칭적인 과정으로 나타난다.

짧고 직접적이지 않은 경우도 있었으나 학생들의 학습에 촉매제 역할을 하였다. 이것은 일반적으로 '의미의 협상'으로 특징지어질 수 있다(Yackel & Cobb, 1996). 특히, 이러한 과정은 비대칭적으로 이루어지는 두 방향의 과정으로 적절성을 부여하는 흥미로운 예이다(Moschkovich, 1989). 이는 근접발달영역(Vygotsky, 1978, p.86)에서 발생하여, 전문가와 초보자 또는 교사와 학생과 같은 개개인들이 과제에 대해 자신들이 이해한 것으로 각자 그리고 함께 활동할 때 이루어진다. 학생들은 자신들이 이해한 형태로 행동을 취하고, 교사는 자신의 틀 안에서 학생들의 행동에 '의미를 부여'한다. 즉, 자신이 이해한 것과 관련하여 그리고 교육적으로 협의된 형태로 반응한다. 이러한 교사의 피드백을 통해 학생들은 자신들의 행동을 검토하고 자신들이 행한 것을 새롭게 이해한다.

이 연구에서 교사는 다양한 목적을 가지고 학생들의 발언에 적절성을 부여하였다. 학생들이 진행하는 방향을 인정하고, 때로는 그들의 관심을 돌리기도 하며, 새로운 발언을 격려했고, 또한 아무 것도 언급하지 않음으로써 암묵적으로 그들을 낙담시키기도 하였다. 학생들은 자신들이 탐구하는 것에 대하여 교사가 "경향이나 흥미로운 현상이란 것이 무엇을 의미하지?"와 같이 반응한 것, 그들이 도움을 요청했을 때 "그래프를 어떻게 평평하게 했지?"와 같이 기대하지 않은 반응을 한 것, 자신들의 질문에 대해 "우리가 무엇을 볼 거라고 추측했지?"와 같은 반응을 한 교사의 의도를 추측하며 자신들의 행동에 적절성을 부여한 교사의 반응을 이해하였다.

학생들의 학습을 도와주는 교사와 자신들이 행한 것의 의미를 바꾸려는 학생들 사이에 이루어지는 적절성의 부여는 문화화의 주요 매커니즘이라고 생각한다. 이 연구에서 확인된 바와 같이 이러한 매커니즘은 학생들이 자료 분석의 기술이나 절차를 학습할 때보다는 자료 분석과 같은 주제를 사용하면서 수반되는 성향들을 학습할 때 특히 현저하게 나타난다.

자료에 대한 추론을 지원하기 위한 교육과정 설계

두 번째 사례 연구를 통해 교육과정을 설계할 때 학생들의 추론 뿐만 아니라 EDA의 필요성, 가치, 도구와 같은 새로운 경향을 어떻게 고려해야 하는 지를 알 수 있었다. 학생들이 입장을 취할 수 있는 장을 마련하고 이들을 격려하여, 전통적인 통계 수업에서는 관찰하기 힘들었던 추론하고 논의하는 수준에 이르게 하였다. 학생들은 단지 통계치를 계산하기보다는 적절한 통계치를 선택하고 자신들의 관점을 가장 잘 나타낼 수 있는 그래프를 선택하고 설계하였다. 또한 학생들은 스스로 자신들이 처한 상황의 복잡함을 이해하고 판단할 수 있었으며, 수용할 수 있고 합리적이며 타당하다고 생각하는 대안을 준비하면서 자신의 입장을 변호할 수 있었다.

더 나아가, 학생들은 통계학자들이 자신의 관점을 뒷받침하는 자료, 절차, 도구, 표현 등을 선택하여 사용하는 것처럼 자료 표현이 **수사적인 역할**을 할 수 있음을 깨달았다. 따라서 학생들은 자료에 대한 추론을 발전시키며 통계적인 방법과 개념을 학습하는 것 이상으로 실제 맥락에서 통계를 '행하였다'.

시사점

이 장에서 설명한 학습 과정은 신중하게 설계된 환경에서 이루어졌다. 그러므로 자료 분석에 대한 학생들의 추론을 발달시키기 위해서는 이와 유사한 환경이 마련되어야 한다. 이러한 학습 환경이 갖추어야 할 주요한 특징들은 다음과 같다.

- 확장된 의미 있는 문제 상황의 맥락에서 일련의 반구조화된 주요 질문으로서 EDA에 기초한 교육과정(Ben-Zvi & Arcavi, 1998)
- 교실에서 학문의 대표자가 되는 교사의 시기적절하고 직접적이지 않은 중재(cf., Voigt, 1995)
- 학생들이 표현을 바꾸고, 축의 범위를 바꾸고, 삭제하고, 표를 다시 만드는 것과 같은 복잡한 행동들을 처리할 때 기술적 활동을 많이 하기보다는 개념적 논의를 할 수 있도록 시간과 힘을 줄이게 하는 컴퓨터 도구

이런 유형의 학습 환경에서, 학생들은 EDA의 문화와 관련된 초기의 생각과 성향을 접하고 경험하게 되면서 자료에 대한 자신들의 추론을 발전시킬 수 있다. 가설 세우기, 질문을 명료화하기, 표본을 다루고 자료 수집하기, 자료 요약하기, 경향 인식하기, 변이성 확인하기, 자료의 표현 다루기와 같은 활동이 여기에 포함된다. 그래프와 표를 읽고, 축의 범위를 변화시키는 것과 같은 기술, 절차, 전략들을 맥락에 통합하여 학습하고, EDA의 주요 아이디어를 경험하며 학습하게 된다.

EDA 교육과정에서 제시되는 문제 상황에 직면할 때 통계를 처음 학습하는 학생들이 겪게 되는 어려움을 예상할 수 있다. 그러나 A와 D학생은 오랫동안 지속적으로

의미 있는 학습 과정의 핵심적이고 필수적인 요소를 경험하였다(cf., Ben-Zvi, 2002). 이러한 결과는 앞에서 설명한 것과 같은 환경에서 활동할 수 있도록 해야 하고, 학생들에게 다음 사항들이 허용되어야 함을 시사한다.

- 어떤 경우에는 새로운 지식의 구성을 방해할 수도 있지만 새로운 지식을 구성하는 토대가 되는 흥미롭고 놀라운 방법에 결부된 학생들의 사전 지식
- 때로는 몇몇 학생들이 거의 이해하지 못하거나 의도와는 다른 방식으로 재해석하고 대답할 수 있는 많은 질문들
- 점진적으로 성장하고 발전하는 부분적인 이해에 기초한 학생들의 활동

이 연구에서는 학생들이 비록 자료에 대해 부분적으로 이해할지라도, 적절한 교사의 안내, 학급 토론, 동료와의 활동 및 의사소통, 좀더 중요한 실제 문제 상황에 관한 반복적인 경험을 통해 점차적으로 의미를 구성해 나가고 통계적 추론이 발달하도록 도울 수 있음을 확인하였다.

다양한 목표가 존재하고, 실세계의 맥락적인 것과 통계적인 것이 혼재하며, 컴퓨터 보조 환경의 역할, 집단 활동 대 개인 활동(Gal & Garfield, 1997)과 같은 복잡한 학습 환경에서 학생들의 활동 결과를 평가하는 것은 많은 어려움을 수반한다. 자료에 대한 학생들의 추론을 평가하기 위해 정의와 계산에 치중했던 전통적인 평가 대신에 넓은 의미의 수행 평가가 이루어져야 한다. 수행 평가 과제는 학습 활동이 이루어지는 동안 학생들에게 주어진 과제(예를 들어, 개방형 문제, '완전한' 자료 조사)와 유사해야 하며, 집단 활동과 공학 도구를 사용한 평가도 이루어져야 한다.

앞의 사례 연구에서 설명한 유형의 EDA 학습 환경에서, 교사는 이제 교육과정에서 규정된 진도에 맞춰 내용을 전달하는 수업을 그만하고, 예측할 수 없는 학생들의 다양한 질문에 반응해야 한다. 교사는 학생과의 상호 작용에서 학생들이 비판적인 추론 전략을 사용하고 패턴을 찾기 위해 자료를 표현하고 개념을 전달하도록 격려하며, 학생들이 제시한 과제의 범위를 확장하고 풍부하게 하고, 수행을 반성해볼 기회를 제공하는 중요한 역할을 할 수 있다. 따라서 통계교육자들이 훌륭한 조언자, 중재자, 문화 전수자라는 중요한 역할을 하도록 돕는 것이 우리의 과제이다.

EDA는 통계교육에서 도전적인 주제이며 오늘날 많은 학교에서 수학 교육과정의 일부로 다루어지고 있다. 자료 분석의 핵심적인 아이디어를 이해하는 것뿐 아니라

자료 분석에 대한 추론이 어떻게 발전하는지에 관한 체계적인 연구는 실제 지도 활동의 지침이 된다. 이러한 연구가 이루어지지 않고 연구 결과가 실천되지 않는다면, 학생들은 통계 수업에서 자료 분석에 대해 추론하는 능력을 기르지 못하고 그래픽 기술과 자료 수집 기술만을 계속해서 학습하게 될 것이다.

학생들의 이해와 추론의 발달, 공학 도구의 영향, 개방형 자료 조사 과제를 이용한 학생-교사 및 학생-학생의 상호작용, 학습에서 문화화 과정의 역할, 학습 환경의 효과 등에 관한 많은 연구가 필요하다. 자료 분석의 아이디어가 개선되고 많은 예들과 연구들이 축적된다면 EDA 교수 학습 이론 형성에 큰 영향을 미칠 수 있을 것이다.

참고문헌

Ainley, J. (1995). Re-viewing graphing: Traditional and intuitive approaches. *For the Learning of Mathematics*, *15*(2), 10-16.

Australian Education Council (1991). *A national statement on mathematics for Australian schools*. Carlton, Vic.: Author.

Australian Education Council (1994). *Mathematics—A curriculum profile for Australian schools*. Carlton, Vic.: Curriculum Corporation.

Barbella, P., Kepner, J., & Schaeffer, R. L. (1994). *Exploring Measurement*. Palo Alto, CA: Seymour Publications.

Ben-Zvi, D. (1999). Construction an understanding of data graphs. In O. Zaslavsky (Ed.), *Proceedings of the Twenty-Third Annual Conference of the International Group for the Psychology of Mathematics Education* (Vol. 2, pp. 97-104). Haifa, Israel: Technion—Institute of Technology.

Ben-Zvi, D. (2000). Toward understanding of the role of technological tools in statistical learning. *Mathematical Thinking and Learning*, *2*(1&2), 127-155.

Ben-Zvi, D. (2002). Seventh grade students' sense making of data and data reperesentations. In B. Phillips (Ed.), *Proceedings of the Sixth International Conference on Teaching of Statistics* (on CD-ROM). Voorburg, The Netherlands: International Statistical Institute.

Ben-Zvi, D., & Arcavi, A. (2001). Junior high school students' construction of global views of data and data representations. *Educational Studies in Mathematics*, *45*, 35-65.

Ben-Zvi, D., & Arcavi, A. (1998). Toward a characterization and understanding of students' learning in an interactive statistics environment. In L. Pereira-Mendoza (Ed.), *Proceedings of the Fifth International Conference on Teaching Statistics* (Vol. 2, 647-653). Voorburg, The Netherlands: International Statistical Institute.

Ben-Zvi, D., & Friedlander, A. (1997a). *Statistical investigations with spreadsheets—Student's workbook* (in Hebrew). Rehovot, Israel: Weizmann Institute of Science.

Ben-Zvi, D., & Friedlander, A. (1997b). Statistical thinking in a technological environment. In J. B. Garfield & G. Burrill (Eds.), *Research on the Role of Technology in Teaching and Learning Statistics* (pp. 45-55). Voorburg, The Netherlands: International Statistical Institute.

Ben-Zvi, D., & Ozruso, G. (2001). *Statistical investigations with spreadsheets—Teacher's guide* (in Hebrew). Rehovot, Israel: Weizmann Institute of Science.

Bereska, C., Bolster, C. H., Bolster, L. C., & Scheaffer, R. (1998). *Exploring statistics in the elementary grades*, Book 1 (Grades K-6). New York: Seymour Publications.

Bereska, C., Bolster, C. H., Bolster, L. C., & Scheaffer, R. (1999). *Exploring statistics in the elementary grades*, Book 2 (Grades 4-8). New York: Seymour Publications.

Biehler, R. (1990). Changing conceptions of statistics: A problem area for teacher education. In A. Hawkins (Ed.), *Proceedings of the International Statistical Institute Round Table Conference* (pp. 20-38). Voorburg, The Netherlands: International Statistical Institute.

Biehler, R. (1993). Software tools and mathematics education: The case of statistics. In C. Keitel & K. Ruthven (Eds.), *Learning from computers: Mathematics education and technology* (pp. 68-100). Berlin: Springer-Verlag.

Biehler, R. (1997). Software for learning and for doing statistics. *International Statistical Review 65*(2). 167-189.

Biehler, R., & Steinbring, H. (1991). *Explorations in statistics, stem-and-leaf, box plots: Concepts, justifications, and experience in a teaching experiment* (elaborated English version). Bielefeld, Germany: Author.

Brousseau, G. (1997). *Theory of didactical situations in mathematics* (Edited and translated by N. Balacheff, M. Cooper, R. Sutherland, & V. Warfield). Dordeacht, The Netherlands: Kluwer.

Cleveland, W. S. (1994). *The elements of graphing data.* Murray Hill, NJ: AT&T Bell Laboratories.

Cobb, P. (1999). Individual and collective mathematical learning: The case of statistical data analysis. *Mathematical Thinking and Learning, 1*, 5-44.

Cobb, G. W., & Moore, D. S. (1997). Mathematics, statistics, and teaching. *The American Mathematical Monthly, 104*(9), 801-823.

Davis, R. B.M, Maher, C. A., & Noddings, N. (Eds.) (1990). *Constructivist views on the teaching and learning of mathematics*. Reston, VA: NCTM.

de Lange, J., Burrill, G., & Romberg, T. (1993). *Learning and teaching mathematics in context—the case: Data visualization.* Madison, WI: National Center for Research in Mathematical Sciences Education.

de Lange, J., & Verhage, H. (1992). *Data visualization.* Scotts Valley, CA: Wings for Learning.

Department for Education and Employment (1999). *Mathematics: The national curriculum for England.* London: Author and Qualifications and Curriculum Authority.

Evensen, D. H, & Hmelo, C. E. (Eds.) (2000). *Problem-based learning: A research perspective on learning interactions*, Mahwah, NJ: Erlbaum.

Finzer, B. (2003). *Fathom: Dynamic Statistics Software for Deeper Understanding* (Version

1.16). Emeryville, CA: Key Curriculum Press. <http://www.keypress.com/fathom/>

Friel, S. N., Mokros, J. R., & Russell, S. (1992). *Used numbers: Middles, means, and in-betweens*. Palo Alto, CA: Dale Seymour.

Gal, I., & Garfield, J. B. (1997). Curricular goals and assessment challenges in statistics education. In I. Gal & J. B. Garfield (eds.), *The assessment challenge in statistics education* (pp. 1-13). Amsterdam, Netherlands: IOS Press.

Garfield, J. (1995). How students learn statistics. *International Statistical Review 63*(1), 25-34.

Graham, A. (1987). *Statistical investigations in the secondary school*. Cambridge, UK: Cambridge University Press.

Greer, B., Yamin-Ali, M., Boyd, C., Boyle, V., & Fitzpatrick, M. (1995). *Data handling* (six student books in the Oxford Mathematics series). Oxford, UK: Oxford University Press.

Hershkowitz, R., Dreyfus, T., Schwarz, B. Ben-Zvi, D., Friedlander, A., Hadas, N., Resnick, T., & Tabach, M. (2002). Mathematics curriculum development for computerized environments: A designer-researcher-teacher-learner activity. IN L. D. English (Ed.), *Handbook of international research in mathematics education* (pp. 657-694). London: Erlbaum.

Hunt, D. N. (1995). Teaching Statistical Concepts Using Spreadsheets, In the *Proceedings of the 1995 Conference of the Association of Statistics Lecturers in Universities.* UK: The Teaching Statistics Trust.

Kader, G. D., & Perry, M. (1994). Learning statistics. *Mathematics Teaching in the Middle School 1*(2), 130-136.

Konold, C., & Higgins, T. L. (2003). Reasoning about data. In J. Kilpatrick, G. Martin, & D. Schifter (Eds.), *A research companion to principles and standards for school mathematics* (pp. 193-215). Reston, VA: NCTM.

Konold, C., Pollatsek, A., & Well, A. (1997). Students analyzing data: Research of critical barriers. In J. Garfield & G. Burrill (Eds.), *Research on the role of technology in teaching and learning statistics* (pp. 151-168). Voorburg, The Netherlands: International Statistical Institute.

Lampert, M. (1990). When the problem is not the question and the solution is not the answer: Mathematical knowing and teaching. *American Educational Research Journal*, *27*, 29-63.

Lappan, G., Fey, J. T., Fitzgerald, W. M., Friel, S. N., & Phillips, E. D. (1996). *Connected mathematics project*. Palo Alto, CA: Seymour Publications.

Lovitt, C., & Lowe, I. (1993). *Chance and data investigations* (vol. 1 & 2). Carlton, Vic., Australia: Curriculum Corporation.

Meira, L. R. (1991). *Explorations of mathematical sense-making: An activity-oriented view of children's use and design of material displays* (an unpublished Ph.D. dissertation). Berkeley: University of California Press.

Ministry of Education (1992). *Mathematics in the New Zealand curriculum.* Wellington, NZ: Author.

Monk, G. S. (1998). Students' understanding of functions in calculus courses. *Humanistic*

Mathematics Network Journal, *9*, 21-27.

Moore, D. S. (1990). Uncertainty. In Lynn Steen (Ed.), *On the shoulders of giants: A new approach to numeracy* (pp. 95-137). National Academy of Sciences.

Moore, D. S. (1992). Teaching statistics as a respectable subject. In F. & S. Gordon (Eds.), *Statistics for the 21st century* (pp. 14-25). Washington, DC: Mathematical Association of America.

Moore, D. S. (1997). New pedagogy and new content: The case of statistics. *International Statistical Review 65*(2). 123-165.

Moore, D. S. (2000). *The basic practice of statistics* (second edition). New York: Freeman.

Moore, D. S., & McCabe, G. P. (1993). *Introduction to the practice of statistics* (2nd ed). New York: Freeman.

Moschkovich, J. D. (1989). *Constructing a problem space through appropriation: A case study of guided computer exploration of linear functions* (an unpublished manuscript, available from the author).

Mosteller, F., Tukey, J. (1977). *Data analysis and regression.* Boston: Addison-Wesley.

National Council of Teachers of Mathematics (1989). *Curriculum and evaluation standards for school mathematics.* Reston, VA: Author.

National Council of Teachers of Mathematics (2000). *Principles and standards for school mathematics.* Reston, VA: Author.

Perkins, D., & Unger, C. (1999). Teaching and learning for understanding. In C. M. Reigeluth (Ed.), *Instructional-design theories and models* (pp. 91-114). Hillsdale, NJ: Erlbaum.

Resnick, L. (1988). Treating mathematics as an ill-structured discipline. In R. Charles & E. Silver (Eds.), *The teaching and assessing of mathematical problem solving* (pp. 32-60). Reston, VA: National Council of Teachers of Mathematics.

Resnick. T., & Tabach, M. (1999). *Touring the Land of Oz—Algebra with computers for grade sever* (in Heberw). Rehovot, Israel: Weizmann Institute of Science.

Rubin, A., & Mokros, J. (1998). *Data: Kids, cats, and ads* (Investigations in number, data, and space Series). New York: Seymour Publications.

Schoenfeld, A. H. (1992). Learning to think mathematically: Problem solving, metacognition, and sense making in mathematics. In D. Grouws (Ed.), *Handbook of research on mathematics teaching and learning* (pp. 334-370). New York: Macmillan.

Schoenfeld, A. H. (1994). Some notes on the enterprise (research in collegiate mathematics education, that is). *Conference Board of the Mathematical Sciences Issues in Mathematics Education*, *4*, 1-19.

Shaughnessy, J. M., Garfield, J. & Greer, B. (1996). Data handling. In A. J. Bishop, K. Clements, C. Keitel, J. Kilpatrick, & C. Laborde (eds.), *International handbook of mathematics education* (Vol, I, pp. 205-237). Dordrecht, The Netherlands: Kluwer.

TERC (2002). *Tabletop*. Geneva, IL: Sunburst Technology. <http://www.terc.edu/TEMPLATE/Products/item.cfm?ProductID=39>

Tukey, J. (1977). *Exploratory data analysis*. Reading, MA: Addison-Wesley.

Velleman, P. (2003). *Data Desk* (Version 6.2). Ithaca, NY: Data Description Inc. <http://www.datadesk.com/products/data_analysis/datadesk/>

Velleman, P., & Hoaglin, D. (1981). *The ABC's of EDA: Applications, basics, and computing of exploratory data analysis*. Boston, MA: Duxbury.

Voigt, J. (1995). Thematic patterns of interaction and sociomathematical norms. In P. Cobb & H. Bauersfeld (Eds.), *Emergence of mathematical meaning: Interaction in classroom cultures* (pp. 163-201). Hillsdale, NJ: Erlbaum.

Vygotsky, L. S. (1978). *Mind in society: The development of higher psychological processes*. M. Cole, V. John-Steiner, S. Scribner, & E. Souberman (Eds.). Combridge, MA: Harvard University Press.

Wild, C. J., & Pfannkuch, M. (1999). Statistical thinking in empirical enquiry. *International Statistical Review*, *67*(3), 223-265.

Yackel, E., & Cobb, P. (1996). Socio-mathematical norms, argumentation and autonomy in mathematics. *Journal for Research in Mathematics Education*, *27*(4), 458-477.

Yerushalmy, M., Chazan, D., & Gordon, M. (1990). Mathematical problem posing: Implications for facilitating student inquiry in classrooms. *Instructional Science*, *19*, 219-245.

7장

분포에 대한 추론

A. Bakker and K. P. E. Gravemeijer

개요

이 장에서는 공학 도구를 이용한 학습 환경에서 분포에 대한 비형식적 추론이 어떻게 발달하는지 살펴본다. 7학년 학생들에게 여러 가지 표현 형식으로 분포를 제시하고 학생들의 분포에 대한 추론의 발달을 세 단계로 나누어 기술한다. 또한, 특별히 고안된 소프트웨어, 학생들이 직접 고안한 그래프, 상황을 예측하는 과제 등이 분포의 여러 측면을 학습하는데 어떻게 도움이 되는지를 살펴본다. 이러한 과정에서 몇몇 학생들이 특이값이나 표본의 크기와 같은 통계적 개념과 함께 융기라는 용어를 사용하여 분포의 형태에 대해 추론하는 것을 관찰할 수 있었다.

이 연구는 '개발 연구'로, Cobb, Gravemeijer, McClain과 그의 동료들의 연구에서 영향을 받은 것이다(16장 참고). 예비 면담과 간단한 사전 검사를 실시한 후, 네덜란드에 있는 4개의 7학년 교실에서 12~15차시에 걸쳐 교수실험을 실시하였다. 개발 연구는 크게 교수 자료의 설계, 교실 기반 교수실험, 회고 분석이라는 3단계로 이루어진다. 자료에 대한 회고 분석을 위해 학생들의 학습 과정에 대해 지속적으로 가설을 설정하고 검증하는 방법으로, Glaser와 Strauss(Strauss & Corbin, 1998), Cobb과 Whitenack(1996)이 사용한 방법과 유사한 일정 비교 방법을 사용하였다.

하나의 집단으로서 자료 집합

자료 집합의 집단적 특징을 기술하고 예측하는 것이 통계 자료 분석의 본질적인 특징이다. 그러나 학생들은 자료 집합을 어떤 특징을 가진 하나의 집단으로 인식하는 것이 아니라 개별적인 값들의 모임으로 인식하는 경향이 있다(Hancock, Kaput, & Goldamith, 1992; Konold & Higgins, 2002; Ben-Zvi & Arcavi, 2001; Ben-Zvi, 6장). 근본적인 문제는 중학생들이 일반적으로 '5피트'를 '키'라는 변량으로 보는 것이 아니라, 어떤 학생의 개인적인 특징으로 보는 데에 있다. 학생들은 변량을 측정된 대상이나 사람으로부터 분리할 수 있어야 하며, 동시에 측정값을 참고해서 자료를 고려할 수 있어야 한다. 분포는 자료 집합을 개별적인 값들의 모임이 아니라 하나의 집단으로 인식할 수 있도록 하는 체계적 개념 구조이기 때문에, 학생들은 분포에 대한 개념을 발달시켜야 한다(Cobb, 1999; Petrosino, Lehrer, & Schauble, 2003).

이러한 학습 목표를 고려하며, 이 장에서는 통계에 관한 선행 지식이 거의 없는 중학생들이 분포를 비형식적으로 어떻게 이해하고 이를 발달시킬 수 있는지에 대한 가능성을 살펴본다. 분포에 대한 비형식적 이해는 상위 학년에서 좀더 형식적인 통계를 학습하기 위한 토대가 될 수 있다. 따라서 이 장에서는 7학년 학생들이 비형식적인 방법으로 분포에 대한 추론을 어떻게 학습하는가를 주요 연구문제로 다룬다.

분포

이를 위해 먼저 자료와 분포 사이의 관계에 대해 분석한다. 개별적인 값들로서 자료와 개념적 실체로서 분포를 구별하기 위해 표 1에 제시한 중심, 퍼짐, 밀도, 왜도와 같은 자료 집합과 분포의 여러 측면들을 검토한다. 중심을 나타내는 값으로는 평균값, 중앙값, 중간범위[6] 등이 있으며, 퍼짐을 나타내는 값으로는 범위, 표준편차, 사분위수 범위 등이 있다. 표 1에 제시한 여러 측면들을 서로 배타적인 것으로 보아서

표 1 자료와 분포의 관계

분 포 (개념적 실체)			
중심 평균값, 중앙값, 중간범위, …	**퍼짐** 범위, 표준편차, 사분위수 범위, …	**밀도** 도수, 상대도수, 다수, 사분위수	**왜도** 다수 자료의 위치
자 료 (개별적인 값들)			

6) 역자주: (중간 범위)=$\frac{1}{2}$(최댓값+최솟값)

는 안 된다. 예를 들면, 특이값과 양끝값은 왜도, 밀도, 퍼짐 그리고 심지어는 중심을 나타내는 값에도 영향을 미친다.

우리는 이 구조를 상향식과 하향식으로 모두 읽을 수 있는데, 상향식 관점은 통계에 초보인 사람들에게서 전형적으로 나타난다. 예를 들어, 학생들은 자료를 각각의 개별적인 값으로 인식하는 경향이 있으며, 이러한 개별적인 값을 이용하여 평균값, 중앙값, 범위, 사분위수 등을 계산할 수 있다. 그러나 그렇다고 해서 학생들이 반드시 평균값이나 중앙값을 중심을 나타내는 값으로 인식하거나 집단의 대푯값으로 인식하는 것은 아니다(Mokros & Russell, 1995; Konold & pollatsek, 8장). 사실, 학생들이 중심을 나타내는 여러 값들 중에서 의미 있는 것을 선택할 수 있으려면 분포에 대한 개념이 필요하다(Zawojewski & Shaughnessy, 2000). 따라서 학생들은 상향식 관점과 하향식 관점을 모두 가져야 한다. 그러면 학생들은 중심, 퍼짐, 왜도 등을 분포의 특징으로 인식할 수 있으며 체계적인 구조나 개념적 실체로 분포를 인식하고 자료를 다룰 수 있다. 통계 전문가들은 상향식 관점과 하향식 관점을 쉽게 결합할 수 있다. 상향식 관점으로는 자료 집합의 도수분포를 만들 수 있으며, 하향식 관점으로는 정규분포와 같은 확률분포로 자료를 모델링 할 수 있다.

표 1은 분포가 복잡한 구조를 가지고 있는 개념이며, 변이와 표본추출과 같은 중요한 개념으로 구성된 큰 구조의 일부임을 잘 보여주고 있다(Reading & Shaughnessy, 9장; Watson, 12장). 변이가 없다면 분포도 없으며, 표본추출이 없다면 대부분의 자료는 존재할 수 없다. 따라서 분포를 핵심에 두고 동시에 이러한 중요한 개념들을 통합적이고 비형식적인 방법으로 다루어야 한다. Cobb(1999)이 지적했듯이 분포를 다각적인 통계교육의 최종 목표로 정한다면 통계교육이 좀더 일관성 있게 이루어질 것이다. 이 장에서는 일관성 있는 통계교육을 위해서 분포의 비형식적 측면에 주목한다.

분포의 형태는 다양한 통계적 측면에 의해 영향을 받는다. 예를 들면, 높은 봉우리 모양은 어떤 계급의 도수가 높다는 것을 나타내며, 중심에서 왼쪽 또는 오른쪽으로 치우친 모양은 분포가 비대칭임을 나타낸다. '높은 봉우리, 왼쪽 또는 오른쪽으로 치우친'과 같은 비형식적인 용어를 사용하여 분포의 형태에 대해 추론한다는 것은 학생들이 이미 분포의 여러 측면들을 인식할 수 있음을 의미한다. 사실, 이 연구에 참여했던 학생들은 밀도를 설명하기 위해 '가득 차 있다, 비어 있다, 쌓여 있다, 몰려 있다, 복잡하다' 등의 비형식적인 용어를 사용하였다. 퍼짐을 설명하기 위해 '퍼져 있다, 모여 있다' 등을 사용하였고, 형태를 설명하기 위해 '언덕, 융기' 등의 비형식적 용어를 사용하였다. 만약 학생들에게 서로 다른 두 학년의 분포를 비교하도록 한다면, 그래프의 형태는 같지만 위치가 변한다는 것을 인식할 수 있을 것이다(Biehler, 2001). 또한 학생들은 표본의 크기가 다르더라도 형태가 같을 수 있음을 인식할 수 있을 것이다. 이와 같이 형태에 대한 추론은 분포에 대한 추론의 토대가 될 수 있다.

연구 방법

학생들이 분포의 개념을 어떻게 발달시키는지를 살펴보기 위해 개발 연구를 수행하였다(Freudenthal, 1991; Gravemeijer, 1994; Edelson, 2002; Cobb & McClain, 6장). 일반적으로 개발 연구는 수업 자료의 고안, 교수실험, 회고 분석으로 이루어진다. 이 연구는 현실적 수학교육의 원리(Freudenthal, 1991; Gravemeijer, 1994)와 NCTM의 규준(2000)을 바탕으로 수행하였으며, 학생들이 점점 더 정교해지는 도구를 사용하면서 능동적인 학습자가 되도록 안내하는 방법을 찾고자 하였다.

학생들이 자료를 탐색하면서 분포에 대한 개념을 발달시킬 수 있도록 하기 위해 특별히 고안한 미니툴[7)]이라는 소프트웨어(Cobb, 1999)를 이용하였다. 웹에서 작동하는 이 애플릿은 분포에 대한 추론이라는 최종 목표에서 시작하여 추론이 가능한 출발점까지 역방향의 추론을 예측하여 개발하였다. 점이 쌓여있는 그래프로부터 분포의 한 측면인 형태를 추론하는 것이 가능하다. 학생들이 점그래프에서 점이 무엇을 나타내는지 알기 위해서는 점이 어떠한 변량을 나타낸다는 것을 인식해야 한다. 하나의 변량을 나타내는 막대를 이용한 활동은 이러한 통찰이 가능하도록 돕는다. 0에서부터 시작해서 가로축 위에 대응하는 값까지 막대를 늘이는 활동을 통해 학생들은 점이 무엇을 나타내는지를 알 수 있다. 변량을 나타내는데 막대를 사용하는 것이 점을 사용하는 것보다 학생들의 일상적인 경험에 더 가깝다고 볼 수 있다. 학생들은 막대그래프에 익숙하며, 차의 제동거리, 건전지의 수명, 새의 날개폭과 같은 어떤 변량을 상징화하는 자연스러운 방법으로 가로 방향의 막대를 사용한다. 미니툴 1은 각각의 변량을 막대로 나타내며, 막대의 길이는 그 막대가 나타내는 변량에 대응한다(그림 1). 미니툴 2는 각각의 변량을 점으로 나타낸다.

---

7) 역자주: Minitool은 Cobb(1999)의 연구에서 학생들이 자료에 대해 추론하는 것을 돕고자 개발한 소프트웨어이다.

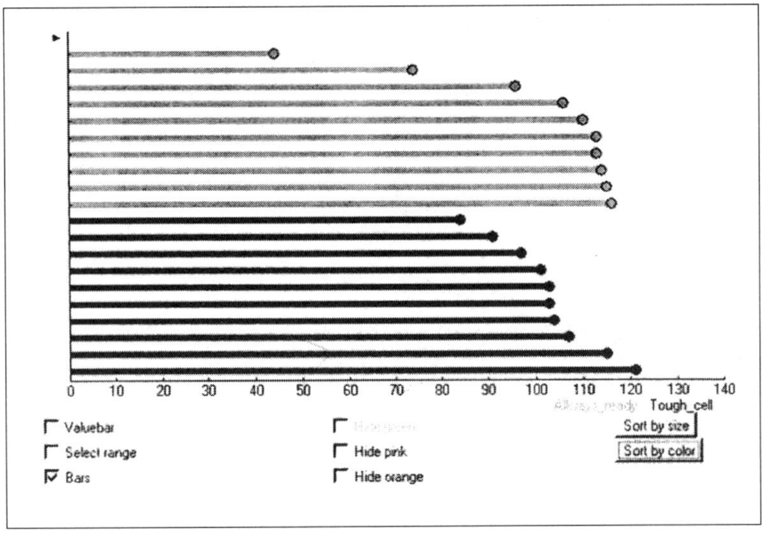

그림 1 미니툴 1 (크기와 색상에 의해 정렬됨)

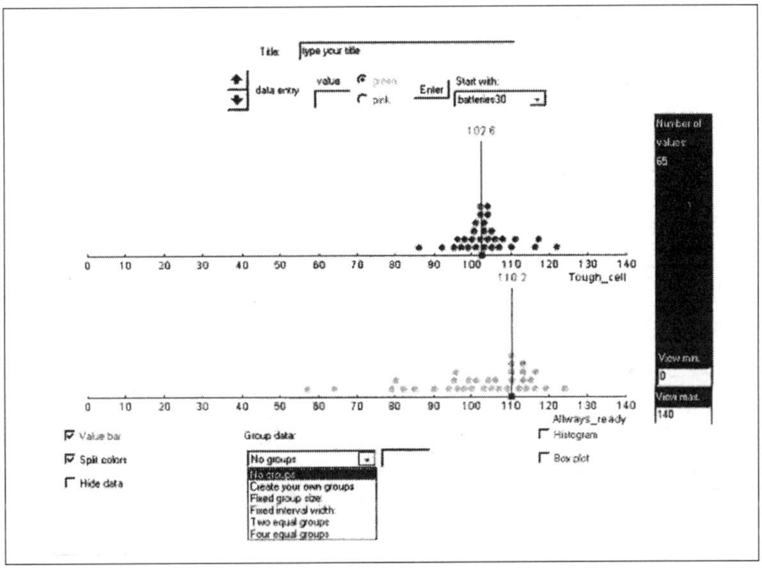

그림 2 미니툴 2 (색상에 의해 분리되며 값이 표시된 수직 막대가 사용됨)

네덜란드의 7학년 학생들이 통계에 대해 무엇을 알고 있는지, 두 종류의 미니툴을 이용해 통계 문제를 얼마나 쉽게 해결할 수 있는지를 확인하기 위해 26명의 학생을 대상으로 면담을 실시하였다. 학생들은 산술평균과 막대그래프에 대한 학습을 제외하고는 통계 학습의 경험이 없었다. 학생들은 미니툴에서 각각의 변량을 읽을 수 있었지만 주로 개별적인 자료의 값에 초점을 맞추었다. 예비 면담과 함께 예비 교수실험을 실시한 후 4개의 7학년 교실에서 교수실험을 실시하였는데, 이 실험은 12~15차시로 이루어졌으며 각 차시는 50분씩 진행하였다. 이 실험은 1999년에서 2000년까지 네덜란드 Utrecht 근처의 작은 도시에 있는 공립학교에서 이루어졌다. 이 학교에는 대학 또는 상위 수준의 직업 교육학교를 준비하는 800명의 학생들이 재학 중이었다. 당시 학생의 약 15%가 대학(vwo)에 진학하였고, 약 20%가 상위 수준의 직업 교육학교(havo)에, 약 40%가 중간 수준의 직업 교육학교(mavo)에 그리고 나머지 25%가 하위 수준의 직업 교육학교에 진학하였다. 하위의 두 수준은 현재 통합되었다. 이러한 진학률을 통해 교수실험에 참여한 학생들의 학습 능력이 평균 이상임을 알 수 있다.

모든 학급에서 오디오 기록, 학생 활동지, 필드노트, 최종평가 결과 등을 수집하였으며, 마지막 실험에서는 추가로 사전 검사와 비디오 기록을 수집하였다(표 2). 사전 검사에서는 이 실험에서 가르치고자 하는 것을 학생들이 이미 알고 있는지를 확인하였으며, 그 결과 학생들이 실험에서 학습할 내용을 모른다는 것을 확인하였다.

수집한 자료에서 가장 중요한 것은 수업 중에 실시한 간단한 면담 자료이다. 학생들이 다양한 개념들과 그래프를 어떻게 이해하고 있는지 확인하기 위해 짧게는 20초 길게는 4분 정도로 간단히 면담을 실시하였다. 이러한 면담은 반성적 사고를 자극하기 때문에 학습에 영향을 줄 수 있음을 알고 있으나, 연구의 타당성을 훼손시키지는 않는다는 것을 강조한다. 이 연구는 7학년의 여러 학급에서 교수실험의 결과가 동일한지를 확인하는 것이 아니라, 7학년 학생들이 분포에 대한 추론을 어떻게 학습하는지를 조사하는 것을 목적으로 한다.

네 번째 교수실험에 대한 회고 분석으로 전사 자료를 읽고, 비디오 자료를 보고,

표 2 연구 대상, 교수 실험, 자료 수집, 차시 수, 교육 수준에 대한 개요

대상(7학년)	실험 유형	자료 수집	차시 수	교육수준
26명 (1999년)	예비 면담 (두 명당 15분)	오디오	—	mavo havo vwo
A학급(25명)	예비 교수실험	학생 활동지, 최종 평가, 필드노트, 오디오	4	havo
F학급(27명)	첫 번째 교수실험		12	vwo
E학급(28명)	두 번째 교수실험		15	vwo
C학급(23명) (2000년)	세 번째 교수실험	학생 활동지, 최종 평가, 필드노트, 오디오, 사전 검사, 비디오	12	havo
B학급(23명)	네 번째 교수실험		12	havo
12학급 (2000년-2002년)	현장 적용	두 교사의 이메일 보고서, 계획되지 않았던 관찰에 의한 필드노트	144	havo vwo

이를 근거로 학생들의 학습에 대하여 가설을 세웠다. 생성된 가설에 대해서는 다음 단계의 분석에서 여러 가지 일화와 학생 활동, 현장 관찰, 검사로 수집된 자료들을 이용하여 삼각검증법을 실시하였다. 이후에는 전체적인 생성과정과 검증과정을 반복하였다. 이것은 Glaser와 Strauss의 일정 비교 방법과 유사하다(Strauss & Corbin, 1998; Cobb and Whitenack, 1996). 이 장에서 제시한 주요 전사 자료는 동료 연구자와 함께 관찰하고 논의한 것이다.

학생들의 반응에서 나타난 패턴은 모든 교수실험에서 유사하게 나타났다. 또한 이 연구에서 사용한 표현을 통해 학생들이 추론할 때 나타나는 특징을 토대로 학습 경로를 세 단계로 범주화하였다. 1단계와 2단계에서는 관찰한 4개의 교실 모두에서 유사하게 나타난 관찰 결과를 기술한다. 1단계에서 학생들은 자료를 가로 막대로 나타내는 그래프를 이용하였다(미니툴 1, 그림 1). 5~12차시까지 2단계에서는 주로 점그래프를 이용하였다(미니툴 2, 그림 2). 3단계에서는 두 종류의 미니툴과 함께 융기라는 용어를 사용하여 분포에 대해 추론하였다. 3단계에서 다룬 예들은 두 번째 교수실험에서 나온 것으로, 두 번째 교수실험에 참여한 학생들(vwo)은 학습 능력이 우수하며 다른 교수실험에 비해 3차시가 더 많은 15차시의 수업을 받았다. 마지막 두 차시에서 다양한 그래프를 비교하도록 했을 때 각 단계의 특정한 활동이 결합되어 나타났다.

1단계 — 막대를 이용하여 자료를 표현하는 활동

첫 번째 활동의 목적은 학생들이 다수, 중심, 극값, 퍼짐, 일관성과 같은 분포의 다양한 측면에 대해서 비형식적인 방법으로 추론하도록 하는 것이다. 두 번째 차시의 과제는 두 회사의 건전지의 품질에 대한 소비자 보고서를 작성하는 것이다. 두 회사의 건전지 수명을 비교하도록 각 회사의 10개 자료를 미니툴 1을 이용하여 제시했으며, 학생들은 미니툴 1의 다양한 기능을 이용하여 자료를 분류하였다. 처음에는 그림 3과 같이 자료의 값을 읽기 위해 세로 막대를 사용하다가 나중에는 시각적으로 평균값을 추정하기 위해 자주 세로 막대를 사용하였다.

모든 교수실험에서 이 활동을 하는 동안 학생들은 이미 분포의 여러 측면들에 대해 추론할 수 있었다. "K상표는 특이값을 가지고 있지만 좋은 건전지를 고를 가능성이 더 크다."라고 말한 학생이 있었고, "D상표가 80시간 이상 지속되기 때문에 더 믿을만하다."라고 말한 학생도 있었다. 신뢰성에 대한 개념은 퍼짐에 대해 말할 수

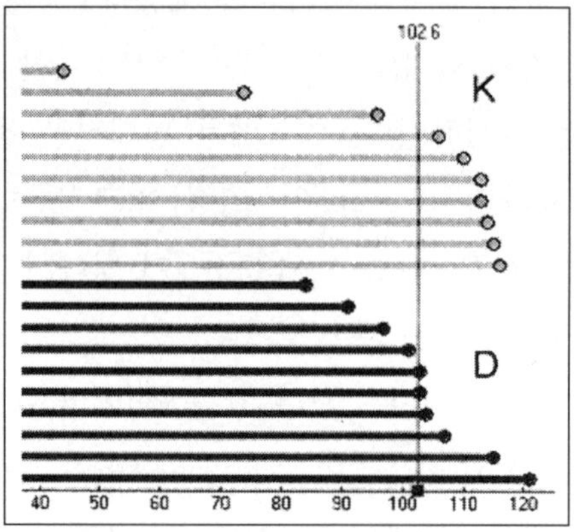

그림 3 값이 표시되고 움직일 수 있는 막대를 이용하여 D상표의 평균값을 추정함

있는 좋은 토대가 되었다. 이러한 관찰 결과는 학생들이 자발적으로 '일관성'에 대한 개념을 사용한다고 보고한 Cobb(1999)과 Sfard(2000)의 연구 결과와 유사하다.

미니툴 1을 이용한 활동은 다수, 특이값, 가능성, 신뢰성에 대한 비형식적 추론 및 그 이상을 가능하게 해주었으며, 평균값을 시각적으로 추정할 수 있게 해주었다(그림 3과 그림 4). 예비 면담에서 학생들이 자발적으로 이 전략을 사용한다는 것을 확인한 후, 학생들이 이 전략을 이용할 수 있는 활동을 교수실험에 포함시켰다(Bakker, 2003). 미니툴 1에서 세로 막대를 움직이는 활동은 평균값을 추정하는 전략에 도움이 되었다. 학생들은 긴 막대의 일부를 잘라 짧은 막대에 연결하였다. 다른 교실에서 일부 학생들은 막대를 모두 더한 값은 일정하며 평균값은 막대의 길이를 모두 더한 값을 막대의 개수로 나눈 것이기 때문에 이 방법이 적절하다고 설명하

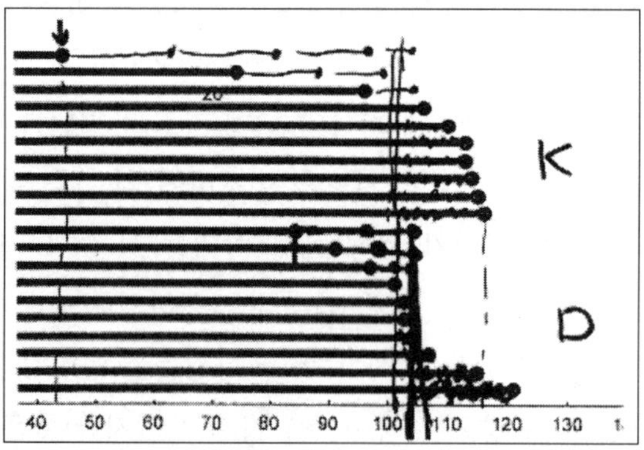

그림 4 "D상표의 평균값이 K상표의 평균값보다 조금 높다"고 기록함[8)]

8) 학생들이 두 상표의 평균값을 측정한 후 학급 토론이 이루어지는 동안 투명 용지에 기록한 내용이다.

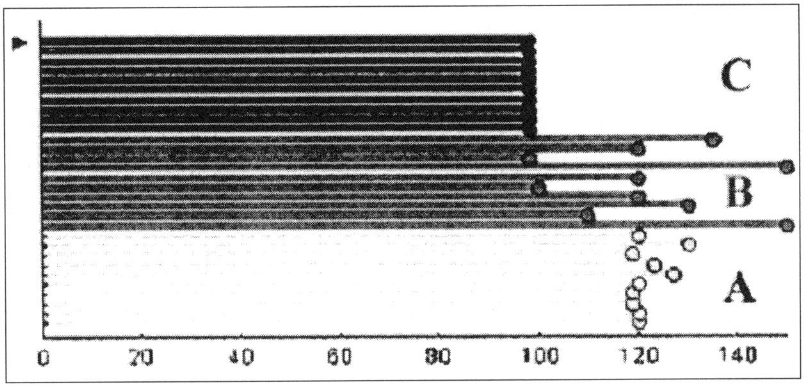

그림 5 건전지 과제를 역으로 제시하였을 때, 학생들이 만든 자료 집합[9)]

였다. 평균값이 더 크기 때문에 D상표가 더 좋다고 말한 것과 같이, 어떤 상표가 얼마나 좋은지를 판단하는데 평균값을 이용하였다. 이 경우 평균값은 자료 집합에 대한 단순한 계산 결과가 아니라 상표에 대한 전체적인 특징이 된다. 의도한 바와 같이 학생들은 자료 집합을 대표하는 값으로 평균값을 이용하였으며, 개별적인 자료값이 아니라 하나의 집단으로서의 상표에 대해 추론하였다.

분포에 대한 이해를 평가하고 비형식적인 통계 개념과 그래프 사이의 관계를 명확하게 인식하도록 하기 위해, 마지막 두 교수실험의 4차시에서는 이 건전지 과제를 역으로 활용 하였다. 즉, "A상표는 품질은 나쁘지만 신뢰할 만하다, B상표는 품질은 좋지만 신뢰하기 어렵다, C상표는 A상표와 퍼진 정도는 거의 비슷하지만 품질이 가장 나쁜 상표이다."라고 판단할 수 있는 자료 집합을 직접 만들어 보도록 하였다. 많은 학생들이 그림 5와 비슷한 그래프를 만들었는데 이 경우 C상표의 변이는 A상표의 변이보다 작다. 다음은 이 과제에 대한 학생들의 반응 중 한 예이다.

> "A상표가 왜 좋은가 하면 수명이 오래가기 때문이예요. 그리고 B상표는 좋기는 하지만 믿을 수 없어요. 왜냐하면 많이 퍼져 있기 때문이예요. C상표는 퍼짐이 거의 없지만 수명이 길지 않아요."

이와 같이 통계적 개념에 따른 그래프 해석하기와 그래프 구성하기를 왔다 갔다 하는 활동은 자료 분석에 대한 수업 설계를 위한 중요한 교수학적 전략이다. 이러한

9) 이 과제는 "A상표는 품질은 나쁘지만 신뢰할 만하고, B상표는 품질은 좋지만 신뢰하기 어려우며, C상표는 A상표와 퍼진 정도는 거의 비슷하지만 품질이 가장 나쁜 상표이다"라고 판단할 수 있는 자료 집합을 직접 만들어 보는 것이다.

활동이 유용한 이유는 다음과 같다.

- 학생들은 말로 표현할 수 없는 자신들의 생각을 그래프를 이용하여 표현할 수 있다(Lemke, 2003). 학생들이 직접 자료 집합과 그래프를 만든다면 교사와 연구자는 학생들이 실제로 무엇을 어떻게 이해하고 있는지 더 잘 평가할 수 있다.
- '좋지만 믿을만하지 않은'과 같이 건전지의 특징만 생각하게 하고 구체적인 자료를 제시해주지 않는다면 학생들이 개별적인 자료에 초점을 둘 수 없게 된다. 이것은 여러 가지 정보가 주어진 많은 개별적인 변량들을 한꺼번에 생각하는 것이 인지적으로 불가능하기 때문이다. 이러한 역방향의 활동은 어떠한 특징을 갖는 자료 집합을 개념적 단일체로 생각할 수 있게 한다. 분포가 바로 이러한 역할을 한다.
- 대부분의 교과서에서는 주로 이미 만들어진 그래프를 해석하게 한다(Friel et al., 2001; Moritz, 10장). 그래프를 그리는 경우는 원그래프나 막대그래프와 같이 특정 유형의 그래프를 그리는 방법을 학습한다. De Lange, Burrill, Romberg, van Reeuwijk(1993)과 Meira(1995)는 학생들이 스스로 그래프를 만들어 볼 수 있도록 해야 한다고 강력하게 주장한다. 학생들이 스스로 만든 그래프야 말로 진정으로 의미 있다는 것에 동의한다.
- 자료와 그래프 사이, 또는 서로 다른 그래프 사이를 왔다 갔다 하는 활동은 중요하며, 기호화에 대한 연구들은 이 활동의 중요성을 지적하고 있다. Steinbring (1997)은 **참조** 체계와 **기호** 체계를 구별하였다. 학생들은 좀더 잘 알고 있는 참조 체계에 비추어 기호 체계를 해석하는데, 참조 체계는 상대적으로 잘 알고 있는 것이고 기호 체계는 상대적으로 덜 알고 있는 체계이다. 참조 체계와 기호 체계 사이의 관계를 학습할 때 학생들은 두 체계 사이를 왔다 갔다 하는 활동이 필요하다. 따라서 다음 단계에서 학생들은 이미 학습한 기호 체계(미니툴 1)를 새로운 기호 체계(미니툴 2)를 위한 참조 체계로 이용할 수 있다.

1단계에서 제시한 예를 통하여 학생들이 처음부터 분포의 다양한 측면에 대해 비형식적으로 추론한다는 것을 분명하게 알 수 있다. 학생들은 평균값(건전지가 얼마나 좋은가), 퍼짐(신뢰성), 특이값 또는 양끝값일 가능성, 그리고 어디에 다수가 몰려있는지(왜도) 등에 대해 논의하였다. 막대 표현이 아니었다면 평균값을 찾는 유용한 방법인 보상 전략을 생각해내지 못했을 것이다. 그러나 학생들의 추론은 막대그래프와 두 가지 과제 상황에 제한된 것이었다.

2단계 — 막대를 점으로 바꾸는 활동

이 활동의 목적은 학생들이 적절한 표현을 이용하여 다양한 맥락에서 분포의 형태를 추론할 수 있도록 하는 것이다. 또한, 학생들이 도수나 다수와 같은 비형식적인 개념을 수량화하고, 관습적으로 사용되는 집단 그래프인 히스토그램이나 상자그림을

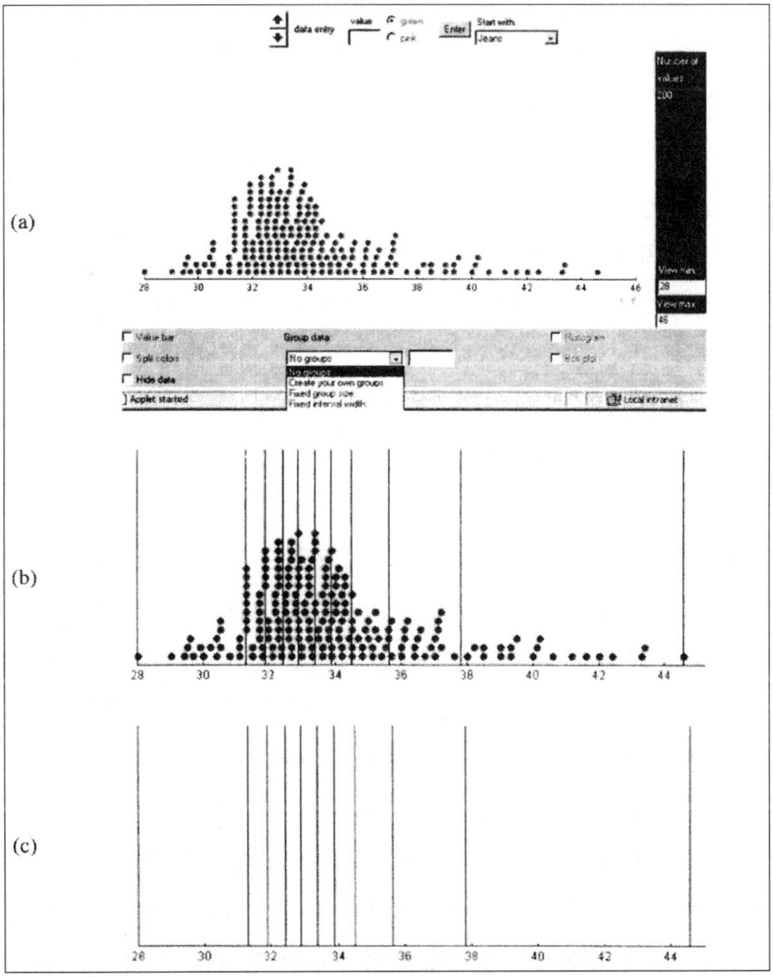

그림 6 (a) 청바지의 허리 치수 자료를 표현한 미니툴 2 (단위는 인치, n=200)
(b) 미니툴 2에서 각 집단의 크기를 20으로 고정한 그래프
(c) 미니툴 2에서 자료를 숨기는 기능을 사용한 그래프

다루기 위한 준비 과정이었다.

앞에서 언급했듯이 미니툴 1은 새로운 기호 체계인 미니툴 2에 대한 참조 체계로 볼 수 있다. 미니툴 1을 이용해 문제를 해결할 때 학생들은 막대의 끝점을 이용하여 추론하였다. 미니툴 1에는 막대를 숨기는 기능이 있는데 학생들은 "막대를 숨기면 자료가 더 잘 조직되어 보인다."는 이유로 자주 이 기능을 선호하였다. 미니툴 2의 그래프는 미니툴 1의 막대들을 보이지 않게 하고 수직 방향으로 점들을 떨어뜨려서 만든 것이다(Wilkinson, 1999). 점들이 그래프의 하얀 영역을 채우기 위해 옆으로 움직이는 것이 아니라 위로 쌓인다는 것에 주의해야 한다(그림 6). 이 점그래프는 해석하기 쉽고, 미니툴 1보다 분포의 관습적인 표현과 더 유사하며, 히스토그램이나 상자그림과 유사한 방법으로 자료를 조직할 수 있다는 것이 장점이다.

미니툴 2에는 미니툴 1에서보다 자료를 조직할 수 있는 기능이 더 많다. 크기로 분류한 후 다시 색상에 따라 분류할 수 있을 뿐만 아니라, 학생들이 원하는 대로 자료를 나눌 수 있다. 예를 들면, 중앙값을 찾기 위해 자료의 수가 동일한 두 개의 집단으로, 상자그림처럼 자료의 수가 동일한 네 개의 집단으로(그림 7의 (a)), 히스토그램처럼 동일한 간격으로(그림 7의 (b)), 자료의 수가 동일한 집단으로(그림 6의 (b)) 자료를 나눌 수 있다. 자료의 수가 동일한 집단으로 자료를 나누는 방법은 밀도에 대한 추론을 자극하는데 유용한 것으로 밝혀졌다.

학생들은 미니툴 2를 사용하여 청바지 치수에 대한 문제를 해결하였다. 학생들은 남자 200명의 허리둘레에 대한 자료에 근거하여 공장에서 각 치수별 청바지를 얼마나 만들어야 하는지 보고서를 작성하였다. 이 활동은 대개 9차시에서 이루어졌으며, 학생들의 관심을 평균값에서 전체적인 분포로 이동시키기 위한 것이었다. 또한 이 활동은 학생들이 절대 도수와 상대 도수에 대해 추론할 기회를 제공하였다.

학생들이 다양한 집단화 방법을 비교하면서 분포의 다양한 측면에 대해 추론할 수 있기를 기대하였다. 자료의 수가 동일한 집단으로 나누는 방법은(그림 6의 (b), (c)) "좁은 칸 안에 얼마나 많은 점들이 있는지 알 수 있다."와 같은 말을 이끌어냈다. 이러한 학생들의 표현을 분포의 중요한 측면인 밀도에 대한 비형식적 추론으로 해석하였다. 많은 학생들이 34~36의 치수는 많이 만들어야 하고, 44~46의 치수는 적게 만들어야 한다는 자신들의 결론을 뒷받침하기 위해 자료의 수가 동일한 네 개의 집단으로 나누는 방법을 이용하였다. 학생들에게 더욱 정확한 답을 이끌어내기 위해 "공장에서 너를 1000달러에 고용했다면, 공장 측이 너의 보고서에 만족할 것이라고 생각하니?"와 같은

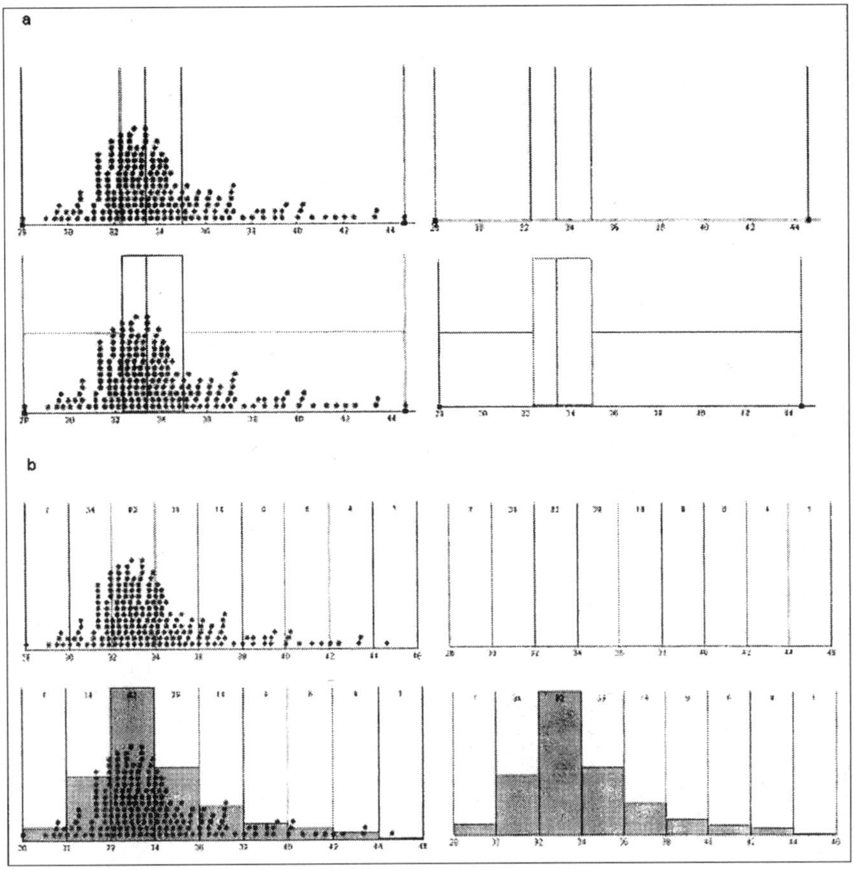

그림 7 (a) 자료 수가 동일한 네 집단으로 나눈 그래프(자료가 보일 때와 숨겨졌을 때)
(b) 동일한 간격으로 나눈 그래프(자료가 보일 때와 숨겨졌을 때)[10)]

비판적인 질문을 하였다. 이 질문에 대해 대부분의 학생들이 동일한 간격으로 집단을 나누는 방법을 사용하고 비율, 즉 상대 도수를 표로 나타내어 보고서를 작성하였다.

마지막 교수실험에서 나타난 교수학적 전략은 표본의 크기를 증가시키는 활동이었다. 자료가 더 많아지면 어떤 일이 일어날 것인지에 대해 예측하고 토론하도록 하는 활동은 일관된 방법으로 분포에 대한 여러 측면을 추론할 수 있도록 한다. 이 활동에 대한 배경을 알아보기 위해 문제를 처음부터 살펴보도록 하자.

기구 안에 운전자 외에 8명의 어른이 탈 수 있다. 7학년 학생을 이 기구에 태우고 여행을 한다고 가정하자. 오직 몸무게만을 고려한다면 기구 안에 안전하게 탑승할 수 있는 7학년 학생의 수는 몇 명인가?

10) (a)와 (b)에서 상자그림과 히스토그램은 교수실험 이후에 추가된 것임.

이 문제는 학생들로 하여금 몸무게의 변이, 표본추출, 평균의 대표성에 대해 사고하도록 하였다. 모든 학급에서 학생들은 어른과 학생의 평균 몸무게나 전형적인 몸무게를 추정하였다. 어떤 학생은 탑승이 가능한 학생의 수를 추정하기 위해 성인과 학생의 평균 몸무게의 비를 이용하기도 했지만, 대부분의 학생들은 탑승이 가능한 전체 몸무게를 구한 후 학생의 평균 몸무게로 나누어 탑승할 수 있는 학생의 수를 구하였다. 학생들의 대답은 10명에서 16명으로 다양하였다.

학생들은 추정한 몸무게의 신뢰성에 대해 토론하였는데, 이때 학생들에게 좀더 신뢰할 수 있는 몸무게를 어떻게 구할 수 있는지 그 방법을 찾아보도록 하였다. 어떤 학생이 두 명의 남학생과 두 명의 여학생의 몸무게를 측정할 것을 제안하였으나, 토론을 통해 학급 전체 학생들의 몸무게에 대한 자료를 수집하기로 결정하였다. 두 번째 교수실험에서 학생들은 키에 대한 자료도 수집하였다.

다음 차시에서는 먼저 미니툴 2를 이용하여 4명의 학생들에 대한 몸무게를 보여주고(그림 8의 (a)), 다른 학생들의 몸무게를 추가하면 그래프의 형태가 어떻게 변할지를 학생들에게 예측하도록 하였다. 학생들은 평균값을 보다 정확하게 알 수 있을 것이라고 생각하였다. 학생들이 평균값에 초점을 맞추기를 원한 것이 아니었기 때문에 형태와 범위에 관한 질문으로 초점을 바꾸었다. 그러자 어떤 학생들은 범위가 더 커질 것이라고 예측했으며, 또 어떤 학생들은 그래프가 더 높아질 것이라고 예측하였다. 학급 전체 학생들에 대한 자료(그림 8의 (b))를 보여준 후, 다른 두 개 학급의 자료(그림 8의 (c))를 추가하면 그래프의 형태가 어떻게 변할 지를 예측하도록 하였다. 이러한 방법으로 양끝값, 퍼짐, 형태가 토론의 주제가 되도록 하였다. 학생들은 표본의 크기가 두 배가 된다면 그래프의 형태가 어떻게 될 지를 예측하며 그래프를 그렸다. 학생들이 만든 그래프(그림 8의 (d))는 미니툴 2에서 보았던 그래프보다 더 매끈하였다. 이러한 학생들의 반응을 자료 속에 존재하는 패턴, Konold와 Pollatsek의 표현에 의하면 '소음 속에 존재하는 신호'(8장)를 찾기 시작했다고 해석하였다. 표본의 크기를 증가시켜 가면서 분포에 대해 추론하도록 자극한 것은 통계 교육에서 수업 설계를 위한 유용한 교수학적 전략이었다.

회고 분석을 통해 분포에 대한 개념이 발달하기 시작할 때 학생들은 분포를 세 개의 집단, 즉 낮은 값들의 집단, 평균에 가까운 값들의 집단, 높은 값들의 집단으로 나누는 경향이 있음을 확인하였다. 두 번째 교수실험에서 학생들이 수집한 키 자료를 그래프로 나타낸다면 그래프의 형태가 어떻게 변할 지를 예측하도록 했을 때, 개

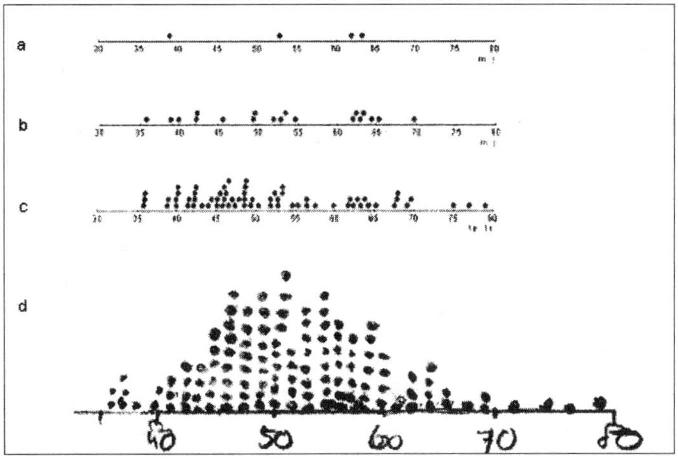

그림 8 표본 크기의 증가에 따른 학생들의 그래프 (몸무게에 대한 자료, 단위는 kg)
(a) 학생이 네 명인 경우 (b) 한 반인 경우 (c) 세 반인 경우
(d) 표본의 수가 더 많으면 매끈한 그래프가 될 것이라고 예상해서 만든 그래프

념적으로 세 개의 집단으로 나누는 것을 확인하였다. Daniel이란 학생은 그래프 형태를 설명하기 위해 세 번의 시도를 하였다(그림 9). 두 번째 시도에서 Daniel은 작은 값, 큰 값, 평균에 가까운 값이 있다고 말하였다. 세 번째 시도 후 Daniel은 평균 주위에 더 많이 있다고 말하였다. 특히 세 번째 시도에서 Daniel이 개념적으로 세 개의 집단으로 자료를 조직했음을 알 수 있었는데, 이것은 개별적인 자료값에 초점을 맞추었던 것보다 한 단계 진보한 것이다.

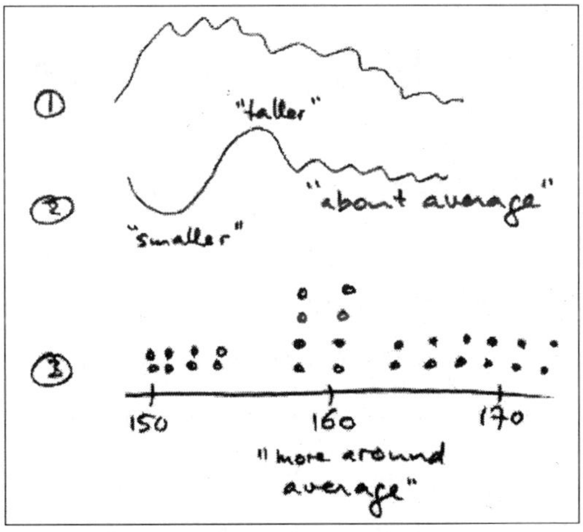

그림 9 키 자료에 대한 Daniel의 그래프[11]

11) 두 번째 그림과 세 번째 그림은 세 개의 집단을 나타냄

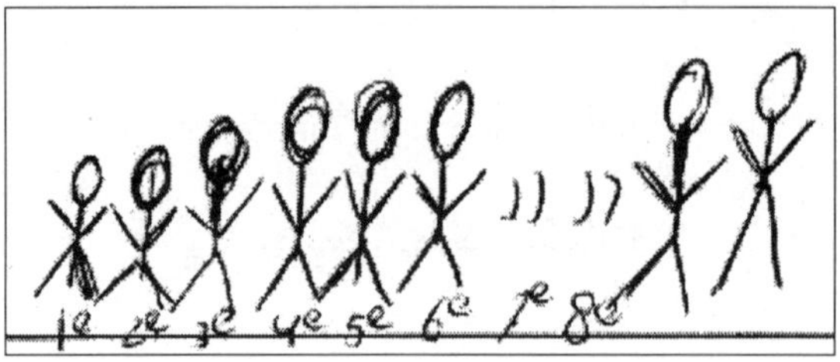

그림 10 학급의 학생들을 키 순서대로 정렬한 Christa의 그림[12)]

학생들이 작은 키, 평균 키, 큰 키, 그 사이에 있는 키에 대해 생각할 때 학생들의 추론은 향상되었다. 최종 평가에서 학급의 모든 학생들을 키에 따라 순서대로 세운 것을 그림으로 나타내도록 했는데, Christa는 그림 10과 같이 그린 후 "키가 작은 사람이 3명 있고, 평균인 사람이 10명 정도 있고, 큰 사람이 3명에서 4명 정도 있고, 물론 그 사이에도 사람이 있어요."라고 설명하였다.

중간에서 다수를 차지하고 있는 '평균 집단'은 학생들에게 평균값이라는 하나의 수보다 좀더 의미 있는 것처럼 보인다. Konold와 동료들(2002)은 분포의 중앙에 있는 이러한 범위를 **덤불 모양**(modal clump)이라고 불렀다. 이 연구는 덤불 모양이 중심, 퍼짐, 왜도에 대한 비형식적 추론을 위한 적절한 출발점이 된다는 견해를 뒷받침한다. 표본의 크기를 증가시킬 때 학생들은 분포의 이러한 측면들이 변화하는 과정 속의 안정된 특징임을 알 수 있을 것이다.

3단계 — 자료 집합을 "융기"로 기호화하는 활동

처음 두 개의 교수실험에서 학생들은 2단계에서 다수와 덤불 모양에 대해 추론했지만 형태에 대해서는 명확하게 추론하지 않았다. Cobb, Gravemeijer, McClain 의 교수실험에서처럼 학생들이 '언덕'에 대해 추론하기를 원했지만(Cobb, 1999) 그러한 추론은 나타나지 않았다. Cobb 등의 연구에서는 34차시의 수업이 이루어졌지만 이 연구에서는 단지 12~15차시의 수업만 이루어졌기 때문일 수도 있다. 따라서 두 번째 교수실험에서 다른 시도를 하기로 결정하였다. 학생들에게 직접 자료를 만들게 했던 것과 같은 이유로, 학생들 자신이 만든 자료에 적합한 그래프를 직접 그리도록

12) "키가 작은 사람이 3명 있고, 평균인 사람이 10명 정도 있고, 큰 사람이 3명에서 4명 정도 있고, 물론 그 사이에도 있어요"(Christa의 설명)

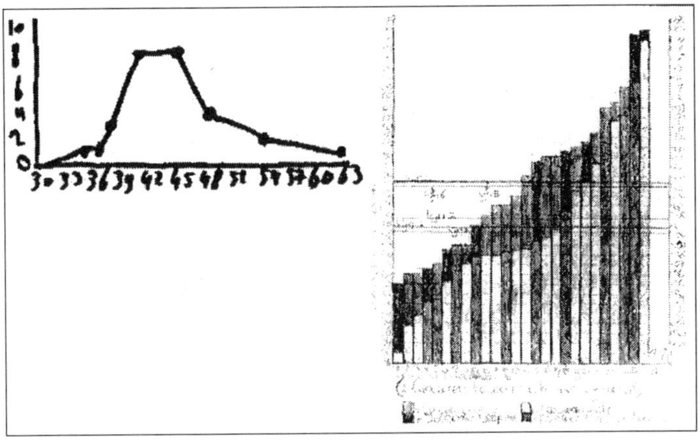

그림 11 Michiel의 그래프(왼쪽)와 Elleke의 그래프(오른쪽)

하였다. 앞에서 언급했던 기구 과제에 이어서 기구에 탑승하는 사람들에 대한 그래프를 그리도록 하였다.

두 번째 교수실험에서 학생들은 다양한 그래프를 그렸고, 교사는 학생들이 두 개의 그래프, 즉 Michiel의 그래프와 Elleke의 그래프에 대해 토론하도록 하였다(그림 11).

Elleke의 그래프에서 좀더 짧은 막대는 학생들의 몸무게를 나타내며, 밝은 색의 막대는 여학생들의 몸무게를 나타낸다. 모든 학생들이 동일한 자료 집합을 사용했음에도 불구하고 투명용지 위의 Michiel의 그래프는 Elleke의 그래프의 값들과 정확하게 대응하지 않았다. Michiel의 그래프가 좀더 엉성하게 스케치된 것처럼 보인다. Michiel의 그래프는 형태에 대해 이야기할 수 있는 기회를 제공하였기 때문에 특히 흥미로웠다. Michiel은 그래프에서 점을 어떻게 찍었는지에 대해 다음과 같이 설명하였다.[13]

Michiel: 보세요. 이것은 얼마나 많은 학생들이 이 몸무게를 갖는지 대충, 평균적으로 나타내고 있는데, 이것을 점으로 표시했어요. 그 다음에 학생들의 수를 왼쪽[y축]에 두었어요. 몸무게가 35[kg]인 학생은 1명이고, 36인 학생도 1명, 약 38인 학생은 2명이에요.

Michiel의 그래프에서 48 위에 있는 점은 몸무게가 약 48인 학생이 4명이라는 것을 의미한다. Elleke의 그래프를 포함해서 여러 가지 다른 그래프에 대해 토론한 후,

13) 네덜란드 학생들의 문법에 맞지 않는 표현이 영어로 번역되었고 다시 우리말로 번역되었기 때문에 정확하지 않은 부분이 있을 수 있다.

교사는 다음과 같은 질문을 하였다.

교사: 이 그래프(Michiel의 그래프)에서 쉽게 알 수 있는 것은 무엇일까요?

Laila: 글쎄요. 평균이, 이 학급의 대부분의 학생들이, 음, 39와 48 사이에 있어요.

교사: 그래요, 여기에서 이 학급의 대부분의 학생들의 몸무게가 대략 어느 정도인지, 학생들이 가장 많이 속한 집단의 몸무게는 얼마인지를 한 번에 알 수 있어요. 그건 여기에 융기가 있기 때문이에요. 그렇지만 Elleke의 그래프에는 이런 융기가 없어요.

여기에서 먼저 융기라는 용어를 사용한 사람은 교사였다. 물론 이전에 교사가 형태에 대해 이야기를 하려고 노력했지만, 학생들이 형태에 주목한 것은 이번이 처음이었다. Laila의 대답이 나타내는 것처럼 Michiel의 그래프는 Laila가 말한 자료가 밀집되어 있는 범위, 즉 39에서 48사이를 인식할 수 있도록 도와주었다. 이 '평균'이나 '대다수 학생들의 집단'과 같은 표현은 Konold와 동료들(2002)이 덤불 모양이라고 불렀던 것의 예이다. 교사들과 교육과정 개발자들은 전체 집단을 대표하는 값으로 평균을 사용하도록 하기 위한 준비 단계에서 덤불을 이용한 학생들의 비형식적 추론을 이용할 수 있다.

교사는 학생들이 자료의 형태에 관심을 갖도록 하기 위해 융기라는 용어를 사용하였다. Elleke의 그래프에는 융기가 없다고 말하면서, 교사는 학생들이 이러한 관찰 결과에 대해 생각하도록 유도하였다. Nadia는 다음과 같이 말하였다.

Nadia: 차이점은요… 작은 것부터 큰 순서대로 세웠어요, 그래서 융기는, [Elleke의 그래프의] 막대들이 서로 가장 가까이에 있는 곳, 거기에요.

교사: 그게 무슨 뜻이에요? 막대들이 가장 가까운 곳이 어디에요?

Nadia: 차이요, [막대들의] 끝점들이 다음 막대의 끝점과 그렇게 많이 차이나지 않아요.

Eva가 Nadia의 설명에 대해 부연 설명하였다.

Eva: 잘 보면, 대체로 중간에서 볼 수 있어요. 거기는 거의 직선이에요. 그리고, 음. [교사가 Elleke의 그래프에서 수평 부분을 가리킨다] 네, 그거요.

교사: 이것이 네 [Nadia]가 말한 부분이구나. 음, 이 부분들이 같이 가까이에 있

고, 한 무리로 몰려 있구나. 몸무게에 관한 한 말이야.

Eva: 그러면 이것 역시 융기예요.

이 일화들은 학생들에게 있어 융기가 단지 그래프의 시각적인 특징만은 아니라는 것을 보여준다. 융기는 언덕 모양의 그래프와 막대를 이용한 그래프 모두에서 동일한 값을 갖는 자료의 수가 상대적으로 많다는 것을 의미한다. 학생들에게 융기라는 용어는 상대적으로 높은 밀도를 지닌 범위를 의미한다. 다음 일화에서 보여주는 것처럼, 마지막 과제의 하나로 건전지 과제를 다시 해결해야 했을 때 융기를 사용하여 추론하였다.

Laila: 그러면 너는 여기의 이 융기가 보이지, 자 한번 이야기해 보자[그림 3].

Ilona: [D상표 10개의 막대들의 끝점들이 수직인 부분을 가리키며] 이것이 융기에요.

연구자: 융기가 어디에 있어요? 여기 빨간색 선[값이 나타나는 세로 막대]으로 표시한 곳이에요?

Laila: 네, 우리는 그것을 나타내기 위해 세로 막대를 사용했어요. 융기를 나타내기 위해서요. 만약 녹색[K상표 10개]을 본다면, 이것이, 융기가 좀더 멀리 있다는 것을 알 수 있어요. 융기가 더 멀리 있기 때문에 녹색 상표가 더 좋다고 생각해요.

이 일화는 일부 학생들이 의도했던 대로 밀도와 형태에 대해 추론하기 시작했음을 보여준다. 그러나 학생들은 아직 전체적인 분포가 아니라 다수와 덤불 모양에 주목하였으나, 두 번째 교수실험의 13차시 수업에서 변화가 나타났다.

이 수업에서는 이용 가능한 자료가 없는 상황에서 학생들에게 예측하고 추론하도록 하는 활동이 자료에 대해 좀더 집단적인 관점을 갖도록 하는데 도움이 된다는 것을 확인하였다. 주어진 7학년 학생들의 몸무게 그래프와 비교해서 8학년 학생들의 그래프의 형태를 예측하는 것이 첫 번째 과제였다. 학생들의 관심이 개별적인 점들이나 다수의 점들에서 그래프의 전체적인 형태로 이동하기를 기대하였다.

교사: 8학년의 몸무게를 나타내는 그래프는 어떤 모양일까요?

Luuk: 크기나 수는 다르지만, 똑같을 것 같아요.

Guyonne: 융기가 좀더 오른쪽에 있을 것 같아요.

교사:　　상자그림은 어떻게 될까요?

Michiel:　그것도 오른쪽으로 이동할거에요. 중간에 있는 융기는 사실 좀더 오른쪽으로 이동한 상자그림이에요.

Luuk은 개별적인 값에 대해 추론했지만, 또한 전체적인 형태가 같을 것이라고 생각하였다. Guyonne은 개별적인 자료의 점에 대해 이야기하는 대신에 직접적으로 융기가 오른쪽으로 이동할 것이라고 언급하였다. Michiel은 상자그림과도 연결시켰지만, 상자그림의 상자에 대해서만 언급하였다.

다른 예측 과제에서도 전체적인 형태에 대해 추론하도록 했으며, 특이값과 표본의 크기와 같은 다른 통계적 개념들과 관련지을 수 있도록 하였다. 학생들은 문제가 되는 값이 아니라 양끝값을 의미하기 위해 특이값이라는 용어를 사용하였다.

연구자:　만약 너희 학급 학생들 대신 이 도시의 7학년 학생들을 모두 측정한다면 그래프는 어떻게 변할까요? 변하지 않을 수도 있을까요?

Elleke:　그러면 좀더 왼쪽으로 가야 하고 그리고 좀더 오른쪽으로 갈 것 같아요. 그러면 융기는 좀더 넓어지게 되겠죠. 제 생각은요. [그녀는 특이값이라는 용어를 사용하여 이것을 설명하였다]

연구자:　다르게 생각하는 사람 있어요?

Michiel:　네. 학생들이 더 많아지면, 몸무게가 평균인, 그래서 가장 많은, 이 부분도 많아져요. 그래서 융기는 여전히 같은 모양이라고 생각해요.

Albertine: 저도 학생들 수가 더 많아져도 융기는 그대로일거라고 생각해요.

이 일화에서, Elleke는 그래프의 형태를 특이값과 연결시켰다. Elleke는 표본의 크기가 증가하면 융기가 더 넓어질 것이라고 생각하였다. Michiel은 중간에 있는 집단이 더 높아진다고 말하였다. 이것은 그에게 융기가 동일한 형태를 유지한다는 것을 의미하였다. Albertine는 분포의 형태가 표본의 크기와는 무관하다고 생각했는데, 이것은 상대 도수를 고려한 흥미로운 대답이었다. 만약 Albertine이 절대 도수를 생각했다면 융기가 좀더 높아질 것이라고 생각했을 것이다. 가설적인 상황에서 분포의 형태에 대해 추론할 때 이러한 융기에 대한 개념은 분명히 도움이 된다. 이러한 방식으로 학생들은 단지 개별적인 변량을 보는 문제를 극복하였고 융기에 대한 개념을 발전시켰으며, 융기는 개념적 단일체의 역할을 하였다.

이러한 가설적 상황에서 형태를 예측하는 활동이 형태나 분포를 이해하는데 도움이 되는 데에는 몇 가지 이유가 있다. 첫째, 구체적인 자료가 없는 상황에서 그래프를 예측하는 활동은 학생들이 특징에 대해 좀더 **전체적으로** 사고하고 추론할 수 있도록 한다. Konold와 Higgins(2002)는 개별적인 자료에 초점을 둘 경우 나무들로 이루어진 숲을 보는 것은 어렵다고 말하였다. 학생들에게 숲에 대하여 질문을 하거나 다른 숲들의 특징에 대하여 예측하도록 해야 한다. 이것은 통계교육에 있어 유용한 교수학적 전략이 될 수 있다. 이러한 교수학적 전략은 인지적 제약과 관련이 있다. 즉, 이용할 수 있는 자료가 없는 상황에서 학생들이 어떤 개념적 특징에 기초해 무언가를 예측해야만 한다면 많은 개별적인 변량을 한꺼번에 생각하는 것은 불가능하다.

두 번째 이유는 그래프의 **매끈함**과 관련이 있다. Cobb, McClain, Gravemeijer (2003)는 언덕이 충분히 매끈하다면 학생들은 언덕에 대해 좀더 쉽게 추론할 수 있다고 생각하였다. 학생들이 예측한 그래프가 실제 자료의 그래프보다 좀더 매끈한 경향이 있다는 것을 확인하였다. 이러한 매끈한 그래프에 대한 추론은 학생들이 변이 속에 존재하는 분포의 형태, 다시 말해서 소음 속에 존재하는 신호(Konold & Pollatsek, 8장)를 인식하는데 도움이 될 수 있을 것이다. 만약 그렇다면, 학생들은 분포 개념을 이용하여 자료를 모델화할 수 있게 되는데, 이것이 바로 우리가 기대했던 하향식 관점이다(3절).

마지막 예에서는 일부 학생들이 분포에 대해 어떻게 추론하는지를 살펴보았다. 이들 두 여학생은 분포가 미니툴 1에서 언덕처럼 보이지 않는다는 사실에 당황해하지 않았다. 이 학생들이 해결한 과제는 건전지의 수명에 대한 분포가 정상적인지 한쪽으로 치우쳐 있는지를 결정하는 것이었다. 여기에서 **정규적**이라는 것은 '가운데에 중앙값이 있고 중앙값 근처에 다수가 몰려 있는 대칭적인 것'을 의미하는 것으로 비형식적으로 정의되었다. 막대를 이용한 그래프에서 다수의 자료가 몰려있는 곳이 직선처럼 보였음에도 불구하고 학생들은 다수를 표현하기 위해 언덕이라는 용어를 사용했다는 것이 흥미로웠다(그림 3 참고). 이것은 언덕이 시각적 도구가 아니라 분포에 대한 추론을 위한 개념적 도구가 되었다는 것을 의미한다.

Albertine: 오, 이것[그림 3에서 D상표의 건전지]은 정규적인데...

Nadia: 저 언덕은.

Albertine: 그리고 여기[K상표의 건전지]처럼 언덕이[직선인 부분] 여기에 있으면 한쪽으로 치우친 거야.

논 의

본 연구는 7학년 학생들이 분포에 대한 추론을 비형식적인 방법으로 어떻게 학습하는지를 조사하였다. 컴퓨터 도구와 그래프 고안 활동을 포함한 교육 프로그램이 분포의 여러 측면에 대한 추론을 어떻게 가능하게 하는지 세 단계로 나누어 살펴보았다. 연구 결과를 요약하고 이 연구의 제한점과 후속 연구를 위한 시사점을 제시한다.

미니툴 1을 이용해 통계적 문제를 해결할 때, 학생들은 다수, 특이값, 신뢰성, 퍼짐과 같은 비형식적인 용어를 사용하였다. 여러 일화들은 학생들이 실험의 처음 단계에서부터 분포의 여러 측면에 대해 추론한다는 것을 보여주었다. 미니툴 1을 이용하여 학생들은 '좋지만 신뢰할 수 없는' 것과 같은 건전지의 특징에 부합하는 자료 집합을 나타내었다. 학생들이 직접 자신들의 자료 집합을 만드는 활동은 자료 집합을 개별적인 변량으로 보는 것이 아니라 하나의 전체로 파악하는 데에 도움이 되었다(교수학적 전략 1). 미니툴 1의 막대 표현은 평균값을 발견하기 위해 보상 전략을 사용하는데 도움이 되었으며, 미니툴 2는 자료의 퍼짐을 쉽게 확인하는데 도움이 되었다.

미니툴 2를 이용하여 문제를 해결할 때, 학생들은 도수, 계급, 퍼짐, 사분위수, 중앙값, 밀도와 같은 분포의 여러 측면에 대해 좀더 깊이 있게 질적 개념을 발달시켰다. 자료 수가 같은 두 개의 집단, 자료 수가 같은 네 개의 집단, 자료 수가 같은 임의의 개수의 집단, 간격이 같은 임의의 개수의 집단으로 자료를 조직할 수 있는 기능을 포함한 점그래프는 중앙값, 상자그림, 밀도, 히스토그램에 대한 이해를 발달시키는데 기여하였다. Konold와 동료들의 연구(2002)에서처럼 덤불 모양이 중심과 분포의 다른 여러 가지 측면에 대한 추론을 돕는데 유용할 것이라고 기대하였다. 표본의 크기를 증가시키는 활동은 학생들이 변하는 과정의 안정적인 특징을 추론하도록 하는데 도움이 되었다(교수학적 전략 2). 표본 추출과 분포와 같은 포괄적인 아이디어는 일관적으로 발달될 수 있다. 그러나 이것이 어떻게 가능한가에 대한 연구가 필요하다.

3단계에서 학생들은 가설적인 상황에서 다수, 특이값, 표본의 크기와 같은 통계적인 개념에 대하여 추론을 할 때 융기를 이용하여 추론하기 시작했으며, 여러 그래프들에 대하여 추론할 때도 융기를 이용하였다. 가설적인 상황에서 분포의 형태와 위치 등에 대해 예측하는 활동이 좀더 전체적인 관점을 발달시키는데 유용하며, 소음 속에 존재하는 신호를 학생들이 인지할 수 있도록 하는데 유용하다(교수학적 전략 3).

시사점

학생들이 스스로 생각하고자 하는 태도로 학습 과정에 참여하게 하는 것은 매우 중요하며, 이러한 경험을 제공하기 위해서는 많은 토론과 상호작용이 이루어져야 한다. 분포에 대한 직관이 먼저 발달된 후에 중앙값과 사분위수와 같은 형식적인 측정을 지도해야 한다. 또한 교사는 추론의 발달 과정에서 학생들이 정확한 통계적 정의를 사용하지 않더라도 이를 허용해야 하며, 학생들이 세부적인 것들을 포괄적으로 이해할 수 있을 때 좀더 정확한 정의로 나아가야 한다. 학생들이 분포에 대해 어떻게 추론하는지 알기 위해서는 평가 자료를 이용하는 것뿐만 아니라 학생들의 말에 귀를 기울이고 활동을 관찰하는 것도 중요하다. 주어진 통계적 정보를 나타내도록 그래프를 고안하는 과제가 학생들을 평가하는 데에 매우 유용하다는 것을 알 수 있었다. 달리기 연습에 관한 비형식적이고 통계적인 개념을 포함한 상황에 적합한 그래프를 고안하도록 하는 것은 매우 효과적인 과제 중의 하나였다. 이 과제에서 학생들에게 사용할 수 있는 그래프의 유형을 제한하지 않았다. 과제의 내용을 "가장 빠른 학생은 28분이 걸린다."와 같이 쉬운 것에서부터 "10번의 연습을 모두 마친 후 학생들의 기록에 대한 퍼짐은 연습을 시작하기 전의 기록에 대한 퍼짐보다 작지만, 여전히 범위는 매우 넓다."와 같이 어려운 것까지 계획적으로 통합하여 제시하였다. 다음은 사용했던 과제이다.

7학년 학생들이 5km 달리기 연습을 하려고 한다. 이들의 기록 향상을 알아보기 위해 연습을 시작하기 전의 기록에 대한 그래프, 반 정도의 연습이 이루어진 후의 기록에 대한 그래프, 10번의 연습을 모두 마친 후의 기록에 대한 그래프, 이렇게 세 개의 그래프를 그리기로 하였다. 다음의 이야기에 적절한 그래프를 그려라.

- 연습을 시작하기 전에 일부 학생들은 기록이 좋지 않았으나 일부 학생들은 이미 좋은 기록을 가지고 있었다. 가장 빠른 학생은 5km를 28분에 달렸다. 학생들 사이의 퍼짐은 매우 컸다. 대부분의 학생들은 느린 편이었다.
- 반 정도의 연습을 마쳤을 때 대부분 학생들의 기록이 향상되었다. 그러나 가장 빨랐던 학생은 기록을 아주 조금 단축했는데 이것은 가장 느린 학생이 단축한 기록과 거의 같다.

- 10번의 연습을 모두 마친 후에 기록의 퍼짐은 처음 시작할 때보다 작았다. 그러나 여전히 매우 컸다. 대부분의 학생들이 기록을 약 5분 정도 향상시켰으나, 여전히 느린 편이었다. 그러나 대부분의 학생들은 처음에 가장 빨랐던 학생의 기록과 거의 비슷한 기록을 갖게 되었다.

학생들이 자신의 그래프에 많은 요소를 표현할 수 있음을 확인하였으며, 그래프를 만드는 과정을 관찰함으로써 그들의 사고와 추론에 대해 더 많은 것을 알게 되었다.

이 장에서 설명한 바와 같이, 7학년 학생들이 분포에 대한 추론의 유형을 개발하는 것이 적어도 가능하다고 결론을 내리지만, 이 실험에 참여한 학생들은 평균 이상의 능력을 가진 학생들이며 수업 중에 이루어진 면담이 학생들의 반성적 사고를 촉진했다는 것을 강조한다. 이 학생들과 유사한 방법으로 분포에 대해 추론을 하기 위해서 다른 학생들은 좀더 많은 시간이 걸릴 수도 있으며, 7학년 이후에 가능할 수도 있다.

이 연구의 또 다른 제한점은 3단계에서 소개된 일화들은 두 번째 교수실험에서만 나타난 독특한 사례라는 것이다. Michiel이 융기 모양의 그래프를 만들지 않았다면 어떻게 되었을까? 세 번째와 네 번째 교수실험에서도 융기에 대한 어느 정도의 추론이 있었다. 이 연구를 통해 이 질문에 완벽하게 답할 수는 없으나, 중요한 논의거리가 무엇이며 교육활동에서 어떠한 교수전략이 유용한지에 대한 시사점은 얻을 수 있다.

또한 구체적인 자료 없이 그래프를 예측하는 활동이 이 장에서 제시한 교수학적 계열을 따를 때 자동적으로 나타나는 통계적 실제인 것은 아니다. 두 명의 신임 교사가 12개의 다른 7학년 수업에서 같은 자료를 이용하여 수업했으며, 이 수업의 학생들을 관찰한 후 이러한 결론을 내렸다. 이 수업에서 그래프를 예상하도록 했을 때 학생들은 이러한 질문에 익숙하지 않았기 때문에 혼란스러워하였다. 따라서 적절한 컴퓨터 도구, 주의 깊게 설계된 교육 프로그램, 교실 토론을 이끌어가는 교사의 기술만큼 중요한 것이 바로 사회-수학적 규범과 관행(Cobb & McClain, 16장)을 정립하는 것이라는 시사점을 얻을 수 있다.

이 교사들은 우리가 사용했거나 고안한 통계 과제 중 일부는 너무 어렵고 학생들이 쉽게 경험하고 접할 수 있는 상황이 아니라고 보고하였다. 또한 교사들은 우리가 실시한 수업에서보다 더 많은 시간을 필요로 했으며 교실 토론을 이끌어나가는 것을 어려워하였다. 일어날 수 있는 상황들에 맞추어 부분적으로 활동을 조절할 필요가 있었고, 간단한 면담이 학습에 영향을 미쳤음을 인정한다. 따라서 교사가 이러한 주제들을 가르치기 위해서는 어떠한 종류의 안내와 기술이 필요한지에 관한 후속 연구가 필요하다.

감사의 글

이 프로젝트를 도와준 Abels, Jasper, Jansens 교사에게 감사를 표한다. 이 연구는 575-36-003B로 네덜란드 과학 연구 위원회의 지원을 받아 수행하였다. 그러나 이 장에서 제시한 의견이 반드시 위원회의 관점을 반영하는 것은 아니다.

참고문헌

Bakker, A. (2003). The early history of average values and implications for education. *Journal of Statistics Education*, *11*(1). Online: http://www.amstat.org/publications/jse.v11n1/bakker.html

Beihler, R (2001). Developing and assessing students' reasoning in comparing statistical distributions in computer-supported statistics courses. In C. Reading (Ed.), *Proceedings of the Second International Research Forum on Statistical Reasoning, Thinking, and Literacy (SRTL-2).* Armidale, Australia: University of New England.

Ben-Zvi, D., & Arcavi, A. (2001). Junior high school students' construction of global views of data and data representations. *Educational Studies in Mathematics*, *45*(1), 35-65.

Cobb, P. (1999). Individual and collective mathematical development: The case of statistical data analysis. *Mathematical Thinking and Learning*, *1*(1), 5-43.

Cobb, P., McClain, K., & Gravemeijer, K. P. E. (2003). Learning about statistical covariation. *Cognition and Instruction 21*(1), 1-78.

Cobb, P., & Whitenack, J. W. (1996). A method for conduction longitudinal analyses of classroom videorecordings and transcripts. *Educational Studies in Mathematics*, *30*(3), 213-228.

de Lange, J., Burrill, G., Romberg, T., & van Reeuwijk, M. (1993). *Learning and testing mathematics in context: The case—data visualization*. Madison, WI: University of Wisconsin, National Center for Research in Mathematical Sciences Education.

Edelson, D. C. (2002). Design research: What we learn when we engage in design. *Journal of the Learning Sciences*, *11*(1), 105-121.

Freudenthal, H. (1991). *Revisiting mathematics education: China lectures*. Dordrecht, The Netherlands: Kluwer Academic Publishers.

Friel, S. N., Curcio, F. R., & Bright, G. W. (2001). Making sense of graphs: Critical factors influencing comprehension and instructional implications. *Journal for Research* in *Mathematics Education*, *32*(2), 124-158.

Gravemeijer, K. P. E. (1994). *Developing realistic mathematics education.* Utrecht, The Netherlands: CD Béta Press.

Hancock, C., Kaput, J. J., & Goldsmith, L. T. (1992). Authentic enquiry with data: Critical barriers to classroom implementation. *Educational Psychologist*, *27*(3), 337-364.

Konold, C., & Higgins, T. (2002). Highlights of related research. In S. J. Russell & D. Schifter & V. Bastable (Eds.), *Developing mathematical ideas: Working with data* (pp. 165-201). Parsippany, NJ: Seymour.

Konold, C., Robinson, A., Khalil, K., Pollatesk, A., Well, A. D., & Wing, R., et al. (2002). Students' use of modal clumps to summarize data. In B. Phillips (Ed.), *Developing a Statistically Literate Society: Proceedings of the International Conference on Teaching Statistics* [CD-ROM], Cape Town, South Africa, July 7-12, 2002.

Lemke, J. L. (2003). Mathematics in the middle: Measure, picture, gesture, sign, and word. In M. Anderson, A. Sáenz-Ludlow, S. Zellweger, & V. V. Cifarelli (Eds.), *Educational perspectives on mathematics as semiosis: From thinking to interpreting to knowing* (pp. 215-234). Ottawa, Ontario: Legas Publishing.

Meira, L. (1995). Microevolution of mathematical representations in children's activity. *Congnition and Instruction*, *13*(2), 269-313.

Mokros, J., & Russell, S. J. (1995). Children's concepts of average and representativeness. *Journal for Research in Mathematics Education*, *26*(1), 20-39.

National Council of Teachers of Mathematics. (2000). *Principles and standards for school mathematics*. Reston, VA: NCTM.

Petrosino, A, J., Lehrer, R., & Schauble, L. (2003). Structuring error and experimental variation as distribution in the fourth garde. *Mathematical Thinking and Learning*, *5*(2&3), 131-156.

Sfard, A. (2000). Steering (dis)course between mataphors and rigor: Using focal analysis to inverstigatc an cmergence of mathematical objects. *Journal for Research in Mathematics Education*, *31*(3), 296-327.

Steinbring, H. (1997). Epistemological investigation of classroom interaction in elementary mathematics teaching. *Educational Studies in Mathematics*, *32*(1), 49-92.

Strauss, A. & Corbin, J. (1998). *Basics of qualitative research: Techniques and procedures for developing grounded theory*. Thousand Oaks, CA: Sage.

Wilkinson, L. (1999). Dot plots. *American Statistician*, *53*(3), 276-281.

Zawojewski, J. S., & Shaughnessy, J. M. (2000). Mean and median: Are they really so easy? *Mathematics Teaching in the Meddle School*, *5*(7), 436-440.

8장

평균의 개념화

:소음과 안정

C. Konold and A. Pollatsek

개요

최근까지 미국에서의 통계 학습은 주로 대학에서 이루어졌지만 「Quantitative Literacy」시리즈(Scheaffer, 1991)와 미국수학교사협의회(National Council of Teachers of Mathematics; NCTM, 1989; 2000)의 권고에 따라 이제는 통계와 자료 분석이 대부분의 수학 교육과정에서 중요하게 다루어지고 있으며, K-12학년의 과학 규준과 교육과정(Feldman, Konold, & Coulter, 2000; National Research Council, 1996)에도 반영되고 있다. 1950년대 이후 출판된 대부분의 통계학 교재는 변이를 거의 다루지 않으면서 주로 공식에 의존하는 반면, 최근의 대학 통계 입문 과정은 이러한 방법을 탈피하는 방향으로 변화하고 있다(Cobb, 1993; Gordon & Gordon, 1992; Smith, 1998).[14] 또한, 모든 학교 급의 학생들이 주어진 문제를 해결하기 위해 실제 자료를 분석하는 활동에 참여해야 한다는 합의가 이루어졌다. 통계 입문 단계에서 형식적 추정보다 자료의 구조를 밝히는 탐색적 접근방법(Tukey, 1977)이 점차 강조되었다. 탐색적 접근방법은 시각적 표현과 그래픽 중심의 새로운 컴퓨터 소프트웨어를 이용하는 방법이다(Biehler, 1989; Cleveland, 1993; Konold, 2002).

그동안 많은 비판을 받았음에도 불구하고 전통적 통계 지도 방법을 지지하는 사람들은 계속해서 하나의 분명한 주장을 하고 있는데, 통계적 추정을 위한 큰수의 법칙이나 중심극한정리와 같은 핵심적인 개념들을 가르쳐야 한다는 것이다. 그러나 탐색

14) Cobb(1993)이 언급한 것처럼, "우리가 모든 초등 교재에서 채택한 경로를 포갤 수 있다면, 그 모습은 밤에 차가 많은 고속도로를 따라 이동하는 자동차들의 미등을 저속으로 촬영한 것과 매우 유사할 것이다."(p. 53)

적 자료 분석을 배우고 있는 학생들에게 이러한 주장은 그리 설득력 있어 보이지 않는다. 자료 분석을 지도할 때 초기 단계에서 어떠한 핵심적인 개념들을 목표로 두어야 하는지 여러 제안들이 나오고 있다. 예를 들어, Wild와 Pfannkuch(1999)는 변이를 통계적 추론의 핵심 개념으로 간주하고 있으며 자료로부터의 추론을 학습하는데 필요한 핵심적인 다양한 세부 구성 요소를 제시하고 있다. 최근 12~14세 학생들을 위해 고안한 교육 자료는 분포에 대한 개념 발달을 목표로 하고 있다(Cobb, 1999; Cobb, McClain, & Gravemeijer, 2003). 이들을 지지하는 연구에 따르면 분포를 이해하기 위해서는 자료를 어떤 영역 내에 분포되어 있는 실체로 볼 수 있어야 하는데, 그래프 표현이나 수치적 요약 형태의 다양한 통계적 표현은 서로 다른 방식으로 분포를 구조화하거나 기술한 것이다(Cobb, 1999, pp.10-11). 한편, 다른 연구자들에 의하면 자료에 대한 개념의 핵심은 자료를 하나의 집단으로 보는 것이다. 여기에서 집단이란 임의의 개별적인 자료에서는 볼 수 없는 특징을 가지고 있는 실체, 즉 분포를 의미한다(Konold & Higgins, 2003; Mokros & Russell, 1995).

이 장에서는 8세의 어린 나이에서부터 통계와 자료 분석을 지도하는데 필요한 핵심 개념이 무엇인지에 대한 우리의 의견을 제시하며, 이를 위해 집단, 변이, 분포 개념을 살펴본다. 요컨대, 통계를 소음과정(noisy process)에 대한 탐구로 인식해야 한다는 것이다. 소음과정이란 충분한 양의 자료를 조사함으로써 탐지할 수 있는 신호를 지닌 과정이다.

평균값(mean)이나 중앙값과 같은 통계량을 계산하는 주요 목적은 개별적인 자료값들에 의해 발생하는 '소음' 속에 존재하는 '신호'를 표현하는 것이다. 그러나 이러한 아이디어는 국가 교육과정이나 규준에는 나타나 있지 않다. American Association for the Advancement of Science(AAAS), Science for All Americans(1989), NCTM의 학교 수학의 원리와 규준(2000)은 모두 평균(average)을 일종의 신호라고 명확하게 설명하고 있지 않다. 조사를 통해 중학교와 고등학교의 여러 수학교육과정에도 이런 아이디어가 반영되어 있지 않다는 것을 확인할 수 있었으며, 또한 평균에 대한 학생들의 사고와 특징을 조사한 선행 연구에서도 이러한 아이디어를 찾아볼 수 없었다(Mokros & Russell, 1995; Pollatsek, Lima, & Well, 1981; Strauss & Bichler, 1988). 그러나 이러한 아이디어는 최근에 이루어진 몇몇 연구에서 분명하게 드러난다. Noss, Pozzi, Hoyles(1999)는 간호사들을 대상으로 통계적 추론을 조사하였는데, 연구자들이 면담한 어떤 간호사는 사람의 평균 혈압에 대해 범위가 그런대로 유지되는 것이라고 설명하였다. Biehler(1994), Wild와 Pfannkuch (1999), Wilensky(1997)의 연구에서도 소음과 신호를 명확하게 다루고 있다.

개관

통계학자들이 **중심 척도**로서의 평균에 대해 어떻게 생각하며 평균을 어떻게 이용하는가에 대해 먼저 논의하고 이를 교육과정에서 자주 접하는 평균에 대한 다양한 해석들과 비교하고자 한다. 교육과정에서 평균은 자료 집합에 대한 요약에 불과한 것으로 설명되고 있다.[15] 이러한 설명을 통해 자료 집합을 요약하는 이유(예컨대, '대표적인 값'이 무엇인가)를 알 수는 있지만 자료 집합의 특성을 기술하거나 전체 집합을 대표하기 위해 그러한 통계적 지표를 사용하는 개념적 근거에 대해서는 알 수 없다. 이러한 주장을 뒷받침하기 위해 학생들이 집단을 대표하는 값으로 평균을 이용하지 못한다는 것을 보여주는 연구를 다시 살펴본다. 이 연구에서 대부분의 학생들은 중앙값이나 평균값과 같은 다양한 종류의 평균을 계산하는 방법을 알고 있었으며, 두 집단을 비교하기 위해 평균을 이용하는 것이 특히 유용한 문제 상황이었음에도 불구하고 평균을 이용하지 못하였다. 학생들이 중심 척도이라는 개념, 즉 신호와 소음의 결합으로서의 자료에 대한 개념을 일찍부터 개발할 수 있도록 지도할 것을 제안한다. 중심 척도의 개념적 기초를 살펴보기 위해 역사적 발달 과정을 간단히 검토하고 세 가지 유형의 통계과정(statistical process)을 조사한다. 각 통계과정에서 자료를 신호와 소음의 결합으로 간주할 때 나타나는 개념적 어려움을 알아본다. 마지막으로 학생들의 사고와 학습에 대한 연구에 도움이 될 만한 몇 가지 방안을 제시한다.

이 장에서는 평균에 초점을 맞추어 논의한다. 여기서 **평균**(average)은 평균값, 중앙값, 최빈값을 포함하여 중심의 측정값을 총괄하는 용어이다. 우리가 평균에 초점을 맞추기 때문에 통계교육에서 중심의 측정값이 지나치게 강조되어 왔으며 변이성은 무시되어 왔다고 주장하는 사람들이 오해할 여지가 있음을 인정한다(Shaughnessy,

15) Krantz(사적인 대화, 2001년 12월 13일)는 자료 분석 리스트서브(listserv)에서 거론된 질문 "기술 통계에서 평균값이 정말로 필요한가?"에 대해 우리의 생각과 의견을 같이 하였다. "나는 기술 통계가 무엇을 의미하는지 정확히 모르겠다. 솔직히 나는 기술 통계라는 것이 별도로 존재한다고 생각하지 않는다. 이것은 단지 표집 분포를 도입하기 이전에 교과서에서 다루는 것이 전부이다. 기술 통계가 유용한 것이라면 그에 합당한 목적을 충족시켜야 한다. '단순한 기술'과 추정의 결과를 제시하는 것 사이의 구별은 상당히 모호하다."

Watson, Moritz, & Reading, 1999; Gould, 1996). Tukey(1977)의 탐색적 자료 분석(EDA)을 지지하는 사람들은 이에 대해 좀더 일반적인 비판을 해왔다. 이들은 추리 통계에 대한 전통적인 관점에 기초하는 교육과정 대신 좀더 유동적이고 덜 이론적인 관점을 지닌 탐색적 자료 분석을 지도해야 한다고 주장한다(Biehler, 1989; 1994).

EDA를 지지하는 사람들뿐만 아니라 중심의 측정값이 너무 지나치게 강조되는 것을 걱정하는 사람들 역시 우리를 오해할 수 있을 것이다. 즉, 학생들에게 평균값과 같은 제한된 단순한 요약치를 조사하여 결론을 도출하도록 지도하는 것을 목표로 하고 있다고 오해할 수 있다. Shaughnessy 외(1999)와 EDA 지지자들은 학생들이 형태나 퍼짐과 같은 일반적인 분포의 특징에 주목하고, 자료에 대한 직관을 형성하기 위해 다양한 방법으로 분포를 조사하도록 지도해야 한다고 주장하는데 우리는 전적으로 이들의 의견에 동의한다. 중심의 측정값에 초점을 둔다고 해서 이들과 의견이 다른 것은 아니다. 우리는 평균에 대해 부분적으로는 실용주의적으로, 또 부분적으로는 원리적으로 설명할 것이다.

실용주의적 관점에서 평균에 대한 설명을 단순화하고자 한다. 거의 모든 통계적 측정값들은 집단의 성질을 담고 있으며 이들은 중심에 대한 의미 있는 측정값들과 중요한 성질을 공유한다. 자료를 더 많이 수집할수록 이 값들은 더 안정적이게 된다. 이러한 측정값에는 표준편차, 사분위수 범위, 백분위수, 왜도와 같은 퍼짐에 대한 측정값들이 포함된다. 그러나 이와 같이 여러 가지 측정값들을 모두 고려하는 것은 설명을 불필요하게 복잡하게 할 수 있다.

이 장에서 중심의 측정값에 초점을 맞추는 좀더 중요한 이유는 이러한 측정값들이 특히 의미가 있다고 생각하기 때문인데 자료의 두 집합을 비교할 때 더욱 그러하다. 물론 EDA를 지지하는 사람들의 일부는 이 의견에 동의하지 않을 수 있다. 예컨대, Biehler(1994)는 분석의 주요 초점을 분포에 두어야 하며 평균값과 같은 평균은 분포의 여러 성질들 중의 하나로 간주되어야 한다고 주장한다. 그러나 우리는 신호를 찾는 것이 핵심이고 신호 '주위의 분포'를 고려할 때 분포에 좀더 집중할 수 있다고 생각한다. 더 나아가 자료 분석에서 가장 기초적인 것은 어떤 요소가 두 집단의 차이를 야기하는지 알아내기 위해 **집단의 차이**를 조사하는 것이다. 이를 위한 가장 간단하고 보편적인 방법은 평균을 비교하는 것이다. 학생들이 언제 두 집단의 평균을 비교하는 것이 의미 있는지 그리고 언제 이러한 비교가 혼란을 주는지를 이해할 수 있어야만 제대로 된 통계적 추론을 하는 것이다. 따라서 학생들이 이것을 이해하지 못한다면 자료 탐색, 즉 '정보 캐기(data snooping)'는 무의미하며 방향을 잃을 것이다.

소음과정 속에 존재하는 신호들

통계학자는 평균값이나 중앙값과 같은 집단의 특징을 변화하는 체계의 안정적인 성질을 나타내는 지표로 간주하는데, 안정적인 성질은 자료들을 하나의 집단으로 볼 때에만 명확히 드러난다. 이러한 안정성은 불확실성을 포함하는 상황에서의 확실성, 소음과정 속에 존재하는 신호, 또는 중심 척도로 간주될 수 있다. Moore(1990, p.107)는 현대의 통계학자들은 **중심 척도**라는 용어를 거의 사용하지 않는다고 주장하면서 이 용어대신 '중심' 또는 '위치'의 측정값이라는 말을 사용해야 한다고 주장한다. 그러나 이 장에서는 중심 척도이라는 용어를 사용하는데, 이는 평균을 분포에서의 단순한 위치인 것처럼 말할 때 간과할 수 있는 평균의 개념적 측면을 강조하기 위해서이다.

안정적인 값을 나타낼 때 중심 척도라는 용어를 사용하는데 이것은 변화하는 과정 속에 존재하는 신호가 되며 자료의 수가 증가함에 따라 점점 어딘가로 근접해간다.[16] 중심 척도의 지표로 사용되는 대표적인 통계량에는 평균값이나 중앙값과 같은 평균들이 있다. 중심 척도가 있는 소음과정은 두 개의 요소를 가지고 있는데 하나는 평균값으로 요약되는 안정적인 요소이며, 다른 하나는 개별적인 값들의 편차와 같은 가변적인 요소는 주로 표준편차로 요약된다.

사실, 중심의 측정값이 소음과정의 안정적인 요소를 특징짓는 유일한 방법은 아니다. 예를 들면, 도수 분포의 형태와 변이성에 대한 포괄적인 측정값 역시 자료를 많이 수집할수록 더 안정적이며 소음과정에 대한 정보를 제공해준다. 이와 같이 좀더 일반적인 특징들을 소음과정의 **지표**로 언급할 수 있을 것이다. 그러나 분포의 형태나 변이성과 같은 조사할 수 있는 모든 특징들이 평균과 상당히 비슷하다는 것을 알아야 한다. 특정 분포의 형태를 관찰할 때 대개 자료의 도수가 변량에 따라 어떻게 변하는지 정확히 알려고 하지 않는다. 그보다는 분포의 '울퉁불퉁함(bumpiness)'을

---

16) 많은 사람들은 **중심 척도**라는 용어를 **평균** 또는 **중심**의 유의어로 사용한다. 그러나 이 장에서 중심 척도는 여기에서 정한 특별한 의미로 사용하기로 한다.

완만하게 하는데 관심이 있다. 이를 위해 좀더 부드러운 곡선으로 시각화하여 비형식적으로 해결하거나 최적의 적합 곡선을 계산하여 형식적으로 해결한다. 두 가지 경우 모두에서 변이성이 거의 사라졌을 때 남아있는 특징이 무엇인지 알고자 한다. 비슷한 방식으로 표준편차나 사분위수와 같은 측정값을 사용할 때에도 표본에 속하는 자료의 **평균적인** 퍼짐에 대한 특징을 찾고자 한다.

안정적인 요소에 대해 논의하더라도 소음과정에 내재한 근본적인 변이성과 그로 인한 개연성을 인정해야 한다. 이는 중심 척도에 대한 이 장의 논의에 암묵적으로 가정되어 있다. 중심 척도으로 해석된 평균 개념은 퍼짐이라는 개념과 분리될 수 없다. 평균과 변이성이 분리될 수 없는 개념이라는 것은 대부분의 사람들이 동일한 값들로 구성된 집합의 평균에 대해 말하는 것을 이상하게 생각한다는 사실로부터 명확하게 알 수 있다. 게다가, 중심에 대한 특정한 측정값이 개별적인 값들과 어떤 관련이 있는지에 대한 고찰 없이 평균값과 중앙값이 갖는 의미를 이해하는 것은 무리가 있다. 예컨대, 편차의 합이 0이 되게 하는 **균형점**으로서 평균값을 다루거나 상위 수준의 값의 개수와 하위 수준의 값의 개수를 동일하게 하는 점으로서 중앙값을 다루는 것처럼 분포되어 있는 개별적인 값들과의 관련성을 고찰할 필요가 있다.

위에서 명확하게 말한 것처럼 모든 평균들이 중심 척도인 것은 아니다. 어떤 특정한 동물원에 있는 모든 사자들의 평균 몸무게를 중심 척도로 생각할 수 있을지도 모른다. 그러나 사자의 무게에 대한 평균값을 계산할 수는 있지만 소음과정에 대한 중심 척도로서 평균값을 해석하는데 필요한 정보는 제공해 주지 못한다. 어떻게 사자가 그곳에 왔는지 나이는 얼마인지에 대해 좀더 자세히 알지 못한다면 이때의 평균값이 중심 척도를 지닌 소음과정에 대해 어떠한 것을 말해줄 수 있을지 의문이다. Quetelet은 이러한 차이를 오차의 법칙을 따르는 분포의 **진정한** 평균값과 위의 예에서처럼 잡다하게 섞인 집합에 대한 **산술적** 평균값으로 구분하였다(Porter, 1986, p.107).

모집단 대 소음과정

앞의 설명에서 우리는 모집단이 아니라 소음과정에 대해 언급하였다. 그림 1에서와 같이 표본 또는 자료 집합에 대해 사고하는 서로 다른 두 가지 방법을 비교하고자 한다. 표본을 모집단의 부분집합으로 생각한다면 표본은 모집단에 대해 추측할 수 있게 해주는 한 부분으로 간주될 수 있다. 즉, 표본의 평균과 형태를 통해 모집단의 평균과 형태를 추정할 수 있다. 예컨대, 무기 소지를 반대하는 미국인들의 비율을 추정하려고 한다면 무기 소지를 반대하는 미국인의 비율이 정해져있다고 가정하고 잘 선택된 표본을 통하여 그 비율을 추정하는 것이다. 이러한 방법의 사고에서는 모집단이 변화하는 원인과 경향에 초점을 두기 보다는 모집단을 고정적인 것으로 본다.

그림 1의 오른쪽 그림에 묘사되어 있듯이 과정적인 관점에서는 모집단이나 표본은 지속적이고 역동적인 과정에서 나온 결과로 간주될 수 있다. 이 과정에서 각각의 관찰값은 수많은 원인들에 의해 결정되며 이 원인들 중 어떤 것은 알 수 있지만 알 수 없는 원인들도 있다. 이러한 관점은 과정이 왜 이렇게 되었는지 어떤 요인이 그 과정에 영향을 미쳤는지에 관심을 둔다. 무기 소지와 관련된 예에서 사람들의 의견이 다양하고 복잡한 원인에 의해 변한다는 것을 상상할 수 있다. 어떤 한 시점에서 이러한 영향이 미치는 순효과를 측정하기 위해 또는 이 과정이 일정 기간 동안 변화하는지 아닌지 알아내기 위해 그 과정으로부터 표본을 추출하는 것이다.

Frick(1998)이 언급한 여러 논의와 같이 우리는 표본 그리고 만약 존재한다면 모집단도 과정의 산출물로 간주해야 한다고 생각한다.[17] 이러한 해석을 선호하는 이유 중의 하나는 이 관점에서 우리가 관심을 갖는 통계적 상황을 더 잘 설명할 수 있기 때문이다. 예를 들어, 반복적으로 물체의 무게를 측정하는 것과 같이 실제로 모집단이 존재하지 않는 상황을 더 잘 설명할 수 있다. 과정적 관점을 선호하는 또 다른 이유는 표본을 추출하는 방법이나 두 개의 표본이 왜 다른가에 대해 생각할 때 대체로 자료를 산출하는데 영향을 미치는 요인에 초점을 두기 때문이다. 즉, 우리는 탐구하고 있는 현상의 바탕이 되는 **인과 과정**에 대해 생각한다. Biehler(1994)는 자료를 분포의 변화를 예측할 수 있는 확률적 메커니즘에 의해 만들어지는 것으로 간주할 때의 장점을 이와 유사하게 설명하고 있다. 결국 자료를 과정의 산출물로 간주하는 이유는 개별적인 값들의 집합을 어느 정도 '동일한 것'으로 생각하고 그것을 하나의 단일체로 추론하기 위함이다. 우리는 이들이 동일한 과정에 의해 생성된 것으로 간주한다.

물론, 통계학자들은 모집단을 생각할 때 과정에 대한 이러한 생각을 암묵적으로 지니고 있으며 대부분의 전문가들은 과정적인 관점과 모집단적인 관점 사이를 자연

17) 이러한 관점을 채택하면서 우리는 일반적으로 **모집단**보다는 **과정**을, **모수**보다는 **과정**에 대한 **중심 척도 또는 신호**를, **표본 통계**보다는 **신호의 추정**이라는 용어를 사용한다. 우리는 **과정**이라는 용어를 시간이 지남에 따라 빠르게 변화하는 확률 통계적 과정(stochastic process)뿐만 아니라 시간이 지나도 상대적으로 안정적인 과정 모두를 언급하는데 사용한다.

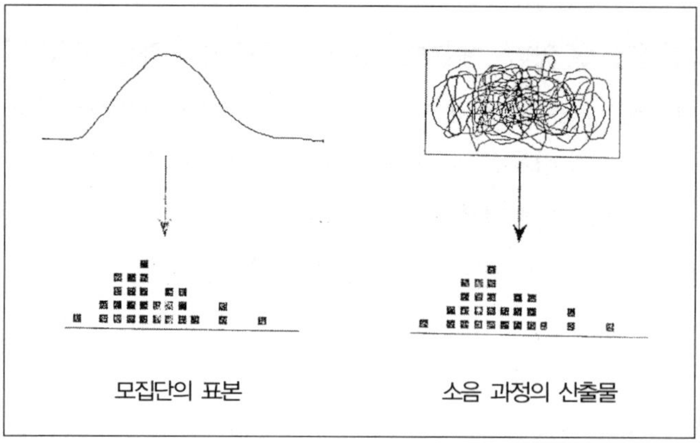

그림 1 자료를 모집단의 표본으로 간주하는 관점(왼쪽)과 자료를 소음과정의 산출물로 간주하는 관점(오른쪽)

스럽게 이동할 수 있을 것이다.[18] 그러나 통계학을 처음 공부하는 학생들에게 어떤 관점을 선택하는가는 매우 중요하다. 과정과 중심 척도에 대해 추론한다는 것이 무엇을 의미하는지 좀더 자세히 설명하기 위해 NAEP(National Assessment of Educational Progress)의 최근 결과에 대해 살펴보고자 한다.

소음과정의 신호: NAEP 결과

미국에서 NAEP는 4, 8, 12학년 학생들의 능력을 4년마다 평가한다. 1998년에 있었던 평가에서 8학년 학생들의 읽기 능력의 평균 점수는 264점이었다.[19] 물론, 대부분의 사람들이 알고 싶어 하는 것은 어떻게 이것을 과거의 평가결과와 비교하는가이다. 평균 점수는 1994년보다 4점 증가하였다. 12학년 학생들의 평균 점수도 1994년보다 4점 증가했으며, 4학년 학생들의 평균 점수는 3점 증가하였다. Donahue, Voelkl, Campbell, Mazzeo(1999)는 이러한 변화를 학생들의 읽기 능력이 향상되고 있다는 증거로 해석하였다.

이와 같은 보고서들은 현재 너무 일반적이고 흔해서 그러한 추론이 논리적인 것인지에 대해서는 좀처럼 문제가 제기되지 않는다. 그러나 집단의 평균 점수를 비교하는 이론적인 근거는 무엇이며, 매우 작은 평균의 차이를 심각하게 고려하는 이론적인 근거는 무엇인가? 통계적 관점에서 이런 질문에 답하기 위해 우리는 중심 척도에

---

18) Frick(1998)은 임의 표집에 대한 이론적 설명과 실제로 수행하는 표집 사이에서 발생하는 불일치는 학생들이 모집단이 아닌 과정으로부터의 표집을 명확하게 배울 때 해결될 수 있다고 주장하면서, 과정과 모집단 사이의 차이는 단순한 용어 이상의 차이라고 주장하였다.

19) 읽기 능력 점수는 500점이 만점이었으며 표준편차는 50점이었다.

대한 개념이 잘 구성되어야 한다고 주장하는 바이다.

중심 척도로 해석된 264점이라는 평균값은 특정 시기의 미국 학생들이 책을 얼마나 잘 읽는가를 결정하는 복잡한 과정을 측정한 하나의 측정값이다. 학교에서 학생들이 받는 읽기 교육은 이러한 과정의 분명한 구성요소가 된다. 이 과정의 또 다른 구성요소는 부모의 태도이다. 부모의 개인적인 읽기 습관, 부모가 자녀에게 글을 읽어주는 시간, 집에 보유하고 있는 책의 종류와 양 등이 여기에 속한다. 세 번째 구성요소는 가정과 학교 밖에서 발생하는 요인으로서 영양 섭취 수준, 태아보호시설의 이용가능성 및 사용 정도 등과 같은 공중보건과 발달, 유전적인 요인 그리고 지역 공동체와 사회에서 제공하는 읽기 훈련과 교육에 부여하는 가치 등이 여기에 포함된다.

통계적 관점에서 볼 때 이러한 모든 요인들이 우리가 인식하지 못하는 다른 많은 요인과 함께 학생들의 읽기능력을 결정하는 전체적인 과정을 형성한다고 보는 것이 유용하다고 생각한다. 수많은 요인들이 어떻게 함께 작용하여 결과를 산출하는지 알 수 없다는 점에서 전체적인 과정은 확률적인 과정이며 미시적인 수준에서는 예측불가능한 과정이다. 그러나 비록 이러한 과정에서 나타나는 읽기 능력이 너무 다양해서 예측할 수 없을지라도 특정 시기의 전체적인 과정을 가리켜 읽기 능력이 뛰어난 학생을 길러내는 안정된 방법으로 간주할 수 있다. 이러한 과정을 거친 학생들의 다수를 표집하여 평균 수행 정도를 파악하는 것은 그 과정이 얼마나 잘 읽기 능력을 갖춘 시민을 양성하는지, 즉 과정의 중심 척도를 측정하는 한 방법이다. 1820년에 de Staël이 설명했듯이 수많은 가능성 속에서 관찰값을 얻을 때 다양한 조합에 의존하는 사건들은 일정한 비율로 주기적으로 다시 발생할 수 있다(Hacking, 1990, p.41에서 인용). 또한, 중심 척도의 수렴성 때문에 자료 집합의 크기가 크면 클수록 표본 평균으로 예상되는 추정치는 과정의 안정적인 구성요소에 더 가까워진다.

읽기 능력을 측정하기 위한 표본이 매우 크고(8학년 학생 약 11,000명) 표본 구성 과정이 적절하다고 가정한다면 264점이라는 표본의 평균값은 집단의 경향성과 매우 비슷할 것이라 기대할 수 있다. 1994년의 평균값 역시 이러한 조건을 동일하게 만족한다고 가정한다면 읽기 점수에 영향을 미치는 과정의 변화가 두 평균값의 차이에 반영되었다는 점을 확신할 수 있다. 이미 알고 있는 고정된 모집단에서 무작위로 표본을 추출하는 표본추출의 문제는 여기에서 중요한 것이 아니다. 다시 말해, 체계에 아무런 변화가 없다고 가정한다면 다음 해의 8학년 모집단이 새로운 학생들로 구성되어 있더라도 평균 점수는 여전히 동일할 것으로 기대할 수 있다. 모집단이 아니라 과정에 초점을 둠으로서 학생들의 능력 향상 여부를 탐구하려는 본래의 의도를 명확히 할 수 있다.

평균값이 그러한 변화의 지표로 사용될 수 있는 가장 좋은 수치인 것은 아니다. 중앙값 역시 좋은 지표이며 25번째 백분위수 변화, 최솟값 위의 퍼센트 비율, 표준편차, 사분위수 범위 역시 교육과정의 변화를 나타내는 타당한 지표가 될 수 있다. 과정이 안정적으로 유지되는 한 평균값 또는 이러한 과정에서 얻은 임의의 통계적 지표들도 비교적 변화 없이 모든 표본에서 유지될 것이다. 반대로, 거대한 표본에 대한 통계량의 변화가 분명하게 나타났을 때 과정에 어떤 변화가 생겼다고 가정할 수 있다. 게다가 이러한 사실은 과정에 어떠한 변화를 시도할 때 그 변화가 적절하게 이루어졌는지를 평가하는데 중요하다. 읽기 능력에 대한 예에서 새로운 교육과정을 도입하거나 부모들이 자녀에게 책을 읽어 줄 것을 권장하는 캠페인을 실시하거나 낙후된 지역에 대한 무료 급식 제공을 확대하고 지역 도서관의 질을 향상시키는 방법이 있다. 만약 이러한 것들 중 한 가지 또는 그 이상의 것을 시행해서 적절하게 선택한 표본의 읽기 능력의 평균값이 상승했다면 이는 읽기 능력을 향상시킬 수 있도록 과정을 개선했다고 결론내릴 수 있는 근거가 된다. 비록 이 사례에서는 평균값을 예로 들었지만 중앙값 또는 중심에 대한 다른 측정값을 사용할 수 있음을 다시 한 번 강조한다.

위의 예는 중심의 측정값이 특별한 경우임을 나타내고 있다. 우리가 주로 관심을 가지고 있는 실질적인 문제는 전체적으로 어떤 것이 점점 더 좋아지는지 아니면 점점 더 악화되는지에 대한 것이다. 이는 중심의 변화에 관하여 너무나 자연스럽게 발생하는 질문이다. 단지 변이성을 증가 또는 감소시키거나 분포의 형태를 변형시키고자 하는 경우는 거의 없다. 예를 들면, 읽기 능력이 우수한 사람들과 그렇지 못한 사람들의 차이를 줄이기 위해 어떠한 처치를 시행하는 것을 상상할 수 있는데 여기에서 우리는 표준편차와 같은 퍼짐의 측정값을 비교할 수 있다. 물론 변이성과 분포 형태에서 나타나는 변화에 관해 자연스럽게 질문들이 거론되지만 이러한 문제들은 부차적인 것이다. 즉, 일반적으로 중심의 측정값을 비교해서 내린 결론을 더 정교화할 필요가 있는지를 결정하기 위해 변이성과 형태가 변했는지를 조사한다. 소득에서와 같이 변이성을 줄이는 것에 관심이 있는 상황에서 조차도 이것이 평균을 감소시키는 결과를 초래하는지에 대해 관심을 갖는다.

평균에 대한 다양한 해석들

우리는 통계학자가 평균을 변화하는 자료에서 나타나는 중심 척도 또는 신호로 간주한다고 주장해왔다. 그러나 이것이 평균에 대한 유일한 해석은 아니다. 표 1은 평균에 대한 통계학자들의 견해와 다른 다양한 견해들, 즉 평균을 자료의 축약, 공정한 분배, 전형적인 값으로 보는 견해들을 함께 제시하고 있다. 이러한 해석은 사람들이 평균을 계산하거나 평균을 이용할 때 염두에 두고 있는 목표에 해당된다고 할 수 있다. 이것은 "왜 이 값들의 평균을 계산했는가?"와 같은 질문에 대한 답이다. Strauss와 Bichler(1988)는 평균값의 '성질'로 이러한 해석들의 일부를 설명하였다. Mokros와 Russell(1995)은 초등학교와 중학교 학생들이 평균을 해석하는 다양한 결과를 관찰하고 이것을 가리켜 '여러 가지 접근법'이라고 서술하였다.[20] 각 해석에 대한 실례가 되는 문제 상황을 표 1에 제시한다. 물론 모든 문제가 다양한 관점에서 해석될 수 있지만 예문의 표현이 특별한 해석을 제공한다고 볼 수 있기 때문에 이 예들을 선택하였다.

표 1 평균에 대한 다양한 해석 맥락의 예

해석/의미	예문
자료의 축약	루스는 사탕을 5개, 엘은 10개, 나다브는 20개, 에이미는 25개를 갖고 있다. 각 아이들이 몇 개의 사탕을 갖고 있다고 말할 수 있는지 하나의 수를 이용하여 답하여라. (Strauss & Bichler, 1988)
공정한 분배	루스는 사탕을 5개, 엘은 10개, 나다브는 20개, 에이미는 25개를 갖고 있다. 모든 아이들이 같은 수의 사탕을 갖도록 하기 위해 사탕을 많이 가진 아이가 적게 가진 아이에게 나누어 주기로 하였다. 결국, 각각의 아이가 갖게 되는 사탕은 몇 개일까? (Strauss & Bichler, 1988)
전형적인 값	수업 시간에 8명의 학생이 발표한 횟수는 각각 0, 5, 2, 22, 3, 2, 1, 2였다. 그 날 학생들이 발표한 전형적인 발표 횟수는 얼마인가? (Konold & Garfield, 1992)
소음 속의 신호	과학 시간에 하나의 물체에 대해 9명의 학생이 각각 무게를 재었다. 각 학생이 기록한 무게는 6.2g, 6.0g, 6.0g, 15.3g, 6.1g, 6.3g, 6.2g, 6.15g, 6.2g이었다. 이 물체의 실제 무게는 얼마인지 추측해 보아라. (Konold & Garfield, 1992)

20) Bakker(2001)의 연구는 다양한 유형의 평균에 대한 역사적 기원을 소개하고 있으며, 역사적 아이디어와 학생들의 사고 발달 사이의 유사성에 대해서도 논의하고 있으므로 이를 참고할 수 있다.

자료의 축약

'자료의 축약'이라는 관점에 따르면 평균을 구하는 것은 여러 개의 수로 이루어진 집합을 하나의 값으로 축약하는 것이다. 자료들은 너무 복잡해서 축약될 필요가 있는데 특히 개별적인 값들을 기억하는 것이 어렵기 때문에 더욱 그러하다. Freund와 Wilson(1997)은 평균을 소개하면서 이러한 해석을 다음과 같이 언급하였다. "분포는 자료를 잘 설명하고 있지만 세부적인 정보를 너무 많이 포함하고 있다."(p.15) 이들은 수치적 요약이란 정보를 단순화하는 방법이라고 언급하면서 "이러한 자료의 압축 또는 축약은 분포의 형태와 같은 정보를 손실할 수 있다."고 경고하였다(p.16). Konold, Pollatsek, Well, Gagnon(1997)이 면담한 고등학교 학생들 중 어떤 학생은 같은 반 학생들이 공부하는 평균 시간을 기술하기 위해 평균값이나 중앙값을 사용하였는데 이에 대한 이유를 설명하기 위해 자료의 축약이라는 관점을 이용하였다.

> 우리는 학생들이 공부한 시간의 평균값 또는 중앙값을 조사해볼 수 있어요. … 각각의 학생이 공부한 시간을 알기 위해 여러 가지를 할 수 있어요. 여러 가지가 있겠지만 평균값을 조사할 수 있을 거예요. … 모든 학생에 대해 알 수 있어요. … 그러나 모든 학생의 공부 시간을 기억하지는 않아도 되요.

공정한 분배

평균값 계산은 초등학교에서 공정한 분배 문제라는 맥락으로 처음 접하게 되는데 평균값 또는 평균이 의미하는 것과는 무관하게 다루어진다. 공정한 분배는 개인들에게 불공평하게 분배된 양들을 모아 다시 공정하게 재분배하는 것이다. 사실, **평균**이라는 단어는 '선박에서 손상된 상품'으로 번역되는 awariyah라는 아랍어로부터 파생되었다. Schwartzman(1994)에 의하면 이탈리아인과 프랑스인들은 손상된 상품에 의해 발생하는 재정적 손실을 나타내는데 이 단어를 사용하였다. 이후에 선박에 투자한 사람들의 1인당 손실액을 구체화하는데 사용되었다. Strauss와 Bichler(1988)는 자신들의 연구에서 사용했던 과제에서 11개의 문제를 제시했는데, 이들 중 세 개를 제외한 모든 문제가 공정한 분배의 개념을 포함하고 있다. 학생 1인당 연간 교육비와 같이 자주 접하는 많은 비율들이 공정한 분배의 개념에 기초하고 있다고 볼 수 있다. 전체량을 공정하게 개체들의 수로 분배할 때 비율에 대해 생각하는 것은 매우 자연스럽기 때문이다. 공정한 분배에서 계산한 값을 고려할 때 보통 개별 개체들의 값과 관련지어 생각하지 않으며 공정한 분배를 계산하거나 해석할 때 개별 값들이 어떻게 분배되는지 또는 특이점이 있는지에 대해서는 고려하지 않는다.

전형적인 값

전형적인 값으로서의 평균은 현재의 대학 선 이수 교육과정에서 가장 흔히 볼 수 있는 해석들 중의 하나이다. 학생들은 분포의 중앙에 위치하거나 도수가 가장 높거나 또는 다수가 위치하는 자료 값을 전형적인 것으로 생각한다. 어린 학생들은 주로 최빈값을 이용하여 분포를 요약하는데 이는 최빈값이 분포의 위치와 도수라는 두 가지 조건을 모두 만족시키기 때문이다(Konold & Higgins, 2003). Mokros와 Russell(1995)이 면담한 학생들은 자료를 요약하기 위해 오직 최빈값만 사용했는데 학생들이 **전형적인** 값을 문자 그대로의 의미, 즉 가장 자주 발생하는 값으로 해석했기 때문이다. 연구자들은 또한 학생들이 분포의 중심에 위치한 값의 범위를 평균으로 사용한다는 것을 확인하였다(Cobb, 1999; Konold, Robinson, Khalil, Pollatsek, Well, Wing, & Mayr, 2002; Mokros & Russell, 1995; Noss, Pozzi, & Hoyles, 1999; Watson & Moritz, 1999). 이러한 '중심 덩어리(center clumps)'는 분포의 중심에 위치하며 주로 관찰값의 대다수가 몰려있는 값이다. 이러한 측면에서 중심 덩어리는 학생들에게 최빈값과 매우 유사한 역할을 한다.

소음 속의 신호

소음 속의 신호라는 관점에 따르면 각각의 관찰값은 미지의 특정한 값에 대한 추정치이다. 물체의 실제 무게를 추정하기 위해 반복적으로 무게를 측정하는 경우를 대표적인 예로 들 수 있다. 각각의 관찰값은 '임의적으로' 발생하는 측정 오차에 의해 실제 무게와 차이가 있다. 이러한 값들의 평균은 물체의 실제 무게에 아주 근접한 값으로 해석된다.

평균의 형식적인 성질들

학교에서 다루는 평균에 대한 다양한 과제들은 위에서 설명한 어떠한 해석과도 관련이 없어 보인다. 예를 들어, 맥락 없이 숫자로만 주어진 집합의 평균을 구하게 하는 것은 단지 계산능력을 발달시키거나 확인하는 것을 목적으로 하는 것처럼 보인다. 또한, 평균의 형식적인 성질을 탐색하는 과제 역시 위에서 제시한 평균에 대한 특별한 해석과 직접적으로 관련되어 있는 것 같지 않다. 이러한 과제들은 수 집합의 평균값은 단순히 수들의 총합과 관련이 있으며, 평균값은 균형점이고 중앙값은 자료를 똑같은 크기의 두 집단으로 나누는 중간 지점이며[21], 평균값과 중앙값은 자료 집합 범위내의 어딘가에 위치하며, 평균값이나 중앙값은 어떤 하나의 실제적인 관찰값과 반드시 일치할 필요는 없다는 것을 보여주거나 평가하기 위한 문제이다. Watson과 Moritz(2000)는 어린 학생들의 평균 개념 이해에 대해 장기적인 연구를 수행하면서 이러한 형식적인 관계에 초점을 두었다. 예를 들어, 한 가족 당 평균적인 자녀의 수가 자연수가 아니라 2.3과 같은 소수로 나오는 것이 어떻게 가능한지 학생들에게 질문함으로써 형식적인 성질에 초점을 맞추었다. Strauss와 Bichler(1988, p.66)가 열거한 대부분의 성질들이 이러한 종류의 형식적인 관계라고 생각한다. 우리는 평균에 대한 형식적인 성질과 관계들이 중요하지 않거나 하찮다고 주장하는 것이 아니라 평균에 대한 해석들과 거의 연결되지 못하고 있다는 점을 지적하는 바이다.

집단 비교 문제에 평균의 다양한 해석을 적용하기

앞의 NAEP 예에서 중심 척도의 개념을 탐구했고 이것이 어떻게 평균(NAEP의 예에서는 평균값)을 이용해 집단을 비교할 수 있는지에 대한 기초를 제공하는지 살펴보았다. 평균값은 큰 표본에서 매우 안정적인 추정량 역할을 하기 때문에 비록 과정의 결과물이 변화가능하며 단기간에 그 결과를 예측하는 것이 어려울지라도 과정의 변화를 추적하는데 사용될 수 있다.

평균값을 비교하여 두 가지 NAEP 결과를 평가할 때 평균에 대한 다른 해석들은 어떠한 근거를 제공하는가? 먼저 자료의 축약 관점을 살펴보도록 하자. 모든 값들을 함께 고려하는 것이 불가능하기 때문에 자료를 하나의 값으로 나타낸다. 평균을 자료의 축약으로 해석한다면 과정으로부터 어떤 새로운 정보도 얻을 수 없다. 사실, 복잡함을 줄이는 대가로 상당한 정보의 손실을 감수하게 된다. 이러한 논리에 의하면 자료 집합이 커지면 커질수록 점점 더 많은 정보가 축약 과정에서 손실되므로 하나의 값을 이용한 요약은 집단의 대표성을 상실하게 된다.

전형적인 값으로 평균을 해석하는 것은 그 값이 집단에 속하는 대부분의 자료를

21) 평균값을 균형점으로 해석하는 것에 대한 적절한 근거가 있다. 균형점이라는 해석은 역학에서 중요하게 다루어지는데 역학에서 평균값은 질량의 중심에 대한 측정값이다. 그러나 우리가 조사한 통계학 교재에서는 균형점으로서의 평균값이라는 아이디어가 하나의 분포에서 평균값의 위치를 시각화하는 방법으로만 사용되었고, 우리가 정의했던 해석과는 다르게 사용되었다.

대표한다는 생각과 관련되기 때문에 중심 척도 해석에 가깝다. 그러나 자료의 축약 관점에서처럼 왜 작은 표본이 아니라 큰 표본에서 전형적인 값을 얻기를 원하는지 그 이유는 분명하지 않다. 실제로, 집단이 점점 커짐에 따라 비정상적인 자료가 증가하기 때문에 전형적인 값은 대표성을 획득하기보다는 오히려 잃어간다고 볼 수 있다.

공정한 분배로서 평균을 해석하는 것은 집단을 비교하기 위해 평균값을 이용하는 것에 대한 근거를 제공한다. 표집된 모든 학생들에게 공정하게 점수를 분배한다면 1998년 NAEP 자료의 평균값을 그 해에 표집된 모든 학생들의 읽기 능력으로 생각할 수 있다. 이러한 추론을 토대로 1998년 학생들이 1994년 학생들보다 읽기 점수가 더 높다고 합리적으로 결론지을 수 있을 것이다. Cortina, Saldanha, Thompson(1999)은 7~8학년 학생들을 조사하여 이들이 비동질 집단의 평균값을 도출하고 비교하는데 공정한 분배 개념을 이용할 수 있다고 결론지었다. 그러나 실생활에서 양을 재분배하는 것이 물리적으로 가능하지 않을 경우에는 많은 학생들이 이러한 추론에 대해 아마도 회의적으로 생각할 것이다. 예를 들어, Cortina 외의 연구에서처럼 서로 다른 그룹에게 판매한 쿠키 상자의 수를 생각한다면 쿠키 상자를 공정하게 재분배한다는 것은 이해가 된다. 그러나 사람들의 몸무게, 키, IQ의 평균값에 대하여 생각한다면, kg, cm, IQ점수의 분배를 은유적으로 이해해야 한다.[22)]

게다가, 평균을 공정한 분배로 해석하는 것이 조금이라도 통계적인 측면을 지니고 있는지 의문이다. 공정한 분배는 자료값들의 분포를 무시하고 한 집단 내의 자료의 총합에만 주목하는 것처럼 보인다. 예를 들어, 표 1에서 아이들이 가진 사탕의 개수를 동등하게 재분배하기 위해 계산한 값들을 생각해보면 처음에 사탕이 어떻게 분배되어 있었는지는 상관이 없다. 즉, 공정한 분배를 가능하게 하는 사탕의 개수는 그 분포의 대표 또는 요약이 아니라 사탕을 어떻게 공평하게 나누는가라는 질문의 답인 것이다.

결론적으로 평균에 대한 일부 해석들은 자료 집합을 요약하는데 유용하지만 집단을 비교하기 위해 평균을 사용할 때 고려해야 하는 것, 즉 집단 전체를 대표하기 위해 통계량을 엄밀하게 생각하는 것과는 상당히 다른 것이다. 평균을 중심 척도로 해석하는 것은 두 집단을 비교하기 위해 평균을 사용하는데 있어 강력한 개념적 근거를 제공한다. 그러나 자료의 축약이나 전형적인 값과 같은 평균에 대한 다른 해석은

---

22) 이러한 논리는 조심스럽게 사용되어야 한다. 예를 들면, 부가 공평하게 분배된다면 평균 소득은 경제 체계의 효율성을 나타내는 독특하고 좋은 지표일 수 있다.

그렇지 않다.

평균의 해석에 대한 이러한 분석이 피상적이어서 회의적으로 받아들여질 수 있을 것이다. 그러나 우리의 근본적인 목표는 학생들에게 평균을 도입하는 여러 다양한 접근에 대해 거론되는 문제점을 강조하는 데에 있다. 학생들이 지닌 평균에 대한 관점은 이들이 두 집단을 비교하기 위해 평균을 사용하는 능력과는 아무런 관련이 없다는 증거가 제시되고 있다. 많은 선행연구에 따르면 평균을 계산하고 이용하는 방법을 알고 있는 학생들도 집단을 비교할 때 평균을 이용하지 않는 경향을 보인다.

집단을 비교할 때 평균을 이용하지 않는 학생들의 경향

Gal, Rothschild, Wagner(1990)는 평균값을 어떻게 계산하는지, 평균값이 어떤 경우에 유용한지 등에 대한 학생들의 이해를 조사하기 위해 8, 11, 14세의 학생들을 면담하였다. 그리고 이들은 학생들에게 그래프 형태로 된 9쌍의 분포를 제시하고 두 집단이 서로 다른지 같은지를 결정하도록 하였다. 평균값을 계산하는 방법과 그것을 해석하는 방법까지 알고 있는 11세와 14세 학생들의 절반만이 두 집단을 비교하는데 평균값을 이용하였다. Hancock, Kaput, Goldsmith(1992)와 Watson과 Moritz (1999)도 이와 비슷한 결과를 보고하였다.

이러한 어려움은 평균값의 이용에만 국한된 것이 아니다. Bright와 Friel(1998)은 13세 학생들에게 농구를 못하는 28명의 학생들의 키를 나타내는 줄기와 잎 그림을 보여주면서 질문을 제시하였다. 그 다음에는 23명의 농구 선수들의 키에 관한 자료를 함께 포함하고 있는 줄기와 잎 그림을 보여주었다. 그림 2는 학생들에게 제시한 28명의 학생들의 키와 23명의 농구 선수의 키를 모두 포함하고 있는 줄기와 잎 그림이다. 농구 선수들의 키는 굵은 글씨로 되어 있다. 학생들은 이러한 줄기와 잎 그림을 읽는 방법을 배웠으며 값들을 읽는데 어려움이 없었다. 28명의 학생들의 분포에서 '전형적인 키'가 얼마인지 묻자 집단을 요약하는 값으로 150~160cm와 같이 중간의 덩어리(clumps)를 구체적으로 제시하였다. 그러나 학생들은 두 집단의 분포가 그래프로 표현되어 있는데도 농구 선수들의 키가 농구를 못하는 학생들의 키보다 얼마나 더 큰가를 묻는 질문에 답하기 위해 이러한 방법을 일반화시키거나 다른 방법을 찾지 못하였다.

10	
11	
12	
13	8 8 8 9
14	1 2 4 7 7 7
15	0 0 1 1 1 1 2 2 2 2 3 3 5 6 6 7 8
16	
17	1
18	0 3 5
19	0 2 5 7 8 8
20	0 0 2 3 5 5 5 5 7
21	0 0 0 5
22	0
23	

그림 2 농구를 못하는 28명의 학생과 23명의 농구 선수들의 키에 대한 줄기와 잎 그림[23)]

1년 과정의 확률과 통계 과목을 이수한 4명의 17~18세 고등학생을 면담했을 때에도 이와 비슷한 어려움을 보인다는 것이 확인되었다(Biehler, 1997; Konold et al., 1997). 확률과 통계 과목에서 학생들은 집단을 비교하기 위해 평균값뿐만 아니라 중앙값을 자주 사용하였다. 중앙값은 주로 상자그림의 맥락에서 사용되었다. 그러나 사후 면담에서 두 집단의 비교를 위해 적당하다고 생각하는 방법을 자유롭게 사용하도록 했을 때 학생들은 중앙값과 평균값을 거의 사용하지 않았다. 대신 각 집단에 있는 동일한 종속 변수에 대해 그에 해당되는 사례의 수를 비교하는 경향이 있었다. 예를 들면, 남자가 여자보다 키가 더 큰지를 결정하기 위해 학생들은 키가 6피트인 사람들의 수를 조사한 후 키가 6피트인 사람이 여자보다 남자가 더 많기 때문에 남자들이 키가 더 크다고 주장하였다. 남자의 전체 수와 여자의 전체 수는 고려하지 않은 것이다. 이처럼 두 집단을 비교할 때 학생들은 대체적으로 두 집단에 속해있는 개별적인 값들의 전체적인 수에는 관심을 두지 않았다. Cobb(1999), Watson과

23) 그림 2의 줄기와 잎 그림은 1998년 S. P. Lajoie가 편집한 책 《Reflections on Statistics: Learning, Teaching, and Assessment in Grades K-12 (p.81)》 중에서 Bright와 Friel이 집필한 《Helping Students Interpret Data》에 수록된 것이다.

Moritz(1999)를 포함한 다른 연구자들은 학생들이 두 집단을 비교하는 다른 문제에서도 이와 동일한 '조각나누기(slicing)' 기법을 사용했다고 보고하였다.

요약하면, 통계교육이 평균에 초점을 맞추고 있음에도 불구하고 많은 학생들은 여전히 중심 척도의 측정값을 사용하지 못하고 있다. 다양한 원소로 구성된 집단들을 서로 비교하는 상황과 같이 중심 척도의 측정값이 도움이 될 때에도 마찬가지이다. 이러한 현상은 학생들이 자료 집합의 평균을 자료의 전체적인 분포에 대한 정보로 해석하는데 실패했다는 증거일 것이다. 따라서 통계교육의 초기부터 평균을 중심 척도 또는 과정의 신호로 생각하도록 지도해야 한다. 사실, 학생들에게 이러한 개념은 복잡하며 탐구 과정에 적용하기도 어렵다. 이제, 이러한 개념적 어려움에 대해 살펴본다.

세 종류의 통계과정과 개념적 어려움

중심 척도라는 개념 발달의 역사에서 이 개념이 왜 인식하기 어려운가에 대한 단서를 찾아볼 수 있다. 1500년대 후반 Tycho Brache는 천문학에 중심 척도로서의 평균값을 처음으로 도입했다(Plackett, 1970). 오랫동안 천문학자들은 특정한 시간에 관찰된 좌표가 관찰할 때마다 변화하는 것을 보고 어떤 것을 별의 위치로 할 것인지에 대해 어려움을 겪고 있었는데, 그는 이 문제를 해결하는데 중심 척도로서 평균값을 이용하였다. 초기 천문학자들은 관찰값의 평균값을 계산할 때 관찰값에 대한 평균을 구하는 것이 타당한 것인지 아닌지, 언제 타당한지에 대해 의심을 하거나 아니면 상당히 신중하게 생각하였다. 사실, 18세기 중반 이전에 천문학자들은 결코 자신이 직접 관찰한 값을 다른 천문학자가 관찰한 값과 결합하지 않았다. 그들은 어떤 아주 작은 오차가 있는 자료를 통합했을 때 평균을 구하는 일은 이러한 오차들의 효과를 감소키는 것이 아니라 증폭시킬 것이라고 두려워하였다(Stigler, 1986, p.4). 관찰값의 수가 증가함에 따라 평균값이 특정한 값으로 안정화된다는 것이 확인된 후에야 관찰값들의 평균값을 좌표로 택하는 것이 표준적인 해결방법으로 받아들여졌다.

Quetelet이 중심 척도에 대한 측정값을 인간이나 사회현상에 적용할 수 있기까지 그 후 100년이라는 시간이 걸렸다(Quetelet, 1842). 인간의 선택에 의해 결정된다고 볼 수 있는 출생률, 결혼률, 자살률 등이 매년 비교적 안정적으로 유지된다는 것은 매우 놀라운 관찰이었으며, 이로 인해 사회 현상과 인간에게 평균값을 적용하자는 생각은 고무되었다. Arbuthnot과 De Moivre를 포함한 몇몇 사람들은 이러한 안정된 비율을 초자연적인 현상에 대한 증거로 받아들였다. Quetelet은 이들에게 반복적인 관찰에서 유사하게 나타나는 개별적인 행동이나 사건들의 집합을 보여주면서 설명하였다. 즉, Quetelet은 서로 다른 몸무게를 가진 사람 1000명의 몸무게를 측정하는 것은 동일한 사람의 몸무게를 1000번 측정하는 것과 유사하다고 생각하였는데, 이는 잴 때마다 오차에 의해 서로 다른 관찰값을 갖게 되기 때문이다. 물론, 이러한 유추의 합법성은 통계학에서 논쟁거리로 대두되었으며 그 당시에 Quetelet의 생각은 A. Comte를 포함한 여러 사상가들의 비난을 받았다. 이들은 개별적인 값들의 평균을 이용한다고 해서 개별적인 값들을 무시할 수 있다고 믿는 것은 어리석은 판단이라고 생각하였다(Stigler, 1986, p.194). Comte에게 사회적 현상에 적용된 통계는 계산적 신비주의였다.

이러한 초창기 사상가들은 평균값을 적용하는 다양한 방법을 제시하고 있는데 이것은 단지 역사적으로 우연한 현상이 아니라 평균값을 적용하는 다양한 방법에 대한 '깊은 구조'를 보여주는 것이다. 자료를 신호와 소음으로 생각할 때 겪게 되는 어려움을 탐색하기 위해 세 가지 유형의 통계과정의 맥락, 즉 반복 측정, 개별값 측정, 이산적 사건에서 신호와 소음이라는 은유를 고찰해본다.

반복 측정

반복 측정의 전형적인 예로 천칭저울을 이용하여 금덩어리 하나의 무게를 100번 측정하는 경우를 생각해보자. 금의 무게를 측정하는 목적은 당연히 무게가 얼마인지를 알기 위해서이다. 그런데 측정할 때마다 무게가 다르게 나온다는 사실을 어떻게 받아들여야 하는가? 통계학자이든 아니든 우리 모두는 이러한 변동(fluctuation)을 측정과정에서 생긴 오차의 결과로 간주한다. 이처럼 변이가 있을 때 물체의 무게를 구하기 위해 100개의 측정값을 어떻게 이용해야 하는가? 측정값을 모두 이용해야 하는가? 그것들의 일부는 정확하게 측정된 값이고 일부는 그렇지 않다면 측정값 모두를 이용할 수는 없다. 통계학에 익숙하지 않은 사람은 100개의 측정값을 확실히 정확하게 측정된 값과 그렇지 않은 값이라는 두 개의 집합으로 나누어 이 문제를 해결하려고 할 것이다. 여기서 정확한 무게를 모르기 때문에 어떤 관찰값이 정말로 정확하게 측정된 것인지를 알 수 있는지가 새로운 문제로 떠오른다.

관찰값의 평균값을 이용해야 하는 상황의 한 가지 특징은 개념적으로 소음과 신호를 분리할 수 있는 상황이라는 점이다. 물체의 실제 무게를 모르더라도 물체가 정확한 무게를 가진 것으로 생각할 수 있기 때문에 관찰값의 평균값을 실제 무게와 연결시키는 것이 개념적인 비약은 아니다. 한편, 반복 측정과정에서 매번 발생하는 변이는 측정 도구가 부정확하거나 관찰값을 읽는 과정에서 발생하는 임의적인 오차와 같이 실제 무게와는 관련 없는 원인에 의해 발생한다. 사실, 각각의 측정값은 두 가지 구성요소를 가지고 있다. 하나는 물체의 실제 무게에 의해 결정되는 고정요소이고 다른 하나는 불완전한 측정 과정에 의한 변동요소이다.

이러한 예에서 물체의 무게가 그 물체의 고유한 성질이라는 것은 이러한 상황을 상당히 명확하게 해준다. 소수의 철학자들은 이를 편리한 허구라고 생각한다. 그러나 대다수의 사람들에게 무게는 실재하는 것이고 평균 무게는 실제 무게에 매우 근접해있으며 개별적인 무게는 약간 덜 근접해 있는 것으로 간주된다. 중심 척도의 개념이 반복 측정 상황에서 당연시되는 또 다른 이유는 평균값을 개별적인 관찰값과 쉽게 관련지을 수 있기 때문이다. 왜 그런지에 대한 설명은 우리의 가정을 명확히 하면서 제시할 것이다.

측정하는 사람은 무게를 조심스럽게 측정하며 저울은 정확하고 합리적으로 측정한다고 가정한다. 이와 같이 가정한다면 무게의 변이성은 작을 것이고 관찰값의 도수를 나타내는 히스토그램은 봉우리가 하나이며 거의 대칭을 이룰 것이라고 기대할 수 있다. 만약 물체를 저울의 중심이 아닌 다른 위치에 올려놓고 측정했거나 다른 각도에서 관찰값을 읽었거나 또는 관찰 결과를 기록하는 과정에서 오차가 생겼다면, 관찰값들의 평균값을 이러한 과정의 중심 척도로 받아들이기 어렵다. 또한 표준편차가 너무 크거나 히스토그램의 봉우리가 두 개라면 중심 척도로 평균값을 받아들이는 것을 주저하게 될 것이다. 이상적인 경우라면 대부분의 관찰값은 평균값 또는 중앙값에 근접하게 될 것이고 그 분포는 평균에서 봉우리 모양을 이룰 것이다. 더 큰 자료 집합에서 히스토그램은 좀더 완만해지기 때문에 이와 같은 사실은 좀더 분명해질 것이다. 이러한 경우에 표본 평균을 신호나 중심 척도에 대한 바람직한 근삿값으로 쉽게 해석할 수 있으며 중심 척도 주위의 변이성을 임의 오차에 의한 결과로 간주할 수 있다.

무게를 측정하고 관찰값을 얻는 절차에서 이러한 가정들을 고려하는 것은 무게의 평균을 중심 척도로 해석하기 위해 중요한 요소이지만 단지 이것만 고려해서는 안 된다. 앞서 지적했듯이, 이 예에서 관찰값들의 평균값을 중심 척도로 쉽게 받아들일 수 있는 주된 이유는 변이성이 대상과는 독립적인 측정 과정의 성질이지만 평균값은 대상의 성질을 표현하는 것으로 볼 수 있기 때문이다. 하나의 사물의 특징을 반복적으로 측정하는 것이 아니라 서로 다른 사물들의 특징을 측정한 결과를 가지고 평균을 구할 때 이러한 해석을 적용하는 것은 쉽지 않다.

개별값 측정

무작위로 추출한 미국의 성인남자 100명의 키에 대해 생각해보자. 이 관찰값의 평균값 또는 중앙값은 중심 척도인가? 만약 그렇다면 이것은 무엇을 대표하는가? 많은 통계학자는 이런 경우의 평균값을 미국 성인남자 전체 또는 어떤 소집단에 속하는 남자의 **실제** 키라고 본다. 그러나 이러한 진술이 무엇을 뜻하는가?

반복 측정에서 평균과는 달리 이 예에서 평균을 중심 척도로 보기는 여러 가지 이유에서 어렵다. 첫째, 금덩어리와 그 무게는 모두 지각 가능하다. 금덩어리는 볼 수 있으며 무게를 측정할 수 있다. 반면, 성인 남자의 모집단과 이들의 평균 키는 직접 지각할 수 있는 것이 아니다. 둘째, 반복 측정에서는 왜 금덩어리의 무게를 알아야 하는지 그 이유가 명확하다. 그러나 왜 성인 남자의 평균 키를 알아야 하는가는 분명하지 않다. 셋째, 사람의 키는 인구의 변화 또는 영양섭취와 같은 요인 때문에 시간에 따라 변화한다. 마지막으로 가장 중요한 것은 키의 측정값을 신호와 소음으로 쉽게 구분할 수가 없다. 한편으로는 각 개인의 키를 모집단의 평균에 의해 결정되는 **실제 키**라 생각하고, 다른 한편으로는 측정 오차가 아닌 별개의 원인에 의해 결정되는 **임의 오차**라고 생각하기 위해서는 개념적인 도약을 필요로 한다.

이러한 모든 이유 때문에 성인 남자의 평균 키를 중심 척도로 보는 것은 어렵다. 그러나 두 집단의 평균의 **차이**를 중심 척도로 간주하는 것은 보다 쉬울 것이다. 예를 들면, 미국의 성인 남자의 평균 키를 미국 성인 여자나 에콰도르 성인 남자의 평균 키와 비교한다고 가정해보자. 미국 남자와 여자의 키 차이는 키에 대한 유전적 영향을 나타내는 것으로, 미국 남자와 에콰도르 남자의 키 차이는 영양섭취에 의한 것으로 해석할 수 있다. 집단 비교에서 평균의 차이를 성차 또는 영양섭취라는 '실제적인 원인'의 지표로 간주할 수 있으며 직접적으로 관찰하기는 어렵더라도 이렇게 해석하면 비교를 통해 알아내고자 하는 차이를 생각하기는 더 쉬워진다.[24]

이러한 해석을 지지했던 사례는 Stigler(1999)의 연구에서 발견할 수 있다.

---

24) 성별의 차이와 영양섭취의 차이는 둘 다 **유전**과 **환경**의 영향을 모두 반영한 것일 수 있다.

Stigler에 의하면 Quetelet은 불명예스러운 개념인 '평균인'이란 개념을 창안했는데 이것은 하나의 분포를 묘사하기 위한 도구가 아니라 여러 개의 분포를 비교하는 방법으로 창안된 것이었다. "Quetelet의 아이디어의 본질은 비교였다. 집단이 서로 다르면 연령에 의해서건 국적에 의해서건 평균인도 서로 다르다는 것이 핵심이었다. Quetelet은 이러한 차이의 정도와 본질을 연구하기 위해 바로 평균인이라는 아이디어를 소개한 것이다."(p. 61) 이러한 비교 상황에서 '참값'이나 '실제 값'이라는 개념이 부자연스러울 수 있겠지만 다양한 개별값들을 포함하고 있는 두 집단을 의미 있게 비교하기 위해 참값이라는 아이디어에 어느 정도 의존할 필요가 있다. 그 이유를 살펴보기 위해 남자와 여자를 비교하는 상황을 좀더 자세히 살펴보도록 하자.

미국의 성인 남자 집단과 성인 여자 집단의 키의 평균값 또는 중앙값을 각각 계산한다고 가정해보자. 키가 부분적으로 성별에 의해 결정된다는 가설을 받아들이려면 키가 다양한 요소에 의해 영향을 받는 과정임을 인정해야 한다. 게다가 성별이 남자와 여자의 평균의 차이에 영향을 주는 **진정한** 유전적 요인이라는 암묵적인 모델이 없다면, 그리고 성별이 키에 미치는 영향에 초점을 두고 키에 영향을 주는 그 밖의 다른 요소들을 **임의 오차**로 간주한다는 생각이 없다면 두 집단의 비교가 얼마나 의미가 있을지는 알 수 없다.[25] 따라서 키에 대한 성별의 영향처럼 어떤 것에 대한 특정 변인의 영향을 고려할 때 신호 또는 참값에 가까운 것으로서의 평균 개념에 초점을 두어야 한다. 이러한 비교 스키마는 신호(성별 요인에 의한 영향)와 소음(다른 요인에 의한 영향)에 대해 사고하는 개념적 도구를 제공한다. 이것에 대해서는 이후에 다시 살펴보도록 한다.

이산적 사건들

사건의 발생 비율도 중심 척도의 지표로 자주 이용되는 측정값이다. 전형적인 예로 소크 백신을 접종한 아이들의 소아마비 비율을 생각해보자. 물론 각각의 아이는 병에 걸릴 수도 있고 그렇지 않을 수도 있지만 이 비율을 통해 예방 접종을 한 집단의 아동이 병을 이겨내는 정도를 알 수 있다.

어떻게 비율 또는 확률을 중심 척도의 측정값으로 볼 수 있는가? 먼저 확률은 약간의 조작을 통해 형식적인 평균값으로 계산될 수 있다. 만약 "소아마비이다"라는 사

25) 집단의 변이성의 차이에는 유전적 차이 역시 반영될 수 있다. 그러나 이러한 차이를 고려하기 위해서는 표준편차나 사분위수 범위와 같은 측정값을 집단의 전형적인 변이성을 반영하는 신호로 간주하는 사고가 필요하다.

건을 1로 "소아마비가 아니다"라는 사건을 0으로 한다면 소아마비일 확률은 단지 이러한 논리값의 평균값이다. 그러나 형식적인 평균을 계산한다고 해서 자동적으로 중심 척도의 측정값을 얻게 되는 것은 아니다. 평균을 소아마비의 원인과 관련이 있는 신호로 해석할 수 있어야 한다. 이분법적 상황의 분포를 무게 측정과 같은 이상적인 상황과 비교해보자. 이분법적 상황에서 평균값은 한 번의 시행에서 얻을 수 있는 값이 아니다. 평균값은 분포에서 봉우리들 중 어느 한 곳에 위치하기보다는 주로 관찰값으로부터 많이 떨어지고 도수가 낮은 부분에 위치한다. 따라서 비율이나 확률을 하나의 관찰값에 대한 참값으로 생각하거나 개별적인 사례에서 소아마비가 발생되거나 발생되지 않은 사건을 참값과 임의 오차의 합으로 생각하는 것은 거의 불가능하다. 중심 척도라는 개념이 이분법적 상황에서 가장 모호한 이유가 바로 이때문이다.

비율이나 확률에 대한 이해는 이분법적 상황에 대해 추론하는데 도움이 될 수 있다. 앞서 살펴본 키의 예와 마찬가지로 위의 예에서 아이가 소아마비에 걸리는 데에는 여러 가지 요인이 영향을 미친다. 공공보건 수준, 항체의 보유여부, 연령 등과 같은 많은 요인이 모집단의 소아마비 발생률에 영향을 미친다. 각 아동들은 소아마비에 걸리거나 걸리지 않는 두 가지 경우가 있겠지만 한 집단의 아동들이 소아마비에 걸릴 가능성은 0과 1 사이의 확률이다. 이 값은 집단에 존재하는 소아마비와 관련된 모든 요인들의 영향력을 나타내는 지표이다.

키의 예에서처럼 절대적인 비율이 어떤 의미를 가질 수 있음에도 불구하고 두 개의 비율을 비교할 때 신호의 의미를 개념화하는 것이 훨씬 더 쉽다. 위의 예에서 예방 접종을 받은 집단의 소아마비 발생 비율을 플라시보 통제 집단의 비율과 비교하는 것이 여기에 해당된다. 키의 예에서처럼 대부분의 사람들은 이와 같이 두 집단의 비율 차이, 즉 비율의 비를 백신의 효과를 나타내는 타당한 측정값이라고 간주하고 이 방법이 서로 다른 두 백신의 효과를 합리적으로 비교할 수 있는 방법이라고 생각할 것이다.

집합을 집단으로 인지할 때 소음의 역할

우리는 중심 척도, 또는 신호와 소음으로서의 자료라는 아이디어가 특정 유형의 과정에 더 쉽게 적용된다고 주장하였다. 그러나 앞서 언급한 다른 요인이 이러한 아이디어를 적용하는 것을 어렵게 할 수 있다. 남자와 여자의 키를 비교하는 경우를 생각해보자. 분포의 형태와 상대적인 퍼짐은 각 분포를 일관된 집단으로 인식할 수 있는지, 결국 각 집단의 평균을 집단의 안정적인 특징의 지표로 해석할 수 있는지에 영향을 줄 수 있다.

사실, 개별적인 측정값들의 집합을 하나의 집단으로 인식하는데 영향을 미치는 가장 중요한 요인은 집단 내의 변이성이며 이것이 어떻게 집단 간의 차이와 관련이 있는가이다. 일반적으로 개별적인 측정값들 사이의 변이성이 비교적 작을 때 이들이 하나의 집단에 속해있고 따라서 중심 척도를 가진다고 보는 것이 더 쉽다. 변이성이 비교적 작다는 것의 의미를 파악하기 위해 **자연종**(natural kinds)이라는 개념을 살펴보도록 하자. Rosch와 Mervis(1975)에 의하면 사람들은 머릿속에 실세계의 전형을 떠올리고 이것에 얼마나 비슷한가에 맞추어 특정한 사례들을 '좋은 것' 또는 '나쁜 것'으로 판단한다. 예를 들어, 북미인들에게 있어 새의 전형은 지빠귀 같은 중간크기의 지저귀는 새를 말한다. 주어진 사례가 전형에 가까울수록 사례를 범주에 속하는 것으로 분류하는데 걸리는 시간은 짧아진다. 북미인들의 경우 타조보다는 찌르레기를 새로 분류하는데 걸리는 시간이 더 짧았다.

자연종 이론에서 전형은 평균과 같은 역할을 한다. 범주에 속해있는 예들은 평균 또는 전형과 약간의 차이가 있을 수 있는 개별적인 관찰결과들에 해당한다. 사실, 자연종 이론과 맞서는 다른 이론들(Medin & Schaffer, 1978)에 따르면 전형으로 역할을 하는 실제 사례는 없고 효과적인 전형은 단지 기억 속에 존재하는 모든 사례들의 평균으로 보아야 한다는 것이다. 자연종이 범주가 될 수 있는 것은 한 범주에 속하는 동물들 사이의 변이성이 다른 범주에 속하는 동물들과의 변이성보다 훨씬 적기 때문이다. 따라서 펭귄이나 타조와 같이 전형적이지 않은 새가 있더라도 새의 특징에 대한 분포는 포유류와 같이 다른 자연종의 특징과 거의 중복되지 않으며 이때문에 집단이 일관성을 유지할 수 있게 된다. 따라서 남자와 여자의 키의 분포가 중복되지 않거나 중복되는 정도가 분포의 퍼짐에 비추어 상대적으로 적으면 남자와 여자의 평균 키가 집단의 특성을 나타내는 것으로 간주하는 것이 더 수월할 수 있다.[26]

비표준적인 사례에 중심 척도를 적용하기

앞의 예에서 우리는 비교적 이상적인 상황에 초점을 맞추었다. 예를 들어, 남자와 여자의 키에 대한 히스토그램이 단봉이고 거의 대칭이며, 두 개의 히스토그램으로

26) 그러나 우리는 앞에서 언급한 Bright와 Friel(1998)의 연구에서 두 개의 분포가 전혀 중복되지 않았는데도 학생들은 여전히 두 집단을 비교하는 데에 평균을 이용하지 않았다는 것을 유념해야 한다.

그려지고 퍼짐이 거의 동일하다고 가정하였다. 이런 사례에서 대부분의 전문가들은 평균을 중심 척도에 대한 의미 있는 측정값으로 받아들일 것이다. 중심 척도의 개념은 단지 이상적인 상황에만 적용 가능한 것인가? 아니면 더 일반적인 상황에도 적용 가능한가? 이제, 하나의 중심 측정값이 자료를 설명하기에 적합한가에 대한 의심이 생길 수 있는 이보다 덜 이상적인 상황에서 어떻게 중심 척도의 아이디어를 적용할 수 있는지 몇 가지 비표준적인 사례를 통해 살펴볼 것이다. 이러한 상황에서 통계적 추론은 여전히 중심 척도로서 평균 개념에 의존하거나 집단의 관찰값들의 변이성을 묘사하는 하나의 측정값에 의존하고 있다.

특이점을 가진 분포

자료 집합에서 제거해야 할 특이점을 결정하는 상황을 생각해보자. 무게 측정의 예에서 대체적으로 관찰값들은 평균값과 1mg 정도의 차이가 있을 수 있다고 가정하자. 그런데 관찰값 중의 하나가 5mg 정도의 차이가 난다면 대부분의 사람들은 평균값을 계산할 때 그 관찰값을 생략하는 것이 현명하다고 생각할 것이다. 이와 같은 판단에는 다음과 같은 두 가지 생각이 암묵적으로 내포되어 있다. 하나는 '진정한' 측정오차는 저울에서 무게를 재는 것과 관련이 있다는 것이고 다른 하나는 측정오차가 현저하게 커지는 것은 종종 측정 절차가 달라서 발생한다는 생각이다. 이러한 암묵적인 모델을 이용하면 범위를 상당히 벗어난 관찰값을 얻었을 경우 이것이 비임의 오차 때문이라고 해석할 수 있다. 즉, 관찰값을 잘못 읽었거나 접시 위에 손가락을 올려놓은 경우와 같이 필연적으로 발생하는 오차 때문이라고 볼 수 있다. 이와 유사하게 평균값에서 60cm만큼 차이가 나는 한두 개의 관찰값을 얻었다면 이는 나머지 관찰값들과는 다른 과정, 즉 돌연변이나 선천적인 결함과 같이 일반적이지 않은 자료생성 과정을 통해 나온 결과로 간주하여 이 값들을 제외하고 분석할 수 있다. 그러나 여기에서 '임의적 유전 변이나 환경 변이'에 의해 개별적인 관찰값이 다른 경우 남자의 키나 여자의 키와 같은 전형적인 키에 대한 암묵적 모델을 가지고 있다면 이것은 의미가 있다. 그러면 극단적으로 키가 크거나 작은 사람들을 이 모델에 적합하지 않은 것으로 간주할 수 있으며 다소 다른 과정을 통해 얻은 관찰값이거나 그래서 다른 설명을 필요로 하는 것으로 간주할 수 있다. 이와 같은 이유로 Biehler(1994, p. 32)는 "대칭적인 단봉 분포는 매우 특별한 경우이며" 이러한 분포에서도 일탈이 심한 자료에 대해서는 추가적인 모델이 필요하다고 제안하였다.

독특한 형태를 지닌 분포

사람의 키에 대한 히스토그램이 쌍봉(bimodal)인 이상적인 상황을 벗어난 예에 대해 생각해보자. 이 경우 우리는 어떠한 평균도 중심 척도로 해석하고자 하지 않을 것이다. 그 이유는 무엇인가? 히스토그램이 쌍봉이라면 관찰된 사람들이 단일한 과정, 즉 '자연종'을 이룬다는 것에 의심을 갖게 될 것이다. 오히려 관찰된 사람들이 서로 다른 두 집단으로 구성되어 있다고 의심할 수 있다. 따라서 두 집단을 구별하는 근본적인 변인을 밝히지 못한다면 어떠한 유용한 진술도 기대할 수 없다. 이와 유사하지만 덜 심각한 문제는 단봉이지만 집단내의 변이성이 너무 큰 경우에 발생한다. 예컨대, 어떤 나라 국민들의 평균 키가 450cm인데 분포가 60cm에서 900cm까지 다양한 경우와 같이 변이성이 너무 클 경우, 자료가 일관된 과정에서 얻어진 것인지, 자료가 의미가 있는지, 자료를 대표하는 평균을 이용하는 것이 합리적인 것인지 등과 같은 문제를 제기할 수 있다. 물론, 변이성이 큰지 아닌지에 대한 사람들의 직관은 다를 수 있으며 이는 사람들이 가지고 있는 **전형적인** 변이성이 무엇인지, 즉 사람들이 변이성의 근원을 생각할 때 어떤 개념적 모델을 가지고 있느냐에 따라 달라질 것이다.

비대칭이거나 서로 다른 형태를 지닌 분포들을 비교하기

두 개의 히스토그램을 비교하여 남자의 키와 여자의 키에 대해 평가할 때 히스토그램의 형태가 다르면 비교가 어려울 것이다. 예를 들어, 남자의 키는 우비대칭이고 여자의 키는 좌비대칭인 경우를 생각해보자. 두 집단은 분명히 변이성에서도 차이가 있기 때문에 평균을 이용하여 두 집단을 비교하는 것은 좋은 방법이 아닐 것이다. 두 집단의 히스토그램의 형태가 다른 이유를 설명할 수 있는 모델을 만들어 두 형태의 차이가 단지 임의 오차에 의한 양상이라고 결론을 내릴 수 없다면 두 집단의 평균의 차이를 '키에 대한 성별의 영향'으로 판단하기 위해서는 신중해야 한다.

10년 단위로 두 번 조사한 소득의 차이를 비교하는 경우를 생각해보자. 여기에서 두 히스토그램은 모두 오른쪽으로 길게 늘어진 정적편포의 형태를 하고 있다. 히스토그램이 둘 다 동일한 분산과 동일한 형태를 가지고 있다면, 비록 **실제** 소득에 대한 가장 적절한 측정값으로 집단의 평균을 이용하는 것이 염려스럽더라도 중심 척도의 이동을 집단의 소득에 대한 **실제** 변화의 추정값으로 받아들이는 것이 타당할 것이다. 즉, 각 집단내의 변이성이 '소음'에 대한 우리의 이상적인 견해와 일치하지 않더라도 적어도 두 집단 내에 동일한 소음과정이라는 것을 확신할 수 있다. 물론 하나의 히스토그램이 다른 히스토그램을 수평으로 이동한 것이더라도 반드시 각 개인들의 소득이 임의오차를 감안해서 동일한 양만큼 상승했다는 것을 의미하는 것은 아니다. 사실, 정교하게 분석하면 어떤 집단의 소득이 일정하거나 심지어 줄었음에도 불구하고 다른 어떤 집단은 소득이 증가했음을 확인하는 것도 가능하다. 집단의 평균 차이를 조사하는 것이 왜 부적절하고 오해를 일으키게 되는가에 대한 이러한 많은 주장들은 어떤 면에서는 집단들이 '자연종'이 아니라는 인식에 의존하고 있다. 예컨대, 가난한 사람들의 소득을 조사하는 과정은 부유한 사람들의 소득을 조사하는 과정과 다를 수 있다는 것이다. 이러한 주장들은 우리가 어떤 큰 집단에서 자연스러운 부분집단을 확인할 수 있을 때 그리고 부분집단들의 평균의 변화가 서로 다르다는 것을 보일 수 있을 때 가장 보편적으로 주장된다. 예를 들면, 부유한 사람들은 더 부유해지고 가난한 사람들은 더 가난해지는 경우를 예로 들 수 있다.

형태가 다른 분포를 비교할 때 전형적으로 겪을 수 있는 또 다른 어려움은 퍼짐이 서로 다른 분포의 평균을 비교하는 데에서 나타난다. 예를 들면, A국가의 평균 소득이 B국가보다 더 높고 표준편차도 더 크다면 어떻게 되는가? 이 경우 변이성에 대한 좀 더 엄격한 모델링이 필요하다. 두 집단의 평균 비교가 개념적으로 더 수월한 경우는 표준편차의 차이가 평균의 차이에 잘 맞는 상황일 것이다. 이상적으로는 두 표준편차의 비가 두 평균값의 비와 동일한 상황이다. 이런 경우 A국가의 전형적인 소득이 A국가와 B국가를 구별해주는 효과에 해당하는 요인을 B국가에 곱한 것과 동일한 것일 수 있기 때문에 그 결과를 가법적인 것이 아니라 승법적인 것으로 간주할 수 있다. 그리고 동일한 승법적 요인이 소음과정에 적용되었다고 가정하는 것이 타당할 것이다.

비표준적인 사례에 대한 분석의 요약

앞의 논의에서 언급한 바와 같이 이런 비표준적인 사례들이 우리가 주장하는 중심 척도 개념에 반드시 해당하는 문제라고 보지는 않는다. 사실, 과정의 중심 척도에 대한 개념을 이용하면 특이점을 제거하거나 적절한 부분 집단으로 자료들을 분할할 수 있고, 집단들이 왜 비대칭적이며 또는 퍼짐이나 형태가 다양한지를 설명해주는 개념적 모델을 고안할 수 있으며, 두 집단의 자료 사이의 차이점에 대해 확실하게 결론을 내릴 수 있는 것이 거의 존재하지 않는다는 것을 알 수 있다.

앞에서 논의했던 서로 반대방향으로 치우친 두 개의 분포로부터 남자의 키와 여자의 키에 대한 차이점에 대해 어떠한 결론을 내릴 수 있는지에 대해 질문하면서 논의를 요약하고자 한다. 우리는 어떠한 개념적 모델이 없다면 어떠한 결론도 내릴 수 없다고 주장한다. 예를 들면, 유전적 성차에 대해 어떠한 결론을 내리고자 한다면 그 밖의 모든 것은 임의적이라는 것을 확신시킬 수 있어야 하며, 평균 키의 차이가 식사량으로 인해 발생한 것으로 볼 수 없다는 등의 여러 사항들을 확신시킬 수 있어야 한다. 다시 말해 모델을 이용하지 않는 자료 분석에 대해서는 사실상 어떠한 것도 말할 수 없다. 혹자는 이것을 급진적인 주장이라 생각할 수도 있겠지만, 자료가 일관성 있는 과정에서 얻어졌고 이 과정을 설명하는 데에 평균이 도움이 될 수 있다고 간주하지 않는다면 평균값이나 중앙값은 거의 발견술적 의미를 갖지 못할 것이며 학생들에게 아무런 의미가 없을 것이다.

통계교육을 위한 시사점

소음과정이라는 아이디어와 소음과정에서 탐지할 수 있는 신호라는 아이디어는 통계적 추론의 핵심이다. 그러나 현재의 교육과정에서는 이러한 개념이 다루어지지 않고 있으며 자료로부터의 추론 능력을 평가하는 도구에도 이러한 사항들은 포함되어 있지 않다. 또한, 그동안 통계교육 연구자들은 여기에 많은 관심을 기울이지 않았다. 우리의 주장이 타당하다면 교육 연구, 교육목표의 설정, 교육과정, 교사 교육, 평가 등의 영역에서 큰 변화가 있어야 한다. 이들은 교육 개혁의 요소들과 상당히 밀접하게 관련되어 있으므로 전체 영역이 같이 변화하지 않는다면 어느 하나의 영역에서 얻은 성과마저도 잃을 수 있다.

따라서 신호 대 소음 관점의 본질적인 요소가 무엇인지에 대해 설명하고 학생들이 이 개념을 발달시키도록 하기 위해 어떻게 지도해야 하는지에 대한 시사점을 제공하고자 한다. 교육에 대한 시사점이라고 해서 교육과정 개발자나 교사만을 염두하고 설명하는 것은 아니다. 교육 연구자들, 국가 규준과 교육과정 목표에 영향을 주는 사람들, 교사 교육을 담당하는 사람들, 평가 기준과 도구를 개발하는 사람들을 염두에 두고 기술하고자 한다.

반복 측정값의 이용

앞에서 분석한 바와 같이 반복되는 측정값을 포함하는 과정은 다른 유형의 통계과

정보다 신호와 소음을 구분하기 쉽다. 따라서 다양한 통계적 측정값에 대한 신호 대 소음의 관점을 형성시키기 위해 학습 초기부터 반복되는 측정값을 조사하는 활동에 참여시킬 필요가 있다.

현재의 교육과정은 반복되는 측정값을 거의 사용하지 않는다. 아마도 이것은 몸무게 측정과 같은 대부분의 전형적인 상황들이 의미 있는 방법으로 도입되지 않을 경우 학생들에게 다소 지루하거나 무의미해 보일 수 있기 때문이다. 그러나 적절하고 흥미 있는 반복 측정 상황도 매우 많다.[27] 고학년에서 다루는 많은 중요한 과학적 이슈와 정치적 이슈들이 이러한 상황에 해당된다. 예컨대, 환경에 관한 공공 정책을 잘 수립하려면 오존층의 두께, 강물에 녹아있는 산소, 대기 중 이산화탄소의 농도에 대한 좋은 추정량을 알아야 한다. 또, 제조 과정의 산출 결과가 적절한지 알기 위해서는 제조 과정을 추적해야 하며, 이처럼 제조 과정을 통계적으로 통제하는 것은 왜 과정을 고려해야 하는지에 대한 맥락을 제공해준다. 물론 시계열 분석은 복잡하므로 통계 입문 과정의 학생들이 충실하게 탐구할 수 있는 문제의 유형을 개발하기 위해 더 많은 연구가 필요하다.

Lehrer, Schauble과 이들의 동료들은 어린 학생들에게 아주 흥미 있는 반복 측정의 맥락을 사용하였다. 예를 들면, 2학년 학생들에게 트랙을 따라 달리는 자동차를 만들도록 하였다(Lehrer, Schauble, Carpenter, & Penner, 2000). 학생들은 같은 활동을 여러 번 시행하는 동안 한 번의 시행에서 얻은 자동차의 속력을 토대로 결정을 내리는 것이 적절하지 못하다는 것을 깨달았다. 자동차가 트랙의 난간과 충돌하는 것처럼 자주 어떤 것에 의해 방해를 받았기 때문이다. 합의를 통해 학생들이 내린 결정은 하나의 자동차에 대해 5번의 시행을 하는 것이었다. 이후 학생들은 5번의 시행에서 얻은 속력의 측정값에서 어떻게 하나의 측정값을 얻는지에 대한 방법에는 합의를 이루지 못하였다. 그러나 여러 번의 시행이 필요하다는 학생들의 제안은 그 자체만으로도 신호와 소음에 대한 개념을 갖고 있음을 시사하는 것이다. 즉, 자동차의 실제 최고 속력을 신호로 예측 불가능한 여러 사건들의 영향을 받은 자동차의 속력을 소음으로 파악하여 신호와 소음에 관련된 개념을 인식한 것으로 볼 수 있다.

이 교실 일화는 중요한 시사점을 제공한다. 즉, 자료가 신호와 소음으로 구성되어 있다는 것을 인식할 수는 있으나, 아직 평균과 같은 통계적 측정값을 신호의 지표로 간주하지는 못한다는 것이다. 학생들에게 반복되는 측정 과정을 거치게 한다면 각각

---

27) Erickson(2000)은 이러한 과정과 관련된 몇 가지 상황과 활동들을 소개하고 있다. 이를 참고하여라.

의 측정이 신호와 소음의 조합으로 이루어졌다고 생각할 것이다. 특히, 자를 사용하여 길이를 측정하는 것과 같이 측정 오차의 근원을 확인하기 쉽다면 더욱 그러하다. 그러나 학생들은 반복되는 측정값의 평균을 신호의 지표로 생각하지 않을 수도 있다. 초기 천문학자들이 그랬던 것보다 더 심하게 말이다. 따라서 학생들이 어떻게 평균과 같은 측정값을 중심 척도에 대한 지표로 해석하도록 지도할 것인가에 대한 연구가 필요하다. 역사적 발달 과정으로부터 하나의 실마리를 얻자면 학생들에게 여러 가지 표본을 제시하고 다양한 지표들의 상대적인 안정성을 탐구하게 하는 것이 효과적일 수 있다.

안정성 탐구

안정성에 대한 아이디어는 신호에 대한 아이디어와 상당히 밀접하게 관련되어 있다. 대상의 무게가 매번 측정할 때마다 변하지 않는다면 이 무게의 적절한 지표도 표본마다 동일하다고 가정하는 것이 타당할 것이다. Quetelet이 출생률과 사망률을 사회에 대한 효과적이며 비교적 안정적인 지표로 생각하고, 반복되는 측정값들의 평균값에 이를 유추할 수 있었던 것은 바로 매년 출생률이나 사망률과 같은 비율이 안정적이라는 것을 관찰했기 때문이다. 이와 유사한 탐구활동을 통해 학생들은 평균을 신호의 지표로 해석하기 위한 단계에 진입할 수 있다.

안정성을 입증하기 위해 주로 사용하는 방법은 알려진 모집단에서 여러 개의 표본을 만들어내고 평균값과 같은 특성들을 평가하는 것이다. 우리는 안정성에 대한 탐구를 좀더 빠른 시기에, 즉 평균값에 관심을 두는 이유를 학생들이 이해하기 전에 다루어야 한다고 생각한다. 또한, 실제 표집 상황에서는 결코 이러한 반복적인 표집을 하지 않기 때문에 가상적인 예는 학생들에게 혼동을 일으킬 우려가 있다. 안정성을 탐구하는 다음 세 가지 대안적인 방법은 8세의 어린 학생들을 대상으로 수업에서 실시할 수 있는 활동의 토대가 된다.

서로 다른 측정값을 비교하기

이것은 서로 다른 측정 방법의 상대적인 정확성을 비교하는 것이다. Lehrer, Schauble, Strom, Pligge(2001)는 3학년과 4학년 학생들을 대상으로 이 방법을 사용했는데, 학생들은 물체의 밀도에 대한 학습에서 물체의 무게와 부피를 측정하였다. 각 물체의 속성을 측정하는 여러 가지 방법들을 탐구하였으며 동일한 대상을 측정하기 위해 하나의 방법을 반복적으로 실시하였다. 학생들은 이러한 반복되는 측정값에서 변이성을 적게 산출하는 방법을 선호하였다. 또한, 자신들이 사용한 측정 기술을 정립하면서 특정한 물체에 대한 부피를 결정하는 방법에 대해 다양한 의견을 제시하였다. 물론, 문제는 측정 방법이 동일하더라도 반복적으로 측정하게 되면 측정값이 범위로 나타난다는 것이다. 학생들은 최종적으로 물체의 무게와 부피를 '가장 정확하게' 결정하기 위해 먼저 특이점을 제거한 후 남아있는 관찰값들의 평균값을 구하였다.

표본의 크기를 증가시켜서 관찰하기

안정성을 탐구하는 또 다른 방법은 표본의 크기가 점점 커짐에 따라 분포가 어떻게 되는지를 학생들로 하여금 관찰하도록 하는 것이다. 우리는 최근에 7학년 수업에서 이 방법을 시험해보았다. 학생들은 남학생과 여학생이 용돈을 비슷하게 받는지 탐구하기 위해 같은 반 학생들을 대상으로 조사를 하였다. 두 개의 분포를 비교하는 동안 어떤 학생은 더 많은 자료를 수집하면 분포가 어떤 모양이 될지 알 수 없다고 주장하면서 결론 내리기를 보류하였다. 다른 학생들도 이 학생의 의견에 동의하였다.

학생들이 이 문제에 대해 탐구하는 것을 돕기 위해 두 종류의 종이 물고기가 담겨있는 인공 연못을 만들었다. 그리고 어떤 농부가 기존의 보통 물고기와 새로운 종류의 유전자 변형 물고기 중 어느 것이 더 크게 자라는지 알고 싶어 한다는 것을 상황으로 설정하였다. 학생들에게 연못에서 물고기를 잡아 물고기에 적혀 있는 종류와 길이에 대한 정보를 읽도록 하였다. 물고기를 '잡아' 올릴 때마다 물고기의 종류와 길이를 실물화상기 위에 있는 종이에 점그래프로 표시하였다. 대략 15마리의 물고기를 표집한 후 지금까지의 자료를 보고 무엇을 알 수 있는지에 대해 물었다. 학생들은 보통 물고기의 길이는 21~24cm에 집중되어 있지만 유전자 변형 물고기는 25~27cm에 집중되어 있음을 발견하였다. 그 다음 학생들에게 앞에서 탐구했던 용돈 문제를 상기시키면서 물고기의 표본을 계속해서 늘린다면 어떤 일이 일어날지에 대해 생각해 보도록 하였다. 몇몇 학생들은 봉우리는 점점 높아지고 범위는 점점 커질 것이라고 말했지만, 분포의 중앙에 몰려있는 자료의 모양이나 위치와 같은 특징들이 어떻게 될지에 대해서는 언급하지 않았다. 그러나 다른 몇몇 학생들은 중앙에 몰려있는 군집들이 점점 '커지지만' 가로축을 따라 나타나는 대략적인 위치는 그대로 유지될 것이라고 예상하였다. 물론, 후자의 학생들은 표본에 계속해서 물고기를 추가하면서 분포를 관찰한 내용을 토대로 대답한 것이다. 표본 추출 후 학생들에게 표본과 함께 두 종류의 물고기의 모집단의 분포를 보여주면서 표본 분포의 중심이 모집단 분포의 중심에 대한 상당히 훌륭한 지표가 된다는 사실, 즉 표본의 안정적인 특성이 신호라는 사실에 주목하도록 하였다.

소음과정을 시뮬레이션하기

안정성을 탐구하는 세 번째 방법은 학생들로 하여금 소음과정이 대부분 언덕 모양의 분포를 만들어내는 이유를 조사하게 하는 것이다. Wilensky(1997)는 컴퓨터 시뮬레이션을 이용해 이러한 문제를 탐구하는 대학원생들을 면담하였다. 우리는 5학년 학생들을 대상으로 자료 분석에 대한 방과후 교육 프로그램에서 이와 유사한 연구를 수행하였다. 고양이에 대한 자료 집합을 분석할 때(Rubin, Mokros & Friel, 1996) 학생들은 고양이의 무게나 꼬리의 길이와 같은 도수 분포들이 모두 위로 볼록한 모양이라는 것을 인식하였다. 이에 대한 이유를 탐색하도록 하였더니 꼬리의 길이에 영향을 미치는 몇 가지 요인들을 생각해냈다. 학생들은 이러한 요인으로 먹이, 사고로 인한 부상, 부모 고양이의 꼬리의 길이를 제시하였다. 우리는 이 요인들을 사용하여 특정 고양이의 꼬리 길이에 대한 각 요인의 영향력을 숫자로 나타내도록 하는 회전판을 제작하였다. 한 학생이 먹이에 대해 +2인치를, 부모 고양이의 영향에 대해 +3인치를, 사고로 인한 부상에 대해 −2인치를 부여하였다. 물론 모든 학생들은 자기가 가진 고양이의 꼬리가 가장 길기를 바랬다. 회전판 활동을 시작하기 전에 이러한 방식으로 30마리의 꼬리 길이를 얻었다면 꼬리의 길이가 긴 고양이, 중간인 고양이, 짧은 고양이의 수가 거의 동일할 것인지에 대해 예측해 보도록 하였다. 몇 번의 시행 후에 학생들은 점점 꼬리 길이가 중간인 경우가 많아진다는 것을 인식하게 되었다. 이 현상에 대해 학생들은 회전판에서 매번 큰 숫자를 얻는다는 것은 '정말로 운이 좋은' 경우이며 작은 숫자를 얻는다는 것은 '정말로 운이 나빠서'라고 설명하였다. 이것이 이 학생들을 대상으로 한 마지막 수업이었기 때문에 이러한 경험을 일반화할 수 있을지에 대해 좀더 조사할 수는 없었다. 그러나 우리는 이 과정에서 꼬리의 길이가 왜 정규분포의 모양을 형성하는지에 대해 이해하는 것은 소음 속에서 신호가 나타나는 과정을 이해하는 데에 중요한 부분이 된다고 생각한다.

집단 비교

이미 살펴본 바와 같이 한 집단의 평균을 중심 척도로 생각하는 것보다 두 집단의 평균 차이를 중심 척도로 생각하는 것이 더 쉬운 경우가 많다. 이것은 아마도 다소 반직관적이겠지만 개별적인 값들에 대한 하나의 분포를 탐구하는 것에서 시작하는 것보다 집단 비교를 포함하는 문제에서 시작하는 것이 학생들에게 의미 있을 수 있다는 것을 암시한다. 초등학교에서 자료 분석을 가르치는 교사들은 집단을 비교하는 활동이 어린 학생들에게도 도움이 된다고 주장한다(Konold & Higgins, 2003). 이와 유사하게 Cobb, McClain, Gravemeijer가 개발한 중학교 교육 자료에 포함된 모든 문제들은 집단 비교를 포함한다(Cobb, 1999; Cobb, McClain, & Gravemeijer, 2003). Watson과 Moritz(1999)가 지적했듯이 비교 맥락은 학생에게 좀더 흥미로운 상황이며 문제의 의미를 좀더 명확히 인지할 수 있게 하고 평균이 왜 유용한지를 알 수 있게 해준다는 점에서 도움이 된다. 게다가 비교 맥락에서 학생들은 좀더 쉽게 개별적인 값들의 평균을 과정에 대한 요약 통계량으로 간주할 수 있으며 변이성이라는 소음 속에서 나타나는 신호로써 이들 사이의 차이를 인지할 수 있다.

실험 수행

많은 교육자들은 학생들이 자료를 직접 수집하는 활동의 장점을 계속해서 강조해 왔다(Cobb, 1993). 이렇게 자료를 직접 수집함으로써 학생들은 흥미를 증진시킬 수 있으며 이후에 자료를 분석하고 자료에 대하여 추론할 때 도출할 수 있는 정보의 근원을 더욱 풍부하게 할 수 있다. 학생들에게 간단한 통제된 실험을 고안하고 실행하도록 하는 것도 장점이 있다. 실험 설계가 집단 비교를 수반한다는 점에서 도움이 된다. 또한, 관찰에서 얻은 자료보다 실험을 통해 얻은 자료가 과정으로부터 나온 것임을 인식하기가 더 쉽다. 학생들은 실험자와 같이 과정에서 활동적인 역할을 수행한다. 예를 들면, 비료를 사용해 한 집단의 식물을 재배하고 비료를 사용하지 않은 집단의 식물과 성장 정도를 비교하는 활동을 할 수 있다. 매우 어린 학생들도 두 집단을 비교할 때 다른 모든 사항들을 동일하게 유지하는 것이 중요하다는 것을 이해할 수 있다(Lehrer, Carpenter, Schauble, & Putz, 2000; Warren, Ballenger, Ogonowski, Rosebery, & Hudicourt-Barnes, 2001). 실험을 통해 학생들은 같은 비료를 사용한 집단의 식물이 모두 동일하게 자라는 것은 아니라는 것과 두 집단을 비교함으로써 비료의 효과가 분명히 드러난다는 것을 직접 관찰하게 된다. 학생들은 관찰 자료를 통해 어떠한 차이가 관찰되었는지에서부터 왜 이러한 차이가 발생했는지까지 거꾸로 추론해야 한다. 그런데 학생들은 관찰값에서 차이가 나타나는 이유를 각각의 개별적인 값에 따라 서로 다르게 제시하는 경향이 있다. 실험 상황에서 학생들은 먼저 과정을 살펴보고 그 이후 과정의 결과로 얻어지는 자료를 살펴보게 된다. 이것은 학생들로 하여금 개별적인 자료 수준에서 원인을 고려하는 것에서 벗어나 집단 전체에 동일하게 적용되는 원인에 초점을 맞출 수 있도록 한다.

결론

몇몇 독자들이 우리의 제안을 자료 분석에서 비추리적인 탐색적 방법을 지도해서는 안 되며 잘 정의된 표본 자료를 이용하라는 요구로 받아들일까봐 우려가 된다. 사실 우리는 어린 나이에서부터 EDA와 같은 비형식적인 자료 분석 방법을 가르쳐야 한다고 생각한다. 또한, 자료 분석 수업이 반드시 신중하게 구성한 표본에서 형식적인 추론을 이끌어내는 기술적인 질문에 기초를 두어야 한다고 주장하는 것도 아니다.

수학적으로 자료를 모델링하기 위해 어떤 규칙에 따라 자동적으로 자료에 접근해서는 안 된다는 Tukey(1977)의 의견에 동의한다. 오히려 우리의 목적은 더욱 일반적인 것, 즉 자료로부터 사실을 얻어내는 것이다. 이러한 목적을 위해 다양한 방법으로 융통성 있게 자료를 표현할 수 있게 한다면 학생들은 흥미로운 가설을 설정할 수 있고 통찰을 경험할 수 있으며 더 형식적으로 모델링할 수 있다(Cleveland, 1993). 자료를 수집하고 탐색하는 **방법**뿐만 아니라 그 **이유**에 대한 이러한 의식 있는 접근방법이야말로 학생들에게 일찍부터 통계를 가르치는데 있어서 가장 중요하다.

그러나 탐색적 자료 분석 방법을 규칙적으로 사용하는 대부분의 사람들은 추리적 방법에 대한 상당한 지식을 가지고 있다는 것을 염두에 둘 필요가 있다. 매우 적은 수의 가정만으로 자료 탐색을 실시할 때 통계 수학적 모델이 상당히 막강한 힘을 가지고 있다는 것을 종종 간과하는데, 우리가 자료 탐색 과정에서 도출하는 도구와 경험들은 통계 수학적 모델에 대한 우리의 지식으로부터 나온다. Cleveland(1993)에 의하면 "도구가 중요하다"(p. 1). Cleveland가 말한 도구는 자료를 표현하는 방법이다. 덧붙이자면, 그래픽 도구를 능숙하게 사용하려면 개념적 도구를 능숙하게 다루는 능력이 뒷받침되어야 한다. 오히려 이것이 더 중요한 것이라고 생각한다.

Quetelet의 연구에 대한 언급에서 우리는 초기 연구자들이 평균값을 단순히 분포의 중심을 기술하는 방법으로만 사용한 것이 아니라는 점을 지적하였다. 그러나 현재는 평균값을 분포의 중심을 기술하는 방법으로만 다루고 있다. 통계학의 역사에 관한 최근의 문헌들은(Hacking, 1990; Porter, 1986; Stigler, 1986) 초창기 통계학이 해석의 문제에서부터 시작된 것으로 묘사하고 있다. 이러한 관점에서 Quetelet의 '평균인'에 대한 아이디어는 반복된 측정값들의 '참값'을 평균값의 해석으로 받아들이게 하고 개별값의 측정이라는 새로운 영역을 개척한 것이지만, 이로 인해 처음부터 평균값은 많은 직관을 제공하지 못하였다. 자료에 대한 추론을 학습하기 위해 학생들은 이와 같이 평균의 해석과 관련된 문제를 경험해야 한다. 즉, 학생들은 과정에서 탐색을 안내할 수 있는 자료에 대한 개념적 모델을 개발해야 한다. 여기서 개념적 모델이 반드시 수학적 모델일 필요는 없다. Galton Board의 연구에서 구체화된 신호와 소음으로서 자료라는 아이디어는 통계적으로 추론하기 위해 필요한 가장 기초적인 개념 모델이다(Biehler, 1994). 학생들이 이 아이디어를 어떻게 발전시켜 나가는지 조사하고 이를 위해 어떻게 지도해야 하는지에 대한 후속 연구가 이루어져야 한다.

참고문헌

American Association for the Advancement of Science (AAAS). (1989). *Science for all Americans Washington*, D.C.: American Association for the Advancement of Science (AAAS).

Bakker, A. (2001). Historical and didactical phenomenology of the average values. In P. Radelet-de Grave (Ed.), *Proceedings of the Conference on History and Epistemology in Mathematical Education* (Vol. 1, pp. 91-106). Louvain-la-Neuve and Leuven, Belgium: Catholic Universities of Louvain-la-Neuve and Leuven.

Biehler, R. (1989). Educational perspectives on exploratory data analysis. In R. Morris (Ed.), *Studies in mathematics education* (Vol. 7, pp. 185-201). Paris: UNESCO.

Biehler, R. (1994). Probabilistic thinking, statistical reasoning, and the search for causes—Do we need a probabilistic revolution after we have taught data analysis? In J. Garfield (Ed.), *Research papers from ICOTS 4* (pp. 20-37). Minneapolis: University of Minnesota.

Biehler, R. (1997). Students' difficulties in practicing computer-supported data analysis: Some hypothetical generalizations from results of two exploratory studies. In J. B. Garfield & G. Burrill (Eds.), *Research on the role of technology in teaching and learning statistics: Proceedings of the 1996 IASE Round Table Conference* (pp. 169-190). Voorburg, The Netherlands: International Statistical Institute.

Bright, G. W., & Friel, S. N. (1998). Helping students interpret data. In Lajoie, S. P. (Ed.), *Reflections on statistics: Learning, teaching, and assessment in grades K-12* (pp.

63-88). Mahwah, NJ: Erlbaum.
Cleveland, W. S. (1993). *Visualizing data*. Summit, NJ: Hobart Press.
Cobb, G. (1993). Reconsidering statistics education: A National Science Foundation conference [Electronic version]. *Journal of Statistics Education, 1*(1), Article 02.
Cobb, P. (1999). Individual and collective mathematical development: The case of statistical data analysis. *Mathematical Thinking and Learning, 1*(1), 5-43.
Cobb, P., McClain, K., & Gravemeijer, K. (2003). Learning about statistical covariation. *Cognition and Instruction, 21*, 1-78.
Cortina, J., Saldanha, L., & Thompson, P. (1999). Multiplicative conceptions of the arithmetic mean. In F. Hitt & M. Santos (Eds.), *Proceedings of the 21st Meeting of the North American Chapter of the International Group of the Psychology of Mathematics Education* (Vol. 2, pp. 466-472). Cuernavaca, Mexico: Centro de Investigación y de Estudios Avanzados.
Donahue, P. L., Voelkl, K, E., Campbell, J. R., & Mazzeo, J. (1999) *NAEP 1998 Reading Report Card for the Nation and the States*. Document No. NCES 1999-500. Washington, DC: National Center for Educational Statistics, U.S. Department of Education. Available at http://nces.ed.gov/pubsearch/pubsinfo.asp?pubid=1999500
Erickson, T. (2000). *Data in depth: Exploring mathematics with Fatho*m. Emeryville, CA: Key Curriculum Press.
Feldman, A., Konold, C., & Coulter, R. (2000). *Network science, a decade later: The Internet and classroom learning*. Mahwah, NJ: Erlbaum.
Freund, R. J., & Wilson, W. J. (1997). *Statistical methods*. Boston: Academic Press.
Frick, R. W. (1998). Interpreting statistical testing: Process and propensity, not population and random sampling. *Behavior Research Methods, Instruments, & Computers, 30*(3), 527-535.
Gal, I., Rothschild, K., & Wagner, D. A. (1990). *Statistical concepts and statistical reasoning in school children: Convergence or divergence*. Paper presented at the annual meeting of the American Educational Research Association, Boston, MA.
Gordon F. S., & Gordon S. P. (1992). *Statistics for the twenty-frist century* (MAA Notes, no. 26). Washington, D.C.: Mathematical Association of America.
Gould, S. J. (1996). *Full house*. New York: Harmony Books.
Hacking, I. (1990). *The taming of chance*. Cambridge, UK: Cambridge University Press.
Hancock, C., Kaput, J. J., & Goldsmith, L. T. (1992). Authentic inquiry with data: Critical barriers to classroom implementation, *Educational Psychologist, 27*(3), 337-364.
Konold, C. (2002). Teaching concepts rather than conventions. *New England Journal of Mathematics, 34*(2), 69-81.
Konold, C., & Garfield, J. (1992). *Statistical reasoning assessment: Intuitive thinking*. Unpublished Manuscript. Amherst: University of Massachusetts.
Konold, C., & Higgins, T. (2003). Reasoning about data. In J. Kilpatrick, W. G. Martin, & D. E. Schifter (Eds.), *A research companion to principles and standards for school mathematics* (pp. 193-215). Reston, VA: National Council of Teachers of Mathematics (NCTM).
Konold, C., Pollatsek, A., Well, A., & Gagnon, A. (1997). Students analyzing data:

Research of critical barriers. In J. B. Garfield & G. Burrill (Eds.), *Research on the role of technology in teaching and learning statistics: Proceedings of the 1996 IASE Round Table Conference* (pp. 151-167). Voorburg, The Netherlands: International Statistical Institute.

Konold, C., Robinson, A., Khalil, K., Pollatsek, A., Well, A., Wing, R., & Mayr, S. (2002). Students' use of modal clumps to summarize data. Paper presented at t*he Sixth International Conference on Teaching Statistics*, Cape Town, South Africa.

Lehrer, R., Carpenter, S., Schauble, L., & Putz, A. (2000). Designing classrooms that support inquiry. In J. Minstrell & E. V. Zee (Eds.), *Inquiring into inquiry learning and teaching in science* (pp. 80-99). Washington, DC: AAAS.

Lehrer. R., Schauble, L., Carpenter, S., & Penner, D. (2000). The inter-related development of inscriptions and conceptual understanding. In P. Cobb, E. Yackel, & K. McClain (Eds.), *Symbolizing and communicating in mathematics classrooms: Perspectives on discourse, tools, and instructional design* (pp. 325-360). Mahwah, NJ: Erlbaum.

Lehrer, R., Schauble, L., Strom, D., & Pligge, M. (2001). Similarity of from and substance: Modeling material kind. In D. Klahr & S. Carver (Eds.), *Cognition and instruction: 25 years of progress*. (pp. 39-74). Mahwah, NJ: Erlbaum.

Medin, D. L., & Schaffer, M. M. (1978). Context theory of classification learning. *Psychological Review*, *85*, 207-238.

Mokros, J., & Russell, S. J. (1995). Children's concepts of average and representativeness. *Journal for Research in Mathematics Education*, *26*, 20-39.

Moore, D. S. (1990). Uncertainty. In L. A. Steen. (Ed.), *On the shoulders of giants: New approaches to numeracy* (pp. 95-137). Washington, DC: National Academy Press.

National Council of Teachers of Mathematics (NCTM). (1989). *Curriculum and evaluation standards for school mathematics*. Reston, VA: NCTM.

National Council of Teachers of Mathematics (NCTM). (2000). *Principles and standards for school mathematics*. Reston, VA: NCTM.

National Research Council (1996). *National science education standards*. Washington, DC: National Academy Press.

Noss, R., Pozzi, S., & Hoyles, C. (1999). Touching epistemologies: Meanings of average and variation in nursing practice, *Educational Studies in Mathematics*, *4*0, 25-51.

Plackett, R. L., (1970). The principle of the arithmetic mean. In E. S. Pearson and M. G. Kendall (Eds.), *Studies in the history of statistics and probability* (pp. 121-126). London: Charles Griffen.

Pollatsek, A., Lima, S., & Well, A. (1981). Concept or computation: Students' misconceptions of the mean. *Educational Studies in Mathematics*, *12*, 191-204.

Porter, T. M. (1986). *The rise of statistical thinking, 1820-1900*. Princeton, NJ: Princeton University Press.

Quetelet, M. A. (1842). *A treatise on man and the development of his faculties*. Edinburgh, Scotland: William and Robert Chambers.

Rosch, E., & Mervis, C. B. (1975). Family resemblances: Studies in the internal structure of categories. *Cognitive Psychology*, *8*, 382-439.

Rubin, A., Mokros, J., & Friel S. (1996). *Data: Kids, cats, and ads. Inverstigations in number, data, and space*. Palo Alto, CA: Seymour.

Scheaffer, R. (1991). The ASA-NCTM Quantitative Literacy Program: An overview. In D. Vere-Jones (Ed.), *Proceedings of the Third International Conference on Teaching Statistics* (pp. 45-49). Voorburg, The Netherlands: International Statistical Institute Publications.

Schwartzman, S. (1994). *The words of mathematics: As etymological dictionary of math terms used in English*. Washington, DC: Mathematical Association of America.

Shaughnessy, J. M., Watson, J., Moritz, J., & Reading, C. (1999). School mathematics students' acknowledgment of statistical variation. Paper presented at *the 77th annual meeting of the National Council of Teachers of Mathematics*, San Francisco.

Smith, G. (1998). Learning statistics by doing statistics [Electronic version]. *Journal of Statistics Education*, *6*(3), Article 04.

Stigler, S. M. (1986). *The history of statistics: The measurement of uncertainty before 1900*. Cambridge, MA: Harvard University Press.

Stigler, S. M. (1999). *Statistics on the table: The history of statistical concepts and methods*. Cambridge, MA: Harvard University Press.

Strauss, S., & Bichler, E. (1988). The development of children's concepts of the arithmetic average. *Journal for Research in Mathematics Education*, *19*, 64-80.

Tukey, J. W. (1977). *Exploratory data analysis*. Reading, MA: Addison-Wesley.

Warren, B., Ballenger, C., Ogonowski, M., Rosebery, A., & Hudicourt-Barnes, J. (2001). Rethinking diversity in learning science: The logic of everyday languages. *Journal of Research in Science Teaching*, *38*, 1-24.

Watson, J. M., & Moritz, J. B. (1999). The beginning of statistical inference: Comparing two data sets. *Educational Studies in Mathematics*, *37*, 145-168.

Watson, J. M., & Moritz, J. B. (2000). The longitudinal development of understanding of average. *Mathematical Thinking and Learning*, *2*(1), 9-48.

Wild, C. J., & Pfannkuch, M. (1999). Statistical thinking in empirical enquiry. *International Statistical Review*, *67*(3), 223-265.

Wilensky, U. (1997). What is normal anyway? Therapy for epistemological anxiety. *Educational Studies in Mathematics*, *33*, 171-202.

9장

변이에 대한 추론

Chris Reading and J. Michael Shaughnessy

개요

"주위의 소음으로부터 자료가 담고 있는 메시지를 걸러내는 정교한 통계 방법을 개발해야만 했던 이유는 바로 변이때문이다."(Wild & Pfannkuch, 1999, p.236) 개념으로서 변이와 과정으로서 추론은 통계 연구의 핵심이기 때문에 연구자와 교육자들이 변이와 추론에 관심을 두는 것은 당연하다. 최근 여러 연구에서 이루어지고 있는 변이와 추론에 대한 논의는 변이에 대한 추론의 중요성을 강조하고 있다. 통계적 추론에 대한 인지발달 모델에 대해 이미 5장에서 논의된 바 있다. 이 장에서는 주로 변이에 대한 추론과 관련하여 몇 가지 구체적인 측면들을 다룰 것이다.

우선 통계 연구에서 변이의 본질과 역할에 대해 논의한 후 통계교육과 관련된 측면에 대해 설명하고자 한다. 이 글의 목적은 두 가지로, 첫째는 변이와 직·간접적으로 관련된 최근 문헌을 검토하는 것이고, 둘째는 표집 상황에서 9~18세 학생들의 변이에 대한 추론을 조사한 최근 연구 결과를 상세히 살펴보는 것이다. 결론에서는 이들 연구로부터 교육과정 개발과 교수 실제를 위한 시사점을 도출해 기술할 것이다.

변이의 본질

최근 연구문헌들을 보면 **변이**(variation)와 **변이성**(variability)을 혼용해 사용하고 있다. 몇몇 연구자들이 이러한 견해를 지니고 있다 하더라도, 본 연구에서는 용어에 대한 면밀한 검토를 통해 그 차이점을 구별하고자 한다. 사전적 의미에 따르면 **변이**는 조건을 다양화하거나 변화시키는 행위를 묘사할 때 사용되는 명사이고, **변이성**은 어떤 것이 바뀌거나 변화하는 것이 용이함을 의미하는 형용사인 **변화 가능한**

(variable)에 대한 명사형이다(Pearsall & Trumble, 2001, p.1598). 교육 분야와 연구 분야에서 이 두 용어는 더 특수한 의미로 사용된다.

일부 문헌에서 이들 용어를 혼용해 사용할지라도 이 글에서는 구별해 사용할 것이다. **변이성**이라는 용어는 관찰 가능한 실체의 특징을 지칭하는 것으로, **변이**라는 용어는 그런 특징을 기술하거나 측정하는 것을 지칭하는 것으로 사용할 것이다. '변이에 대한 추론'과 관련된 이후 논의에서는 변이성 또는 변화의 경향을 지닌 현상을 기술할 때 관여하는 인지 과정에 대해 알아본다. Moore(1997)는 변이성과 그 변이성을 측정하고 모델링하는 것 모두가 중요하다고 지적하였다. 이 장에서는 측정과 모델링 상황에 존재하는 변이를 중점적으로 다룬다.

자료 내에 존재하는 변수의 패턴과 관계를 통해 변이성을 알 수 있다. 변이성의 근원에 대한 이러한 탐구를 통해 변이성에 대해 알 수 있게 되며, 설명되지 않는 변이, 즉 임의 변이의 정도를 추정하는 것이 필요하다는 것을 인식하게 된다. Wild와 Pfannkuch(1999, pp.240~242)는 자료의 모델링에 대해 설명하면서 자료를 다룰 때 설명되는 변이와 설명되지 않는 변이 모두를 고려하는 것이 중요하다고 지적하였다. 이들에 따르면, 많은 사람들이 모든 변이에 "원인이 있다"고 생각하는 반면, "원인이 없는" 변이를 믿는 사람들은 아직 밝혀지지 않은 근원 때문에 설명되지 않는 변이가 발생할 수 있다는 가능성을 배제하지 않는다. 이로 인해 설명되지 않는 변이, 즉 임의 변이에 대해 의문을 갖게 된다. 통계학자와 연구자에게조차 임의 변이에 대한 개념이 당황스러운 것이라면 자료를 다루는 일을 이제 막 시작하는 사람들에게 이것은 얼마나 더 당황스럽겠는가?

변이의 본질에 대한 혼란은 자료를 처리하고 변이성을 기술하는 방식에 상당한 영향을 미칠 수 있다. 사람들은 자료의 변이에 어떻게 반응할까? 사람들의 반응을 대략 세 개의 범주로 나눌 수 있는데 변이가 존재하지 않는 것처럼 무시하는 사람들, 존재하는 변이의 패턴을 조사해 그 패턴에 맞게 일을 진행하는 사람들, 좀더 바람직한 방향으로 변이의 패턴을 변화시키려고 노력하는 사람들이 여기에 해당한다(Wild & Pfannkuch, 1999, p.236). 마지막 경우는 변이의 조작 가능한 원인을 분리할 수 있을 때 가능하다. 변이의 분리와 모델링을 통해 변이가 발생하는 이유와 원인을 탐구할 수 있을 뿐 아니라 변이를 예측하고 설명하며 제어할 수 있다. 사실, 다양한 수들로 구성된 자료를 받았을 때 학생들은 대개 변이를 실제로 기술하는데 그리 관심을 갖지 않는다. 그러나 왜 자료들이 모두 동일하지 않은지 그 이유에 대해서는 '진정한' 설명을 찾으려고 한다. 이것은 특히 학생들이 상황에 대한 맥락적 지식을 지니고 있을 때 더욱 그러하다. 통계교육을 받은 학생들조차도 인과성을 가정하는 것은 당연시 하면서도 무작위성에 대해서는 그렇지 않다(Wild & Pfannkuch, 1999, p.238).

통계에서 변이의 역할

변이에 대한 추론이 중요한 이유는 무엇인가? 통계적 사고에 대한 미국 통계 협회의 정의에서 변이 또는 변이성은 중요한 위치를 차지하므로 통계적 사고에 대한 논의를 시작할 때 변이의 역할을 우선 검토해야 한다. Meletiou(2002)는 통계적 추론에서 변이의 중요성과 역할에 대해 논의하고 있는 여러 문헌을 소개하고 있는데, 이 문헌 중 Moore(1997), Wild와 Pfannkuch(1999)의 연구는 통계에서 변이의 역할을 인정하는 것이 반드시 필요하다고 지적하고 있다. Moore는 변이성이 편재하며 변이성을 측정하고 모델링하는 것이 중요함을 강조하였다. 반면, Wild와 Pfannkuch는 통계학자와 대학생들을 대상으로 실시한 면담을 통해 통계적 사고 모델을 고안하면서 기본적인 통계적 사고의 유형을 다섯 가지로 구분하고 있는데, 이 중 하나로 변이를 선정하였다. 변이를 고려하는 네 가지 측면이 있는데, 변이를 인식하고 인정하는 것, 예측, 설명, 제어를 목적으로 변이를 측정하고 모델링하는 것, 변이를 설명하고 관리하는 것, 변이와 관련된 탐색 전략을 개발하는 것이 이에 해당된다(Wild & Pfannkuch, 1999, pp.226~227). 이에 덧붙여 우리는 고려해야 하는 변이의 주요 측면으로 변이를 기술하는 것과 표현하는 것을 추가하고자 한다. 통계적으로 사고할 때 고려해야하는 불확실성의 대부분은 편재된 변이와 변이에 대한 이들 여섯 가지 측면에서 기인한다.

통계교육과 관련된 측면

통계 연구에서 간과하고 있는 것은 무엇인가? 통계 분야에서 변이를 보편적이며 중요한 지식으로 간주함에도 불구하고 통계교육과정 설계와 통계교육 연구 모두는 변이에 주목하지 않고 있다. 중심 척도와 산포에 대한 측정값은 통계 교수학습과 교육과정에서 중요한 두 가지 통계적 개념이다. 후자는 흔히 변이성이나 퍼짐이라 불린다. 중심 척도에 대한 측정값이 지나치게 강조되고 있는 반면 변이성에 대한 측정값은 거의 다루어지지 않고 있다는 지적은 통계에 대한 논의에서 매번 등장한다. 또 어떤 연구는 교육과정 설계와 통계교육 연구 모두에서 강조될 필요가 있는 변이성의 개념에 대해 학생들 사이에 개념적 차이가 존재한다고 보고하고 있다(Shaughnessy, 1997, p.3).

통계가 최근에서야 학교 수학교육과정의 주요 부분으로 포함되었기 때문에(NCTM, 1989, 2000) 학생들의 통계적 개념 학습에 다소간의 격차가 있음을 짐작할 수 있다. 1996년 미국 NAEP(National Assessment of Educational Progress) 자료에 따르면 학생들의 중심 척도 측정값에 대한 개념은 빈약하며 통계적 사고에서의 변이와 퍼짐의 역할 및 중요성에 대한 인식 또한 상당히 빈약하다(Zawojewski & Shaughnessy, 2000). 학생들이 가능성이나 자료에 존재하는 변이성의 본질을 이해하지 못하는 것은 어느 정도 전통적인 교육과정과 교과서에서 변이를 거의 강조하지 않았기 때문이라 볼 수 있다. 또한 이는 통계적인 개념을 지도하는 교사들의 경험 부족에도 어느 정도 기인한 것이라 볼 수 있다.

이를 테면, 미국의 수학교과서 대부분은 자료 집합에 포함된 변이의 잠재적 근원을 학생들이 확인하도록 지도하지 않는다. 학생들에게 변이성을 시각화할 기회를 제공하지 않으며, 변이성을 측정하는 방법, 또는 이러한 측정값이 의미하는 바를 탐색해볼 기회를 제공하지 않는다. 교사와 학생들은 표준편차를 구하는 방법을 알고 있음에도 불구하고 표준편차가 무엇을 의미하며, 그것이 언제 예측되는 변이를 설명해주는 적절한 척도로 활용될 수 있는지, 그 이유는 무엇인지를 설명하지 못하는 경우가 많다(Green, 1993). 현장 교사와 통계교육자들이 집필한 〈Quantitative Literacy〉라는 교수학습 자료와 〈Data Driven Mathematics〉 시리즈에서 변이의 근원에 대해 탐구하려는 얼마간의 시도를 발견할 수 있다(Landwehr & Watkins, 1985, 1995; Scheaffer et al., 1999).

학생들에게 중심을 지도하기 위해 다양한 모델을 사용하고 개발해 온 데 비해(Russell & Mokros, 1996), 퍼짐이나 변이성 개념을 지도하기 위해 고안된 모델은 그리 많지 않다. Shaughnessy(1997)에 따르면 변이에 대한 연구가 부족한 이유 중 하나는 대부분의 연구가 교육과정에서 강조하는 것을 중심으로 이루어지는데, 교육과정은 변이를 거의 다루고 있지 않다는 데 있다.

다른 이유는 통계학자가 전통적으로 퍼짐, 또는 변이성의 척도로 표준편차만을 선호한다는 것이다. 교사와 교육과정 개발자는 표준편차를 가르쳐야 한다고 생각하지만 계산이 복잡하며 학교 수학에서 동기유발이 어려워서 다루려하지 않는다. 또 다른 이유는 예측을 위해 중심 즉, 평균이 주로 사용된다는 것이다. 퍼짐 즉, 변이를 비교하거나 이들을 평균과 통합하게 되면 자료에 대한 탐구를 더 혼란스럽게 할 뿐이다. 사람들은 예측을 위해 중심을 이용하는 것에 대해 편안함을 느끼는데, 이는 변이성을 고려하는 것에 비해 중심을 이용하는 것이 확실한 근거를 제공한다고 여기기 때문이다. 또한 변이성 개념은 전반적으로 대부분의 사람들이 안정적이라고 느끼는 영역이 아니며, 일반적인 신념과도 상당한 차이가 있다.

자료에 대한 탐구에서 이러한 불균형을 해소하려면 변이에 대한 추론에서 변이성을 측정하고 모델링하는 것을 지도하는데 도움이 될 만한 연구가 좀더 이루어져야 한다. 이러한 필요성에 따라 9~18세 학생들을 대상으로 연구하고자 한다. 학생들은 어릴 때부터 매일 변이성으로 둘러싸인 환경에서 생활한다. 그러나 자료를 수집하고 표현하고 축약하여 해석하는 모든 학습 활동은 주로 자료의 중심 척도에 초점을 두기 때문에 발생하는 변이를 묘사할 기회가 부족하다. 교육자들은 학생들이 변이성을 확인하는 것에서 나아가 변이성을 묘사하고 표현하며, 변이성에 대한 원인을 추출하고, 결과적으로 변이를 측정할 수 있도록 학습 경로를 수정해 주어야 한다. 다음 절에서는 교육과정과 교수 활동 모두를 개선하는데 도움이 될 만한 학생들의 다양한 추론 양상에 대해 설명하고 있는 연구 결과를 기술한다. 우선, 변이의 추론에 대한 연구 결과를 소개한다. 그리고 표본과 표집에 대한 학생들의 이해를 다룬 연구를 검토한다. 마지막으로, 변이에 대한 학생들의 추론과 관련해 표집 상황에서의 변이에 대한 추론과 같이 더욱 구체적인 영역에서 진행된 최근 연구를 검토한다.

변이에 대한 추론과 관련된 최근 연구

최근 들어, 다양한 통계적 상황에서 변이에 대한 추론과 관련된 연구가 진행되고 있다. 이러한 연구는 학생들에 대한 기대가 변하고 있음을 반영한다. 이들 연구는 상관관계와 회귀(Nicholson, 1999), 그래프를 이용한 표현(Meletiou & Lee, 2002), 확률 표본공간(Shaughnessy & Ciancetta, 2002), 자료 집합의 비교(Watson & Moritz, 1999; Watson, 2001), 가능성, 자료, 그래프, 표집 상황(Watson & Kelly, 2002a, 2002b, 2002c)에서 변이의 역할을 탐구한다.

몇몇 연구자들은 변이의 다양한 측면과 이에 대한 이해를 기술하기 위해 위계를 정립해 왔다. Watson, Kelly, Callingham, Shaughnessy(2003)는 변이의 세 가지 맥락, 즉 가능성, 자료, 표집 맥락을 조사해 변이에 대한 추론의 수준을 네 단계로 기술했는데, 변이의 전제, 변이의 부분적 인지, 변이의 적용, 변이의 비판적 측면이 이에 해당된다. 각 수준은 세 가지 맥락에서 변이가 지닌 다양한 특징에 기초해 기술된다. 이 연구에서는 2 수준인 변이의 부분적 인지에서 3 수준인 변이의 적용으로 이동하는 학생들에 대해 주로 다룬다. 학생들이 내리는 잘못된 해석에 비추어 보건데 2 수준에 있는 학생은 가능성과 변이에 대해 제대로 이해하고 있지 못함을 알 수 있다. 부적절한 사항들을 무시하고 개념적으로 적절한 측면에 기초해 주장을 펴는 것은 3 수준, 또는 그 이상의 수준에서만 가능하다.

많은 연구자들은 변이에 대한 추론이 현재의 학습 환경에서 다루어지는 것보다 훨씬 더 자연스럽게 발생한다고 지적한다. Reading과 Pegg(1996, p.190)에 따르면 자료 요약과 관련된 개방형 문제를 해결할 때 대부분의 학생이 중심 척도를 측정해 자료를 요약할 것이라 예상했는데, 학생들의 약 $\frac{1}{4}$이 산포를 측정해 자료를 요약하는 방법을 선호하였다. 자료를 분할하는 '막대'가 있는 소프트웨어 미니 툴을 고안할 때에도(McClain, Cobb, Gravemeijer, 2000, p.181) 연구자들은 학생들이 자료 집합의 평균값과 관련하여 막대를 사용할 것이라고 예상하였다. 그러나 일부 학생들은 중심 척도보다 자료의 퍼짐에 더 주목하면서 두 자료 집합 중 어느 것이 일관된 값을 더 많이 갖는지 알아보는데 막대를 사용하였다.

더욱 더 최근에 이루어진 연구들은 표집 상황에서 변이에 대한 추론을 중점적으로 다루고 있다. 이러한 연구를 살펴보기에 앞서 표집 개념에 대한 최근의 연구 결과를 살펴본다.

표집 개념에 대한 최근 연구

통계적 분석은 전체인 모집단에 대한 정보를 얻기 위해 부분인 표본에 대한 연구에 상당히 의존한다. 표집은 믿을 만한 정보를 얻기 위해 모집단으로부터 부분, 즉 표본을 선택하는 과정이며(Moore & McCabe, 2003, p.225), 이것은 통계의 핵심 개념이다. 몇몇 연구는 확률 상황에서 표집 과제를 다룰 때 학생들에게서 나타나는 사고 위계를 연구하였다. Watson, Collis, Moritz(1997)는 3~9학년의 학생들에게 주사위, 제비뽑기, 구슬을 활용한 과제를 제시하였다. 연구자들은 SOLO 모델(Biggs & Collis, 1991)에 기초해 학생들 추론의 위계를 구체화하였다. 이 결과는 이후 11학년까지 확장되었다(Watson & Moritz, 1998). 몇몇 연구자는 이와 유사한 방식으로 표집 과제에 대한 학생들의 추론에서 정당화 수준을 도출했다(Jones et al., 1999; Reading, 1999; Shaughnessy, Watson, Moritz, & Reading, 1999; Torok & Watson, 2000; Zawojewski & Shaughnessy, 2000). 반면 다른 연구자들은 자료처리 상황에서 표본과 표집에 대한 학생들의 이해를 탐구했다(Wagner & Gal, 1991; Rubin, Bruce & Tenney, 1991; Jacobs, 1997, 1999; Watson & Moritz, 2000).

Jacobs(1999)에 따르면 어떤 학생들은 임의 표집을 선호하면서 조사 과정에 내재해 있는 잠재적인 편의와 관련된 문제를 인식하는 반면, 어떤 학생들은 공정성에 집착함으로써 준-층화 임의 표집을 선호하였다. Reading(2001)은 중고등학생들에게서도 이와 유사한 결과를 발견하였다. 학생들은 자료 수집 방법을 논의할 때 표본에서 다양한 범위의 반응을 얻을 수 있도록 변량들을 고려해 선택 기준을 만들었다. '표본'을 구성할 때 학생들은 어떠한 것도 일어날 수 있음을 확실히 하기를 원하였다. Reading의 연구 결과와 Jacob의 연구 결과는 어떠한 일도 일어날 수 있으므로 모든 사건은 발생할 수 있는 기회를 동등하게 가져야 한다는 '등확률' 편의(Lecoutre, 1994)에 대한 증거가 될 수 있다. 이러한 결과는 또한 Konold의 '결과적 접근'과도 관련지을 수 있다(Konold, 1989; Konold, Pollatsek, Well, Lohmeier, & Lipson, 1993).

표집에 대한 학생들의 이해와 관련된 선행 연구는 표본들 사이에 존재하는 변이를 이해하는 것과 확률 실험의 표본공간을 이해하는 것은 개념적으로 서로 관련이 있다고 언급하였다. 확률과 관련된 질문은 다음과 같다. 발생 가능한 모든 결과는 무엇인가, 즉 표본공간이 무엇인가? 어떤 것이 다른 것보다 도수가 더 높겠는가? 통계와 관련된 질문은 다음과 같다. 확률 실험을 여러 번 반복하면 결과적으로 어떤 종류의 변이를 관찰할 수 있는가? 더 많이 일어날 것 같은 결과의 범위는 무엇인가, 즉 대부분의 시행 결과를 포함하는 범위는 무엇인가?

표집 상황에서 변이의 추론에 대한 최근 연구

임의 표집은 표본을 선택할 때 발생할 수 있는 편의를 피하기 위한 것이다. 이러한 표집은 모집단에 있는 각 원소가 표본으로 추출될 가능성이 모두 같다는 원리에 근거한다(Moore & McCabe, 2003, pp.225~227). 모든 표집 상황에서 변이가 발생하지만, 임의 표집의 기초가 되는 등우도 원리에 의해 오차가 일어날 가능성을 계산할 수 있게 된다(Wild & Seber, 2000, pp.6~9). 이러한 표집 변이성은 선택된 표본 안에 있는 특정 색깔의 사탕 개수와 같은 관심 변량의 값이 임의 표집을 반복해서 시행할 때마다 변한다는 것을 말해준다(Moore, & McCabe, 2003, pp.260~261). 이러한 변이가 발생했을 때 표본의 크기는 얼마이며, 얼마나 많은 표본을 만들어야 하는지에 대한 두 가지 주요 이슈가 발생한다.

표집 상황에서의 변이에 대한 추론과 관련해 여러 문제점들이 확인되었다. 첫째, 작은 표본도 모집단을 대표할 수 있다는 오랜 선입견이 최근 연구에서 계속해서 지적되고 있다(Shaughnessy, 1992, 1997; Watson & Moritz, 2000; Watson, 2000). 이러한 선입견을 보통 대표성 판단전략이라고 부른다(Tversky & Kahneman, 1974). 관련 연구에 따르면 사람들은 우연 사건의 확률을 추정할 때 퍼짐이나 변이보다는 '중심이나 평균, 또는 모비율'에 초점을 맞추는 경향이 있다. 또한 사람들은 이항분포에서 어떻게 결과들이 '중심 주변'에 분포하는지에 대해 상당히 빈약한 개념과 직관을 가지고 있다.

둘째, 일반적으로 표본은 이질적인 것으로 간주되지만, 특정 맥락에서 표본은 동질적인 것으로 간주될 수 있다. 이것은 표본의 변이에 대한 아이디어에 영향을 준다. 3, 6, 9학년 학생들에게 표본이라는 단어가 무엇을 의미하는지 물었을 때, 학생들은 샴푸의 샘플, 시식용 음식, 혈액 샘플과 같이 '약간'을 의미한다고 대답했다(Watson & Moritz, 2000). Jacobs(1997) 역시 이와 유사한 연구 결과를 얻었다. 이러한 의미를 생각한다면 '표본'의 변이를 고려하는 것은 쉽지 않으며, 이 통계적 변이에 대한 직관을 가지기 어려울 것이다.

셋째, 중고등학생들은 표본의 변이성을 설명하는 것과 표본의 대표성을 인정하는 것 사이에 어떠한 긴장을 가지고 있었다(Rubin et al., 1991). 변이의 가능성에 대한 과도한 인식은 표본이 실제 모집단의 대표라는 사실과 상충된다. 다음과 같은 의문은 실제 응용 통계 상황에서 자주 제기된다. 얼마나 충분한 증거를 확보해야 표본으로부터 예측이 가능한가, 즉 표본은 대표성이 있는가? 두 개의 서로 다른 표본은 정말로 서로 다른 모집단에서 나온 것인가, 즉 모집단에 너무 큰 분산이 존재하는 것은 아닌가? 대표성과 변이성 사이의 이러한 긴장은 표집 상황에서 항상 존재하므로 신중하게 고려될 필요가 있다.

마지막으로, 단순 사건의 가능성을 추정하는 질문에 대해 보통 사람들은 '중심'을 계산하려고 하며 이를 위해 질문에 포함되지 않았던 표집 상황을 고려한다(Shaughnessy, 1997).

몇몇 연구는 표집 상황에서 진행된 면담에서 학생들이 표집 상황에서 일어날 것이라고 예측한 결과와 그 값을 선택한 이유에 대해 설명한 내용을 토대로 변이에 대한 학생들의 추론을 구체화하였다. 특히 Torok과 Watson(2000)은 변이에 대한 개념 발달의 위계 수준을 네 단계로 제시했는데, **변이에 대해 미비하게 인식하는 수준**(수준 A), **변이와 군집의 여러 측면들을 고립적으로 인식하는 수준**(수준 B), **변이와 군집을 비일관적으로 인식하는 수준**(수준 C), **변이와 군집을 적절하고 일관되게 인식하는 수준**(수준 D)이 이에 해당된다. 이는 임의 변이만이 존재하는 상황의 과제와 실생활 변이가 포함된 상황의 과제에 대한 응답을 토대로 분석된 것이다. 과제를 분석하는 과정에서 학생들의 반응을 구분할 때 두 가지 중요한 특징이 드러났다. 하나는 변이를 인정하고 군집을 기술한다는 것이고, 다른 하나는 비율을 사용한다는 것이다. Watson과 동료들(2003)도 이와 유사한 위계 수준을 확인하였다. 연구자들은 가능성과 자료에 대한 다양한 과제를 제시하고 이에 대한 응답을 분석했는데, 퍼짐뿐만 아니라 중심 척도에 대한 특징까지 포괄하는 위계를 개발하였다.

요약하면, 학생들의 변이 개념에 대해 설명하고 있는 선행 연구는 확률 실험이나 자료 수집 상황에서 학생들이 표집을 이해하는 정도를 조사함으로써 간접적으로 결과를 도출하였다. 주요 결과는 다음과 같다.

- 학생들은 평균이나 모비율을 상당히 선호하며, 퍼짐이나 변이를 수반하는 문제를 간과한다.
- 조사 상황에서 표본을 추출할 때, 특히 어린 학생들은 '공정성' 문제를 중요하게 생각한다. 이들은 변이를 통제하려 하며, 심지어 변이를 모든 집단에 균일하게 재분배하려고 한다.
- 학생들은 **표본**이라는 단어를 이질적인(예를 들면, 임의층화추출) 의미와 동질적인(예를 들면, 음식, 혈액) 의미 모두로 이해한다.
- 학생들은 대표성에 대한 자신들의 생각을 정당화하기 위해 질문에는 포함되지 않았던 표집 상황을 추가한다. 또한, 학생들에게는 변이성의 설명과 대표성의

인정 사이에 긴장이 존재하고 있다.

- 중심화와 군집화에 대한 이해 정도에 따라 변이에 대한 학생들의 추론은 달라질 수 있다.

최근 연구 맥락: 반복 추출된 표본에서의 변이성

1996년 NAEP에서 나온 통계 관련 과제를 두 차례에 걸쳐 분석한 결과 흥미롭게도 대부분의 학생들이 표집 과제에서 단지 하나의 수로 된 답을 제시했다(Zawojewski & Shaughnessy, 2000). 그릇 안에 있는 빨강, 노랑, 파란색 풍선껌의 수를 알려주고 나서, 10개의 풍선껌을 꺼내면 거기에 몇 개의 빨간색 껌이 있을지에 대해 학생들에게 질문하였다. 4학년 학생들은 시종일관 5개, 10개, 3개 등과 같이 하나의 수로 답하였다. 편의 표본으로 추출된 232명의 학생들로부터 전체 1,302개의 결과를 얻었는데 오직 한 학생만이 하나의 수가 아니라 범위 형태로, 즉 빨간색 껌이 4개에서 6개 나올 것 같다고 답을 제시하였다.

이러한 연구 결과는 4학년 학생들이 표집 문제에 대해 '하나의 수'로 답하는 경향이 있으며, 이렇게 '예측한 후 확인해보는' 상황에서 학생들은 '나올 수 있는 값의 범위'를 좀처럼 고려하지 않는다는 것을 보여준다. 이는 표본을 추출할 때 변이성이 어떤 역할을 하는지 학생들이 제대로 인식하지 못하고 있음을 의미하기 때문에 문제가 된다. 학생들이 하나의 수와 같은 형태로 답을 제시하는 이유는 수업 시간과 교과서에서 학생들에게 자료와 가능성에 대해 질문할 때 주로 "~의 확률은 얼마인가?"와 같은 형태를 취하기 때문으로 볼 수 있다. 확률에 대한 질문은 학생들에게 하나의 수로 답하는 것만을 요구하며, 따라서 실험이 반복되었을 때 나타날 수 있는 변이에 대한 문제를 간과하게 만든다.

표집에 대한 질문을 다른 방식으로 하면 어떻게 될까? 학생들은 반복 추출한 10개의 풍선껌 표본에 대해 뭐라고 말할까? 학생들은 빨간색 풍선껌을 몇 개로 추측할까? 매번 같은 개수가 나올 것이라 추측할까? 또는 반복 추출에서 빨간색 풍선껌의 개수에 존재하는 변이를 인식할 수 있을까? '나타날 수 있는 값의 범위'를 어떻게 선택할까? 이러한 질문으로부터 '사탕 과제'를 고안하게 되었다. 이는 혼합된 사탕의 수를 알고 있는 상자에서 사탕을 꺼내는 것과 같은 표집 과제를 의미한다.

호주, 뉴질랜드, 미국의 4~6학년 학생 약 400명, 미국의 9~12학년 학생 약 700

명에게 사탕 과제를 여러 가지 형태의 쓰기문제로 제시하였다. 예를 들어, 100개(빨강 50개, 노랑 30개, 파랑 20개)의 사탕이 있는데, 여기에서 10개의 사탕을 꺼내면 빨간색 사탕이 몇 개 나올 것이라 예상하는지 질문하였다. 그런 다음 "이 실험을 여섯 번 반복한다면 매번 나오는 빨간색 사탕의 수는 몇 개일까?"라고 질문하였다. 각 표본을 뽑은 후 사탕을 다시 그릇에 넣고 잘 섞은 다음 다시 뽑는 것이라고 학생들에게 말해 주었다. 표집을 여섯 번 반복한 이유는 다음과 같다. 첫째는 학생들에게 너무 어렵지 않도록 표본의 수를 충분히 작게 하기 위해서이며, 둘째는 학생들이 일어날 것이라 생각하는 변이성을 주장할 수 있을 만큼 표본의 수를 크게 하기 위해서이다.

학생 추론의 명확한 범주가 사탕 과제 해결 과정에서 드러났다. 학생들이 내린 예측은 확률과 통계의 이론에 따라 '넓은'과 '좁은' 또는 '높은'과 '낮은'으로 특징지을 수 있다. 예를 들면, 빨간색 사탕을 50% 섞었을 때 일부 학생들은 10개의 표집을 여섯 번 반복할 때 일어날 수 있는 빨간색 사탕의 개수를 0, 1, 4, 7, 9, 10개와 같이 매우 넓은 범위로 예상하였다. 이 학생들은 변이성이 존재하는 것을 인정하면서, 빨간색 사탕의 개수가 나올 수 있는 모든 가능한 결과를 설명한 것이다. 이 학생들은 이러한 표집 과제가 등확률 모델을 따른다고 생각했을 수도 있다. 즉 모든 빨간색 사탕의 수가 발생할 기회가 동일하다고 생각하는 것이다. Jacobs(1997, 1999)에 의해 설명되었듯이, 비슷한 질문을 받은 더 어린 학생들은 모든 것이 '공정한' 발생 기회를 가져야 한다고 주장하였다. 그 외의 다른 학생들은 우연 실험에서는 "무엇이든 일어날 수 있다."고 추론하였다. 이와 같이 생각한 학생들은 반복 추출된 표본에서 빨간색 사탕의 수를 '넓은' 범위로 예상하였다.

놀랍게도 많은 학생들이 변이성이 전혀 없는 5, 5, 5, 5, 5, 5로 표집 결과를 예측하였다. 이런 경향은 나이가 많은 학생들에게 더 강하게 나타났는데, 이 학생들은 매번 "무엇이 일어나야 한다."고 생각하는 것처럼 보인다. 일부 학생들은 나타날 수 있는 값을 범위로 답하도록 요구했을 때조차도 하나의 수만을 답으로 고려하는 경향이 있었다.

다른 학생들은 6, 7, 8, 8, 7, 9와 같은 수를 예측했는데, 그렇게 생각한 이유를 "빨간색이 많이 섞여 있기 때문"이라고 설명하였다. 또한 사탕 실험에서 나타날 수 있는 결과가 '3에서 7'과 같이 5 주변에 대칭적으로 분포될 것 같다고 생각한 학생들이 있었다. 그러나 이러한 초기 조사 결과에 따르면, 사탕 표본과 같은 표집 상황에서 중심과 퍼짐 모두의 역할을 성공적으로 통합한 학생은 전체 학생의 30%에 불과했다(Shaughnessy et al., 1999).

이를 요약하면 다음과 같다.

- 학생들은 빨간색 사탕의 비율이나 표본에서 나올 수 있는 빨간색 사탕의 수의 범위보다는 모집단에 빨간색 사탕이 많이 있다는 것에 주목하는 경향이 있다. 이 경우 학생들은 표본에 있는 빨간색 사탕의 수를 과하게 추정하였다.
- 몇몇 학생들은 반복 추출된 표본에서 빨간색 사탕의 수의 범위를 넓게 잡는 경향이 있다. 이는 학생들이 결과적 접근 또는 등확률 신념을 반영했기 때문으로 볼 수 있다.
- 실제 실험을 통해 변이를 관찰한 이후 몇몇 학생들은 마음을 바꾸어 사탕 문제에 대해 좀더 모범적인 반응을 보여주었다. 비록 원래의 추측과 상충되는 증거를 보았음에도 불구하고 마음을 바꾸지 않은 학생들이 몇몇 있었지만, 표집 과제를 학습할 수 있는 잠재력이 존재함을 확인할 수 있었다.
- 상위 학년(11~12학년) 학생들의 경우 확률 계산 학습이 퍼짐을 고려하는데 방해가 될 수 있다는 증거가 나타났다. 상위 학년 학생 중 5, 5, 5, 5, 5, 5를 예측한 학생들이 많았다. 이는 학생들이 보통 "~의 확률은 얼마인가?" 또는 "일어날 가능성이 가장 큰 결과는 무엇인가?"라는 식의 질문을 받아왔기 때문이라고 추측할 수 있다. 학생들은 결과 값의 퍼짐을 다루어야 하는 상황을 인식하지 못하였다.

여러 가지 상황에서 변이에 대한 학생의 추론을 연구할 수 있다. Torok과 Watson (2002, p.152)은 실생활 변이를 포함한 상황뿐만 아니라 임의 변이만을 포함한 상황 역시 중요하다고 생각하였다. 이 장에서는 표집 상황에서 변이에 대한 학생의 추론을 이해하기 위해 임의 변이만을 다루는 상황에 초점을 맞추고자 한다. 다음 절에서는 사탕 문제에서 학생들이 설명한 내용을 질적 분석한 결과를 기술할 것이다. 이는 다음과 같은 연구 문제에 따라 설계된 사탕 과제 면담을 호주 학교에서 진행한 결과이다. 표집 과제에 대한 추론에서 학생들이 변이를 고려하고 있다고 판단할 만한 증거는 무엇인가? 표집 상황에서 변이에 대한 추론의 위계가 존재하는가?

연구방법

지필 검사 결과에 대한 설명에서 좀더 나아가기 위해 초등학생 6명, 중고등학생 6명, 총 12명의 학생을 면담하였다. 초등학생은 4학년(Millie), 5학년(Kate, Donna), 6학년(Jess, Alice, Tim)이었고 중고등학생은 9학년(Jane, Prue, Brad), 12학년(Max, Rick, Sue)이었다. 이들 이름은 가명으로, 논의 과정에서 특정 학생을 언급하는데 사용된다. 이 학교에 다니는 학생들은 상당한 수준의 말하기 능력과 평균적인 수학적 능력을 지니고 있다. 면담 과정은 녹음되었으며, 면담이 시작될 때 학생들에게 그림 1의 활동지를 제공하였다. 모든 면담 내용은 전사되었다. 학생들이 모든 문제를 명확하게 설명하도록 독려했으며, 이때 활동지에 기록할 것인지 아니면 면담자에게 말로 설명만 할 것인지에 대해서는 학생들이 선택할 수 있도록 하였다.

학생들에게 두 개의 서로 다른 표집 상황에 대해 질문했는데, 하나는 빨간색 사탕 50개, 파란색 사탕 30개, 노란색 사탕 20개가 혼합된 것이고, 다른 하나는 빨간색 사탕 70개, 파란색 사탕 10개, 노란색 사탕 20개가 혼합된 것이다. 이와 같은 개수의 사탕을 담은 두 개의 그릇이 학생들 앞에 놓여 있었다. 학생들에게는 사탕이 잘 섞여 있으며 표집을 할 때 사탕을 보지 않고 뽑는다고 말해 주었다. 각각의 경우에 사탕 10개를 꺼내면 빨간색 사탕이 몇 개 있을 거라고 생각하는지 물어보았다. 그런 다음 한 사람이 꺼낸 것을 다시 넣고 잘 섞은 후 다음 사람이 꺼낸다고 할 때, 6명의 사람이 각각 10개씩 꺼냈을 때 빨간색 사탕의 개수가 몇 개일지 추측해보도록 하였다.

면담은 학생들에게 친숙한 학교 환경에서 연구자가 직접 진행하였다. 빨간색 사탕이 50개인 상황(50R)에 대해 학생들에게 제시한 활동지는 그림 1과 같다. 두 번째 질문은 빨간색 사탕이 70개인 상황(70R)에 대한 것이다. 면담 시 "왜"라는 질문에 주저하는 학생들을 독려했으며 학생의 응답을 유도할 수 있는 질문 목록을 먼저 만들고 이를 참고하여 면담을 진행하였다.

처음에는 학생들에게 빨간색 사탕의 수가 얼마일 것이라고 생각하는지, 그러한 결과가 매번 일어난다고 생각하는지를 물어보았다(1A, 2A). 그리고 나열형(1B, 2B), 선택형(1C, 2C), 범위형(1D, 2D), 세 가지 형태의 표집 과제를 제시하였다. 학생들이 왜 그렇게 생각하는지 물어본 다음, 실제로 그릇에서 10개씩 6회 표본을 꺼내 본 후 그들의 응답을 수정할 수 있는 기회를 주었다.

학생 활동지

1A) 100개의 사탕이 들어있는 그릇이 있다. 이 그릇 안에는 노란색 사탕 20개, 빨간색 사탕 50개, 파란색 사탕 30개가 들어있다. 이 그릇에서 10개의 사탕을 꺼낸다고 가정하자. 빨간색 사탕이 몇 개 나올 것이라고 생각하는가? ________
항상 그만큼의 빨간색 사탕이 나올 것이라 생각하는가? 왜 그런가?

1B) 위 실험을 모두 6회 반복한다고 가정하자. 예상되는 빨간색 사탕의 수를 아래 빈 칸에 적어라.
______ , ______ , ______ , ______ , ______ , ______

왜 그렇게 생각하는가?

1C) 아래 적힌 수는 몇 명의 학생이 예상한 빨간색 사탕의 개수이다. 이들 중 어느 것이 일어날 것 같은 결과를 가장 잘 묘사하고 있다고 생각하는가? 그것에 동그라미 하여라.
(a) 5, 9, 7, 6, 8, 7　(b) 3, 7, 5, 8, 5, 4　(c) 5, 5, 5, 5, 5, 5
(d) 2, 3, 4, 3, 4, 4　(e) 7, 7, 7, 7, 7, 7　(f) 3, 0, 9, 2, 8, 5
(g) 10, 10, 10, 10, 10, 10

왜 그렇게 생각하는가?

1D) 6명의 학생이 그릇에서 사탕 10개를 꺼내는데, 한 학생이 10개의 사탕을 꺼내어 빨간색 사탕의 수를 기록한 후 다시 그릇에 넣고 잘 섞은 다음 다른 학생이 10개의 사탕을 꺼낸다고 가정하자.
어떤 수들이 가장 많이 나올 것이라 생각하는가?
_____(작은 수)에서부터 ______(큰 수)까지

왜 그렇게 생각하는가?

**(실험을 한 후)
1B-1D에 기록한 답 중에서 변경할 것이 있는가? 만약 있다면 어떻게 변경할 것인지 여기에 기록하여라.

1E) 6명의 학생이 그릇에서 사탕 50개를 꺼내는데, 한 학생이 50개의 사탕을 꺼내어 빨간색 사탕의 수를 기록한 후 다시 그릇에 넣고 잘 섞은 다음 다른 학생이 50개의 사탕을 꺼낸다고 가정하자.
이 경우 어떤 수들이 가장 많이 나올 것이라고 생각하는가?
_____(작은 수)에서부터 ______(큰 수)까지

왜 그렇게 생각하는가?

1F) 40명의 학생이 그릇에서 사탕 10개를 꺼내는데, 한 학생이 10개의 사탕을 꺼내어 빨간색 사탕의 수를 기록한 후 다시 그릇에 넣고 잘 섞은 다음 다른 학생이 10개의 사탕을 꺼낸다고 가정하자. 그 수들이 무엇일지 가능한 결과들을 기술하고, 왜 그렇게 생각하는지 이유를 설명하여라.

그림 1 학생들에게 제공한 활동지

표집과 관련하여 두 가지 개념적으로 어려운 문제는 표본의 크기가 큰 경우와 표집의 횟수가 많은 경우이다. 이를 고려해 10개 대신 50개의 사탕을 선택하는 상황(1E, 2E), 6회 대신 40회를 뽑는 상황(1F, 2F)을 문제로 제시하였다. 더 큰 표본은 모집단에 대해 더 정확한 정보를 제공한다는 측면에서 더 적은 변이성을 만들며, 더 많은 반복 횟수는 표집의 변이성에 대해 더 자세한 정보를 제공하는데 도움이 된다(Moore & McCabe, 2003, pp.265~266). 두 문제(E와 F) 모두 초등학생에게는 너무 어렵다고 판단해 중고등학생에게만 제공하였다.

그림 1의 질문과 이를 변형한 두 번째 질문에 대한 반응을 질적, 양적으로 분석하였다. 이 연구에 참여한 12명 학생의 수행 결과에 대한 양적 분석은 Reading과 Shaughnessy(2000)의 연구에서 논의되고 있는데, 이들은 Shaughnessy와 동료들(1999)이 개발한 분류 체계에 기초하고 있다. 이들은 질적 분석 결과를 변이에 대한 추론을 인식하는 정도에 따라 위계적으로 배열해 설명하고 있는데, 이는 Torok과 Watson(2002)이 구체화한 것과 유사하다. 이 장에서 제시하고 있는 것은 이러한 질적 분석 결과이다. 4학년(Millie), 6학년(Jess), 9학년(Jane), 12학년(Max), 이렇게 네 학생의 면담에 대한 자세한 사례연구는 Reading과 Shaughnessy(2000)의 연구에서 확인할 수 있다.

결과

학생들의 반응을 분석한 결과 변이에 대한 추론에서 Torok과 Watson(2002)의 분류체계에서 드러났던 것과 유사한 중요한 측면들을 발견할 수 있었다. 이들 중 두 가지 측면에서의 특징, 즉 변이를 기술하는데서 나타나는 특징과 변이의 원인을 탐구하는데서 나타나는 특징은 특히 중요한 것으로 이 장에서 분류체계를 세워 설명하고자 한다. 변이를 기술하는데서 나타나는 특징을 분류한 **기술 계열**(description hierarchy)은 "이것이 좀더 퍼져 있어요, 매번 같은 수가 나오지는 않아요."(Jess G6)와 같이 발생하는 변이에 대해 설명하는 학생들의 반응에 근거해 개발하였다. 변이의 원인을 탐구하는데서 나타나는 특징을 분류한 **인과 계열**(causation hierarchy)은 "왜냐하면 거기에 빨간색이 많이 있어서요."(Jane G9)와 같이 변이의 근원에 대해 설명하는 학생들의 반응에 근거해 개발하였다. 표 1은 50R과 70R 표집 상황 모두에 대한 학생들의 반응을 인과(C), 기술(D), 또는 모두(C&D)로 분류한 것을 요약한 것이다. 초등학생과 중고등학생들의 반응 경향이 비슷하게 나타나 자료를 통합할 수 있었는데, 자료의 합이 12명이 되지 않는 것은 그 문제에 대해 학생이 대답을 하지 않았거나 학생의 대답에 변이에 대한 기술 또는 원인에 대한 언급이 포함되지 않아서이다.

표 1 학생들의 반응에 대한 범주화

		50R				70R		
		C	D	C&D		C	D	C&D
항상?	1A	10	1	1	2A	6	0	0
나열형	1B	5	1	3	2B	6	3	1
선택형	1C	3	8	1	2C	4	4	1
범위형	1D	5	3	1	2D	2	6	0

학생의 수가 적었기 때문에 엄밀한 통계 분석을 하기에는 부적절하지만, 대신 그 경향은 관찰할 수 있다. 학생들은 보통 '항상' 발생할 것인지 아닌지에 대한 문제(1A, 2A)와 모든 결과들을 나열하는 문제(1B, 2B)를 설명할 때 원인에 대해 언급하였다. 선택형 문제(1C, 2C)에서는 기술 유형의 설명이 50R 상황에서 더 많이 나타났다. 70R 상황에서는 다양한 반응이 나타났는데 학생들은 일반적으로 70R 상황이 더 어렵다고 생각하였다. 범위형 문제(1D, 2D)에서는 기술 유형의 설명이 70R 상황에서 더 많이 나타났으며, 원인 유형의 설명이 50R 상황에서 더 많이 나타났다. 이것은 초등학생과 중고등학생의 반응 사이에서 유일하게 두드러진 차이가 나타난 질문이다. 즉 50R 상황에서 원인 설명은 초등학생으로부터 나온 것이고 70R 상황에서 기술적인 설명은 하나를 제외한 모두가 중고등학생으로부터 나온 것이다. 일반적으로 70R 상황이 설명하기 더 어렵기 때문에 초등학생들이 원인을 고려해 설명하려고 하는 반면, 대부분의 중고등학생들은 변이를 기술하는 방식을 선택한 것으로 판단된다.

이러한 결과는 문제의 유형(나열형, 선택형, 범위형)이 학생들이 변이를 기술할지 또는 원인을 찾을지를 선택하는데 영향을 미친다는 것을 암시한다. 또한 학생들의 반응 결과는 좀더 친숙한 비율인 50%를 다루는 50R 상황이 70R 상황보다 개념적으로 더 이해하기 쉽다는 것을 보여준다.

다음에서는 두 개의 분석 계열에 대해 자세한 설명을 제시하는데, 이때 자세한 설명과 각 계열에 대한 학생들의 전형적인 반응을 함께 제시한다. 학생들의 반응을 부분적으로나 전체적으로 직접 인용할 때 **고딕체**로 표시하였다.

기술 계열

표집 과제를 다룬 선행 연구를 통해 알 수 있듯이(Shaughnessy et al., 1999), 학생들은 일반적으로 퍼짐에 대해 적절한 개념을 가지고 있다. 그러나 학생들이 퍼짐에 대해 기술하는 방식은 상당히 다양하다. 학생들의 퍼짐 개념에 대한 설명에서 그 정교성이 증가하는 정도에 따라 기술 계열을 개발하였다. 분석 결과 정교성이 낮은 수준에서 변이를 기술하는 서로 다른 두 가지 접근방식을 확인할 수 있었다. 어떤 학생들은 중심 주변에 있는 값에 주목해 변이를 설명했으며, 또 어떤 학생들은 극단적인 값을 더 중요하게 생각하였다. 좀더 정교한 반응을 보인 학생들은 극단적인 값들과 그 사이에서 발생하는 값들을 모두 고려하고 있었다.

표본의 크기를 증가시키거나(1E, 2E) 표집의 횟수를 늘린(1F, 2F), 좀더 복잡한 문제 상황은 원인 계열보다는 기술 계열의 발달에 훨씬 중요한 역할을 하였다. 학생들은 이와 같이 더욱 복잡한 상황에서 변이를 설명하는 것이 도전적인 과제라는 것을 알게 되었으며, 이러한 상황에서 변이를 설명하려고 노력함으로써 변이를 추론하는 방법에 대한 통찰을 갖게 되었다.

D1-중간값 또는 극단적인 값에 주목

'극단적인 값'은 자료의 가장 큰 값 또는 가장 작은 값을 의미하며, '중간값'은 극단적인 값들 사이에 있는 자료를 가리킨다. 극단적인 값에 주목하는 학생들은 주로 자신들이 선택한 값을 정당화하기 위해 더 극단적인 값이 나타날 수 없는 이유를 설명하였다. Jess(G6)는 자신이 선택한 값에 대해 이유를 설명하는 대신 특정한 값들을 제외시킨 이유를 설명하였다. 그녀는 "빨간 사탕이 50개나 있기 때문에 하나 또는 두 개가 나오는 경우는 있을 수 없다고 생각해요."라고 설명하였다. 이러한 반응은 대부분 범위형 문제에서 많이 나타났지만 여기에만 국한된 것은 아니었다. 예를 들어, Rick(G12)은 50R의 선택형 문제에서 "0, 8, 9, 10과 같은 값은 나오지 않을 것 같아요."라고 설명함으로써 극단적인 값을 제거하려 하였다.

중간값에 더 주목하는 학생들은 주로 자신이 선택한 값들이 왜 중요한지 그 이유를 설명하거나 그 수들 사이의 관계를 설명하려 하였다. Jess(G6)는 중간값과 그 수들이 다양해야 한다는 사실에 특히 관심을 보였다. 그녀는 나열형 문제에 대해 "이 수들이 모두 나와야 해요, 하지만 이것을 설명하는 것은 너무 어려워요."라고 말하였다. Prue(G9) 역시 "여러 가지 다양한 수들이 나와야 해요."라고 언급하였다. Kate(G6)

는 "크기는 관계없지만 값은 모두 달라야 해요."라고 말하였다. 한편, Sue(G12)는 가운데 있는 수의 실제 값에 많은 관심을 보였다. 이 학생은 70R의 나열형 문제에 대해 빨간색 사탕이 더 많기 때문에 최소한 5주변은 아닐 것이며, 따라서 대부분의 값이 6과 7 사이에 존재할 것이라고 설명하였다. 학생들이 나열형 문제에 대해 설명할 때 중간값에 대한 이러한 논의가 더 자주 발생하였다. 그러나 선택형 문제에 대해 설명할 때도 역시 중간값에 대한 논의가 드러났다. 이를테면, (b)를 선택한 Jess(G6)는 다음과 같이 설명하였다. "왜냐하면 자료가 더 퍼져 있고 매번 같은 수가 나올 수 없기 때문이에요." 반면 (a)를 선택한 Jane(G6)은 다음과 같이 설명하였다. "왜냐하면 그 안에 가장 많은 차이가 있기 때문이에요."

한 학생(Jess, G6)이 흥미로운 설명을 했는데 "5보다 더 큰 값을 모두 선택해야 해요."라고 말하였다. 이 학생은 자신이 선택해야 하는 모든 수가 5와 10 사이에 있어야 한다고 생각하였다. 이것은 수의 범위를 표현하는 독특한 방식이지만 가장 큰 값이나 가장 작은 값과 같이 극단적인 자료 값에 근거한 설명보다 더 많은 정보를 담고 있는 것은 아니다.

우리는 학생들이 극단적인 값과 중간값 중 어느 것을 더 선호하는지를 주장하려는 것이 아니라, 일부 학생들은 단지 극단적인 값에 주목하며 또 일부 학생들은 단지 중간값에 주목한다는 것을 설명하고 있는 것이다. 사실 어떤 학생은 경우에 따라 극단적인 값에 근거해 설명하기도 하고 중간값에 근거해 설명하기도 했지만 두 가지 모두를 고려하지는 않았다. 학생이 선택한 값에 대해 그 이유를 설명할 때 중간값과 극단적인 값 중 어느 것에 근거해 설명하는가는 문제의 유형이나 순서에 영향을 받는 것으로 판단된다. Donna(G5)는 50R 상황의 범위형 문제에 대해 자신의 선택을 극단적인 값에 근거해 설명하였다. "2와 1은 나오지 않을 거예요. 왜냐하면 이것은 3보다 작고 3은 비교적 큰 수니까요. 일반적으로 빨간색 사탕 2개는 나오지 않을 거예요." 그러나 이 학생은 70R의 선택형 문제에 대해서는 중간값에 근거해 설명하였다. "5와 7이 있는데 7이 2개 있고 6과 8 사이에 7이 있어요."

D2-중간값과 극단적인 값 모두에 주목

이러한 유형의 반응은 극단적인 값과 그 값 사이에 있는 모든 값을 기술하는 것이다. Sue(G12)는 3과 6 사이에 있는 각각의 수에 대해 "5는 1개, 4는 2개, 6은 1개, 3도 1개, 5도 1개일 거예요."라고 설명한 후 "5와 같은 값은 더 많이 나올 수 있는 반면

6 또는 3이 더 많이 나올 가능성은 더 적을 거예요."라고 답하였다. 이 학생은 각각의 수에 대해 설명할 때 자료의 중앙에서 어떠한 일이 일어나는지에 관심을 두었다. 그리고 가장 큰 값과 가장 작은 값에 대해 설명할 때 극단적인 값에 관심을 두었다. Sue는 70R 상황의 선택형 문제에 대해 다음과 같이 설명함으로써 극단적인 값과 중간값 모두에 관심이 있다는 것을 분명하게 보여주었다. "0과 2, 그리고 3까지도 모두 똑같이 나오지는 않을 거예요."

"좀더 퍼져 있는 것이 적절해요."와 같은 Max(G12)의 반응을 더욱 주의 깊게 해석해 볼 필요가 있다. 이는 보다 확대된 범위를 선호하는 것으로 해석할 수 있다. 그러나 이것은 Max가 선택형 문제에서 5, 5, 5, 5, 5, 5를 선택했던 자신의 생각을 바꾸기 위한 의도로 대답한 것이기 때문에 모든 수가 똑같지 않기를 원하고 있음을 의미한다. 이러한 설명 때문에 의도와는 달리 범위를 확대하게 되었다하더라도 Max가 실제로 말하고자 한 것은 모든 수가 같게 되는 것은 아닌, 즉 수들 사이에 어떤 변이가 존재한다는 것이다.

Rick(G12)은 극단적인 값과 그 값들 사이에 존재하는 특징에 대해 뚜렷한 관심을 보였는데 2, 3, 4, 3, 4, 4를 선택한 이유를 다음과 같이 설명하였다. "5 이상이 2개일 것 같지는 않아요. 모두 10이거나 모두 7이거나 모두 5일 것 같지도 않아요. 이 수들은 모두 너무 커요. 내가 말했듯이 (b)에는 7이 하나, 8이 하나 있어요. 0은 나타나지 않을 것 같아요, 그리고 9, 8도 없을 것 같아요." 선택형 문제의 보기는 더 넓은 범위 또는 더 좁은 범위, 그리고 수들 사이의 변이가 서로 다르게 제시되었기 때문에 Rick은 주어진 문제에서 다양하게 선택할 수 없었던 이유를 체계적으로 정당화하면서 두 가지 측면 모두를 고려해 설명하고 있다. 이는 학생들의 반응이 문제의 유형에 영향을 받는다는 것을 반영한다.

D3-주요 지점을 기준으로 편차에 대해 논의

학생들의 반응에 따르면 어떤 값으로부터의 편차는 그들의 관심의 대상이다. 그러나 편차를 고려하는 주요 지점이 항상 중심인 것은 아니며, 또한 주요 지점이 구체적으로 중심으로 확인되지도 않았다. 이를테면, Kate(G5)는 70R 상황의 나열형 문제에서 중간값보다는 극단적인 값을 기준으로 편차를 설명하였다. "가장 큰 값과 가장 작은 값으로부터 적어도 2만큼 떨어져 있기 때문이에요."

중간값을 주요 지점으로 명확하게 사용하고 있음에도 불구하고 중간값을 명확하게 언급하지 않는 것은 D3과 D4의 과도기적 단계라 볼 수 있다. Rick(G12)은 70R 상황에서 왜 4부터 10까지의 범위를 선택했는지 정당화하기 위해 "양쪽으로 숫자가 3개씩 있어요."라고 설명하였다. 여기에서 Rick은 편차로 3을 고려하고 있음을 알 수 있지만, 어떤 값을 중간값으로 사용했는지에 대해서는 설명하고 있지 않다. Rick은 70R 상황에서 7이 가장 많이 나올 것 같은 수라고 설명했는데, 이는 가운데 있는 값 7을 기준으로 편차를 비교하고 있는 것으로 볼 수 있다.

D4-기댓값을 기준으로 편차에 대해 논의

이러한 유형의 반응은 기댓값과 기댓값 근처에서 나타나는 현상을 모두 고려하는 것이다. 이러한 반응을 보인 초등학생은 한 명도 없었다. 이 수준과 관련된 타당한 설명은 일반적으로 표본의 횟수를 늘리는 문제(1F, 2F)에서 나타났다. 이는 초등학생들에게는 개념적으로 쉬운 문제만을 제시했기 때문에 이러한 방식으로 변이를 기술하는 아이디어를 표현할 기회가 주어지지 않았기 때문일 수도 있다.

어떤 학생은 이 수준에 속함에도 불구하고 변이를 기술하는데 있어 다소 부적절하게 설명하였다. 예를 들면, Max(G12)는 70R 상황의 나열형 문제를 다음과 같이 설명하였다. "평균적으로 7이 되도록 근처에 있는 수를 배열해요." Sue(G12)는 좀더 적절하게 설명했는데, 이 학생은 50R 상황의 대표본 문제(1E)를 다음과 같이 설명하였다. "사람의 수가 적을 때는 더 많이 퍼져 있어요. 하지만 50명이 있으면 5 근처로 나올 것 같아요. 불규칙적이지만 점점 더 5로 가까워지는 진동을 형성할 것 같아요." 이것은 Sue가 변이는 존재하며 예측되는 값으로 수렴한다는 것을 설명하고자 노력하고 있음을 보여준다. 또한 이 학생은 70R 상황에서도 기본적으로 동일한 일이 발생할 것이라고 설명하였다. "차이점은 아까는 5주변이었지만, 이번에는 7주변에서 나타날 것 같아요." 이는 Sue가 중심 척도와 퍼짐 모두를 고려하고 있음을 보여준다.

기댓값으로부터 편차를 고려하는 다른 형태의 설명은 분포를 생각하는 것이다. 그러나 극단적인 값과 중간값 모두를 고려하는 것(D2) 역시 분포를 통해 설명하려고 하는 시도로 볼 수 있지만 기댓값으로부터 편차를 고려하지는 않았다. 70R 상황에서 Sue(G12)는 다음과 같이 설명하였다. "6과 7이 나올거에요. 아마 4와 5도 나올 수 있어요. 그리고 8도요. 이들은 6과 7 주변에서 움직일 거예요. 왜냐하면 내가 이런 수들을 좋아하기 때문에요. 더 많은 빨간색이 있기 때문에 더 이상 5 주변은 아니에요."

반면 어떤 유형의 분포를 더욱 분명하게 설명하려고 시도한 경우도 있다.

Max(G12)는 70R 상황에 대해 6회 반복하는 상황에서 나타난 것이 50회 반복 상황에서도 비슷하게 일어날 것이라고 생각하면서 추출되는 값은 같은 패턴을 따를 것이라고 설명하였다. Max는 더 많은 변이가 있을 것이라고 지적하면서 "더 많이 퍼져 있을 것 같아요."라고 설명하였다. 이 학생은 다양한 수가 나타날 수 있다고 언급하면서 분포를 고려하였다. "그러나 그것은 4에서 9까지일 거예요. 5, 6, 7, 8, 9와 같은 수가 나타날 것이고 평균은 7 근처 어딘가가 될 것 같아요. 정확하지는 않지만 6은 2개 또는 3개일 것 같아요." 흥미롭게도 Sue는 표집의 횟수가 적을수록 변이가 더 클 것이라고 생각한 반면, Max는 50회 반복했을 때 변이가 더 클 것이라고 생각하였다. Max는 표집의 횟수가 증가할수록 변이의 특징을 더욱 쉽게 설명할 수 있다는 점을 설명하고자 하였다.

인과 계열

변이의 원인을 탐색하고 그 원인을 정확하게 기술하려는 학생들의 반응을 토대로 인과 계열을 개발하였다. 학생들에게 왜 다양한 값을 제시했는지 그 이유를 상세히 설명하도록 했을 뿐인데 학생들 스스로 '원인'에 대해 논의했다는 것은 주목할 만하다. 어떤 경우에도 학생들에게 원인을 탐구하도록 요구하지는 않았다. 다음은 이와 관련된 반응을 네 수준으로 구분한 것이다.

C1-변이의 외부 원인 확인

변이의 원인을 외부로부터 찾는 학생들은 주로 표집의 물리적 측면에 주목해 설명하였다. "중심을 제외한 모든 곳에 사탕이 있을 수 있어요."(Tim, G6)와 같이 사탕이 그릇의 어디에 놓여있는지, "빨간색들은 가운데에 있지만 가장자리에서 사탕을 뽑을 수도 있어요."(Prue, G9)와 같이 그릇의 어느 부분에서 사탕을 뽑았는지, "사탕을 잘 섞으면 사탕은 골고루 퍼져 있을 거예요"(Tim, G6)와 같이 사탕을 어떻게 섞었는지 등을 변이의 원인으로 간주하였다. "한 움큼이 얼마나 큰 지에 달려있을 거예요."(Alice, G6)와 같이 한 움큼의 크기, "손의 크기 때문에 다를 거예요."(Kate, G5)와 같이 손의 크기 등을 변이의 원인으로 간주하기도 했는데 학생들은 사탕을 매번 10개씩 추출한다는 사실을 간과하고 있는 것 같다. 또 "빨간색 사탕이 많이 보이기 때문에 빨간색 사탕을 추출하기가 더 쉬워요."(Jess, G6)와 같이 사탕을 보지 않고 표본을 추출한다는 사실을 잊어버리는 학생도 있었다. 어떤 저자들은 이러한 반응 유형을 주관적 반응으로 분류했다(Jones et al., 1999).

C2-변이의 원인으로 색깔의 빈도를 논의

특정 색깔의 빈도를 고려했다는 것은 모집단의 구성을 고려했다는 의미이지만 학생들은 그 효과를 충분히 반영하지 못했으며 분명하게 언급하지도 않았다. 예를 들어, Prue(G9)는 70R 상황에 대해 설명할 때 70%라는 비율의 효과에 대해 언급하지 않은 채, 단지 "빨간색 사탕이 많이 있어요."라고만 진술하였다. 많은 학생들이 빨간색이 월등히 많다는 점에 초점을 두었지만 일부 학생들은 다른 색깔도 나올 수 있음을 고려해야 한다고 생각하였다. 50R 상황에서 Millie(G4)는 자신이 선택한 수보다 더 작은 수가 나올 것이라고 생각한 이유를 "다른 색깔도 많이 있기 때문이에요."라고 설명하였다. 이 수준에서 나타난 좀더 향상된 반응은 수준 C3으로의 과도기적 성격을 띠는 것으로 비율을 명확하게 언급하지는 않았지만 색깔의 빈도를 하나 이상 언급하고 있다. Sue(G12)는 비록 비율을 정확하게 설명하지는 않았지만 "더 많은 빨간색과 그보다는 적은 개수의 다른 색깔이 있어요."라고 설명하였다.

"빨간색이 더 많이 있다."와 같은 반응은 좀더 주의할 필요가 있는데 학생 면담을 통해 이것이 의미하는 바를 이해할 수 있었다. 일반적으로 이러한 설명은 Sue의 말처럼 다른 색깔보다는 빨간색이 더 많이 있다는 의미로 간주되었다. 그러나 어떤 학생들은 빨간색이 50R 상황보다 70R 상황에 더 많이 있다는 의미로 이것을 사용하였다. 이러한 설명은 비례관계의 중요성을 올바르게 인식했음을 보여준다. Jess(G6)가 70R 상황의 선택형 문제를 설명할 때 이러한 특징을 분명하게 살펴볼 수 있다. "왜냐하면 그것들 중 일부는 내가 앞에서 선택했던 것보다 더 많기 때문이에요. 빨간색이 더 많기 때문에 그것은 더 많아야 해요." 여기에서 앞에서는 50R 상황을 의미한다. 이 학생은 70R 상황에 더 많은 빨간색이 있기 때문에 범위형 문제에서도 더 많은 수를 제시하고자 한 것이다.

C3-변이의 원인으로 색깔의 비율을 논의

색깔의 비율에 근거하여 설명하는 것은 모집단에 들어있는 빨간색의 비율이 표본에 들어있는 빨간색의 수에 영향을 미친다는 것을 인식하고 있음을 의미한다. 학생들은 자신의 대답을 정당화하기 위해 색깔의 비율을 사용했는데, 항상 그런 것은 아니지만 주로 빨간색의 비율을 사용하였다. 다소 하위 수준의 반응을 보인 학생은 비율을 사용한 이유를 정확하게 설명하지 못하였다. 비율을 기술하려고 시도는 했지만 이를 자세히 설명할 때 혼란을 겪었다. 50R 상황에서 Max(G12)는 10개 중 5개라는 대답을 정당화하기 위해 "노란색의 비율이 약 반이에요."라고 설명하였다. "그들 중 반 이상이 빨간색이기 때문에 반 이상을 얻어야 해요."라고 언급한 Max(G12)와 같이 어떤 학생들은 정확한 비율을 제시하지는 않았지만 비율에 근거해 설명하였다. 또한 모집단을 언급하면서 비율의 중요성을 인정하였다. 이를테면, Max(G12)는 그릇 안에 있던 사탕 색깔의 비율을 생각하면서 "그것은 다시 처음에 있었던 양과 같게 돼요."라고 설명하였다.

더욱 상위 수준의 반응을 보인 학생은 여러 가지 방식으로 비율을 명확하게 기술하려고 노력하였다. 어떤 학생은 "거기에 50%의 빨간색이 있기 때문에 만약 10개를 꺼낸다면 10개의 50%만큼을 얻을 것이라고 기대할 수 있어요."(Rick, G12)와 같이 실제로 백분율을 언급하였다. 또 어떤 학생들은 "그것은 거기에 있는 비율이에요."(Brad, G9)와 같이 비율의 중요성을 인식은 했지만 정확하게 설명하지는 못하였다.

C4-비율에 근거하여 확률을 논의

이 유형에 속하는 학생들의 경우 확률 개념을 설명하는 대신 명확하게 설명할 수 있는 비율을 선호하는 경향이 있었지만 자신의 대답을 설명할 때 비율과 확률을 모두 고려하였다. 학생들은 비례적으로 추론했을 뿐만 아니라 모집단의 비율로부터 표본 확률을 추론하였다. 이 수준에서의 다소 서툰 반응은 초등학생들에게서 나타났다. 자세하지만 다소 서툴게 비율을 설명하려고 시도한 후, Tim(G6)은 "아무리 가능성이 희박하더라도 사용한 휴지를 버리는 것처럼 그것을 하찮게 여겨서는 안 돼요."라고 언급하면서 가능성이 적어 정확하게 말할 수는 없지만 어떤 것도 일어날 수 있다는 변이의 다른 양상에 대해 설명하였다. 변이가 얼마나 있는지를 결정할 때 이런 '설명되지 않는' 변이를 고려해야 한다고 생각한 고학년 학생들조차도 자신들이 생각한 바를 분명하게 표현하지 못하였다. 예를 들어, Max(G12)는 "약 절반, 그러나 얼마나 운이 따를지는 알 수 없어요."와 같이 선택한 표본에 포함될 수 있는 값을 설명하기 위해 비율을 이용했지만 변이를 설명할 때는 운에 호소하였다.

이 수준에서 통계적으로 좀더 세련된 반응은 Sue(G12)의 대답으로 질문 1A에서 "만약 노란색과 파란색을 함께 섞었다면 그것 또한 50이 돼요. 그래서 그것은 50/50이 돼요. 그리고 10개에서 5는 반이에요."라고 설명함으로써 비율이 중요하다는 것을 올바르게 인식하고 있음을 알 수 있다. 이 학생은 또한 "그러나 다른 답을 얻을 수도 있어요."라고 언급함으로써 확률에 대해서도 올바르게 이해하고 있음을 알 수 있다. 이는 Sue가 나열형 문제에서 그녀가 선택한 답에 대해 "오히려 5를 여러 번 얻는 것보다 최댓값으로 6이나 최솟값으로 3을 얻을 가능성이 더 적어요."라고 설명한 것에서 분명하게 확인할 수 있다. 비율의 중요성에 대한 올바른 인식을 이미 보여주었던 12학년 학생 Rick도 확률에 대해 잘 이해하고 있었다. Rick은 70R 상황의 선택형 문제에서 자신의 대답을 정당화할 때 "2개의 7을 얻을 가능성이 가장 크고, 8과 6을 얻을 가능성이 아마 두 번째로 커요. 다음으로는 5와 9를 얻을 가능성이 있어요."라고 설명하였다. 비록 5와 9의 가능성에 대해 제대로 표현하지 못했지만 그는 '가장 가능성이 있는 것'뿐만 아니라 그보다 낮은 확률을 지닌 것에 대해서도 언급하고 있다.

실제로 **가능성이 있는(likely)**, **가능성이 없는(unlikely)**과 같은 단어를 사용한 학생은 대부분 12학년이다. 그리고 이 학생들은 대부분의 예에서, **가능성이 적은(less)**, **가능성이 없는(un)**, **가능하지 않은(not)**, **가능성이 ~만큼은 아닌(not as)**과 같은 표현을 사용하였다. 이러한 어휘의 사용은 12학년 학생들이 낮은 학년의 학생들보다 확률을 더 많이 학습했다는 것을 반영한다. 또한 학생들은 어떤 사건이 일어날 수 있는 '가능성'에 대해 논의하는 표현을 사용해 확률을 표현하기도 하였다. Max(G12)는 70R 상황의 나열형 문제를 설명할 때 "10을 얻을 가능성은 아주 낮아요."라고 언급하였다.

학생들의 설명을 확률에 대한 언급으로 해석할 때, '가능성이 있는', '가능성이 없는'과 같은 단어를 사용한 반응에 주의를 기울여야 한다. 실제 '가능성이 있는'이라는 표현은 실제로 질문에 포함되어 있다. 따라서 학생들이 가능성이 있는이라는 단어를 사용한 것은 질문에 영향을 받은 것일 수 있다. Millie는 "모두 5가 되지는 않을 것(unlikely) 같아요"라고 말함으로써 선택형 문제에서 5, 5, 5, 5, 5, 5를 제외시켰다. 이 설명 또는 다른 어떤 설명에서도 Millie가 실제로 확률의 개념을 이해했다는 것을 보여주는 근거는 없다. 모집단 비율의 중요성을 제대로 인식하지 못한 학생들도 "매번 동일하게 잡을 수는 없어요."와 같은 Donna(G5)의 반응처럼 변이의 원인을 가능성의 크기에서 찾으려 시도하였다.

한편, C4 수준에서의 몇몇 반응은 갈등이 있음을 보여주었다. 확률을 이미 학습한 12학년 학생들은 기댓값을 계산할 수 있다. 이 때문에 학생들은 일어날 수 있는 변이에 대해 고려하지 않고 50R 상황에서 여섯 번 모두 빨간색이 5개 나올 것이라고 말하였다. 그러나 그런 다음 학생들은 실제로 여섯 번 모두 5개가 나오지는 않을 것이라는 사실을 직관적으로 깨달았다. Max(G12)는 50R 상황에서 여섯 번 모두 5가 나올 것이라고 말하였다. 그러나 이유에 대해 설명하도록 했을 때 "매번 5를 얻을 수 있는 가능성은 그리 높지 않아요. 그러나 그 평균은 5가 될 것이라고 생각해요."와 같이 어떤 변이가 존재할 수 있음을 인정하였다. Rick(G12) 역시 이러한 갈등을 나타냈다. Max뿐만 아니라 이 학생도 비슷한 상황을 분명하게 설명하지 못하였다. 5가 가장 흔히 일어난다고 설명하고 난 후에도 Rick은 "매번 5를 얻거나 5가 실제로 자주 나타날 것 같지는 않아요. 예상하건데, 아마도, 어떤 수도 모두 나올 수 있다고 생각해요."와 같은 설명을 덧붙였다.

표본의 크기가 큰 경우(1E, 2E)와 표집의 횟수가 큰 경우(1F, 2F)와 같은 다소 복잡한 상황에 대한 학생들의 반응은 인과 계열의 발달에 관한 논의에는 크게 도움이 되지 않았다. 앞서 설명했듯이, 이와 같은 도전적인 상황은 이를 해결하는 것이 좀 더 어렵다는 것을 인식한 상위 학년에게만 제공하였다. 학생들은 간단한 상황에서 변이의 원인을 타당하게 설명할 수 있었지만 복잡한 상황에서는 명확하게 설명하지 못하였다. 10개 대신 50개의 사탕을 추출하는 대표본 상황에서 학생들은 범위형 문제에 답하는데 상당히 어려워했으며 그 이유를 설명하는 것은 더욱 어려워하였다. 표본의 크기가 10인 문제에 대해 적절한 반응을 보였던 12학년 학생들 중 단 한 명만이 자신의 추측을 설명하기 위한 근거로 사탕의 색깔을 언급하였다.

요약

지금까지 변이에 대한 두 가지 주요 측면에 대해 기술하였다. 한 측면은 수들이 어떻게 퍼져 있는지에 관한 것으로, 학생들이 범위를 사용해 극단적인 값을 다룰 때 어떤 점에 근거해 변이를 고려하게 되는지 설명하였다. 다른 측면은 범위 내에 있는 수들이 어떠한 특징을 갖는지에 대한 것이다. 중간값의 경향을 고려하는 학생들은 그 수들에 대해 구체적인 정보를 제시하거나 또는 다양한 값을 지녀야한다는 등 그 수들이 지녀야 할 필수적인 특징에 대해 설명할 수 있었다. 이러한 두 가지 측면을 동시에 고려할 때 편차가 주요 관심사가 된다. 그리고 특정한 값, 일반적으로 기댓값을 기준으로 편차를 고려하게 되면 결국 학생들이 분포를 기술할 때 이 두 측면이 초점이 된다.

이들 계열은 학생들이 어떻게 변이에 대한 추론을 설명하는지 범주화하기 위해 개발되었다. Shaughnessy와 동료들(1999)은 퍼짐의 정도에 따라 학생들의 반응을 범주화하였다. 학생들이 어떻게 변이를 기술하는지, 그리고 변이의 원인을 어떻게 설명하는지라는 두 가지 관점에서 변이와 관련된 추론을 기술하였다.

논의

이러한 연구 결과가 연구 문제를 얼마나 해결했으며, 변이에 대한 추론을 이해하는데 얼마나 기여했는지 살펴보자. 우선, 사탕 표집 과제에서 표본을 기술하고 있는 수치적인 응답은 학생들이 변이를 고려하고 있음을 보여준다. 이 연구는 학생들로 하여금 수치적인 반응을 설명하도록 할 때 학생들의 사고에 대해 더욱더 풍부한 정보를 얻을 수 있음을 보여주었다. 변이에 대한 추론의 수준을 조사하면서 각각 독립적인 계열이 존재하는 두 가지 주요 측면을 확인할 수 있었다. 하나는 변이를 실제적으로 기술하는 것이며 다른 하나는 변이의 원인을 고려하는 것이다. 각 계열마다 네 수준을 확인할 수 있었다. 기술 계열은 극단적인 값과 중간값에 대한 탐구에 근거해 구분한 것으로, 이는 기댓값을 중심으로 편차를 고려하는 단계로 발전해 결과적으로 분포에 대한 개념으로 나아간다. 인과 계열은 변이의 원인에 대한 탐구에 근거해 구분한 것으로, 과제에 따라 달라질 수는 있지만 이들 두 계열 모두 또는 적어도 하나의 계열은 변이에 대한 추론을 대표하는 주요 특징으로 볼 수 있다.

중요한 것은 주어지는 과제와 질문의 형태에 따라 변이에 대한 추론이 달라진다는 것이다. 학생들이 더 어렵다고 생각한 과제에서 변이의 개념이 어떻게 발전했는지 알 수 있는 더 자세한 설명을 들을 수 있었다. 빨간색 사탕이 50%인 경우보다 70%인 경우를 다룰 때, 표본의 크기가 더 클 때, 표본을 여러 번 반복적으로 추출할 때와 같은 도전적인 과제를 학생들은 더 어려워했으나 이러한 문제 상황에서 그들이 어떠한 개념을 지녔는지에 대해 더 많은 통찰을 제공하였다. Reading과 Shaughnessy (2000)는 네 가지 사례 연구를 통해 질문의 형태가 학생의 추론에 영향을 미칠 수 있음을 발견하였다. 나열형 질문은 표집을 여섯 번만 반복하도록 하기 때문에 변이를 기술하는데 제한을 줄 수도 있다. 그러나 이는 선택형 질문과 범위형 질문보다 다소 융통성이 있다. 진행된 면담 결과를 집중적으로 분석함으로써 질문의 형태와 관련된 다양한 논의점을 확인할 수 있었다. 첫째, 질문의 형태에 따라 변이를 기술하거나 그 원인을 찾으려는 학생들의 시도는 달라질 수 있다. 나열형 문제가 원인을 찾도록 유도하는 것처럼 보이지만 선택형 문제에서 변이에 대한 더 나은 설명이 더 많이 나타났다. 선택형 질문에서 학생들은 7개의 보기 중 하나를 선택하기 위해 이들을 비교해야 했기 때문에 더 나은 설명을 많이 제시한 것으로 볼 수 있을 것이다. 둘째, 학생의 반응이 하나의 계열 내에서도 서로 다르게 나타날 수 있음을 확인하였다. 예를 들면, 범위형 질문에서 변이를 설명할 때 학생들은 극단적인 값에 초점을 맞추어 기술했으나 나열형 질문에서는 중간값에 치중하여 기술하였다.

Kelly와 Watson(2002) 역시 학생들에게 50R 상황의 사탕 표집 과제를 제시하고 학생들의 반응을 분석하여 네 개의 수준을 지닌 계열을 도출하였다. 1수준의 학생들은 직관에 의존한 주관적인 추론을 했으며, 2수준의 학생들은 "빨간 색이 더 많이"라고 언급했지만, 비일관적인 추론을 하였다. 3수준의 학생들은 빨간색이 "더 많으며" 그리고 '절반'이라는 기댓값을 기준으로 추론을 했으며, 4수준의 학생들은 분포를 고려한 추론을 하였다. Kelly와 Watson이 제시한 계열은 이 장에서 확인한 두 가지 계열과 부분적으로 중복된다. 이를 테면, 빨간색의 비율을 인식하는지 여부에 따라 반응의 수준을 3수준과 4수준으로 구분하였다. 그러나 가장 중요한 것은 분포를 고려한 추론이 3수준이 아니라 4수준에서 분명하게 나타난다는 것이다. Kelly와 Watson의 분류체계는 변이에 대한 설명뿐만 아니라 표집 결과로 나타날 수 있는 수들에 대한 "정확성"에도 관심을 가졌다. 이 연구에서 제시한 기술 계열과 인과 계열은 Kelly와 Watson이 제시한 수준과 유사하지만 변이에 대한 접근방식과 개념에 좀더 초점을 둔다.

Torok과 Watson(2002)의 연구, 그리고 이 연구 모두에서 세련된 반응을 보인 학생들은 중심과 퍼짐의 특징을 함께 관련지을 수 있으며, 이것은 분포의 개념으로 발전한다는 것을 확인하였다. 특히, 중간값을 중심으로 편차를 고려하는 기술 계열의 4 수준에 해당되는 한 학생의 설명은 중심 근처에 존재할 수 있는 값의 분포에 대해 세심하게 주의를 기울인다는 사실을 분명히 보여주었다.

12명의 학생에 대한 면담 내용이 변이에 대한 추론을 탐구하는데 풍부한 기반을 제공했지만 이 연구에는 몇 가지 제한점이 있다. 첫째, 이 연구에서 사용한 표집 상황은 고립된 임의 변이와 알려진 모집단을 사용하고 있어 맥락이 상당히 제한되어 있다. 학생들이 변이에 대해 추론할 수 있는 다양한 상황이 존재하는데, 표집 상황은 그러한 상황 중 일부에 해당된다. 둘째, 면담을 실시한 학생의 수가 적다. 면담에 대한 질적 분석은 시간이 걸리는 방법으로 참여하는 학생의 수에 제한이 따른다. 하지만 면담을 통해 연구자는 일반적으로 지필을 통해 얻을 수 없는 풍부한 자료를 얻을 수 있다. 마지막으로, 주어지는 질문의 형태에 따라 학생의 반응이 달라질 수 있다. 이를 제한점으로 볼 수도 있지만 앞으로 학생들로부터 특정 유형의 반응을 이끌어내는 질문을 설계하는데 뿐만 아니라 변이에 대한 직관적인 개념의 발달을 유도하는데 유용한 도구로 활용될 수도 있다.

후속 연구를 위한 시사점

이 연구의 결과는 변이의 추론에 대한 후속 연구의 방향을 제공하는데, 특히 다음 세 가지 문제와 더욱 관련이 있다. 학생들은 변이를 기술할 뿐만 아니라 변이의 원인을 자발적으로 찾으려 하였다. 여기에서 후속 연구를 위한 첫 번째 연구 문제가 나타난다. 표집과는 관계없는 다른 상황에서도 이와 유사하게 학생들의 반응에 변이에 대한 기술 계열과 인과 계열이 모두 포함되어 나타나는가? 이를테면, 표나 그래프로 제시된 자료에 대한 추론, 확률 실험에 관한 추론, 대중매체로부터 정보에 관한 추론 등과 같은 맥락에서도 이와 유사하게 접근하는가? 기술 계열과 인과 계열을 탐구하는 동안 변이에 대한 추론과 관련해 여러 가지 미숙한 개념들이 확인되었다. 여기에서 두 번째 연구 문제를 구체화할 수 있다. 변이에 대한 추론을 더 발달시키는데 이러한 직관적 개념을 어떻게 활용할 수 있을까? 이런 직관적 개념은 중심과 퍼짐이 지닌 특징을 다룰 때, 그리고 이들을 연결할 때 중요한 역할을 한다. 이는 후속 연구를 위한 마지막 문제를 제기한다. 어떻게 학생들이 중심 척도와 퍼짐의 개념을 연결하도록 도울 수 있을까?

지도와 평가를 위한 시사점

이 연구의 결과는 또한 변이에 대한 추론을 지도하는 것 그리고 이를 평가하는 것과 관련해 여러 가지 시사점을 제공한다. 이러한 시사점을 다음과 같이 다섯 가지로 요약할 수 있다. 첫째, 학생들에게 더욱더 도전적인 과제를 제시하는 것을 두려워하지 말라. 계산기와 컴퓨터가 있는 학습 환경을 제공한다면 한때는 통계와 동일시되었던 복잡한 계산을 학생들이 더 이상 부담을 갖지 않도록 할 수 있다. 학생들에게 일어날 수 있는 변이를 발견하고 설명할 수 있는 기회를 더 많이 제공하기 위해 더욱더 자세한 자료 집합을 다루도록 해야 한다. 둘째, 중심 척도와 퍼짐을 분리하여 지도하지 말라. 학습 상황에서는 퍼짐과 관련된 학습을 거의 간과한다. 또는 인위적으로 퍼짐을 중심 척도에 대한 학습과 분리한다. 교육자들은 이제 중심 척도에 초점을 지도에서 벗어날 필요가 있으며, 변이에 대한 추론과 중심 척도에 대한 추론을 가능한 많이 연결시켜야 한다. 셋째, 변이에 대한 추론에서 학생들이 극단적인 값과 중간값의 특징을 탐구할 때 그들의 초보적인 탐구를 허용하라. 이러한 초기의 탐구는 이후에 진행될 변이에 대한 더 구조적인 추론의 기초가 된다.

이상 세 가지 요소는 주로 지도와 관련해 적용할 수 있다. 다음의 두 가지 요소는 지도와 평가에 동등하게 적용할 수 있다. 첫째, 교육자들은 학생들에게 그들의 답을 설명할 기회를 주어야 한다. 학습과 평가 과제 모두에서 답만을 짧게 제시하도록 하는 것은 변이에 대한 학생들의 추론에 대해 단편적인 정보만을 제공한다. 그러나 학생들에게 자신의 답을 설명하도록 요구하면 더 많은 것을 얻을 수 있다. 마지막으로, 지도와 평가를 위해 다양한 형태의 과제와 질문을 사용하라. 서로 다른 유형의 과제와 질문은 학생들의 추론에서 서로 다른 유형의 특징을 유도할 수 있다. 추론의 모든 측면을 발달시키기 위해 다양한 과제와 질문에 답할 수 있는 기회를 제공해야 한다.

다음은 통계 교수학습과 관련해 통계교육자들에게 주는 마지막 제언이다. 학생들에게 다양한 맥락에서 변이를 논의할 수 있는 기회를 제공하라. 그리고 다양한 방식으로 질문을 제시하라. 우리는 교육자로서 지도와 평가의 개선을 위한 실마리를 얻기 위해 학생들의 사고와 추론을 자극하고 설명을 유도할 필요가 있다. 만약 학생들이 변이성에 관해 어떻게 생각하는지 알지 못한다면, 그들이 이미 알고 있는 것 또는 알지 못하는 것을 활용할 수 있는 기회를 잃을 수도 있다. 따라서 학생들이 자신의 생각을 설명하도록 하고 통계적 상황에 대해 논쟁하도록 격려하는 것은 우리의 교수학적 지식을 위해서도 매우 중요하다.

참고문헌

Biggs, J., & Collis, K. (1991). Multimodal learning and the quality of intelligent behavior. In H. Rowe (Ed.), *Intelligence, Reconceptualization and Measurement* (pp. 57-76). New Jersey: Erlbaum.

Green, D. (1993). Data analysis: What research do we need? In L. Pereira-Mendoza (Ed.), *Introducing data analysis in the schools: Who should teach it?* (pp. 219-239). Voorburg, The Netherlands: International Statistical Institute.

Jacobs, V. R. (1997). Children's understanding of sampling in surveys. Paper presented at the annual meeting of the American Educational Research Association, Chicago.

Jacobs, V. R. (1999). How do students think about statistical sampling before instruction? *Mathematics in the Middle School, 5*, 240-263.

Jones, G., Langrall, C., Thornton, C., & Mogill, T. (1999). Students' probabilistic thinking in instruction. *Journal for Research in Mathematics Education, 30*, 487-519.

Kelly, B. A., & Watson, J. M. (2002). Variation in a chance sampling setting: The lollies task. In B. Barton, K. C. Irwin, M. Pfannkuch, & M. O. J. Thomas (Eds.), *Mathematics Education in the South Pacific Proceedings of the 25th annual conference of the Mathematics Education Research Group of Australasia, Auckland* (pp. 366-373). Sydney: Mathematics Education Research Group of Australasia (MERGA).

Konold, C. (1989). Informal conceptions of probability. *Cognition and Instruction, 6*, 59-98.

Konold, C., Pollatsek, A., Well, A., Lohmeier, J., & Lipson, A. (1993). Inconsistencies in students' reasoning about probability. *Journal for Research in Mathematics Education, 24*, 392-414.

Landwehr, J. M., & Watkins, A. E. (1985, 1995). *Exploring data.* Palo Alto: Seymour.

McClain, K., Cobb, P., & Gravemeijer, K. (2000). Supporting students' ways of reasoning about data. In M. Burke & F. Curcio (Eds.), *Learning mathematics for a new century, 2000 Yearbook* (pp. 175-187). Reston, VA: National Council of Teachers of Mathematics (NCTM).

Meletiou, M. (2002). Conceptions of variation: A literature review. *Statistics Education Research Journal, 1*(1), 46-52.

Meletiou, M., & Lee, C. (2002). Student understanding of histograms: A stumbling stone to the development of intuitions about variation. In B. Phillips (Ed.), *Proceedings of the Sixth International Conference on Teaching Statistics Developing a Statistically Literate Sociery* (CD-ROM). The Netherlands: International Association for Statistical Education (IASE).

Moore, D. (1997). New pedagogy and new content: The case for statistics. *International Statistical Review, 65*, 123-165.

Moore, D. S., & McCabe, G. (2003). *Introduction to the practice of statistics* (4th ed.). New York: Freeman.

National Council of Teachers of Mathematics (NCTM). (1989). *Curriculum and Evaluation Standards*. Reston, VA: Author.

National Council of Teachers of Mathematics (NCTM). (2000). *Principles and Standards for School Mathematics*. Reston, VA: Author.

Nicholson, J. (1999). Understanding the role of variation in correlation and regression. Presentation at *the First International Research Forum on Statistical Reasoning, Thinking and Literacy*, Be'eri, Israel.

Pearsall, J., & Trumble, B. (Eds.). (2001). *The Oxford English Reference Dictionary* (2nd ed.). Oxford, UK: Oxford University Press.

Reading, C. (1998). Reactions to data: Students' understanding of data interpreation. In L. Pereira-Mendoza, L. Kea, T. Kee, & W. K. Wong (Eds.), *Proceedings of the Fifth International Conference on Teaching of Statistics*, Singapore (pp, 1427-1434).

Netherlands: ISI Permanent Office.

Reading, C. (1999). Variation in sampling, Persentation at *the First International Research Forum on Statistical Reasoning, Thinking and Literacy*, Be'eri, Israel.

Reading, C., & Pegg, J. (1996). Exploring understanding of data reduction. In L. Puig & A. Gutierrez (Eds.), *Proceedings of the 20th Conference of the International Group for the Psychology of Mathematics Education*, Valencia, Spain, 4, 187-194.

Reading, C., & Shaughnessy, J. M. (2000). Student perecptions of variation in a sampling situation. In T. Nakahar, & M. Koyama (Eds.), *Proceedings of the 24th Conference of the International Group for the Psychology of Mathematics Education*, Hiroshima, Japan, 4, 89-96.

Rubin, A. Bruce, B., & Tenney, Y. (1991). Learning about sampling: Trouble at the core of statistics. In D. Vere-Jones (Ed.), *Proceedings of the Third International Conference on Teaching Statistics* (pp. 1, 314-319). Voorburg, The Netherlands: International Statistical Institute.

Russell, S. J., & Mokros, J. (1996). What do children understand about average? *Teaching Children Mathematics*, *2*, 360-364.

Scheaffer, R., Burrill, G., Burrill, J., Hopfensperger, P. Kranendonk, H., Landwehr, J., & Witmer, J. (1999). *Data-driven mathematics*. White Plains, NY: Seymour.

Shaughnessy, J. M. (1992). Research in probability and statistics: Reflections and directions. In D. A. Grouws (Ed.), *Handbook of research on mathematics teaching and learning* (pp. 465-494). New York: Macmillan.

Shaughnessy, M. (1997). Missed opportunities in research on the teaching and learning of data and chance. In F. Biddulph & K. Carr (Eds.), *Proceedings of the Twentieth Annual Conference of the Mathematics Education Research Group of Australasia* (pp. 6-22). Rotorua, NZ: University of Waikato.

Shaughnessy, J. M., & Ciancetta. M, (2002). Students' understanding of variability in a probability environment. In B. Phillips (Ed.), *Proceedings of the Sixth International Conference on Teaching Statistics Developing a Statistically Literate Society* (CD-ROM), South Africa. The Netherlands: IASE.

Shaughnessy, J. M., Watson, J., Moritz, J., & Reading, C. (1999). School mathematics students' acknowledgment of statistical variation. NCTM Research Pre-session Symposium: *There's More to Life than Centers*. Paper presented at the 77th Annual NCTM Conference, San Francisco, California.

Torok, R., & Watson, J. (2000). Development of the concept of statistical variation: An exploratory study. *Mathematics Education Research Journal*, *12*(2), 147-169.

Wagner, D. A., & Gal, I. (1991). *Project STARC: Acquisition of Statistical Reasoning in Children* (annual Report: Year 1, NSF Grant No. MDR90-50006). Philadelphia, PA: Literacy Research Center, University of Pennsylvania.

Watson, J. (2000). Intuition versus mathematics: The case of the hospital problem. In J. Bana & A Chapman (Eds.), *Mathematics Education Beyond 2000: Proceedings of the 23rd Annual Conference of the Mathematics Education Research Group of Australasia*, Fremantle, (pp. 640-647). Sydney: MERGA.

Watson, J. M. (2001). Longitudinal development of inferential reasoning by school students. *Educational Studies in Mathematics*, *47*, 337-372.

Watson, J. M., Collis, K. F., & Moritz, J. B. (1997). The development of chance measurement. *Mathematics Education Research Journal*, *9*, 60-82.

Watson, J. M., & Kelly, B. A. (2002a). Can grade 3 students learn about variation? In B. Phillips (Ed.), *Proceedings of the Sixth International Conference on Teaching Statistics: Developing a Statistically Literate Society* (CD-ROM), South Africa. The Netherlands: IASE.

Watson, J. M., & Kelly, B. A. (2002b). Grade 5 students' appreciation of variation. In A. Cockbum & E. Nardi (Eds.), *Proceedings of the 26th Annual Conference of the International Group for the Psychology of Mathematics Education*, University of East Anglia, United Kingdom, 4, 386-393.

Watson, J. M., & Kelly, B. A. (2002c). Variation as part of chance and data in grades 7 and 9. In B. Barton, K. C. Irwin, M. Pfannkuch, & M. O. J. Thomas (Eds.), *Mathematics Education in the South Pacific: Proceedings of the 25th Annual Conference of the Mathematics Education Research Group of Australasia*, Auckland (pp. 682-689). Svdney: MERGA.

Watson, J. M., Kelly, B. A., Callingham, R. A.m & Shaughnessy, J. M. (2003). The measurement of school students' understanding of statistical variation, *International Journal of Mathematical Education in Science and Technology*, *34*, 1-29.

Watson, J. M., & Moritz, J. B. (1998). Longitudinal development of chance measurement. *Mathematics Education Research Journal*, *10*(2), 103-127.

Watson, J. M., & Moritz, J. (1999). The beginning of statistical inference: comparing two data sets. *Educational Studies in Mathematics Education*, *37*, 145-168.

Watson, J. M., & Moritz, J. (2000). Developing concepts of sampling. *Journal for Research in Mathematics Education*, *31*, 44-70.

Wild, C., & Pfannkuch, M. (1999). Statistical thinking in empirical enquiry. *International Statistical Review*, *67*(3), 223-265.

Wild, C. J., & Seber, G. A. F. (2000). *Chance encounters: A first course in data analysis and inference*. New York: Wiley.

Zawojewski, J. S., & Shaughnessy, J. M. (2000). Data and chance. In E. A. Silver & P. A. Kenney (Eds.), *Results from the Seventh Mathematics Assessment of the National Assessment of Educational Progress* (pp. 235-268). Reston, VA: NCTM.

10장 공변동에 대한 추론

Jonathan Moritz

개관

공변동은 변량 사이의 연관성에 관한 것으로 변이 사이의 관계를 다룬다. 본래 자료의 수치적인 값, 그래프 표현, 통계적 공변동과 인과관계에 대한 언어적인 설명을 서로 다른 형태로 변환하는 과정이다. 공변동에 대한 추론을 알아보기 위해 주로 세 가지 능력을 조사하는데, 언어로 표현된 공변동을 그래프로 그려보는 가상적인 자료 생성, 산점도를 언어로 진술하거나 주어진 진술을 평가하는 언어적 그래프 해석, 어떤 값을 읽거나 내삽하는 수치적 그래프 해석이 이에 해당된다. 이 장에서는 3, 5, 7, 9학년 학생 167명을 대상으로 공변동에 대한 추론을 조사하고 그 결과를 4수준으로 분류하여 기술한다. 하나의 이변량 자료 사이의 관계가 아니라 자료의 변이를 전체적인 경향으로 간주하고, 단일 변량이 아니라 두 변량들의 사이의 관계로 인식하고, 사전 신념을 자료에 기초한 관찰 결과와 조율하는 것과 같이 공변동에 대한 추론을 발달시키는데 도움이 되는 교육적 시사점을 논의에서 기술한다.

문제

넓은 의미에서 공변동은 변이 사이의 관계를 다루는 것이라고 할 수 있다. 변량을 측정할 때 나타날 수 있는 변이에 따라 공변동의 특징을 범주화할 수 있다. 참 또는 거짓을 값으로 갖는 논리 변량에 대해 논리 명제 A=NOT(B)는 참이 되기 위해 A의 값이 참에서 거짓으로 변함에 따라 B의 값이 거짓에서 참으로 변해야 한다. 즉, 이 논리 명제는 A와 B 사이의 **논리적 공변동**을 반영한다. 등식 $y = 2x$는 x 또는 y의 값이 변함에 따라 다른 변량의 값이 그에 대응하여 변하기 때문에 실변량 x 와 y 사이의 **수치적 공변동**을 반영한다. 다항식과 점별 함수도 수치적 공변동으로 설명할 수 있다. 이와 같은 모든 경우에 변량들은 관계, 연관성, 함수, 종속성, 대응의 형태를 갖는다.

통계적 공변동은 수치적 크기에 따라 변하는 두 통계 변량의 대응 관계를 말한다. 일반적으로 이러한 공변동은 좌표평면에 각 변량을 대응시켜 나타내는 산점도를 통해 표현된다. 또한 더욱더 일반적 용어인 **통계적 연관성**은 주로 결합도수분포표로 표현되는 두 범주 변량 사이의 연관성과 집단 비교에서 사용되는 한 범주 변량과 한 구간 변량 사이의 연관성을 말한다. 자료는 "단순한 수가 아니라 **맥락을 담고 있는 수**"(Moore, 1990, p.96)이기 때문에 통계적 연관성은 자료들 사이의 단순한 관계만을 수반하는 것이 아니라 독특한 특성에 대한 변량 사이의 관계를 포함한다. 사회과학과 자연과학에서 이루어지는 많은 연구들은 통계적 연관성을 두 가지 특성간의 인과관계에 대한 증거로 사용하고자 시도하는데, 이것은 예측을 확장하거나 어떤 변량에 대한 지식이나 조작을 통해 다른 변량을 통제하는데 사용될 수 있다. 대부분의 통계적 연관성은 논리적 공변동이나 수치적 공변동과 같은 결정론적 모델에 완벽하게 들어맞는 경우가 거의 없으며, 통계적 연관성에 대한 모델에는 항상 변이가 존재한다. 통계적 유의성 검정을 위해서 자료가 이러한 모델 중 하나에 얼마나 적합한지를 판단해야 한다. 변량의 측정 변이 유형에 따라 통계적 공변동에 대한 공식적인 통계치가 달라진다. 예를 들어, 범주 변량들 사이의 연관성에 대한 유의성을 알아보기 위해서는 χ^2 검정을 사용하며, 하나의 범주 변량을 집단화하여 얻은 구간 변량에 대한 평균의 유의성을 알아보기 위해서는 분산에 대한 t검정이나 분산 분석을 사용한다. 두 개의 수치 변량을 포함하는 통계적 공변동에 대하여, 변량 사이의 공변동에 대한 선형적인 적합선에 대한 유의성을 검정하기 위해서는 피어슨 상관 계수를 사용한다. 이 장에서는 주로 통계적 연관성 또는 상관이라 일컫는 공변동에 대해 논의하는데, 이때 다항식 모델이나 점별 모델과는 상반되는 선형함수 모델로 논의한다.

공변동에 대한 추론은 주로 본래의 수치적 자료, 그래프 표현, 통계적 공변동 및 인과관계에 대한 언어적 설명을 서로 다른 형태로 변환하는 과정을 포함한다. 또한, 연관성에 대한 통계적 검정의 계산과 해석, 구체적인 함수식에 자료를 맞추는 수학적 모델링 활동, 기호를 이용한 대수적 함수 표현으로의 변환과 기호를 이용한 대수적 함수 표현으로부터의 변환을 포함할 수도 있다. Janvier(1987; Bell & Janvier,

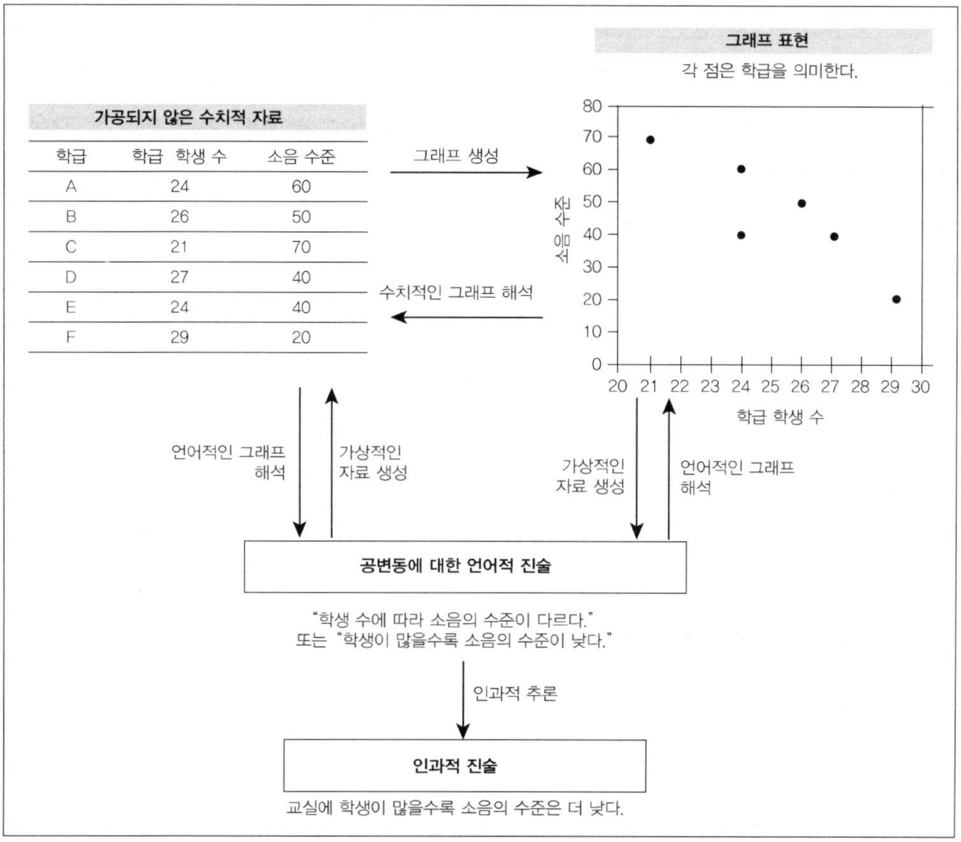

그림 1 통계적 공변동을 표현하는 형태와 이를 변환하는 능력

1981; Coulombe & Berenson, 2001)는 언어적 표현, 그래프, 표, 대수식 사이의 변환을 포괄적으로 분류하였다. 공변동에 대한 추론과 관련된 일반적인 변환 과정은 그림 1과 같다. 학생들은 편의나 오류가능성을 항상 고려하기 위해 이러한 변환 과정이 의미하는 바를 알아야 한다. 학생들은 학교에서 그래프를 그리고 해석하는 활동을 경험한다. 그러나 성인의 경우 신문을 읽을 때와 같이 일상생활에서 그래프를 그려 일련의 자료를 분석하거나 언어적으로 그래프를 해석하여 인과적으로 추론하는 일은 거의 없다. 대부분의 신문기사와 광고에는 인과적 주장을 뒷받침하는 언어적 설명이 있지만, 그 중 일부만이 그러한 주장의 이면에 있는 통계적 자료를 설명하기 위해 그래프를 사용한다. 대부분의 경우 성인들은 통계적 연관성에 기초한 인과적 주장을 듣고, 이해하고 비판적으로 평가하기 위해 이러한 주장을 뒷받침할 만한 통계적 자료를 상상해야 하는데, 이를 **가상적인 자료 생성**이라 한다.

가상적인 자료 생성을 위해서는 수치적 공변동을 이해해야 하며 자료가 어떻게 수집되고 측정되는가와 같은 자료에 대한 맥락적 이해가 필요하다. 가상적인 자료 생성을 위한 과제를 해결하기 위해서는 자료를 해석하여 언어로 표현하는 과정에서 어떤 것이 사라졌는지를 가상적으로 상상해 낼 수 있어야 하는데, 이때 비교적 자유롭게 상상하는 것이 가능하다. 평가를 목적으로 할 때 이러한 역방향의 과제는 학생들에게 그들의 반응을 더욱 자세히 설명하게 함으로써 학생들의 이해에 대한 유용한 정보를 얻을 수 있다. 그래프에서 공변동을 다루는 학생들의 능력에 대한 선행 연구는 그래프 생성과 수치적인 그래프 해석에 더 편중되어 있다. 공변동에 대한 언어적 설명을 그래프로 나타내기 위해서는 그래프를 생성하는 능력뿐만 아니라 가상적으로 자료를 생성하는 능력도 필요하다. 그러나 이러한 과제는 교육과정이나 통계교육 연구에서 거의 다루어지지 않았다. 이 장에서는 가상적인 자료 생성, 언어적인 그래프 해석, 수치적인 그래프 해석의 과정에서 나타나는 공변동에 대한 추론에 주목한다.

선행 연구와 이론적 배경

교육과정

호주(Australian Education Coundil [AEC], 1991, 1994), 영국(Department for Education and Employment [DEE], 1999), 뉴질랜드(Ministry of Education [ME], 1992), 미국(National Council of Teachers for Mathematics [NCTM], 2000)의 통계교육과정에서는 공변동이 자료 다루기의 일부로 제시된다. 학생들은 두 변량 간의 관계에 대해 가설을 세우고, 자료를 수집하고, 자료를 그래프로 표현하거나 수치적으로 분석하며, 언어로 설명된 관계로부터 결론을 유도하는 등의 여러 단계로 이루어진 과정에 참여한다. 이러한 과정은 이변량 자료 집합에서 공변동을 관찰하고 인과적 추론을 도출하는 사회과학과 자연과학에서 전문적으로 사용된다. 호주의 중학교에서는 "두 변량 자료를 산점도로 표현하고 이들 사이의 관계에 대해 설명하여라."(AEC, 1994, p.93), "이변량 시계열 자료를 선그래프로 표현하여라."(AEC, 1994, p.109)와 같은 과제를 다룬다. 영국(DEE, 1999)의 중고등학교에서는 "산점도와 시계열 자료에 대한 선 그래프 그리기", "자료를 분석하여 원인과 결과 조사하기"(p.40), "눈으로 적합선을 그리고 이것이 무엇을 표현하는지 이해하기"(p.41) 등의 활동을 한다. 뉴질랜드(ME, 1992)에서는 시계열 자료를 여러 학년에 걸쳐 강조하며, 고등학교에서는 산점도를 통해 이변량의 연관성을 다룬다. 미국

(NCTM, 2000)에서는 6~8학년의 학생들에게 자료 분석의 주요한 도구로 산점도를 사용하게 하고, 적합선을 해석하게 한다. 이러한 교육과정에서는 인과적 추론도 다루고 있다. 예를 들어, 호주에서는 중고등학생들이 "관계를 조사하고 해석하는데, 이를 통해 연관성과 인과관계가 다름을 알 수 있도록 해야 한다"(AEC, 1991, p.178).

통계적 맥락에서 뿐만 아니라 초기 대수 교육과정(예, AEC, 1991; NCTM, 2000)에서 시간과 같은 친숙한 변량과 관련된 공변동을 다룬다. 호주에서는 초등학생들에게 "기아로 고생하는 사람들의 수가 시간에 따라 어떻게 변하는지 변화량과 시간 사이의 관계를 말로, 그래프로, 글로, 또는 물리적으로 표현하고 해석"(AEC, 1991, p.193)하도록 한다. 이와 유사한 내용이 영국(DEE, 1999)과 뉴질랜드(ME, 1992)의 초등학교 고학년에게도 권장되고 있다. 미국(NCTM, 2000)에서는 시간에 따른 식물의 성장과 같은 '변화의 분석'이라는 활동이 대수 규준의 한 부분으로 3~5학년에서 다루어진다.

그래프의 역사

그래프의 역사를 통해 공변동을 추론할 때 나타날 수 있는 인지적 어려움과 전환점을 살펴볼 수 있다. 기하 좌표가 보편화되었음에도 불구하고 통계 그래프는 1700년대 후반이 되어서야 나타나기 시작했다(Tufte, 1983, p.9). 1663년부터 1815년 사이에 시계열 그래프를 그리기 위한 기술적 도구에 대한 아이디어가 생겨났다. 시간에 따른 온도의 변화를 기록하기 위해 "온도계의 표면에 놓인 부표(浮漂)에 펜을 붙여 움직이도록 하여" 온도변화를 표시하도록 하는 장치가 개발되었다(Tilling, 1975, p.195). 그러나 자료를 분석하는데 이런 그래프는 유용하지 않은 것으로 여겨져 그래프의 자료를 주로 표로 변환하여 정리하였다(Beniger & Robyn, 1978, p.2). 시간이나 위치가 아닌 더 추상적인 두 변량을 관련짓는 추상적인 그래프는 늦게 발달하였다. 그러나 이러한 그래프는 여전히 일상적인 상황에서는 거의 사용되지 않았다. Tufte가 조사한 신문과 잡지 중 시간과 위치를 제외한 하나 이상의 변량을 다룬 그래프는 10% 미만에 지나지 않았다(p.83 참고).

이러한 역사적인 발달 과정은 교육과정을 설계하는데 시사점을 제시한다. 단순한 수준에서의 도표는 위치를 표시하기 위해 좌표를 사용하는데, 이때의 표현은 정형화된 그림과 같다. 식물 성장과 같은 교육과정에서 다루는 과제들은 학생들의 이해를 돕기 위해 실제 크기를 수직축으로 하는데 이는 그래프에 있는 측정값이 식물의 시각적인 외관과 그대로 대응하기 때문이다. 가로축 외에 시간도 자연스럽게 공변이 된다. 글을 왼쪽에서 오른쪽으로 읽듯이 시간을 포함하는 그래프 역시 왼쪽에서 오른쪽으로 읽어 연속 변이를 시간의 순서에 따라 읽을 수 있다. "이것은 빠르게 성장하다가 다시 느려진다."(NCTM, 2000, p.163)와 같이 시간에 따라 변하는 단일 변량 그래프를 통해 학생들은 시간과 변량의 이변량 관계를 자연스럽게 시제로 설명할 수 있다. 시간은 암묵적으로 관련되어 있어서 외형적으로는 하나의 변량만 변화하는 것처럼 보이지만 언어적 설명은 본질적으로 이변량 관계를 기술하고 있는 것이다. 역사적으로 그래프가 표의 형태로 변형되어 이용되었던 것과 마찬가지로 학생들 역시 그래프에 연속 변이의 특징이 나타남에도 불구하고 여전히 자료에 대한 점별 접근을 선호하는 경향을 보일 수도 있다.

공변동 이해하기

Piaget(1983)의 인지발달 이론은 공변동에 대한 학생들의 추론을 개발하는데 필요한 몇 가지 주요 개념을 강조하고 있다. Piaget는 일대일 대응이나 동치를 확인하는 **대응**, 어떤 것을 하나의 그룹으로 규정하는 **분류**, 일련의 순서를 만드는 **계열**과 같은 논리적 조직자를 인지 발달의 전반적인 기초로 간주하였다. **보존**은 구체적 조작기의 가장 두드러진 특징이다. 예를 들어, 가느다란 컵에 있는 같은 양의 액체를 넓은 컵에 부으면 이 시기의 아이들 대부분은 높이라는 하나의 관점에만 초점을 두기 때문에 가느다란 컵에 더 많은 액체가 있다고 주장한다. 높이와 너비의 조정, 즉 계열의 대응을 통해 학습자는 외적인 모양이 아니라 변형이나 조작에 따라 판단할 수 있게 된다(Piaget, 1983, p.122).

공변동에 대한 지도와 추론은 주로 이변량 자료의 대응이나 변량 내의 변이에 초점을 맞추며 어느 한 측면을 토대로 다른 한 측면을 다룬다. Nemirovsky(1996a)는 대수를 지도하는 맥락을 참고하여 이러한 두 가지 접근을 **점별 접근**과 **변이적 접근**으로 구분하여 설명하고 있다. **점별 접근**은 하나의 변량을 다른 변량으로 변환하는 함수적 규칙을 구체화하기 위해 이변량 순서쌍을 비교하는 것을 말하며, **변이적 접근**은 여러 사례에서 나타나는 하나의 변량에 대한 변화를 고려하는 것을 말한다. 이러한 접근은 Wavering(1989)이 주장한 이변량 그래프를 고안하는 추론 과정에서 발달하는 두 가지 Piaget의 스키마인 이변량 자료 값의 일대일 대응과 그래프의 좌표계를 설정하는데 필요한 변량의 계열화와 유사하다. 이러한 접근은 Clement(1989)가 지적한 바 있는 공변동을 데카르트식 그래프로 표현하는데 필요한 두 가지 기술 모델과도 비슷하다. 두 모델 중 하나는 이변량 자료값을 좌표계의 점으로 변환하는 것을 의미하는 정적 모델이고 다른 하나는 변이 개념을 의미하는 동적 모델이다. Clement에 따르면 "일을 많이 할수록 더 피로해진다(p.80)."와 같이 기초적인 질적 형태의 동적 모델은 단지 변량의 변화 경향을 알려주지만, 변량을 양적으로 측정할 수 있는 방법을 제공하지는 못한다. Carlson, Jacobs, Coe, Larsen, Hsu(2002)는 이러한 질적인 이해가 어떻게 변화율에 대한 추론을 발달시키는지와 관련된 틀을 제안하였다. 변이적 접근은 초기 대수 학습을 연구한 학자들이 제안하였다(Nemirovsky, 1996a, 1996b; Yerushalmy, 1997). Nemirovsky(1996b)에 따르면, 구체적인 자료값 없이 시간에 따른 양의 변화를 언어적으로 설명하고 이를 그래프로 표현해보도록 하는 것은 시계열 변화를 수학적으로 기술하는데 있어 중요하다. Yerushalmy (1997)는 암묵적인 공변량으로서 시간에 따른 **증가**, **감소**, **일정**과 같은 용어에 대응하는 그래픽 언어를 제공하는 컴퓨터 소프트웨어의 다양한 그래픽 표식을 사용하였다. 이 연구는 언어와 그래프가 공변동을 이해하는데 중요하다는 것을 보여준다.

그래프를 이용하여 공변동 표현하기

공변동에 대한 이해의 발달을 다룬 대부분의 연구는 그래프 과제로부터 시작한다. 그래프에 관한 대부분의 선행 연구는 점을 찍거나 값의 위치를 정하는 등과 같이 그래프를 그리고 이를 해석하는 점별 과제를 다룬다(Leinhardt, Zaslavsky, & Stein, 1990). 일부 연구자들(Leinhardt et al., 1990)은 구체적인 자료값이 주어지지 않은 변이와 질적 그래프를 포함하고 있는 과제가 공변동과 같은 그래프의 일반적인 특징에 대한 이해를 탐구하는데 충분히 활용되지 않는다고 지적하였다. 학생들은 국소적으로 조망하는 것과 전체적으로 조망하는 것을 유연하게 통합하는 능력을 개발할 필요가 있다(Ben-Zvi & Arcavi, 2001).

어떤 연구자들은 언어적 설명을 그래프 표현으로 변형하는 과제를 다루었다(Bell, Brekke, & Swan, 1987a, 1987b; Coulombe & Berenson, 2001; Krabbendam, 1982; Mevarech & Kramarsky, 1997; Moritz, 2000; Swan, 1985, 1988). Krabbendam은 12~13세 학생들에게 군중의 모임과 흩어짐에 대해 보도한 신문 자료와 같은 다양한 그래프 과제를 제시하였다. 그는 "학생들이 두 변량에 관심을 갖도록

하기는 어려웠지만(p.142), 시간은 점차적으로 또는 연속적으로 변하는 바를 드러내 주기 때문에 관계를 기술하는데 시간이 중요한 역할을 한다."(p.142)고 설명하였다. 이는 점별 접근보다는 연속 변이의 관점을 지지하는 것으로 볼 수 있다. Swan(1988)은 버스 대여료가 고정되어 있을 때 "승객의 수가 변함에 따라 1인당 부담하는 금액이 어떻게 변하는지" 알아보는 과제를 13~14세 학생 192명에게 제시하였는데, 이들 중 37%가 승객의 수가 증가할수록 1인당 부담하는 금액이 감소하는 그래프를 그렸다. Mevarech와 Kramarsky에 따르면, 8학년 학생 92명 중 55%가 "공부를 많이 할수록 좋은 성적을 받게 된다."와 같이 양의 상관, 음의 상관, 상관 없음에 대한 언어적 설명을 그래프로 표현하기 위해 두 축에 적절한 이름을 붙였지만, 38%의 학생만이 곡선적인 상관을 적절하게 표현할 수 있었다. 학생들의 반응을 세 유형으로 구분하면 다음과 같다. 25%의 학생들은 그래프에 하나의 점만을 나타냈으며, 30%의 학생들은 그래프에 하나의 요인만을 표현하였으며, 5%의 학생들은 과제와는 무관한 증가함수를 표현하였다. 처음 두 가지 반응 유형은 이변량 자료 집합의 복잡함을 줄이고자 하는 학생들의 시도가 반영된 것일 수도 있다. 데카르트 좌표계, 거리-시간 그래프, 신문에 있는 그래프 등을 지도한 이후 더 많은 학생들이 축에 이름을 붙이고 구간의 크기를 명시하였고, 이러한 세 가지 반응 유형의 정도는 줄어들었지만 사라지지는 않았다. Chazan와 Bethell(1994)은 변량을 규정하고, 측정 단위를 구체화하며, 독립변량과 종속변량을 정하고, 연속선으로 표현할 것인지 이산적인 점으로 표현할 것인지를 결정하는 것 등과 같이 관계에 대한 언어적 진술을 그래프로 표현할 때 학생들이 느끼게 되는 딜레마에 대해 간단하게 기술하였다. Watson(2000; Watson & Moritz, 1997)은 학생들에게 "심장병으로 죽는 사람이 증가하는 것과 자동차의 사용이 증가하는 것 사이에 존재하는 정확한 관계"를 신문기사와 같이 표현해보도록 요구하였다(p.55). 어떤 학생은 맥락화된 그래프를 그렸지만 어떤 학생은 어떤 맥락도 존재하지 않는 초보적인 그래프를 그렸다. 어떤 학생들은 변이를 고려하지 않고 각각의 자료값을 비교하였으며, 또 어떤 학생들은 하나의 자료값에 대해서만 변이를 고려하였다. 바람직한 답은 데카르트 좌표평면에 시간을 가로축으로 하여 시간에 따라 두 자료의 계열이 비교될 수 있도록 관계를 나타내는 것이다.

학생들의 그래프 생성 능력을 조사한 연구자들은 공변동에 대해 학생들이 이미 지니고 있는 신념을 조사하고자 그에 적합한 맥락을 구성하였다. Janvier(1978)가 사용한 맥락에서 학생들에게 나이와 키에 대한 그래프를 점으로 찍어 나타내도록 했는데(Ainley, 1995; Moritz, 2000), 이때 학생들은 키를 수직축에 시간을 수평축에 표현하는 것에 대해 당연하게 생각하였다. 다른 연구자들이 관찰한 그래프에 비해서 이 연구에서 어린 학생들이 자료의 공변동을 표현하는데 우수한 성취를 보였는데, 이는 학생들에게 친숙한 변량과 공변동을 다루고 있었기 때문으로 볼 수 있다. Moritz(2000)는 학생들이 성장률이 낮아지는 곡선의 관계 표현을 어려워하지 않는다는 것을 관찰하였다. 그러나 학생들은 남녀 간의 차이를 통합하는 다변량 과제에 대해서는 다소 어려워하였다. 어떤 학생들은 복잡성을 줄이고자 한 명의 남성과 한 명의 여성만을 **단일 비교**하였고, 어떤 학생은 구체적인 두 나이에 대한 키를 살펴보는 **이중 비교**하였다. 또 어떤 학생들은 나이에 따라 두 개의 추세선을 그려보는 **계열 비교**를 하였다.

Konold(2002)는 산점도 외에 다른 다양한 형태의 그래프가 공변동을 표현하고 해석하는데 있어 타당한 방법이 될 수 있다고 제안하였다. 어떤 변량에 존재하는 임의의 패턴을 알아보기 위해 하나의 변량을 기준으로 **정렬한 막대그래프(ordered case-value bars)**가 하나의 예가 될 수 있다. 이 그래프에서 변량을 정렬하여 나타내는 것은 전체적인 경향을 요약하기 위해 중요하다. Brasell과 Rowe(1993), Moriz(2000), Cobb, McClain, Gravemeijer(2003)의 연구에 참여한 학생들은 이와 유사한 그래프를 그렸는데, 이는 여러 사례를 통해 측정한 두 변량의 자료값을 나타내는 그래프로 Moritz(2000)는 이를 계열 비교 그래프라고 설명한 바 있다.

공변동 해석하기

Pinker(1990)는 가장 기본적인 수준에서 그래프에 대한 이해를 축의 형태 및 눈금에 대한 이해와 자료 요소에 대한 이해로 구분하였다. 눈금은 수치적인 값을 읽는데 필수적인 반면, 눈금이 표시되지 않은 자료가 경향을 확인할 수 있게 해주고 질적인 비교를 가능하게 한다. 이것이 이 연구에서 계속해서 다루고 있는 언어적인 그래프 해석 기법과 수치적인 그래프 해석의 기법의 기본적인 차이이다. Curcio(2001)은 수치적인 값을 포함하는 그래프에 대한 해석을 '자료 읽기', 자료값을 비교하는 '자료 사이 읽기', 내삽 또는 외삽을 수반하는 '자료 이면 읽기'의 3수준으로 구분하였다. 대부분의 연구는 수치적인 과제를 다루고 있는데, 이들 연구에 따르면 학생들은 전반적인 경향보다는 개별적인 자료값을 통해 그래프를 구성하고 읽는다(예, Bell et al., 1987a; Brasell & Rowe, 1993). 다양한 과제를 통해 학생들의 수행을 비교한 Meyer, Shinar, Leeiser(1997)는 학생들이 자료값을 읽고 사용하는 판단 전략에는 동일한 자료 집합에서 얻은 값을 다른 X값과 비교하는 것(X값 비교), 다른 자료 집합에서 얻은 값을 동일한 X값과 비교하는 것(계열 비교), 최댓값을 확인하는 것이 있으며 이러한 과제보다는 선그래프와 막대그래프에서 경향을 신속하고 정확하게 판단한다는 것을 발견하였다. 여기서 제시된 X값 비교(X comparison)와 계열 비교(series comparison)는 수치적인 눈금을 고려하지 않고 자료를 질적으로 조작하는 것으로 설명한 Moritz(2000)의 용어와 같은 의미이다.

사회 심리학(Alloy & Tabachnik, 1984; Corcker, 1981), 과학교육(Donnelly & Welford, 1989; Ross & Cousins, 1993; Swatton, 1994; Swatton & Taylor, 1994), 통계교육(Batanero, Estepa, Godino, & Green, 1996; Batanero, Estepa & Godino, 1997)에서 많은 연구자들이 다양한 상황에서 통계적 연관성에 대한 사람들의 견해를 조사하였다. 그러나 Inhelder와 Piaget(1958)의 연구에 이어 분할표의 이분적 변량들 사이의 연관성을 검토한 연구는 많았지만, 두 개의 수치적 변량에 대한 공변동을 다룬 연구는 거의 없다(Ross & Cousins, 1993). Crocker(1981)는 사회적 환경에서의 공변동을 통계적으로 올바르게 판단하는데 필요한 과정을 6단계로 구분하고 각 단계에서 보이는 오류를 제시하였다. 이러한 6단계는 자료의 적절성 판단하기, 표본추출하기, 사례 범주화하기, 증거 확보하기, 증거 통합하기, 예측을 위해 공변동 사용하기로 이루어진다.

사람들은 주로 판단에 영향을 미치는 실생활 변량들 사이의 인과적 관계에 대한 사전 신념을 지니고 있다(Jennings, Amabile & Ross, 1982). 주제 지식은 유용한 자료를 무시하거나(Alloy & Tabachnik, 1984; Batanero et al, 1996), 인과적 관계가 분명하지 않거나 다른 변량이 더 가능한 원인이기 때문에 자료에서 연관성을 간과하는 결과를 유발할 수 있다(Batanero et al., 1997; Crocker, 1981; Estepa & Batanero, 1996).

통계적 자료를 사용할 때, 어떤 사람은 연관성에 대한 결정론적이거나 일방향의 개념을 지니고 있으며(Batanero et al., 1996; Crocker, 1981), 이것은 공변동의 경향을 무시하는 증가함수의 대안적인 개념과 유사하다(Mevarech & Kramarsky, 1997). 어떤 사람은 자료의 복잡성을 줄이기 위한 수단으로 선택된 자료나 변량에 주목하는데(Bell et al., 1987a), 이것은 한 점, 한 쌍의 자료값, 한 변량을 표현하는 대안적인 개념과 유사하다(Mevarech & Kramasky, 1997; Moritz, 2000). 선택된 자료점에 주목하는 것은 단지 산점도에 있는 특이점이나(Batanero et al., 1997), 분할표의 각 셀에만 주목하는 것일 수 있다(Batanero et al., 1996; Crocker, 1981; Inhelder & Piaget, 1958). 언어적인 그래프 해석에서 학생들이 언급한 변량의 개수에 따라 반응 수준을 구체화한 몇몇 연구에서는 특정 변량에만 집중하는 경향이 관찰되었다(Donnelly & Welford, 1989; Ross & Cousins, 1993; Swatton, 1994; Swatton & Taylor, 1994). Swatton은 6학년 학생들에게 산점도와 선그래프를 보여주고 "X와 Y에 대해 무엇을 알 수 있는가?"라고 질문하였다. 0수준의 반응은 그래프에 대한 언어적/시각적 패턴이나 자료 자체에만 집중하였고, 1수준의 반응은 단일 변량에 따라 자료의 패턴을 기술하였다. 2수준의 반응은 두 변량에 대해 설명하였으며, 3수준의 반응은 적절한 경향성에 따라 두 변량의 관계를 설명하였다. Ross와 Cousins는 5~13학년 학생들에게 제3의 범주 변량이 존재하는 상황에서 두 개의 연속 변량 간에 '어떤 관계가 있는지 찾아보도록'하였다. 그들의 분석은 학생들이 적절하게 계열화하거나 기술하는 변량들의 수, 즉 0, 1, 2에 주목하거나, 하나의 제약 조건하에서 2개의 변수에 주목하였다. 따라서 자료의 복잡성, 주어진 변량의 수, 변량이 나타내는 것, 잠재적 변량은 공변동의 판단에 영향을 미칠 수 있다.

일부 연구자들은 인과적 추정에 대해 의구심 갖기를 다루었다(McKnight, 1990; Watson, 2000). McKnight는 자료기반 과제의 수준을 사실의 관찰, 관계의 관찰, 관계의 해석, 추정에 의한 주장에 대한 비판적 평가로 구분하였다. 과제 수준에 대한 이러한 분류는 Watson(2000)이 통계적 소양 위계를 용어에 대한 기본적 이해, 맥락 속에서 개념에 대한 이해, 추리적 주장에 대해 의구심 갖기의 3수준으로 분류한 것과 유사하다. Cobb과 동료들(2003)은 7학년 학생들에게 자료 분석 이전에 자료가 수집된 맥락을 고려할 시간을 주었을 때, 학생들이 결론에 영향을 끼칠 수 있는 표본추출 절차의 문제를 제기하고 관련 없는 변량을 통제할 수 있음을 확인하였다. 따라서 주장에 대해 의구심을 갖는 것은 통계적 추정에 의구심을 갖는 수준이 아니라 표본추출이나 측정과 같은 자료의 맥락에 관한 더욱 단순한 수준에서 다루어질 수도 있다.

현재의 연구

이 장에서는 그림 1에 제시된 공변동에 대한 3가지 추론 능력인 언어적 설명을 그래프로 변환하는 가상적인 자료 생성, 산점도를 언어적인 설명으로 변환하는 언어적인 그래프 해석, 자료값을 읽거나 내삽하는 수치적인 그래프 해석을 주로 탐구한다. 가상적인 자료 생성은 그래프를 그리는 능력이나 자료 요소에 대한 맥락적 이해보다는 공변동을 수치적으로 나타내는지 여부에 따라 평가한다.

방법론

연구 참여자

연구 참여자는 Tasmanian에 있는 두 사립학교의 학생들로, 한 학교는 여학교이고 다른 학교는 남학교이다. 두 학교는 Tasmanian에 있는 다른 학교들보다 경제적 수준이 높은 학생들이 다니는 것으로 알려져 있다. 각 학교에서 3, 5, 7, 9학년의 한 학급씩을 선택하였고 교육과정 운영에 가능한 한 방해가 되는 않는 방식으로 연구 참여자를 선정하였다. 각 학년마다 13명씩을 선정하였고, 4학년과 5학년이 혼합되어 있는 학급에서는 5학년 여학생들만을 선정하였다. 9학년은 기본과정, 중간과정, 심화과정으로 나뉘어져 있고 연구에 참여한 9학년 중 여학생들은 기본과정에, 남학생들은 심화과정에 속해 있었다.

과제

그림 2와 그림 3은 이 연구에서 사용한 과제를 나타낸다. 학생들에게 친숙한 변량을 이용하여 문세 맥락을 구성하였나. 학생들은 Mevarech와 Kramarsky(1997)의 연구에서 사용된 과제인 공부 시간과 성적의 관계에 대해 탐구하였다. 교실에 있는 사람의 수와 소음 수준을 실제로 측정한 경험이 없어도 학생들은 직관적으로 이를 이해할 수 있을 것으로 판단하였다. 변량들 사이에 양의 공변동뿐만 아니라 음의 공변동도 기술될 수 있도록 문제 맥락을 구성하여 학생들이 사전 신념보다는 자료에 기초하여 추론할 수 있도록 하였다. 3학년과 5학년 남학생들에게는 과제 1의 음의 공변동을 양의 공변동의 형태로 변형하여 제시하였다. 학생들이 자신의 사전 신념과 다르게 반응할 수 있는지를 알아보기 위하여 이와 같이 과제 유형을 변형하여 설계하였다. 수집된 자료를 인식하고 적합선으로부터의 가능한 변이성을 고려하는 것과 같이 공변동에 대한 통계적 맥락을 뒷받침하도록 과제를 기술하였다. 각 과제의 자료를 6개의 사례로 구성하였으며 과제 2의 자료는 변량을 반복하여 측정한 값으로 구성하였다.

과제 1 (음의 상관)

Anna와 Cara는 공부 습관에 관한 프로젝트를 수행하려고 한다.

Anna와 Cara는 학생들에게 다음 두 가지를 질문하였다.

- "시험을 준비하는데 몇 시간이나 공부하였나요?"
- "시험에서 몇 점을 받았나요?"

Anna는 6명에게 질문하였다. 그 결과를 그래프로 나타내었다. 그리고 "공부를 많이 할수록 성적이 낮다."는 결론을 내렸다.

Q1. Anna가 위와 같은 결론을 내리는데 사용한 그래프를 그려라. 그래프에 이름을 붙여라.

과제 1 (양의 상관)

Anna는 "공부를 많이 할수록 성적이 높다."는 결론을 내렸다.

Q1*. Anna가 위와 같은 결론을 내리는데 사용한 그래프를 그려라. 그래프에 이름을 붙여라.

그림 2 가상적인 자료 생성을 평가하기 위한 과제 1
(3학년과 5학년 남학생에게는 Q1대신 Q1*을 제시함)

과제 2

몇몇 학생들이 소음에 관한 과제를 수행하고 있다. 그들은 6개의 교실을 방문하여 교실의 소음 수준을 측정하였다. 또한 교실의 학생 수를 세어보고, 지금까지의 자료를 이용하여 그래프를 그렸다(각 점은 서로 다른 교실을 나타낸다).

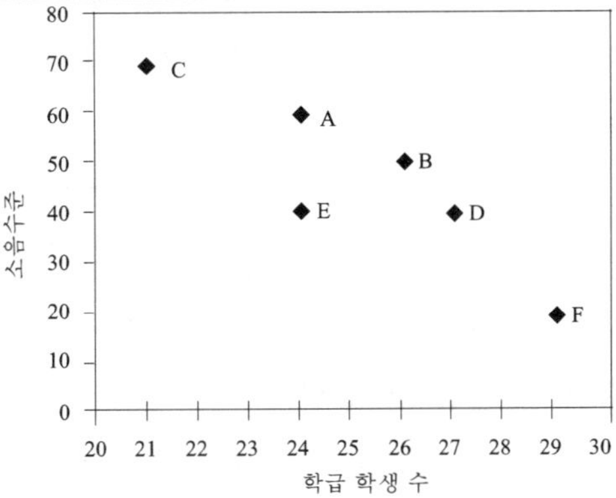

Q2a. 그래프를 보지 못한 학생에게 그래프에 대해 설명한다고 가정해보자. "이 그래프는 …를 나타낸다."와 같이 그래프가 보여주는 것을 문장으로 써 보아라.

Q2b. D교실의 학생 수는 몇 명인가?

Q2c. 학생수가 23명인 교실의 소음 수준은 어느 정도라고 생각하는가?
(확실하지 않더라도 추측해보아라.)

Q2d. Jill은 "그래프에 따르면 학생이 많은 교실에서 소음이 덜 발생한다고 생각할 수 있어."라고 말하였다. 이 그래프를 통해 이러한 결론을 내릴 수 있다고 생각하는가?

☐ 예 ☐ 아니오 왜 그런지 설명하여라.

Q2d*. Jill은 "그래프를 보면 소음 수준은 교실에 있는 학생 수와 관련이 있어."라고 이야기하였다. 이 그래프를 통해 이러한 결론을 내릴 수 있다고 생각하는가?

☐ 예 ☐ 아니오 왜 그런지 설명하여라.

그림 3 언어적/수치적 그래프 해석을 평가하기 위한 과제 2
(3학년과 5학년 남학생에게는 Q2d 대신 Q2d*를 제시함)

가상적인 자료 생성 문제(Q1)에서는 학생 나름의 표현을 개발하는데 필요한 숫자와 변량의 유형을 스스로 결정할 수 있도록 어떠한 축도 제공하지 않았다. 언어적인 그래프 해석은 Q2a와 Q2d를 통해 평가하였다. Q2a는 연관성이 존재한다는 전제가 없는 열린 과제로 기술하였다(Donnelly & Welford, 1989). 학생들이 Q2a에서 공변동에 대한 존재를 언급하지 않을 수도 있기 때문에, 공변동에 대한 구체적인 힌트를 제공하기 위해 Q2d를 변형하여 Q2d*를 제시하였다. 수치적인 그래프 해석은 Q2b와 Q2c를 통해 평가하였다. Q2b는 값을 잘 읽을 수 있는지 알아보기 위한 문제이며, Q2c는 교실 A, C, E에서 하나 또는 그 이상을 기초로 내삽하는지 알아보기 위한 문제이다.

절차

수업 시간에 학생들에게 제시한 6~7개의 지필 과제 중 주요 문제만을 발췌하였는데, Q2(과제 1)와 Q6(과제 2)이 이에 해당된다. Q1은 연령에 따른 키의 성장과 관련된 세 문장을 그래프로 나타내는 것이고(Moritz, 2000), 중학생을 대상으로 한 Q3은 자동차 이용과 심장마비와의 관계에 대한 언어적 설명을 그래프로 나타내는 것이며(Watson, 2000), Q4는 일정한 시간차를 두고 측정한 6개의 온도를 그래프로 나타내는 것이다. 그래프를 접하고 그래프를 그리는 방법을 연상하지 못하도록 그래프를 그리는 과제를 해석하는 과제 이전에 제시하였다.

문제를 해결하는데 걸린 시간은 보통 40~70분 정도였다. 그러나 9학년 여학생들은 25분 만에 문제를 해결하였고, 15분이 지난 후 과제 2를 제시하였다. 반응이 없는 경우는 분석에서 제외하였고 정답을 말하지는 못했지만 해결을 시도한 반응은 가장 낮은 수준으로 분류하였기 때문에 표본의 크기가 문항에 따라 다르다. 학생들에게 연구 목적을 간단히 설명한 다음 각 과제를 해결하게 하였다. 학생들은 각 교실에서 과제를 해결하였는데 경우에 따라 개별적으로 과제를 해결한 학생도 있었다.

분석

학생들의 표현을 스캔하였으며 학생들이 기록한 반응을 스프레드시트에 기록하였다. 그래프의 특징과 기술된 학생들의 반응을 지속적으로 비교하고 대조하여 범주와 하위범주를 수정하는 반복 기법(Miles & Huberman, 1994)으로 학생들의 반응을 분석하였다. 학생들이 자료를 생성하고, 필요한 공변동을 언어적으로 일반화하고,

수치적으로 해석하는데 성공한 정도에 따라 4수준으로 구분하였다. 상황, 변량, 사용된 자료 요소의 수에 따라 수준을 변량의 미사용, 하나의 변량만을 사용, 두 변량을 관련 없이 사용, 모든 변량을 성공적으로 관련지어 사용으로 나눈 기존 연구(Moritz, 2000; Ross & Cousins, 1993; Swatton, 1994; Watson & Moritz, 1997)를 참고하여, 비통계적, 단일 변이를 고려, 부적절한 공변동, 적절한 공변동의 4수준으로 구분하였다. 이러한 수준은 관찰된 학습 결과의 구조를 기초로 구성한 인지발달의 이론적 모델(Biggs & Collis, 1982)과도 매우 유사하다. 이 모델은 전구조적 단계, 단일 측면만을 고려하는 단일구조적 단계, 관련성이 없는 여러 측면을 고려하는 다중구조적 단계, 관계적 단계의 4수준으로 구분된다. 더욱 자세한 내용은 다음에 제시하는 결과에서 확인할 수 있다.

결과

결과에서는 그림 1에 제시한 가상적인 자료 생성(Q1), 언어적인 그래프 해석(Q2a와 Q2d), 수치적인 그래프 해석(Q2b와 Q2c)이라는 3가지 능력에 대해 논의한다. 각 능력에 대한 반응 수준과 반응 형태의 예를 제시한다. 언급된 예는 학년과 성별을 알 수 있도록 주석을 달았는데 'G3f'는 3학년 여학생을 의미한다.

가상적인 자료 생성

학생들에게 음의 공변동(Q1)이나 양의 공변동(Q1*)을 나타내는 그래프를 그리도록 하였다. 학생들의 반응을 표 1과 같이 4수준으로 구분하였다. 몇 가지 반응에 대

표 1 가상적인 자료 생성의 각 수준별 특징

수 준	반응에 대한 설명
0수준 비통계적	(a) 한 변량에 대해 한 자료값을 사용하여 맥락을 설명하거나 (b) 자료 변량에 대한 맥락 없이 수나 위치만으로 그래프의 축이나 값을 표현
1수준 단일 측면의 고려	(a) 하나의 이변량 사이의 관계를 설명하거나 (b) 한 변량에 대한 자료값의 변이를 설명
2수준 부적절한 공변동	두 변량을 모두 언급하지만 (a) 한 변량이 단지 서로 다른 두 개의 값만을 갖는 것과 같이 최소한 한 변량에 대해 부적절한 변이를 나타내는 관계를 설명하거나 (b) 각 변량에 대한 잘못된 방향과 같이 부적절한 관계를 나타내는 변이를 설명
3수준 적절한 공변동	두 변량 모두에 대해 변이 사이의 적절한 관계를 설명

한 기술적인 분석은 이미 보고된 바 있다(Moritz, 2002). 적절한 공변동 수준으로 분류된 반응은 두 변량에서 변이의 대응을 나타내고 있다. 즉, 변량이 적절한 변이를 가지고 있음을 확인하였고, 변이의 대응 방향을 적절하게 구체적으로 설명하였다. 지시적인 범례 표시의 개념(Moritz, 2000)을 사용하여 범례가 명확하게 표현되거나 변량을 나타내는데 단위(예, 시/분)나 값(예, 디지털 시간 형식)을 사용했다면, 변량이 적절하다고 보았다. 또한, 여섯 개의 자료로 구성된 맥락일지라도, 세 개의 자료만으로도 공변동을 설명하기에 충분하기 때문에 그래프가 최소한 세 개의 이변량 자료값에 대한 적절한 변이를 적절하게 드러냈다면 변량이 적절하다고 보았다. 변이 사이의 대응 관계를 '전혀 없는', '많지 않은', '많은'과 같이 자연스럽게 순서대로 나타내거나 높이나 각을 나타내는 관례에 따라 적절하게 구체화하였다.

표 2에서와 같이 대부분의 학생들은 적어도 부적절한 공변동 수준을 보였으며, 많은 고학년 학생들은 적절한 공변동 수준을 보여주었다. 더 자세한 설명은 아래에 제시되어 있다. 표 2에서는 질문 Q1과 Q1*에 대해 반응한 학생의 수를 합하여 제시한 반면, 본문에서는 Q1과 Q1*인 두 가지 질문 유형별로 해당하는 학생 수를 구분하여 기술하였다.

음의 공변동 그래프 그리기(Q1)

0수준: 비통계적. 14명의 학생은 공부 시간과 성적의 공변동에 대한 어떠한 표현도 나타내지 않았다. 2명은 아무런 반응을 보이지 않았고, 5명은 자료를 고려하지 않고 이야기를 구성하였다. 예를 들어, 개별적인 이름을 이용해 이야기를 만들거나 성적을 '10/10'처럼 표시한 것과 같이 자료를 고려하지 않고 상황을

표 2 성별과 학년에 따른 가상적인 자료 생성의 각 수준별 반응 비율(N=167)

수준	여학생				남학생				계
	3	5	7	9	3[a]	5[a]	7	9	(N)
0수준 비통계적	23	12	5	40	11	11	8	0	18
1수준 단일 측면의 고려	0	12	14	20	42	11	4	0	18
2수준 부적절한 공변동	42	38	18	20	5	0	21	11	35
3수준 적절한 공변동	35	38	64	20	42	78	67	89	96
계(N)	26	26	22	5	19	18	24	27	167[b]

[a] 3, 5학년 남학생에게는 Q1이 아닌 Q1* 과제를 제시하였다.
[b] 반올림으로 인해 총비율이 100이 되지 않을 수 있다.

구성하였다(그림 4의 (a), G3f). 3명의 학생은 변량으로 간주할 수 있는 그래프를 그렸지만 축을 구분하지 않는 것과 같이 자료를 명백하게 나타내지 않았다. 4명의 학생은 자료 집합을 측정된 변량으로 설명하지 않은 채 기본 그래프를 그렸고, 6개의 사례를 보여주는데 실패하였다(그림 4의 (b), G5m).

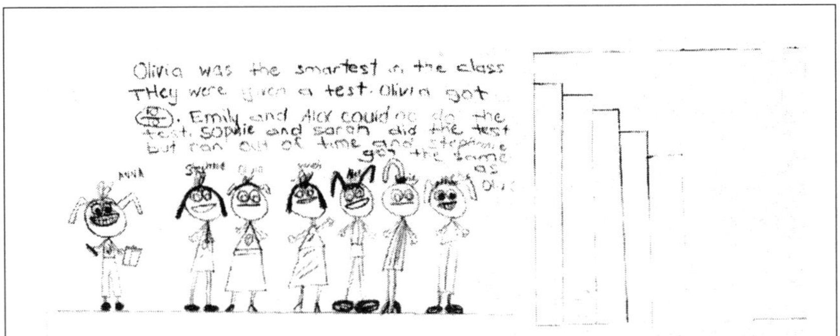

(a) 이야기 (b) 기본 그래프

그림 4 Q1에 대한 0수준 학생들의 반응

1수준: **단일 측면의 고려.** 8명의 학생은 공변동을 나타내기 위해 단일 측면, 즉 대응 또는 변이만을 표현하였다. 한 학생은 본래의 자료에 대한 초보적인 표에 하나의 이변량 자료값을 나타냈다(그림 5의 (a), G5f). 7명의 학생은 하나의 변량만을 표현하였고, 이들 중 2명은 공부 시간을 표시하지 않은 채 성적만을 나타내었고(그림 5의 (b), G7f), 5명은 범례를 붙이지 않고 6개의 자료를 한 변량으로 정렬하여 나타내었다.

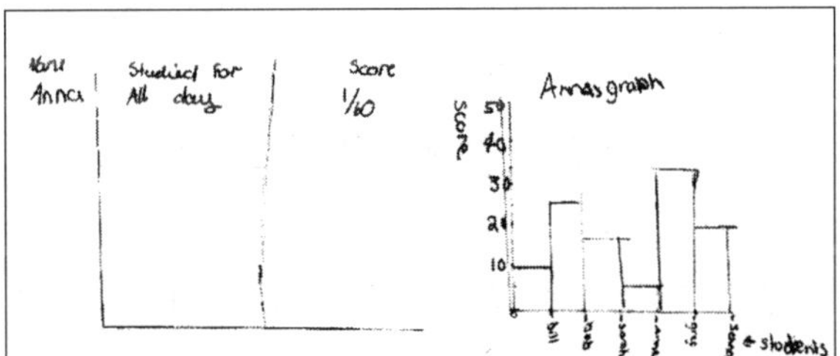

(a) 단일 비교 (b) 단일 변량

그림 5 Q1에 대한 1수준 학생들의 반응

2수준 : **부적절한 공변동.** 34명의 학생은 음의 공변동과 관련된 몇 가지 특징을 설명하긴 하였으나 적절한 변이나 변이 사이의 관계를 나타내지는 못하였다. 15명은 공부 시간을 이변량으로 다루었고, 이들 중 5명은 두 쌍의 이변량을 이중으로 비교하였으며(그림 6의 (a), G7m), 10명은 6명의 성적을 집단 비교하였다(그림 6의 (b), G3f). 공변동의 방향을 적절하게 나타내지 못한 19명 중 9명은 공변동을 명확하게 나타내지 못했고(그림 6의 (c), G7m) 7명은 양의 공변동으로 설명하였다(그림 6의 (d), G5f). 3명은 다소 명확한 숫자를 이용해 음의 경향을 보여주었지만, 원 그래프에서 더 큰 부채꼴 모양에 더 작은 백분율을 표시하는 것과 같이 변량을 나타내는 범례나 단위 없이 나타내었다.

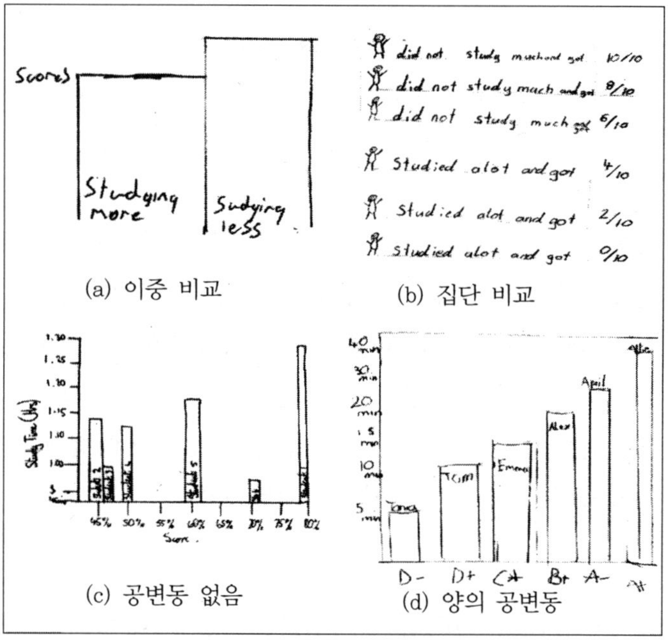

(a) 이중 비교 (b) 집단 비교

(c) 공변동 없음 (d) 양의 공변동

그림 6 Q1에 대한 2수준 학생들의 반응

3수준: 적절한 공변동. 74명의 학생은 적어도 세 개 이상의 이변량 자료가 있고, 공부 시간이 이변량이 아니라는 조건을 만족시키고, 공부 시간이 많을수록 성적이 낮다는 관계를 보여주는 자료를 제시하였다. 13명의 학생은 본래의 자료에 대해 표를 만드는데, 이변량을 기록했으며 값을 표시하기 위해 공간적인 위치를 이용하지 않았다. 예를 들어, 이름과 반복적인 값을 나타내거나

(그림 7의 (a), G3f) 좌표축을 명확하게 사용하지 않고 값을 대각선의 방향으로 나타내었다(그림 7의 (b), G5f). 11명의 학생들은 **계열 비교** 그래프를 그렸는데, 가로축은 Anna가 요구한 여섯 명의 학생을, 세로축은 공부 시간과 성적을 두 그래프에 각각 또는 한 그래프에 겹쳐서 표현하였다(그림 7의 (c), G7m). 7명의 학생은 막대그래프를 그렸고, 3명의 학생은 선그래프, 1명은 이중 원그래프를 그렸다. 이들의 7개의 그래프에는 가로축이 정렬되어 있지 않았으며 4개는 하나의 변량에 따라 정렬되어 있었다. 그림 7의 (c)는 처음 두 경우를 제외한 나머지 자료값들이 정렬되어 있음을 알 수 있다. 50명의 학생은 서로 수직인 축에 변량을 대응시켜 **직교 공변동**을 표현하였다. 축에 범례를 나타내지 않는 경우도 있었지만, 최소한 한 축에는 변량을 명확하게 알아볼 수 있는 눈금 단위를 표현하였다. 30명은 가로축에 공부 시간을, 세로축에 성적을 표시하였으며 20명은 반대로 하였다. 40명은 축의 오른쪽으로 가거나 위로 올라갈수록 값이 커지는 전통적인 변량 정렬법을 사용하였지만, 7명은 반대로 하여 시각적으로 양의 공변동과 관련된 효과를 보여주기도 하였다. 3명은 막대그래프의 값을 정렬하지 않고 표현하여 시각적으로 공변동이 없는 것처럼 보이기도 하였다. 31명의 반응에서는 같은 간격으로 각 변량 값을 표시한 적합선이 나타났고, 다른 19명 또한 적합선의

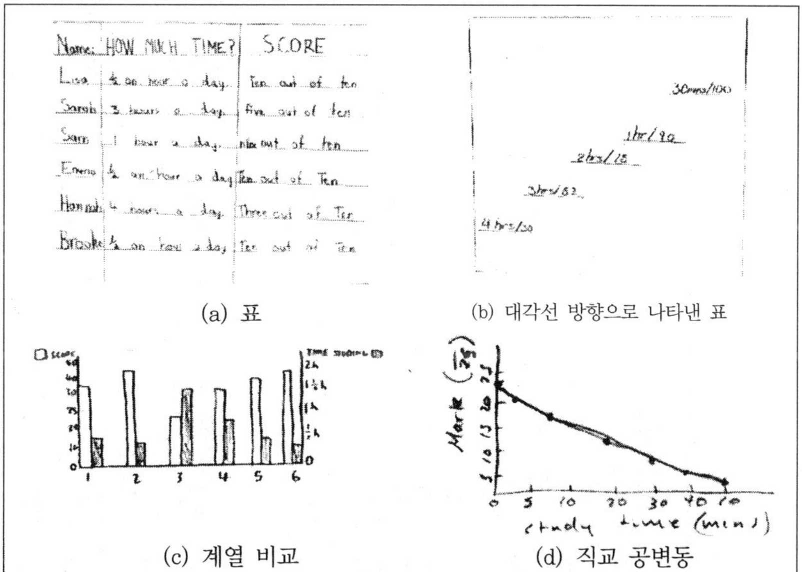

(a) 표 (b) 대각선 방향으로 나타낸 표 (c) 계열 비교 (d) 직교 공변동

그림 7 Q1에 대한 3수준 학생들의 반응

변이를 표현하였다. 학생들은 막대그래프(25명), 산점도(7명), 선그래프(5명), 점을 연결한 선그래프(13명)와 같은 다양한 그래프를 사용하였다. 그림 7의 (d)(G9m)는 적합선으로 일차함수의 그래프 모양이다.

양의 공변동 그래프 그리기(Q1*)

양의 공변동은 학생들의 사전 신념과 일치하는 것이다. 음의 공변동에 대한 과제(표 2 참고)와 비교할 때 부정확한 방향을 가진 그래프를 그린 학생이 훨씬 적었으며(2수준), 두 변량을 하나의 대응축이나 동일한 값으로 정렬할 수 있는 것처럼 단일 변량 그래프(1수준)를 그린 학생들이 더 많았다. 그림 8은 3학년(그림 8의 (a), (b), (c))과 5학년 학생들(그림 8의 (d), (e))의 반응을 보여주고 있다. 많은 학생들이 각 사례를 이름(그림 8의 (a), (b), (d))이나 숫자(그림 8 (e))로 표현하거나 분리된 표현(그림 8의 (c))으로 나타내었다. 그림 8의 (a)는 학생이 공부 시간이라는 단일 변량만을 제시하였

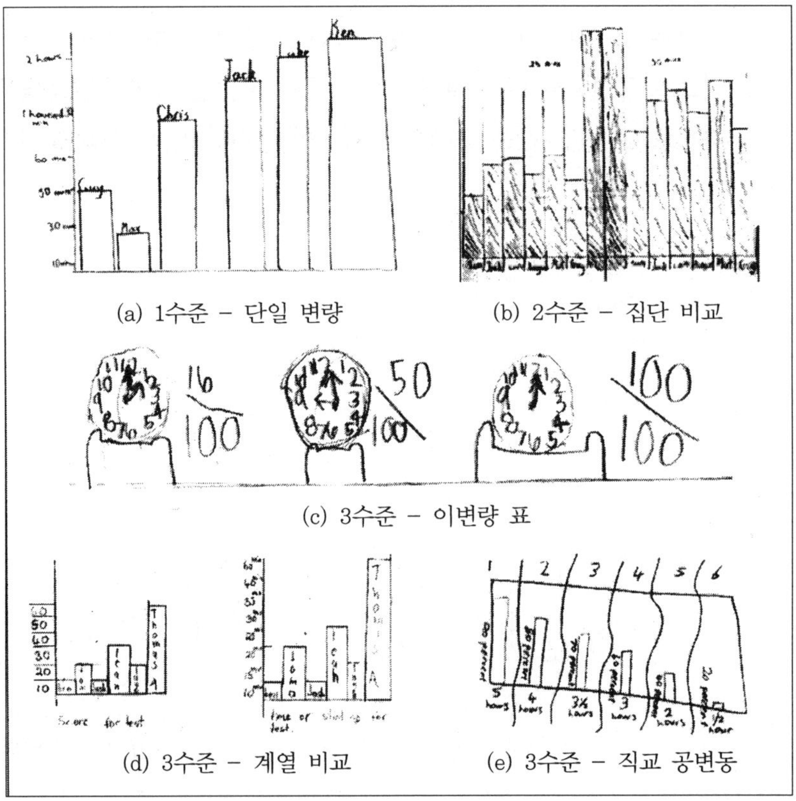

(a) 1수준 - 단일 변량 (b) 2수준 - 집단 비교

(c) 3수준 - 이변량 표

(d) 3수준 - 계열 비교 (e) 3수준 - 직교 공변동

그림 8 양의 공변동 과제인 Q1*에 대한 학생들의 반응

표 3 언어적 그래프 해석 및 수치적 그래프 해석의 각 수준별 특징

수준	언어적 그래프 해석	수치적 그래프 해석
0수준 비통계적	(a) 변량이나 연관성이 포함되지 않은 맥락에 대해 설명하거나 (b) "점"과 같은 시각적인 특징을 설명	축으로부터 자료값을 읽지 못함. (a) "추측"에 기초한 맥락을 설명하거나 (b) 최댓값과 같은 시각적인 특징을 설명할 수도 있음
1수준 단일 측면의 고려	(a) 하나의 자료값에 대해 설명하거나 (b) 하나의 종속변량에 대해 설명	이변량 자료값을 읽을 수는 있지만(Q2b: 27) 자료를 내삽하기 위해 자료를 사용하지 못함
2수준 부적절한 공변동	두 변량을 모두 언급하지만 (a) 6개의 교실 전체나 일반적인 교실로 일반화하지 않고 둘 또는 그 이상의 값을 비교함으로써 관계를 설명하거나 (b) 변량에 대해 설명하지만 관계를 설명하지 않았거나 옳지 않은 방향으로 설명함	자료값을 읽을 수 있고(Q2b: 27) 국소적 범위 내에 자료를 내삽하지만 정확성이 떨어짐(Q2c: 39~54 또는 71~80)
3수준 적절한 공변동	두 변량에 대해 모두 설명하고 적절한 방향으로 설명함	자료값을 읽을 수 있으며(Q2b: 27) 정확하게 자료를 내삽함(Q2c: 55~70).

지만 가로축이 성적을 표현하고 있는 것으로 볼 수 있으므로 3수준으로 분류하였다.

언어적 그래프 해석(Q2a와 Q2d)

그림 3에서 볼 수 있듯이 과제 2에서 학생들은 산점도를 해석해야 하며, Q2a와 Q2d(Q2d*)에서 자신의 선택에 대한 이유를 말이나 글로 설명해야 한다. 즉, 적절한 변이와 변이 사이의 관계라는 두 가지 개념을 표현하기 위해, Q2a에서 학생들은 '소음'과 '학생 수'를 말하거나 이에 대해 자세히 설명해야 한다. 그리고 '~보다 적은'이나 '~보다 많은'과 같은 비교 값을 적절하게 사용해야 한다. 이와 관련된 반응을 4수준으로 구분하고 그 특징을 표 3에 제시하였다. 대부분의 경우 Q2a에 대한 반응을 기초로 하였으나 몇 가지 경우에 대해서는 Q2a에서 나타났던 것보다 상위 수준의 반응을 제시하기 위해 Q2d 또는 Q2d*의 반응을 이용하였다. 각 수준에 대한 더 자세한 반응은 다음에 기술하였는데, 특히 7학년과 9학년 학생들은 1수준 이상임을 확인할 수 있다. 7학년과 9학년 남학생의 수행 능력이 여학생보다 뛰어났는데, 이것은 성별에서 오는 차이라기보다는 표집된 학급의 특징 때문일 수 있다.

0수준: 비통계적. 몇몇 학생들은 공변동에 대해 전혀 설명하지 않았다. 반응이 없거나 주제와 관련된 일반적인 반응을 0수준으로 분류하였다. 예를 들어,

표 4 성별과 학년에 따른 언어적 그래프 해석의 각 수준별 반응 비율(N=121)

수 준	여학생				남학생				계 (N)
	3	5	7	9	3[a]	5[a]	7	9	
0수준 비통계적	31	13	0	0	31	29	0	0	13
1수준 단일 측면 고려	38	22	20	8	46	14	8	10	25
2수준 부적절한 공변동	23	57	45	67	15	43	33	5	43
3수준 적절한 공변동	8	9	35	25	8	14	58	86	40
계(N)	13	23	20	12	13	7	12	21	121[b]

[a] 3, 5학년 남학생에게는 Q2d 대신 Q2d*가 제시되었다.

[b] 반올림으로 인해 총비율이 100이 되지 않을 수도 있다.

"각 점은 6개의 교실을 나타낸다."(G3f), "그래프는 C, A, B, D, F, E 교실과 숫자로 이루어져 있다."(G5f)가 이 수준에 해당된다.

1수준: **단일 측면의 고려.** 한 학생이 "C교실에는 21명의 학생이 있고 소음 수준은 70이다."(G3m)와 같이 단지 하나의 자료값에 대해서만 언급하였다. 교실을 언급한 학생이 있었지만, 대부분의 학생들은 교실의 학생 수는 언급하지 않은 채 하나의 변량인 소음 수준에 대해서만 언급하였다. 이들 중 일부는 '소음'(G3m)과 같은 값에 대해 전혀 언급하지 않았다. 반면 "몇 개의 교실은 더 시끄러웠다."(G3f)처럼 다양한 소음 수준에 대해 설명하기도 하였다. "80은 가장 시끄러운 소리, 0은 소음이 없는 정도이다."와 같이 구체적인 소음 수준을 언급한 학생도 있었다.

2수준: **부적절한 공변동.** 두 변량을 언급하였지만 "각 교실에 있는 학생 수와 소음 수준"(G5f)이나 "소음 수준은 10 근처에서 시작하여 계속 올라가고 교실의 학생 수는 20, 21, 22에서 30까지 증가한다."(G9f)와 같이 자료의 공변동을 설명하지는 않았다. 이러한 학생들은 축의 범례는 읽었지만 일련의 자료값을 읽지 못할 수도 있다. 나머지 학생들은 두 변량 사이의 공변동을 일반화하는 설명을 하였지만, "학생 수가 가장 적은 교실이 제일 시끄럽고 학생 수가 가장 많은 교실이 제일 조용하다."(G7f), "학생 수가 가장 적은 교실이 제일 소란스럽다."(G5m)와 같은 반응을 나타내었다.

3수준 : **적절한 공변동.** 학생들은 그래프를 패턴을 나타내는 문장으로, 즉 음의 공변동으로 일반화하여 표현하였다. "학생이 적을수록 더 많은 소음이 발생한다"(G7m)와 같이 단순하게 반응하거나, 이를 더욱 발전시켜 "C교실이 가장 시끄럽고 A, B, E, C, F의 순서이기 때문에 결과적으로 사람이 많을수록 덜 시끄럽다."(G7m)라고 설명하기도 하였다. 6개 교실이나 전체 교실로 일반화하기 위해 '교실들'이라는 복수 명사를 사용하여 설명하였으나, 2수준에서의 반응과 유사하게 두 변량이 가장 큰 경우나 가장 작은 경우를 강조하여 일반화하였다. 예를 들어, "학생 수가 적을수록 매우 시끄럽다. 학생이 많은 방은 매우 조용하다."(G9m)와 같은 반응을 나타내었다. "E를 제외한 대부분의 경우는 소음 수준이 높을수록 사람 수가 적었다."(G9m)와 같이 불완전한 공변동의 특징을 설명한 학생도 있었다. "X가 커질수록 Y는 작아진다.", "X가 많으면 Y는 적어진다.", "X가 증가할 때 Y는 감소한다."와 같이 사례 전체를 비교함으로써 변화를 강조하기도 하였다. 그러나 "X와 Y는 음의 관계이다. 즉 음의/역의 관계에 있다."처럼 대응이나 관계를 객관화한 학생은 없었다.

수치적 그래프 해석(Q2b와 Q2c)

수치적 그래프 해석은 자료값 읽기(Q2b)와 내삽하기(Q2c)를 포함하는 두 가지 질문으로 평가하였다. 각각의 반응은 표 3의 기준에 따라 분류하였다. 학생들은 Q2b와 Q2c에 대해 일관성 있는 반응을 나타낸 경우가 많았다. 83개의 반응 가운데 많은 학생이 2수준과 3수준에서 내삽을 사용하였으며, 이 중 6명만이 값을 읽지 못하였고, 3명이 점 E를 "40"이라고 말하였다. 12개의 비통계적(0수준) 반응에서 4명은 Q2b에 응답하지 못하였고 5명은 "23"이라고 말하였는데, 이는 23이 다음 줄인 Q2c에서 나타나

표 5 성별과 학년에 따른 수치적 그래프 해석의 각 수준별 반응 비율(N=121)

수 준	여학생				남학생				계
	3	5	7	9	3[a]	5[a]	7	9	(N)
0수준 비통계적	46	13	0	0	15	14	0	0	12
1수준 단순 단계	23	52	25	33	62	29	25	10	39
2수준 부적절한 공변동	31	35	35	50	23	57	50	10	40
3수준 적절한 공변동	0	0	40	17	0	0	25	81	30
계(N)	13	23	20	12	13	7	12	21	121[a]

[a] 반올림으로 인해 총비율이 100이 되지 않을 수 있다

기 때문일 수도 있다. Q2c에 대한 비통계적 반응 중에는 "이야기하는 사람도 있고 그렇지 않은 사람도 있으므로 50이다."(G3f)와 같이 주관적인 것도 있었다. 단일 측면을 고려한 수준의 반응은 그래프에서 값은 읽었으나 Q2c에 대해서는 모른다고 대답하거나, 그 값을 "E 아래니까 30이요."(G7m) 또는 "교실에 50명의 학생이 있으므로 80이요."(G5f)와 같이 주관적인 설명을 제시하였다. 내삽 문제에 대한 2수준 반응에는 39~54 또는 71~80 사이의 범위에서 값이 나타난다고 설명한 경우와 "교실에 23명이 있다면 50이라고 생각해요. 왜냐하면 24명이 있는 교실에서 소음 수준은 40과 60이고 50은 그 중간이니까요."(G9f)와 같이 인접한 자료값과 관련하여 추론한 경우가 있었다. 내삽 문제에 대해 3수준 반응은 자료의 경향을 이용하여 55~70 사이의 범위로 값을 예측한 것이다. 많은 학생들이 "24명인 교실은 60이고 21명인 교실은 70이기 때문에 65이예요."(G7f) 라고 답하였으며 "그래프의 경향을 보아 60이요."(G9m)라고 추론한 학생도 있었다. 각 수준별 반응 비율은 표 5와 같다. 3학년과 5학년에서는 3수준의 반응이 없는 반면 7학년과 9학년에서는 0수준의 반응이 없었다.

세 능력 사이의 연관성

표 6은 가상적인 자료 생성 능력, 언어적인 그래프 해석 능력, 수치적인 그래프

표 6 서로 다른 두 능력의 각 수준별 반응 비율(N=121)

반응 수준	가상적인 자료 생성				계 (N)	언어적인 그래프 해석				계 (N)
	0	1	2	3		0	1	2	3	
언어적인 그래프 해석										
0	0	23	19	9	13	–	–	–	–	–
1	42	46	24	12	24	–	–	–	–	–
2	42	23	48	26	35	–	–	–	–	–
3	17	8	10	52	39	–	–	–	–	–
수치적인 그래프 해석										
0	33	23	24	0	12	15	24	9	0	12
1	17	62	48	25	36	54	40	44	8	39
2	50	8	29	35	36	31	28	35	35	40
3	0	8	0	40	27	0	8	12	58	30
계(N)	12	13	21	65	111	13	25	43	40	121[a]

[a] 반올림으로 인해 총비율이 100이 되지 않을 수 있다.

해석 능력 사이의 관계를 나타내고 있다. 0수준에서 3수준까지의 성적 차를 조사한 결과, 수치적인 그래프 해석 능력은 언어적인 그래프 해석 능력($r_{119} = 0.54$), 가상적인 자료 생성 능력($r_{109} = 0.47$)과 높은 상관관계가 있는 것으로 나타났다. 반면, 언어적인 그래프 해석 능력과 가상적인 자료 생성 능력($r_{109} = 0.30$)은 상관관계가 매우 약한 것으로 나타났다.

논의

이 장에서는 가상적인 자료 생성, 언어적인 그래프 해석, 수치적인 그래프 해석 과제에 대한 학생들의 반응을 4수준으로 구분하여 상세하게 설명하였다. 이것은 상관관계에 대한 추론(Ross & Cousins, 1993; Swatton, 1994)과 그래프 이해(Curcio, 2001)에 대한 선행 연구에서 나타난 수준과 밀접하게 관련된다. 대부분의 학생들, 심지어 3학년 학생들조차도 적어도 산점도에서 자료값을 읽을 수 있었는데, 이는 1수준인 단일 측면을 고려한 수준에 해당된다. 이를 통해 3학년 학생들에게 이러한 과제를 제공하는 것이 가능함을 알 수 있다. 언어적인 그래프 해석과 수치적인 그래프 해석 사이의 상관관계가 매우 높게 나타났는데, 이것은 아마도 두 가지 모두 축에서 변량의 이름이나 자료값을 읽는 능력을 어느 정도 필요로 하기 때문이다.

가상적인 자료 생성 과제에서 대부분의 학생은, 심지어 3학년 학생조차도 음의 공변동을 설명할 수 있었다. 이는 13~14세 학생의 37%가 성공하였다는 Swan(1988)의 연구 결과와 8학년의 55%가 성공하였다는 Mevarech와 Kramarsky(1997)의 연구 결과가 더 어린 학생들에게까지 확장된 것이다. 물론 이러한 결과는 연구 참여자가 상위 그룹에 속하는 학생들이었기 때문일 수 있고, 6개의 이산적인 자료로 이루어진 과제가 익숙했기 때문일 수도 있다. 선행 연구와 달리 이 장에서는 학생들이 자료를 데카르트 좌표계와 같은 특정한 형태로 표현하도록 강요하지 않는 개방형 과제에 대한 반응을 분류하였다.

이 장에서는 표현 형태에 상관없이 가상적인 자료 생성 능력을 평가하였다. 최상수준에 해당하는 반응에서는 막대그래프, 선그래프, 산점도뿐만 아니라 본래의 자료로 작성된 표, 계열 비교 그래프, 직교 공변동 그래프와 같이 다양한 형태로 이러한 능력을 표현하였다. 이때 자료가 정렬되어 있는지 아닌지는 중요하지 않았다. 일부 학생들이 그래프가 아닌 표를 그렸다는 것은 표로 자료의 모든 측면을 정확하게 재생하려는 역사적 과정을 반영한 것일 수 있으며(Beniger & Robyn, 1978), 그래프 고안자로서 그래프를 보는 사람과 표현의 목적을 의식해서 그런 것일 수도 있다. Brasell과 Rowe(1993)가 그래프 생성 능력을 평가하는 연구에서 계열 비교 그래프를 데카르트식 그래프로 잘못 그린 것으로 평가한 반면, 이 장에서는 계열 비교 그래프를 가상적인 자료 생성의 최상위 수준으로 분류하였다(Konold, 2002; Watson & Moritz, 1997). 더욱이 범례 표시가 부족한 그래프를 평가하는데 암시적으로 범례를 표시하는 방법(Moritz, 2000)을 사용하였다. 예를 들어, 세 개의 이변량 자료점만 있는 그림 8의 (c)에는 시간이라는 범례를 표시하지 않았지만 시계 그림으로 이를 추측할 수 있으며, 성적 또한 '/100'이라는 표시로 알아볼 수 있다. 이 학생은 과제에서 제시한대로 범례를 사용하지 않았고 6개의 자료점을 제시하지도 않았지만, 이 학생의 표현은 대응과 변이라는 공변동의 두 측면을 이해하고 있음을 보여준다. 분명히 관습적으로 그래프를 그리는 기술을 포함하여 다양한 수준의 이해 능력이 있음을 알 수 있다. 학생들이 그래프를 그 자체가 목적이 아닌 분석의 도구로 생각하기를 원한다면(NCTM, 2000), 자료를 사용하여 공변동을 추론하기 위해서는 오히려 다양한 표현을 허용하고 격려할 필요가 있다. 다시 말해, 가상적인 자료 생성을 평가하는 것은 의미가 있으며 이 연구는 3학년에게도 이것을 평가하는 것이 적절하다는 것을 보여준다.

선행 연구에서는 그래프를 그릴 때 다양한 접근방법을 사용할 수 있는데, 범례나 단위, 축의 변경, 역방향으로의 거리 측정이나 불규칙한 거리의 측정, 연속성과 이산적인 자료점 등에 대해 학생들이 어려워한다는 것이 밝혀져 있다(Chazan & Bethell, 1994). 학생들에게 친숙하고 명료한 변량을 과제로 선택하는 것은 추론을 향상시키는데 도움이 되며, 특히 범례 표시와 단위의 사용이 중요하다. 이 장에서 일부 학생들이 잘못된 축으로부터 자료값을 읽는 것과 같이 해석상의 어려움을 보인 점을 감안할 때, 각 변량에 대해 1, 2, 3과 10, 20, 30과 같이 확연하게 차이가 나는 값을 사용한다면 학생들이 변량을 자료값으로 다룰 수 있도록 하는데 도움을 줄 수 있을 것이다. 과제에서 이산적인 자료를 사용했기 때문에 많은 학생이 6개의 사례를 표나 막대그래프로 표현한 것으로 보인다. 어떤 학생은 자료점을 선으로 연결하기도 하였고 자료점을 표시하지 않고 단지 선으로만 표현한 학생도 있었다. 대수에서는 주로 선이나 점을 연결하는 선을 통해 공변동이 표현되지만, 통계는 변량의 개수, 변량의 유형, 이산적인 값의 사례 수에 따라 분류되는 자료 집합의 개념으로 특징지어진다. 그래프에서 선분이 나타내는 바가 변량과 관련하여 뚜렷하게 설명되어야 한다. 기온의 측정과 같은 일부 상황에서는 알려진 자료점 사이에 어떤 점을 적절하게 내삽할 수 있지만, 이산적인 자료의 경우에는 선으로 연결되어 있어서 무엇을 측정한 것인지에 대해 혼동을 일으킬 수 있다. 자료점에 가장 잘 들어맞는 직선은 통계와 대수 수업 모두에 적절한 세련된 아이디어이며, 이것은 함수의 대수적 표현으로 형식화될 수 있다.

시사점

학생들이 직면하는 어려움을 다음과 같이 세 가지로 요약할 수 있으며, 이는 Mevarech와 Kramarsky(1997)의 연구에서도 관찰된 바 있다. 첫째, 학생들은 단지 분리된 이변량 자료에만 주목하였다. 예를 들어, 공부 시간을 수치적인 값에서 두 개의 범주적인 값을 갖는 측정값으로 축약하여 다루었다. 둘째, 이변량 자료보다는 단일 변량에 주목하였다. 셋째, 양적 상관에 대한 사전 신념과 상반되는 음의 공변동을 다루는 것을 어려워하였다. 다음 절에서는 이러한 어려움에 대한 논의를 통해 교사가 학생들의 이해를 돕는데 필요한 시사점을 기술하고자 한다.

하나의 사례에서 전체적인 경향으로

많은 학생들이 하나 또는 두 개의 이변량 자료를 이용하여 산점도를 그렸으며, 몇몇 학생은 하나 또는 두 개의 이변량 자료를 비교하여 단일 비교 그래프나 이중 비교 그래프를 그렸다(그림 5의 (a), 6의 (a)). 점별 접근은 연속 함수에 대한 대수 관련 연구에서는 드러나지 않았던 중요한 통계적 이슈를 제공해주었다. 예를 들어, 어떤 변량에 대해 반복된 측정값이 존재하는 경우가 있으며, 측정 및 표본추출과 관련하여 자료를 맥락적으로 이해하는 것이 중요하다. 이런 면에서 표와 계열 비교 그래프는 공변동에 대한 추론을 기술하는데 있어 의미있는 도구가 될 수 있다(그림 7의 (a), (c), 8의 (d)). 왜냐하면, 표와 계열 비교 그래프는 사람의 이름과 같은 사례에 대한 정보를 기록할 수 있는 열이나 축이 존재하므로 데카르트 좌표로 표시하는데 다소 어려움이 있는 동일한 이변량 값을 가진 두 개의 사례를 나타낼 수 있기 때문이다.

학생들은 특이점에 대해 추론할 때 두 측정값의 대응을 강조했지만, 공변동을 적절하게 나타내기 위해 변이를 설명하지는 못하였다. 언어적 해석에서 점별 접근으로의 발달은 "C학급의 학생 수는 21명이다."와 같이 단일 값을 고려하는 단계에서부터 시작하여 "학생 수가 가장 적은 반이 가장 시끄럽다."와 같이 점들 사이의 비교를 거쳐, 최종적으로 "사람이 많을수록 덜 시끄럽다."와 같이 모든 점들에 대해 일반화하는 식으로 점진적인 변량 비교 과정을 통해 이루어졌다. 이는 Curcio(2001)가 설명한 '자료 읽기', '자료 사이 읽기', '자료 이면 읽기'와도 유사하다. 가상적인 자료 생성을 위해 어떤 학생은 자료점을 추가하며 블록을 쌓는 방식의 점별 접근을 사용하였다. 예를 들어, 그림 7의 (a)를 그린 학생들은 아마 그림 5의 (a)로부터 시작했을 수도 있다. 학생들은 더 많은 점을 생성할 때 측정값 사이에 적절한 대응이 쉽게 유지될 수 있다는 사실을 발견하였다. 이중 비교 그래프 또는 집단 비교 그래프를 그린 학생은 공부 시간이 극단적으로 많고 적을 때 그에 대응하는 성적은 극단적으로 낮고 높다는 것을 인식하였다(그림 6의 (a), (b)). 심지어 그림 7의 (a)에서 표를 그린 학생조차도 공부 시간이 많고(3시간 또는 4시간) 적은 값(1/2시간 또는 1시간)에 낮은 성적(3점과 5점)과 높은 성적(9점과 10점)을 각각 대응시키는 방식으로 이원화하였다. 더 많은 자료를 생성하는 것이 어려웠기 때문에 두 수치 변량 모두가 변한다는 것을 확실히 할 수 있는 적절한 변이를 만들어 낸 것으로 보인다.

특이점이나 양끝점을 초월하여 추론을 발달시키기 위해서는 하나의 변량을 기준으로 사례를 정렬하는 것이 중요하다(Ross & Cousins, 1993; Wavering, 1989). 가상적인 자료 생성에서 어떤 값에 일정한 차이만큼을 점진적으로 더하거나 뺌으로써 간단하게 하나의 사례를 만들어 낼 수 있다. 이러한 일정한 차이를 통해 학생들은 반복된 값을 포함할 수도 있는 특이점을 고려하는 것에서 벗어나 대수 학습에서 자주 나타나는 변량 내에서의 패턴을 생성하는데 더욱 관심을 가질 수 있다. 실세계 자료 변량으로 새로운 값을 만들어 내는 경우에는 최댓값이나 최솟값이 제한될 수도 있다. 그림 7의 (c)는 자료를 정렬하는 것과 양끝값이 미치는 영향을 보여준다. 학생들이 만들어낸 두 개의 사례에서 최댓값이 50이 되면서 다음에 만든 오른쪽 네 개의 사례에서는 패턴이 깨졌다. 또한 자료값으로 가능한 양끝값을 이용하여 그림 7의 (b)와 그림 8의 (c)에 자료가 6개가 아닌 이유를 설명할 수도 있다. 즉, 자료값을 순서대로 정렬해서 100에 도달했기 때문에 학생들은 더 이상의 다른 자료값을 생성할 수 없었다. 하나의 변량을 정렬시키면 다른 변량이 증가하거나 감소하는 특징으로 그 변이를 관찰할 수 있고 이것을 언어로 요약할 수 있다. 변화에 대한 이러한 언어적 진술은 자료 계열에 대한 그래픽 표현과 일치한다(Yerushalmy, 1997).

단일 변량에서 이변량 자료로

16명의 학생은 단일 변량 그래프를 그렸고, 대부분의 학생이 소음 변량에만 주목하여 산점도를 설명하였다. 이 학생들은 변이를 강조하였지만 공변동을 적절히 설명하기 위해 두 자료값의 사이의 관계를 설명하지는 못하였다. 공변동을 언어적으로 잘 설명한 학생들은 사례들의 점진적인 변화와 관련된 용어를 사용하였다. 이것은 "X는 Y와 관련이 있다."처럼 대응을 대상화하기보다는 각 변량을 정렬한 것만을 의미한다. 내삽하는 과제는 구체적이고 수치적인 점들을 포함하고 있지만 실제로는 학생들이 점들의 차이와 전체적인 증가율에 대해 토론하도록 자극했을 수도 있다.

공변동에 대한 시간의 변화에 따른 접근은 대수 교육과정(NCTM, 2000)과 연구자들(Nemirovsky, 1996b)에 의해 강조되어 왔다. 이러한 접근은 시간은 정렬되어 있다는 암묵적인 이해로부터 시작된다. 즉, "빠르게 성장하기 시작하다가 다시 느려진다."(NCTM, 2000, p.163)와 같은 설명을 통해 대응하는 다른 변량에 대해 주의를 기울이지 않고도 한 변량의 변화를 다룰 수 있다. 이는 학생들에게 시간이 독립변량처럼 느껴지지 않기 때문에 가능하다. 앞에서 언급한 것처럼, 표와 계열 비교 그래프는 다양한 사례가 포함된 추론을 개발하기에 적절할 뿐만 아니라 변량과 개별 자료값 사이의 관계를 알아보는데도 중요한 표현의 도구가 될 수 있다. 전통적으로 데카르트 그래프가 축을 독립변량과 종속변량으로 간주했던 것에 반해, 표와 계열 비교 그래프는 각 변량을 측정된 변량으로 간주하여 변량 모두는 주로 종속변량이 되고 그래프에서는 세로축에 표현된다. 다음 절에서 논의되는 어려움으로서 종속성과 인과관계에 대한 시사점과는 달리, 몇몇 학생들이 소음 변량만을 사용하여 설명한 것처럼 가로축의 변량에 주목하지 않았다. 표와 계열 비교 그래프(그림 7의 (c), 8의 (d))는 단일 변량을 나타내는 두 개의 표나 그래프(그림 5의 (b), 8의 (a))의 결합으로부터 자연스럽게 발전한 것으로 볼 수도 있다. 이미 언급했듯이 변량을 정렬하는 것은 이를 통해 변이를 다룰 수 있을 뿐만 아니라 사례별로 대응을 만들 수 있기 때문에 중요하다. 일단 사례들을 한 변량으로 가로축에 정렬하면 데카르트 좌표계에 두 변량 사이의 관계를 살펴볼 수 있는 토대가 마련된 것이다. 그림 7의 (b)와 그림 8의 (e)는 가로축에는 공부 시간을 역방향으로 정렬하고, 세로축에는 성적의 변이가 나타나도록 이변량 자료를 표현한 것이다. 이 두 그림은 좌표축을 사용하지 않고 정렬된 표나 두 개의 변량을 모두 세로축에 정렬한 계열 비교 그래프를 데카르트 좌표평면에 직교공변동으로 변형한 것을 보여준다. 이러한 표현에서 눈금과 단위를 표기한 축에 자료값을 나타내어 그림 7의 (d)와 같이 데카르트 좌표평면에서의 그래프를 만들 수 있다.

사전 신념에서 자료에 기초한 판단으로

자료가 음의 공변동을 나타낼 때에도 일부 학생들은 사전 신념에 기초하여 양의 공변동으로 자료를 생성하거나 해석하였다. 어떤 학생들은 하나의 축에 역으로 정렬하여 음의 공변동을 나타냈으나 시각적으로는 증가함수와 같게 보이도록 값을 표기하였다. 이는 모든 공변동 그래프는 양의 방향으로 나타나야 한다(Mevarech & Kramarsky, 1997)는 개념에 기초하고 있다고 볼 수 있다. 직관에 어긋나는 특징을 지닌 과제는 이러한 반응을 이끌어내는데 중요한 역할을 할 수 있다. 언어적 주장을 그래프로 표현해 보거나 그래프를 언어적으로 해석하는 맥락에서 공변동을 인식하는 것이 학생들이 달성해야할 가장 중요한 수준이었으며, 이는 Watson의 통계적 소양의 위계에서 2수준(2000; Watson & Moritz, 1997)과 유사한 수준이다. 이 수준에 이르기 위해서는 학생들이 지닌 사전 신념을 잠시 보류하고 자료로부터 공변동을 조사할 수 있는 기회를 제공해야 한다.

일단 학생들이 맥락을 통해 공변동을 이해하게 되면 통계 자료로부터 얻은 추론을 인과적 주장으로 받아들여도 되는지에 대해 생각해보도록 해야 한다. 이는 Watson의 위계 체계에서 3수준에 해당하는 것으로, 이 수준의 학생들은 자신들이 어떤 사전 신념을 지니고 있는지 깨달아야 하며 이용 가능한 자료와 사전 신념 간의 균형 잡힌 통합을 이루어야 한다. 직관에 위배되는 공변동 과제를 다룰 때 중요한 것은 자료의 신뢰성과 인과적 추론에 대한 일반화 가능성에 대해 의문을 갖는 것이다. 단지 6개의 자료값을 포함하는 과제는 공변동을 표현하는데 적절하지 않다는 것을 학생들이 쉽게 인식할 수 있도록 하기 위해 설계된 것이며, 이로부터 표본의 크기와 관련된 주요한 논의거리를 소개할 수 있으리라 기대하였다. 그러나 이 연구에서 사용된 여러 문제에 대해 크기가 작은 표본에서 얻어진 결과를 일반화하는 것이 어렵다는 사실을 인식한 학생은 한 명도 없었다. 이러한 반응 결과에 대해서는 후속 연구를 통해 논의하고자 한다.

후속 연구 및 지도

이 장에서는 학생들이 정규교육과정에서 그래프를 학습하기 전에 그들에게 익숙한 맥락을 제공하면 공변동을 그래프로 표현하고 언어로 설명하는 것이 가능함을 확인하였다. 데카르트 좌표계와 같이 표준적인 그래프를 지도하면서 다른 대안적인 개념을 제외해서는 안 되며(Mevarech & Kramarsky, 1997), 학생들에게 자신의 표현만을 해석하게 한다면 공변동에 대한 추론이 일어나지 않을 수도 있다. 수업을 통해 학생들이 지니고 있는 추론과 이러한 추론을 발전시키려는 여러 가지 시도가 있을 때 효과적일 것이다. Piaget의 인지 갈등 이론에 따라, Watson과 Moritz(2001)는 학생들에게 그림그래프를 만들게 하고, 다양한 표현들을 보여주고, 그 표현들에 대해 평가하게 하였다. 많은 학생들이 좀더 표준화된 그래프의 장점을 인식하였다. 연구를 위한 이러한 절차는 학생들이 다른 방식으로 추론할 때의 장점을 인식한 것으로, 그래프를 관찰하는 동안 학습이 일어날 수 있다는 잠재력을 갖는다. 학생들이 이미 알고 있는 개념에 바탕을 두고 새로운 아이디어를 선택적으로 제시할 수 있다. 지도 상황에서, 학생들은 자신이 그린 그래프에 대해 비판을 받는 경우 감정적으로 반응할 수 있기 때문에 학생이 그린 그래프와 유사한 그래프를 익명으로 제시하는 것이 효과적이다. 학생들에게 변량이 존재하는 맥락을 제공하면 학생들은 변량 사이의 공변동을 조사하고 공변동을 추론하는 방법에 대해 논의할 것이다. 이때 학생들이 자신의 추론을 그래프로, 언어로, 수치로 표현하도록 관습적인 방법들을 점진적으로 도입할 수 있다.

참고문헌

Ainley, J. (1995). Re-viewing graphing: Traditional and intuitive approaches. *For the Leaning of Mathematics*, *15*(2), 10-16.

Alloy, L. B., & Tabachnik, N. (1984). Assessment of covariation by humans and animals: The joint influence of prior expectations and current situational information. *Psychological Review*, *91*(1), 112-149.

Australian Education Council. (1991). *A national statement on mathematics for Australian schools*. Carlton, Vic.: Author.

Australian Education Council. (1994). *Mathematics—A curriculum profile for Australian schools*. Carlton, Vic.: Curriculum Corporation.

Batanero, C., Estepa, A., & Godino, J. D. (1997). Evolution of students' understanding of statistical association in a computer based teaching environment. In J. Garfield & G. Burrill (Eds.), *Research on the role of technology in teaching and learning statistics* (pp. 191-205). Voorburg, The Netherlands: International Statistical Institute.

Batanero, C., Estepa, A., Godino, J. D., & Green, D. R. (1996). Intuitive strategies and preconceptions about association in contingency tables. *Journal for Research in Mathematics Education*, *27*, 151-169.

Bell, A. Brekke, G., & Swan, M. (1987a). Diagnostic teaching: 4 Graphical interpretations. *Mathematics Teaching*, *119*, 56-59.

Bell, A. Brekke, G., & Swan, M. (1987b). Diagnostic teaching: 5 Graphical interpretation teaching styles and their effects. *Mathematics Teaching*, *120*, 50-57.

Bell, A., & Janvier, C. (1981). The interpretation of graphs representing situations. *For the Learning of Mathematics*, *2*(1), 34-42.

Beniger, J. R., & Robyn D. L. (1978). Quantitative graphics in statistics: A brief history, *American Statistician*, *32*, 1-10.

Ben-Zvi, D., & Arcavi, A. (2001). Junior high school students' construction of global views of data and data representations. *Educational Studies in Mathematics*, *45*, 35-65.

Biggs, J. B., & Collis, K. F. (1982). *Evaluating the quality of learning: The SOLO taxonomy*. New York: Academic Press.

Brasell, H. M., & Rowe, M. B. (1993). Graphing skills among high school physics students. *School Science and Mathematics*, *93*(2), 63-70.

Carlson, M., Jacobs, S., Coe, E., Larsen, S., & Hsu, E. (2002). Applying covariational reasoning while modeling dynamics events: A framework and a study. *Journal for Research in Mathematics Education, 33*, 352-378.

Chazan, D., & Bethell, S. C. (1994). Sketching graphs of an independent and a dependent quantity: Difficulties in learning to make stylized, conventional "pictures." In J. P. da Ponte & J. F. Matos (Eds.), *Proceedings of the 18th Annual Conference of the International Group for the Psychology of Mathematics Education*, *2*, 176-184. Lisbon: University of Lisbon.

Clement, J. (1989). The concept of variation and misconceptions in Cartestian graphing. *Focus on Learning Problems in Mathematics*, *11*, 77-87.

Cobb, P., McClain, K., & Gravemeijer, K. (2003). Learning about statistical covariation. *Cognition and Instruction*, *21*(1), 1-78.

Coulombe, W. N., & Berenson, S. B. (2001). Representations of patterns and functions: Tools for learning. In A. A. Cuoco & F. R. Curcio (Eds.), *The roles of representation in school mathematics (2001 Yearbook)* (pp. 166-172). Reston, VA: National Council of Teachers of Mathematics.

Crocker, J. (1981). Judgment of covariation by social perceivers. *Psychological Bulletin*, *90*, 272-292.

Curcio. F. R. (2001). *Developing data-graph comprehension in grades K through 8* (2d ed.). Reston, VA: National Council of Teachers of Mathematics.

Department for Education and Employment. (1999). *Mathematics: The national curriculum for England*. London: Author and Qualifications and Curriculum Authority.

Donnelly, J. F., & Welford, A. G. (1989). Assessing pupils' ability to generalize. International *Journal of Science Education*, *11*, 161-171.

Estepa, A., & Batanero, C. (1996). Judgments of correlation in scatterplots: Students' intuitive strategies and preconceptions. *Hiroshima Journal of Mathematics Education, 4*, 21-41.

Inhelder, B., & Piaget, J. (1958). Random variations and correlations. In B. Inhelder & J. Piaget, *The growth of logical thinking from childhood to adolescence* (A. Parsons & S. Milgram, Trans.) (pp. 224-242). London: Routledge & Kegan Paul.

Janvier, C. (1978). The interpretation of complex Cartesian graphs representing situations: Studies and teaching experiments. Unpublished doctoral dissertation, University of Nottingham.

Jennings, D. L., Amabile, T. M., & Ross, L. (1982). Informal covariation assessment: Data-based versus theory-based judgments. In D. Kahneman, P. Slovic, & A. Tversky (Eds.), *Judgment under uncertainty: Heuristics and biases* (pp. 211-230). Cambridge, UK: Cambridge University Press.

Konold, C. (2002). Alternatives to scatterplots, In B. Phillips (Ed.), *Proceedings of the Sixth International Conference on Teaching Statistics*. Caps Town, South Africa.

Krabbendam, H. (1982). The non-qualitative way of describing relations and the role of graphs: Some experiments. In G. Van Barnveld & H. Krabbendam (Eds.), *Conference on functions* (Report 1, pp. 125-146). Enschede, The Netherlands: Foundation for Curriculum Development.

Leinhardt, G., Zaslavsky, O., & Stein, M. K. (1990). Functions, graphs and graphing: Tasks, learning and teaching. *Review of Educational Reasrch*, *60*(1), 1-64.

McKnight, C. C. (1990). Critical evaluation of quantitative arguments. In G. Kulm (Ed.), *Assessing higher order thinking in mathematics* (pp. 169-185). Washington, DC: American Association for the Advancement of Science.

Mevarech, Z. R., & Kramarsky, B. (1997). From verbal descriptions to graphic repersentations: Stability and change in students' alternative conceptions. *Educational Studies in Mathematics*, *32*, 229-263.

Meyer, J., Shinar, D., & Leiser D. (1997). Multiple factors that determine performance with tables and graphs. *Human Factors*, *39*(2), 268-286.

Miles, M. B., & Huberman, A. M. (1994). *Qualitative data analysis: An expanded sourcebook* (2nd ed.). Thousand Oaks, CA: Sage.

Ministry of Education. (1992). *Mathematics in the New Zealand curriculum*. Wellington, NZ: Author.

Moore, D. S. (1990). Uncertainty. In L. A. Steen (Ed.), *On the shoulders of giants: New approachers to numeracy* (pp. 95-137). Washington, DC: National Academy Press.

Moritz. J. B. (2000). Graphical representations of statistical associations by upper primary students. In J. Bana & A. Chapman (Eds.), *Mathematics education beyond 2000* (Proceedings of the 23rd Annual Conference of the Mathematics Education Research Group of Australasia, 2, 440-447. Perth: Mathematics Education Research Group of Australasia.

Moritz. J. B. (2002). Study times and test scores: What students' graphs show. *Australian Primary Mathematics Classroom*, *7*(1), 24-31.

National Council of Teachers of Mathematics. (2000). *Principles and standards for school mathematics*. Reston, VA: Author.

Nemirovsky, R. (1996a). A Functional approach to algebra: Two issues that emerge. In N. Bednarz, C. Kieran, & L. Lee (Eds.), *Approaches to algebra: Perspectives for research and teaching* (pp. 295-313). Dordrecht, The Netherlands: Kluwer Academic Publishers.

Nemirovsky, R. (1996b). Mathematical narratives, modeling, and algebra. In N. Bednarz, C. Kieran, & L. Lee (Eds.), *Approaches to algebra: Perspectives for research and teaching* (pp. 197-220). Dordrecht, The Netherlands: Kluwer Academic Publishers.

Piaget, J. (1983). Piaget's theory. (G. Cellerier & J. Langer, Trans.) In P. Mussen (Ed.), *Handbook of child psychology* (4th ed., Vol. 1. pp. 103-128). New York: Wiley.

Pinker, S. (1990). A theory of graph comprehension, In R. Freedle (Ed.), *Artificial intelligence and the future of testing* (pp. 73-126). Hillsdale, NJ: Erlbaum.

Ross, J. A. & Cousins, J. B. (1993). Patterns of student growth in reasoning about correlational problems. *Journal of Educational Psychology*, *85*(1), 49-65.

Swan, M. (1985). *The language of functions and graphs*. University of Nottingham: Shell Center.

Swan, M. (1988). Learning the language of functions and graphs. In J. Pegg (Ed.), *Mathematics Interfaces: Proceedings of the 12th Biennial Conference of the Australian Association of Mathematics Teachers* (pp. 76-80) Newcastle, NSW: The New England Mathematical Association.

Swatton, P. (1994). Pupils' performance within the domain of data interpretation, with particular reference to pattern recognition. *Research in Science and Technological Education*, *12*(2), 129-144.

Swatton, P., & Taylor, R. M. (1994), Pupil performance in graphical tasks and its relationship to the ability to handle variables. *British Educational Research Journa*l, *20*, 227-243.

Tilling, L. (1975). Early experimental graphs. *British Journal for the History of Science*, *8*, 193-213.

Tufte, E. R. (1983). *The visual display of quantitative information*. Cheshire, CT: Graphics Press.

Watson, J. M. (2000). Statistics in context. *Mathematics Teacher*, *93*(1), 54-58.

Watson, J. M., & Moritz, J. B. (1997). Student analysis of variables in a media context. In B. Phillips (Ed.), *Papers on Statistical Education Presented at ICME-8* (pp. 129-147). Hawthom, Australia: Swinburne Press.

Watson, J. M., & Moritz, J. B. (2001). Development of reasoning associated with pictographs: Representing, interpreting, and predicting. *Educational Studies in Mathematics*, *48*(1), 47-81.

Wavering, M. J. (1989). Logical reasoning necessary to make line graphs. *Journal of Research in Science Teaching*, *26*(5), 373-379.

Yerushalmy, M. (1997). Mathematizing verbal descriptions of situations: A language to support modeling. *Cognition and Instruction*, *15*(2), 207-264.

11장

정규분포에 대한 추론[28]

C. Batanero, L. M. Tauber, and V. Sánchez

개요

이 장에서는 대학 통계 입문 과정을 수강하고 있는 학생들의 정규분포에 대한 추론을 분석하여 소개한다. 117명의 학생들이 참여한 이 통계 입문 과정은 90시간 동안 이루어졌고 이 중 9시간은 컴퓨터를 이용한 수업이었다. 교수 실험은 6차시에 걸쳐 이루어졌으며, 이 중 3차시는 전통적인 수업 형태, 나머지 3차시는 컴퓨터를 이용해 실제적인 자료를 분석하는 형태로 진행하였다. 학기가 끝나갈 무렵 학생들은 세 가지 개방형 과제를 컴퓨터를 사용하여 해결하였다. 학생들이 과제를 해결할 때 나타나는 정규분포에 대한 정확한 추론과 부정확한 추론의 다양한 측면들을 범주화하기 위해 일부 학생들을 대상으로 면담을 실시하였다. 면담 내용과 학생들이 활동지에 기록한 내용을 기호학적 방법으로 분석하였다. 학생들의 반응을 다양한 범주로 분류하고 각 범주에 속하는 학생들의 추론을 예를 들어 소개할 것이다.

연구문제

대학 통계 입문 과정을 수강하는 학생들은 자료 분석에서 통계적 추정으로 나아갈 때 어려움을 겪는다. 자료 분석에서 통계적 추정으로 나아가기 위해 확률분포를 지도하는데 이때 정규분포에 초점을 둔다. 정규분포는 다음 이유에서 학생들이 학습하고 이용해야 하는 중요한 모델이다.

28) 이 연구는 DGES(BS02000-1507)의 지원을 받아 수행되었다(M. E. C., Madrid).

- 물리적 측정값이나 시험성적, 측정 오차와 같이 다양한 물리적, 생물학적, 심리학적 현상들을 정규분포를 이용해 모델화할 수 있다.
- 정규분포는 특정한 조건 하에서 이항분포, 푸아송분포, t분포와 같은 다른 분포들의 훌륭한 근사가 된다.
- 중심극한정리는 충분히 큰 표본에 대해 표본평균의 분포가 근사적으로 정규분포가 된다는 내용이며, 이것은 모집단이 정규분포가 아닌 경우에도 성립한다.
- 많은 통계 방법들은 정규분포를 이루는 모집단으로부터의 임의 추출을 조건으로 한다.

우선 이 연구에 대한 이론적 배경과 연구방법을 간략히 소개하고 학생 평가에 대한 결과 및 정규분포 지도에 관한 몇 가지 시사점을 제시한다. 이 연구에 대한 추가적인 분석은 Batanero, Tauber, & Meyer(1999)와 Batanero, Tauber, & Sánchez(2001)에 자세히 소개되어 있다.

선행 연구와 이론적 배경

선행 연구

학생들의 정규분포에 대한 이해를 다룬 연구는 거의 없으며, 심지어 지금까지 이루어진 연구는 정규분포의 이해에 대한 단편적 측면만을 다루고 있다. 초기 연구로 Piaget와 Inhelder(1951)의 연구를 들 수 있는데, 이들은 학생들에게서 자연스럽게 나타나는 확률통계적(stochastic) 수렴 개념의 발달에 대해 연구하였다. 이들은 실험에서 Galton 장치나 모래시계를 이용했는데, 이를 통해 작은 구멍을 통해 떨어지는 모래의 패턴에서 점진적으로 나타나는 특징을 어떻게 인식하는지 분석하였다. 이들은 학생들이 떨어지는 모래가 결국에는 종 모양의 정규분포가 된다는 특징을 예측하기 전에, 모래가 떨어지는 모든 경로가 대칭이라는 것, 대칭이 되는 경로의 확률이 서로 같다는 것, 퍼짐과 반복의 역할 등에 대한 이해가 우선되어야 한다고 생각하였다. 이러한 이해는 13~14세의 형식적 조작기에 가능하다.

Huck, Cross, Clark(1986)은 대학생들을 대상으로 실시한 실험에서 표준정규점수와 관련된 두 가지 오개념을 확인하였다. 첫째, 많은 학생들이 점수의 최댓값과 최솟값에는 한계가 없다고 생각한 반면, 일부 학생들은 표준 점수가 항상 −3과 3 사이의 범위에 있을 것이라고 믿었다. 이런 생각은 정규분포에 대한 오개념과 관련이 있다. z-점수가 항상 -3과 +3 사이에 존재한다고 생각하는 학생들은 종종 -3과 +3의 범위에 놓여있는 표준정규곡선 그림이나 표를 사용해서 설명하였다. 이와 유사하게 z-점수의 상한값이나 하한값의 극한이 없다고 믿는 학생들은 정규곡선의 양끝이 횡좌표축에 근접한다고 알고 있었으며, 유한인 분포는 정규분포가 아니라는 사실을 알지 못해 극한값이 없다고 생각하였다.

예를 들어, 10명의 신생아 중 여자아이의 수를 생각할 때 여자아이의 수는 $n=10$이고 $p=0.5$인 이항분포를 따르는 확률변수 X가 된다. 정규분포로 살펴볼 때 유한 극한을 구할 수 있다. 이 확률변수의 평균은 $np=5$이고, 분산은 $npq=2.5$이며, z-점수의 최댓값은 $z_{\max}=(10-5)/\sqrt{2.5}$ =3.16으로 3보다 크다.

이와 관련된 연구에서 연구자들은 중심극한정리에 대한 학생들의 이해를 조사하고 표집분포의 정규성에 대한 오개념을 발견하였다(Vallecillos, 1996, 1999; Méndez, 1991; delMas, Garfield, & Chance, 1999). Wilensky(1995, 1997)는 정규분포를 포함한 문제를 해결하는 학생들을 조사하였다. 학생들이 문제를 해결하는 과정에서 다양한 경로에 직면하게 되고, 이때 혼란과 망설임을 경험하는데 그는 이러한 느낌을 **인식론적 불안**이라고 정의하였다. Wilensky는 통계 전문가와 학생들을 대상으로 면담을 실시했는데, 이때 컴퓨터 시뮬레이션을 이용해 문제를 해결하도록 하였다. 그의 연구에 참여한 대부분의 사람들이 정규분포와 관련된 문제를 해결할 수는 있었지만 다른 개념이나 분포 대신 왜 정규분포를 사용하는지에 대해서는 정당화하지 못했으며 상당한 인식론적 불안을 나타냈다.

컴퓨터 기반 수업에서 정규분포의 의미와 이해

이 연구는 수학적 개념과 통계적 개념의 의미와 이해에 대한 이론적 틀(Godino, 1996; Godino & Batanero, 1998)에 기초하여 이루어졌다. 이 틀은 학생들의 정규분포에 대한 이해가 가장 잘 드러나는 것은 정규분포와 관련된 문제를 해결할 때라고 가정한다. 정규분포에 대한 이해는 서로 다른 다섯 가지 유형의 요소를 포함한다.

1. **정규분포와 관련된 문제와 상황.** 교수 실험에 참여한 학생들은 경험적 자료 분포에 대한 히스토그램이나 도수분포다각형에 적합한 곡선을 찾는 문제, 이항분포나 푸아송분포를 근사시키는 문제, 큰 표본에 대한 표본평균과 표본비율의 근

사적인 표집분포를 찾는 문제 등을 해결하였다.

2. **정규분포와 관련된 자료와 개념을 표현하거나 조작하기 위해 사용하는 기호, 언어, 그래프.** 교수에서 나타난 표현의 형태를 다음과 같이 세 가지로 분류하였다.
   (a) **연필과 종이를 이용한 정적인 그래프와 통계적 측정값.** 예를 들면, 히스토그램, 밀도곡선, 상자그림, 줄기와 잎 그림, 여러 가지 평균들, 퍼짐, 왜도, 첨도가 이에 해당된다. 이러한 표현들은 학생들에게 제공되는 활동지에 나타나 있는 것일 수도 있고 학생이나 교사가 직접 고안할 것일 수도 있다.
   (b) **정규분포에 대한 언어적 표현과 대수적 표현; 정규와 분포라는 단어와 같이 정규분포와 관련된 성질이나 개념;** 밀도곡선의 표현, **정규분포의 모수**, 기호 $N(\mu, \sigma)$, 밀도함수 방정식 등.
   (c) **컴퓨터를 이용한 동적인 그래픽 표현.** Statgraphics라는 소프트웨어를 사용하였다. 이 프로그램은 쉽게 조작가능하며 수정가능하다. 히스토그램, 도수분포다각형, 밀도곡선, 상자그림, 줄기와 잎 그림, 대칭적인 정규 확률 그래프 등과 같은 다양한 표현을 한 화면에 동시에 제공하는 것이 가능하다. 또한 정규분포 및 여러 다른 분포에 대한 시뮬레이션도 가능하다.
3. **문제를 해결하기 위한 절차와 전략.** 변량에 대한 기술적인 분석을 넘어 학생들은 컴퓨터나 직접적인 계산을 통해 곡선 아래 부분의 확률을 계산해서 표준점수와 중요한 값들(critical values)을 어떻게 구하는지 학습하였다.
4. **정의와 성질.** 대칭과 첨도, 즉 평균값, 중앙값, 최빈값의 상대적 위치, 평균값 위의 면적과 아래의 면적, 1σ, 2σ, 3σ 범위 내의 확률, 모수의 의미, 평균과 비율에 대한 표집분포, 확률변수.
5. **논증과 증명.** 그래픽 표현, 컴퓨터 시뮬레이션, 일반화, 분석, 종합을 이용한 비형식적 논증과 증명.

연구 방법

연구 대상과 교수 맥락

이 연구는 그라나다(Granada) 대학의 교육학부에서 선택과목으로 개설한 통계입문과정을 수강하는 학생들을 대상으로 실시되었다. 정규분포에 대한 수업은 앞에서 기술한 정규분포에 대한 이해를 구성하는 요소를 고려하여 고안되었다. 117명의 학생들이 이 과목을 신청했으며 4개의 집단으로 나누어 운영하였다. 대부분의 학생들은 교육학이나 경영학을 전공하고 있었으며, 사범대학, 심리학, 경제학을 공부하는 학생들도 있었다.

학생들이 어떤 오개념을 가지고 있는지 학기 초에 조사했으며, 평균이나 표본추출과 같은 간단한 통계적 개념에 대한 추론을 평가하기 위해 통계적 추론에 대한 검사도 실시했다(Garfield, 1991). 조사 결과 표집 변이, 즉 대표성 전략, 표본 편의, 연관성의 해석, 비전형적인 값이 평균에 미치는 영향 등과 관련하여 몇 가지 오개념이 드러났다. 비록 몇몇 학생들이 난수열에 대해 잘못된 개념을 지니고 있었지만 확률에 대해서는 잘 이해하고 있었다.

정규분포에 대한 수업 이전에 학생들이 앞에서 언급한 편견과 오개념을 극복할 수 있도록 기술통계와 확률에 대한 기본적인 것을 지도하였다. 학생들은 90분씩 6회에 걸친 수업에서 정규분포를 학습하였으며, 이 외에 4시간에 걸쳐 표본추출과 신뢰구간을 학습하였다. 실험을 위해 학생들에게 특별히 준비한 활동 자료를 제공했으며 이것을 미리 읽어오도록 하였다. 수업의 절반은 전통적인 형식으로 이루어졌는데, 교사가 프로젝션 기능이 있는 컴퓨터를 이용해 경험적인 자료를 설명하기 위한 모델로 정규분포를 소개하였다. 표본이 증가할 때마다 히스토그램과 도수분포다각형의 규칙성이 어떻게 변화하는지 보여주기 위해 지능지수에 대한 서로 다른 크기의 표본($n=100$, 1,000, 10,000)을 차례로 사용하였다. 또한 교사는 학생들 스스로 정규분포의 의미와 관련된 다섯 가지 요소를 발견하도록 하기 위해 특별히 고안한 문제를 제공하고 문제를 해결한 후에 이에 대해 토론하도록 하였다.

나머지 수업은 컴퓨터실에서 이루어졌다. 학생들은 둘씩 짝을 지어 신체에 대한 측정값, 시험 점수, 기온과 같은 실제 자료 집합의 예를 컴퓨터를 사용해 분석하였다. 주어진 자료에는 정규분포를 따르는 변량과 따르지 않는 변량이 포함되어 있다. 수업은 단봉성이나 왜도와 같은 성질 확인하기, 어떤 변량이 정규분포를 따르는지 결정하기, 정규곡선 아래 부분의 확률 계산하기, 중요한 값 구하기, 표준화를 통해 다양한 정규분포 비교하기, 주어진 구간에서 밀도곡선과 확률에 대한 효과를 평가하기 위해 정규곡선의 모수 바꾸기, 응용문제 풀기 등과 같은 활동으로 구성되었다. 과제를 수행할 수 없을 때 서로의 짝이나 교사의 도움을 받을 수 있었으며, 또한 학생들이 제시한 결과에 대해 전체적인 논의가 이루어졌다.

정규분포에 대한 학생들의 추론 평가

정규분포에 대한 학생들의 추론을 평가하기 위해 기말고사의 일부로 세 개의 개방형 과제를 제시하였다. 평가에 사용한 과제는 질적 변량과 양적 변량(이산형 변량과 연속형 변량)을 포함하고 있는데 학생들은 지금까지 이런 형태로 제시된 자료 파일을 분석한 경험이 없었다(표 1 참고). 학생들은 개별적으로 통계패키지 프로그램을 이용하여 문제를 해결하였으며 학생들에게 친숙한 다른 도구도 사용하도록 허락하였다.

Gal(1997)은 학생들에게 통계적 정보를 해석하도록 요구할 때 사용할 수 있는 질문의 유형을 두 가지로 구분했는데, 학생들이 각 문제를 해결한 후 그들의 해결방법에 대한 설명과 정당화를 촉진하기 위해 이를 이용하였다. 단답형 문제에서는 학생들의 반응이 맞았는지 틀렸는지 명확하게 알 수 있다. 반면, 자료의 전체적인 패턴에 대한 학생들의 생각을 이끌어내고자 고안된 과제에서는 학생들의 반응을 평가하기 위해 학생들의 판단, 추론과정, 자료 사용 전략 등에 대해 알 수 있는 증거가 될 만한 자료가 있어야 한다. 21개의 단답형 문항을 포함하는 설문지를 구성하여 학생들의 반응을 조사하였다. 이는 정규분포의 다양한 요소들에 대한 이해를 평가하기 위한 것이었다

표 1 정규분포를 따르는지 여부를 조사한 변량에 대한 설명

변량	변량의 특징				학생들의 변량 선택(%)
	변량의 유형	왜도	첨도	평균값, 중앙값, 최빈값	
나이	이산적, 세 개의 서로 다른 값	0	−0.56	13,13,13	27(23.1)
신장	연속적, 여러 개의 봉을 지님	0.85	2.23	156.1, 155.5, †	26(22.2)
팔굽혀 펴기를 30회 실시한 후의 심장박동수*	이산적, 여러 개의 서로 다른 값들	0.01	−0.19	123.4, 122, 122	37(31.6)
30m를 달리는데 걸린 시간 (12월)*	연속적	0.23	−0.42	4.4, 4.4, 5.5	12(10.3)
체중	연속적, 비전형적인 값	2.38	9.76	48.6, 46, 45	4(3.4)
휴식할 때의 심장박동 수	이산적, 여러 개의 서로 다른 값들	0.2	−0.48	71.4, 72, 72	6(5.2)
30m를 달리는데 걸린 시간 (9월)	연속적	2.4	12.2	5.3, 5.2, 5	4(3.4)
무응답					9(7.2)

* 정답. 이들 변량은 정규분포를 따른다.

† 실제로 신장은 줄기와 잎 그림에서 150, 155, 157이라는 세 개의 최빈값을 갖지만, 이것은 히스토그램에서 특별한 계급의 크기를 갖는 즉, 계급의 크기가 작은 경우에만 관찰이 가능하다.

(Batanero et al., 2001). 학생들에게 주어진 두 번째 유형의 질문은 다음과 같은 개방형 과제로, Gal(1997)의 연구를 참고하여 고안한 것이다.

과제 1

주어진 자료 파일에서 정규분포를 따르는 변량을 찾고, 그 변량을 선택한 이유와 사용 절차를 설명하여라.

이 과제에서 학생들에게 정규분포를 따르는 변량과 그렇지 않은 변량을 구별하도록 하였다. 학생들이 판단하는 준거, 즉 어떤 성질을 근거로 정규분포를 따를 것이라고 추정했는지를 조사하고자 하였다. 정규분포를 따를 것이라 판단하는 준거를 결정하는 것 외에 학생들이 어떤 변량이 가장 정규분포에 근사하는지를 결정하기 위해 각 변량을 분석해서 변량들의 성질을 검토하는 다양한 접근 방법을 사용하기를 기대하였다. 또한, 학생들이 자신들의 모든 분석 결과를 종합해 결론을 내리기를 기대했으며, 이 과제가 학생들의 추론을 잘 드러내 주기를 바랬다.

과제 2

과제 1에서 선택한 변량에 적합한 정규분포의 모수를 계산하여라.

이 과제를 해결하기 위해 학생들은 정규분포에서 모수가 평균과 분산이라는 것을 상기해야 한다. 학생들이 표본평균에서 모집단의 평균을 추정하는 방법을 기억해 내고 이런 추정을 하기 위해 통계패키지 프로그램을 적절하게 사용하기를 기대하였다. 그리고 마지막으로 학생들이 통계량과 모수에 대한 개념을 구별할 수 있기를 기대하였다. 여기에서 통계량이란 표본에 기초한 측정값이며, 모수란 비이론적 모집단 모델에서의 측정값이다.

과제 3

과제 2에서 구성한 이론적 분포에 대한 중앙값과 사분위수를 계산하여라.

이 과제는 정규분포에서의 중앙값과 사분위수 개념에 대한 학생들의 추론을 평가하기 위한 것이다. 어떤 자료 집합에 대한 경험적 분포와 이론적 모델을 구별할 수 있어야 한다. 학생들이 이론적 분포에서 중앙값과 사분위수를 찾기 위해 통계패키지 프로그램의 기능을 사용하기를 기대하였다. 경험적 자료 분포와 이론적 모델을 구별하지 못하는 학생들도 통계 프로그램을 이용한다면 경험적인 원 자료의 중앙값과 사분위수를 계산할 수도 있을 것이라 생각하였다.

앞에서 제시한 세 가지 과제는 또한 통계 소프트웨어를 조작하고 그 결과를 해석하는 학생들의 능력을 평가하는데 사용되었다. 학생들은 자신들의 추론을 뒷받침하기 위해 그들의 모든 지식을 사용해 과제를 자유로이 해결했기 때문에, 앞에서 정의한 표현, 행동, 정의, 성질, 논증과 같은 다양한 의미 요소를 올바르게 사용하는지 아닌지를 평가할 수 있었으며 이러한 다양한 요소가 어떻게 서로 관련되는지를 조사할 수 있었다.

학생들은 각자 통계패키지 프로그램을 사용해 과제를 해결하고 워드프로세서를 사용해 보고서를 작성했으며, 자신의 주장을 뒷받침하기 위해 필요한 경우에는 표와 그래프를 함께 제시하였다. 학생들이 자신의 추론을 자세히 제시할 수 있도록 독려하였다. 학생들이 제시한 보고서의 내용을 분석했는데, 이때 학생들이 과제를 해결하기 위해 어떤 의미 요소들을 바르게 혹은 잘못 사용했는지를 확인하였다.

다음 절에서는 각 과제에 대한 전체적인 분석 결과를 제시하고, 학생들이 사용한 의미 요소에 대하여 설명한다.

결과와 분석

정규성에 대한 학생들의 인식

표 1은 자료 파일에 있는 변량의 특징과 과제 1에서 각 변량을 선택한 학생의 수와 비율을 요약한 것이다. 주어진 변량 중 두 개의 변량만 정규분포를 따른다. 그 중 하나의 변량은 12월에 30m을 달리는데 걸리는 시간이고, 다른 변량은 팔굽혀 펴기를 30회 실시한 후의 심장박동 수이다. 첫 번째 변량인 12월에 30m을 달리는데 걸리는 시간은 시뮬레이션을 이용해 연속정규분포를 구성하였다. 이 변량이 정규분포를 따르는지는 그래프를 통해 쉽게 확인 가능하다. 비록 평균값, 중앙값, 최빈값이 정확하게 일치하지는 않지만 왜도와 첨도 계수는 0에 매우 가까웠다. 팔굽혀 펴기를 30회 실시한 후의 심장박동 수는 이산형 변량이다. 그러나 다양한 변량의 값들, 형태, 다양한 모수의 값들이 정규분포에 적합하다는 것을 보여준다.

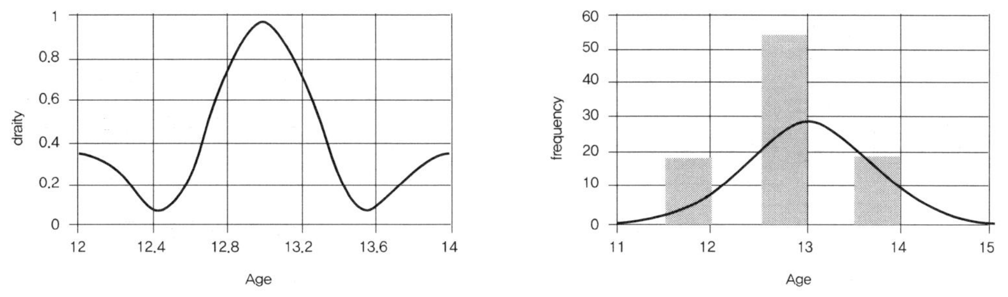

(a) 나이에 대한 경험적 밀도곡선 (b) 나이에 적합한 이론적 정규곡선

그림 1

신장에 관한 변량은 대칭임에도 불구하고 기대했던 것보다 첨도가 높았으며 여러 개의 봉을 가지고 있었다. 이것은 줄기와 잎 그림이나 히스토그램을 통해 관찰할 때 인식할 수 있다.

학생들 중 일부는 **나이**에 대한 경험적 자료 분포(그림 1의 (a))를 자료에 적합한 이론적 분포와 혼동하였다. 그림 1의 (b)는 **나이**에 대한 히스토그램 위에 이론적 정규곡선을 함께 나타낸 것이다. 어떤 학생들은 경험적 히스토그램이 이론적 곡선에 근접하는지 않는지를 고려하지 않고 이론적 밀도곡선의 형태, 즉 자료의 평균과 표준편차가 명확한 정규곡선 형태를 따르는지만 확인하였다.

22%의 학생들이 첨도가 높은 변량인 **신장**을 선택하였다. 다음의 예처럼 어떤 학생은 자료의 그래프로부터 대칭성을 인식할 수 있었지만 그래프는 학생이 계산한 표준첨도계수(4.46)를 해석하는데 유용하지 않았다. 학생은 중앙값과 최빈값을 계산하지 않았으며, 시각적으로 곡선의 대칭성을 인식하였다. 따라서 학생이 시각적 성질로부터 평균값, 중앙값, 최빈값이 같을 것이라 가정했음을 추측할 수 있다.

사례 1

“저는 평균값(156.1)과 표준편차(8.93)를 계산했는데, 이러한 값들은 정규분포에 근접했습니다. 그리고 자료를 표현했는데(그림 2) 이것은 정규곡선과 매우 유사해 보여요. 평균값, 중앙값, 최빈값 역시 모두 일치해요. 표준첨도는 4.46입니다.(학생 2)

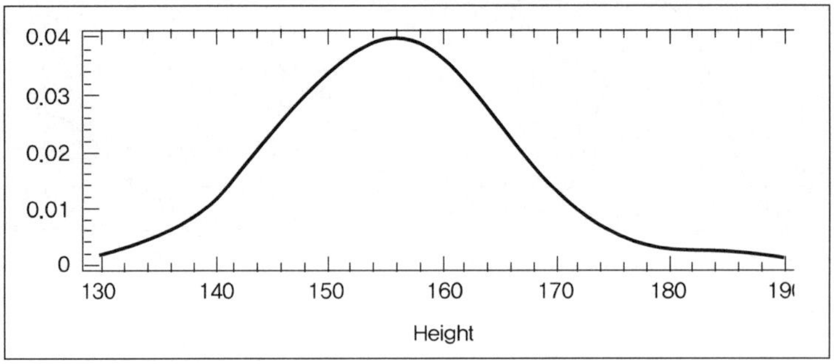

그림 2 신장에 대한 밀도의 자취

모수 구하기

표 2는 과제 2에 대한 학생들의 반응 결과이다. 일부 학생들은 옳지 않은 모수를 구하거나 정규분포를 정의하는데 필요하지 않은 중앙값과 같은 모수를 추가로 구하였다. 사례 2에서 학생은 양끝의 꼬리부분의 면적과 분포의 모수를 혼동하였다. 사례 3에서 학생은 모수가 무엇인지 정확하게 알지 못했으며 경험적 분포에 대한 모든 요약 통계량을 구하였다.

사례 2

"이것은 휴식을 취할 때 심장박동 수에 적합한 이론적 분포에 대한 모수입니다:
98.7667 아래 면적 = 0.08953
111.113 아래 면적 = 0.25086
123.458 아래 면적 = 0.5" (학생 3)

사례 3

"총합 = 96, 평균 = 123.458, 중앙값 = 122.0, 최빈값 = 120.0, 분산 = 337.682, 표준편차 = 18.3761, 최솟값 = 78.0, 최댓값 = 162.0, 범위 = 84.0, 왜도 = 0.0109784, 표준왜도 = 0.043913, 첨도 = −0.197793, 표준첨도 = −0.395585, 변동계수 = 14.8845%, 합 = 11852.0" (학생 4)

이런 결과들은 모수에 대한 개념 그리고 이론적 분포와 경험적 분포 사이의 차이점을 이해하는 것이 어렵다는 것을 보여준다.

표 2 과제 2에 대한 학생들의 반응

반응	도수와 백분율
올바른 모수를 답한 경우	60(51)
틀렸거나 부수적인 모수를 답한 경우	18(15)
무응답	39(33)

이론적 분포에서 백분위수 계산하기

표 3은 과제 3에 대한 학생들의 반응을 요약한 것이다. 약 65%의 학생들이 중앙값과 사분위수를 계산하는데 옳은 답을 제시했거나 부분적으로 옳은 답을 제시하였다. 그러나 이런 값을 계산하기 위해 이론적 분포를 이용한 학생은 거의 없었다. 대부분의 학생들이 도수분포표나 통계적 요약과 같은 다양한 기능을 이용해 경험적 자료에 대한 사분위수를 계산했으나 많은 학생들이 정확한 값을 구하지는 못하였다. 다음 사례 4처럼 경험적 분포에서 중앙값과 사분위수를 계산할 때만 적절하게 백분위 기능을 사용하였다. 학생은 사분위수와 백분위수를 관련짓지 못했지만 중앙값을 50번째 백분위수와 관련지었다. 이 예에서 또한 이론적 분포와 경험적 분포를 구별하는 것이 어렵다는 것을 확인할 수 있었다.

사례 4

"이것은 나이에 대한 이론적 정규분포에서의 중앙값과 사분위수입니다. 중앙값은 13이고, 나이의 백분위수는: 1.0% = 12.0, 5.0% = 12.0, 10.0% = 12.0, 25.0% = 13.0, 50.0% = 13.0, 75.0% = 13.0, 90.0% = 14.0, 95.0% = 14.0, 99.0% = 14.0" (학생 1)

표 3 분포 유형에 따라 분류한 학생들의 반응

	학생들이 사용한 분포의 유형		
	이론적	경험적	사용하지 않음
옳은 답	21(17.9)	29(24.8)	
부분적으로 옳은 답	9(7.7)	14(12.0)	1(0.9)
옳지 않은 답	2(1.7)	17(14.5)	4(3.4)
무응답			20(17.1)

정규분포에 대한 학생들의 추론과 이해

우리는 각 과제에 대한 올바른 응답의 비율 외에도 학생들이 해결과정에서 명시적으로 사용한 지식의 유형을 평가하는데도 관심을 두었다. 앞에서 설명한 이론적 틀의 범주를 이용해 정규분포에 대한 학생들의 추론과 이해에 대해 깊이 있는 해석을 제공하고자 학생들의 면담 자료를 분석하였다. 학생들이 과제를 완성한 후 4명의 학생을 대상으로 면담을 실시하였다. 학생들은 과제 해결 절차를 상세히 설명했으며, 과제 해결에서 나타나는 학생들의 추론을 명확히 하기 위해 필요에 따라 연구자가 추가 질문을 하기도 하였다. 분석 결과를 표 4에 제시했으며 각 범주에 속한 학생들의 추론의 예를 제시하였다.

기호와 표현

많은 학생들이 다양한 표현을 올바르게 사용하였고 대부분의 학생들이 밀도곡선을 적용했으며, 몇몇 학생들은 히스토그램 위에 밀도곡선을 나타냈다. 이것은 학생들이 이러한 그래프를 올바르게 해석할 수 있으며, 사례 5와 같이 그래프로부터 대칭성이나 단봉성과 같은 자료의 여러 가지 성질들을 찾을 수 있음을 보여준다. 사례 5에서 학생은 대칭성을 평가하기 위해 두 그래프를 올바르게 사용하였다.

사례 5

"평균이 변량이 취하는 범위의 중심에 있지 않기 때문에 체중에 대한 변량의 분포가 대칭이 아니라는 것을 알 수 있어요(그림 3). 중심의 왼쪽과 오른쪽의 면적이 상당히 달라요. 히스토그램을 정규밀도곡선과 비교해보면 왼쪽으로 치우쳐있어요."(학생 5)

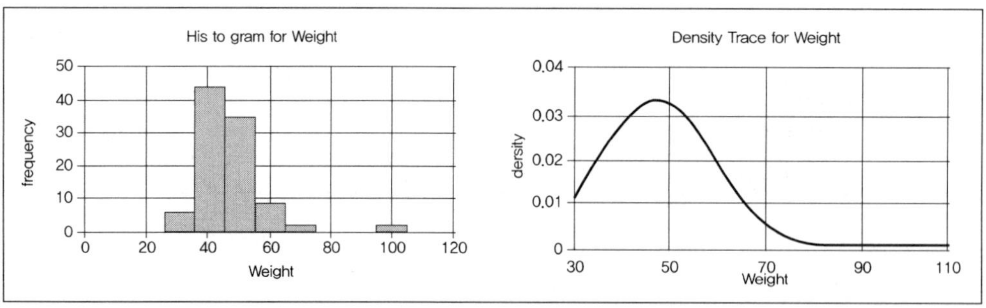

그림 3 무게에 대한 히스토그램과 밀도의 자취

표 4 과제를 해결할 때 학생들이 사용한 주요 의미 요소들의 도수

의미 요소	올바른 사용	부정확한 사용
기호와 표현		
그래프		
정규밀도곡선	45(38.5)	1(0.9)
히스토그램과 그 위에 그려진 밀도곡선	30(25.6)	
정규확률그림	6(5.1)	
누적밀도곡선	2(1.7)	
히스토그램	37(31.6)	
도수분포다각형	12(10.3)	
상자그림	2(1.7)	
정규분포 분위수 대조도	1(0.9)	
수치적 요약		
중요한 값	29(24.8)	4(3.4)
양 끝의 면적	3(2.6)	5(4.3)
평균값과 표준편차(분포의 모수)	48(41.0)	3(2.6)
적합성 정도	2(1.7)	2(1.7)
줄기와 잎 그림	5(4.3)	
요약 통계량	59(50.4)	47(40.2)
도수분포표	26(22.2)	
백분위수	9(7.7)	9(7.7)
행동		
정규분포 모수 계산하기	50(42.7)	18(15.4)
모수 변형하기	10(8.5)	2(1.7)
시각적 비교	56(47.9)	49(41.9)
정규 확률 계산하기	13(11.1)	1(0.9)
중요한 값 찾기	28(23.9)	68(58.1)
경험적 분포에 대한 기술 통계	39(33.3)	8(6.8)
중심범위 찾기	14(12)	
개념과 성질		
정규곡선의 대칭성	40(34.2)	13(11.1)
정규분포에서 최빈값, 단봉성	32(27.4)	16(13.7)
정규분포의 모수	51(46.3)	16(13.7)
정규곡선의 통계적 성질	27(26.1)	3(2.6)
중심 구간에 속하는 도수의 비율	13(11.1)	1(0.9)
이론적 분포	48(41.0)	50(42.7)
정규분포의 첨도; 첨도계수	27(26.1)	1(0.9)
변량(질적, 이산적, 연속적)	50(42.7)	65(55.6)
정규분포에서 평균값, 중앙값, 최빈값의 상대적 위치	35(29.9)	5(4.3)
왜도와 표준왜도계수	34(29.1)	1(0.9)
비전형적인 값	5(4.3)	
서열 통계량(사분위수, 백분위수)	32(27.4)	63(53.8)
도수(절대적, 상대적, 누적)	13(11.1)	
논증		
고립된 사례에서 성질 확인하기	18(15.4)	3(2.6)
성질 적용하기	58(49.6)	7(6.0)
분석	32(27.4)	5(4.3)
그래프	58(49.6)	36(30.8)
종합	26(22.2)	4(3.4)

수치적 표현 중에서 특히 과제 2를 해결하기 위해 평균값이나 표준편차와 같은 모수를 사용하는 것이 두드러지게 나타났다. 학생들은 비대칭성과 첨도계수를 계산할 때 통계적 요약치를 올바르게 적용했으나 이론적 곡선 대신 경험적 분포를 사용했기 때문에(예, 사례 4), 중앙값과 사분위수를 계산할 때 통계적 요약치를 잘못 적용하였다. 도수분포표와 중요한 값을 사용한 학생은 거의 없었다. 우리는 그래프가 분포에 대해 더 많은 정보를 제공하고, 또한 수치적 요약을 해석하기 위해서는 더 높은 수준의 추상성을 필요로 하기 때문에 수치적 값보다 좀더 직관적이라고 결론내렸다.

행동

학생들에게서 가장 흔하게 나타난 행동은 사례 1과 사례 5에서와 같은 시각적 비교이지만, 사례 1의 학생과 같이 첨도를 평가하는데 그래프를 사용하지 못하는 것처럼 이를 항상 올바르게 사용한 것은 아니다. 많은 수의 학생들이 사례 5와 같이 경험적 밀도를 이론적 정규밀도와 올바르게 비교하였다. 그러나 40%의 학생들은 두 가지 곡선을 혼동하였다. 예를 들면, 나이에 대한 변량(그림 1의 (a))에 있어서 경험적 밀도곡선은 수평인 점근선을 갖지 않기 때문에 분명히 정규곡선이 아니다. 경험적 밀도곡선을 사용하는 대신 히스토그램을 이론적 정규분포와 비교한 어떤 학생(그림 1의 (b))은 그래프에서 히스토그램이 정규곡선과 다르다는 것을 분명히 확인할 수 있을 때조차도 이를 인식하지 못하였다.

많은 학생들이 사례 4처럼 사분위수나 중앙값과 같은 정규분포에 대한 중요한 값을 잘못 계산했으나 상당수의 학생들이 올바르게 모수를 계산하였다. 학생들은 중요한 값에 대한 개념을 이해하고 프로그램의 기능을 사용하는데 어려움을 가지고 있었기 때문에 정규분포표 대신 컴퓨터를 사용했음에도 불구하고 모든 계산 문제를 해결하지 못하였다. 마지막으로 학생들 중 일부는 자료에 적합한 곡선을 찾기 전에 자료에 대해 기술 통계적으로 접근하였다.

개념과 성질

학생들은 정규분포와 관련된 많은 개념들의 정의뿐만 아니라 정규분포의 다양한 성질들을 올바르게 사용하였다. 그러나 사례 4의 학생은 단지 세 개의 변량밖에 없는 이산형 변량을 정규분포라고 생각하였다. 이것은 학생이 경험적 분포와 이론적 분포를 구별하지 못하기 때문에 당연한 것이다. 일부 연구자들은 통계에서 사용되는 동일한 개념이 각 학년에서 그 나름의 어려움을 초래하며, 또한 모델과 실제 사이를 구별하기 위해서는 높은 수준의 추상성이 필요하다고 언급했다(Schuyten, 1991; Vallecillos, 1994).

수업에서 1σ, 2σ, 3σ 범위의 비율이 68%, 95%, 99%라는 사실을 강조했음에도 불구하고 이러한 성질을 사용한 학생이 거의 없다는 것은 흥미로운 결과이다. 이것은 이후에 소개될 사례 8처럼 이러한 성질을 적용하는 것, 즉 다양한 그래프와 기호, 모수와 통계량, 개념과 성질, 행동과 논증을 관련짓는 것은 기호학적으로 상당히 복잡함을 시사한다.

대칭성과 단봉성을 적용한 학생들과 비교했을 때 첨도계수를 해석한 학생은 매우 적었다. 대부분의 학생들이 모수에 관해 이런 개념을 올바르게 사용했지만 여전히 오개념은 남아있었다. 학생들은 대칭적인 분포와 비대칭적인 분포에서 중심 위치의 측정값에 대한 상대적 위치를 올바르게 비교하였다. 그러나 이 학생들 중 일부만이 이 성질에 기초하여 과제에 답하였고 정규성을 자신있게 주장하였다.

논증

논증을 하기 위해 주로 그래프를 사용하였다. 이것은 그래프가 많은 오개념을 초래한다는 것뿐만 아니라 분석이나 종합과 같은 높은 수준의 논증이 학생들에게는 어렵다는 것을 시사한다. 대부분의 학생들은 단지 한 가지 성질, 일반적으로 대칭성을 적용하거나 확인하였다. 그들은 정규성을 확인하는데 한 가지 조건이면 충분하다고 생각하였다. 이에 대한 예로 사례 6의 학생은 정규분포 분위수 대조도로부터 올바르게 대칭성을 해석하고 이것만으로 정규성을 증명하기에 충분하다고 생각하였다.

사례 6

"12월에 30m을 달리는데 걸린 시간의 대칭성을 정규분포 분위수 대조도를 이용해 확인할 수 있는데(그림 4), 이때 직선에 점점 근사하는 점들을 볼 수 있어요. 그러므로 정규분포는 이 자료집합에 적합할 거예요."(학생 6)

비록 정규성에 대한 필수적인 조건들 중의 하나를 확인하지는 않았지만 여러 가지 성질들을 확인하는 학생들도 있었다. 다음 면담에서와 같이 학생은 변량의 유형(이산, 연속), 단봉성, 평균값, 중앙값, 최빈값의 상대적 위치를 확인하였다. 그러나 학

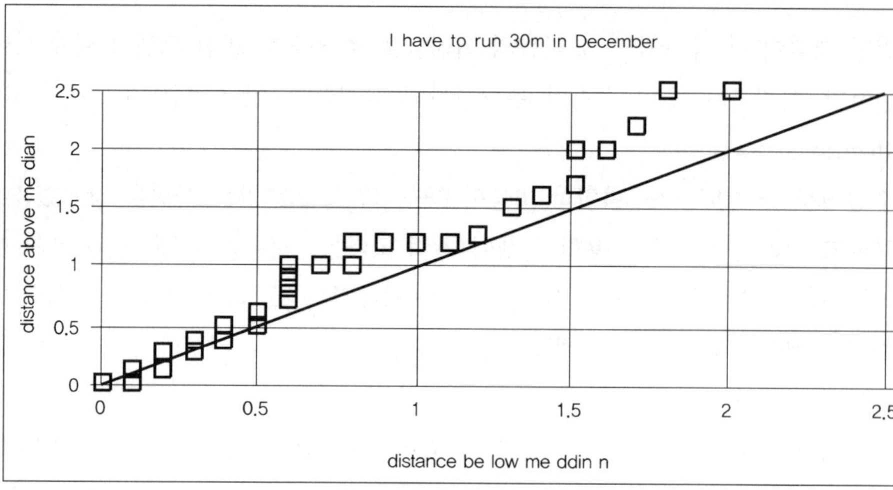

그림 4 정규분포 분위수 대조도

생은 첨도계수를 확인하는 것을 잊어버렸다. 이 변량은 정규분포를 따른다고 하기에는 첨도계수가 너무 높았다(학생 7).

교사: 너는 12월에 30m을 달리는데 걸린 시간이 정규분포가 될 것이라고 선택했는데, 왜 그 변량을 선택했니?

학생: 정규분포에 적합한 이산형 변량은 여러 다양한 값들이 있어야하기 때문에 우선 이산형 변량은 선택하지 않았습니다. 12월에 30m을 달리는데 걸린 시간과 9월에 30m을 달리는데 걸린 시간인 두 변량은 연속이기 때문에 그것들 중 하나를 그냥 임의로 선택했습니다. 9월에 30m을 달리는데 걸린 시간을 선택할 수도 있었습니다. 그런데 12월의 것이 단지 한 개의 최빈값을 가지며 그 형태도 정규분포에 매우 유사하고 중앙값과 평균값도 비슷하다는 것을 깨달았습니다.

교사: 그 밖의 다른 분석을 더 한 것은 없니?

학생: 안했어요. 그게 다예요.

소수의 학생들만이 의미의 다양한 요소를 적용했고 각 성질에 대해 분석했으며, 7%의 학생들만이 사례 7에서의 학생과 같이 자신의 의견을 종합하여 제시하였다.

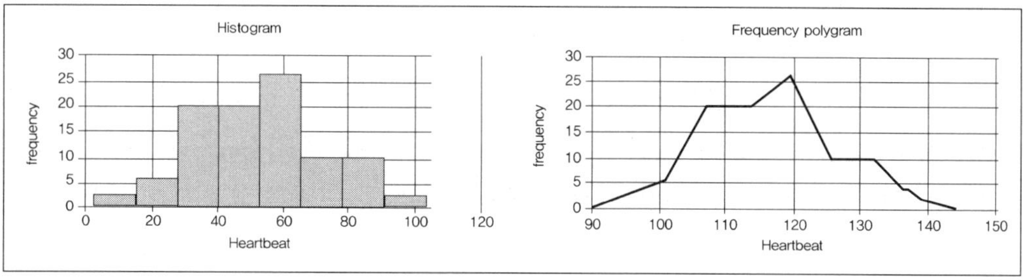

그림 5 팔굽혀 펴기를 30회 실시한 후의 심장박동 수에 대한 히스토그램과 도수분포다각형

사례 8

"정규분포에 가장 적합하다고 생각한 변량은 **팔굽혀 펴기를 30회 실시한 후의 심장박동 수**입니다. 이것은 수치형 변량입니다. 이 변량은 히스토그램과 도수분포다각형이 모두 거의 대칭적이기 때문에 대칭입니다(그림 5). 한편 왜도계수는 0에 근접하고(0.0109) 표준왜도계수도 구간 (−2, +2) 사이에 있습니다. 첨도계수도 0에 근접한다는 것을 알 수 있습니다(−0.1977). 이것은 이 변량이 정규분포에 적합하다는 것을 의미합니다.

게다가, 정규분포에서 평균값, 중앙값, 최빈값이 일치한다는 것을 알 수 있는데, 이 경우 세 값이 거의 비슷합니다(평균값 = 123.4; 최빈값 = 120; 중앙값 = 122). 게다가 최빈값이 하나뿐입니다. 68, 95, 99.7 법칙에 따라, $(\mu-\sigma, \mu+\sigma) \Rightarrow (105.08,\ 141.82)$ 구간에는 자료의 68.75%가 있다는 것을 알 수 있고, $(\mu-2\sigma, \mu+2\sigma) \Rightarrow (86.81,\ 160.19)$ 구간에는 자료의 95.84%, 그리고 $(\mu-3\sigma, \mu+3\sigma) \Rightarrow (68.34,\ 178.56)$ 구간에는 자료의 100%가 있음을 알 수 있습니다. 이것들은 거의 일치합니다. 그러므로 정규분포가 이 자료 집합에 적합하다고 할 수 있습니다." (학생 8)

사례 8의 학생은 대칭성의 성질(개념)과 히스토그램과 도수분포다각형(표현)을 관련지어 설명하였다. 이 학생은 왜도와 첨도계수(수치적 요약)를 계산(행동)할 수 있었고 이러한 값들과 정규분포에서 요구하는 값(성질과 개념)을 비교할 수 있었다. 또한 이 학생은 필요한 그래프를 그리고 요약 통계치를 구하는데 소프트웨어를 조작할 수 있었고(행동), 정규분포에서의 중심 경향치와 중심 구간의 상대적 위치에 대한 성질을 적용하고 올바르게 관련지어 해석할 수 있었다. 이러한 추론을 하기 위해 학생들은 여러 가지 다양한 아이디어와 행동을 통합할 수 있어야 한다.

나머지 학생들도 소프트웨어를 사용해 다양한 그래프를 그릴 수 있었음에도 불구하고 옳지 않은 변량을 선택하였다. 사례 9의 학생은 여러 가지 그래프를 그릴 수 있었고 사분위수를 계산할 수 있었다. 그러나 이러한 그래프에서 정규성을 평가하는데 필요한 판단 준거를 적절히 선택하지 못했으며, 다양한 결과를 그래프 이면에 숨겨진 개념들과 관련짓지 못하였다. 다양한 표현들을 연결하거나 자신의 선택을 뒷받침할 만한 어떠한 논증도 제시하지 못하였다. 게다가 이 학생은 높은 첨도계수가 정규성이 부족함을 의미한다는 것을 관련짓지 못하였다. 그림 6은 이 학생이 제시한 그래프와 통계량들이다.

사례 9

"정규분포는 실제 자료를 나타내는데 사용되기 때문에 신장을 선택했어요. 그리고 학생의 신장을 나타내는 것은 실질적인 생물학적 문제에요. 또한 이것은 양적 변량이고 정규분포는 양적 변량을 기술해요." (학생 9)

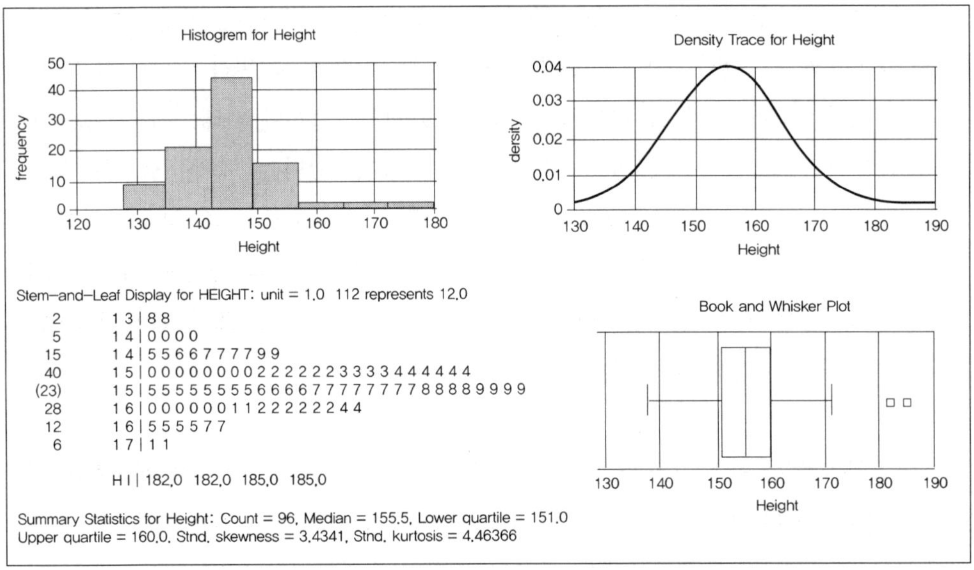

그림 6 신장에 대한 그래프와 통계적 요약

논의

많은 학생들이 모델에 대한 아이디어를 이해하였고, 모델, 밀도곡선, 정규곡선 아래 부분의 넓이의 유용성을 잘 이해하고 있음을 보여주었다. 과제를 해결할 때 학생들이 사용한 다양한 행동, 표현, 개념, 성질, 논증 등에 대한 분석은 많은 학생들이 정규분포에 대한 의미 요소를 상당부분 올바르게 확인하고 관련지어 생각할 수 있다는 것을 보여준다. 예를 들면 다음과 같다.

- 개념과 성질 연결하기. 예를 들어, 사례 6, 7, 8처럼 대칭성에 대한 개념을 왜도 계수나 평균값, 중앙값, 최빈값의 상대적 위치와 관련지을 수 있었다.
- 그래프와 개념 연결하기. 예를 들어, 경험적 히스토그램과 밀도곡선의 형태를 정규곡선에서 이론적 패턴과 관련지을 수 있었다(예, 사례 7).
- 다양한 그래프와 자료의 요약을 산출하는데 필요한 소프트웨어의 기능 및 메뉴와 연결할 수 있었다(모든 사례에서 표현과 행동을 연결함).
- 정규분포의 정의와 성질을 경험적 자료 집합의 성질을 확인하는데 필요한 행동과 연결할 수 있었다(예, 사례 7).
- 평균과 표준편차에 대한 개념을 이해할 수 있었으며 정규곡선의 기하적 성질과의 관계를 이해할 수 있었다(예, 사례 1).

또한, 학생들이 습득한 정규분포에 대한 개인적 의미와 학생들에게 가르치려고 했던 의미가 명확하게 일치하지 않았다. 그 결과 다음과 같은 학생들의 어려움을 확인할 수 있었다.

1. 경험적 자료를 기술하는데 있어 이론적 모델의 유용성 인식하기. 다음의 대화에서 이와 관련된 어려움을 확인할 수 있었다(학생 10).

   교사: 이제 정규분포가 무엇인지를 알았으니까 정규분포가 어디에 유용한지, 그리고 정규분포를 어떤 방법으로 적용할 수 있는지에 대해 설명할 수 있겠니?

   학생: 비교할 때 아니에요? 예를 들면, 자료와 표를 비교하는 것이요. 설명하기가 어려운데… 어떤 자료가 있고, 우리가 교실에서 했던 것을 컴퓨터를 이용해 반복할 수 있어요.

2. 계급의 크기를 변화시켜야 하는 경우 히스토그램에서 넓이를 해석하고 계산하기. 이것은 이미 중고등학교에서 배웠어야 하는 것들이다. 그러나 다음 대화에서처럼 학생은 계급의 크기가 변함에 따라 도수가 어떻게 변하는지 확인하기

위해 히스토그램을 이용하지 못하였다(학생 10).

교사: 이 히스토그램에서 계급 0-10의 도수를 어떻게 찾을 수 있을까?

학생: 그 도수는 5인데, 이것은 직사각형의 높이입니다.

교사: 계급 10-30의 도수는?

학생: 10이요. 이것은 이 직사각형의 높이입니다.

3. 정규곡선 아래 부분의 확률 해석하기. 정규곡선 그래프는 학생들이 곡선 아래 부분의 확률계산을 이해하는데 있어 중요한 교수학적 도구이며, 동시에 정규분포와 관련된 여러 가지 문제를 해결하는데 있어서도 중요한 도구이다. 그러나 이전에 배우지 않은 일부 학생들은 이런 계산을 쉽게 이해하지 못해 과제를 잘 수행하지 못하였다.

4. 또한 경험적 자료와 수학적 모델을 구별하는데, 그리고 통계적 요약과 그래프를 해석하는데 어려움이 있음을 관찰할 수 있었다. 그리고 결정을 내릴 때 이런 모든 성질들을 관련짓는 분석과 종합 능력이 부족함을 관찰할 수 있었다(학생 11).

교사: 과제 3에서 중앙값과 사분위수를 계산할 때 어떤 자료를 사용했니? 이론적 정규분포를 사용했니? 아니면 경험적 자료를 사용했니?

학생: 저는… 잘 모르겠는데요. 음, 저는 자료 파일을 사용했는데요…

5. 이산적인 양적 변량이 정규분포를 따르는지 않는지를 구별하는데 많은 어려움이 있었고(예, 사례 4), 심지어 다양한 유형의 변량을 구별하는 것도 어려워하였다.

6. 이외에도 학생들은 왜도계수를 잘못 해석하거나, 평균값, 중앙값, 최빈값이 같다는 사실은 분포가 대칭임을 보이는데 충분하다고 생각하였다. 또, 점근선을 가지지 않는 분포를 정규분포로 인정하거나, $(\mu - k\sigma,\ \mu + k\sigma)$ 법칙을 형식적으로 또는 비형식적으로 확인할 때 대략적으로 근사했으며, 정규분포에서 너무 많은 특이점을 인정하거나 첨도를 잘못 해석하였다.

대부분의 학생들이 그래프의 형태를 하나의 전체로 고려하고, 분포에 대한 아이디어를 집합의 성질로 고려하고, 자료의 변이성을 고려하면서 자료에 대한 국소적 관점에서 전체적 관점(Ben-Zvi & Arcavi, 2001)으로 나아갈 수 있었음에도 불구하고 이 학생들 중 상당수가 여전히 통계적 추론의 3수준에 미치지 못하였다. 통계적 추론의 3수준은 자료에 대한 모델링 관점을 필요로 한다. 학생들은 경험적 분포를 하나의 전체로 다룰 수 있어야 하며, 즉 자료에 대한 전체적 관점을 가져야 하며, 동시에 정규분포와 같은 수학적 모델을 다룰 수 있어야 한다. 이러한 모델링 관점을 지니기 위해서 학생들은 하나의 전체로서 자료 집합의 다양한 특징에 주목하고, 변량의 유형, 단봉성, 왜도, 중심에 위치한 사례의 비율, 점근선 등과 같은 모델의 다양한 특징들에 주목해야 한다. 다양한 요소로 구성된 복합체로서 모델을 이해하는 것 외에도 학생들은 모델을 실제 자료와 구별할 수 있어야 하며, 실제 자료를 모델과 비교할 수 있어야 하고, 모델이 얼마나 자료에 적합한지를 정확하게 판단할 수 있어야 한다.

또한, 학생들은 소프트웨어의 보조 기능을 사용하는데 어려움을 보였는데, 이것은 분석 부분에서 여러 번 중요하게 언급하였다. 마지막으로 학생들은 사례 9와 같이 분석 및 종합과 관련된 논증 능력이 매우 부족해 보였다.

정규분포의 지도를 위한 시사점

이 연구에서 살펴본 정규분포는 많은 통계적 개념과 아이디어들을 통합하고 관련지어야 하는 매우 복잡한 개념이다. 우리는 이런 복잡성을 인정하지만 정규분포에 대한 기본적인 개념 학습을 촉진시킬 수 있는 교수 활동의 설계가 가능하다고 생각한다. 계산 능력을 기르는 것은 더 이상 중요한 목표가 아니므로, 적절한 과제를 선택한다면 필요한 수학적 개념을 지니고 있는 학생들이 이러한 기본 개념들을 직관적으로 이해하도록 하는 것이 가능할 것이다.

이 교수실험에서 학생들이 과제를 해결하기 위해 밀도곡선이나 히스토그램과 같은 다양한 그래프를 쉽게 인식하고 사용할 수 있었던 것처럼, 컴퓨터 도구를 사용하는 것은 그래프에 대한 이해를 증진시키는데 도움이 될 수 있다. 게다가 학생들은 모수가 밀도곡선 형태에 미치는 영향과 같은 추상적 성질들을 잘 이해했고, 논증의 한 부분으로 그래프를 광범위하게 사용하였다. 이것은 이들 성질과 표현에 대한 학생들의 탐구를 촉진시키는데 컴퓨터가 중요한 역할을 하고 있음을 시사한다.

학생들이 정규분포에 대한 학습을 시작하기 전에 확률, 밀도곡선, 퍼짐과 왜도, 히스토그램과 같은 기본 개념들을 이해하는 것은 중요하다. 이러한 개념들에 대한 이해는 정규분포의 개념을 이해하는데 기초가 된다. 또한 학생들은 다양한 소프트웨어의 기능을 종종 잘못 해석하거나 혼동할 수 있기 때문에 정규분포와 관련된 문제를 해결하기 전에 소프트웨어 사용에 익숙해야 한다.

학생들이 이론적 모델과 경험적 자료를 구별하는데 어려움을 겪는다는 사실은 실제 자료와 정규모델을 연결하는 활동이 더 많이 필요함을 말해 준다. 또한 정규분포를 따르는 자료를 시뮬레이션하고 이것을 실제 자료 집합과 비교하는 것은 수학적 모델과 실제 사이의 중간 단계로 이용될 수 있을 것이다. 교수학적 도구로서 이러한 비교 활동은 학생들의 확률적 직관을 향상시키고, 학생들에게 모델링 활동의 여러 단계를 가르치며(Dantal, 1997), 학생들이 모델과 실제를 구별하도록 돕는데 사용될 수 있다. Biehler(1991)의 분석처럼 시뮬레이션 경험과 역동적인 시각화는 학생들이 실세계에서 경험하기 어려운 확률통계적 경험을 할 수 있게 한다.

마지막으로, 학생들의 학습을 평가할 때 정규분포의 다양한 의미와 이해 요소를 고려하는 것이 중요하다. 이 연구에서 사용한 과제처럼 학생들이 간단한 자료 집합을 분석하고 자신들의 반응에 대해 논증하도록 요구하는 컴퓨터 기반의 평가과제는 학생들의 이해와 추론에 대한 전반적인 모습을 제시하는 훌륭한 도구이다.

참고문헌

Batanero, C., Tauber, L., & Meyer, R. (1999). From data analysis to inference: A research project on the teaching of normal distributions. *Bulletin of the International Statistical Institute: Proceedings of the Fifty-Second Session of the International Statistical Institute* (Tome LVIII, Book 1, pp. 57-58). Helsinki, Finland: International Statistical Institute.

Batanero, C., Tauber, L., & Sánchez, V. (2001). *Significado y comprensión de la distribución normal en un curso introductorio de análisis de datos* (Meaning and understanding of normal distributions in an introductory data analysis course). *Quadrante*, 10(1), 59-92.

Ben-Zvi, D. (2000). Towards understanding the role of technological tools in statistical learning. *Mathematics Thinking and Learning*, 2(1&2), 127-155.

Ben-Zvi. D., & Arcavi, A. (2001). Junior high school student's construction of global views of data and data representations. *Educational Studies in Mathematics*, *43*, 35-65.

Biehler, R. (1991). Computers in probability education. In R. Kapadia & M. Borovcnick (Eds.), *Chance encounters: Probability in education* (pp, 169-211). Dordrecht, The Netherlands: Kluwer.

Dantal, B. (1997). Les enjeux de la modélisation en probabilité (The challenges of modeling in probability). *In Enseigner les probabilités au lycée* (pp. 57-59). Reims: Commission Inter-IREM Statistique et Probabilités.

delMas, R. C., Garfield, J. B., & Chance, B. (1999). *Exploring the role of computer simulations in developing understanding of sampling distributions*. Paper presented at the *Annual Meeting of the American Educational Research Association*, Montreal, Canada.

Gal, I. (1997). Assessing students' interpretations of data: Conceptual and pragmatic issues. In B. Phillips (Ed.), *Papers on Statistical Education presented at ICME-8* (pp. 49-58). Swinburne, Australia: Swinburne University of Technology.

Garfield, J. B. (1991). Evaluating students' understanding of statistics: Developing the statistical reasoning assessment. In R. G. Underhill (Ed.), *Proceedings of the 13th Annual Meeting of the North American Chapter of the International Group for the Psychology of Mathematics Education* (Vol. 2, pp. 1-7). Blacksburg, VA: Comité organizador.

Godino, J. D. (1996). Mathematical concepts, their meaning and understanding. In L. Puig & A. Gutiérrez (Eds.), *Proceedings of the 20th Conference of the International Group for the Psychology of Mathematics Education* (Vol. 2, pp. 417-424). Valencia: Comité organizador.

Godino, J. D., & Ratanero, C. (1998). Clarifying the meaning of mathematical objects as a priority area of research in mathematics education. In A. Sierpinska & J. Kilpatrick (Eds.), *Mathematics Education as a research domain: A search for identity* (pp. 177-195). Dordrecht: Kluwer.

Huck, S., Cross, T. L., & Clark, S. B. (1986). Overcoming misconceptions about z-scores. *Teaching Statistics*, *8*(2), 38-40.

Méndez, H. (1991). *Understanding the central limit theorem*. Ph.D. diss., University of California University Microfilm International number 1-800-521-0600.

Piaget, J., & Inhelder, B. (1951). *La génese de l'idée de hasard chez l'enfant*. Paris: Presses Universitaires de France.

Rubin, A., Bruce, B., & Tenney, Y. (1991). Learning about sampling: Trouble at the core of statistics. In D. Vere-Jones (Eds.), *Proceedings of the Third International Conference on Teaching Statistics* (pp. 314-319). Voorburg, The Netherlands: International Statistical Institute.

Schuyten, G. (1991). Statistical thinking in psychology and education. In D. Vere-Jones (Eds.), *Proceedings of the III International Conference on Teaching Statistics* (Vol. 2, pp. 486-489). Dunedin, Australia: University of Otago.

Vallecillos, A. (1996). *Inferencia estadística y enseñanza: Un análisis didáctico del contraste de hipótesis estadísticas* (Statistical inference and teaching: A didactical analysis of statistical tests). Madrid: Comares.

Vallecillos, A. (1999). Some empirical evidence on learning difficulties about testing hypotheses. *Bulletin of the International Statistical Institute: Proceedings of the Fifth-Second Session of the International Statistical Institute* (Tome LVIII, Book 2, pp. 201-204). Helsinki, Finland: International Statistical Institute.

Wild, C., & Pfannkuch. M. (1999). Statistical thinking in empirical enquiry. *International*

Statistical Review, *67*(3), 223-265.

Wilensky, U. (1995). Learning probability through building computational models. In D. Carraher y L. Meira (Eds.), *Proceedings of the 19th PME Conference* (Vol. 3, pp. 152-159). Recife, Brazil: Organizing Committee.

Wilensky, U. (1997). What is normal anyway? Therapy for epistemological anxiety. *Educational Studies in Mathematics*, *33*, 171-202.

12장

표본에 대한 추론

Jane M. Watson

개요

통계를 올바르게 수행하는데 있어 표본과 표집에 대한 추론이 중요함에도 불구하고 그동안 교육과정에서는 중요하게 다루어지지 않았다. 이것은 표본 및 표집이 대상을 기술하는 성질을 갖고 있으며 수학교육과정에서 주를 이루는 수치적 계산은 거의 포함하고 있지 않기 때문이다. 이 장에서는 표본에 대한 학생들의 추론에 관한 선행 연구를 바탕으로 3~4년에 걸쳐 이루어진 장기 면담 연구를 소개한다. 먼저 38명의 학생을 대상으로 3~4년 동안 실시한 장기 면담 연구 결과를 고찰하여 표본이 무엇인지, 표본이 어떻게 수집되어야 하는지, 표본의 크기에 따른 표본의 대표성이 어떠한지에 대한 학생들의 이해에 대해 논의한 후, 이를 토대로 선행 연구를 확장하여 분석할 것이다. 초기 면담에서 관찰한 여섯 가지 범주의 반응이 3~4년 후에도 관찰되었으며 또한 이보다 더 낮은 수준의 범주가 추가로 관찰되었다.

연구문제

적절한 표집이 추리 통계학의 기초임에도 불구하고 학교 교육과정에서는 이를 중요하게 다루고 있지 않다. 이러한 이유가 표집이라는 주제가 수학의 다른 영역보다 좀 더 서술적이고 덜 수치적이기 때문인지, 아니면 학생들이 표집에 대한 개념을 충분히 이해하는 것이 어렵다고 판단했기 때문인지 이에 대해 논의된 것은 거의 없다 (National Council of Teachers of Mathematics [NCTM], 2000, p.50). NCTM의 **원리와 규준**에서는 자료 수집을 '자료 분석과 확률'의 일부분으로 소개하고 있지만 중요하게 다루지 않는다. 예를 들면, 무작위성의 중요성을 거의 강조하지 않고 있다(p.326). 표집의 중요성을 가장 부각시키고 있는 것은 일반적인 통계적 추론의 맥락에서 호주 교육부(Australian Education Council, AEC)가 제시하는 국가교육과정이다. 다음은 호주 국가교육과정(National Statement on Mathematics for Australian Schools, 1991)에서 제시하고 있는 통계적 추정에 관한 개괄적인 내용이다.

> 표집과 모집단 추정이라는 두 개념은 일상생활에서 표본을 근거로 무언가를 예측하고 결정하는데 기초가 된다. 따라서 학생들은 표집과 통계적 추정의 바탕이 되는 원리, 모집단과 표본의 차이, 모수와 추정값의 차이를 이해할 수 있도록 이와 관련된 경험을 충분히 해야 한다. 통계적 추정이 하나의 하위 주제로 독립적으로 제시되는 것은 중고등학교의 교육과정(band C)이지만 이에 대한 기본 원리는 학교교육에서 좀더 이른 시기에 자료 처리와 가능성에 대한 활동의 맥락에서 다루어져야 한다. (AEC, 1991, p.164)

이와 관련하여 초등학교 고학년 학생들은 "표본이 무엇인지 이해할 수 있어야 하고, 주어진 집단으로부터 적절한 표본을 선택할 수 있어야 하며, 수집된 자료로부터 비형식적인 추정"(p.172)을 할 수 있어야 한다. 고등학생들은 "표본이 무엇인지 이해할 수 있어야 하고, 임의 표본과 표본 크기의 중요성을 인식해야 하며, 표본에 근거한 추정을 통해 주장을 제시하거나 비판"(p.179)할 수 있어야 한다. 호주 국가교육과정에 수학 공식을 포함하는 계산에 대한 언급이 없다는 것은 주목할 만한데, 이는 수학적 계산을 할 수 없어도 표본에 관한 추론을 할 수 있기 때문이다. 표집에 관한 추론의 발달은 계산 능력의 발달보다 오히려 기본 소양 및 사회적 추론 기술의 발달과 더 관련이 있을 수 있다. 이러한 상황이 수학 교육과정에서 흔한 것은 아니다.

선행 연구와 이론적 배경

Tversky와 Kahneman(1971, 1974)의 초기 연구에서 시작된 표본 크기와 대표성 문제에 관한 대학생을 대상으로 한 연구를 제외하면, 표집에 대한 학생들의 이해를 조사한 연구는 거의 없다. 표집 맥락에서 일부 연구자들(Shaughnessy, 1992; Shaughnessy, Garfield, & Greer, 1996)은 학생들이 대표성 전략을 사용한다고 보고하였다. 즉,

학생들은 모집단에서의 변이성 개념을 어려워하고, 작은 표본에 대해 지나치게 큰 확신을 가지며, 임의 표본에서 표본 크기의 중요성을 인식하지 못하였다. 1990년대 초반 초등학생을 대상으로 한 Wagner와 Gal(1991)의 연구는 두 개의 집단을 비교하는 문제에서 학생들이 동질성을 가정했느냐 아니면 자연적인 변이를 인식했느냐에 따라 서로 다른 반응을 보인다는 것을 확인하였다. 반면에 Rubin, Bruce, Tenney(1991)는 고등학교 학생들이 표본 내에 변이성이 존재한다는 생각과 표본이 대표성을 가져야 한다는 생각 사이에서 갈등한다는 것을 확인하였다. Mokros와 Russell(1995)의 연구가 특별히 표집을 다루지는 않았지만, 학생들의 평균에 대한 이해 연구에서 이들 역시 대표성에 대한 인식이 집단의 대푯값을 알기 위해 평균을 측정할 필요가 있음을 인식하는 것과 관련이 있음을 발견하였다. 초등학교 고학년을 대상으로 한 연구에서 Jacobs(1997, 1999)와 Schwartz, Goldman, Vye, Barron, 그리고 The Cognition and Technology Group at Vanderbilt(1998)는 학생들이 자발적인 참여와 같은 편의가 있는 표집 방법을 선호한다는 것을 발견하였는데, 이것은 모든 사람에게 동등한 기회를 부여하고 어느 누구에게도 참여를 강요하지 않는 것을 공정성으로 인식했기 때문이다. Metz(1999)는 초등학생에게 직접 과학 실험을 설계하도록 하고 이들을 대상으로 면담을 실시하였다. 면담 결과에 따르면 많은 학생들이 표집이 필요한 이유를 적절하게 제시하였으며, 크기가 작은 표본을 지나치게 신뢰하는 '작은 수의 법칙'을 따르는 학생은 거의 없었다. 그러나 모집단에 속한 모든 개체를 확인해야 할 필요가 있기 때문에, 또는 모집단의 변이성 때문에 표집에 반대한다는 학생들이 많이 있었다.

대중매체의 보도와 같은 사회적 맥락에서 표집과 통계적 추론의 또 다른 측면을 고려해야 한다는 인식이 나타나면서, Watson(1997)과 Gal(2000)은 학생들이 사회에서 올바른 의사결정을 하기 위해 갖추어야 할 통계적 소양(Wallman, 1993)의 발달과정에 관한 틀을 제시하였다. Gal의 4차원 틀은 배경지식의 중요성, 맥락을 고려하여 통계적 정보를 읽고 이해하는 능력, 맥락에서 적용할 수 있는 비판적 질문, 비판적 질문을 허용하고 대안적 해석이 가능함을 인정하는 성향과 신념을 포함하고 있다. Watson의 3수준 위계체계는 이후에 언급할 것이다.

이 장에서 소개하는 연구와 상당히 밀접하게 관련된 선행 연구는 Watson, Collis, Moritz(1995)의 연구와 Watson과 Moritz(2000a, 2000b)의 연구이다. Watson과 동료들(1995)의 연구는 호주의 남부에 위치한 한 학교에서 171명의 학생을 대상으로 설문조사를 실시하고 이 중 30명의 여학생을 면담하였다. Watson과 Moritz의 대규모 장기 연구는 Tasmania 지역에서 3천명 이상의 학생을 대상으로 설문조사를 실시하고(2000b) 62명의 학생을 면담하였다(2000a). 이 연구들은 그림 1에 제시된 3개의 설문조사 과제와 그림 2에 제시된 과제에 기초하여 이루어졌다. Watson과 동료들(1995)의 연구는 표집 과제(Tversky & Kahneman, 1971)에 대한 면담 중 표본을 통해 예측한 평균과 주어진 모집단의 평균을 비교하는 네 번째 부분을 분석한 것이다. 그러나 여기서는 이 과제에 대하여 다루지 않을 것이다.

과제 1. 만약 하나의 '표본'이 당신에게 주어졌다면 당신은 무엇을 가지고 있는 것인가?

과제 2.

> 조사에 의하면 미국의 고등학생 10명 중 약 6명은 그들이 원한다면 권총을 구할 수 있으며, 그들 중 3분의 1은 한 시간 안에 구할 수 있다고 한다. 또한 시카고에 있는 2,508명의 중고등학생들을 대상으로 한 조사에서 15%의 학생이 실제로 지난 30일 이내에 권총을 소지한 경험이 있으며, 4%의 학생은 학교에 권총을 가지고 온 적이 있음이 밝혀졌다.

(a) 이 기사가 제시하는 주장에 대해 비평하여라.

(b) 만약 당신이 고등학교 교사라면 이 기사를 보고 미국의 콜로라도 주나 애리조나 주에 있는 학교로부터 근무 제의가 들어왔을 때 거절하겠는가 아니면 수용하겠는가? 그 이유는 무엇인가?

과제 3.

마약 사용을 허용하자 : 여론조사

청소년을 대상으로 하는 라디오 방송 Triple J의 전화참가자 중 약 96%가 호주에서 마약의 사용을 허용해야 한다고 주장하였다. 어제 마감된 청취자 전화 여론조사 결과에 따르면 1만 여명이 넘는 참여자 중 9,924명이 마약 사용을 허용하자는 주장에 찬성했다고 라디오 방송국은 전하였다. 단지 389명만 마약 소지를 여전히 범죄로 보아야 한다고 생각하였다. 많은 여론조사 참여자들이 자신들은 마약을 하지 않는다는 것을 강조했지만 마약을 사용하는 것은 죄가 되지 않는 것으로 믿고 있다고 라디오 방송국은 전하였다.

(a) 이 기사에서 다룬 표본의 크기는 얼마인가?

(b) 마약 사용의 허용과 관련하여 국민의 여론을 조사하는데 위의 표본을 사용하는 것은 적절한가? 그 이유는 무엇인가?

그림 1 표집에 대한 설문 조사용 과제

이들 선행 연구는 3개의 이론적 틀을 사용하였다. 첫 번째 이론적 틀은 다양한 수준의 학생들에 대해 조사한 문헌에 나타난 것으로 표집에 관한 통계적 내용과 관련이 있다(Corwin & Friel, 1990; Landwehr, Swift, & Watkins, 1987; Moore, 1991; Orr, 1995). 두 번째 이론적 틀은 Biggs와 Collis(1982, 1991)의 관찰된 학습결과의 구조(SOLO)에 기반을 둔 인지 발달 모델이다. 표집에 관한 반응이 점차 구조적으로 복잡해진다는 데에 초점을 두고 분석이 이루어졌다. **단일구조적**(U) 반응은 과제의 단일 요소를 사용하며 모순이 발생했을 때 이를 인식하지 못한다. **다중구조적**(M) 반응은 일련의 양식에서 하나 이상의 요소들을 사용하며, 종종 모순을 인식하지만 그것을 해결하지는 못한다. **관계적**(R) 반응은 모순이 없는 완벽한 해결방법을 산출하기 위해 과제의 요소들을 통합한다. 세 번째 이론적 틀은 Watson(1997)의 통계적 소양에 관한 3수준 위계체계를 표집에 적용한 틀이다. 1수준은 표집과 관련된 용어를 이해하는 것과 관련이 있다. 2수준은 맥락에서 표집에 관한 용어가 사용될 때, 특히 대중 매체에서 접할 수 있는 사회적 맥락에서 표집과 관련된 용어를 이해하고 적용하는 것을 포함한다. 3수준은 적절한 통계적 방법으로 표집되지 않은 표본에 대한 주장에 의문을 갖는데 필요한 비판 능력과 관련이 있다.

이러한 통계적 틀은 앞에서 언급한 세 연구의 토대가 되었다(Watson et al., 1995; Watson & Moritz, 2000a, 2000b). Watson과 동료들(1995), 그리고 Watson과 Moritz(2000b)의 연구는 Biggs와 Collis(1982, 1991)의 SOLO 모델을 주요 분류 체계로 사용하였다. Watson과 동료들(1995)의 연구는 그림 1과 그림 2에 제시된 과제에 대한 학생들의 반응에서 2개의 U-M-R 주기를 확인하였다. 두 번째 주기에서 학생들은 **표본** 개념을 단일 개념으로 통합하였고, 과제에 제시된 맥락에서 표본에 대한 개념을 점차적으로 복잡한 상황에 적용하였다. 대규모 조사 연구(Watson & Moritz, 2000b)에서는 첫 번째 U-M-R 주기를 확인하였으며, 또한 그림 1의 3, 4번 항목의 편의에 관한 질문에 기초하여 이루어진 통합 단계를 확인하였다. Watson과 Moritz(2000a)의 연구에서는 면담을 통하여 그림 1과 그림 2의 과제에 대한 반응을 여섯 개의 범주로 분류하는데 SOLO 모델과 함께 범주에 대한 통합기법(Miles & Huberman, 1994)을 사용하였다. 여섯 개의 범주는 그림 3에 제시된 것처럼 통계적 소양의 3수준 위계체계(Watson, 1997)와 관련이 있다. 그림 3의 위계는 기본적인 단일구조적 단계가 정해지고 나면 위계체계의 각 수준 내에서 U-M-R 주기가 발달한다고 제안하기 위해 SOLO 모델을 함께 이용한 것이다.

이 연구는 초기 면담에 참여한 학생들 중 38명을 대상으로 3~4년 후에 다시 면담을 실시한 장기 면담 방법을 사용하여 앞에서 언급한 세 개의 선행 연구를 확장하는 데 목적을 둔다.

1. (a) 표본이라는 말을 들어본 적이 있는가?
   어디에서 들었는가? 표본은 무엇을 의미한다고 생각하는가?
   (b) TV에서 아나운서가 "몇몇 연구자들이 5학년 학생들의 몸무게를 조사하기 위해 그 지역에 살고 있는 5학년 학생들의 **표본**을 대상으로 조사했습니다."라고 말하였다. 이 문장에서 **표본**이라는 단어가 의미하는 것은 무엇인가?

2. (a) 위의 문제에서 연구자들이 그 지역에 살고 있는 5학년 학생 전체를 조사하는 대신 5학년 학생들의 **표본**을 조사한 이유가 무엇이라고 생각하는가?
   (b) 연구자들이 사용한 표본이 약 10명 정도라고 생각하는가? 그 이유는?
   연구자들은 몇 명의 학생을 표본으로 선택해야 한다고 생각하는가? 그 이유는?
   (c) 연구자들은 표본을 어떻게 선택해야 한다고 생각하는가? 그 이유는?

3. 연구자들은 도심에 있는 한 학교와 시골에 있는 한 학교를 방문하였다. 각 학교는 여학생과 남학생이 거의 반씩 차지하고 있었다. 도심에 있는 학교에서 50명의 학생을, 시골에 있는 학교에서 20명의 학생을 무작위로 선택하여 두 학교의 표본으로 정하였다. 이들 중 하나의 표본에서 80% 이상이 남학생임을 확인하였다.
   이 표본은 도심에 있는 학교의 표본일 가능성이 더 큰가, 시골에 있는 학교의 표본일 가능성이 더 큰가? 아니면 두 학교의 표본일 가능성이 서로 같은가?
   답에 대한 이유를 자세히 설명하여라.

그림 2 표집에 대한 면담용 과제

연구대상과 연구방법

이 연구에서는 Watson과 Moritz(2000a)의 연구에서 면담했던 학생들을 대상으로 사후 면담을 실시한 결과를 분석한다. 4년 전에 처음 면담을 실시했던 Tasmania 지역의 19명의 학생과 예비 면담을 했던 3명의 학생 그리고 3년 전에 처음 면담을 실시했던 호주 남부지역의 16명의 학생을 대상으로 재면담을 실시하였다. 이 연구에 참여한 38명의 학생들은 초기 면담과 사후 면담 사이의 기간 동안 **호주 국가교육과정**(AEC, 1991)에 따라 수학을 학습했으며, 이 연구와 관련된 내용에 대해서는 학습이 이루어지지 않았다. 연구대상은 호주의 남부지역에서 계속해서 학교를 다니고 있거나 Tasmania 지역 내의 학교나 대학으로 진학하여 사후 면담이 가능했던 학생들

1수준–용어 이해하기
표집 과정을 거치지 않은 작은 크기의 표본을 선정하는 학생들의 특징 (범주 1)
- 식품과 같은 것으로 표본의 예를 제시하기도 한다.
- '작은 부분'으로 표본을 설명하기도 하며, 아주 드물지만 '시도/시범'으로 설명하기도 한다.
- 15보다 작은 크기의 표본을 허용한다.
- 표집방법을 제시하지 않거나 주관적인 방법을 제안한다.

원시적인 무작위 추출방법으로 작은 크기의 표본을 선정하는 학생들의 특징 (범주 2)
- 식품과 같은 것으로 표본의 예를 제시한다.
- '작은 부분' 또는 '시도/시범'으로 표본을 설명한다.
- 15보다 작은 크기의 표본을 허용한다.
- 설명 없이 '무작위' 방법에 의한 표집을 제안하거나, '여러 학교들에서~'와 같이 임의적 선정에 관한 간단한 표현을 사용한다.

2수준–맥락에서 용어 이해하기
예측 결과를 고려하여 작은 크기의 표본을 선정하는 학생들의 특징 (범주 3)
- 식품과 같은 것으로 표본의 예를 제시한다.
- '작은 부분'이나 '시도/시범' 모두로 표본을 설명한다.
- 15보다 작은 크기의 표본을 허용한다.
- 뚱뚱하고 마른 정도를 고려하거나 표준 체중을 가진 사람들을 고려하는 것처럼, 체중에 따라 사람들을 선정할 것을 제안한다.

불완전한 방법으로 표본을 선정하는 학생들의 특징 (범주 4)
- 표본의 예를 제시하고 표본을 설명한다.
- 가끔 부적절한 측면을 근거로 표본의 크기에 관심을 갖지 않기도 한다.
- 적절한 표집이나 부분적으로 편의에 민감한 방법에 의한 크기가 작은 표본을 제안하거나 또는 부적절한 방법에 의한 크기가 큰 표집을 제안한다.

무작위/광범위한 추출방법으로 큰 크기의 표본을 선정하는 학생들의 특징 (범주 5)
- 식품과 같은 것으로 표본의 예를 제시한다.
- '작은 부분'이나 '시도/시범' 모두로 표본을 설명한다.
- **평균**이라는 용어를 언급하기도 한다.
- 표본의 크기로 20 이상의 수 또는 모집단의 비율을 이용한다.
- 무작위 과정이나 지역적 분포에 기초하여 표집방법을 제안한다.

3수준–정당화 없이 제기된 주장에 대해 비판적인 의문 갖기
편의에 민감한 큰 크기의 표본을 선정하는 학생들의 특징 (범주 6)
- 때때로 표본의 예로 조사과정을 포함하는 예를 제시한다.
- '작은 부분'이나 '시도/시범' 모두로 표본을 설명한다.
- **평균**이나 **대표성**이라는 용어를 언급하기도 한다.
- 표본의 크기로 20 이상의 수 또는 모집단의 비율을 이용한다.
- 무작위 과정이나 지역적 분포에 기초하여 표집방법을 제안한다.
- 편의를 피하기 위한 표집방법에 관심을 보인다.
- 조사 결과를 보고하는 신문 기사에서 편의가 있는 표본을 식별한다.

그림 3 통계적 소양 3수준 위계체계에 기초한 표집 개념 발달 과정에 대한 여섯 가지 범주의 특징(Watson, 1997)

중, 표집에 관한 과제에 대해 초기 면담과 사후 면담을 실시했던 학생들로 제한하였다. 이 중 7명의 면담 자료는 미비하였다. 연구 대상 학생들에 관한 학년별 정보는 표 1에 제시하였으며 13학년은 대학교 1학년을 의미한다.

표 1 장기 면담에 참여한 38명의 학생들의 지역 및 학년별 분포

Tasmania 지역		호주 남부지역	
학년	인원	학년	인원
3 → 7	6	3 → 6	2
6 → 10	12	5 → 8	6
9 → 13	4	7 → 10	3
		9 → 12	5

연구를 위해 학생 집단을 다음과 같이 다양한 학년으로 구성하였다. 초기에 3학년이었던 8명의 초등학생들은 사후 면담을 시행할 때 6학년이나 7학년이었다. 학생들의 진급학년이 다른 것은 두 지역에서 초등학교의 최종 학년이 Tasmania에서는 6학년, 호주 남부지역에서는 7학년임을 고려한 것이다. 초기에 5, 6, 7학년이었던 21명의 중학생들은 사후 면담을 실시할 때 8학년이거나 10학년이었으며, 초기에 9학년이었던 고등학생들은 12학년이거나 13학년이었다.

면담을 위해 교육과정의 '가능성과 자료' 단원의 여러 개념들을 포함하고 있는 그림 2의 과제를 사용하였다. 12학년 이하의 31명의 학생들은 초기 면담과 유사한 환경에서, 즉 학생들이 다니는 학교에서 면담을 실시하였다. 진급학년이 10학년인 3명의 학생과 13학년인 4명의 학생은 대학교에서 면담을 하였고, 대학생이 아닌 경우 면담을 위해 대학교로 오는 것에 대해 작은 사례를 제공하였다. 모든 면담 자료를 비디오로 녹화하고 전사하였다.

학생들의 반응은 Watson과 Moritz(2000a)의 연구가 제시한 모델에 기초하여 분석한 후 해당 범주로 분류하였다. Tasmania 지역의 19명의 학생들에 대한 초기 범주는 초기 면담의 결과와 같이 분류하였다. 호주 남부지역과 Tasmania 지역에서 예비 면담에 참여한 학생들의 자료, 모든 장기 면담 자료는 이들 자료에 친숙한 두 명의 연구자가 전사 자료를 읽고 이에 기초하여 분류하였다. 두 명의 연구자가 독립적으로 학생들의 반응을 분류하였는데 89%가 일치하였다. 두 연구자간의 분류가 불일치하는 자료는 4개였다. 이러한 자료에 대해서는 논의를 통해 분류하였다. 이 연구에 참여한 모든 학생들에게 그림 1의 2, 3번 과제를 제시한 것은 아니다. 그러므로

학생들이 비판적 질문을 제기하고 편의를 인식했다는 것을 확신하기 어렵다는 것을 문제로 제기할 수 있음을 인정한다.

연구결과

연구 결과는 면담 결과를 요약하는 부분과 3~4년 사이에 일어난 변화를 보여주는 면담 내용의 예를 제시하는 부분으로 나누어 기술한다.

면담 결과에 대한 요약

38명의 장기 면담 결과와 19명의 초기 면담 결과를 우선 그림 3에서 제시한 여섯 개의 범주로 분류하였다. 이 중 2개의 면담 결과에 대해 분류가 어려웠다. 하나는 초기 면담에서 3학년이었던 학생의 반응으로, 표본이 무엇인지에 대한 이해 정도를 파악하기가 어려웠다. 이 학생은 그림 1의 과제 1에 대해 '주사위'라고 기록했으며 면담 과제에 대해서는 다음과 같이 설명하였다.

학생 1: [면담 과제 1a] 표본은 어떤 물체나 또는 무언가를 가지고 있다는 것을 의미해요. 예를 들어, 주사위, 칠판, 또는 분필이요. [면담 과제 1b] 음, 이 조사에서 연구자들은 많은 아이들을 대상으로 잘 조사했고, 이 조사가 올바르게 이루어졌다고 말할 거예요. [면담 과제 2a] 몇몇 사람이요. [왜?] 음, 대부분의 연구자들은 학생들 모두를 확인할 수는 없을 거예요. TV를 통해 조사할 수도 없고, 몇 명은 빠뜨릴 수도 있고, 또 연구자들이 학생들을 찾기 위해 돌아다니고 모든 학생들에게 말한다 해도, 그 날에 학생들이 각자 하는 일이 있기 때문에 모두 참여하지 못할 거예요. [면담 과제 2b] 12명 정도요. [왜?] 음, 대부분의 학생들은 참여하고 싶어 하고, 실제로 이러한 면담이나 어떤 것을 하길 원했을 거예요. 음, 연구자들이 12명 정도를 조사한다면 적당할 것 같아요. [면담 과제 2c] 음, 제가 종이 한 장을 가져올 거라고 한다면 100이 어떠냐고 물을 거예요. 우선, 한 사람은 어떤 수를 추측만 할 수 있고, 다른 사람들은 그 수를 맞추는 거예요. 만약 두 사람이 가장 근접한 수를 맞췄다면, 저는 잘했다고 말하고 그 두 사람을 보내주는 거예요.[29)]

29) 표본을 선택하는 방법에 대한 설명으로 이 학생은 숫자를 맞추는 게임을 해서 가장 근접한 수를 추측한 사람은 보내주고 나머지 사람들을 대상으로 조사하는 방법을 제시한 것으로 해석할 수 있다.

이 학생은 추론에서 가상적인 이야기를 일부분 사용하고 있으므로 표집 개념에 관해 전구조적(범주 0) 수준으로 분류하였다.

독특했던 또 다른 반응은 초기 면담에서 6학년이었고 진급학년이 10학년이었던 학생과의 면담에서 나타났다. 이 학생은 표본에 대한 기본적인 개념을 알고 있었음에도 불구하고 면담 과제에서 모집단 전체가 표집되어야 한다고 주장한 유일한 학생이었다.

학생 2: [**면담 과제 1a**] 예, 식료품 가게에서처럼 어떤 것이든 시식할 수 있어요. 식료품을 사기 전에 그것들을 선택할 수 있는 거죠. 무엇이든 간에 그 일부분을 말하는 거예요. [**면담 과제 1b**] 소수의 아이들이요. [**면담 과제 1a**] 모르겠어요. 연구자들이 무슨 생각을 하는지 모르겠어요. 저는 연구자들이 모든 학생들을 면담해야 한다고 생각해요. 그래야 좀더 정확한 결과를 얻을 수 있을 거예요. [**연구자들이 몇 명을 선택해야 할까?**] 저는 연구자들이 모든 학생들을 선택해야 한다고 생각해요. 왜냐하면 모든 학생을 선택하지 않으면 그 결과는 정확하지 않으니까요. 몸무게가 가벼운 학생만 10명을 선택할 수도 있고, 그러면 그 결과는 잘못된 것이니까요. 그렇지 않나요? 학교에 뚱뚱한 학생이 많이 있을 수도 있잖아요.

Watson과 Moritz의 연구에서 초기 면담에 참여한 학생(Watson & Moritz, 2000a, p.62~3, S15)보다 좀더 강력하게 주장했지만 이 학생의 반응 역시 범주 4로 분류되었다.

두 번의 면담 결과에 따라 분류한 범주를 초등학생(E), 중학생(M), 고등학생(H)으로 구분하여 표 2에 제시하였다. 표 2와 같이 향상 가능성이 있었던 학생들의 78%가 수준이 향상되었고 4명의 고등학생이 최고 수준에 도달했으며, 13%에 해당하는 5명의 학생은 초기 면담에 비해 사후 면담에서 수준이 떨어졌음을 알 수 있다. 초등학생들은 모두 수준이 향상되었다. 2명의 중학생은 범주 1에서 범주 6으로 가장 큰 향상을 보였다. 초기 면담 결과에서 최상의 범주 이하에 속해있던 학생들 중 12%는 사후 면담에서도 동일한 범주에 머물러 있었다. 범주의 수준이 더 낮아지거나 동일하게 유지된 학생들 중 반은 중학생이고 반은 고등학생이었다.

표 2 초등학교(E), 중학교(M), 고등학교(H) 학생들의 초기 및 사후 면담 결과

사후의 범주	초기의 범주							합계
	0	1	2	3	4	5	6	
1		M						1
2		MM						2
3	E	EEE		M	MM			7
4			M	H		M		3
5		E	EM	EMM	MM	MM	HH	12
6		MM		EH	MHH	MM	HHHH	13
합계	1	9	3	7	7	5	6	38

두 번의 면담에서 나타난 반응의 예

이 절에서는 초기 면담보다 사후 면담에서 반응 수준이 향상된 예, 낮아진 예, 동일한 수준으로 유지된 예를 소개한다.

수준이 향상된 예

학생 1은 초기 면담 결과 전구조적 단계로 분류되었으나 이후 7학년이 되었을 때는 범주 3으로 분류되었다.

학생 1: [면담 과제 1a] 하나의 표본을 가질 수 있고, 표본을 경험해보거나 무엇이든 할 수 있어요. [면담 과제 1b] 연구자들은 아마도 4명이나 5명의 아이를 뽑았을 거예요. [면담 과제 2a] 일부 사람들은 체중이 같을 수 있어요. [면담 과제 2b] 얼마나 많이 있는지에 따라서, 뚱뚱한 아이가 7명, 마른 아이가 7명이 있다고 할 수 있어요. 그럼 아마 마른 아이 3명, 뚱뚱한 아이 4명한테 물어볼 거예요. [면담 과제 2c] 내가 체중에 대해 생각하기에, 연구자들은 상당히 달라 보이는 이 사람과 저 사람이 적절하다고 생각했고, 또 그들의 중간 정도에 해당되는 다른 사람을 생각했고, 그래서…

몇몇 다른 초등학생과 중학생이 사후 면담에서 이와 유사한 반응을 보였다.

10학년인 학생 2는 6학년 당시의 초기 면담에서 범주 2로 분류되었는데, 그 당시에는 모든 학생들이 "표본이 되어야 한다."고 주장하였다.

학생 2: [면담 과제 1a] 과학… 어딘가에서 어떤 것을 가져와서 검사하는 것. [면담 과제 2b] 약 10명. 왜냐하면 시간이 얼마 안 걸려서요. [면담 과제 2c] 어떤

아이든, 아마도 선택해요! 한 학교에서 한 명씩, 또는 한 학교에서 2명씩.

중학생인 학생 3은 3년 동안 범주 1에서 범주 6으로 향상된 반응을 보였다.

학생 3: (5학년) [면담 과제 1a] 표본은 시식해볼 수 있는 음식과 같은 것일 수도 있어요. 그리고… 큰 것을 구입하기 전에 시험해 볼 수 있는 어떤 것일 수도 있어요. [면담 과제 1b] … 조금이요. 모두는 아니에요… [면담 과제 2a] 아마도 모든 학생을 조사하는 것은 너무 오래 걸리기 때문일 거예요. [면담 과제 2b] 연구자들은 많은 아이들을 조사할 수 있었어요. [면담 과제 2c] 아이들의 수는 중요하지 않아요. 연구자들은 어떤 아이든지 10명을 선택할 수 있어요. 그 아이들은 모두 다르니까요.

학생 3: (8학년) [면담 과제 2a] 음 5학년 전체를 조사하는 것은 꽤 오랜 시간이 걸리는 일이여서, 이 표본을 사용하면 기본적인 생각을 확인할 수 있을 거예요… 무작위로 표본을 선택하면 표본은 조사하지 않은 나머지에 대해서 기본적인 정보를 제공할 거예요. [면담 과제 2b] 10명은 아마도 좀 너무 적은 것 같아요, 왜냐하면 아이들이 모두 말랐거나 모두 약간 과체중일 수 있으니까요. 만약 한 반이나 두 반 전체, 어쩌면 100명의 학생들을 조사하면…, 학생 수가 많으면 많을수록 비슷한 체중을 얻을 가능성이 커져요. 아이들이 약간 체중이 낮은 것 또는 약간 체중이 높은 것처럼, 그러면 양쪽 모두에 사람들이 있을 가능성이 더 커져요. [면담 과제 2c] ['무작위로' 어떻게?] 집단이 아니라 부분으로, 그러니까 실제로 말라 보이는 모든 사람이나 실제로 과체중인 모든 사람을 선택할 수 없는 것처럼. 그냥 가서 적당히 너, 너 그리고 너, 이렇게 할 수 있어요. 왜 그렇게 하는지는 상관없이, 단지 그 사람들이 거기 있기 때문에 그 사람들을 선택하는 거죠. 그들의 키나 몸무게와는 상관없이 그들을 뽑는 거지요. [면담 과제 3] 20명에 대한 표본이라고 생각해요. 왜냐하면 사람이 더 적으니까. 그리고 20명의 사람이 있는데 표본을 선택하면 여학생보다 남학생이 더 많을 수 있어요. 음… 표본의 수가 많을 때보다 적을 때가 그 비율이 더 높을 거예요.

이 학생에게 대중 매체에서 보도된 자료를 이용한 과제를 제시하지는 않았지만, 학생은 표집을 설명하면서 편의에 민감하게 반응하였으며, 과제 3에서 표본의 크기가 더 작은 학급을 제안하였다.

초기 면담 이후 사후 면담이 이루어지는 동안 세 학생이 범주 3에서 범주 5로 수준이 향상되었다. 이들 중 한 명은 Watson과 Moritz(2000a, p.58, S7)의 연구에서 소개된 학생으로, 이 학생은 키가 작은 사람과 큰 사람들을 미리 선택하는 것에 대해 자세하게 설명하였다. 4년 후 7학년이 된 이 학생은 다음과 같이 대답하였다.

학생 4: [면담 과제 1a] 부분을, 약간을 시험하는 것이요. [면담 과제 2a] 표본으로부터 알게 된 것을 이용해 연구자들은 나머지의 대부분이 동일하다고 여길 수 있어요. [면담 과제 2b] 아마도 10명 이상, 왜냐하면 각 지역에는 5학년 학생들이 많이 있고 10명은 나머지 학생들과 다를 수 있으니까요. 아마도 약 200명 정도요. [면담 과제 2c] 모자에서 숫자를 꺼내어 학생들을 뽑아야 해요.

"10명의 학생이 나머지 학생들과 다를 수 있어요."라는 언급을 제외하면 이 학생은 설문 조사나 면담 과제 3에 대한 반응에서 상대적인 표본의 크기와 편의에 대해 민감함을 보이는 어떠한 것도 표현하지 않았다.

초기 면담에서 범주 4의 반응을 보였던 어떤 학생(Watson & Moritz, 2000a, p.62, S14)은 4년 후 10학년이 되었을 때 최상위 범주에 속하는 향상된 반응을 보였다.

학생 5: [설문 과제 2b] 이 증거는 콜로라도나 애리조나에 대한 언급 없이, 단지 일리노이(시카고가 속한 주)에 대해서만 다루고 있어요. 그래서 근무 제의가 들어온 곳을 조사해야 할 것 같아요. [설문 과제 3b] 이 방송국은 청소년들을 대상으로 해요. 그래서 모집단에서 한 연령대의 집단만을 조사하는 것은 신뢰할 만한 표본이 못돼요. 만약 사람들이 그 주제에 대해 관심이 없다면 대답하지 않을 테니까요. 표본이 믿을 만하기 위해서는 전체 모집단에 대한 의무적인 투표가 필요할 수도 있어요. 그렇다하더라도 많은 사람들이 선거하기에는 너무 어려요. [면담 과제 1b] 표본은, 그 지역에서 5학년 아이들이 10,000명 또는 어떤 수만큼 있는데, 그 중에서 단지 100명 또는 상당히 적은 수만을 면담하는 것과 같아요. 제가 생각하기엔 표본으로부터 충분히 타당한 결과를 얻을 수 있을 것 같아요. 그러나 표본에 대해서 어떤 한 지역으로부터 한 집단을 얻는 것처럼 단지 한 집단만을 선택할 수도 있는데, 이것은 정확성이 떨어질 수 있어요. 더 좋은 표본을 얻으려면 지역의 모든 5학년 학생 중 몇 명을 뽑아야 해요. 그래서 이 문장의 표본은 그 지역에 속하는 5학년 학생 중의 단지 일부만을 의미해요. [면담 과제 3] 만약 그들이 무작위 표집을 시행한다면 작은 표본에서 비율이 불균형하게 될 가능성이 커요. 왜냐하면 단지 작은 수의 표본이기 때문이에요.

수준이 낮아진 예

반응 수준이 낮아진 것은 범주 5에서 범주 4 또는 범주 3으로 분류된 것이다. 초기 면담에서 6학년이었던 한 학생은 10학년 때 범주 4에 해당되는 반응을 보였다.

학생 6: (6학년) [면담 과제 1a] 표본은 어떤 큰 것의 작은 부분이에요. [면담 과제 1b] 표본은, 예를 들어 학교에서, 학교의 표본은 아마도, 각 반에서 조금씩, 2명 정도씩을 뽑는 것을 의미하는 것 같아요. [면담 과제 2b] 음, 실제로… 반의 아이들이 어떤지 알기에는, 충분하지 않을 거예요. 그 학년이 어떤지, 어떻게 행동하는지, 그리고 그들이 무엇을 좋아하는지, 그리고 모두를 알기 위해서는 더 많은 표본을 뽑아야 할 거예요. [얼마나 많이?] 30.

학생 6: (10학년) [면담 과제 1a] … 샴푸나 그 밖의 어떤 것… 시험해보는 것… [면담 과제 1b] 단지 한 움큼 정도요… [면담 과제 2a] 순서, 선택, 선택 순서는 아마도 무작위로 이루어져야 해요. 아마도 잘 모르지만, 그냥 그렇게 하는 게 더 실제에 대한 결과를 제시할 것 같기 때문이에요. 만약 부자나 가난한 사람 또는 당신이 아는 누군가를 선택한다면, 그것은 조금씩 다양할거예요, 그래서 무작위로 나오게 돼요… [면담 과제 2b] … 제가 생각하기엔 아마도 상당히 다양한 체중이 나타날 것 같아요. 아마도, 그래서 저는 10명이면 알맞다고 생각해요. … 단지 더 다양한 체중이 나타날 수 있기 때문에 더 많은 사람을 선택하는 것이 10명 정도의 학생들은 단지 … 50명 정도나 거의 같아요. … 10명의 학생들은 동일하게 나타날 것 같고, 50명 정도나 좀더 학생이 많으면 아마도 다르게 나타날 것 같아요.

이 학생은 표본의 크기의 결정을 상당히 어려워하였다. 그러나 선택에 관한 논의에서 '모자나 다른 것에서 이름을 뽑는 방법'을 사용해 '모든 학교'에서 무작위로 학생들을 뽑을 것을 제안하였다.

초기 면담에서 범주 4의 반응을 보인 어떤 학생(Watson & Moritz, 2000a, p.63,

S16)은 작은 크기의 표본에 대해 모호하게 표현했으며 또한 표본 선정 결과를 예측해가면서 표집 방법을 제안하였다. 그래서 범주 3으로 분류되었다.

학생 7: [면담 과제 2b] 그것은 중요하지 않아요. 저는 그렇게 생각하지 않아요. [면담 과제 2c] 모두 다른 크기와 형태를 가져요. [왜?] 공평하게 하기 위해서요. 만약 뚱뚱한 사람만 5명을 뽑는다면 모든 사람이 다 뚱뚱하다고 말하게 되잖아요.

수준이 동일하게 유지된 예

8명의 학생은 두 차례의 면담에서 동일한 범주로 분류되었다. 한 명의 중학생은 두 차례의 면담에서 모두 범주 1로 분류되었다.

학생 8: (5학년) [설문 과제 1] 어떤 것의 한 묶음이요. [면담 과제 1a] 곡식의 표본이요. [면담 과제 1b] 한 묶음의 곡식이요. [면담 과제 2a] 5학년 학생들이 너무 많기 때문에, 또는 똑똑한 학생 몇 명만을 원하기 때문이에요. [면담 과제 2b] 다른 수. [몇 명 정도?] 약 5명. [왜?] 10명은 너무 많기 때문에 아마 한번에 5명이 좋다고 생각해요. [면담 과제 2c] 아마 학생들은 연구자들이 하는 일에 관심이 있을 거예요.

학생 8: (8학년) [면담 과제 1a] 먹을 수 있는 음식. [면담 과제 1b] 그 지역에서 약 5명의 학생. [면담 과제 2b] 아마도 10명쯤일 거예요. 왜냐하면 만약 23명을 선택한다면 자료를 기록하고 다루기에 너무 많아요. 10명 정도라면 그렇게 많지는 않아요. [면담 과제 2c] 그것은 그리 중요하지 않다고 생각해요. 그냥 뽑으면 돼요.

두 차례 면담에서 모두 범주 5에 속하는 반응을 보였던 한 학생은 초기 면담에서 7학년이었다. 이 학생은 10보다 큰 층화 표본을 제안했지만 그림 1의 과제 2에서 편의를 인식하지 못하였다.

학생 9: (7학년) [설문 과제 1] 테스트하는 작은 샴푸나 차의 티백과 같이 작은 것이요. [설문 과제 2a] 저는 기사에 누가 총을 가지고 있는지에 대한 정보가 있어야 한다고 생각해요. 그래야 그 사람을 알고 있는 경우 그가 그렇게 하지 않도록 막을 수 있어요. [설문 과제 2b] 거절할 거예요. 왜냐하면

만약 그런 곳에서 근무 제의가 들어와서 갔는데, 총을 소지한 학생과 다툼이 생긴다면 그 학생이 저를 쏘거나 죽일 수 있잖아요. 그런 학생들이 있는 학교에서 가르친다는 것은 매우 위험해요. 그런 곳에서의 생활은 무서울 거예요. 저는 생각하고 싶지도 않아요. [면담 과제 2b] 그 지역에 살고 있는 5학년 학생들이 많기 때문에 그보다 더 많아야 한다고 생각해요. 각 학교에서 약간의 학생들을 선택해야 해요. [왜?] 왜냐하면 그들은 서로 다른 곳에서 왔고 다른 체중을 가질 테니까요. 그들이 도시에서 온 학생일 수도 있고, … 모르지만, 어쨌든 더 다양한 것을 뽑기 위해서요. [면담 과제 3] 아마 도시에 있는 학교일 거예요. 왜냐하면 도시에 있는 학교에서 표본인 학생들이 더 많기 때문이에요.

학생 9 : (10학년) [면담 과제 2b] 더 많은 표본을 사용했을 거예요. 그 지역에 속하는 모두에 대해, 각 학교에서 뽑힌 것이 아닐 수도 있어요. 왜냐하면 다양한 지역과 다양한 학교에서 온 다양한 사람들을 필요로 하기 때문이에요. [얼마나 많이?] 약 200명 정도이거나 더 많아야 할 수도 있어요. 이것은 얼마나 많은 학생들이 있느냐에 따라 달라요. [면담 과제 2c] 어쨌든 무작위로 해야 해요. 잘 모르겠지만 이름으로! 어쨌든 그들을 선택해요. [왜 무작위로 해야 하지?] 그래야 모두 동일하지 않고, 서로 다른 곳에 살고, 다른 배경과 다른 학교, 종교까지도 서로 다르잖아요. [면담 과제 3] 이것은 말하기가 어려운데. 도시에 있는 학교의 표본일 가능성이 있어요, 왜냐하면 그 표본이 더 많았기 때문이에요, 하지만 시골에 있는 학교의 표본일 수도 있어요. 왜냐하면 이것은 무작위로 뽑힌 거잖아요. 각 학교가 반은 여학생, 반은 남학생이라고 말할 수 없다면 이것은 아마도 동등하게 나오겠지요. 또는, …

두 번째 설문조사에 참여하지는 않았지만 이 학생은 가능한 편의에 대해 언급할 기회를 갖지 못했고 초기 면담과 매우 유사한 반응을 보였다.

두 차례 면담에서 모두 범주 6에 속한 4명의 학생 중 한 학생은 두 번째 설문조사에 참여하지 않았지만 두 번째 면담에서 이해 수준과 편의에 대한 민감도가 일관되게 나타났다.

학생 10: (9학년) [설문 과제 1] 하나의 전체인 큰 집단을 대표하는 평균적인 일부분이 분석되어야 해요. [설문 과제 2a] 이것은 단지 시카고의 표본이므로 미국 학생의 표본이 필요해요. [설문 과제 3b] 이 방송의 청취자들은 모집단의 대표로 공정하지 않아요. [면담 과제 2b] 10명의 학생을 조사했다고 생각하지는 않아요. 왜냐하면 전체를 판단하는데 공정하지 않기 때문이에요. 그러나 10명이나 100명보다 많이, 아니 4분의 1정도는 조사했을 거예요. [면담 과제 2c] 무작위로 선택해요. 연구자들은 5학년이라면 그 어떤 차등도 두지 않을 거예요. [면담 과제 3] 시골에 있는 학교의 표본 20명이요. 왜냐하면, 도시에 있는 학교에서 더 공정하게 뽑혔을 것 같고, 50명이 있는데, … 표본이 더 클수록 연구자들은 더 나은 결과를…

학생 10: (13학년) [면담 과제 2b] 어떤 결정을 내리기에 10명의 학생은 너무 작아요. 학생들의 약 5% 정도는 뽑아야 해요. [면담 과제 2c] 연구자들은 표본을 무작위로 선택할 것이고, 모자에서 이름을 뽑을 거예요. 그리고 단지 도시에 있는 한 학교에서 뽑는 것처럼 그들을 뽑지는 않을 거예요. 그리고 측정을 위해 남학생과 여학생의 수를 비슷하게 뽑았는지, 나이를 비슷하게 뽑았는지 확인해야 해요. 1년 또는 2년 정도의 차이가 있을 수 있는데 모두 같은 학년이기 때문에 이것은 사실 중요하지 않아요. 학생들이 말라보이거나 뚱뚱해 보이는 것에 따라 그들을 선택한다면, 마른 학생들은 몸무게가 더 가벼울 것이고 뚱뚱한 학생들은 몸무게가 더 무거울 것은 당연해요. … 저는 미리 짐작한 자신의 결정에 영향을 받을 것이라고 생각해요. [면담 과제 3] 저는 무작위로 뽑은 80%의 남자들은 시골에 있는 학교의 표본이라고 생각해요. 시골에 남학생이 더 많기 때문이 아니라 표본의 수가 많을수록 표본의 분포는 모집단과 더 비슷해질 것이고, 그래서 더 작을수록 그렇지 않을 거예요. 도시에 있는 학교의 표본은 50인데 비해 시골에 있는 학교의 표본은 20이기 때문에 시골일 거예요.

논의

3~4년이 지난 후 이루어진 표집에 관한 학생들의 반응 수준의 향상은 상위 범주에서 표현의 증가로 나타났다. 특히 범주 5와 범주 6에서 더욱 그러하였다. 일상적인

경험이나 수학교육과정 중 어떤 것이 더 크게 영향을 주었는지 판단하는 것은 불가능하다. 그림 2의 과제 3에 대한 고학년 학생들의 일부 반응은 표본의 크기에 대한 교육의 결과로 볼 수도 있을 것이다. 그러나 사후 면담에서 10학년인 학생 11의 반응으로부터 알 수 있는 것은 수학교육과정이 영향을 주지만 그것이 항상 학생에게 내면화되는 것은 아니라는 것이다.

학생 11: [면담 과제 1a] 이것은 약의 1회 복용량과 같은 것이에요. 어디서든 얻을 수 있는 향수 표본이나 슈퍼에서 시식하는 음식과 같은 것이에요. [그것이 수학이나 다른 과목에서 사용될 수 있니?] 어떤 것의 표본을 검사하기 위해 과학에서 사용될 수 있어요. 그러나 수학에서는 사용하지 않는다고 생각해요. 평균이라는 용어와는 달리 항상 사용하는 것은 아니에요.

이것은 통계적 추론과 관련있는 계산 능력의 부족에 대한 Derry, Levin, Osana, Jones(1998)의 관점을 반영하는 것일 수도 있다. 이것은 일부 학생들이나 교사가 표집에 대한 개념이 중요함을 깨닫지 못하고 있음을 의미할 수도 있다.

이 장기 연구에 참여한 학생들은 평균(Watson & Moritz, 2000c), 통계적 추정의 초기 단계(Watson, 2001), 그림그래프(Watson & Moritz, 2001)와 같은 주제에 관한 장기 연구에도 참여했을 수 있다. 이 연구에서 사용한 학생 반응의 분류 기준이 이들 연구에서 사용한 것과 동일하지는 않지만 이들 분류 기준은 본질적으로 계층적이다. 평균에 관한 장기 연구에서는 43명의 학생을 대상으로 하였으나 사후 면담에서 더 낮은 수준을 나타낸 학생은 없었다. 12명의 학생들이 동일한 수준을 나타냈으나 이들 중 4명은 이미 초기 면담에서 최상위 수준을 나타내 더 이상 향상될 수 없는 학생들이었다. 평균에 관한 연구에서는 79%의 학생들이 향상된 반응을 보였는데, 이러한 비율은 본 연구에서 향상된 반응 비율(78%)과 비슷하다. 본 연구에서는 13% 학생의 반응 수준이 낮아진 반면 평균에 관한 연구에서는 반응 수준이 낮아진 학생은 없었다. 이것은 초기 면담과 사후 면담 사이에 있었던 중고등학교 교육과정이 평균을 강조했음을 반영하는 것일 수도 있다. 또한 평균과 관련된 계산 학습이 평균에 대한 일반적인 이해를 강화할 수는 있었으나 표집이라는 주제에 대해서는 그렇지 않았을 것이다.

이 연구는 연구의 설계 및 이행과 관련하여 몇 가지 제한점을 가진다. 면담은 시간이 많이 걸리기 때문에 제한된 수의 학생만을 대상으로 실시하였다. 이와 함께 연구에서 탈락한 학생들 때문에 이 장기 연구에서는 38명의 학생만을 분석 대상으로 선정하였다. 또한 여러 학년의 학생들의 분포에 대해서는 고려하지 않았다. 물론 이 학생들이 호주의 서로 다른 두 주와 공립 및 사립학교의 교육과정에 있는 학생들을 대표하기는 하지만 그들 대부분은 여학생이었고, 좀더 더 대표성을 갖는 학생집단을 대상으로 선정하는 것이 바람직했을 것이다. 그러나 이런 이상적인 조건을 교육연구에서 만족시키기는 불가능하다. 여기에서는 교육과정 개발자에게 도움이 될 만한 자료로 표본 개념과 관련된 학생들의 이해의 발달에서 나타나는 특징에 대한 풍부한 정보를 제시하고 있다. 만약 자료의 수가 훌륭한 연구의 유일한 기준이 아니라면 표집된 학생들의 이해에 대한 자세한 기술은 연구의 일부 제한점들을 보완할 수 있을 것이다.

이 연구로부터 새로운 연구문제가 제기될 수 있는데, 예를 들면 두 면담 사이의 시간적 공백기 동안 학생들에게 일어난 학습 경험을 어떻게 조사할 수 있는지 또는 이해력 향상을 목표로 하는 특별한 프로그램의 계획과 실행에 관한 것이다. 이런 프로그램은 이 연구에서 관찰된 결과에 기초하여 고안될 수 있는데, 특히 학생들의 이해가 통계적 소양 위계체계 3수준(Watson, 1997)으로 이동하는 것을 목표로 할 수 있을 것이다. 그러나 이러한 후속 연구는 잠재적으로 많은 연구비용을 필요로 하므로 실행 연구를 지원하는 제도적 후원이 없다면 어려운 일이다.

시간의 흐름에 따른 학생들의 통계적 이해의 발달에 관한 연구에서 횡단연구만으로 충분한 것인지, 아니면 장기적인 면담 연구가 필요한지에 대해서는 여러 의견이 있다. 장기 면담 연구는 한 개인을 연구하기 때문에 그 사람에 대해 실제로 관찰한 변화를 신뢰할 수 있다는 이점이 있다. 반면 결과에 영향을 줄 수 있는 많은 요인들을 대체적으로 통제할 수 없는데, 예를 들면 각각의 학생들이 학습한 교육과정이 모두 다를 수도 있으며, 상위 범주의 결과를 왜곡할 수 있는 고학년 학생들의 연구 중 탈락율 같은 것이 여기에 해당된다. 동시에 수행되는 횡단 연구는 앞서 말한 두 가지 사항이 문제가 되지 않는다. 그리고 횡단 연구에서 만약 대표성을 지닌 충분한 학생들을 표집할 수 있다면 발달 모델에 관한 연구 결과의 신뢰도는 상당히 높아질 것이다. 이 연구에서 서로 다른 연도의 동일한 학년 수준의 결과에 대한 분포를 직접 비교하는 것은 불가능하다. 사후 면담에서 8학년과 10학년이었던 21명의 학생들은 초기 면담 당시(Watson & Moritz, 2000a) 9학년이었던 20명의 학생들이 과제를 실행한 것과 같은 방식으로 과제를 실행하지 않았다. 사후 면담에서 나타난 바와 같이 서로 다른 지역과 교육체계라는 조건은 과제 실행에서 변이를 크게 하고 실행 결과를 다소 낮은 수준으로 나타나도록 하는데 영향을 끼쳤을 수도 있다. 그러나 비용과 적절한 장기 연구를 수행하는 것에 대한 어려움, 학생들에게서 관찰된 향상의 일반적인 경향은 횡단 연구가 대부분의 목적을 달성하기 위한 훌륭한 대역이 될 수 있음을 보여준다.

시사점

표본과 표집에 관한 이러한 면담 연구로부터 알 수 있는 흥미로운 교육적 이슈들 중 하나는 학생들이 모집단에 존재하는 것으로 알고 있는 변이를 제공할 때 나타나는 딜레마이다. Wild와 Pfannkuch(1999)가 언급한 것처럼, "변이를 인식하고 인정하는 것"은 통계적 사고의 기초가 되는 변이에 대한 고려의 한 측면이다. 변이를 인식하고 인정하는 것은 중요한 출발점이다. 어떤 학생들은 변이를 확인하기 위해 표본을 추출하는데, 어린 학생들의 경우 항상 그런 것은 아니다. 적절한 변이를 확인하기 위해 우연을 고려한 임의 추출을 제안하는 것은 상당히 정교한 생각이다. 어떤 지역의 5학년 학생들의 체중을 조사하는 상황에서 임의 추출의 필요성이 제시되었는데 몇몇 학생들이 다양한 형태의 계층 추출을 결합하는 방법을 고안하였다. 대부분의 학생들이 범주 3이나 범주 5로 분류되었지만 일부 학생들은 변이를 허용하는 것과 변이가 발생하도록 하는 것을 구별하는데 어려움을 느껴서 두 가지 방법 모두를 제안하였다. 예를 들면, 6학년의 어떤 학생은 '더 다양한 학생을 뽑기 위해 각 학교에서 1명씩' 추출하는 방법과 함께 '평균적인 사람을 선택할' 것을 제안하였다. 학생들이 이러한 상황을 명확하게 구별할 수 있도록 하는데 교실 토론이 중요한 역할을 한다. 아마 교실 토론을 통해 이러한 문제를 다룰 수 있을 것이다. Metz(1999)에 의하면 스스로 연구를 설계하고 수행했던 대부분의 학생들조차도 표집의 위력을 확신하지 못한다. 이것은 논의를 이끄는데 훌륭한 출발점이 된다.

이 연구는 Watson과 Moritz(2000a)의 연구가 제시한 여섯 개의 범주를 확인했을 뿐만 아니라 통계적 소양의 1수준 또는 범주 1에 아직 도달하지 못한 학생의 사례를 확인하였다. 연구기간 동안 1수준으로 되돌아간 학생은 한 명도 없었다. 학생들은 맥락에서 표본에 대한 아이디어를 경험하게 되면 맥락 내에서 그 개념을 사용할 수 있는 능력을 잃지 않았다. 초기 면담에서 통계적 소양의 2수준으로 분류되었던 19명의 학생들 중 37%는 3~4년 후에 이루어진 사후 면담에서 3수준으로 분류되었다. 반면 초기 면담에서 1수준으로 분류되었던 학생들의 20%는 사후 면담에서 3수준으로 분류되었다. 3수준으로의 이동이 기대만큼 많이 나타나지는 않았으며, 초기 면담에서 3수준이었던 6명의 학생 중 2명이 2수준으로 낮아진 것은 실망스러웠으나 예상하지 못했던 것은 아니다. 이러한 결과는 수학 수업이나 다른 과목에서 대중 매체의 보도나 다른 상황에서 나타나는 편의를 강조하지 않는다는 것을 반영하는 것일 수도 있다.

이 연구는 이해에 관한 세 수준(Watson, 1997) 사이에서 나타나는 장기적인 변화를 관찰하였고, 이것은 횡단 연구를 통해 집단 간의 차이를 관찰한 Watson과 Moritz(2000a)의 연구결과를 반영한 것이다. 1수준에서 2수준으로 이동할 때 변이와 대표성을, 2수준에서 3수준으로 이동할 때 편의에 대해 인식하도록 강조하는 것이 중요한데, 이것은 적절한 의미를 지닌 표본을 이용해 1수준에 있는 학생들에게 표본의 개념을 도입하는 것이 선행될 때 가능하다. '표본'에 대한 의미의 구성이 구조적으로 얼마나 복잡한지 인식하게 되면 '샴푸'에 대해 이야기 하는 것만으로 충분하지 않다는 것을 알게 된다(Watson & Moritz, 2000b, 표 2). 대표성에 대한 개념은 지속적으로 발달되어야 하며 '단순히 실제적인 것'과는 구별되어야 한다. 예를 들면, 심지어 10학년인 학생 2는 표집에 대한 개념을 모집단에 대한 적절한 대표성을 지닌 식료품 가게의 표본으로 생각하고 있는 듯 하였다. 그래서 '대표성을 갖는 표본을 추출하기 위해' 5학년 모집단의 모든 학생을 선택해야 한다고 생각하였다.

표집과 모집단에 대한 추정의 중요성에 관해 호주 국가교육과정(1991)이 제시하고 있는 내용을 다시 생각해봤을 때 표집이 모집단 추정을 위한 초석이 됨은 분명하다. 이 연구에서 소개한 몇몇 반응을 고찰해보면 많은 학생들이 이러한 초석을 잘 다지도록 하기 위해 중고등학교 교육과정 전반에 걸쳐 좀더 합의된 노력이 필요하다.

감사의 글

본 연구는 호주 연구 위원회(No. A79800950)와 Tasmania 대학의 지원으로 수행되었다. Moritz는 장기 면담을 수행하였으며 저자는 면담 결과의 분류를 확인하였다.

참고문헌

Australian Education Council. (1991). *A national statement on mathematics for Australian schools*. Carlton, Vic.: Author.

Biggs, J. B., Collis, K. F. (1982). *Evaluating the quality of learning: The SOLO taxonomy*. New York: Academic Press.

Biggs. J. B., & Collis, K. F. (1991). Multimodal learning and the quality of intelligent behavior. In H. A. H. Rowe (Ed.), *Intelligence: Reconceptualization and measurement* (pp. 57-76). Hillsdale, NJ: Erlbaum.

Corwin, R. B., & Friel, S. N. (1990). *Statistics: Prediction and sampling. A unit of study for grades 5-6 from used numbers: Real data in the classroom*. Palo Alto, CA: Dale Seymour.

Derry, S. J., Levin, J. R., Osana, H. P., & Jones, M. S. (1998). Developing middle-school students' statistical reasoning abilities through simulation gaming. In S. P. Lajoie (Ed.), *Reflections on statistics: Learning, teaching and assessment in gardes K-12* (pp. 175-195). Mahwah. NJ: Erlbaum.

Gal, I. (2000). statistical literacy: Conceptual and instructional issues. In D. Coben, J. O'Donoghue, & G. E. Fitzsimons (Eds.), *Perspectives on adults learning mathematics: Research and practice* (pp. 135-150). Dordrecht, The Netherlands: Kluwer Academic Publications.

Jacobs, V. R. (1997, March). *Children's understanding of sampling in surveys*. Paper presented at the Annual Meeting of the American Educational Research Association, Chicago.

Jacobs, V. R. (1999). How do students think about statistical sampling before instruction? *Mathematics in the Middle School*, *5*, 240-263.

Landwehr, J. M., Swift, J, & Watkins, A. E. (1987). *Exploring surveys and information from samples*. Palo Alto, CA: Seymour.

Metz, K. E. (1999). Why sampling works or why it can't: Ideas of young children engaged in research of their own design. In F. Hitt & M. Santos (Eds.), *Proceedings of the 21st annual meeting of the North American Chapter of the International Group for the Psychology of Mathematics Education* (Vol. 2, pp. 492-498). Cuernavaca, Mexico: PME.

Miles, M. B., & Huberman, A. M. (1994). *Qualitative data analysis: An expanded sourcebook* (2nd ed.). Thousand Oaks, CA: Sage.

Mokros, J., & Russell, S. J. (1995). Children's concepts of average and representativeness. *Journal for Research in Mathematics Education*, *26*(1), 20-39.

Moore, D. S. (1991). *Statistics: Concepts and controversies* (3rd ed.). New York: Freeman.

National Council of Teachers of Mathematics (2000). *Principles and standards for school mathematics*. Reston, VA: Author.

Orr, D. B. (1995). *Fundamentals of applied statistics and surveys*. New York: Chapman and Hall.

Rubin, A., Bruce, B., & Tenney, Y. (1991). Learning about sampling: Trouble at the core of statistics. In D. Vere-Jones (Ed.), *Proceedings of the Third International Conference on Teaching statistics*. Vol. 1 (pp. 314-319). Voorburg: International Statistical Institute.

Schwartz. D. L., Goldman, S. R., Vye, N. J., Barron, B. J., & The Cognition and Technology Group at Vanderbilt. (1998). Aligning everyday and mathematical reasoning: The case of sampling assumptions. In S. P. Lajoie (Ed.), *Reflections on statistics: Learning, teaching and assessment in grades K-12* (pp. 233-273). Mahwah, NJ: Erlbaum.

Shaughnessy, J. M. (1992). Research in probability and statistics: Reflections and directions. In D. A. Grouws (Eds.), *Handbook of research on mathematics teaching and learning* (pp. 465-494). New York: NCTM & Macmillan.

Shaughnessy, J. M., Garfield, J., & Greer, B. (1996). Data handling, In A. J. Bishop, K. Clements, C. Keitel, J. Kilpatrick, & C. Laborde (Eds.), *International handbook of mathematics education, Part 1* (pp. 205-237). Dordrecht, The Netherlands: Kluwer Academic Publishers.

Tversky, A., & Kahneman, D. (1971). Belief in the law of small numbers. *Psychological Bulletin*, *76*(2), 105-110.

Tversky, A., & Kahneman, D. (1974). Judgment under uncertainty: Heuristics and biases. *Science*, *185*, 1124-1131.

Wagner, D. A., & Gal, I. (1991). *Project STARC: Acquisition of statistical reasoning in children* (Annual Report: Year 1, NSF Grant No. MDR90-50006). Philadelphia: Literacy Research Center, University of Pennsylvania.

Wallman, K. K. (1993). Enhancing statistical literacy: Enriching our society. *Journal of the American Statistical Association*, *88*(421), 1-8.

Watson, J. M. (1997). Assessing statistical literacy using the media. In I. Gal & J. B. Garfield (Eds.), *The Assessment Challenge in Statistics Education* (pp. 107-121). Amsterdam: ISO Press and the International Statistical Institute.

Watson, J. M. (2001). Longitudinal development of inferential reasoning by school students. *Educational Studies in Mathematics*, *47*, 337-372

Watson, J. M., Collis, K. F., & Moritz, J. B. (1995, November). *The development of concepts associated with sampling in gardes 3, 5, 7 and 9*. Paper presented at the Annual Conference of the Australian Association for Research in Education, Hobart.

Watson, J. M., & Moritz, J. B. (2000a). Developing concepts of sampling. *Journal for Research in Mathematics Education*, *31*, 44-70.

Watson, J. M., & Moritz, J. B. (2000b). Development of understanding of sampling for statistical literacy. *Journal of mathematical Behavior*, *19*, 109-136.

Watson, J. M., & Moritz, J. B. (2000c). The longitudinal development of understanding of average. *Mathematical Thinking and Learning*, *2*(1&2), 11-50.

Watson, J. M., & Moritz, J. B. (2001). Development of reasoning associated with pictographs: Representing, interpreting, and predicting. *Educational Studies in Mathematics*, *48*, 47-81.

Wild, C. J., & Pfannkuch, M. (1999). Statistical thinking in empirical enquiry. [And Discussions]. *International Statistical Review*, *67*, 223-265.

13장

표집분포에 대한 추론

Beth Chance, Robert delMas, and Joan Garfield

개요

이 장에서는 학생들이 표집분포를 학습할 때 겪는 어려움을 조사한 일련의 연구를 소개한다. 특히, 표집분포에 대한 학생들의 추론을 향상시키기 위해 개발한 컴퓨터 소프트웨어가 학생들에게 미치는 영향을 7년에 걸쳐 조사한 공동 연구 프로젝트의 결과를 소개한다. 이러한 교실 기반 연구 프로젝트를 위해 미국의 두 대학에서 3명의 연구자가 통계학 개론 강좌에서 사용할 수 있는 소프트웨어와 학습활동 및 평가 도구를 공동으로 개발하였다. 이 연구는 다섯 단계로 진행하였으며, 임상 면담을 비디오로 녹화했을 뿐만 아니라 양적 평가 자료도 사용하였다. 연구를 진행하면서 연구팀은 표집분포를 깊이 있게 이해하는 것이 얼마나 복잡한 것인지에 대해 좀더 완전하게 이해하게 되었으며, 학생들의 추론 발달을 설명할 수 있는 모델을 구축하게 되었다.

연구문제

방송 매체뿐만 아니라 많은 연구 논문에서는 통계적 의미에서 신뢰도와 유의성의 아이디어를 사용한다. 이러한 이유로 대학수준에서 이루어지는 대부분의 통계 강좌는 통계적 추정을 다룬다. 그러나 학생들은 통계적 추정에 필요한 계산은 할 수 있지만 그 과정은 이해하지 못하거나 수행한 계산 결과를 적절하게 해석하지 못하는 경우가 많다. 이것은 표집분포가 이전에 학습한 표본, 모집단, 분포, 변이성, 표본추출과 같은 내용을 통합해야 하는 상당히 어렵고 추상적인 내용이기 때문이다. 학생들은 이러한 개념들을 토대로 신뢰도와 유의성에 관하여 말할 수 있어야 한다. 그러나 많은 학생들이 이러한 개념들을 잘 이해하지 못할 뿐만 아니라 통합하거나 적용하는 능력을 갖추지 못한 채 통계학 개론 강좌를 마치게 된다. 통계를 현장에서 가르쳐 본 경험을 돌이켜 보면, 학생들은 강좌 후반부에 학습하는 통계적 추정에 관한 계산의 기본 원리를 개념적으로 이해하지 못하고 기계적인 계산만을 수행하게 된다. 이러한 현상은 학생들이 자료 분석 결과를 적절하게 해석하는데 장애가 된다.

이러한 문제를 해결하기 위해 많은 연구에서 표집분포에 대한 학생들의 이해를 신장시키기 위한 시뮬레이션을 사용할 것을 제안하였다(Behrens, 1997; Davenport, 1992; Glencross, 1988; Schwarz & Sutherland, 1997; Simon, 1994). 표집분포 개념의 다양한 예를 제시하고 학생들에게 이 개념을 형성하는 다양한 변수들에 대해 실험하게 하여, 이러한 추상적 아이디어를 예시하는 시뮬레이션의 잠재적인 장점을 논의한 연구가 많다. 특히, 공학 도구는 최종 결과만을 제시하는 것이 아니라 학생들이 표집분포의 '생성'에 직접 참여할 수 있는 환경을 제공한다. 최근에는 표집분포 및 다른 여러 통계적 개념에 대한 학생들의 이해를 증진시키기 위해 시뮬레이션과 역동적인 시각화를 활용하여 수업을 전개할 수 있는 다양한 컴퓨터 프로그램이 개발되고 있다. 그 예로 ConStatS(Cohen, 1997), HyperStat(Lane, 2001), Visual Statistics(Doane, Tracy & Mathieson, 2001), StatPlay(Thomason & Cummings, 1999), StatConcepts(Newton & Harvill, 1997), ExplorStat(Lang, Coyne & Wackerly, 1993), ActivStats(Velleman, 2003) 등이 있다.

이와 같이 다양한 소프트웨어가 개발되었음에도 불구하고 통계에 대한 학생들의 추론을 향상시킬 수 있는 시뮬레이션 활동의 효과에 대해 조사한 연구는 거의 없다. 몇몇 연구에서는 학생들이 시뮬레이션을 활용한 통계 학습에 더 적극적으로 참여하고 흥미를 갖는다는 증거를 제시했지만(Simon, 1994), 대학 통계 수업 환경에서 경험적인 자료를 수집해서 제시한 연구는 거의 없다. 경험적 연구가 이루어지긴 했지만 그러한 연구들도 매우 제한된 결과만을 제시하고 있다(Schwartz, Goldman, Vye, Barron, 1997; Well, Pollatsek, & Boyce, 1990).

예를 들어, Earley(2001)는 Sampling SIM(delMas, 2001) 프로그램을 교사가 주도하여 실연하는 것이 학생들에게 중심극한정리의 다양한 특징을 '확신'시키는데 충분하지 않다는 것을 발견하였다. 학생들은 이러한 특징을 알고는 있었지만 일관되게 적용하지는 못하였다. 그러나 Earley는 학생들이 중심극한정리에 대한 강좌의 후반부에 프로그램을 통해 얻은 이미지를 참고하였고, 가설 검정을 학습하기 위한 토대로 그 이미지를 사용했다고 언급하였다. Saldanha와 Thompson(2001)은 두 가지 교수 실험에서 고등학생들이 표집분포를 어려워한다는 것을 확인하였다. 이 교수실험에서 확률통계 실험의 독특한 결과가 의미하는 바를 탐구하기 위해 컴퓨터 시뮬레이션을 사용하였다. 학생들은 표집분포가 지닌 다양한 확률통계적 특징을 파악하는 것을 어려워하였으며, 수업 활동에 적극적으로 참여하지 않았다. Hodgson(1996)은 추정을 하기 위해서는 다양한 표본이 필요하다는 신념처럼 시뮬레이션이 오개념을 갖게 할 수 있음을 발견하였다. 이러한 결과로 Hodgson과 Burke(2000)는 학생들이 시뮬레이션 활동의 두드러진 특징에 좀더 주목하도록 하는 방법을 제시하였고, 선행 조직자, 수행평가, 보고서 작성, 수업 이후에 이루어지는 연습이 중요함을 강조하였다.

위에서 제시한 연구와 상반되는 결과를 제시한 연구도 있다. Sedlmeier(1999)는 학생들이 표집분포 문제를 잘 다룰 수 있도록 하기 위해 적응 알고리즘 관점을 사용하여 '유연한 항아리 모델[30]'에 기초한 소프트웨어를 고안하였다. 적응 알고리즘 관점에 따르면, 항아리 모델은 우리가 일반적으로 다루는 도수 정보와 유사하며 인간이 진화를 통해 적응해 온 방식과도 유사하다. 표집분포 문제를 항아리 모델로 변환하는 것은 과제를 좀더 이해하기 쉽게 하고 추론을 용이하게 한다. Sedlmeier는 항아리 모델을 이용한 연습을 통해 의미 있는 단기적인 효과와 장기적인 효과를 발견하였다. 그러나 Sedlmeier의 연구는 이러한 활동을 통해 학생들이 표집분포에 대한 추상적인 이해를 발전시켰는지 아니면 여전히 항아리 모델로의 변환에만 의존하고 있는지에 대해서는 밝히지 못하였다.

교실 기반 연구의 시작

학생들이 표집분포를 이해하는데 시뮬레이션 소프트웨어가 미치는 영향을 연구하기 위해 Sampling SIM 프로그램(delMas, 2001) 이전에 Sampling Distribution 프로그램이 먼저 개발되었다. 이 소프트웨어의 초기 개발은 교육공학과 개념적으로 확장된 시뮬레이션에 관한 선행 연구를 토대로 이루어졌다(Nickerson, 1995; Snir, Smith, & Grosslight, 1995). 학습과 인지에 관한 선행 연구로부터 아이디어를 참고하여 학생들과 소프트웨어 사이에 상호작용을 이끌어낼 수 있도록 활동을 고안하

30) 역자주: 조건을 바꿀 수 있는(고정되지 않은) 항아리 모델(=flexible urn model)

였다(Holland, Holyoak, Nisbetts & Thagard, 1987; Perkins, Schwartz, West, & Wiske, 1995). 표집분포에 대한 학생들의 개념적 이해의 정도를 알아보기 위해 평가 과제를 개발하였다.

3명의 연구자는 소규모의 사립대학(University of the Pacific), 사범대학 및 교원 연수 기관(University of Minnesota)과 같은 다양한 환경에서 소프트웨어, 활동, 평가 도구를 사용하였다. 일반적인 대수학 개론 강좌가 개설되었고, 학생들은 이러한 학습 자료를 처음 접하게 되었다. 이 강좌들은 많은 수업 활동을 제시하고 공학 도구를 사용하게 하는 동일한 교재(Moore & McCabe, 2002; Moore, 2000; Siegel & Morgan, 1996)를 사용하였다. 수업 연구의 주요 목표는 소프트웨어와 학습 활동의 개발 및 개선과 이에 대한 피드백을 제공하여 학생들이 표집분포를 어떻게 학습하는지를 기술하는 것이다. 이를 위한 4가지 연구 문제는 다음과 같다. 시뮬레이션을 보다 효과적으로 활용할 수 있는 방법은 무엇인가? 공학 도구를 수업에 통합할 수 있는 가장 좋은 방법은 무엇인가? 특정 기술이 보다 효과적인 이유는 무엇인가? 프로그램 사용은 학생들의 표집분포에 대한 이해에 어떤 영향을 미치는가? 순차적으로 5개의 연구를 수행하였고, 각 연구는 이전 연구를 토대로 하였다. 다음 절에서는 이에 대해 기술한다.

첫 번째 연구: 시뮬레이션을 활용한 수업의 영향 평가하기

첫 번째 수업 활동에서 학생들에게 Sampling Distribution 프로그램을 사용하여 모집단의 형태 및 표본의 크기와 같은 조건을 변화시키며 그들이 관찰한 다양한 경험적인 표집분포에 대한 결과를 요약하게 하였다. 표본 평균에 대한 중심극한정리의 의미를 학생들이 시각적으로 이해할 수 있는지 알아보기 위해 그래픽 기반 평가 문항을 사용하였다. 각 문항에 모집단의 분포를 제시하였고, 학생들에게 표본 평균의 경험적 분포를 나타낸 5가지의 그래프 중 특정한 크기의 표본을 가장 잘 나타내고 있는 잠재적 표집분포를 나타낸 그래프가 어떤 것인지를 찾게 하였다.

예를 들어, 학생들은 그림 1에 제시된 표본 평균의 분포에 대한 5가지 그래프 중 어떤 것이 표본의 크기가 4와 25인 500개의 표본에 대한 경험적 분포로 가장 적합한지를 선택하였다. 그리고 그 선택을 정당화하고, 자신의 추론을 글로 표현하였다. 이에 대한 학생들의 반응 결과를 범주화하였다. 이를 바탕으로 후속 연구에서는 학생들의 추론을 가장 잘 설명한 문장을 선택하도록 하였다. 이러한 평가는 학생들이

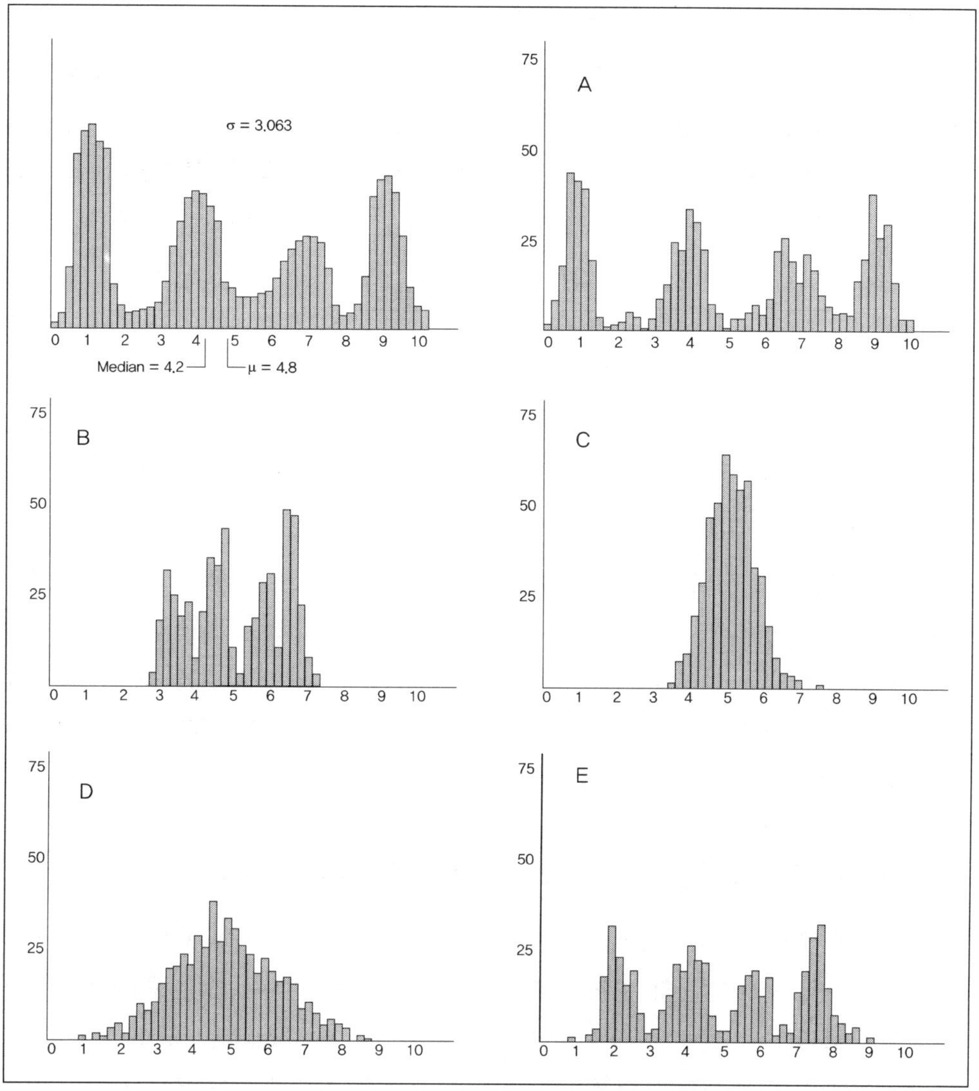

그림 1 그래픽 기반 문항 (정답: C, D)

프로그램을 사용하기 전과 사용한 직후에 이루어졌다. 사전 점수와 사후 점수를 비교한 결과, 프로그램을 사용하여 학습한 학생들의 이해 수준에는 큰 차이가 없는 것으로 나타났다.

어느 정도 긍정적인 변화가 있었지만 여전히 몇몇 학생들은 표집분포에 대해 정확하게 추론하지 못하였다. delMas, Garfield, Chance(1998)의 연구로부터 프로그램과 수업 활동의 세부 내용을 살펴볼 수 있다. 이러한 결과에 대한 반성을 통해 프로그램과 수업 활동을 좀더 개선할 수 있다.

두 번째 연구: 개념적 변화 접근 적용하기

표집분포가 만들어지는 추상적인 과정을 소프트웨어를 사용하여 학생들에게 시각적으로 보여줄 수는 있었지만 학생들은 여전히 중심극한정리를 이해하고 적용하는 것을 어려워하였다. 과학 교육 분야에서 개념 변화 이론에 대한 연구가 이러한 문제를 해결하는 하나의 대안을 제공해주었다(Posner, Strike, Hewson, & Gertzog, 1982; Lord, Ross, & Lepper, 1979; Jennings, Amabile, & Ross, 1982; Ross & Anderson, 1982). 이 이론에 기초하여 학생들이 자신의 오개념을 인식하고 평가 문항들을 해결하는 과정에서 지속적으로 나타났던 부적절한 직관을 극복할 수 있도록 활동을 다시 고안하였다. 새로운 활동에서 학생들은 먼저 그림 1처럼 다섯 개의 모집단에 대해 각각 크기가 다른 두 개의 표본 평균의 분포를 나타낸 그래프를 선택하는 그래픽 기반 문항을 해결하고, 동일한 조건하에서 Sampling SIM 프로그램을 사용하여 경험적 표집분포를 만들었다. 그리고 시뮬레이션의 결과와 이전 활동에서의 반응을 비교하고, 자신들의 선택이 프로그램이 구현한 표본 평균의 특성과 동일한지 아닌지에 대해 설명하였다. 이와 같이 예측, 검사, 평가 모델을 통해서 학생들은 자신들의 잘못된 오개념을 곧바로 알아차리게 되어, 그 결과 사후 검사에서 통계적으로 유의한 향상을 나타내었다(delMas, Garfield, & Chance, 1999a).

세 번째 연구: 사전 지식과 오개념에 대한 개념적 분석

사후 검사에서 향상된 모습을 보인 대부분의 학생들은 표집분포에 대한 이해 또한 향상되었지만, 사후 검사와 마지막 검사의 결과를 통해 여전히 많은 학생들이 오개념을 지니고 있음을 알 수 있었다(delMas, Garfield, & Chance, 1999b). 표집분포를 학습하기 위해 학생들은 이전에 배운 많은 내용을 충분히 알고 통합할 수 있어야 한다. 따라서 학생들이 가지고 있는 사전 지식의 차이를 학습에 영향을 미치는 중요한 요소로 고려해야 한다. 예를 들어, 표집분포의 변이성을 논의하거나 표본의 크기가 커짐에 따라 변이성이 어떻게 감소하는지에 대해 논의할 때, 학생들은 변이성을 완전히 이해하거나 확인하지 못했으며 다양한 맥락으로 제시된 히스토그램을 적절하게 읽지도 못하였다. 이 연구는 학생들의 표집분포 이해에 관한 일련의 개념적 분석을 수행하였다. 이러한 분석은 교실 연구자의 경험과 관찰, 동료 연구자들의 도움, 평가 문항에 대한 학생들의 성취도 분석을 토대로 이루어졌다.

첫 번째 분석을 통해 표집분포를 학습하기 이전에 학생들이 반드시 알아야만 하는

표 1 표집분포 학습을 위해 필요한 선행 지식

- 변이성의 개념. 변량이란 무엇인가? 관찰값이 변화한다는 것은 무엇을 의미하는가? 학생들은 매끈함이나 변화에 대한 일반적인 오개념에서 벗어나 분포의 퍼짐에 대해 이해해야 한다.
- 분포의 개념. 학생들은 양적 자료에 대한 그래픽 표현을 읽고 해석할 수 있어야 하며 변이의 전체적인 패턴을 기술할 수 있어야 한다. 이것은 자료의 분포를 설명하고, 분포의 형태, 중심, 퍼짐의 특징에 대해 설명할 수 있는 능력과 이러한 특징에 따라 다양한 분포를 비교할 수 있는 능력을 의미한다. 또한 학생들은 자료 사이의 특징을 파악하고 분포의 전체적인 형태를 설명할 수 있어야 하며, 정규분포, 쌍봉분포, 비대칭분포, 균등분포와 같은 형태에 충분히 익숙해져야 한다.
- 정규분포. 정규분포의 성질을 알아야 하며 변이성과 중심이 변함에 따라 정규분포의 형태가 어떻게 변하는지 알아야 한다. 학생들은 밀도곡선 아래의 면적과 관련된 내용을 알아야 하며, 사건의 발생 가능성이 이 면적과 어떤 관련이 있는지를 알아야 한다.
- 표본추출의 개념. 임의 표본에 대해 알아야 하며 어떻게 임의 표본이 모집단을 대표할 수 있는지 알아야 한다. 학생들은 표본 통계치와 모수와의 차이점을 알아야 한다. 학생들은 표본 통계치가 표본들마다 다르지만 일정한 패턴을 갖는다는 사실을 알아야 한다.

학습 요소를 추출하였다(Garfield, delMas, & Chance, 2002; 표 1 참고). 이 요소들은 수업 이전에 학생들에게 제시되고 논의되었던 사전 검사 문항을 개발하는데 지침이 될 수 있다.[31] 이러한 사전 검사 문항은 학생들이 이해하지 못한 부분을 진단하고, 학생들이 표집분포라는 새로운 주제를 학습하기 전에 이전에 학습한 내용을

표 2 표집분포에 대해 필수적으로 이해해야 하는 것

- 양적인 자료에 근거한 표본 평균의 표집분포는 평균이 μ이고 표준편차가 σ인 모집단으로부터 일정한 크기로 임의 추출한 모든 표본 평균들의 분포이다. 이는 표본 평균에 대한 일종의 확률분포이다.
- 평균에 대한 표집분포는 모집단과 동일한 평균을 갖는다.
- 표본의 크기 n이 커질수록 표본 평균의 변이성은 작아진다는 명제를 이해할 수 있어야 하며, 그래프 표현을 알고 해석할 수 있어야 하고, 무엇이 일어날지 또는 어떻게 달라질지를 예측할 수 있어야 한다.
- 평균에 대한 표준 오차는 표본 통계치의 변이성을 측정한 것이다.
- 표집분포는 표본의 통계치를 토대로 한다.
- 일부 통계치는 특정한 모집단에서 구한 통계치보다 실제 모집단을 대표할 가능성이 클 수도 있고 작을 수도 있다.
- 어떤 상황에 들어맞는 정규 근사가 다른 상황에서는 들어맞지 않을 수도 있다.
- 정규 근사에 들어맞으면, 경험적인 규칙에 따라 평균으로부터 2σ 내에 표본 통계치가 얼마나 자주 나타나는지에 대해 설명하는데 경험적 규칙을 적용할 수 있다.
- 표본의 크기가 다르면 동일한 통계치가 나타날 확률이 달라진다. 즉, 표본의 크기는 통계치의 출현 가능성에 영향을 미친다.
- 표본의 크기가 작아도 표집분포는 모집단의 분포보다는 정규분포의 형태를 띠는 경향이 있다.
- 표본의 크기가 커질수록 평균에 대한 모든 표집분포는 모집단과 관계없이 비슷해진다. 즉, 같은 형태를 갖는다.
- 표본 평균은 개별적인 관찰값보다 변이가 작으며 보다 정규적이다.
- 한 표본의 분포와 표본의 크기가 $n(n>1)$인 표본들의 평균 $\bar{x}$의 분포를 구별할 수 있다.

31) http://www.gen.umn.edu/faculty_staff/delmas/ stat_tools/에서 MATERIALS 메뉴를 클릭한 후 표집분포 활동 영역을 참고

표 3 표본 평균의 표집분포에 대한 지식을 이용하여 할 수 있어야 하는 것

- 모집단과 표본의 크기가 달라짐에 따라 표집분포가 어떻게 되는지를 분포의 형태, 중심과 퍼짐, 최빈값이 존재하는 위치 등에 기초하여 설명할 수 있다.
- 표본 평균에 대한 확률적인 명제로서 이론적인 표집분포 곡선 아래의 넓이를 해석하고 적용할 수 있다.
- 어떤 값이 표본 평균으로 가능한지 아닌지를 설명할 수 있다. 이는 표본 평균의 분포에 대한 경험적인 규칙을 적용할 수 있음을 의미한다.
- 표본 평균에 대한 표준 오차의 크기를 설명하고 이것이 언제 어떻게 변화하는지 설명할 수 있다.
- 다양한 표본 평균에 대해 그 값이 나올 가능성을 설명할 수 있다. 특히 표본으로부터 얻은 통계치가 모비율과 얼마나 다른지를 설명할 수 있다. 예를 들어, 표본 평균이 모평균으로부터 2σ 안에 떨어진 범위 내에 속할 가능성을 설명하고, 주어진 모집단의 특징에 비추어 볼 때 임의 추출한 집합이 특이한지를 설명할 수 있다.
- 다양한 형태의 모집단에 대한 표본 평균들의 평균을 설명할 수 있다.

표 4 학생들이 보이는 오개념

- 표본의 크기가 1보다 클 때 표집분포는 모집단의 분포와 반드시 같다고 믿는다.
- 표본의 크기가 증가할수록 표집분포는 모집단의 분포와 더 같을 것이라 생각한다. 관찰값에 대한 하나의 분포를 표집분포로 일반화한다.
- 표본의 크기가 크든 작든 상관없이 표집분포는 동일한 변이성을 갖는다고 생각한다.
- 표본의 크기가 클수록 표집분포의 변이성이 크다고 믿는다.
- 표집분포는 표본 통계치의 분포임을 이해하지 못한다.
- 실제적인 자료로 구성된 하나의 표본을 분포 내에 존재하는 모든 가능한 표본이나 잠재적인 표본과 혼동한다.
- 히스토그램 막대의 높이와 같이 주목하지 않아야 할 사소한 요소에 주목한다.
- 오른쪽으로 기울어진 모집단 분포의 평균은 이 모집단으로부터 추출한 표본에 대한 표집분포의 평균보다 크다고 생각한다.

복습하고 잘못 이해한 것을 교정할 수 있도록 하였다. 이러한 분석은 '표집분포를 이해한다는 것'이 무엇을 의미하는지에 대해 더 상세한 설명을 이끌어 낸다. 학생들이 표집분포에 대해 이해해야 하는 필수적인 목록을 표 2에, 학생들이 표집분포에 대한 지식을 이용하여 할 수 있어야 하는 것에 대해서는 표 3에, 학생들이 표집분포에 대해 지니고 있는 일반적인 오개념에 대해서는 표 4에 제시하였다. 이러한 표에 제시된 목록을 토대로 학습 활동, 사전 검사, 사후 검사를 수정하였다. 이러한 분석은 학생들의 추론에서 나타나는 올바른 이해와 잘못된 이해의 유형을 확인하는데도 도움이 되며, 임상 면담을 통해 개별 학생이 지닌 개념을 더 상세하게 조사할 수 있다.

네 번째 연구: 학생 면담과 발달 모델

학생들이 분포와 변이성에 대해 어떻게 이해하고 있으며 표집분포에 대한 추론을 실제로 어떻게 발전시키는지를 더 상세히 알아보기 위해 면담을 실시하였다. 개별화된 환경에서 Sampling SIM 프로그램과 학생 사이의 상호작용을 이해하기 위해 면담을 설계하였다(Garfield, 2002). 이 연구에 참여한 학생들은 대학원 수준의 통계학 개론 강좌를 수강하였다. 면담은 45~60분간 진행되었으며, 학생들은 Sampling SIM 프로그램과 상호작용하면서 표본추출의 변이성에 대한 몇 가지 개방형 질문을 해결하였다. 학생들이 표집분포를 어떻게 이해하였으며, 컴퓨터 시뮬레이션 프로그램으로부터 피드백을 통해 자신들의 추론을 어떻게 발전시켰는지 살펴보기 위해 면담 과정을 녹화하고 전사한 후 반복적으로 검토하였다. 면담을 실시하고 검토하는 동안 연구자들은 학생들 간의 차이를 발견할 수 있었다. 이로부터 학생들이 초기의 잘못된 추론에서 정확한 추론으로 나아가는 단계를 나타내는 발달 모델을 설계할 수 있었다. 아동의 통계적 사고와 추론에 대한 발달 모델을 제안한 연구(Jones et al., 2000; Jones et al., 2001; Mooney, 2002)에 기초하여 표집분포에 대한 통계적 추론의 발달 단계를 기술하는 틀을 마련하였다. 그 틀은 다음과 같다(Garfield, delMas, & Chance, 1999).

수준 1 – **주관적 추론.** 표집분포에 대한 단어나 기호에 대해 알고는 있으나 완전히 이해하지 못해 잘못 사용하는 경우가 있고 관련이 없는 정보와 함께 사용하기도 한다.

수준 2 – **언어적 추론.** 표집분포를 언어적으로 이해하고 중심극한정리의 의미를 알고는 있으나 실제적인 상황에 적용하지 못한다. 예를 들어, 정확한 정의가 무엇인지는 선택할 수 있으나 변이성 및 전체적인 형태와 같은 핵심 개념을 어떻게 통합하는지 이해하지 못한다.

수준 3 – **이행적 추론.** 표본추출 과정의 몇 가지 특징을 정확하게 알고 있으나 이러한 특징들을 완벽하게 이해하지는 못한다. 이러한 '특징'은 곧 중심극한정리의 세 가지 측면으로 표집분포의 평균은 모집단의 평균과 같으며, 표집분포는 표본의 크기가 커질수록 점점 정규분포가 되고, 표본 평균의 변이성은 표본의 크기가 증가함에 따라 감소한다는 것이다. 단지 한 두 개의 특징만을 이해한 학생은 표본의 크기가 크면 정규분포가 된다거나,

표본이 커질수록 표집분포의 폭이 점점 좁아진다고 생각한다.

수준 4 – **절차적 추론.** 표본추출 과정에 대한 세 가지 특징을 정확하게 알고는 있으나 그것을 완벽하게 통합하지 못하거나 예측가능한 장기적인 과정을 이해하지 못한다. 예를 들어, 학생들은 어떤 표집분포가 주어진 모수에 대응하는지 정확하게 예상할 수 있으나 그 과정을 설명하지 못하며, 주어진 표본의 크기에 따라 모집단으로부터 표본 평균의 분포를 자신 있게 예측하지 못한다.

수준 5 – **통합적 추론.** 학생들은 표본이나 표집분포의 과정을 완벽하게 이해한다. 예를 들어, 학생들은 자신의 언어로 그 과정을 설명할 수 있고, 왜 표본의 크기가 커질수록 표본 평균의 분포가 정규분포가 되어 변이성이 줄어드는지를 설명할 수 있으며, 이를 정확하고 자신 있게 예측할 수 있다.

다섯 번째 연구: 추론의 차원 정의하기

앞에서 학생들의 추론 수준을 기술하였지만 다른 세 환경에서 추가 면담을 진행하여 이러한 수준을 정당화할 필요가 있다. 잠재적으로 통계적 추론의 수준이 다양한 학생들을 확인하기 위하여 9개의 진단 평가 문항을 개발하였다(부록 4~9번 문항 참고). 각 문항의 질문은 그래프 또는 문장으로 이루어졌으며, 학생들에게 자신의 대답에 대해 확신하는 정도를 점수로 표현하도록 하였다. 첫 번째 문항은 표본의 크기와 표본 추정에서 나타나는 변이성 간의 관계를 학생들이 얼마나 이해하고 있는지를 평가하는 것이다. 두 번째와 세 번째 문항은 학생들에게 평균의 표준 오차에 대한 지식을 적용하게 하는 것이다. 학생들이 경험적인 규칙에 대해서도 이해하기를 기대하였다. 네 번째와 다섯 번째 문항은 분포를 비교하고 합리적으로 설명할 수 있는 능력 뿐만 아니라, 표집분포의 특성에 대해 정확하게 예측할 수 있는지를 확인하는 그래픽 기반 문항이다. 여섯 번째에서 여덟 번째 문항은 중심극한정리에 대해 이해한 것을 적용하는 능력을 평가한다. 마지막 문항은 중심극한정리에 대한 학생들의 정의적 지식을 평가하는 것이다.

Sampling SIM 소프트웨어를 사용하는 통계학 개론 강좌를 수강한 미네소타 대학의 105명의 학생을 대상으로 평가가 이루어졌다. 이 과정의 중반부에 학생들은 Sampling SIM을 사용하여 표집분포와 관련된 활동을 마무리하였고, 이어서 다음 수업 시간에 앞에서 설명한 문항으로 진단 평가를 실시하였다. Cal Poly의 전문 교육과정에 있지만 아직 Sampling SIM을 사용해보지 않은 9명의 통계학 전공 학생들도 진단 평가에 응시하였다. 전체 114명의 학생들은 매우 다양한 반응을 나타내었다. 4, 5번 문항(부록 참고)에서 그래픽 기반의 두 문제에 대해 단지 10%의 학생들만이 두 문제 모두 정답을 선택하였고, 22%의 학생들은 하나의 문제에 대해서만 정답을 선택하였다. 47%에 해당하는 학생들은 정답을 고르지 못하였으나 표본의 크기가 증가할수록 표본추출의 변이성이 감소한다는 것은 이해하고 있었다. 나머지 학생들 중 19%는 표본의 크기가 증가함에 따라 표본추출의 변이성이 증가한다고 생각하여 잘못된 답을 선택하였으며, 그 학생들 중 2명은 표본의 크기가 서로 다른 표집분포를 선택하는데 동일한 그래프를 선택하였다.

부록의 4, 5번 문항에서 분포의 형태와 상대적인 변이성에 대한 학생들의 반응 모두가 그래프 선택과 일치하지는 않았다. 형태와 관련하여 단지 49%의 학생들만이 완전히 일치하였다. 4, 5번 문항에서 분포와 관련된 질문은 문제 4c, 4g 두 가지였다. 분포의 모양에 대한 확신의 정도는 0%에서 100%로 다양하였으며, 평균은 80%였다(SD=24.8). 변이성을 비교할 때 학생들 중 33%만이 완벽하게 일관성 있는 선택을 하였다. 학생들은 각각의 문제 4d, 4h, 4i에서 세 가지의 변이성을 비교하였다. 변이성의 비교를 일관성 있게 선택한 학생들의 비율은 0%에서 100%로 다양하였으며, 그 평균은 72%였다(SD=29.6).

진단 평가 문항 중 그래프가 포함되지 않은 문항에 대해 평균적으로 61%의 학생들이 정답을 말하였다(SD=16.2). 약 88%의 학생들은 표본의 크기와 추정의 정확성 간의 관계를 묻는 첫 번째 문항에 대해 정답을 말하였다. 이 학생들은 평균의 표준오차와 경험적 규칙의 적용을 이해하는 정도와 관련된 두 번째, 세 번째 문항에 대해서는 정답을 말하지 못하였다. 단지 4%의 학생들만이 두 문항에 대해 정답을 말하였으며, 나머지 7%는 두 문항 중 한 문항에 대해서만 정답을 말하였다. 중심극한정리의 적용과 관련된 세 문항 6, 7, 8번에 대해 22%의 학생들이 세 문항 모두 정답을 말하였으며, 39%의 학생들은 세 문항 중 두 문항에 대해 정답을 말하였다. 또한 55%의 학생들이 9번 문항의 4개 질문에 대해 정답을 말하였고 26%의 학생들이 4개의 질문 중 3개의 질문에 정답을 말한 것으로 보아 중심극한정리의 정의를 이해하고 있음을 알 수 있었다.

진단 평가에 참여한 114명의 학생 중 37명은 면담에 참여하길 희망하였으나, 최종적으로 면담에 참여한 학생은 9명뿐이었다. 이 9명 학생들의 진단 평가 결과를 표 5

표 5 면담에 참여한 대학생의 진단 평가 결과

학생	그래프가 포함되지 않은 문항					그래픽 기반 문항				
	표본크기 문항1	SEM 적용 문항 2~3	중심극한 정리		전체 문항	패턴 선택		평균 신뢰	그래프를 통한 동의	
			적용 문항 6~8	정의 문항 9		문항 4	문항 5		형태 비교	변이성 비교
Kelly	정답	100%	100%	100%	100%	G	C	80.0	100%	100%
Jack	정답	0%	67%	75%	60%	C	C	76.3	100%	83%
Mitzy	정답	0%	33%	100%	60%	G	C	70.0	75%	100%
David	정답	0%	0%	50%	30%	G	C	66.3	75%	100%
Karen	정답	0%	67%	75%	60%	L-S	G	53.8	100%	67%
Marie	정답	100%	33%	75%	70%	L-S	L-S	70.0	100%	67%
Martha	정답	50%	33%	50%	50%	L-S	*	77.5	50%	50%
Susan	정답	0%	33%	75%	30%	S-L	L-S	86.3	100%	100%
Elaine	오답	0%	33%	75%	40%	L-S	S-L	27.5	50%	100%

C 두 개의 표본 크기에 대해 모두 올바른 그래프를 선택한 경우
G 적절하고 알맞은 그래프를 선택하고, 즉 표본의 크기가 작은 그래프는 모집단의 형태와 비슷하지만 분산이 더 작고, 표본의 크기가 큰 그래프는 종 모양의 형태를 갖지만 표본의 크기가 작은 그래프보다 분산이 더 작다고 선택한 경우
L-S C, G가 아니며, 표본의 크기가 큰 그래프는 표본의 크기가 작은 그래프보다 분산이 더 작다고 선택한 경우
S-L 표본의 크기가 큰 그래프가 표본의 크기가 작은 그래프보다 분산이 더 크다고 선택한 경우
* 무응답한 경우

에 제시하였다. 이 학생들은 모두 진단 평가 문항에 대해 비교적 높은 성취도를 나타내고 있음을 알 수 있다.

연구 참여자를 좀더 다양화하기 위해 미네소타 대학의 대학원 통계학 개론 강좌에 등록한 석사과정 학생들에게 면담에 참여할 것을 권하였다. 강의 중에 실시한 시험 문항의 일부를 진단 평가 문항과 동일하게 구성하였다. 이 문항에 대한 학생들의 성취 결과와 학생들의 성적을 토대로 통계적 추론에서 다양한 수준을 보일 것이라 예상되는 4명의 학생을 선정하였고, 네 학생 모두 면담에 참여하였다.

초기의 면담틀(Clement, 2000)을 개발하고, 면담 문항으로 3명의 대학생에게 예비 면담을 실시하였다. 초기 면담에서 학생들에게 표집분포와 관련된 문항만을 풀도록 하였다(최종 면담 프로토콜의 활동 3 참고). 예비 면담 결과를 검토한 후, 개별 문항에 대한 학생들의 반응을 통해서 그 이유를 분명히 이해할 수 있을 만큼 충분한 정보를 얻을 수 없음을 알았다. 학생들의 설명과 선택을 더 잘 이해하기 위해서는 기본적인 통계적 정의, 개념, 과정에 대해 이들이 어떻게 이해하고 있는지에 대한 보다 많은 정보가 필요하였다. 결과적으로, 과제의 수를 하나에서 네 개로 늘렸으며 면담 문항과 기술도 학생들의 추론을 더 면밀하게 조사할 수 있도록 수정하였다. 학생들에게 실험에 대해 설명한 후 30~45분 동안 면담을 진행하였다.

각 학생에게 동일한 면담 스크립트를 사용하였다. 최종 면담 프로토콜은 다음과

같이 네 가지의 활동으로 구성하였다.

면담 활동 1 – 학생들에게 그림 2에 제시된 모집단 분포에 대해 설명하게 한다. 학생들에게 아무것도 표시되지 않은 좌표평면을 제시하고 모집단으로부터 표본의 크기가 4와 16인 두 표본의 분포를 그래프로 나타내도록 한다.

면담 활동 2 – 그림 3과 같이 500개의 표본에 대하여 경험적으로 가능한 표집분포의 5가지 그래프를 제시한다. 표본의 크기가 4와 16인 표집분포를 나타내는 그래프로 가장 적절한 것이 어느 것인지 학생들에게 결정하도록 한다.

면담 활동 3 – 그림 4에 제시된 표본 및 표집분포와 관련된 명제가 참인지 거짓인지 결정하도록 한다.

면담 활동 4 – 면담 활동 1과 면담 활동 2에서 사용한 모집단을 제시하고 그림 5의 그래프 중 어떤 그래프가 이 모집단에서 추출한 표본의 크기가 50인 표본을 가장 잘 나타내고 있는지 선택하도록 한다.

각 면담 활동의 마지막 부분에서 학생들이 구체적인 설명이나 선택에 대한 이유를 설명하고, 선택에 대해 어느 정도 확신하는지 선택하도록 하였다.

지필 검사 결과에서 나타난 바와 같이, 학생들이 다양한 수준의 추론을 나타낸다는 것을 입증하기 위해 녹화된 자료를 검토하였다. 그러나 녹화된 자료를 검토하면

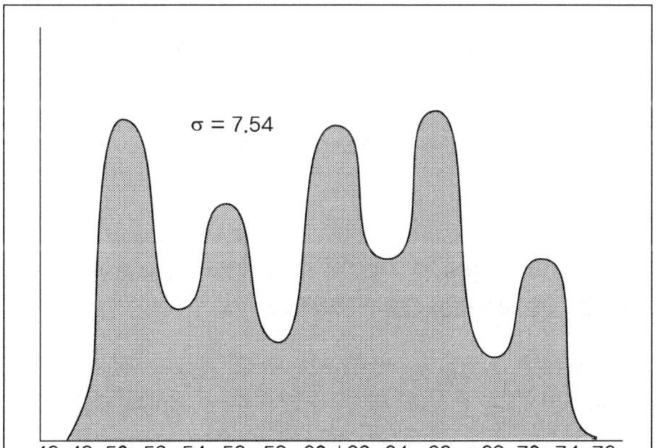

그림 2 면담에서 사용한 모집단 분포

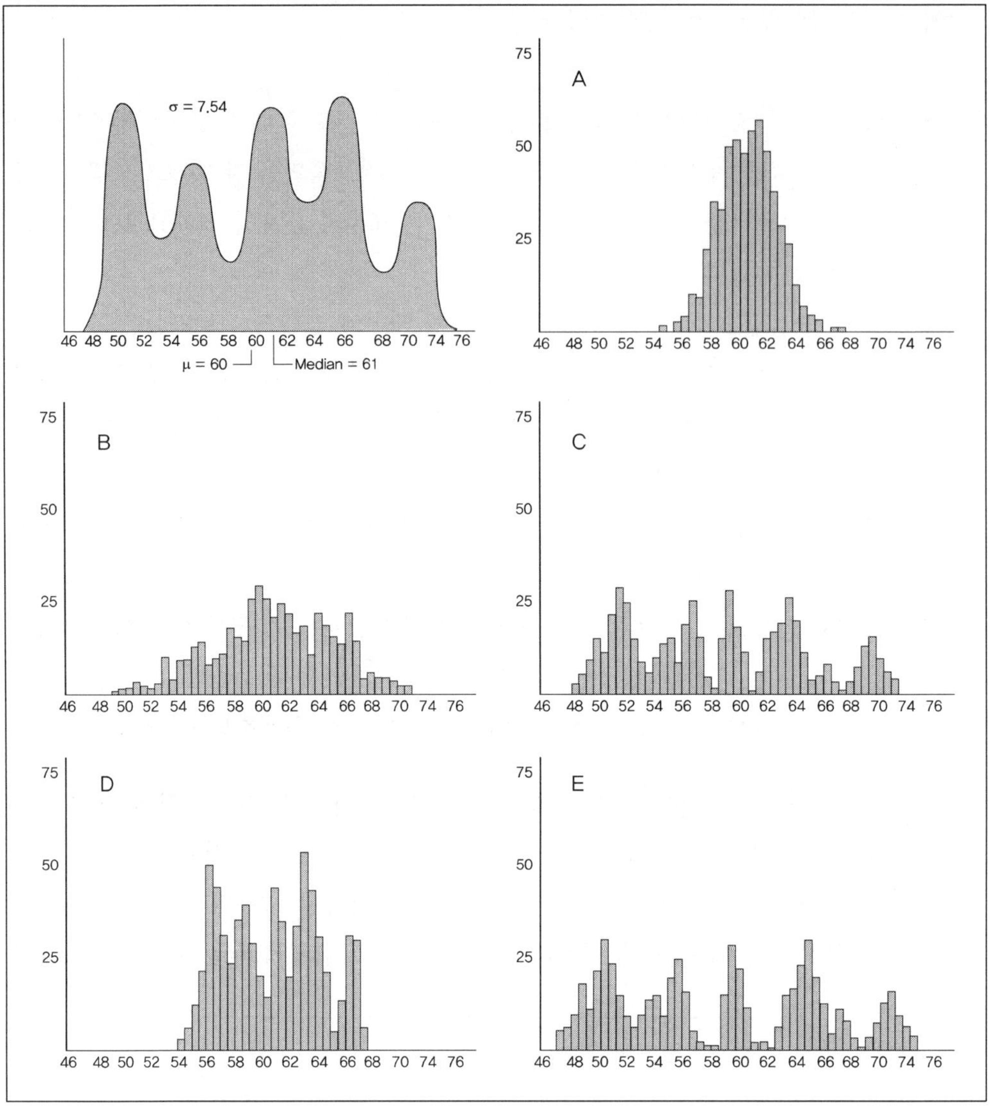

그림 3 모집단 분포와 이 모집단에서 추출한 표본으로 나타날 수 있는 경험적 표집분포

1. 표본의 크기가 증가할수록 표본은 정규분포와 비슷해진다. 각 표본의 평균값은 모평균과 같아지고, 표준편차는 모표준편차보다 작아진다.	참 거짓
2. 표본의 크기가 증가할수록 평균값의 표집분포는 모집단과 비슷해진다. 이 표집분포의 평균값은 모평균과 같아지고, 표준편차는 모표준편차와 비슷해진다.	참 거짓
3. 표본의 크기가 증가할수록 평균값의 표집분포는 정규분포와 비슷해진다. 이 표집분포의 평균값은 모평균과 같아지고, 표준편차는 모표준편차보다 작아진다.	참 거짓

그림 4 면담 활동 3에서 사용한 문항 (정답: 1. 거짓, 2. 거짓, 3. 참)

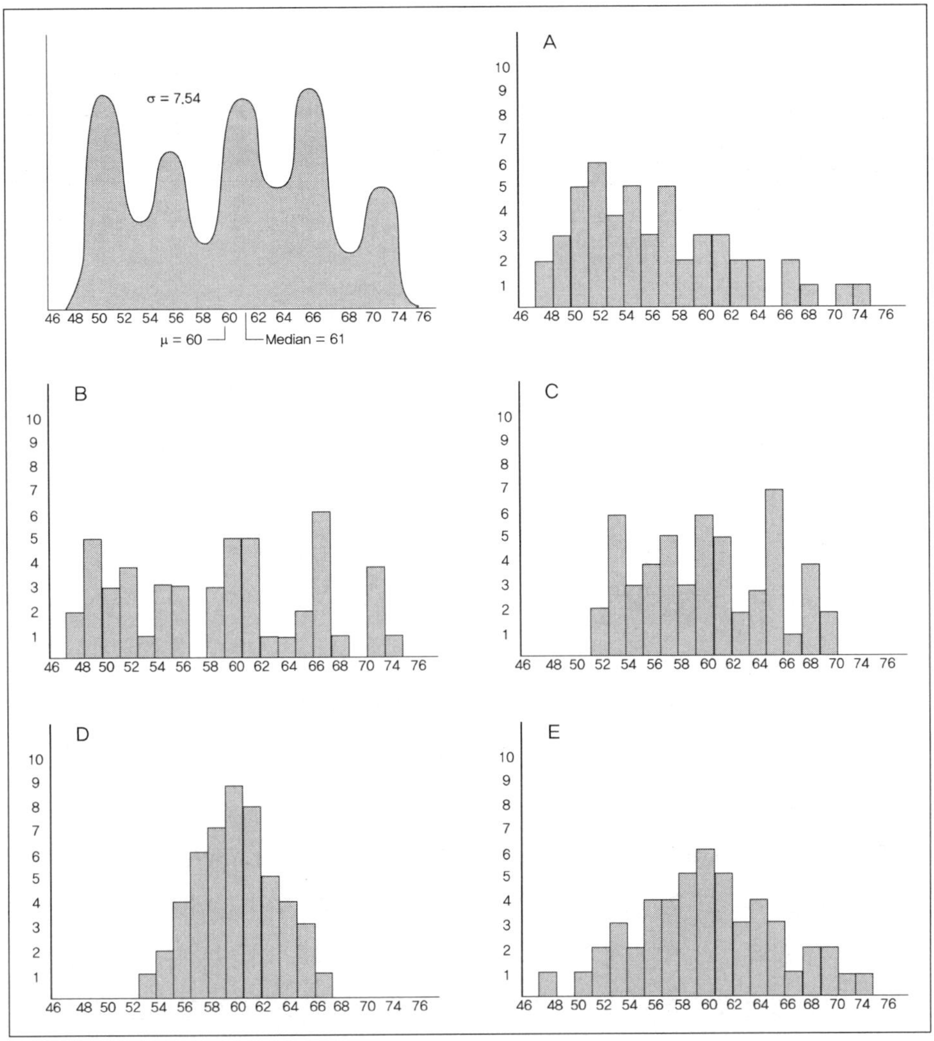

그림 5 모집단 분포와 이 모집단에서 추출한 표본으로 나타날 수 있는 경험적 분포

서 학생들이 보인 추론을 특정한 수준으로 분류하는 것은 쉽지 않았다. 사후 검사와 임상 면담을 통해 수집한 자료 역시 학생들의 통계적 추론이 특정한 어느 한 수준에 있을 것이라는 처음의 가정을 충분히 뒷받침해 주지 못하였다. 그 대신 면담을 통해 학생들의 추론이 상당히 복잡하며 몇 개의 서로 관련된 차원을 따라 발달함을 확인할 수 있었다. 다른 이론적 관점에 기초하여(Perkins, Crismond, Simmons, & Unger, 1995; Case, 1985; Biggs & Collis, 1982) 통계적 추론의 특성 '요소' 또는 '차원'을 다음과 같이 설정하였다.

1. **유창성** – 적절한 용어, 개념, 절차를 이해하고 사용하는 정도
2. **규칙성** – 예측하고 설명하기 위해 형식적 규칙을 확인하고 사용하는 정도
3. **일관성** – 모순되는 진술의 존재 유무
4. **통합성** – 아이디어, 개념, 절차가 연결되는 정도
5. **평형성(Equilibrium)** – 자신의 진술과 예측에서 비일관성 또는 모순을 인식하는 정도
6. **신뢰성** – 자신의 선택이나 진술에 대해 확신하는 정도

각 차원에 대해 가장 두드러진 특징을 나타낸 학생의 수준을 확인하고자 녹화된 자료를 다시 검토하였다. 다음과 같은 몇 가지 예를 얻을 수 있었다.

예 1 면담 활동 1에서 학생들에게 제시된 모집단에 대해 설명하도록 하였다. Jack과 Allie는 모집단에 대해 매우 다르게 설명하였다.

Jack: 보다시피 어떤 것은 올라가고 어떤 것은 내려갔어요. 차이가 있기 때문에 완전하다고 할 수 없죠. 비대칭 분포이고, 추측해보면… 중앙값 같은 것에 대해서 말할 수 있을 것 같아요.

Allie: 그래요, 그래프 분포에서 최빈값이 여러 개 나타나고, 어느 정도는 거의 대칭을 이루고 있어요. 평균은 60으로 중앙값과 거의 같네요. 그래서… (들리지 않음) … 거의 정규분포와 비슷해요, 대칭을 이루는 분포 같아요. 여기에 있는 점수들을 보면, 표준편차는 7.5로 매우 크고 이것은 모집단의 변이가 크다는 것을 의미해요.

Allie는 Jack보다 문항에 관련된 통계 용어들을 자연스럽게 사용하고 있음을 알 수 있다. Allie는 자신의 용어로 모집단에서 변이성의 정도를 가늠할 수 있는 형태, 중심, 퍼짐의 특징을 쉽게 설명하였다. 그리고 모집단에서 변이성의 정도를 평가했고 분포의 중요한 특징으로 다중최빈값이라는 특징에 주목하였다.

예 2 면담 활동 2에서 Karan과 Allie는 $n = 4$에 대해서는 B 그래프를, $n = 16$에 대해서는 A 그래프를 정확하게 선택하였다(그림 3). 연구자는 학생들에게 표집분포가 왜 그렇게 나타나는지를 설명하게 하였다.

Karen: 저는 단지 수업시간에 배운 것을 기억했어요… 그것은… 그래프를 그릴 때 종 모양의 곡선이 되면 정규분포가 된다는 것이에요. 그래서 그렇게 되는 그래프가 어떤 것인지 살펴보았는데… 그냥 그렇게 했어요… 왜 그런지, 정의가 무엇인지는 모르겠어요. 그냥 배운 것을 기억한 거예요.

Allie: 만약 평균을 계속해서 구한다면 특이값은 계속해서 줄어들 것이고 자료에 큰 영향을 미치지 못할 거예요. 따라서 항상 특이값을 제외시켜야 해요. 그래서 그건 점점 더… 평균값으로 회귀한다고 할 수 있어요. 이 말이 이러한 상황에서 적절한 용어인지는 잘 모르겠지만… 항상 평균을 구하기 때문에, 특이값은 거의 영향을 미치지 않아요. 아니, 이것을 말하려던 것이 아닌데… 음, 영향을 거의 미치지 않을 거예요… 그것은 점점 더 평균에 가까워질 거예요.

두 학생 모두 정확하게 예측하였으므로 그들의 이해 정도를 서로 다른 수준으로 분류하기는 어려울 것이다. Karen은 정규분포와 종 모양 곡선과 같은 표집분포와 관련된 형식적인 용어에 어느 정도 숙달한 것 같지만, 평균값에 대한 표집분포에 내재된 과정을 자신의 용어로 설명하지는 못하였다. Allie는 표준적인 용어를 찾는 것을 어려워했고 '평균값으로의 회귀'라는 표현을 올바르게 사용하지는 못했지만, 표집분포를 장기적인 과정으로 생각하였으며 그 과정에 표본의 크기가 미치는 영향에 대해서도 잘 이해하고 있는 것으로 보였다. 따라서 형식적인 용어에 숙달한 정도가 서로 다른 학생들은 개념을 통합하고 명제를 이해하는데 있어서도 서로 다른 능력을 지니고 있을 수 있다.

예 3 면담 활동 1에서 학생들에게 표본의 크기가 $n=4$에서 $n=16$으로 변하였을 때의 경험적인 표집분포를 그리도록 하였다.

Betty: $n=4$일 때와 마찬가지로 평균값은 60일 거예요. 그러면 어떻게 되냐면… 음, 저는 미술 전공이 아니고 간호학 전공이에요. 그래프는 봉우리가 높은 종 모양이 될 거고, 더 좁은 분포가 될 거예요. $n=16$일 때보다 $n=4$일 때 표준편차가 더 클 거예요. 따라서 표준편차가 더 작아지고, 정규분포 형태, 정규밀도곡선이 될 거예요. 그리고 평균값은 변하지 않을 거예요. 밀도곡선의 중심은 항상 모집단의 평균값이 될 거예요.

Betty는 그래프를 선택할 때 두 가지 차원을 사용하여 표집분포의 형태와 퍼짐에 주목하였다. 표본의 크기가 50인 경우에 대해 물었을 때(면담 활동 4) Betty는 다시 "만약 임의로 선택했다면 정규분포에 가까울 거예요."라고 말하고 크기가 50인 표본에 대해 D 그래프는 너무 정규성을 띤다고 생각하여 E 그래프를 선택하였다. 그림 3에 따르면 둘 다 오답이다. 앞에서 변이성에 대해 언급했음에도 불구하고, 이 학생은 그래프를 선택할 때 변이를 고려하지 않았고 표본과 표집분포의 차이를 명확하게 구별하지도 못하였다. 따라서 이 학생의 경우 표집분포와 관련된 여러 요소들을 통합하지 못하였다.

예 4 면담 활동 2에서 Martha는 앞에서 말한 답을 수정하였다.

Martha: $n = 4$인 경우에는 C이고 16은⋯ $n = 16$일 때에는 A⋯ (웃는다) 그리고 $n = 4$이기 때문에 더 큰 범위를 가질 수 있을 거 같아요⋯ 네, $n = 16$일 때보다 $n = 4$일 때 더 큰 범위요. 왜냐하면 추측하기 전에 생각해보았는데, 더 큰 표본의 표준편차는 $n = 4$인 경우의 표준편차보다 모표준편차에 더 가까워지기 때문이에요.

이어진 토론에서 이 학생은 표본의 크기 n이 증가함에 따라 표집분포의 표준편차가 감소하는지 감소하지 않는지를 결정하지 못하였다. 즉, 표집분포의 표준편차가 모표준편차에 근사한다는 사실을 알지 못하였다. 이 학생은 자신의 모순을 알아차리고 이러한 두 가지 '규칙'을 조정하려고 계속해서 시도하였다.

논의

표집분포는 학생들이 학습하기 어려운 주제이다. 표집분포를 완전히 이해하기 위해서는 통계 과정의 다양한 분야에서 파생된 개념들을 통합하고 적용해야 한다. 또한 많은 표본의 가설적인 특성에 대해 추론할 수 있어야 하는데, 이것은 대부분의 학생들에게 낯설고 막연한 사고 과정이다. 중심극한정리는 표집분포의 특성에 대한 이론적 모델이 되지만, 학생들은 응용된 상황에 이 모델을 적용하는 것을 어려워한다. 결과적으로 학생들은 표집분포의 개념을 깊이 있게 이해하지 못한 채 통계적 추정에 대한 기계적인 이해에 머무르게 된다. 학생들은 신뢰구간을 계산하는 방법을 배우고 유의성 검정을 할 수 있겠지만, p값을 해석하는 것과 같이 관련된 개념을 이해하거나 설명하지 못한다.

대부분의 교육자들은 표집분포를 구성할 때 다양한 모집단으로부터 반복적으로 임의로 표본을 추출하는 추상적 과정을 시각화 할 수 있는 시뮬레이션 소프트웨어와 web applets의 도입에 대해 매우 호의적이다. 그러나 이 장에서 살펴보았듯이, 그러한 소프트웨어를 사용하는 몇 가지 방법만으로는 표집분포에 대해 학생들이 지니고 있는 오개념을 의미 있게 변화시키기에 충분하지 않다. 소프트웨어 프로그램이 학생들과 상호작용하며 역동적인 시각화의 기능을 가짐에도 불구하고, 학생들은 규칙과 패턴을 찾으려고만 하며 발견한 패턴의 원인이 되는 기본적인 관계를 거의 이해하지 못한다. 예를 들어, 학생들은 표집분포는 표본의 크기가 커질수록 점점 정규분포가 되어 간다는 사실을 알지만, 왜 이러한 현상이 일어나는지를 이해하지 못한다. 따라서 주어진 크기의 표본에 대한 적절한 표집분포를 예측하도록 할 때, 학생들은 종종 잘못 기억하거나 일관성이 없게 적용한 규칙에 의존해서 생각하려 한다. 결과적으로 학생들이 하나의 표본에 대한 분포와 여러 개의 표본 평균에 대한 분포를 구별하는데 자주 어려움을 겪는다는 것을 확인하였다.

학생들이 특별히 고안한 시뮬레이션 프로그램과 상호작용하는 다양한 방식을 연구함으로써 학생들이 이러한 과정에 대해 생각할 때 더 효과적으로 참여시키는 방법과 중심극한정리의 기초적인 의미를 이해할 수 있는 방법을 탐구하였다. 이 연구를 통해 표본추출과 표집분포에 대해 학생들이 지니고 있는 몇 가지 오개념을 확인하였으며, 이러한 오개념을 직접 대면하도록 고안된 학습 활동의 효과에 대해 살펴보았다. 예를 들어, 학생들에게 다양한 모집단으로부터 표본의 크기를 달리하는 것과 같은 서로 다른 조건 하에서 추출된 표본의 평균에 대한 분포를 예상하게 하고, 자신들의 예상이 맞는지 알아보기 위해 공학 도구를 사용하게 한 것은 학생들의 추론에 공학이 미치는 효과를 신장시키는 것으로 나타났다. 또한 학생들로 하여금 자신이 지니고 있는 지식의 한계에 직면하게 함으로써, 자신의 오개념을 수정하고 현재 자신이 지닌 지식 체계를 더 오랫동안 파지하려는 경향이 있음을 알 수 있었다. 이러한 학습은 교사가 시범을 위해 공학 도구를 혼자 사용하거나 학생들이 소프트웨어에서 관찰한 구체적인 내용을 기록하고 일반화하도록 했을 때보다 학생들에게 훨씬 더 의미있는 것으로 나타났다.

분포 및 표준편차와 같은 관련된 개념에 대해 학생들의 이해가 부족한 것은 표집분포에 대해 완전히 이해하는데 걸림돌이 되는 것으로 보인다. 이 연구에서는 표집분포에 대한 선행 연구를 고찰하고 선행 학습 과정을 분석하여 표집분포에 대한 학생들의 이해를 신장시키기 위해 노력하였다. 예를 들어, 우선 표본 평균 분포의 형태와 변이성에 표본의 크기가 미치는 영향을 학생들이 이해하는지 연구하였다. 많은 학생들이 **분포**와 **변이성**의 의미를 완전하게 이해하지 못한다는 것을 확인하였다. 따라서 학생들이 이와 관련된 용어나 개념을 이해하기 전까지는 표집분포라는 맥락 속에서 이 개념들을 통합하고, 이에 기초하여 표집분포를 이해하도록 돕는 것이 어렵다는 것을 알게 되었다. 현재 학생들이 분포, 변이성, 모델에 대한 기본 아이디어를 충실히 이해할 수 있도록 돕는 방법을 연구하고, 이러한 이해가 표집분포에 관한 학습을 촉진시키는가를 확인하기 위한 모델을 연구하고 있다.

표집분포에 대한 학생들의 추론을 연구하는 과정에서, 학생들의 추론에는 몇 가지 차원이 있을 수 있음을 확인하였다. 이러한 차원은 학생들의 행동을 기술하고 학생들을 비교하는데 기초가 된다. 각 차원에 따라 학생들을 정확하게 구별하는 것은 학생들의 추론을 좀더 발전시킬 수 있는 구체적인 중재나 활동의 개발을 용이하게 한다. 학생들과의 면담을 통해 몇 가지 흥미로운 관계를 발견할 수 있었다. 예를 들어, 부정확한 정의나 잘못된 용어를 사용하는 등 유창성이 부족한 학생들은 표집분포에 대해 추론하는 것을 매우 어려워하였다. 일관된 추론을 하는 학생들도 일부 있었으며, 모순되고 일관되지 못한 진술을 하는 학생들도 있었다. 일관된 추론을 하지 못한 학생들 중 몇 명은 자신의 진술이 일관되지 못한다는 것을 인식하는 경우도 있었고 그렇지 못한 경우도 있었다. 불평형한 상태[32]의 학생들이 표집분포 과정을 학습하려는 의지가 더 강하고 수업에 좀더 적극적으로 참여할 수도 있다. 또한 학생들이 표본 평균의 특성을 정확하게 예측하는 규칙을 찾아 그것을 이용할 수는 있어도 표집분포가 만들어지는 과정을 설명하지 못하는 경우도 있음을 확인하였다. 이는 학생들이 표본 평균의 특성을 정확하게 예측하는 능력이 있어도 표집분포에 대한 정보를 충분히 통합하지 못한다는 것을 의미한다.

이 연구의 목적은 학생들의 추론에 대한 이러한 차원들과 관련하여 다음과 같은 문제를 탐구하는 것이었다.

- 차원들은 서로 어떻게 관련되는가?
- 수업이 각 차원에 어떻게 영향을 미치는가? 만약 수업이 어느 하나의 차원에 영

32) 역자주: 앞에서 언급했던 통계적 추론의 특성 '요소' 또는 '차원'중 자신의 진술과 예측이 일관되지 않고, 모순이 있음을 인식하는 상태.

향을 미친다면, 다른 차원에도 영향을 미치는가(긍정적으로 또는 부정적으로)?

- 차원은 얼마나 일반적인가? 다른 유형의 통계적 추론에서도 동일한 역할을 하는가?
- 학생들의 통계적 추론을 개발하는데 있어 어느 차원이 더 중요한가?

이러한 차원은 표집분포라는 주제 이상으로 확대될 수 있으며 학생들의 보다 일반적인 통계적 추론이 어떻게 발달하는지를 알아볼 수 있는 수단이 될 수 있을 것이다.

학생들을 각 차원에 따라 분류하는 능력을 향상시키고, 각 차원 사이의 관계를 탐구하고, 특별한 학습 활동이 이러한 차원에 미치는 영향을 기술하기 위해 새로운 평가 도구가 필요하게 되었다. 학생들의 표집분포에 대한 개념을 연구하는 과정에서 개발한 도구는 이 주제를 학습하는 학생들을 평가하는데 전형적으로 사용되는 평가의 유형과는 매우 다른 형태였다. 그림 6과 그림 7은 표집분포를 이해하고 이를 하

어떤 대학 입학시험 점수의 분포는 다음과 같으며 정규분포를 따르지 않는다. 점수의 분포는 오른쪽으로 매우 치우쳐 있으며, 평균은 20, 표준편차는 3.5이다.

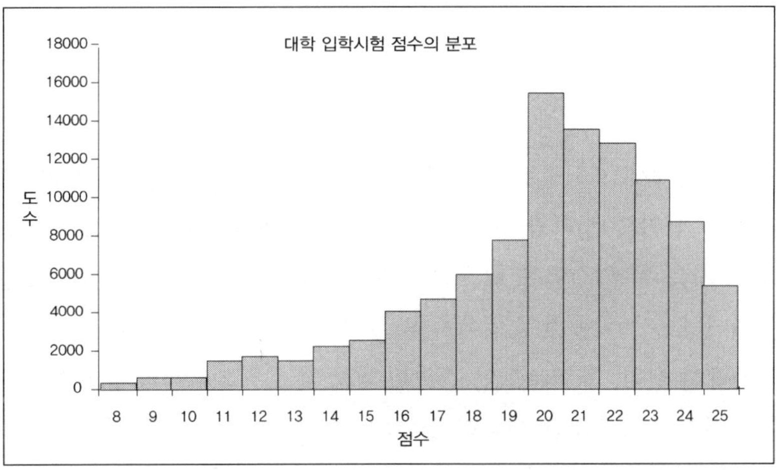

어느 연구 팀이 미국에 있는 여러 고등학교에서 50명의 학생을 단순 임의추출하였다. 크기가 50인 표본에 대하여 평균 시험 점수에 대한 표집분포가 어떤 형태인지 다음 중 한 가지를 선택하여라.

a. 오른쪽으로 매우 치우친 형태
b. 오른쪽으로 치우치긴 했지만 그 정도가 모집단만큼 크지는 않은 형태
c. 정규분포와 매우 유사한 형태
d. 표집분포의 형태를 예측하는 것은 불가능하다.

위의 선택에 대한 이유를 설명하여라.

그림 6 대학 입학시험 점수에 관한 문항 (정답: C)

미국 남자는 18세가 되면 지역 우체국에 등록을 해야 하며, 자신의 키 또한 기록해야 한다. 18세인 미국 남자의 평균키는 69인치(5피트 9인치)라고 한다. 1년 동안 매일 어느 작은 도시의 우체국에는 약 5명의 남자가 등록하였고, 큰 도시의 우체국에는 약 50명의 남자가 등록하였다. 각 우체국에서는 매일 하루 일과가 끝나면 그날 등록한 남자들의 평균키를 계산하였다.
하루에 등록한 남자들의 평균키가 71인치(5피트 11인치) 이상인 날의 수에 관한 예측으로 적절한 것을 다음 중에서 선택하여라.

a. 평균키가 71인치 이상인 날의 수는 큰 도시의 우체국보다 작은 도시의 우체국이 더 많다.
b. 평균키가 71인치 이상인 날의 수는 작은 도시의 우체국보다 큰 도시의 우체국이 더 많다.
c. 평균키가 71인치 이상인 날의 수가 어느 우체국이 더 많은지 예측할 수 없다.

위의 선택에 대한 이유를 설명하여라. 설명을 돕는 어떤 표현이든 사용할 수 있다.

그림 7 우체국 문항[33] (정답: A)

나의 맥락을 지닌 문제에 적용하는 학생들의 능력을 평가하는데 사용한 두 가지 문항이다. 이러한 선다형 문제는 빠르게 평가할 수 있으면서 동시에 학생들이 지니고 있는 지식을 적용하도록 하며, 전통적인 문제에 비해 학생들의 반응을 더 깊이 있게 진단적으로 분석할 수 있게 한다. 그러나 표집분포에 대한 학생들의 복잡한 추론을 더 잘 드러내기 위해서는 새로운 도구가 더 필요하다.

시사점

대부분의 교과서에서 제시하는 중심극한정리의 정의와 표집분포에 대한 정적인 설명은 학생들이 이러한 정리와 개념에 포함된 과정을 완전히 이해하도록 돕지 못할 뿐만 아니라 처음 통계 수업을 받으면서 형성되고 발전된 오개념을 바로 잡는데 충분하지 못하다. 교사는 통계 수업에서 많은 시간을 표집분포와 관련된 개념을 안내하는데 사용해야 한다. 표집분포와 관련된 개념에는 표본추출과 통계적 분포의 개념과 중심극한정리의 응용뿐만 아니라 분포와 변이성과 같은 기본적인 개념이 포함된다. 통계 수업 전반에 걸쳐 이러한 기본 개념이 통합되어 지도될 때, 학생들은 이러한 개념들을 적용하고 표집분포의 맥락에서 이러한 개념들을 사용해야 함을 이해할 수 있을 것이다.

공학 도구가 학생들에게 표집분포를 시각화하고 구체적으로 이해하도록 하는 잠재성을 지니고는 있으나, 단지 소프트웨어를 접하는 것만으로는 학생들이 깊이 있게

33) Well과 동료(1990)의 연구에서 사용한 문제에 기초하여 만든 문항이다. 표본의 크기가 작은 경우 표본 추출의 변이성이 더 클 수 있기 때문에 정답은 A이다.

이해하도록 하는 의미 있는 변화를 이끌어 내기 어렵다. 학생들이 지닌 잠재적 학습 능력을 최대한 일깨우기 위해서는 보다 주의 깊게 공학 도구를 사용해야 한다. 이 장에서 소개한 연구와 개념적으로 강화된 시뮬레이션 도구에 관한 연구 결과로부터 얻은 시사점을 기술하면 다음과 같다.

- **먼저 표본을 탐구하기 위해 공학 도구를 사용하고 표본의 특성이 모집단의 특성과 얼마나 유사한지 비교하여라.** 학생들이 표본추출의 개념에 좀더 친숙하고, 각각의 표본들이 서로 얼마나 다른지 또는 모집단과 얼마나 같은지, 그러나 각각의 표본들이 일반적인 모델을 따른다는 것을 시각적으로 볼 수 있도록 수업이 이루어져야 한다. 그러면 학생들은 소프트웨어를 좀더 충분히 이해할 수 있으며, 표집분포에 대한 복잡한 통계적 개념을 접하며 효과적으로 소프트웨어를 사용할 수 있을 것이다.
- **구체물을 이용해 표본을 직접 추출하는 과정을 경험하게 하여라.** 학생들이 항아리에 담긴 사탕으로 표본을 추출하거나, 모집단 목록에서 표본을 추출하기 위해 난수표를 사용하는 활동들은 학생들이 컴퓨터 시뮬레이션과 관련하여 그들이 행할 수 있는 의미 있는 맥락이 된다. 반면에 컴퓨터는 표본을 추출하는 활동과는 다른 수준의 추상성을 제시하기 때문에 학생들은 이러한 과정을 연결하는데 실패한다.
- **공학 도구를 이용하여 구조화된 탐구와 비구조화된 탐구 모두를 경험하게 하여라.** 학생들은 안내에 따라 특정한 관찰을 하면서도, 자유롭게 개념을 탐구하고 자신이 지니고 있는 지식을 스스로 구성하고 평가해야 한다. 어떤 학생들은 올바른 지식 구조를 형성하기 위해서 의구심을 갖는 경험이 필요하다. 학생들이 불평형성을 탐구하고 입증해보도록 하면 다음 수업에서 이것을 더욱 잘 이해할 수 있게 한다.
- **활동을 마친 후 관찰 결과나 알게 된 점에 대해 논의하게 하여라.** 학생들이 관찰한 것과 이해한 것을 설명할 수 있도록 해야 한다. 이러한 활동은 교실에서나 학생들의 쓰기 과제를 통해서도 가능하다. 이러한 논의는 학생들이 관심을 가져야 하는 대부분의 중요한 내용을 교사가 강조할 수 있게 한다. 따라서 학생들은 너무나 많은 정보나 개별적인 지식에 대한 부담을 느끼지 않아도 되며 시뮬레이션으로 만든 분포의 형태나 퍼짐 대신에 분포의 높이와 같이 중요하지 않은 부분

에 주목하지 않을 수 있다.

- **표집분포에 대한 학생들의 이해를 반복하여 평가하여라.** 수업 활동 후에 표집분포에 대해 학생들이 학습하고 이해한 것을 주의 깊게 여러 차례에 걸쳐 평가하는 것이 중요하다. 학생들은 자신의 지식을 평가할 기회를 가져야 하며, 자주 그리고 더 엄밀하게 반성할 기회를 가져야만 한다. 학생들의 지식은 빈약하므로 보강되어야 한다. 또한 새로운 평가 도구가 개발되고 사용되어야만 한다.
- **표집분포에 대한 학생들의 이해에 기초하여 이후 활동을 계획하여라.** 사전 개념에 기초하여 수업을 진행해가는 것은 매우 중요하다. 교육자들은 신뢰도와 유의성을 소개할 때 표집분포에 대한 느낌과 공학 도구 사용의 경험을 적극적으로 활용할 필요가 있다.

시뮬레이션 소프트웨어와 상호작용하는 과정에서 나타나는 학생들의 추론에 대한 지속적인 연구를 통해 학생들이 표집분포 과정을 완전히 이해하게 하는데 기여할 수 있는 더 나은 방법을 모색하고자 한다. 이것이 이루어지면 학생들은 통계적 신뢰도와 통계적 유의성과 같은 통계적 추정에 관련된 개념을 이해하고 발달시킬 수 있으며, 통계 수업이 성공적으로 이루어질 수 있을 것이다.

참고문헌

Beherens, J. T. (1997). Toward a theory and practice of using interactive graphics in statistics education. In J. B. Garfield & G. Burril (Eds.), *Research on the role of technology in teaching and learning statistics: Proceedings of the 1996 International Association for Statistics Education (IASE) roundtable* (pp. 111-122). Voorburg, The Netherlands: International Statistical Institute.

Biggs, J. B., & Collis, K. F. (1982). *Evaluating the quality of learning: The SOLO taxonomy*. New York: Academic Press.

Case, R. (1985). *Intellectual development: From birth to adulthood*. New York: Academic Press.

Clement, J. (2000). Analysis of clinical interviews. In A. Kelly & R. Lesh (Eds.), *Handbook of research design in mathematics and science education* (pp. 547-589). Mahwah, NJ: Erlbaum.

Cohen, S. (1997). *ConStartS: Software for Conceptualizing Statistics*. Tufts University: Software Curricular Studio. Retrieved April 23, 2003, from http://www.tufts.edu/tccs/services/css/ConStatS.html

Davenport, E. C. (1992). Creating data to explain statistical concepts: Seeing is believing. In *Proceedings of the Section on Statistical Education of the American Statistical*

Association (pp. 389-394).

delMas, R. (2001). *Sampling SIM* (version 5). Retrieved April 23, 2003, from http://www.gen.umn.edu/faculty_staff/delMas/stat_tools

delMas, R., Garfield, J., & Chance, B. (1998). Assessing the effects of a computer microworld on statistical reasoning. In L. Pereira-Mendoza, L. S. Kea, T. W. Kee, & W. Wong (Eds.), *Proceedings of the Fifth International Conference on Teaching Statistics* (pp. 1083-1089), Nanyang Techonolgical University. Singapore: International Statistical Institute.

delMas, R., Garfield, J., & Chance, B. (1999a). Assessing the effects of a computer microworld on statistical reasoning. *Journal of Statistics Education, 7*(3). Retrieved April 23, 2003, from http://www.amstat.org/publications/jse/secure/v7n3/delmas.cfm

delMas, R., Garfield, J., & Chance, B. (1999b). Exploring the role of computer simulations in developing understanding of sampling distributions. Paper presented at the Annual Meeting of the American Educational Reserch Association, Montreal, Canada.

Doane, D. P., Tracy, R. L., & Mathieson, K. (2001). *Visual Statistics, 2.0*. New York: McGraw-Hill. Retrieved April 23, 2003, from http://www.mhhe.com/business/opsci/doane/show_flas_intro.htlm

Earley, M. A. (2001). Improving statistics education through simulations: The case of the sampling distribution. Paper presented at the *Annual Meeting of the Mid-Western Educational Research Association*, Chicago. IL.

Garfield, J. (2002). The challenge of developing statistical reasoning. *Journal of Statistics Education, 10*(3). Retrieved April 23, 2003, from http://www.amstat.org/publications/jse/

Garfield, J., delMas, R., & Chance, B. (1999). Developing statistical reasoning about sampling distributions. Presented at the First International Research Forum on Statistical Reasoning, Thinking, and Literacy (SRTL), Kibbutz Be'eri, Israel.

Garfield, J., delMas, R., & Chance, B. (2002). *Tools for teaching and assessing statistical inference* [website]. Retrieved April 23, 2003, from: http://www.gen.umn.edu/faculty_staff/delmas/stat_tools/index.htm

Glencross, M. J. (1988). A practical approach to the Central Limit Theorem. In R. Davidson & J. Swift (Eds.), *Proceedings of the second international conference on teaching statistics* (pp. 91-95). Victoria, B. C.: Organizing Committee for the Second International Conference on Teaching Statistics.

Hodgson, T. R. (1996). The effects of hands-on activities on students' understanding of selected statistical concepts. In E. Jakubowski, D. Watkins, & H. Biske (Eds.), *Proceedings of the Eighteenth Annual Meeting of the North American Chapter of the International Group for the Psychology of Mathematics Education* (pp. 241-246). Columbus, OH: ERIC Clearinghouse for Science, Mathematics, and Environmental Education.

Hodgson, T. R., & Burke, M. (2000). On simulation and the teaching of statistics. *Teaching Statistics, 22*(3).

Holland, J. H., Holyoak, K. J., Nisbett, R. E., & Thagard, P. R. (1987). *Induction: Processes of inference, learning, and discovery*. Cambridge, Mass: MIT Press.

Jenning, D., Amabile, T., & Ross, L. (1982). Informal covariation assessment: Data-based versus theory-based judgments. In D. Kahneman, P. Slovic, & A. Tversky (Eds.), *Judgment under uncertainty: Heuristics and biases* (pp. 211-230). Cambridge, UK: Cambridge University Press.

Jones, G. A., Langrall, C. W., Mooney, E. S., Wares, A. S., Jones, M. R., Perry, B., et al. (2001). Using students' statistical thinking to inform instruction. *Journal of Mathematical Behavior*, *20*, 109-144.

Jones, G. A., Thornton, C. A., Langrall, C. W., Mooney, E., Perry, B., & Putt, I. (2000). A framework for characterizing students' statistical thinking. *Mathematical Thinking and Learning*, *2*, 269-308.

Lane, D. M. (2001). *HyperStat*. Retrieved April 24, 2003, from http://davidmlane.com/hyperstat/

Lang, J., Coyne, G., & Wackerly, D. (1993). *ExplorStat—Active Demonstration of Statistical Concepts*, University of Florida. Retrieved April 24, 2003, from http://www.stat.ufl.edu/users/dwack/

Lord, C., Ross, L., & Lepper, M. (1979). Biased assimilation and attitude polarization: The effects of prior theories on subsequently considered evidence. *Journal of Personality and Social Psychology*, *37*, 2098-2109.

Mills, J. D. (2002). Using computer simulation methods to teach statistics: A review of the literature. *Journal of Statistics Education*, *10*(1). Retrieved April 24, 2003, from: http://www.amstat.org/publications/jse/v10n1/mills.html

Mooney, E. S. (2002). A framework for characterizing middle school students' statistical thinking. *Mathematical Thinking and Learning*, *4*(1), 23-63.

Moore, D. (2000). *Basic Practice of Statistics*. New York: Freeman.

Moore, D., & McCabe, G. (2002). *Introduction to the Practice of Statistics* (4th ed.). New York: Freeman.

Newton, H. J., & Harvill, J. L. (1997). *StatConcepts: A visual tour of statistical ideas* (1st ed.). Pacific Grove, CA: Brooks/Cole.

Nickerson, R. S. (1995). Can technology help teach for understanding? In D. N. Perkins, J. L. Schwartz. M. M. West, & M. S. Wiske (Eds.), *Software goes to school: Teaching for understanding with new technologies* (pp. 7-22). New York: Oxford University Press.

Perkins, D. N., Crismond, D., Simmons, R., & Unger, C. (1995). Inside understanding. In D. N. Perkins, J. L. Schwartz, M. M. West, & M. S. Wiske (Eds.), *Software goes to school: Teaching for understanding with new technologies* (pp. 70-87). New York: Oxford University Press.

Perkins, D. N., Schwartz, J. L., West, M. M., & Wiske, M. S. (Eds.). (1995). *Software goes to school: Teaching for understanding with new technologies*. New York: Oxford University Press.

Posner, G. J., Strike, K. A., Hewson, P. W., & Gertzog, W. A. (1982). Accommodation of a scientific conception: Toward a theory of conceptual change. *Science Education*, *66*(2), 211-227.

Ross, L., & Anderson, C. (1982). Shortcomings in the attribution process: On the origins and maintenance of erroneous social assessments. In D. Kahneman, P. Slovic, & A. Tversky (Eds.), *Judgment under uncertainty: Heuristics and biases* (pp. 129-152). Cambridge, UK: Cambridge University Press.

Saldanha, L. A., & Thompson, P. W. (2001). Students' reasoning about sampling distributions and statistical inference. In R. Speiser & C. Maher (Eds.), *Proceedings of The Twenty-Third Annual Meeting of the North American Chapter of the International Group for the Psychology of Mathematics Education* (pp. 449-454), Snowbird, Utah. Columbus, Ohio: ERIC Clearinghouse.

Schwarz, C. J., & Sutherland, J. (1997). An on-line workship using a simple capture-recapture experiment to illustrate the concepts of a sampling distribution. *Journal of Statistics Education*, *5*(1). Retrieved April 24, 2003, from http://www.amstat.org/publications/jse/v5n1/schwarz.html

Schwartz, D. L., Goldman, S. R., Vye, N. J., Barron, B. J., & the Cognition Technology Group at Vanderbilt. (1997). Aligning everyday and mathematical reasoning: The case of sampling assumptions. In S. Lagoie (Ed.), *Reflections on statistics: Agendas for learning, teaching and assessment in K-12* (pp. 233-273). Hillsdale, NJ: Erlbaum.

Sedlmeier, P. (1999). *Improving statistical reasoning: Theoretical models and practical implications*. Mahwah, NJ: Erlbaum.

Siegel, A., & Morgan, C. (1996). *Statistics and data analysis; An introduction* (2nd ed.). New York: Wiley.

Simon, J. L. (1994). What some puzzling problems teach about the theory of simulation and the use of resampling. *American Statistician*, *48*(4), 290-293.

Snir, J., Smith, C., & Grosslight, L. (1995). Conceptually enhanced simulations: A computer tool for science teaching. In D. N. Perkins, J. L. Schwartz, M. M. West, & M. S. Wiske (Eds.), *Software goes to school: Teaching for understanding with new technologies* (pp. 106-129). New York: Oxford University Press.

Thomason, N., & Cummings, G. (1999). *StatPlay*. School of Psychological Science, La Trobe University, Bandora, Australia. Retrieved April 24, 2003, from: http://www.latrobe.edu.au/psy/cumming/statplay.html

Velleman, P. (2003). *ActivStats*, Ithaca, NY: Data Description, Inc, Retrieved April 24, 2003, from http://www.aw.com/catalog/academic/product/1,4096,0201782456,00.html

Well, A. D., Pollatsek, A., & Boyce, S. J. (1990). Understanding the effects of sample size on the variability of the mean. *Organizational Behavior and Human Decision Processes*, *47*, 289-312.

부록

문항 4~9는 표집분포에 대한 사후 검사에서 사용한 문항이다. (2001년 봄)

4. 그림 1에서 왼쪽 위의 그래프는 성적에 대한 모집단의 분포이다. 이 모집단에서 임의추출된 표본에 대한 표본 평균의 분포로 가능한 것을 A~E 중에서 선택하는 문제이다.

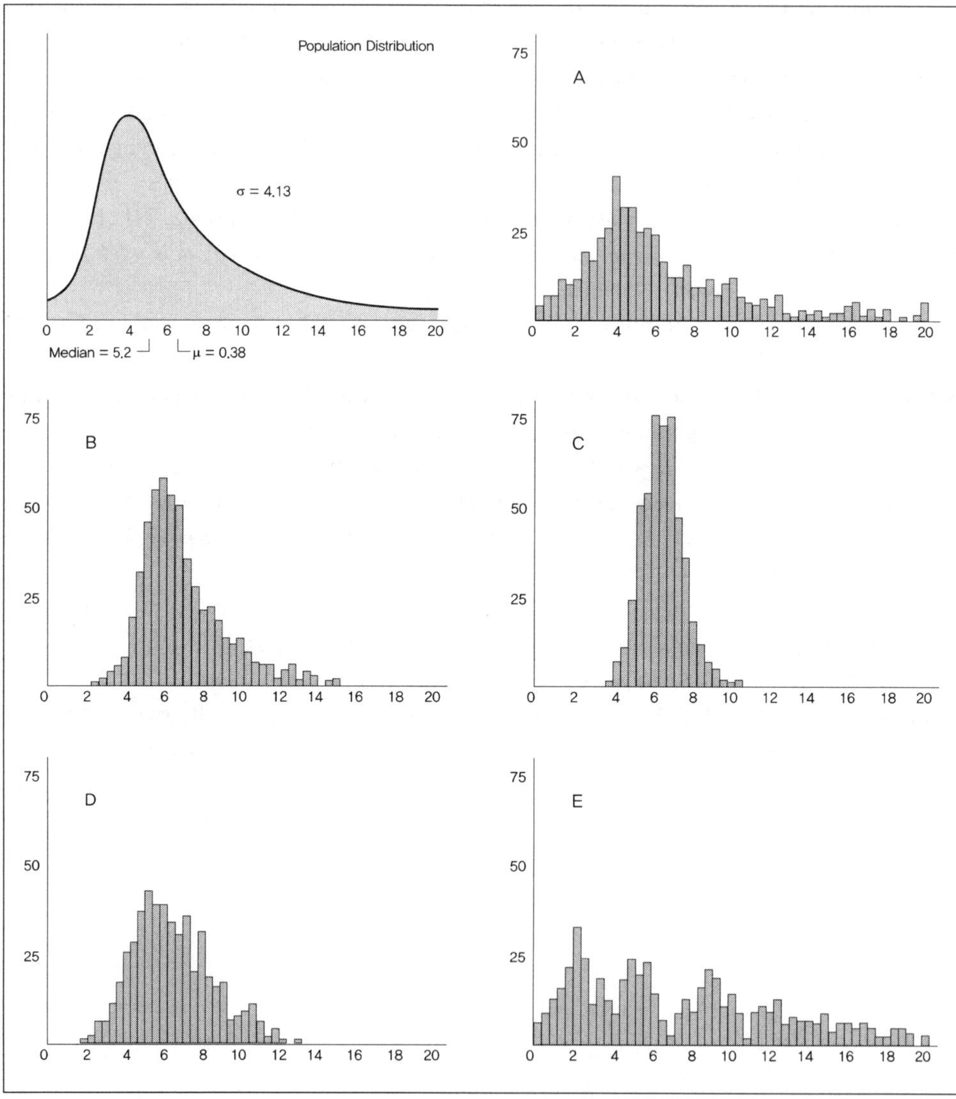

그림 1 모집단 분포

4a) 표본의 크기가 4인 표본을 500개 추출하였을 때, 그 표본 평균의 분포가 될 수 있는 그래프를 한 개만 선택하여라.

A B C D E

4b) 자신이 선택한 그래프가 옳다고 어느 정도 확신하는지 선택하여라.

20% 25% 30% 35% 40% 45% 50% 55%

60% 65% 70% 75% 80% 85% 90% 95% 100%

※ 4a에서 답한 표집분포를 바탕으로 다음 질문에 답하여라.

4c) 표집분포의 형태가 어떻다고 생각하는지 다음 중 한 개를 선택하여라.

정규분포와 같은 모양일 것이다.

모집단의 분포와 같은 모양일 것이다.

※ 괄호 안에서 적절한 것을 선택하여라.

4d) 표집분포는 모집단보다 변이성이 (더 작다, 같다, 더 크다).

4e) 크기가 16인 표본을 500개 추출하였을 때 표본 평균의 분포가 될 수 있는 그래프를 한 개만 선택하여라.

A B C D E

4f) 자신이 선택한 그래프가 옳다고 어느 정도 확신하는지 선택하여라.

20% 25% 30% 35% 40% 45% 50% 55%

60% 65% 70% 75% 80% 85% 90% 95% 100%

※ 4e에서 답한 표집분포를 바탕으로 다음 질문에 답하여라.

4g) 표집분포의 형태가 어떻다고 생각하는지 다음 중 한 개를 선택하여라.

정규분포와 같은 모양일 것이다.

모집단의 분포와 같은 모양일 것이다.

※ 괄호 안에서 적절한 것을 선택하여라.

4h) 표집분포는 모집단보다 변이성이 (더 작다, 같다, 더 크다).

4i) 4e에서 고른 표집분포가 4a에서 고른 표집분포보다 변이성이 (더 작다, 같다, 더 크다).

5. 그림 2의 왼쪽 위의 그래프는 성적에 대한 두 번째 모집단의 분포이다. 이 모집단에서 임의 추출된 표본에 대한 표본 평균의 분포로 가능한 것을 A~E 중에서 선택하는 문제이다.

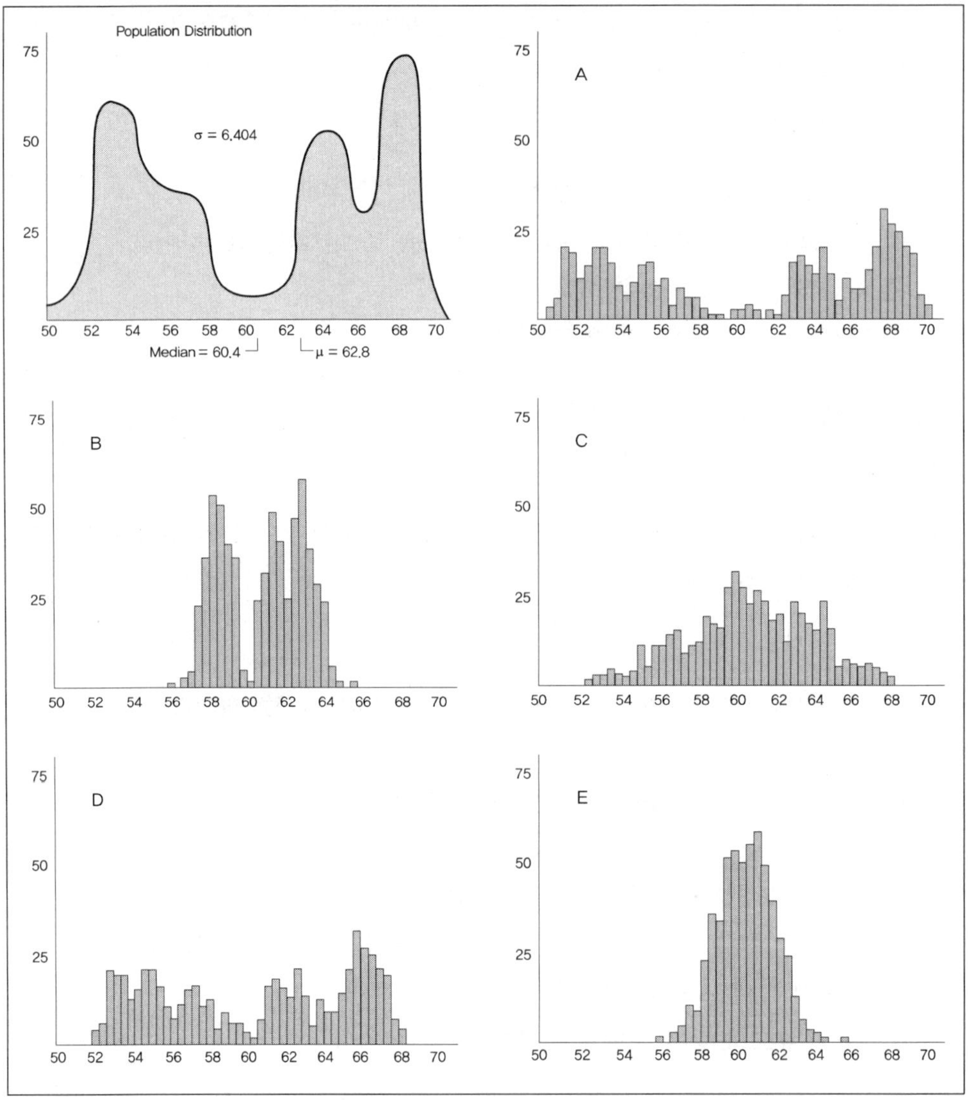

그림 2 모집단 분포

5a) 표본의 크기가 4인 표본을 500개 추출하였을 때 표본 평균의 분포가 될 수 있는 그래프를 선택하여라.

A B C D E

5b) 자신이 선택한 그래프가 옳다고 어느 정도 확신하는지 선택하여라.

20% 25% 30% 35% 40% 45% 50% 55%

60% 65% 70% 75% 80% 85% 90% 95% 100%

※ 5a에서 답한 표집분포를 바탕으로 다음 질문에 답하여라.

5c) 표집분포의 형태가 어떻다고 생각하는지 한 개만 선택하여라.

정규분포와 같은 모양일 것이다.

모집단의 분포와 같은 모양일 것이다.

※ 괄호 안에서 적절한 것을 선택하여라.

5d) 표집분포는 모집단보다 변이성이 (더 작다, 같다, 더 크다).

5e) 크기가 16인 표본을 500개 추출하였을 때 그 표본 평균의 분포가 될 수 있는 그래프는 어떤 것인지 한 개만 선택하여라.

A B C D E

5f) 자신이 선택한 그래프가 옳다고 어느 정도 확신하는지 선택하여라.

20% 25% 30% 35% 40% 45% 50% 55%

60% 65% 70% 75% 80% 85% 90% 95% 100%

※ 5e에서 답한 표집분포를 바탕으로 다음 질문에 답하여라.

5g) 표집분포의 형태가 어떨 것이라고 생각하는지 한 개만 선택하여라.

정규분포와 같은 모양일 것이다.

모집단의 분포와 같은 모양일 것이다.

※ 괄호 안에서 적절한 것을 선택하여라.

5h) 표집분포는 모집단보다 변이성이 (더 작다, 같다, 더 크다).

5i) 5e에서 고른 표집분포가 5a에서 고른 표집분포보다 변이성이 (더 작다, 같다, 더 크다).

6. 쿠키 한 봉지의 무게는 평균이 16.2oz, 표준편차가 0.5oz인 정규분포를 따른다. 이 모집단에서 쿠키 16봉지를 단순 임의추출한다고 하자. 표본 평균 무게에 대한 표집

분포에서 표준편차는?

a. 표준편차는 0.5보다 크다.

b. 표준편차는 0.5와 같다.

c. 표준편차는 0.5보다 작다.

d. 표준편차를 예측할 수 없다.

7. 길이가 정규분포를 따르는 개구리가 있다. 이 개구리의 모집단은 평균 길이가 7.4cm이고 모표준편차가 0.66cm라고 한다. 모집단으로부터 개구리 9마리를 단순 임의추출한다고 하자. 표본의 평균 길이에 대한 표집분포에서의 평균은?

a. 7.4보다 작다.

b. 7.4와 같다.

c. 7.4보다 크다.

d. 평균을 예측할 수 없다.

8. 어떤 대학 입학시험 점수의 분포는 정규분포를 따르지 않는다. 이 대학 입학시험 점수의 분포는 왼쪽으로 매우 기울어져 있으며, 평균은 20, 표준편차는 3.5이다. 어느 연구 팀이 미국에 있는 여러 고등학교에서 50명의 학생을 단순 임의추출하였다. 크기가 50인 표본에 대하여 평균 시험 점수에 대한 표집분포는 어떤 형태인가?

a. 오른쪽으로 매우 치우친 형태

b. 오른쪽으로 치우치기는 했지만, 그 정도가 모집단만큼 크지는 않은 형태

c. 정규분포와 매우 유사한 형태

d. 표집분포의 형태를 예측하는 것은 불가능하다.

9. 어떤 모집단이 있고, 그 모집단에서 표본의 크기가 n인 표본들을 추출한다고 하자. 다음은 표본 평균의 표집분포에 관한 명제이다. 각 명제에 대하여 참, 거짓을 판단하여라.

a. 모집단의 평균이 μ이면, 표집분포에서 표본 평균의 평균도 μ 이다. (참, 거짓)

b. 각 표본에서 표본의 크기가 커지면, 표본 평균의 분포는 모집단의 분포와 비슷해진다. (참, 거짓)

c. 각 표본에서 표본의 크기가 커지면, 표본 평균의 분포는 정규분포와 비슷해진다. (참, 거짓)

d. 모표준편차가 σ 이면, 표집분포에서 표본 평균의 표준편차는 $\frac{\sigma}{\sqrt{n}}$ 이다. (참, 거짓)

정답
4. (a) D (c) 정규분포 (d) 더 작은 (e) C (g) 정규분포 (h) 더 작은 (i) 더 작은
5. (a) C (c) 정규분포 (d) 더 작은 (e) E (g) 정규분포 (h) 더 작은 (i) 더 작은
6. C 7. B 8. C 9. 참, 거짓, 참, 참

3부

통계교육과정, 통계교육, 통계교육 연구에 대한 논점

학생들의 통계적 추론 능력 개발을 위해 필요한 교육적 논의로 교사들의 통계 지식과 이해, 교수 설계의 문제를 다룬다.

14장

초등학교 교사의 통계적 추론

William T. Mickelson and Ruth M. Heaton

개요

이 장에서는 수업에서 통계적 탐구활동을 활용하는 초등학교 3학년 교사의 자료와 분포에 관한 통계적 추론을 기술적이고 질적으로 분석한다. 연구기간 동안 교사는 공룡, 동물 서식지, 작가연구 등 초등 교육과정의 내용을 지도하는데 있어서 통계적 탐구활동을 활용하였다. 이러한 맥락에서 교사의 통계적 추론은 교실 활동을 설계하고 조직하는데 중심적인 역할을 하였다. 돌발 질문과 예상치 못한 반응, 의도하지 않은 결과가 나타날 가능성이 높기 때문에 교사는 "통계적인 판단을 빠르게 내려야" 하고 제한된 시간 내에 학습 목표를 성취할 수 있도록 즉각적으로 반응해야 할 뿐만 아니라, 올바른 통계 원리와 추론을 전달해야 한다. 이 연구는 통계 교수학습 과정의 복잡성을 탐구하고, 통계적 지식과 맥락의 역할 그리고 이들의 상호작용에 대한 통찰을 제공한다.

연구 문제

초등 교육과정에서 더 많은 통계적 내용을 다루어야 한다는 요구(NCTM, 2000)와 함께, K-6학년 교사들이 통계를 쉽게 이해하고 수업에서 유용하게 사용할 수 있도록 하는 방안이 필요하다는 요구가 있어왔다. 최근 자료를 수집하고, 조직하고, 요약하고, 해석하는 통계적 기능과 추론뿐만 아니라, 초등 교육과정의 여러 주제를 가르치는 방법으로 통계적 탐구활동을 활용하는 교사에 대한 연구가 이루어지고 있다(Heaton & Mickelson, 2002; Lehrer & Schauble, 2002). 초등 교육과정에서 통계적 탐구활동을 통해 의미 있는 맥락에서 자료를 수집하고, 요약하고, 해석하는 것이 가능한데, 이는 Newmann과 Wehlage(1997)가 언급한 진정한 교육과 평가라는 개념과 비슷하다. 이처럼 비통계적인 교육 내용을 의미 있게 탐구하는 맥락은 기존의 '판에 박힌' 통계 활동, 즉 통계를 고립된 주제로 취급하거나 수학교과 내의 마지막 단원으로 취급하는 상황에서는 거의 찾아보기 힘들다(Lehrer & Schauble, 2002). 수학교육에서 수학 내용을 의미 있는 방법으로 가르쳐야 한다는 목표는(NCTM, 2000) 교사들에게 있어 분명히 도전적인 과제이다(Fennema & Nelson, 1997; Heaton, 2000; Schifter, 1996). 수학교육자들은 이러한 현장의 요구를 더 잘 이해하고 부응하기 위해 노력하고 있다. 마찬가지로 교사들의 노력을 이해하고 지원하기 위해서는 통계에 대한 교사의 인식(Shaughnessy, 1992), 통계를 가르치는데 필요한 교수학적 내용 지식(Shulman, 1986), 수업에서 통계지식이 어떻게 사용되고 있는지(Ball, Lubienski, & Mewborn, 2001)에 대한 더 많은 이해가 필요하다.

이론적 배경

통계적 탐구활동(Friel & Bright, 1997; Graham, 1987)은 미국의 국가단위 통계교육 지침에서 핵심적인 주제로, 이에 대해 NCTM(2000)은 다음과 같이 언급하고 있다.

> 학생들은 자료를 이용해 해결할 수 있는 탐구문제를 구성해야 하고 … 자료를 수집하는 방법과 자신 또는 다른 사람의 자료를 조직하는 방법을 배워야 하고, 자신이 구성한 탐구문제를 해결하기 위해 자료를 유용한 그래프나 차트로 나타낼 수 있어야 한다. 또한 이 규준은 몇몇 자료 분석 방법과 자료로부터 추론하고 결론을 내리는 방법을 포함하고 있다(p.48).

Schaeffer, Watkins, Landwehr(1998) 그리고 Friel과 Bright(1998)는 통계를 교육과정의 다른 영역과 분리해 가르쳐서는 안 된다고 주장한다. 이들은 통계를 확장해 다른 과목과 통합할 것을 권하고 있으며, 또한 이러한 접근이 통계적 내용과 통계적 탐구활동 모두에 대한 학생들의 지식을 향상시키는 이상적인 방법이라고 주장한다.

학생들의 통계적 추론에 대한 연구가 많지만, 교사들의 통계에 대한 이해를 다룬 연구는 최근에 와서야 비로소 주목받기 시작하였다. 교사들의 지식을 연구하기 위해 사용된 방법은 주로 교사들에게 독립된 통계 문제를 제공하거나(Watson, 2001; Watson, 2000) 교사 전문성 개발 프로그램에서 통계 학습자료서의 교사의 활동에 근거해 통계에 대한 교사들의 이해를 조사하고(Confrey & Makar, 2001) 능력을 평가하는 것이었다. 이 접근법에 내포된 목표는 교사들이 통계에서 우수한 통계적 실력을 갖도록 돕는 것이다. 이 연구는 이와는 다른 방법으로 교사의 지식을 조사하고자 한다. 이 장에서는 교사가 수업을 할 때 어떠한 목적으로 어떻게 통계적 아이디어에 대해 추론하는지를 살펴봄으로써, 자료와 분포에 대한 교사의 지식을 조사하고 통계교육에서의 교사 지식에 관한 선행연구를 보완하고자 한다. 우리의 연구 결과는 The Mathematical Education of Teachers(CBMS, 2001)에 제시된 초등 교사들이 배워야 할 통계 관련 주제를 뒷받침하며, 또한 RAND 보고서(Ball, 2002)에 제시된 수학교육 연구 지침서의 일정 부분과 일치한다. 이 연구는 "교사의 지식과 다른 집단의 지식을 구별해야 할 필요성이 있음을 주장하는데(Ball, 2002, p.16), 특히 자료와 분포에 대한 추론"에 초점을 둔다. 이것은 통계적 추론을 수업에서 활용할 때 자료와 분포에 관한 교사의 추론은 형태와 복잡성 면에서 이것을 배우는 학생의 추론과 서로 다르다는 것을 의미한다.

연구대상과 연구방법

이 연구는 세 가지 수업 맥락에서 자료와 분포에 관한 초등학교 3학년 교사의 통계적 추론을 알아보기 위해 기술적이고 질적인 분석 방법을 사용했다(Creswell, 1998). 먼저 교사에 대해 소개한 다음 맥락과 조사 활동, 자료 수집과 분석 방법에 대해 설명한다.

교사와 맥락

이 연구의 참여자인 Donna(가명)는 초등학교 3학년 교사로 16년의 교육경력을 지니고 있다. "그녀는 모든 일에 사려가 깊고 계획적이에요. 그리고 체계적이지만 융통성이 있어요."(면담일, 2001년 2월 2일)라는 말을 들을 정도로 교장과 동료들로부터 매우 존경을 받고 있다. 그녀는 초등학교 교육과정을 가르치는 방법으로 통계적 탐구에 대해 흥미와 관심을 가지고 있었기 때문에 본 연구를 위해 의도적으로 Donna를 선택하였다. Donna는 이전에 미국통계협회(ASA, American Statistical

Association)에서 실시하는 양적 소양 프로젝트(Quantitative Literacy Project, Scheaffer, 1988)에 참여해 통계를 배운 경험이 있는데, 이 프로젝트에서는 통계개념을 지도하기 위해 구체적인 활동을 설계하고 이를 통계지도에 이용하였다. 게다가 ASA 지부 회원의 도움을 받아 학생들이 ASA 프로젝트 경진대회에 참여하도록 지원해왔다.

우리는 K-6교육과정의 여러 주제와 통계적 탐구를 통합하기 위한 전문성 개발 워크숍의 강사로서 Donna를 처음으로 만났다. 이 워크숍에서 Donna는 "셔츠 크기와 신발 크기는 관련이 있나요?", "고무로 만든 곰 인형: 요인 설계와 상호작용"(Schaeffer, Gnanadesikan, Watkins, & Witmer, 1996)과 같은 활동에서 효과적인 자료 수집, 그래프 그리기, 해석 등 수준 높은 통계 추론 기법을 보여주었다. Donna와의 공동 연구는 그녀가 본 연구에 참여하기로 동의하면서부터 다음 학년도까지 이어졌다. 2000년 8~12월 사이에 Donna는 3학년 학습 내용과 통계적 탐구활동을 통합하는 7개의 단원을 고안하고 실시하였다. 표 1에서 볼 수 있듯이 이들 탐구활동은 문제 구

표 1 참여 교사의 통계적 탐구활동

탐구 주제	날짜	기간	목적
서로에 대해 알기	8.21 – 9.1	2주	학기 초, 학생들이 서로에 대해 알기 위한 활동이다. 변량은 좋아하는 음식, 책, 애완동물이다. 학생들은 교실에서 표본을 구성한다. 자료를 요약하기 위해 막대그래프를 사용한다. 분포와 예측에 대해 학습한다.
농불 서식지	10.2 – 10.20	3주	야생 동물의 서식지를 조사하고 동물원에 있는 동물들의 서식지와 비교한다. 결과를 글로 표현한다.
작가 Steven Kellogg에 대한 연구	10.9 – 10.13	1주	아동 작가의 작품이 지닌 특징을 조사한다. 결과를 글로 표현한다.
투표	11.1 – 11.7	1주	학교에서의 투표 결과를 지역, 시, 국가 수준의 결과와 비교한다. 변량은 후보와 특정 이슈에 대한 찬성과 반대이다. 표본은 학교에서 무작위로 추출한다. 자료를 요약하기 위해 막대그래프와 백분율을 사용한다.
수학	11.1 – 11.7	1주	여러 종류의 그래프를 읽고 해석한다.
감기치료	11.13 – 11.14	1주	가족 구성원의 감기치료 방법을 조사하는 것은 건강학 및 사회학 학습과 관련이 있다. 변량은 가족 인구통계, 민간요법과 처방약 등 선호하는 감기 치료법, 예방 등이다. 표본에는 학생의 친척과 이웃이 포함된다. 자료를 요약하고 해석하기 위해 다중비교 막대그래프를 사용한다. 변이성 그리고 분포의 차이를 통한 그래프 비교를 학습한다.
공룡	11.6 – 11.30	3주	공룡을 학습하는 방법으로 조사기법을 적용하고, 그래프를 고안하고, 결론을 도출한다. 결과를 글로 표현한다.

성, 분석 그리고 탐구 수행에 대한 교사의 능숙함과 관련해 그 복잡성의 정도가 서로 다르다.

이들 탐구활동에서 Donna는 적절한 통계적 추론의 예를 계속해서 보여주었다. 그녀는 주요 변량 확인하기, 관련 자료 수집하고 조직하기, 그래프를 이용해 자료 요약하기, 맥락 내에서 결과 해석하기, 분포와 같은 통계 개념과 추측에서 이들의 중요성 강조하기 등에 중점을 두면서 수업을 진행하였다.

이 연구에서 Donna가 고안한 활동 단원 중, '작가 Steven Kellogg에 대한 연구', '동물 서식지', '공룡' 등의 탐구활동을 소개하는 이유는 다음과 같다. 첫째, 각 활동은 통계적 탐구활동을 가르치는 것 외에도 내용과 관련된 분명한 학습목표를 가지고 있다. 둘째, 내용 영역 학습목표에 적합한 탐구활동을 구성하고 실시하는 것은 교사에게 도전적인 과제로 이것은 교사의 통계적 추론 능력을 확인하는데 적절하다. 마지막으로, 이들 세 활동을 통해 교사가 수업에서 사용하는 통계적 지식의 여러 강점과 제한점이 드러날 수 있다. 각각의 예에 대해 활동 내용을 설명하고 통계적 이슈를 상술한 다음 이를 분석한다. 따라서 이 연구에서는 통계 관련 연수 경험이 있고 통계에 관심을 가지고 있으며 초등학교 교육과정의 학습 내용을 통계적 탐구와 통합해 지도하려는 경험 많고 유능한 교사가 보여주는 최선의 노력을 살펴보고자 한다.

통계적 탐구활동을 교육과정 주제와 통합하기

각각의 통계적 탐구활동에서 Donna는 탐구활동이 단순한 자료 수집과 그래프 그리기에 국한되지 않도록 좀더 폭넓은 맥락에서 학생들의 학습을 구성하였다. 탐구활동을 다양한 교육과정 규준 및 학습 내용과 관련짓기 위해 전체 학년의 내용을 종합하고 이를 재구성해 지도해야 하였다. 면담에서 Donna는 '공룡 탐구활동'의 목표와 전반적인 특징에 대해 다음과 같이 설명하였다.

> "저는 어떻게 하면 교육과정과 관련지을 수 있을지에 초점을 두었습니다." 이것은 그녀가 학습 규준과 목표를 전반적으로 고려하면서 가능한 많은 것을 동시에 제시할 수 있는 방법을 모색하고 있음을 의미한다. Donna는 다음과 같이 설명하였다. "이러한 방법은 교육과정의 거의 모든 부분을 다룬다고 말할 수 있으며, 또한 제가 고려해야 할 주요 목표들을 모두 다룬다고 말할 수 있어요. 저는 기본적으로 이 프로젝트에 기초해 모든 활동을 계획했고, 이것을 통해 이 모든 것들을 했어

요.” (면담일, 2001년 2월 15일)

자료 수집

Friel과 Bright(1998)는 교사 교육에 관한 그들의 연구에서 “교사들이 가르치는 것을 관찰함으로써 [통계] 내용에 대한 교사들의 지식에 대해 많은 것을 살펴볼 수 있다”(p.106)고 언급하였다. 우리는 이 관점을 받아들여 관찰자인 연구자가 자료 수집 기간에 수업에 개입하거나 영향을 미치지 않도록 하였다. 자료 수집 기간에 교사가 질문한 통계 관련 질문에 대해서는 즉각적으로 답변을 해주었다. 교사에 대한 대략적인 분석이 이루어질 때까지 지속적으로 관찰이 이루어졌다. 이러한 접근은 Jaworski (1994)가 제시한 탐구적 교수(investigative teaching)에 대한 아이디어와 일치한다.

통계적 탐구활동이 포함된 모든 수업을 비디오로 촬영하였다. 비디오카메라는 학기 동안 해당 교실에 계속해서 설치해 두었다. 연구자 중의 한 명이 수업을 참관하려고 노력했으나 이것이 불가능한 때도 있었다. 이 경우에는 교사가 삼각대 위에 비디오카메라를 설치하고 수업을 진행하였다. 교실에서 수집한 자료로는 교실 상호작용에 대한 비디오 자료와 전사 자료, 교사가 고안한 학습자료, 학생 활동 결과물, 연구자의 현장 기록, 교사가 기록한 계획서와 반성 등이 있다. 면담 자료와 전사 자료, 하계 워크숍 결과물 등이 추가로 수집되었다. 교실 맥락에서 자료는 교사의 현재 수업의 실제를 보여주는 반면, 하계 워크숍 자료는 학생들과 함께 통계적 탐구활동을 실행하기 전에 교사가 지니고 있던 통계적 기술과 능력에 대한 증거자료가 된다.

자료 분석

자료 분석은 우선 교실에서 이루어지는 통계적 탐구 실제에 초점을 맞추었다. 처음에는 자료와 분포에 대한 교사의 통계적 추론 능력을 알아보기 위해 각각의 통계적 탐구활동에서 얻은 수업 결과물을 검토하였다. 자료를 조직하고 표현하기 위해 교사가 어떠한 결정을 했는지는 수업 결과물에 포함되어 있다. 이것으로부터 교사의 통계적 지식과 추론 과정을 추측할 수 있었다. 교실에서 이루어진 상호작용을 전사한 자료를 통해 교사의 언어를 분석했으며, 면담을 통해 지도과정을 반성하는 교사의 언어를 추가적으로 분석하였다. 더불어 교사의 통계적 지식을 알아보기 위해 특정 부분의 전사 자료를 분석하였다. 하계 워크숍과 ‘서로에 대해 알기(표 1)’와 같은 탐구활동 개발에서 확인된 교사의 통계적 지식을 교실 수업 맥락에서 발견된 교사의 지식과 비교하였다. 두 맥락에서의 교사 지식 사이에 존재하는 불일치를 자세히 조사하기 위해 결과물뿐만 아니라 비디오테이프, 전사내용에 대해 세밀한 분석이 필요했으며, 또한 이러한 불일치는 교사의 지식 획득과 활용 그리고 연구에 있어 맥락의 중요성을 보여주는 증거가 되었다. 관찰 기록, 교사가 작성한 계획서와 반성은 연구결과를 다각도로 검토하는데 도움이 되었다.

결과

먼저 세 가지 탐구활동에 대해 설명하고, 자료와 분포에 대한 Donna의 통계적 추론을 상세히 기술하고 분석한다.

작가 Steven Kellogg에 대한 탐구활동

초등학교에서 아동들은 '작가연구'를 통해 여러 작가와 삽화가를 접하게 된다. Donna는 작가연구 탐구활동의 목표를 다음과 같이 설명하였다.

> 학생들이 작가의 작품의 특징을 알 수 있도록 하기 위해 나는 학생들이 '이것은 작가만의 독특한 방식입니다.', '이것은 작가가 즐겨 쓰는 방식입니다.'라고 말할 수 있기를 원합니다. … 나는 학생들이 작가의 작품의 특징에 대해 알기를 원합니다. 우리는 등장인물의 특징에 관해 배웠는데 이것은 학생들에게 정말 어려운 것입니다. (면담일, 2000년 10월 5일)

이 탐구활동의 대상인 Steven Kellogg는 작가이자 삽화가로 그의 작품은 3학년 교육과정에 실려 있다.

Steven Kellogg의 작품 5개를 읽은 후 Donna는 학생들에게 "Steven Kellogg의 특징을 가장 잘 나타내는 것은 무엇입니까?", "그의 책을 읽고 어떠한 것을 관찰할 수 있습니까?"와 같은 질문을 하였다. 이 질문은 통계적 탐구활동을 촉진했으며, 학생들은 다음과 같은 여러 아이디어들을 제시하였다.

- 그리기를 좋아함
- 판타지/상상

- 동물을 좋아함
- 어린 시절에 애완동물을 기르지 않음
- 그림이 정확하고 세밀함
- 많은 작품에서 탐정이 등장함
- 말풍선
- 여러 가지 기호들
- 이야기에 그의 애완동물이 등장함
- 책을 가족에게 바침

이 목록은 이후 자료 수집을 위한 토대가 되었다. 이 목록을 토대로 Donna는 다음과 같이 말하였다.

> 교실에 있는 Kellogg가 집필한 책의 목록을 모두 쓰고 각 책에 하나의 문자를 대응시킨 다음 학생들이 사용할 그래프의 개형을 만들었어요. 학생들은 작가의 특징이 나열된 열에 책을 지칭하는 문자를 사용해 표시했어요. 이와 같은 방법으로 전체 학생들의 결과를 하나로 종합해 중복되지 않게 한 번만 기록할 수 있었어요. … 어떻게 하면 학생들의 정보 수집을 도울 수 있을지 그 방법을 찾는 것은 어려웠지만 흥미로웠어요. 시간이 충분했다면 이들 대부분을 학생들과 함께 해결할 수 있었을 거예요. (면담일, 2000년 10월 10일)

가장 먼저 해야 할 일은 학생 개개인의 자료를 모아 하나의 집합적인 자료를 만드는 것이었다. 학생들에게 먼저 개별적으로 자료를 수집할 수 있는 기회를 제공하는 데는 여러 가지 이유가 있다. 학생들은 그들이 읽고 싶은 책을 직접 선택할 수 있으며, 다양한 책을 고르기 때문에 Kellogg의 많은 책들을 조사할 수 있다. 또한 학생들은 작가의 특징을 스스로 판단하는 경험을 할 수 있다. 자료 수집에 대해 Donna는 다음과 같이 설명하였다.

> 모든 학생이 읽기를 마치면, 나는 이를 교실 활동으로 종합했습니다. 학생들에게 "말풍선이 사용된 책이 있나요?"와 같이 질문을 한 후 손을 들도록 하고, 손을 든 학생의 숫자를 셌습니다. (면담일, 2000년 2월)

최종 결과는 그림 1과 같다. 그림 1은 자료를 요약하고 있으며 동시에 자료의 구

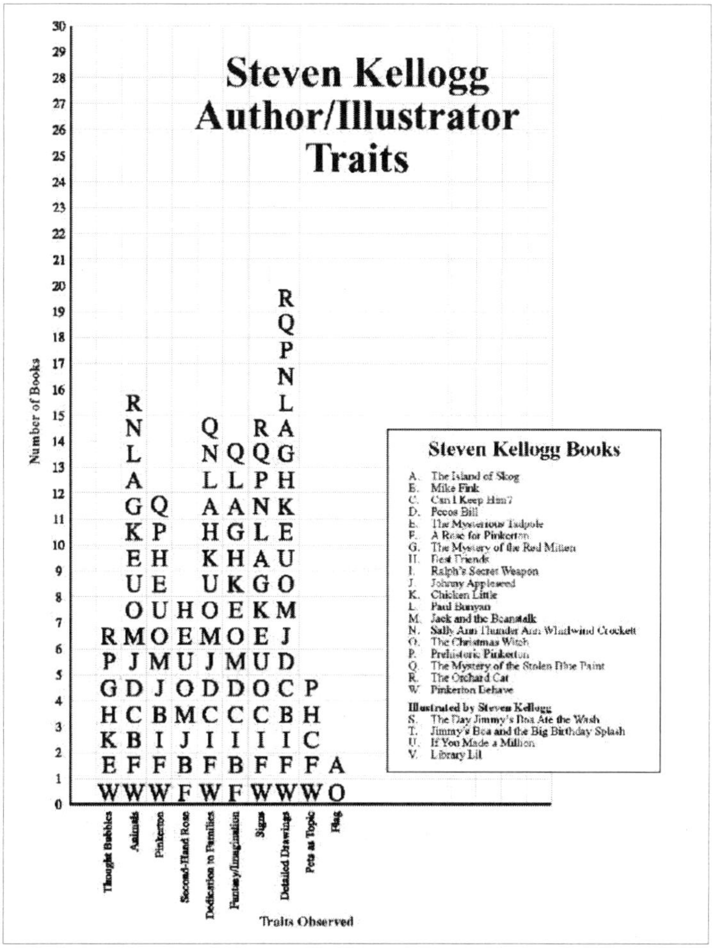

그림 1 작가연구 탐구활동에 대한 그래프 표현

조를 보여주고 있다. 이 그래프는 Kellogg의 작품에서 어떠한 특징과 성향을 관찰할 수 있는지, 그리고 이러한 특징과 성향이 얼마나 자주 발견되는지에 관해 Donna가 학생들과 논의할 수 있는 수단이 되었다. 그림 1에서 가로축은 작품의 특징에 대한 범주를 나타낸 것으로 학생들이 제시한 것과 유사하다. 세로축은 이러한 특징을 관찰할 수 있는 작품의 도수이다. Donna가 대응시킨 문자를 통해 각 책의 제목을 알 수 있다. 책의 제목을 나타내는 문자는 막대그래프를 만드는데 사용되었다. 문자를 순서대로 정리하지는 않았다. 이것은 학생들이 손을 들었을 때 교사가 기록한 순서에 따라 정리된 것이다.

작가연구 탐구활동에서 드러난 통계적 이슈와 추론

수업에서 표현된 것과 그렇지 않은 것을 통해 Donna가 자료와 분포에 대해 어떻게 이해하고 있는지를 살펴보는 것은 그림 1의 그래프를 분석하는 것과 유사한 작업이다. 그래프로 요약된 자료를 통해 Donna와 학생들은 다음과 같은 기본적인 질문에 답할 수 있게 된다. "Kellogg의 책을 읽으면서 관찰할 수 있는 것은 무엇입니까?" Donna는 수업에서 세 가지 방법으로 그림 1의 그래프를 사용하였다. 첫째, 어떠한 특징이 관찰되었는지 목록을 논의하면서 학생들이 작품에 포함된 내용과 다양한 기법을 이해할 수 있도록 하였다. 둘째, Donna는 통계적 발문을 통해 학생들이 읽은 책에서 가장 두드러진 특징은 무엇인지 결정할 수 있도록 하였다. 마지막으로, 각각의 책을 표현하고 설명하는데 그래프를 사용하였다. 어떤 문자가 어떤 특징을 나타내는 곳에 표시되었는지 살펴봄으로써 이러한 목표를 달성할 수 있었다. 이렇게 하여 Donna는 탐구활동이 성공적으로 끝났다고 생각하였다. 그림 1에 요약된 자료를 기초로 Donna의 수업에서 이루어진 분석과 논의는 수학 수업에서 그래프를 분석할 때 제기되는 전형적인 질문 및 답의 형태와 유사하였다. 지금까지 나타난 증거를 살펴볼 때 Donna의 통계적 추론에는 조사 대상인 각각의 사례를 정확히 확인하기, 사례를 중복해서 헤아리지 않도록 주의하기, 대표본을 구성하기 위해 가능한 많은 작품을 조사하기, 분포를 나타내기 위해 자료를 그래프로 표현하기 등이 포함된다.

막대그래프의 용도는 범주형 변량에 대한 자료의 분포를 나타내는 것으로(Utts, 1999; Bright & Friel, 1998), 범주를 설정할 때 변량들이 서로 중복되지 않도록 하는 것이 중요하다. 그러나 그림 1의 그래프를 좀더 자세히 살펴보면 이러한 조건이 빠져 있음을 알 수 있다. 예를 들어, 동물이라는 범주는 애완용 동물이라는 범주와 중복된다. Donna는 학생들의 아이디어를 참고해 10개의 특징을 그래프의 범주로 설정하였다. 각각의 특징들이 배타적이지 않기 때문에 Kellogg의 여러 책들이 여러 범주에 중복되어 포함되었다. 따라서 그림 1은 진정한 의미에서 막대그래프가 아니다. 이는 암묵적으로 학생들에게 막대그래프에 대한 제한된 또는 잘못된 관점과 정보를 제공할 수도 있다. 그래프의 이러한 특징으로 인해 Donna는 범주형 변량의 분포에 대한 통계적 개념을 지도하고 논의할 수 없었다. 결과적으로 빈번하게 관찰되는 특징과 가장 드물게 관찰되는 특징을 확인하는 질문만을 다루게 되었다. 게다가, 이 그래프는 목록에 제시된 특징의 대안에 대해서는 정보를 제공하지 않고 있기 때문에 이 그래프를 근거로 "Steven Kellogg의 특징을 가장 잘 나타내는 것은 무엇입니까?"

와 같은 탐구 질문에 답하기 어렵다. 예를 들어, 대안이 제시되지 않았기 때문에 말풍선이 등장인물의 생각을 전달하는 가장 보편적인 방법이 아닐 수도 있다. 또한 그림 1은 Donna가 작가연구에서 중요하게 생각하는 작가의 '작품의 특징'을 알게 한다는 목표를 달성하지 못하고 있다.

그림 1은 자료 개념을 단순히 세는 것으로 전달하고 있으며 막대그래프는 올바르지 않게 그려졌고 탐구활동의 분명한 목적을 충족시키지 못하고 있어, 자료와 분포에 관한 Donna의 추론은 낮거나 소박한 수준이라고 볼 수 있다. 그러나 이것은 하계 워크숍과 '서로에 대해 알기(표 1)'와 같은 다른 탐구활동의 맥락에서 Donna가 보여준 통계적 추론과는 대비된다. 이들 맥락에서 Donna는 올바른 막대그래프를 그렸고 분포 개념을 지도하였다. 작가연구 맥락과 이전의 다른 맥락에서 Donna가 보여준 통계적 추론 사이의 불일치는 다음과 같은 의문을 일으킨다. 맥락의 차이는 무엇인가? 맥락이 그녀의 추론에 어떻게 영향을 미치는가? 중요한 차이는 작가연구 탐구는 그 연구와 관련된 잘 정의된 변량 집합을 가지고 있지 않다는 것이다. 예를 들어, 만약 Donna가 작품의 특징에 초점을 두고자 했다면, 먼저 이것을 정의하고 어떻게 측정할 것인지 그 방법을 정했어야 하였다. 전체 학생들이 개별적으로 작품의 특징을 찾고 이것을 통합해 논의 자료로 이용한 Donna의 교수학적 결정은 학생들의 적극적인 참여를 이끌고자 했던 것이었으나 결국 조사를 통해 얻은 자료를 세어 기록하는 것으로 간주하도록 만들었으며, 또한 "Kellogg의 책을 읽고 관찰한 것은 무엇입니까?"라는 질문만을 강조하게 되었다. Donna는 교과서를 이용해 자료 수집, 요약, 논의에 대해 지도한 경험이 있지만 이것은 탐구활동에 대해 의문을 제기하는 사고를 길러주지 못하였다. 통계적 탐구활동에 대한 경험 부족과 내용에 대한 기대의 충족 때문에 탐구활동의 원래 목적이 충실히 이루어졌는지 검토하는 것을 간과했을 수도 있다(NCTM, 2000). 또한, 이 활동에서 Donna는 그림 1의 그래프를 통해 다른 각도에서 탐구활동의 목적과 결과의 연결성을 살펴볼 이유를 찾지 못했던 것이다.

이 활동은 어떻게 다중 변량을 정의하고 고안하는지를 보여줄 수 있는 좋은 기회를 놓치고 있으며, 책의 다양한 측면을 표현하는 다중 그래프를 만들 수 있는 기회를 놓치고 있다. 또한 작가와 삽화가로서 Kellogg를 특징짓는 다중 그래프의 정보를 종합할 수 있는 기회를 놓치고 있다. 이러한 한계에도 불구하고 Donna의 작가연구 탐구활동은 작가의 작품의 특징에 주목하지 않고 개인적인 신상정보에만 주목하는 대부분의 다른 작가연구 활동보다 상당히 개선된 것이며, 또한 여러 가지 비통계적인 학습목표도 이러한 접근법을 통해 달성하였다. 자료와 분포에 대한 Donna의 통계적 추론은 상대적으로 낮은 수준으로 볼 수 있으며, 특히 분포에 대한 논의가 부족했다는 측면에서 더욱 그러하다. 그녀의 추론은 맥락에 영향을 받았으며 다른 유사한 맥락에서 통계적 추론이 일관되게 나타나지 않았다.

동물 서식지 탐구활동

동물 서식지는 Donna가 통상적으로 가르치는 단원이다. 보통 수업은 학생들이 직접 선택한 동물의 서식지에 대해 문헌을 검토한 다음 이를 발표하는 형태로 진행되었다. 그러나 이번 활동에서 Donna는 지역 동물원과 같은 인공적인 동물 서식지를 평가하기 위해 동물 서식지에 대한 기존의 수업과 통계적 탐구활동을 연결하려는 계획을 세웠다. 그녀는 동물원에 살고 있는 동물의 목록을 구했으며 학생들은 탐구를 위해 그 중에서 하나의 동물을 선택하였다. 우선, 학생들은 도서관에서 자신이 선택한 동물의 자연 서식지를 조사하였다. 이 단계에서는 과학 시간에 배운 동물 서식지의 4가지 요소, 특히 기후, 음식과 물, 은신처, 장소에 초점을 두고 이루어졌다. 또한 학생들은 동물의 주요 은신 형태, 번식 방법, 자연 서식지 등과 같은 다른 관심사항에 대해서도 탐구하였다.

문헌을 검토한 후 지역 동물원을 평가하기 위한 통계적 탐구활동이 진행되었다. 통계적 탐구활동은 다음과 같은 질문에 바탕을 두었다. "자신이 선택한 동물이 살고 있는 동물원의 환경은 자연 서식지의 환경과 같은가?", "동물원에서는 적절한 서식지를 제공하기 위해 노력하고 있는가?" 이러한 질문을 양적으로 다루는데 필요한 평가 척도를 개발하기 위해 Donna와 학생들은 도서관의 책을 조사하기로 하였다. 국어 시간에 쓰기 과제에 대해 자기 평가를 다루었던 경험을 바탕으로 Donna와 학생들은 표를 만들어 윗줄에는 1부터 5까지 수를 나열하고 표의 왼쪽에는 서식지의 4가지 요소인 장소, 기후, 은신처, 음식과 물을 나열하였다. 그리고 각 요소에 대해 최상의 조건과 최악의 조건을 기술하였다. 최상의 조건은 동물의 자연 서식지와 비슷한 것이고 최악의 조건은 자연 서식지와는 거리가 먼 것이다. 학생들이 각자의 의견을 내는 동안, Donna는 '1'에는 최악의 조건에 대한 설명을, '5'에는 최상의 조건에 대한 설명을 기술하였다. Donna는 학생들이 기술하는 '최상'의 조건이 야생에서 최상의 조건을 의미하는 것임을 알게 되었다. 이는 동물원의 상황을 고려해 '최상'이라는 조건을 조절할 필요가 있음을 보여준다(표 2).

표 2 평가 척도의 기초

서식지에 필요한 것	1	2	3	4	5
음식과 물	사료 오염된 물 불충분함				자연 식품 깨끗하고 순수한 물 풍부함
장소	너무 많은 동물 작은 우리 시멘트 바닥				여유 있는 공간 흙, 식물, 마루
은신처	올바르지 않은 형태 은신처 없음				올바른 형태 은신처 있음
기후	너무 더움 너무 추움 변화가 큼				자연 서식지와 동일함

동물원 관람 계획을 세우면서 Donna는 학생들이 동물원을 관람할 때 평가 척도를 적용하는 데만 관심을 두어서는 안 된다고 생각하였다. 오히려 그녀는 학생들이 서식지를 관찰하고, 그것을 노트에 기록하고, 관찰한 것에 대해 주의 깊게 생각해보기를 원하였다. Donna는 학생들이 상세한 기록을 할 수 있도록 기록 방법이 적힌 작은 노트를 제공하였다. 학생들의 관찰 기록은 통계적 탐구활동을 위한 기본 자료가 되었으며 수치적인 척도를 사용해 점수로 나타냈다.

학생들이 관찰 기록을 수치적인 척도로 변환할 때 Donna는 학생들이 동물 서식지의 질을 나타내기 위해 어떻게 점수화하는지를 살펴보았다. 평가 척도에 있는 수들이 특정한 의미를 지닌다는 것을 학생들이 깨닫도록 하는 것이 수에 대한 감각(Lajoie, 1998)을 가르치는 Donna의 방법이었다. 어떤 학생은 척도를 성적표로 생각해 서식지의 각 관찰된 요소에 대해 동물원의 등급을 매기는 것으로 과제를 해석하였다. 학생들이 관찰한 사항을 질에 대한 평가로 변환할 수 있도록 하기 위해 Donna는 다양한 질적 수준을 나타내는 표정이 있는 얼굴 모양을 사용하였다. 웃는 얼굴은 5점, 찌푸린 얼굴은 1점, 무표정의 얼굴은 3점에 해당하는 것이었다. 학생들은 자신의 관찰 기록을 읽은 다음 자신이 선택한 동물의 동물원 서식지에 대해 각 요소별로 점수를 부여하였다.

통계 분석을 위한 준비에서 Donna와 학생들은 동물원에서 동물들을 얼마나 잘 돌보고 있는지 평가하는데 도움이 되도록 몇 가지 변량을 추가하였다. 이 변량들은 대, 중, 소와 같은 동물의 크기, 그리고 야생 환경인 초원, 열대 우림, 사막, 숲, 하천 등과 같은 서식지였다. Donna는 다음과 같은 질문에 답하기 위해 학생들이 변량을 확인하고 특징을 묘사할 수 있도록 도와주었다.

> “동물원 내의 어느 서식지가 가장 잘 관리되고 있는가? 동물원에서는 큰 동물을 더 잘 돌보는가, 작은 동물을 더 잘 돌보는가?” (면담일, 2000년 10월 5일)

Donna는 학생들이 자료를 수집하고 조직하는데 도움을 주기 위해 3×5 크기의 같은 색 카드 4장씩을 나누어 주었는데, 이것은 색 카드를 이용해 서로 다른 형태의 자연 서식지를 나타내도록 하기 위한 것이었다. 학생들은 4장의 카드에 자신이 선택한 동물의 이름을 쓰고, 오른쪽 아래에 동물의 크기를 나타내는 기호를 그려 넣었다. Donna는 평가 척도에 따라 커다란 종이에 동물의 서식지에서의 필수 요소를 기록한 표를 그렸다. 그녀는 이 표를 교실 앞에 걸어놓았으며 학생들은 각 서식지의 요소들에 대해 점수를 나타내기 위해 표 위에 4장의 색 카드를 올려놓았다. 그림 2는 최종적으로 학생들이 만든 표이다. 그림 2로부터 학생들은 자료에서 패턴을 관찰하려고 노력했으며, 동물원의 관리 능력에 관한 추론을 이끌어내려고 시도하였다. 단원이 끝날 무렵 Donna는 학생들이 발견한 결과들과 질문에 대해 논의하기 위해 동물원 관리인을 초대하였다.

동물 서식지 탐구활동에서 드러난 통계적 이슈와 추론

작가연구 탐구활동에서와는 달리 동물 서식지 탐구활동의 맥락에서 Donna는 동물원에서 제공하는 동물 서식지를 평가하기 위해 변량을 만들어낼 필요가 있음을 인식하였다. 그녀는 국어 시간에 경험했던 평가 척도에 대한 내용과 개념을 바탕으로 이번 맥락에 적용하고자 했으며, 학생들과 함께 이러한 지식을 개발하는데 있어 교수학적으로나 통계적으로 적절하게 수행하였다. Donna는 학생들이 새로운 척도와 관련해 수감각을 개발할 수 있도록 하기 위해 관찰 사항 기록하기, 얼굴 모양 이용하기, 유추하기와 같은 다양한 방법을 사용했는데, 이들은 자기 평가 보고서에 담겨 있는 평가 척도의 의미를 표현하기 위한 것이었다. 그녀는 점수의 분포에 관심을 보였다. 이것은 처음에 계획했던 척도가 자료의 변이성을 보여주지 못한다는 사실이 분명해졌을 때 그녀가 척도를 수정한 것을 통해 알 수 있다. 마지막으로, 서술된 평가 내용을 그대로 적용하는 대신 관찰 기록을 평가 척도로 변환하도록 함으로써 객관화하는 문제도 고려하였다. Donna는 어떻게 탐구자의 의도에 맞게 새로운 변량을 만드는지, 그리고 어떻게 수에 의미를 부여하는지를 지도하면서 자료에 대한 전형적인 추론 방식을 보여주었다.

탐구활동의 초점이 변량을 만들고 자료를 수집하는 것으로부터 자료를 조직하고 요약하고 해석하는 것으로 바뀌면서 흥미로운 여러 이슈들이 발생한다. Lehrer와 Schauble(2002)은 자료를 표로 조직하고 구성하는 것이 중요함을 강조한다. 이와 같이 구조화된 표에서 각 행에는 일반적으로 각 동물들을 대응시키며, 각 열에는 물과 음식의 척도, 은신처의 척도, 기후의 척도, 장소의 척도, 그리고 자연 서식지의 범주, 동물의 크기의 범주와 같은 여러 변량들이 나타난다. 표 3은 이러한 방식에 따라 동물 서식지에 대한 자료가 어떻게 조직화될 수 있는지를 보여준다. 그림 2는

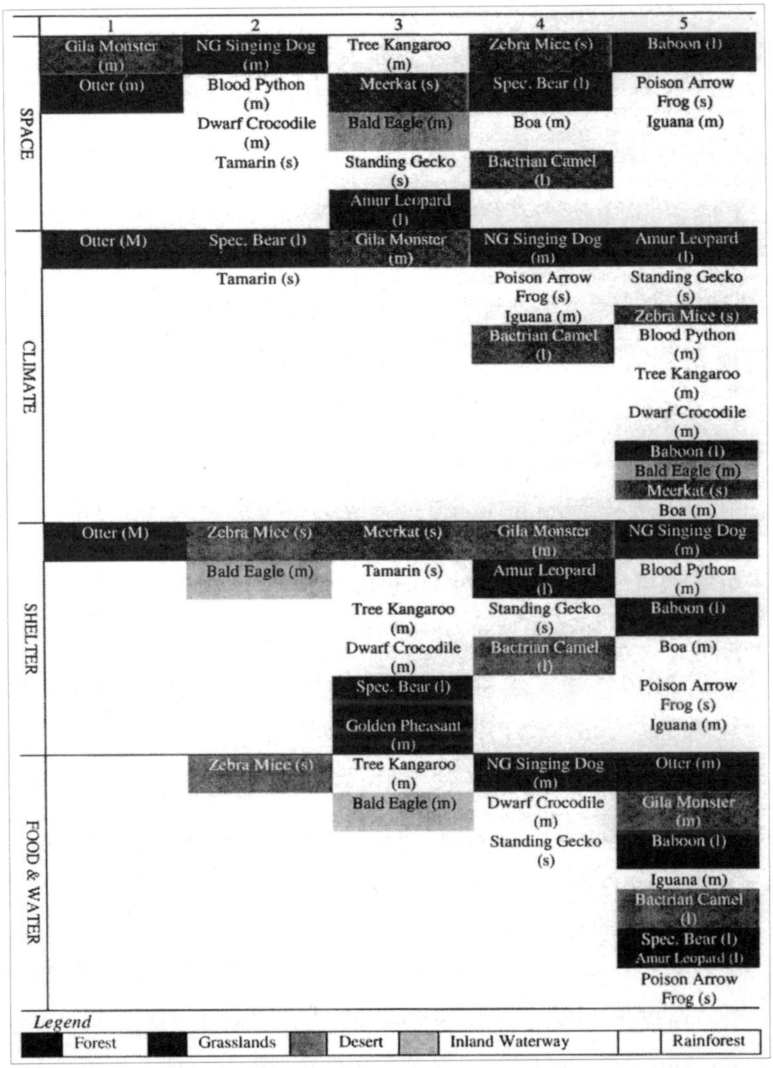

그림 2 동물 서식지 평가 자료

Donna가 학생들과 함께 자료를 해석하기 위해 자료를 어떻게 구조화하고 요약했는지를 보여준다. 그녀는 동물 서식지 탐구활동에서 얻은 자료를 조직하기 위해 표를 사용하였다. 그러나 표로 조직된 구조는 평가 척도이다. 자연 서식지를 나타내기 위해 색깔 표시를 사용하고 크기를 나타내기 위해 기호를 사용함으로써 그림 2의 자료 구조는 모든 변량들에 대한 전체적인 자료를 보여주고 있다. Donna는 탐구활동의 나머지 시간 동안 자료를 다른 그래프 표현으로 나타내거나 재조직하지는 않았다.

통계 분석 초기에 Donna가 표의 조직적인 특징으로써 평가 척도의 값을 사용해 표를 구조화하려고 시도했는데, 이로 인해 평가 척도, 변량, 자료 그리고 자료를 구조화하고 정리해서 그래프로 나타내는 과정에 대한 Donna의 통계적 개념에 문제를 제기할 수도 있다. 작가연구 탐구활동에서처럼 자료와 분포에 대한 Donna의 통계적 추론이 소박하고 수준이 낮으며, 통계적 이해에 결점이 있는 것처럼 보일 수도 있다. 그러나 이는 동물 서식지 탐구활동 맥락에서의 지도 과정에서 Donna의 통계적 추론에 대한 이해의 복잡성을 지나치게 단순화하는 것이다. 다음에 소개하게 될 공룡 탐구활동에서 그녀는 Lehrer와 Schauble(2002)의 권고와 일치하는 구조화된 표를 만들었다. 또한 하계 워크숍동안 두 번의 자료 수집과 다양한 변량을 사용하는 그래프 작성 활동을 성공적으로 완수하였다. 이러한 사실로부터 우리는 그녀가 자료를 올바르게 표로 구조화할 수 있으며 복잡한 자료를 그래프로 표현할 수 있음을 알 수 있다.

다음 면담 내용에서 Donna의 자료와 분포에 관한 추론을 살펴볼 수 있다.

> 그리고 이것(그림 2)을 보고 말할 수 있는 것은 동물원이 동물의 서식지를 어떻게 관리하고 있는지에 관한 것이에요. 학생들은 표에 평가 척도 4와 5가 많기 때문에 동물원에서 서식지를 잘 제공하고 있다고 생각했어요. 저는 학생들이 그들이 탐구한 동물원 내에서 어떤 서식지가 가장 잘 관리되고 있는지에 대해 생각해내기를 원했어요. 큰 동물에게 더 좋은지 아니면 작은 동물에게 더 좋은지 말이에요. 그렇지만 그런 대답은 제가 원했던 대로 정확하게 드러나지 않았어요. (면담일, 2000년 10월 21일)

그림 2에서 음영과 동물 크기를 무시하고 서식지의 한 요소에만 초점을 두면 자료 표현은 막대그래프가 된다. 평가 척도의 값들은 범주가 된다. 더 나아가 분할표(contingency table)와 같이 장소, 기후, 은신처, 먹이와 물과 같은 서식지 요소들

표 3 동물원의 동물 서식지에 관한 조사 내용을 구조화시킨 표

동물 이름	크기	자연 서식지	장소	기후	은신처	먹이와 물
독 있는 큰 도마뱀 (Gila Monster)	중간	사막	1	3	4	5
수달 (Otter)	중간	강	1	1	1	5
뉴기니 노래하는 개 (NG Singing Dog)	중간	초원	2	4	5	4
블러드 비단뱀 (Blood Python)	중간	열대우림	2	5	5	5
난쟁이 악어 (Dwarf Crocodile)	중간	열대우림	2	5	3	4
타마린; 원숭이과 (Tamarin)	작다	열대우림	2	2	3	3
나무타기 캥거루 (Tree Kangaroo)	중간	열대우림	3	5	3	3
미어캣; 몽구스류 (Meerkat)	작다	사막	3	5	3	3
흰머리 독수리 (Bald Eagle)	중간	삼림	3	5	2	3
도마뱀붙이 (Standing Gecko)	작다	열대우림	3	5	4	4
아무르 표범 (Amur Leopard)	크다	초원	3	5	4	5
얼룩말 쥐 (Zebra Mice)	작다	사막	4	5	2	2
얼룩곰 (Speckled Bear)	크다	초원	4	2	3	5
보아뱀 (Boa)	중간	열대우림	4	5	5	5
쌍봉낙타 (Bactrian Camel)	크다	사막	4	4	4	5
개코원숭이 (Baboon)	크다	초원	5	5	5	5
독화살 개구리 (Poison Arrow Frog)	작다	열대우림	5	4	5	5
이구아나 (Iguana)	중간	열대우림	5	4	5	5

과 평가 척도의 값을 함께 나타내면 그림 2는 4개의 막대그래프의 분포를 동시에 보여주는 것이 된다. 이는 탐구활동에서의 주요 질문에 답할 수 있도록 자료를 조직하고 요약하는 매우 창의적인 방법이다. 표를 통해 서식지의 모든 요소를 비교하는 것이 가능하기 때문에 '동물원 내의 어떤 서식지가 가장 잘 관리되고 있는지' 학생들이

살펴볼 수 있도록 하려는 Donna의 바램이 실현된 것이다. 그러나 이러한 접근은 야생에서의 자연 서식지와 동물의 크기를 나타내는 변량에는 효과적이지 못하다. 이러한 변량을 비교하기 위해서는 표를 재구성하거나 그래프를 다시 만들어야 한다.

동물 서식지 탐구활동에서 문헌 검색, 범주 개발, 평가 척도에 대한 학생들의 이해, 자료 수집, 평가 척도의 적용 등에 상당히 많은 시간을 할애하였다. 동물원 관계자의 방문은 자료 정리와 분석에 중요한 영향을 미쳤다. 그러나 Donna는 동물원 관계자의 방문으로 자신이나 학생들이 분석을 완료하게 되었다는 것을 인식하지 못하였다. Donna는 다음과 같이 언급하였다.

> 저는 동물 서식지 탐구활동이 좀더 완벽하게 끝나길 기대했지만 중간 평가와 약물 남용에 대한 강연 때문에 시간이 소비되었고, 동물원 관계자의 방문 후에는 수업이 점차 활기를 잃었어요. 또한 표와 같은 평가 척도를 어떻게 다시 살펴봐야 할지, 그리고 학생들이 이것을 유의미하게 생각하도록 하려면 어떻게 해야 할지 알 수 없었어요. 이쯤에서 탐구활동을 끝내야 할 것 같았어요. (면담일, 2000년 10월 21일)

보고서의 서문(2000년 10월 12일)에서 Donna는 그림 1의 표와 전반적인 탐구활동에 대해 다음과 같이 언급하였다.

> 우리는 평가 척도로부터 많은 결론을 이끌어내지 못하였다. 이것은 정보가 너무 많아서 그런 것 같다. 이 과정을 좀더 개선할 수 있었겠지만 그래도 많은 것을 얻었다. 학생들과 나는 조사를 하고, 문제를 제기하고, 사고하는 새로운 방법을 경험했다고 생각한다.

"정보가 너무 많아서"가 의미하는 것은 색깔을 이용해 자연 서식지 변량을 나타낸 것과 문자를 이용해 동물의 크기를 나타낸 것을 말한다. 이러한 변량들로 인해 표는 번잡해지고 해석하기 어려워졌다. 이러한 측면을 보완하기 위해 Donna는 표에는 포함되어 있지만 분석하지 않았던 이러한 변량들에 대해 나중에 언급하였다.

> 이런 변량들을 수를 이용한 평가 척도로 나타내지는 않았지만 그것에 대한 논의는 가능했어요. 학생들은 우리가 살고 있는 곳과 같이 춥고 더운 기후에서 서식하는 낙타를 돌보는 것이 더 쉽다는 것을 깨달았어요. 따라서 낙타는 실외에 있을 수 있고 그것만으로도 좋은 환경이 되죠. 실내에서 살아야만 하는 열대 우림에서 온

큰 동물들보다 낙타는 더 좋은 서식지를 갖게 되요. 그래서 우리는 표에서 몇 가지 정보를 더 얻었지요. (면담일, 2000년 10월 21일)

Donna의 학급에서 이루어진 논의는 동물원 관람 전후에 나타나는 일반적인 논의나 활동과는 매우 다른 형태이다.

동물 서식지 탐구활동에서 Donna는 적절한 추론과 부적절한 추론 모두를 보여주었으며 맥락에 영향을 받았다. Donna는 탐구활동의 목적에 맞게 자료를 수집하고 변량을 구성하는 모범적인 지도 방법을 보여주었으나 탐구활동의 결과물인 그림 2는 너무 복잡하였다. 동물원 관계자의 방문으로 시간을 소비한 Donna는 자료를 요약하기 위해 각 척도에 속하는 자료의 수를 단순히 세기만 하였다. 자료의 정리와 요약을 매우 융통적으로 진행하면서 Donna는 4개의 분포를 한꺼번에 비교할 수 있는 분할표와 유사한 형태의 표를 창의적으로 활용해 더 않은 자료를 셀 수 있도록 하였다. 서식지의 요소를 비교해 동물원의 관리 실태를 평가하는 과정은 "서식지의 요소 중 평가 척도 4나 5를 많이 받은 것이 더 잘 관리되었다."라는 형태의 초보적인 수준에 머무르게 되었다. 동물의 크기와 자연 서식지에 비추어 동물원의 관리 실태를 평가하려는 탐구활동 초기의 시도들은 주목할 만했고 흥미로워 보였다. 그러나 시간상의 제약으로 이들 변량은 부차적인 것이 되었으며, 이에 대한 분석은 탐구활동의 주요 질문을 위해 보류되었다. 그러나 Donna는 표에 이러한 정보를 그대로 두었으며, 이때문에 표는 더욱 복잡해졌다. 동물 서식지 탐구활동을 통해 의미 있는 교수학습 과정의 실례를 보았을 뿐만 아니라, 자료와 분포에 대한 교사의 추론 정도가 교수학적 결정에 얼마나 커다란 영향을 미치는지 살펴볼 수 있었다.

공룡 탐구활동

공룡 단원은 Donna가 3학년 학생들을 대상으로 여러 번 지도한 내용이다. 통계적 탐구활동은 그녀가 이전에 공룡 단원을 지도한 방법에 대한 자연스러운 확장이라고 할 수 있다. 그녀의 지도계획서를 통해 이 탐구활동의 목적을 확인할 수 있다.

조사를 통해 공룡의 특징을 학습하기, 모둠별로 공룡에 대한 하나의 특징에 대해 그래프 그리기, 학생들은 공룡의 여러 특징들을 분류하고 결론을 이끌어 내기 위해 다른 모둠들의 그래프를 사용할 것이다. (지도계획서)

공룡 탐구활동은 교과서에 있는 자료 분석 활동과 여러 면에서 유사하다. 실제로 이와 유사하게 공룡에 대한 자료 분석 활동을 할 수 있는 책이 출판되었는데, 이 책은 학생들이 다양한 형태의 그래프를 그릴 수 있도록 북아메리카 공룡에 대한 자료를 표로 정리해 놓고 있다(Young, 1990).

공룡에 대한 Donna의 지도 방안은 학생들이 도서관에서 검색을 통해 자료를 수집하도록 하는 것이다. 학생들은 검색할 특정 공룡을 선택하였다. 교사는 학교 도서관에서 이용할 수 있는 공룡에 대한 정보가 포함된 목록을 가지고 있었으며 학생들은 공룡을 선택할 때 이 목록을 이용하였다. Donna는 학생들이 도서관에서 자료를 검색할 수 있도록 공룡의 키, 무게, 먹이, 살았던 시대, 살았던 장소에 대한 기록을 구조화하였다. 이러한 변량들은 특정 공룡에 대한 내용과 개념을 지도하기 위해 Donna가 의도적으로 선택한 것이다. 특히, 그녀는 학생들이 공룡의 크기가 시대별로 다르다는 것, 공룡의 크기는 먹이와 관련이 있다는 것, 공룡은 전 세계적으로 넓게 퍼져있었다는 것을 알기를 원하였다. Donna는 수업 전에 "학생들은 모든 공룡이 그들이 생각하는 것처럼 몸집이 큰 육식 동물은 아니었다는 것을 알 필요가 있다." (연구자의 현장 기록)고 언급하였다.

도서관에서 검색한 정보는 탐구활동을 위한 양적 자료가 되었다. Donna는 구조화된 표에 학생들이 공룡에 대한 정보를 모으고 정리할 수 있도록 도왔다. 학생들은 공책에 기록한 내용을 카드에 옮기고 이 카드를 교실 바닥에 펼쳐진 커다란 표에 붙였다. 표 4는 원래 길이가 19피트인 크기의 표이다. 이 표는 공룡과 관련된 내용을 학습하기 위해 여러 가지 그래프를 그리는데 활용되었다. 그림 3과 그림 4의 그래프는 학생들이 고안한 그래프이다.

그래프를 그리는 것 외에 학생들은 세계 지도에 공룡이 살았던 위치를 표시하고, 공룡에 관한 글을 쓰고, 축소모형을 제작하는 등의 활동을 통해 그들이 학습한 것을 표현하였다. 최종 활동으로 공룡 탐구활동의 모든 결과물을 교실 곳곳에 전시하고 4학년 학생들이 방문했을 때 자신의 결과물에 대해 설명하였다.

공룡 탐구활동에서 드러난 통계적 추론

Donna는 탐구활동을 통해 학생들이 학습하기를 바라는 공룡에 대한 학습 내용을 미리 설정하였다. 그녀는 통계적 측면에서 이전의 탐구활동에서보다 좀더 구조적으로 접근하였다. Donna는 변량들을 미리 설정했으며 학생들로 하여금 구조화된 표

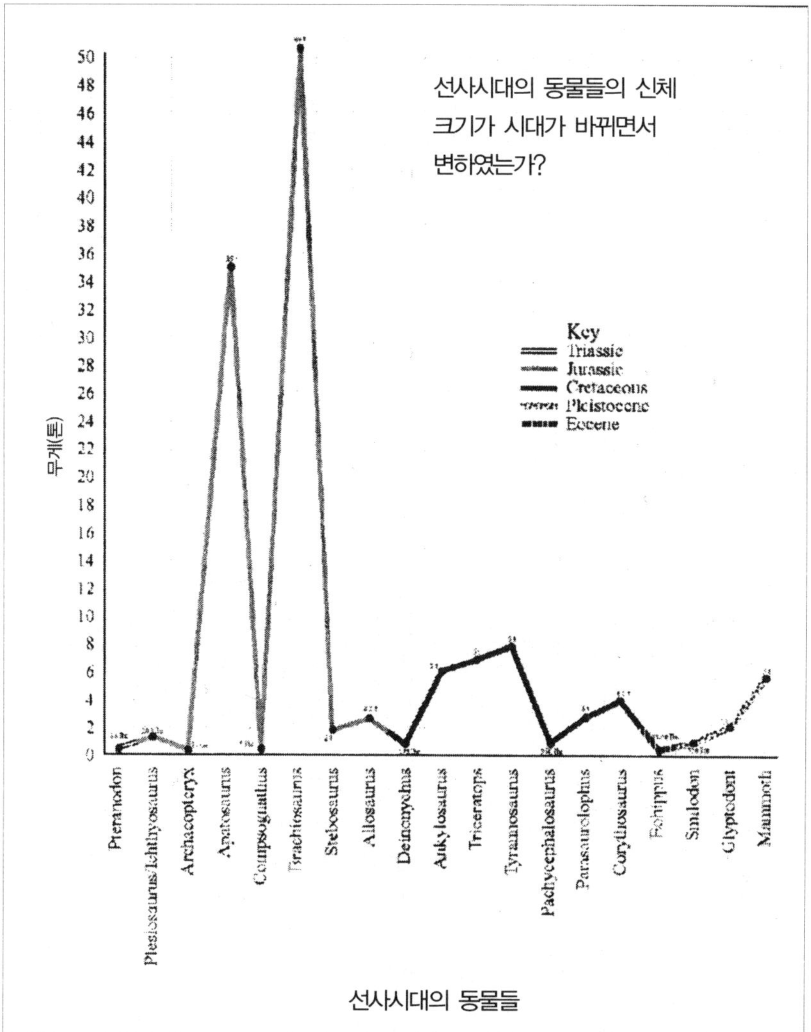

그림 3 시대별로 공룡의 크기를 비교한 그래프

(표 4)에 수집한 자료를 정리하도록 하였다. 조사대상으로서 공룡과 변량으로서 공룡의 특징인 키, 무게, 시대, 먹이 등을 나타낸 표가 완성되었다. 마지막으로, 공룡에 대한 결과물은 다양한 그래프의 해석을 통해 통계적 분석과 연계되었다.

Donna가 설정한 내용 관련 학습목표를 달성하기 위해 학생들은 변량들 사이의 관계를 찾아야 하였다. 이러한 맥락에서 그래프를 이용한 분석이 이루어졌으며, 각 그래프는 둘 또는 그 이상의 변량을 포함하고 있었다. Donna는 그림 3과 그림 4를 사용해 크기와 시대, 크기와 먹이 사이의 관계를 조사하도록 하였다. 그림 3의 x축에는 공룡 이름, y축에는 무게(톤)가 나타나 있다. x축의 공룡 이름은 시대별로 분류

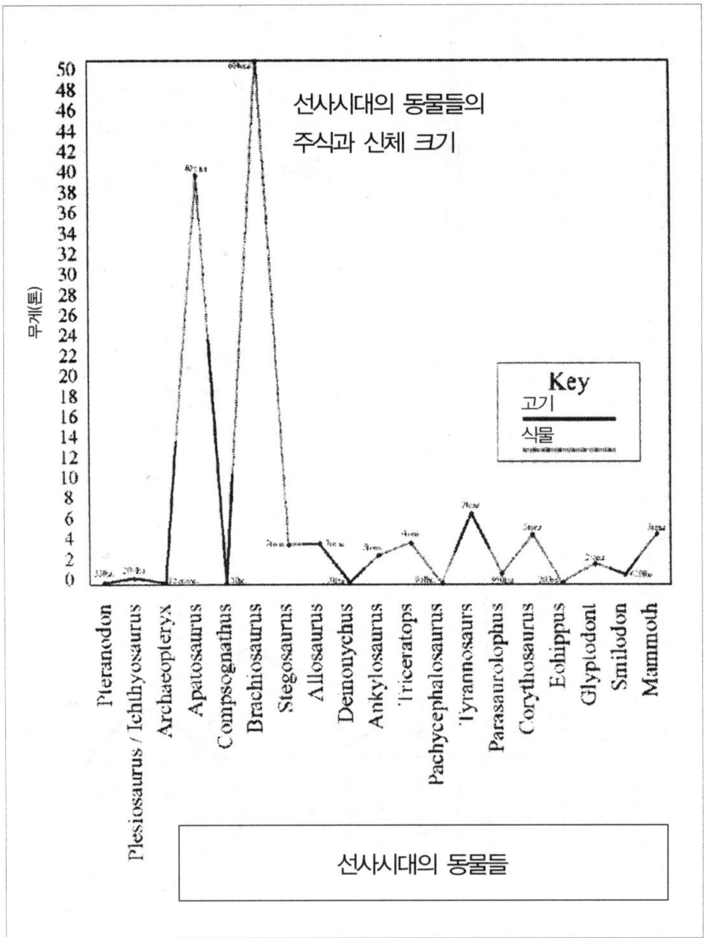

그림 4 먹이에 따라 공룡의 크기를 비교한 그래프

되어 있고, 이웃하는 공룡이 같은 시대에 살았을 경우에는 같은 색으로 연결해 시대를 구분할 수 있도록 하였다. 그림 4는 변량을 시대에서 먹이로 바꾼 것을 제외하고 그림 3과 동일하다.

앞에서 소개한 두 탐구활동처럼, 이 두 그래프에 대한 검토는 자료, 분포, 그래프 그리기에 대한 Donna의 지식에 문제를 제기할 수도 있다. 그러나 이 탐구활동의 결과물로 보아, 탐구대상과 관련된 맥락을 좀더 고려해 Donna의 통계적 지식을 평가할 필요가 있다. 이것은 Donna가 학생들과 연속변량을 다룬 유일한 탐구활동이다. Donna는 다른 탐구활동에서 사용한 자료 수집 방법과 마찬가지로 각 공룡에 대해 학생들이 적극적으로 참여할 수 있도록 교수학적 결정을 내렸다. 어떤 학생이 자료를 표현하는 방법으로 선그래프를 제안했을 때 그 학생의 제안을 받아들이고 이를

표 4 공룡 탐구활동을 위한 학습 자료

선사시대 동물	생존시기	서식지	크기(키, 길이, 무게)	주식	연구자
프테라노돈 (Pteranodon)	트라이아스기	남극을 제외한 모든 대륙	33파운드, 6피트, 날개너비 30피트	육식	Drew
플레시오사우루스 이크티오사우루스 (Piesiosaurs Ichthyolosaurus)	쥐라기, 백악기	유럽, 북아메리카	이크티오사우루스-30피트; 무게 300파운드	육식	Noah B
시조새 (Archaeopteryx)	쥐라기	유럽	날개너비 1.5피트; 길이 1피트(부리에서 꼬리까지); 11-18온스	육식	Mitchell
아파토사우루스 (Apatosaurus)	쥐라기	북아메리카, 유럽	30~40톤; 70피트	초식	Amanda
콤프소그나투스 (Compsognatnus)	쥐라기	북아메리카	3파운드; 30인치; 7파운드	육식	Trey
브라키오사우루스 (Brachiosaurus)	쥐라기, 백악기	콜로라도, 알제리, 탄자니아, 유럽, 아프리카, 북아메리카	75~80피트; 키 40피트; 66톤	초식	Allison
스테고사우루스 (Stegosaurus)	쥐라기 후기	북아메리카, 유럽	길이 5피트; 키 11피트; 2톤	초식	Steffie
알로사우루스 (Allosaurus)	쥐라기	북아메리카, 아프리카, 오스트레일리아	키 356; 무게 2~3톤; 길이 39피트	육식	Keaton
데이노니쿠스 (Dienonychus)	백악기	북아메리카	10피트; 무게 175파운드	육식	Logan
안킬로사우루스 (Ankylosaurus)	백악기	북아메리카, 남아메리카, 유럽, 아시아	길이 17피트; 너비 6피트; 높이 4피트, 무게 약 5톤	초식	Dylan
트리케라톱스 (Triceratops)	백악기	북아메리카 서부	길이 30피트, 길이 3피트; 모두 30~35피트; 무게 6톤	육식	Joshua
티라노사우루스 (Tyrannosaurus (T-Rex))	백악기 후기	북아메리카, 아시아, 중국	무게 7톤; 길이 185피트; 높이 18피트	초식	Taylor
파키케팔로사우루스 (Pachgycephal osaurus)	백악기	북아메리카	무게 950파운드; 길이 15피트; 높이 8피트	초식	Remi
파라사우롤로푸스 (Parasaurolophas)	백악기	남아메리카, 북아메리카, 아시아, 유럽	33피트; 머리둘레 10인치; 3톤	초식	Shasta
코리토사우루스 (Corythosaurus)	백악기	북아메리카	길이 33피트; 4~5톤	초식	Kody
글립토돈 (Glyptodon)	플라이스토세	남아메리카, 북아메리카	길이 10피트; 무게 2톤; 키 5피트	초식	Marshall
스밀로돈 (Smilodon)	플라이스토세	북아메리카, 남아메리카	높이 어깨까지 4; 길이 10피트; 무게 500~600파운드	육식	Stephanie
에오히푸스 히라코테리움 (Eahippus Hyracotherium)	에오세	아시아	2피트 60(cm); 15~20파운드; 89인치	초식	Hannah
매머드 (Mammoths)	플라이스토세	아시아	11~14피트; 5톤	초식	Heather

계속해서 수업에 이용하였다. 이것은 그래프를 그리는데 학생들이 실제로 기여할 수 있음을 보여주기 위해 Donna가 내린 교수학적 결정이었다.

그림 3의 그래프는 들쭉날쭉한 선을 통해 쉽게 알 수 있듯이 자료의 변이성을 보여주고 있다. 각 공룡은 시대에 따라 배열되었기 때문에 선그래프를 통해 집단을 비교하는 것이 가능하다. 게다가 선그래프는 자료에 관한 통계적 추론 발달에서 막대그래프보다 앞서는 것으로(Bright & Friel, 1998) 이러한 상황이나 맥락에 적합하다. 불행하게도, Donna는 그림 4에서 비교하는 변량의 범주들과 관련해 자료를 정렬해야 한다는 사실을 놓치고 말았다. 이것이 혼란을 야기했으며 여기에서 탐구활동이 종료되었다.

공룡 탐구활동에 대한 평가는 다음의 몇 가지 요소를 고려해 설명할 수 있다. 첫째, 통계교육에서는 분류하기와 같은 기본적인 자료 조작이 종종 간과되어 왔다. Donna는 이전에 표를 분류해본 경험이 없었으며 이를 과제로 인식하지도 못하였다. 둘째, 그녀는 다른 탐구활동에서와 같이 시간적 제약 때문에 활동을 좀더 진척시키기 위해 '틈새 시간'을 활용하였다. 그녀는 그래프에 대해 논의하기 위해 학생들의 간식 시간을 이용하였다. 셋째, 매우 조직적이고 유능한 교사인 Donna는 가능한 신속하게 탐구활동을 진행시키고자 하였다. 그녀는 자료를 범주화하는 활동의 중요성을 인식하지 못해 수업 준비 단계에서 범주를 직접 미리 정하고 그에 맞는 그래프 틀을 만들어 놓았다. 학생들은 같은 시간에 두 개의 그래프를 완성하였다. 소프트웨어의 도움 없이 두 개의 그래프를 빠르게 구성하는 것은 쉽지 않다. Donna는 탐구활동이 성공적으로 이루어지기를 기대했지만 학생들이 그림 4로부터 합리적인 결론을 내리도록 도울 수가 없었다. 그녀는 제한된 시간 내에서 다음에 무엇을 해야 할지 결정을 내리는데 확신이 없었다.

공룡 탐구활동의 결과를 볼 때 자료와 분포에 대한 Donna의 추론은 매우 낮은 수준이라고 설명할 수 있으며, 또한 그래프의 유형을 구분하지 못하고 언제 어떤 그래프가 적절한지 알지 못함을 문제점으로 지적할 수 있다. Donna는 학생들과 '서둘러(on the fly)' 공룡 그래프를 다시 그리려고 시도하지 않았다. 그녀는 혼란을 줄 수도 있고 비생산적일 수도 있는 그래프가 그려질 수 있다는 위험을 감수하고 싶지 않았으며, 이 탐구활동에 더 많은 시간을 할애하려고 하지 않았다. 또한 그래프에서 발견한 문제점을 학생들에게 제기하지도 않았다. 그녀는 표를 이용해 자료에 대한 그래프를 고안하는 것을 과제로 구성할 수도 있었다. 시간은 교사의 결정에 영향을 미치는 주요한 요소였다. 그녀는 탐구활동을 끝마쳐 버렸다. 그러나 전체 탐구활동 동안 처음이자 마지막으로 그녀는 본인이 사용한 그래프의 기능, 본인의 통계적 내용 지식에 대해 연구자에게 구체적으로 질문을 하였다. 공룡 탐구활동과 관련해 흥미로운 점은 하계 워크숍의 고무로 만든 곰돌이 활동(Gummy Bears in Space, Scheaffer et al., 1996)에서 Donna는 범주형 변량과 연속 변량이 혼합되어 있는 복잡한 그래프를 성공적으로 그렸다는 점이다. 공룡 탐구활동의 그래프와 워크숍에서의 그래프 과제가 유사하다는 것을 상기시켜주자, Donna는 "이것이 내가 옷장에 통계학자를 필요로 하는 이유입니다."(면담일, 2000년 12월 1일)라고 부끄러워하며 말하였다.

논의

Donna는 초등학교 3학년 학생들이 교과내용을 학습하면서 통계적 탐구활동을 사용할 수 있는 환경을 조성하기 위해 자신의 통계적 지식을 활용하였다. 우리는 이러한 맥락에서 자료와 분포에 관한 Donna의 통계적 추론을 조사하였다. 흥미로우면서도 당황스러웠던 점은 Donna가 특정한 맥락에서는 우수한 통계적 추론 능력을 보였지만 이러한 지식과 기능이 다른 모든 수업으로 전이되지 않았다는 것이다. 예를 들어, 그녀는 동물원의 관리 실태를 평가하는 '동물 서식지' 탐구활동의 목적에 부합하는 주요 변량을 적절하게 설정했지만, 이러한 활동이 '작가 Steven Kellogg의 연구'에서는 제대로 나타나지 않았다. 또한, '공룡' 탐구활동에서는 잘 구조화된 표를 개발했으나 '작가연구'와 '동물 서식지' 탐구활동에서는 그렇지 않았다. 다른 예를 보면, 하계 워크숍에서 Donna는 복잡한 다변량 그래프를 고안했으나 '공룡' 탐구활동에 대한 자료를 적절한 그래프로 나타내지 못하였다. 마지막으로, 그녀는 '서로에 대해 알기', '감기 치료'(표 1)와 같은 몇몇 탐구활동에서는 예측의 중요성과 분포의 개념을 지도했으나, '작가연구'에서는 이런 종류의 논의를 하지 않았으며 '동물 서식지' 탐구활동에서는 초보적인 내용만을 다루었다. 다시 말해, 탐구활동의 맥락에 따라 Donna는 자료와 분포에 대해 소박하고 초보적인 통계적 추론을 보여주었다. 탐구활동이 더 개방적이고 비구조적일수록, 그녀의 추론 패턴은 자료에 대한 통계적 추론의 기초에 해당하는 세기와 도수에 의존하였다. 반면, 탐구활동이 과거의 지도 맥락이나 활동과 유사할수록 분포와 같은 복잡한 개념을 안정적으로 지도하였다.

유능하고 경험 있는 교사가 통계적 탐구활동을 교수 실제와 조화시키는 최상의 사례를 보여주고자 우리는 Donna를 선택하였다. 우리는 그녀의 통계적 지식과 그래프 구성 능력에 확신을 가졌다. 통계적 탐구활동을 사용해 교과내용을 지도하는 상황에서 Donna는 다음과 같은 접근 방법을 사용하였다. 첫째, 교과내용과 탐구활동을 관련지었고, 규준을 준수했고, 긍정적인 학습 경험을 지향하였다. 둘째, 그녀는 이전의 수업 경험과 서로 비슷한 유형이라고 생각한 자료수집과 그래프 활동을 탐구문제와 관련지었다. 이러한 교수 전략은 특정한 탐구 맥락을 고려하고, 자료 분석과 해석을 예상하고, 이를 탐구활동의 목적과 관련짓는 것보다 자료 수집의 용이성과 효율성, 학생의 참여를 더 고려한 것이었다(CBMS, 2001). 교육과정과 깊게 관련되지 않은 통계 그리고 교과서 문제 형태의 통계에 대한 이전 경험은 Donna가 교육과정의 내용을 지도할 때 통계적 탐구활동을 적용하는 능력에 영향을 미쳤다고 볼 수 있다. 통계적 탐구활동을 교육과정의 내용과 관련지어 의미 있게 진행하는데 필요한 통계적 지식과 교사의 배경 및 경험을 동등하게 다루어야 한다. 바로 이 점이 교사교육에 여러 가지 시사점을 제공해준다.

시사점

K-6학년 교육과정과 관련된 탐구활동을 설계하고 실시하는 것을 지원하기 위해 교사들에게 통계적 탐구활동을 배울 기회를 제공해야 한다. 교사들이 배울 필요가 있는 몇몇 기초적인 내용과 개념이 이 연구에서 확인되었다. 예를 들면, 탐구활동에서 변량에 대한 정보가 분명하지 않을 때 변량을 정의하고 구성하는 방법, 분류하기와 같은 기초적인 자료 조작 방법, 분석 결과가 탐구활동의 목적을 만족하는지를 검토하고 이를 결정할 수 있는 관점을 획득하는 방법, 다양한 상황에서 언제 어떤 종류의 그래프가 사용되어야 하는지를 식별하는 방법이다. 그 밖의 다른 사항은 CBMS (2001) 보고서의 자료 분석과 통계 부분에 열거되어 있다. 이 연구가 보여주듯이 자료 및 분포와 같은 통계적 개념은 어떠한 맥락에서 그것이 발생하고 적용되는가가 중요하다. 목적이 있는 응용된 통계적 탐구활동 맥락에서 자료와 분포와 같은 통계적 개념이 통합적으로 나타나는데, 이러한 상황에서 교사들은 통계적 개념을 이해하고 이것의 사용을 인식할 수 있는 기회를 가져야 한다.

이러한 제안은 자료 중심, 활동 중심을 지향하는 통계교육에서 고려해야 할 질문을 제기한다(Cobb, 1993). 이 연구의 결과에 따르면, 통계를 학습하는데 이러한 지도 형태가 몇몇 교사에게는 유용할 수 있으나 다른 내용을 지도하려는 교사들에게는 별로 유용하지 않을 수도 있다. 이러한 목적을 위해 통계적 탐구활동을 사용한다면, 교사는 탐구활동에서 다루어지는 모든 과제의 맥락이 언제 어떻게 문제가 되는지 인식해야 하고, 사전 설계를 확실히 하고, 돌발 상황에 적절히 대처해야 한다. 실생활 문제에 통계적 추론을 적용하려는 교사들은 문제를 구성할 수 있어야 하고 그것을 해결하기 위해 자신이 구성한 맥락에서 통계적 지식을 사용할 수 있어야만 한다. 이미 개발된 정형화된 활동을 통해 통계를 지도하게 되면, 교사는 문제의 구조를 파악하는 것의 필요성을 느끼지 못하게 되고, 통계적 탐구활동을 이용하여 교육과정의 주제를 지도하는 상황에서 통계적 지식과 추론이 언제, 어떻게 중요한 역할을 하게 되는지 알 수 없게 된다. Lehrer와 Schauble(2000)가 언급했듯이, "학생들이 주어진 자료를 가지고 활동하게 되면, 그 자료가 구성된 결과라는 생각을 하지 못하게 될 것이다."(p.2) 학생들이 이러한 구성 과정을 인식하고 이해할 수 있도록 돕기 위해서는 교사 자신이 동일한 구성 과정을 철저하고 정교한 방식으로 인식하고 이해해야만 한다.

또 다른 시사점은 다음과 같다. 교사들은 통계 과정과 내용을 지도하면서 통계에 관해 더 많은 것을 배울 수 있으며, 교사이면서 동시에 학습자임을 인식할 필요가 있다. 교사이면서 학습자라는 이중 역할은 부담이 따르므로(Heaton, 2000) 교사와 함께 연구하는 통계교육학자의 지원과 격려가 필요하다. 학생을 지도하는데 필요한 통계 내용을 지도하기 전에 모두 알고 있는 것은 불가능하다. 가르치면서 동시에 학습자의 역할을 하려면 자신감과 불확실성에 맞서는 의지가 필요하다. 교사가 이것을 배우는 한 가지 방법은 통계교육학자들이 보여주는 교수-학습 태도를 살펴보는 것이다.

마지막으로 이와 같은 연구는 통계 영역에서 교사 교육의 중요한 도구가 될 수 있고, 또한 실제 수업 장면과 학생 활동 결과물을 활용해 교수 지식을 구성하려는 다른 영역에서의 교사 교육 방법을 보완해준다(Lampert & Ball, 2001; Merseth, 1996). 연구자들은 교사가 스스로 교수 지식을 구성할 때 교수와 교사 지식이 얼마나 복잡한지를 나타내고 다른 사람들이 이를 이해할 수 있도록 이와 같은 연구를 진행해왔다. 연구자들은 교수학적 결정에 필요한 통계적 지식의 예를 교사에게 제공할 뿐만 아니라 특정한 교수학적 결정에 따라 자료를 수집하고, 요약하고, 해석할 때 긍정적인 또는 부정적인 영향을 미칠 수 있는 통계적 지식과 실제에 대해 알려줄 수 있다.

통계적 개념과 통계적 탐구활동에 초점을 둔 더 많은 사례를 개발함으로써 통계 개념과 통계적 지식이 어떻게 사용되는지 교사들에게 제공할 수 있으며, 학생들과의 탐구활동에서 이를 사용하도록 도울 수 있다. 게다가 그러한 사례를 사용한 연구로부터 얻은 다음과 같은 핵심적인 결과를 계속적으로 교사나 교사교육자들에게 설명할 수 있다. 수업에 필요한 통계적 지식을 배울 때 맥락이 중요하다. 그리고 교사는 언제, 어디서, 어떻게, 왜 맥락이 중요한가를 배워야 한다.

참고문헌

Ball, D. L. (2002). *Mathematical proficiency for all students: Toward a strategic research and development program in mathematics education*. RAND Report. Washington, DC: Office of Education Research and Improvement, U.S. Department of Education.

Ball, D. L., Lubienski, S. T., & Mewborn, D. S. (2001). Mathematics. In V. Richardson (Ed.), *Handbook of research on teaching*, pp. 433-465.

Bright, G. W., & Friel, S. N. (1998). Graphical Representations: Helping students interpret data. In S. P. Lajoie (Ed.), *Reflections on statistics: Learning, teaching, and assessment in grades K-12*. Mahwah, NJ: Erlbaum.

Cobb, G. W. (1993). Reconsidering statistics education: A national science foundation conference, *Journal of Statistics Education [online]*, *1*(1), available e-mail: archive@jse.stat.ncsu.edu Message: Send jse/v1n1/cobb.

Cobb, P. (1999). Individual and collective mathematical development: The case of statistical data analysis, *Mathematical Thinking and Learning*, *1*(1), 5-43.

Conference Board of Mathematical Sciences (March 2001). *Mathematical education of teachers project*, draft report. Washington, DC: Author.

Confrey, J., & Makar, K. (2001, August). Secondary teachers' inquiry into data. *Proceedings of the Second International Research Forum on Statistical Reasoning, Thinking, and Literacy*, University of New England, Armidale, NSW, Australia.

Creswell, J. W. (1998). *Qualitative inquiry and research design: Choosing among five traditions*. Thousand Oaks, CA: Sage Publications.

Fennema, E., & Nelson, B. S. (1997). *Mathematics teachers in transition*. Hillsdale, NJ: Erlbaum.

Friel, S. N., & Bright, G. W. (1998). Teach-Stat: A model for professional development in data analysis and statistics for teachers K-6. In S. P. Lajoie (Ed.), *Reflections on statistics: Learning, teaching, and assessment in grades K-12*. Mahwah, NJ: Erlbaum.

Friel, S. N., & Bright, G. W. (1997). A framework for assessing knowledge and learning in statistics (K-8). In J. Gal and J. B. Garfield (Ed.), *The assessment challenge in statistics education* (pp. 55-63). Amsterdam: IOS Press.

Graham, A. (1987). *Statistical investigations in the secondary school*. Cambridge, UK:

Cambridge University Press.
Heaton, R. (2000). *Teaching mathematics to the new standards: Relearning the dance.* New York: Teachers College Press.
Heaton, R., & Mickelson, W. (2002). The learning and teaching of statistical investigation in teaching and teacher education. *Journal of Mathematics Teacher Education, 5,* 35-59.
Jaworski, B. (1998). The centrality of the researcher: Rigor in a constructivist inquiry into mathematics teaching. In A. Teppo (Ed.), *Qualitative research methods in mathematics education* (pp. 112-127). Reston, VA: National Council of Teachers of Mathematics (NCTM).
Lajoie, S. P. (1998). Reflections on a statistics agenda for K-12. In S.P. Lajoie (Ed.), *Reflections on statistics: Learning, teaching, and assessment in grades K-12*. Mahwah, NJ: Erlbaum.
Lajoie, S. P., & Romberg, T. A. (1998). Identifying an agenda for statistics instruction and assessment in K-12 In S. P. Lajoie (Ed.), *Reflections on statistics: Learning, teaching, and assessment in grades K-12*. Mahwah, NJ: Erlbaum.
Lampert, M., & Ball, D. L. (2001). *Teaching, multimedia, and mathematics: Investigations of real practice*. New York: Teachers College Press.
Lehrer, R., & Schauble, L. (2002). *Investigation real data in the classroom: Expanding children's understanding of math and science*. New York: Teachers College Press.
Lehrer, R., & Schauble, L. (2000). Inventing data structures for representational purposes: Elementary grade students' classification models, *Mathematical Thinking and Learning, 2*(1&2), 51-74.
Merseth, K. (1996). Cases and case methods in education. In J. Sikula (Ed.), *Handbook of research on teacher education* (2nd ed., pp. 722-744). New York: Macmillan.
National Council of Teachers of Mathematics (2000). *Principles & standards for school mathematics*. Reston, VA: Author.
National Council of Teachers of Mathematics (1989). *Curriculum and evaluation standards for school mathematics*. Reston, VA: Author.
Newmann, F. M., & Wehlage, G. G. (1997). *Successful school restructuring: A report to the public and educators*. Madison: Center on Organization and Restructuring of Schools, University of Wisconsin.
Russell, S. J., & Friel, S. N. (1989). Collecting and analyzing real data in the elementary school classroom. In P. R. Trafton & A. P. Shulte (Eds.), *New directions for elementary school mathematics* (pp. 134-148). Reston, VA: National Council of Teachers of Mathematics.
Schaeffer, R. L. (1988). Statistics in the schools: The past, present and future of the quantitative literacy project. *Proceedings of the American Statistical Association form the Section on Statistical Education* (pp. 71-78).
Scheaffer, R. L., Gnanadesikan, M., Watkins, A., & Witmer, J. A. (1996). *Activity-based statistics.* New York: Springer.
Scheaffer, R. L., Watkins, A. E., & Landwehr, J. M. (1998). What every high-school graduate should know about statistics. In S. P. Lajoie (Ed.), *Reflections on statistics:*

Learning, teaching, and assessment in grades K-12. Mahwah, NJ: Erlbaum.

Schifter, D. (1996). *What's happening in math class?* (Vols. 1-2). New York: Teachers College Press.

Shaughnessy, J. M. (1992). Research in probability and statistics: Reflections and directions. In D. A. Grouws (Ed.), 1992, *Handbook of Research on Mathematics Teaching and Learning*. New York: MacMillan, pp. 465-494.

Shulman, L. S. (1986). Those who understand: Knowledge growth in teaching. *Educational Researcher*, *15*(2), 4-14.

Utts, J. M. (1999). *Seeing Through Statistics* (2nd Ed). Pacific Grove, CA: Duxbury Press.

Watson, J. M. (2001). Profiling teachers' competence and confidence to teach particular mathematics topics: The case of chance and data. *Journal of Mathematics Teacher Education*, *4*(4), 305-337.

Watson, J. M. (2000). Preservice mathematics teachers' understanding of sampling: Intuition or mathematics. *Mathematics Teacher Education Research Journal*, *12*(2), 147-169.

Young, S. L. (1990). North American dinosaur data sheet: Graph the dinosaur's lengths: Meat-eaters and Plant-eaters. *Arithmetic Teacher*, *38*(1), 23-33.

15장

중등학교 교사들의 통계적 추론

: 두 집단 비교를 중심으로[34)]

Katie Makar and Jere Confrey

개 요

Ben-Zvi(6장), Bakker와 Gravemeijer(7장)를 포함한 여러 연구자들은 자신의 연구에서 통계를 이해하는데 분포가 중요함을 명확히 보여준다. 두 분포를 비교하는 과제는 통계적 추론의 여러 측면에 동기를 부여할 뿐만 아니라, 특히 변이에 관한 연구를 통찰할 수 있게 한다. 이 연구는 중등학교 교사들이 주 단위 학업성취도평가의 결과를 더 잘 이해하도록 돕기 위하여 설계되었고, 6개월간의 교사 전문성 개발 과정의 마지막 부분에서 이루어졌다. 현재 미국의 각 학교들은 학생들의 주 단위 학업성취도평가 점수를 향상시켜야 하는 엄청난 압박감에 시달리고 있다.

이 장은 교사 전문성 개발 과정의 마지막 부분에서 실시한 네 명의 중등학교 교사 면담 결과를 제시한다. 교사들은 "주어진 두 집단이 서로 다른지 다르지 않은지를 어떻게 판단하는가"라는 연구 문제에 대하여 Fathom이라는 소프트웨어를 사용하여 탐구하였다. 또한 교사들에게 주 단위 수학 학업성취도평가에 참여한 두 학생 집단의 평가 결과를 비교하고 설명하도록 하는 면담을 실시하였고, 교사들의 반응을 질적으로 분석하였다. 삼각검증법(Stake, 1994)을 사용하여 통계적 내용 지식에 대한 사전 사후 양적 검사를 실시하였고, 이를 통해 교사들의 이해에 대한 더 깊이 있는 통찰을 얻을 수 있었다.

---

34) 이 연구(ESR-9816023)는 미국과학재단(NSF)의 지원을 받아 수행되었다. 그러나 이 장에서 제시하고 있는 의견이 반드시 NSF의 관점을 반영하는 것은 아니다.

두 집단 비교에 대한 교사들의 추론을 연구하는 이유

현대 사회에서는 교양 있는 시민 양성을 위해 통계와 자료 분석의 중요성이 점차 증가하고 있다. 이에 맞추어 많은 학교들이 통계와 자료 분석을 교육과정에 포함시키고 있으며, 유치원과 같이 이른 시기부터 통계교육이 이루어지고 있다(TERC, 1998). 많은 학교들이 통계를 점점 강조하고 있으나, 교사들이 학생들에게 지도할 통계 내용에 정통하도록 돕는 교사 교육이 충분하지 못한 실정이다. 대학의 통계교육 과정은 교사들이 느끼기에 적절한 내용을 거의 다루지 않으며, 학교에서 이루어지는 전문성 개발 과정은 교사들이 중심경향치를 구하거나 그래프와 표에 대해 단순히 해석하는 것 이상의 통계적 내용 지식을 습득할 기회를 거의 제공하지 못한다. 게다가 미국 교사들은 학생들의 주 단위 학업성취도평가 점수를 향상시켜야 하는 압력을 받는 한편으로 학생들의 성적에 대한 엄청난 양의 자료에 기초한 교육적 결정을 내려야 함에도 불구하고, 자료 분석이나 추리 통계에 대해 경험할 기회가 거의 없다. 교사는 교육 개혁의 대상이자 수단이므로(Cohen & Ball, 1990) 그들이 가르쳐야 하는 통계에 대해 개념적 이해를 향상시킬 수 있는 방법을 찾아야 할뿐 아니라 통계적 추론 능력을 고려해야 한다. 교사 전문성을 개발하는 지도자들이 교사들의 통계적 추론을 더 잘 이해한다면, 교사의 추론을 촉진시킬 수 있는 개념적 학습 경로를 더 잘 설계할 수 있고 궁극적으로 확률과 통계에 대한 학생들의 이해를 향상시킬 수 있을 것이다.

집단 비교 활동을 포함한 탐구는 통계 학습에 흥미를 갖게 하는 수단이 된다(Konold & Pollatsek, 2002 참고). 이러한 탐구는 맥락을 강조하고, 중심 척도와 분포 모두에 주목하게 하며, 가설 검정의 개념적 발달을 위한 원동력을 제공한다(분포의 다양한 측면에 대해서는 7장 참고). 게다가 집단 비교를 포함한 과제는 상당히 풍부해서 통계적 이해 수준이 다양하고 연령대가 다양한 학습자들이 폭넓게 이용할 수 있다. 분포 비교는 연구자들이 교사들의 통계적 추론에 대한 통찰을 얻을 수 있는 흥미로운 영역이 될 수 있으며, 특히 좀더 복잡한 맥락에서 변이에 대한 교사들의 추론을 이해할 수 있는 기회를 제공한다.

몇몇 교육과정 프로젝트에서는 통계적 추론을 지도하기 위한 방법으로 집단 비교를 사용하고 있다. 초등학교 수준에서는 자료와 그래프의 개념을 소개하기 위해 두 집단 비교를 사용하는데, 이는 학생들이 분포를 조망하고 추론하는데 중요한 초기의 경험을 제공한다. 예를 들어, 1학년 교육과정(TERC, 1998)에서는 학급 친구들의 나이에 대한 분포를 그들의 형제, 자매의 나이에 대한 분포와 비교하고 질적으로 서술하게 하여 분포를 소개하고 있다. 중학교 학생들은 자료를 다루는 이전 경험을 바탕으로 차이와 특이값뿐만 아니라, 중심과 퍼짐의 측정값이나 분포의 형태와 같은 분포에 대한 설명에 주목하기 시작한다. 예를 들어, 6학년 교육과정에서는 학급의 남학생과 여학생의 '전형적인' 키를 비교하고 중심의 측정값을 검토하고 두 분포의 형태를 설명하고 차이와 특이값을 관찰하게 하여, 의미 있는 맥락에서 이러한 기술을 사용하게 한다(Lappan, Fey, Fitzgerald, Friel, & Phillips, 1998). 중등학교 학생들에게 통계적 변이에 대한 더 많은 개방형 과제를 소개하고 관습적인 방식으로 설명하게 한다면, 학생들이 사용가능한 자료에 비추어 주제에 대해 논쟁하고 추리 통계에 대한 기초를 마련하는데 도움이 될 것이다.

다양한 수준의 학생들에게 다양한 상황에서 집단 비교를 하도록 하는 것은 의미 있는 질문에 답변하기 위해 자료를 사용하는 진정한 맥락을 제공할 수 있으며, 의사결정에 미치는 자료의 위력에 흥미를 느끼게 할 수 있다. 그러나 학생들에게 이러한 종류의 과제를 제시하기 위해서는 교사 자신이 통계에 대한 이해를 발전시킬 필요가 있다. Heaton과 Mickelson(14장)은 한 초등학교 교사가 통계 관련 연구를 현재의 학교 교육과정에 통합시킴으로써 자신의 통계적 추론을 발전시키기 위해 노력한 경험을 소개하였다. 이 장에서는 중등학교 교사들이 학생 평가 자료에 대해 탐구하면서 자신들의 통계적 내용 지식을 구축할 때 나타나는 통계적 추론을 검토한다. 특히, 이 교사들은 두 집단 비교의 의미를 고려하고 변이의 역할에 대해 탐구한다(자료에 대한 교사들의 추론에 관한 추가적인 논의는 Confrey & Makar(2002), Makar & Confrey(2002) 참고).

두 집단 비교에 관한 선행 연구

통계에서는 직접적이든 암묵적이든 비교하는 데에 많은 관심을 갖는다. 땅콩버터의 상표의 차이이든 올해와 작년의 집값의 차이이든 간에 비교는 연구와 원리에 입각한 주장의 기본적인 구조를 형성한다(Abelson, 1995).

> 비교라는 아이디어는 매우 중요하다. 의미 있는 통계적 진술은 모두 관찰값과 기댓값의 차이 또는 관찰값들 사이의 차이를 언급해야 한다는 점을 강조하는 바이

다. 차이가 관찰되면 이를 설명할 수 있는 요인을 찾는데 자극이 되는 "왜"라는 질문이 제기된다. … 차이를 예상하였지만 아무것도 찾지 못했을 때, "왜 차이가 없는가?"라는 질문을 제기할 수 있다(p.3).

Lehrer와 Schauble(2000)은 학생들의 그래프 구성에 관한 자신들의 연구에서 어린 학생들은 "기대했던 값과 관찰한 값 사이의 불일치를 발견하면 종종 당혹해 한다."(p.104)고 지적하였다. Watson과 Moritz(1999)는 "관련된 자료 집합에 대한 직관적인 감각 없이 '공식을 적용하는' 경향에서 벗어나길 바란다."(p.166)고 언급하면서, 자료 집합을 비교하는 것은 학생들이 하나의 전략에 치우치지 않고 시각적인 전략을 사용하여 집단을 비교하는데 직관적으로 접근할 수 있을 뿐만 아니라 산술 평균을 깊이 있게 이해하는데 의미있는 배경을 제공한다고 주장하였다.

선행 연구에 따르면 학생들은 집단을 비교하는 과제를 통해 각각의 자료에 주목하는 대신에 분포로서 자료를 고려하게 되었고, 또한 중심뿐만 아니라 변이에 대한 측정을 고려하게 되었다(Konold & Higgins, 2002). Lehrer와 Schauble(2002)은 초등학교 고학년 학생들이 두 개의 분포를 비교하는 문제를 해결할 때, 대푯값과 산포도 모두를 관찰한다는 것을 확인하였다. 이들 연구에서 학생들은 집단 비교를 통해 중심 이외의 여러 측정값들을 이해할 수 있게 되었다. 예를 들어, 박각시벌레에게 서로 다른 먹이를 준 실험에서 5학년 학생으로 이루어진 한 집단의 학생들은 박각시벌레의 전형적인 길이뿐만 아니라 길이의 변이성에도 차이가 있음을 두 처치 그룹에서 발견하였다. 학생들은 이를 통해 한 집단의 벌레의 길이가 다양한 이유를 추측하고 토론하였으며, "변이성을 고려함으로써 관찰된 패턴과 그 패턴의 원인이 되는 구조의 관계를 설명할 수 있게 되었다"(p.129).

집단 비교를 이해할 때 문제의 맥락을 검토하는 것은 매우 중요하다. Confrey와 Makar(2002)는 자료에 대한 교사들의 탐구 과정을 검토하는 동안 통계 학습에서 맥락의 역할에 대해 논의하였다. 이 활동에서 교사들은 맥락이 없는 몇 쌍의 그래프들을 검토하였고, 약 5분 정도의 토론을 통해 각 쌍의 그래프를 매우 피상적인 수준에서 비교하였으며 이에 대해 추론하였다. 그러나 퀴즈 점수라는 맥락에 비추어 동일한 그래프를 다시 검토했을 때는 40분 동안 훨씬 깊이 있는 분석이 이루어졌다. 분포에서의 변이를 유용한 것으로 명료하게 설명한 이러한 논의는 교사들의 학습에서 처음 이루어졌다. 교사들은 개인적으로 의미 있는 맥락에서 분포를 비교할 수 있을 때, 분포를 더 확실히 이해하기 시작하였다. 이와 유사하게 Cobb(1999)은 두 종류의 건전지에 대한 상대적인 수명을 알아보는 맥락에서 학생들에게 분포를 비교하도록 함으로써 한 건전지를 다른 건전지보다 선호하는 것이 무엇을 의미하는지, 즉 전반적인 성능을 고려해야 하는지, 지속성을 고려해야 하는지를 설명하도록 하였다. 이때, 학생들은 '더 나은' 건전지를 선택하는 맥락에서 변이성을 고려해야 하는 주요한 이유에 대하여 논의하였다.

두 집단을 비교하는 것은 그 유용성에 비추어 볼 때 통계적 추정의 강력한 도구가 된다. Watson과 Moritz(1999)는 두 집단 비교가 "t-검정이나 분산 분석을 도입할 때 자료 집합을 더욱더 세밀히 비교하는데" 토대가 된다고 주장한다(p.166). 통계적 추정이 직관적인 토대로부터 출발하지 않는다면 확률적 추론보다는 흑백의 결정론적 추론을 촉진하기 때문에 마치 처방전과 같은 것이 될 수 있다. "수용-거부의 이분법은 단정적인 설명이 필요한 맥락에서는 매력적으로 보인다"(Abelson, 1995, p.38). 일반적으로 학교 수준의 통계 내용에서는 형식적인 추정 방법을 다루지는 않지만 "자료 이면"을 볼 수 있는 안목(Friel, Curcio, & Bright, 2001)이 필요하다. 통계적 추정에 대한 기본 개념의 개발은 표집분포와 같은 대학 수준의 다소 어려운 통계적 개념을 이해하는데 도움이 될 수 있다(delMas, Garfield, & Chance, 1999).

연구 설계와 방법론

이 장에서 소개하는 연구는 오스틴(Austin)에 있는 텍사스(Texas) 대학교에서 수학교육, 과학교육, 공학의 발전에 기여하고자 NSF의 지원을 받아 Systemic Research Collaborative 연구팀이 개발하고 수행한 연구 프로젝트의 일부이다. 이 장에서는 연구의 마지막에 이루어진 면담의 결과에 주목한다. 그러나 연구 참가자들의 프로젝트 경험은 통계적 추론에 대한 그들의 배경지식과 경험을 이해하는데 중요하다. 교사들의 통계적 추론에 대한 연구가 워크샵의 목적이 아니었고, 체계적인 혁신 프로젝트에서 교사 전문성 개발 과정의 효과를 확인하는 것이 목적이었다는 것에 주목할 필요가 있다(Confrey, 출판 준비 중). 저자들은 워크샵에 대한 계획을 세운 후 임상면담을 통해 교사들의 통계적 추론을 확인할 수 있는 기회를 갖게 되었다. 이 장에서는 이러한 면담 결과를 소개한다.

6개월간의 전문성 개발 연구 프로젝트는 두 단계로 이루어졌는데, 첫 번째 단계는 방과 후 모임이나 연수를 통해 18시간 동안 진행하였고, 두 번째 단계는 2주간의 여름연수로 진행하였다. 이 프로젝트는 교사들이 어떻게 글쓰기를 가르치는지에 주목하기보다는 교사 자신의 글쓰기에 주목하는 National Writing Project와 같은 목적을 가진 수학 프로젝트라고 생각할 수 있다. 교사들이 실제 맥락에서 글을 쓰거나 수학을 하는 것과 같이 가르치는 내용에 대하여 그들 자신의 학습 과정에 주목할 기회가 주어진다면, 학생들의 학습 과정을 더욱 잘 이해하게 되고 학생들의 개념 발달에 맞추어 가르칠 수 있게 된다는 것이 National Writing Project(2002)와 이 연구의 기본적인 믿음이다(Lieberman & Wood, 2003). 이러한 전문성 개발 과정은 다음과 같은 가정 하에 설계되었다. 수학 교사들이 흥미 있고 유용한 맥락에서 자신이 가르치는 수준 이상의 내용에 몰두하여 통계학자처럼 자신의 연구를 진행한다면, 통계를 좀더 실제적으로 가르칠 수 있고 내용 지식이 증가되어 수업을 개선할 것이다.

전문성 개발 과정이 이루어지는 동안 교사들은 기술 통계와 그래프 그리기, 상관관계와 회귀, 표집분포, 중심극한정리, 신뢰구간, 통계적 추정의 기본 개념과 같은 핵심적인 통계 내용을 학습하였다. 이러한 개념들을 대학의 교육과정처럼 형식적으로 지도하지 않았다. 교사들이 자료를 다룰 때 중요한 표본추출 과정의 변이에 대한 개념을 잘 이해하고 강력한 통계적 아이디어에 접근할 수 있도록 시뮬레이션을 통해 표집분포를 경험하도록 하였다. 통계적 개념은 교사들이 자료를 이해하기 위해 필요할 때에만 소개하였다. 통계 내용 지식에 대한 사전 검사에서 나타난 바와 같이 많은 교사들이 이미 기술 통계와 그래프 그리기에 대한 최소한의 지식을 가지고 있었다.

교사들은 워크샵과 여름연수가 이루어지는 동안 주 단위 학업성취도평가 자료 분석에 초점을 두고 점차 독립적으로 탐구하였다. 이것은 교사들이 통계를 학습하도록 의도적으로 구성한 맥락이었다. 텍사스에서는 학생들과 학교가 자신들의 수행에 대하여 책임을 갖는 주 단위 학업성취도평가인 Texas Assessment of Academic Skills(TAAS, www.tea.state.tx.us)를 특히 강조하고 있다. 교사들은 평가 자료가 무엇을 의미하는지 그리고 평가 점수를 올리기 위해 학교에서 취해야 할 조치가 무엇인지에 대하여 전문가의 의견에 의존하지 않고 직접 TAAS 자료를 해석할 수 있다면 자신들이 유능하다고 생각하였다. 또한 여러 '수업'을 통하여 표집 변이를 포함한 자료를 다루는 것이 교사들에게 도움이 되었기 때문에, 변이에 대한 직관을 개발시켜주는 경험을 충분히 할 필요성이 있음을 깨달았다.

가설을 검정하기 위해 시뮬레이션을 만들 뿐 아니라 자료를 직접 조사하기 위하여 통계학습에 기초한 소프트웨어인 Fathom(Finzer, 2000)을 사용하였다. 교사들은

Fathom에서 drag-and-drop 기능[35]을 통해 그래프를 쉽게 그릴 수 있었기 때문에 자료에서 나타나는 관계들을 유동적이고 비형식적으로 탐구할 수 있었다. 대부분의 통계 소프트웨어는 자료가 투입되면 결과가 나오는 방식인 '블랙박스(black box)'와 같은 경향이 있다. 이러한 경향은 자료에서 명확한 해답을 찾기를 기대하는 초기 학습자들에게 오개념을 심어줄 수 있다. 사용자는 Fathom을 통해 표집분포를 구성하는 것과 동일한 방식으로 시뮬레이션을 하게 된다. 즉, 임의 추출과정을 거쳐 각각의 무작위 과정으로부터 통계치를 선정하여 수집한 다음 이러한 통계치를 반복적으로 수집한다. 또한 대학생들도 어려워하는 표집분포와 가설검정 수준의 추상화(delMas와 동료들, 1999)도 피하지 않고 이러한 과정과 유사하게 시각적 구조로 나타내어 확인할 수 있게 하므로, 사용자들은 표집분포의 추상적 성질 이면에 있는 개념들을 좀더 시각화할 수 있다. Fathom은 분석을 위한 훌륭한 도구이며 실제 자료를 사용하게 하고 심지어 웹에서 직접 자료를 읽는 것도 가능하게 한다. 그러므로 교사들은 인터넷에서 이용 가능한 많은 자료에 쉽게 접근할 수 있다.

교사들과의 워크샵 동안 표집분포를 사용하여 정규분포의 성질, 중심극한정리, 표본추출에 따른 변이성에서 표본 크기의 영향, 귀무가설, p-값, 가설 검정과 같은 통계적 개념을 설명하고 탐구하였고, 자료의 관계를 탐구하는 동안 이러한 통계적 개념을 적용하였다. 전문성 개발 과정 워크샵 동안에는 집단 비교에 대하여 명시적으로 주목하지 않았다는 것에 유념할 필요가 있다. 집단 비교를 위하여 일련의 절차를 형식적으로 발전시키지 않았고 교사들은 면담에서 수행하게 될 과제와 유사한 과제를 접하지 않았다. 그들은 워크샵 동안 두 집단을 비교하는 것을 핵심으로 하는 두 가지 구조화된 활동에 참여하였다. 첫 번째 활동은 전문성 개발 과정의 초기 단계에서 교사들이 Fathom을 처음으로 배우고 기술 통계를 탐구할 때 이루어졌다. 이 활동에서(Erickson, 2001, p.206), 미국의 대학 입학시험의 일부인 SAT시험에서 학생들의 점수에 대한 표본 하나와 남학생과 여학생의 학년별 점수 평균을 조사하여 비형식적으로 비교하였다. 두 번째 활동인 Orbital Express(Erickson, 2001, p.276)는 여름연수의 마지막 주에 귀무가설에 대한 개념을 탐구하고 Fathom의 좀더 발전된 특징을 학습하는 동안 이루어졌다. 이 활동에서 교사들은 두 가지 종류의 종이뭉치를 떨어뜨려 10피트 아래의 목표물을 맞히는 실험을 하였다. 각 뭉치가 목표물

35) 역자주: Fathom에서 drag-and-drop은 Collection(자료 집합)을 좌표평면에 끌어오면 그 자료에 대한 그래프를 그려주는 기능이다.

로부터 떨어진 거리를 Fathom의 첫 번째 열에 기록하였고, 던져진 종이의 종류를 두 번째 열에 기록하였다. Fathom의 Scramble Attribute 기능[36]을 이용하여 종이의 종류에 대한 두 번째 열의 값을 임의 추출하였고 귀무가설을 설정하고 검증하였다. 그리고 각 집단의 중앙값의 차이를 계산하였다. '귀무분포'[37]를 알아보기 위해 이러한 과정을 100번 반복하였다. 귀무분포는 단지 우연에 의해 결정되는 집단의 중앙값들 차이의 변이성을 보여준다. 따라서 '귀무분포'에 비추어 본래의 표본에서 발견된 차이를 조사하였다.

연구 대상과 자료 수집

이 연구는 주로 전문성 개발 프로그램에 참여한 텍사스에서 온 4명의 중등학교 수학 교사를 대상으로 하였다. 참가자들 중 2명은 프로젝트에 늦게 합류했고 전문성 개발 과정의 첫 번째 단계를 단축한 일부 과정에 참여하였다. 4명의 교사 중 3명은 13~16세의 학생들을 가르친 중등수학 교사 자격을 가진 현직 교사이고, 1명은 예비교사이다. 두 교사는 대학에서 수학을 전공하였고, 예비교사는 수학 학위과정에 있었으며, 나머지 교사는 사회과학을 전공하였다. 이들 중 2명은 남자, 2명은 여자로, 1명은 라틴 아메리카계의 사람이고, 3명은 라틴 아메리카계가 아닌 백인이었다. 예비교사를 제외한 3명은 모두 5~15년 전에 대학에서 전통적인 통계 입문과정을 이수하였다. 학교 운영 일정이 일부 변하고 여름학교에서 수업을 해야 하는 교사들과 일정이 맞지 않았기 때문에 프로젝트의 두 번째 단계인 여름연수에 참여한 사람들은 4명의 교사가 전부였다.

교사들의 통계적 내용 지식에 대한 사전-사후 검사를 하였고 이에 대한 결과를 반복 측정 설계하여 t-검정으로 분석하였다. 또한 교사들이 참여한 모든 수업을 비디오로 녹화하였다. 참여자들이 두 집단을 비교한 후에 마지막으로 면담이 이루어졌다. 면담은 이 장에서 설명하는 중요한 자료의 바탕이 된다. 비디오로 녹화한 면담 중 주요 부분들은 전사하여 토대이론의 질적 방법을 사용하여 분석하였다(Strauss & Corbin, 1998). NVivo 소프트웨어(QSR, 1999)에 코드를 넣어 교사의 언어와 행동에서 관찰되는 현상을 기록하고, 교사들이 집단을 어떻게 비교하는지에 대한 전

36) 역자주: Fathom에서 Scramble Attribute 기능이란 선택한 Collection(자료집합)에서 어떤 Attribute(속성)을 선택하여 새로운 Collection(자료집합)을 만드는 기능이다.

37) 역자주: 통계학의 가설 검정에서 귀무분포는 귀무가설이 참일 때를 나타내는 검정 통계량의 확률분포이다.

략, 사고 방식, 통찰을 설명하는 자료로부터 나타난 잠재적인 범주도 허용하였다. 그리고 초기의 범주를 위계적인 구조로 조직하였고, 공동의 주제를 더 큰 범주로 묶으며 코드화하였다. 마지막으로 다양한 차원의 범주들을 더 깊이 탐구하고 관찰된 현상을 보다 잘 기술하기 위하여 선택적으로 코딩하여 자료를 분석하였다.

면담 과제

여름연수의 마지막 이틀 동안 이루어진 면담에서, 교사들은 낮은 성취도를 보인 가상의 고등학교의 TAAS 점수 자료를 가지고 Fathom을 사용하여 남학생과 여학생의 성취도를 비교하였다. 예에서 사용된 모든 자료가 한 학교에서 추출된 것은 아니었지만 텍사스의 몇 개 학교에서 추출된 점수를 편집하여 만들어진 신뢰할 수 있는 자료였다. 그림 1은 교사들이 초기에 Fathom을 사용하여 주어진 자료를 그린 것과 유사한 그래프이다. 위 그래프에서 가로축의 MTLI는 TAAS에서 'Texas 학습 지표'를 나타내는 것으로 MTLI 점수가 70점이면 통과된 것으로 간주한다. 주 단위로 학업성취도평가가 이루어지는 맥락에서는 단지 평균값만 고려하는 것이 아니다. 학교에서는 TAAS 시험을 통과하는 학생들의 비율에 대해서도 책임을 져야 하기 때문에 각 집단의 통과 비율을 고려하는 것도 중요하다. 면담에서 두 번째 과제는 주에서 지정한 소수 민족들의 성취도에 대한 분석에 기초하여 학교에서 낮은 성취도를 조사하고, 다음 해에 교내에서 운영할 수 있는 프로그램에 대한 의견을 교장에게 제출하는

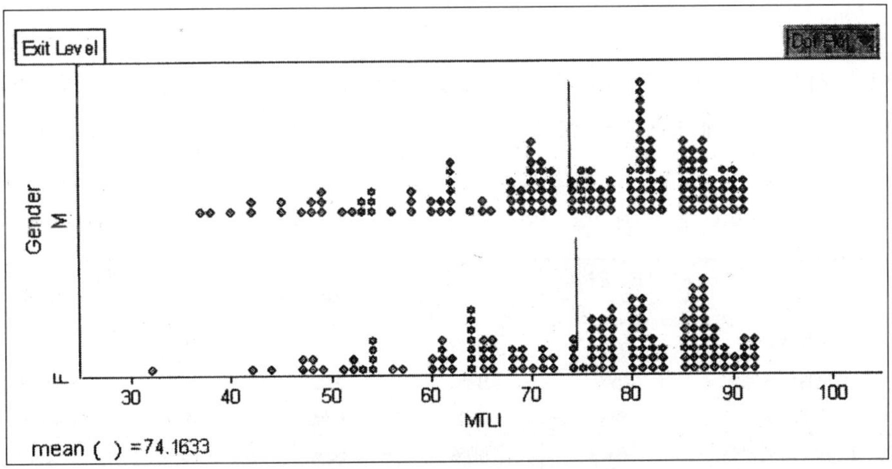

그림 1 Fathom을 이용하여 학생들의 점수에 대하여 그린 점그래프

것이었다. 이 장에서는 첫 번째 면담 과제에 대한 분석에 대해 주로 논의한다.

결과

두 집단 비교에 대한 교사들의 추론을 분석하면서 전문성 개발 과정이 그들의 내용 지식에 영향을 주었다고 가정하였다. 따라서 자료를 다룬 경험이나 다양한 통계적 배경 지식이 전혀 없는 교사들보다는 탐구자로서 풍부한 경험을 통해 통계적 이해를 발전시킨 교사들을 대상으로 두 집단 비교에 대한 추론을 조사하였다. 이 교사들의 추론 능력이 중등교사에게 **전형적인** 것은 아니지만 교사들이 강력한 통계적 아이디어를 개념적으로 이해하고 통계적 아이디어에 대한 경험을 쌓게 하는 전문성 개발 과정에 짧게나마 참여한 후라면 이러한 능력이 나타날 수 있을 것이라 생각하였다. 전문성 개발의 중요한 목적은 교사들이 탐구자로서 학생 평가 자료를 다루는 풍부한 경험을 갖도록 하는 것이었다. 전문성 개발 과정에서는 추리 통계의 많은 개념들에 대해 논의하였으나 t-검정, 신뢰구간, 귀무가설, p-값과 같은 더 진보된 개념들은 형식적 수준이 아닌 개념적 수준에서 시뮬레이션을 통해 경험하도록 하였다.

전문성 개발 과정을 통해 교사들에게 전달된 내용이 그들의 이해에 영향을 주었는지를 측정하고, 면담에서 통계적 내용 지식의 수준을 평가하기 위해 내용 지식에 대한 사전-사후 검사를 실시하였다. 이것에 대한 분석 결과를 표 1에 제시하였다. 연구에 참여한 교사가 4명으로 그 수는 적지만, 요약 통계치는 표집분포와 추정의 각 영역뿐만 아니라 전반적인 내용 지식에서 유의미한 향상($\alpha = 0.05$)이 있었음을 보여준다.

내용 지식을 측정하기 위해 양적 방법을 사용할 수도 있었지만, 두 집단 비교에 대한 교사들의 **통계적 추론**을 더욱 잘 이해하기 위해 질적 방법을 사용하였다. 질적

표 1 t-검정과 반복 측정 설계를 사용한 통계적 내용 지식에 대한 사전-사후 검사 결과, n=4

내용 지식	사전 검사 평균 정답률	사후 검사 평균 정답률	차이	t	p-값
기술 통계	61%	79%	18%	2.0	0.14
그래프 표현	75%	83%	8%	0.5	0.63
표집분포	8%	75%	67%	4.9	<0.01
추정과 가설검정	6%	59%	53%	18.0	<0.01
검사 총계	**35%**	**71%**	**36%**	**6.8**	**<0.01**

분석을 하는 동안, 초기에 20개로 나누어진 범주를 일부 제거하고 일반화하여 최종적으로 추측, 맥락, 변이, 결론이라는 네 개의 범주로 정리하였다. 마지막으로, 통계적 추론을 검사하기 위한 임시적인 틀을 개발하였다(Makar와 Confrey, 2002). 이 장은 두 분포의 비교에 대한 교사들의 추론에서 분명히 나타난 요소에 주목하였다. 특히 집단 비교 과제에서만 나타나는 몇 가지 논의거리를 끌어낸 교사들의 변이에 대한 개념에 주목하였다. 교사들이 두 분포에 대하여 설명하는 것을 분석하면서 그들이 각각의 분포에 대한 특징을 비교하기 위해 어떤 선택을 하였는지에 주목하는 것은 흥미로울 것이다. 예를 들어, 교사들이 이러한 통계치를 절대적인 것으로 보는가, 아니면 고유한 오류의 가능성으로 인식하는가? 즉, 이러한 통계치에서 나타난 미미한 차이를 절대적인 차이로서 양적으로 보는가, 아니면 동일한 학생들을 다시 평가한다면 이러한 차이가 여전히 유지되는 변이에 대한 허용오차로 보는가?

분포 비교에 대한 교사들의 추론의 예

이 절에서는 연구의 두 번째 단계인 여름연수에 참여했던 교사들(Larry, Leesa, Natalie, Toby)과의 면담 자료에 대해 논의한다.

첫 번째로 중학교에서 수학을 6년간 가르친 Larry와의 면담 자료에 대하여 살펴본다. 그는 대학에서 수학을 전공하였고 중고등학교에서 수학을 가르칠 수 있는 자격증을 가지고 있다. 두 분포를 비교한 Larry는 초기에 자료의 산포도가 유사함을 시각적으로 비교하였고, 두 분포에 대해 각각 평균과 표준편차를 구하였다. 이러한 통계치를 비교하며 설명을 마무리하였다.

Larry: 처음에는 그래프(그림 1)에 남학생과 여학생의 수학 점수를 모두 나타냈어요. 음… 그것들 모두 매우 비슷하게 분포된 것처럼 보여요. 그리고 각각의 평균을 구하려고 했어요[중얼중얼]. 그것들에 대한 그래프를 그려보려고 해요. 흠. 그것들은 매우 빽빽하네요… 자료를 정리해서 표(그림 2)로 만들었고 각 집단에 대한 하나의 수를 확인할 수 있어요. 음… 그래서 실제 하나의 수를 구했어요. 그래서 이 수들로 각 자료에 대한 도수와 평균을 알 수 있었어요. 다른 수들을 또 찾을 수 있어요. 음 [중얼중얼], 각 집단의 자료가 평균으로부터 얼마나 가까운지를 보기 위해 표준편차를 확인

Exit Level	Summary Table		
	Gender		Row Summary
	F	M	
MTLI	74.58042 143 12.945396	73.783439 157 13.281623	74.163333 300 13.106586

S1 = mean ( )
S2 = count ( )
S3 = s ( )

그림 2 Larry가 Fathom을 이용하여 자료에 대한 통계치를 나타낸 표[38)]

할 수 있어요.

KM: 그럼 그것이 어떻게 도움을 줄 수 있을까요?

Larry: 글쎄요, 그래프를 보지 않더라도, 여학생들이 더 높은 평균의 주위에 좀더 밀집해 있는 것을 알 수 있겠죠.

KM: 그래요.

Larry: 양쪽에서. 그리고 남학생의 경우엔 반대로 더 낮은 평균 주위에 좀더 흩어져 있어요.

이후에 Larry는 그림에서 평균의 차이를 측정하여 보다 직접적으로 평균의 차이를 고려하였다.

Larry: 내가 생각하기에는 그것들이 매우 가까워지더라도 남학생과 여학생 사이에 큰 차이는 없는 것 같아요. 하지만 여학생의 점수가 1점이나 2점정도 더 높은 것으로 보여요.

여기서 Larry는 평균들 사이의 차이가 매우 작다는 것을 알았지만, 1점이나 2점이라는 것 외에는 어떠한 설명으로도 그 차이를 해석하지 못하였다. 면담의 마지막 단계에서, Larry는 자신의 분석을 요약하기 위해, 각 집단의 평균이나 합격 비율뿐만 아니라 두 분포의 양끝값을 비공식적으로 비교하였다.

KM: 두 집단을, 즉 두 집단의 성취도를, 비교하려고 한다면 유사점과 차이점을 설명해 보세요.

38) 세 개의 행은 각각 여학생, 남학생 그리고 전체 집단에 대한 평균, 도수, 표준편차의 값을 나타낸다.

Larry: 네. 여학생은 더 넓은 범위를 가지고 있어요. 왜냐하면 가장 낮은 점수와 가장 높은 점수가—여학생의 가장 낮은 점수가 남학생의 가장 낮은 점수보다 낮고, 여학생의 가장 높은 점수가 남학생의 가장 높은 점수보다 높아요. 음, 그래서 범위가 더 넓어요. 하지만, 여전히 전체 평균 점수가 각 집단의 평균 점수보다 높아요—여학생의 평균 점수가 남학생의 평균 점수보다 높아요.

Larry는 중심과 산포도를 직접 비교하면서 각 분포에 대해 독립적으로 설명하였다. 그는 각 분포의 변이성을 고려하였지만, 두 분포의 통계치 사이의 변이를 알아차리지는 못하였다. 즉 두 분포의 평균값과 산포도를 양적으로 혹은 절대적인 용어로 비교하였다. 그는 두 집단의 평균이 1점이나 2점의 차이가 있음을 관찰하고 여학생의 평균 점수가 남학생의 평균 점수보다 높다고 결론지었다. 그는 두 집단의 평균을 나타내는 선이 매우 가까이 있음을 주장하였으나, 평균의 차이가 유의한 것인지 살펴보려는 의향은 없었다.

Leesa는 사회과학을 전공하였고, 7년간 중학교에서 수학을 가르쳤으며, 수학과의 부장이다. 처음에 그녀는 각 분포의 형태, 범위, 최댓값, 평균값을 비교하였다(그림 3: Leesa의 자료 집합에 주목하고, 다른 두 교사의 자료 집합이 Larry의 자료 집합과는 약간 다르다는 것에 주목하여라).

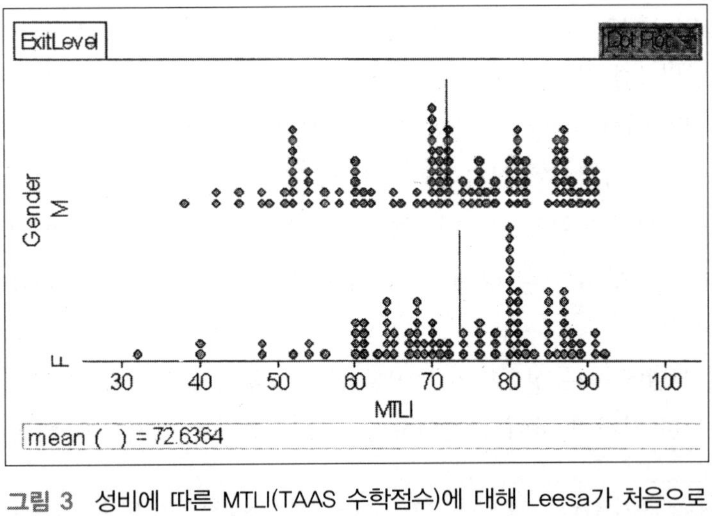

그림 3 성비에 따른 MTLI(TAAS 수학점수)에 대해 Leesa가 처음으로 그린 점 그림

Leesa: [위 쪽 분포를 가리키며] 음, 이것은 오른쪽으로 치우쳐 있는 것으로 보이네요. 글쎄, 두 분포 모두 오른쪽으로 치우쳐 있는 것으로 보여요. 남학생의 범위는 대략 90부터 시작되는 것 같네요 — 음, 둘 다 비슷하네요. 여학생 중 32점을 받은 학생 때문에 여학생의 성취도 범위가 좀더 크군요.

KM: 좋아요.

Leesa: 음, 여학생의 최고 점수는 92점, 남학생의 최고 점수는 91점이네요. 평균값을 찾을 수 있어요. 그리고 [잠시 멈춤] 두 집단에 대해 모두 식을 구해서 평균값을 확인할 수 있어요[Leesa는 Fathom에서 그래프를 선택한 후, Context Menu[39]에서 'Edit Formula'를 선택하고, 그래프에 평균값을 표시하였다]. 그러면 여학생의 평균 점수를 나타내는 선은 72.6, 아니, 73인 것처럼 보여요[Leesa는 커서를 여학생의 평균선 가까이로 움직여서 Fathom 화면 구석에 있는 커서의 위치를 읽었다]. 그리고 남학생의 평균 점수는 대략 72점이네요.

KM: 좋아요.

Leesa: 그래서 여학생의 평균 점수가 남학생의 평균 점수보다 조금 더 높아요.

Leesa는 두 집단의 분포 범위에 대한 질적 비교에서 "거의 같아요."와 같이 변이의 허용오차를 지적하며 각 분포에 대한 통계치를 일부 비교하였으나, 각 분포를 설명하기 위해 사용한 통계치를 분리하여 보는 듯하였다. 그러나 그녀는 질적으로 분포를 비교하는 것에서 양적으로 비교하는 것으로 이동하면서 이러한 관점을 바꾸었다. 예를 들어, 그녀는 여학생의 평균값이 남학생의 평균값보다 높다는 것을 알아냈지만, 평균값의 1점 차이를 두 중심이 거의 같다고 해석한 것인지에 대해서는 말하지 않았다. 면담에서, Leesa는 계속 각 집단에서 합격한 사람의 비율을 비교하였다. 즉 여학생의 63% 합격자와 남학생의 68% 합격자를 비교하였다. 그녀는 "합격자 비율을 보면 남학생이 여학생보다 더 많이 합격했지만, 평균 점수는 여학생이 더 높아요."라고 말하며, 두 집단의 상대적인 성취도에 대한 정보와는 대립되는 다른 통계치에 주목하였다.

학교에서 성별에 따른 성취도의 차이를 본적이 있는지 설명해 달라는 요구에 대해 그녀는 두 집단 사이의 차이가 유의하지 않다는 증거를 제시하기 위해 표집분포를

39) 역자주: Fathom에서 Context Menu는 Fathom에서 마우스 오른쪽 버튼을 눌렀을 때 나타나는 메뉴로, Context Menu의 Edit Formula를 선택하여 식을 바꿀 수 있다.

사용하고자 하였다. 그러나 이러한 시도는 여름연수에서 변이성을 탐구하기 위해 사용했던 방법 중 하나였으며, Fathom에서 stacking 기능[40)]이라고 불리는 기능으로 이 상황에서는 유용하지 않은 방법이었다.

KM: 그렇다면 어느 집단이 다른 집단보다 성취도가 높다고 말할 수 있을까요?

Leesa: 아니오.

KM: 두 집단 사이에는 어떠한 차이도 없다는 증거를 제시할 수 있나요? 어떻게 설명할 수 있죠?

Leesa: 음, 가설검정을 할 수 있죠. 음 그것들 중 하나를 할 수 있고, 음, 우리가 오늘 아침에 했던 것처럼, 표본과 어떤 것이 있다고 한다면… 그런데 학생이 몇 명이나 있죠? 231명?

KM: 으-음.

Leesa: 더 작은 표본으로 검정을 할 수 있고, 그때마다 평균값이 얼마인지를 볼 수 있다면… 맞아요, 표준편차를 계산하면 여기서 정말로 도움이 될까요? 왜냐하면, 이것을 그리고, 그것이 어떻게 나타나는지 볼 수 있으니까요 [Leesa는 Fathom을 이용하여 자신의 그래프에서 평균값 위에 표준편차를 나타내었다].

KM: 그래요, 그것이 왜 당신에게 무엇인가를 알려줄 거라 생각하나요. 아니면 그냥 구한건가요?

Leesa: 음, 난 단지 [그림 3에서 여학생의 그래프를 가리키며] 이 평균값이…

KM: 그래서요?

Leesa: [남학생의] 평균값의 1 표준편차 내에 있는지를 알고 싶어요.

KM: 그럴 거라 생각해요?

Leesa: 예. [잠시 멈춤] 추측하건데 큰 차이가 있을 것 같진 않아요.

KM: 그래서 표준편차 내에서 무엇을 확인했나요, 그것을 통해 무엇을 알 수 있죠? 그 통계치가 무엇이죠? 생각해보고 큰 소리로 말해보세요.

Leesa: 음, 좋아요. 표준편차는 점수의 대부분이 구간[평균값의 1 표준편차 사이의 구간] 내에 있다는 것을 의미해요. 그래서, 실제로 그것이 어떤지는 알지 못해요. 맞아요. 나는 우리가 표준편차를 구했을 때 어제 했던 것을

40) 역자주: Fathom에서 Stacking이란 Collection(자료 집합)의 Attribute(속성)에 속하는 값들을 분리된 case로 바꾸는 기능이다.

이해해요. 당신도 알죠, 음, 그것이 정말로 이상한지를 확인했을 때 말이에요. 그리고 점수가 표준편차 바깥쪽에 있다면, z점수를 봤을 때 그 값이 실제로 커요. 점수가 표준편차를 벗어나서 나타나면 그 점수가 전형적인 결과가 아니라는 것을 알 수 있어요.

KM: 맞아요.

Leesa: 맞아요, 하지만 이것 때문에, 점수가 가까이 모여 있고, 표준편차 내에 있어요. 알다시피, 이것은 매우 전형적인 모습이고, 이것들이 너무 가까워서 그것은 안에 놓이고, 매우 전형적이고, 어느 쪽이든 될 수 있어요.

Larry와는 달리, Leesa는 두 집단을 비교하기 위해 사용했던 통계치 사이의 변이에 대한 허용오차를 지적하였다. 두 집단의 평균이 달랐지만, 그녀는 한 집단의 성취도가 다른 집단보다 더 높다고 판단할 만큼의 차이는 아니라고 인식하였다. 그리고 두 집단의 차이가 의미없다는 증거를 찾고자 노력하였다. 그녀는 자신이 시도한 절차를 기록한 것과 함께 점수의 분포에 관련된 개념과 표집분포에 관한 개념들을 혼합하여 설명하였다.

Natalie는 수학을 전공하였지만 통계 과정을 수강한 적이 없는 예비교사이다. Natalie는 가상의 학교에서 TAAS 시험의 남학생과 여학생의 성취도를 비교하여 자신의 의견을 결정하는데 다소 소극적인 태도를 보였다. 처음에 그녀는 자료에 대해 그림 3과 유사한 점그림을 그리고, 점그림을 히스토그램으로 바꾸었다. 그런 후에 그녀는 각 집단의 MLTI 점수의 평균값과 표준편차를 구하기 위해 Fathom을 이용하여 표를 만들었다.

Natalie: 여학생의 평균값이 남학생의 평균값보다 2점 정도 높은 것처럼 보여요 [정리한 표를 가리키며] 하지만, 그것이 큰 차이인지는 아직 잘 모르겠어요… 그것이 큰 차이가 있다고 생각하진 않아요. 그건 단지 아주 조금 클 뿐이고 표준편차가 13점이기 때문에, 2점의 차이는 큰 차이가 아니예요… 두 집단의 범위는 거의 같아 보여요. 그러니까 여학생은 낮은 성취도를 보인 몇 개의 특이값들이 있지만, 그것이 중요하다고 생각하진 않아요. 두 집단은 매우 비슷해 보여요… 난 두 집단이 많이 다르다고 생각하진 않아요.

Natalie는 즉시 자신이 평균값에서 본 차이가 유의한지를 고려하였고 두 집단에서 평균값의 2점 차이가 점수의 분포에서 유의하지 않을 것이라고 결론내렸다. 그녀는 유의성을 해석하며 집단의 크기를 고려하지 않았기 때문에, 두 집단에서 평균값의 2점 차이를 표준오차가 아닌 표준편차와 비교하였다. 그녀는 **통계적 유의성**을 고려하지 않고, 점수의 분포에 관하여 **의미 있는 차이**에 대해 좀더 비형식적인 개념을 고려했을 것이다.

마지막 면담 대상인 Toby는 10년 이상 고등학교에서 수학을 가르친 교사이다. Toby는 처음에 두 집단을 비교하는데 수치적 비교를 하기 전에, 그림 3과 비슷한 그래프를 그리고 시각적으로 해석하며 설명하였다.

KM: 두 집단을 비교하여 알게 된 것을 설명해주세요.

Toby: 글쎄요, 그것을 언뜻 보면 남학생의 점수가 여학생의 점수보다 높다고 말할 수 있어요. 음, 그리고 평균값을 찾을 수 있어요. 음, 아마 그것이 무엇인지 생각할 수 있을 거예요. 음, 74에 가깝고, 그것은 72점이네요. 차이가 크지 않아요. 두 집단의 평균값은 거의 같네요.

KM: 같아요?

Toby: 예.

KM: 무엇에 근거한거죠?

Toby: 글쎄요, 두 집단의 평균값이 매우 가깝고, 음. 실제로 특이값이 없어요... 여학생들의 평균이 더 높네요. 음. 그런데 낮은 점수가 하나 있네요. 하지만 많지는 않아요. 여학생들의 점수는 매우 가까이 모여 있어요. 좀더 살펴보면, 모든 자료를 살펴봤지만, 지금은 이 집단이 얼마나 큰지 알 수 없네요.

KM: 어떤 사람이 이 두 집단 사이에 어떤 차이가 있느냐고 묻는다면요?

Toby: 글쎄요. 우리가 해 왔던 것을 할 수 있죠. 음, 이것이 몇 개인지? 음, 230. 글쎄요, 그것들이 모두 거기 있는데. 알다시피, 우리가 사용한 방법 중 하나를 사용하면 한 번에 그것들 중 50개를 뽑아서 평균을 구하고, 또, 한 번에 50개를 뽑아서 평균을 구하고, 이렇게 구한 평균들의 평균을 찾을 수 있죠.

KM: 음.

Toby: 좋아요. 그리고 이런 방법은 자료를 압축할 수 있어요. 자료들의 실제 평균값이 무엇이든 자료의 퍼짐이나 변이를 알 수 있어요. 최고 점수와 최저 점수가 얼마나 있는지.

KM: 좋아요.

Toby: 그 퍼짐에 대해서.

Toby는 또한 그가 평균값에서 확인한 차이를 "거의 같다."고 해석하였으며, 두 집단에 대한 통계치 사이에서 변이를 기대하였다. Toby는 표집분포의 몇 가지 유형이 두 집단의 차이가 유의하지 않다는 자신의 주장을 뒷받침할 수 있다고 생각하였다. 그러나 표집분포를 어떻게 만들 것인지 또는 집단의 크기를 어떻게 통합할 지에 대한 결정을 어려워하였다.

논의

분포 비교에 대한 교사들의 추론을 살펴보며, 교사들이 일반적으로 전통적인 기술 통계치를 비형식적인 비교 수단으로 사용하고 조사하는 것에 익숙하다는 것을 확인하였다. 그러나 두 분포 비교에 대한 추론을 할 때 교사들의 **변이성**의 개념을 고려하며 흥미로운 현저한 차이를 확인하였다. 선행 연구에서 지적했듯이, 변이성은 통계적 사고의 하위 연구 영역이다(Meletiou, 2000). 그러나 변이성에 대한 태도는 통계적 사고 방식의 중요한 지표를 제시할 수 있다(Wild & Pfannkuch, 1999). 변이성을 이해하고 허용하는 것은 광범위한 영역의 아이디어를 포함한다. 단지 하나의 분포에서 변이성의 개념을 조사할 때, 사람들은 그 분포 **내에서** 자료값의 변이를 고려한다. 그러나 단일 분포에 대한 기술 통계치는 종종 통계치 자체의 변이성을 고려하지 않고 다루어진다. 하나의 분포만으로는 구한 통계치에서 변이의 가능한 원인을 고려하거나 탐구하도록 자극하지 못한다. 분포를 비교하는 것은 통계치가 결정적이지 않을 수 있는 상황을 만들어 준다. 집단을 비교하는데 주로 사용되고 있는 평균과 같은 통계치에 의존하여, 집단 **사이의** 통계치에서 드러나는 차이를 어떻게 해석해야 하는가? 즉, 주요 통계치 사이의 차이가 의미가 있는지 혹은 유의한지를 어떻게 결정하는가? 더 나아가, 교사들이 이러한 두 종류의 변이 사이의 차이를 어떻게 다룰 수 있을까? 분포 사이의 변이를 고려하여 이러한 통계치에서 변이의 원인을 고려하도록 하였다. 이 장에서는 교사들이 두 분포 비교에 대한 추론을 할 때 변이성을 고려한 세 가지 방법에 대해 논의하였다. 첫째, **한 집단 내의** 변이, 즉 자료의 변이성을 해석한 방법, 둘째, **집단 사이의** 변이, 즉 통계치의 변이성을 해석한 방법, 셋째, 이러한 두 종류의 변이를 **구별한 방법**에 대해 논의하였다.

면담에서 네 명의 교사 모두 각 점수의 분포 내에서 점수가 변이성을 지닌다는 것을 알고 있음을 확인하였다. 즉, 점수의 분포에서 자료가 모두 같은 값을 가질 것이라 생각하지 않았다. 이러한 **집단 내의 변이**에 대한 교사들의 개념을 형태, 분포, 특이값, 표준편차, 범위, 최댓값과 최솟값, 상자그림의 '수염'[41]에 대한 설명에서 확인하였다. 또한 그들은 분포가 더 "빽빽하다."거나 "좀더 퍼져 있다."라고 질적인 설명을 추가하였다. 공통적으로 교사들은 각 자료 집합의 표준편차를 거의 즉시, 어느 정도 자동적으로 계산하였다.

모든 교사들이 단일 분포 **내의** 변이를 명확히 인식한 반면에, 두 분포 **사이의** 변이에 대해서는 다양한 의미로 표현하였다. 워크샵에서 교사들과의 상호작용을 통해 교사들이 집단 사이의 변이에 대한 관점을 다음의 네 가지 방법 중 하나로 설명할 것이라 예상하였다. 첫째, 어떤 비교도 없이 각 집단의 기술 통계치를 계산하는 방법, 둘째, 크기의 차이를 표현하거나 하나가 다른 것보다 크다고 설명하는 것과 같이 기술 통계치를 비교하는 방법, 셋째, 앞에서 설명한 바와 같이 두 분포의 기술 통계치를 먼저 비교한 뒤 비형식적 기술이나 직관에 의존하여 그 차이가 의미 있다고 생각하는지를 표현하는 방법, 넷째, 형식적인 검사를 사용하여 통계치에서 발견한 차이가 통계적으로 유의한지 탐구하는 방법이다. 예를 들어, 교사들이 Orbital Express 활동(Erikson, 2001, p.276)을 하는 동안 Fathom에서 자료의 한 속성을 임의 추출하는 scramble attribute 기능을 사용하여 랜덤화 검정을 수행하였다.

교사들은 각 분포 **내의** 변이를 따로 분리하여 설명하였을 뿐 아니라, 대체로 범위나 표준편차를 비교하여 두 분포 사이의 산포도에 대한 통계치의 유사점이나 차이점을 몇 가지 측면에서 언급하였다. 그들은 여학생 점수의 평균이 남학생 점수의 평균보다 2점 높다는데 주목한 것과 같이 형태나 평균을 비교하였다. 몇몇 경우에 교사들은 통계치들 사이의 변이에 대하여 직관적으로 파악했지만 그러한 관찰에 대한 증거를 수량화하는데는 어려움을 겪었다. 교사들은 '거의 같은' 두 분포의 명백한 예로 보이는 것을 증거로 제시해야 한다고 느꼈고, 이로 인해 교사들이 분포 사이의 변이를 수량화하는데 어려움을 겪는다는 것을 인식하게 되었다. 교사들은 두 분포가 거의 같음을 시각적으로 확인하였고, 평가와 같은 환경이 아니었다면 이에 대한 증거를 반드시 찾아야 한다고는 느끼지 않았을 것이다.

41) 두 명의 교사가 상자그림의 '수염'을 사용하였지만 앞의 인용문에는 제시되지 않았다.

두 명의 교사 Leesa와 Natalie는 두 분포의 평균의 차이가 유의한지를 자료의 분포로부터 얻은 몇 가지 형태의 표준편차를 사용하여 공식적으로 검토하고자 하였다. 또한 Leesa뿐만 아니라 Toby도 모집단이 표본을 추출하기에 '충분히 큰지'를 확인하기 위하여 모집단의 크기를 확인하였다. 이는 아마도 워크샵 동안 10,000명의 학생 평가 점수에 대한 주 단위의 자료 집합으로부터 여러 차례 임의 표본을 추출하여 표집분포를 만들었던 것을 회상하였기 때문일 것이다. 그러나 누구도 자료 집합의 크기를 사용하여 남학생과 여학생 사이 평균의 차이가 유의한지를 결정하지는 않았다. 전반적으로 표집분포 사용을 고려한 3명의 교사는 표집분포를 사용하는 것이 도움이 되는 환경을 이해하고자 고심하였으며, 또한 자료 집합의 분포에서의 변이성을 이와 관련된 표집분포의 변이성과 구분하지 못하였다. 이러한 결과는 delMas, Garfield, Chance(1999)의 연구 결과와 마찬가지로, 표집분포가 통계에서 이해하기 매우 어려운 개념이라는 것을 암시한다.

delMas, Garfield, Chance(1999)는 Confrey(1991, 1998)의 **목소리**와 **관점**의 개념을 사용하여 분포를 비교하는 과제와 관련된 통계적 추론에 대한 **관점**을 제시하였다. 우리는 교사들의 추론을 이해하고자 할 때 교사의 **목소리**를 들음으로써 변이에 대한 우리 자신의 이해를 더 깊게 통찰할 수 있었다. 선행 연구에서는 표집분포가 추리 통계에서 학생들이 학습하기 어려운 내용이라 소개하고 있으나, 표집분포의 영향력을 나타내는 의미 있는 문제를 표집분포와 관련된 시뮬레이션을 활용하여 다루어보는 풍부한 경험을 통해 교사들이 이러한 어려움을 충분히 극복할 수 있다고 생각하였다. 사실 표집분포의 필요를 느끼기에 충분한 동기유발 과제를 제시하지 않고 표집분포와 시뮬레이션을 함께 도입하는 방식으로 인해 교사들이 표집분포를 이용할 때 어려움을 겪었을 것이다. 우리는 표집분포와 관련된 흥미로운 문제를 해결해 본 경험이 풍부하다고 하여 표집분포를 이해했다고 볼 수는 없음을 알았다. 이러한 영역에서 교사들의 추론에 대한 분석을 통해 표집분포의 개념이 보다 천천히 발전되어야 하며, 문제를 즉시 해결하기 위한 '좋은 방법'의 일부로 표집분포를 제시하기보다 교사들이 표집분포의 관념을 개념적으로 구성해야 한다고 생각한다.

분포를 비교하는 것은 두 분포를 비교할 때 어떤 변이를 참조해야 하는지와 같은 변이에 대한 다른 중요한 논의거리를 제기한다. 단일 분포에서의 변이에 관한 논의는 분포 **내의** 변이에 대해 기술하는 것을 의미한다. 그러나 비교할 두 분포가 있다는 것은 분포 **사이의** 변이를 비교하기 위한 동기를 부여한다. 예를 들어, 남학생과 여학생의 성취도 평가에서 2점의 차이가 있음을 관찰한다면, 이 2점 차이는 무엇을 의미하는가? 이러한 차이가 단지 임의 변이로 인한 것인가? 아니면 더 의미 있는 기본적인 현상을 나타낸다고 할 수 있는가? 집단을 비교하고 분포 사이의 변이를 고려할 때, 비교하는 자료가 **표본**의 자료인지, **모집단**의 자료인지를 고려하는 것은 중요하다. 유의성 검정에 대한 전통적인 입문과정의 수업에서는 표본에서 얻은 결과를 미지의 더 큰 모집단에 대한 결과로 일반화할 때 표집분포를 자주 사용한다. 자료를 모집단으로 고려해야 하는지 아니면 표본으로 고려해야 하는지 여부는 학교의 학생 평가 자료의 맥락에서는 다소 문제점이 있으며, 이러한 구분이 항상 명확하지는 않다는 것을 보여준다(Chance, 2002). 한편으로, 한 학교 학생들의 평가 점수의 자료 집합을 그 자체의 모집단으로 간주할 수 있다. 그러나 표집분포는 두 집단을 비교할 때 집단 간의 차이가 **의미 있는지를** 알려줄 수 있으므로 기술 통계치 이면의 통계치를 고려하도록 한다. 더 큰 모집단으로 일반화할 필요가 없을지라도 시뮬레이션을 사용하여 차이를 더욱 광범위하게 추정하는 것과 같은 관점으로 볼 수 있다. 이 경우 랜덤화 검정을 이용하여 남학생과 여학생의 성취도 사이에서 평균의 차이를 조사할 수 있다. 즉, 평가에서 남학생과 여학생의 성취도 사이에 차이가 없다는 귀무가설 하에 학생들의 성별을 임의 추출하여 두 집단의 평균을 비교한다면, 남학생과 여학생의 2점 차이가 **단지 우연에 의한** 것일 수 있는가? 다른 한 편으로, 두 집단을 임의 추출한 것은 아니지만 대표성을 띄는 표본이라 간주하고, 학교 자체에 대한 추정을 위해 수년간 학교를 졸업한 학생 전체라는 더 큰 모집단의 표본으로 개념화할 수도 있다.

교사에 대해 연구하면서 교사의 통계적 추론을 포착하고 그에 영향을 미치는 것이 학생들의 추론을 이해하고 설명하는 것보다 훨씬 더 복잡함을 알았다. 그 이유는 다음과 같다. 첫째, 학생들은 자신들을 학습자로 여기지만 교사들은 자신들을 전문가로 여긴다. 그러므로 노련한 교사들에게 그들이 알지 못하는 것을 인정하고, 학습에 대해 열린 마음을 가지며, 그들의 추론에 대해 논의하도록 하는 것은 매우 어렵다. 다행히 통계적 지식을 지녔을 것이라 여겨지는 교사가 거의 없기 때문에 통계에서는 교사들이 학습자로서 재경험하는 것이 가능하다. 둘째, 노련한 교사들이 전문성 개발 프로그램에 등록하지 않는다면, 이들을 대상으로 하는 교사의 사고에 영향을 줄 수 있는 장기간의 연구를 하기 어렵다. 이 연구는 2주간의 여름연수를 포함한 연구 프로젝트에 7명의 수학 교사를 참여시키자는 연구팀과 학교장 사이의 합의하에 시작되었다. 그러나 연구 후반부에는 7명의 교사 중 참여 의지가 강했던 2명의 교사만이 남았다. 이것은 연구에서 중요한 질문과 제한점을 야기한다. 첫째, 교사의 학습과 실제에 주목하고 영향을 미치기를 바라는 연구에 노련한 중등학교 교사를 어떻게 참여시킬 수 있을까? 둘째, 연구에 참여한 네 명의 교사들은 상위 수준의 수학적 내용 지식을 가지고 있었다. 또한 그들은 자신들의 실제를 향상시키기 위하여 활동과 토론에 매우 열심히 참여하였으며, 자신들이 이해한 것에서 부족한 점을 보완하는데 무척 적극적으로 행동하였다.

두 집단 비교는 통계적 추론을 위한 풍부한 맥락을 제공한다. 저학년 학생들에게 집단 비교는 자료를 수집하고 이후에 자료를 분포로서 조망하기 위한 원천이 될 수 있다. 고학년 학생들은 분포 비교를 포함한 흥미있는 문제를 통해 각 집단 내의 산포도에 대한 통계치뿐만 아니라, 집단 사이의 통계치 비교를 고려하게 되고 결과적으로 통계치 자체 내에서 변이를 고려할 수 있다. 대수와 미적분이 상위 수준 수학의 관문으로 여겨지는 것처럼 표집분포에 대한 이해는 고등 통계적 추론의 관문일 것이다. 그러나 단지 가설 검정의 선행지식으로서 표집분포를 제시하는 것은 학습자들이 그 기본적인 개념을 학습하는 것을 더욱 어렵게 만들 수 있다.

학습자들이 통계치에서 변이에 대한 예측과 허용오차를 발전시키도록 하나의 분포 내에서 변이에 대한 개념을 발전시킬 수 있는 방법을 모색할 뿐만 아니라 표집분포에 대한 추론을 더욱 잘 이해하기 위해 후속 연구가 필요하다. 표집분포를 이해한다고 해서 어떤 종류의 변이를 이해하는 어려움이 결코 해결되는 것은 아니며, 통계와 자료 분석에 대한 결정론적 관점을 완화시켜 주는 것도 아니다. 그러나 집단 비교에 대한 교사들의 추론을 더욱 잘 이해함으로써 학생들뿐만 아니라 교사들이 자료에서의 변이와 통계에 대한 직관을 구성하는 것에 대한 더욱 발전된 논의가 이루어지기를 기대한다.

시사점

분포를 비교하는 것은 학습자가 통계와 자료에 대해 폭넓은 관점을 갖도록 하는데 잠재력이 있음을 확인하였다. 연구를 통해 분포를 비교하는 것이 표집분포를 도입하기 위한 원인을 제공할 뿐만 아니라, 분포와 변이성 개념에 대한 교사들의 이해를 발전시키기 위한 의미 있는 장이 된다는 것을 알았다. 그러나 두 분포를 비교할 때 어떤 종류의 변이를 논의하고 있는지를 명확히 하는 것이 중요하다는 것을 확인하였다. 집단 비교의 맥락에서 변이에 대한 교사들의 추론이 세 가지 영역에서 나타났다. 첫째, 하나의 분포 내의 변이, 둘째, 집단 사이의 변이(통계치의 변이), 셋째, 두 종류의 변이 사이의 차이에 대한 해석이다. 이러한 구분은 중요하며 우리가 이해한 것과 추측했던 학습경로를 설계한 방식을 되돌아보게 하였다. 이 연구는 자료를 다룰 때 자료와 통계치에 존재하는 변이의 원인에 대해 자주 논의해야 하며, 분포 사이의 통계치를 비교할 때 분포 내에서 그리고 분포 사이에서 변이에 대한 허용오차를 고려해야 함을 시사한다.

이 연구는 좀더 고급 수준의 통계 내용에서 표집분포를 이해하는 것이 어렵다는 delMas와 동료들(1999)의 연구 결과를 뒷받침한다. 그리고 표집분포를 가르치는 것이 좀더 조심스럽게 이루어져야 한다는 것을 보여준다. 더욱이 가설과 유의성 검정을 전통적인 방법으로 지도하고 컴퓨터 시뮬레이션을 과도하게 사용하는 것은 실제로 표집분포를 깊이 이해하도록 돕기 보다는 오개념을 유발할 수도 있다. 유의성 검정을 지도할 때와 연구 공동체 내에서 논의할 때 자료를 표본으로 보는 것과 모집단으로 보는 것 사이의 모호함과 그 구분에 대한 논의도 이루어져야 한다.

수십 년 전 Wells는 “언젠가 통계적 사고가 읽고 쓰는 능력처럼 유능한 시민이 되기 위한 필수조건이 될 것이다.”라고 예언하였다(Snee, 1990, p.117). 우리의 목표가 학생들의 통계적 추론을 촉진시키는 것이라면 교사들의 통계적 사고와 추론을 더 잘 이해하고 발전시켜야 한다. Snee(1990)는 품질 관리 산업에서 통계적 사고를 정의하면서 “변이가 편재해 있으며, 행하는 모든 곳에 있다(p.118).”는 것을 인식하는 것이 중요하다고 강조한다. 통계적 추론을 가르치는 초기부터 지속적으로 꾸준히 변이의 개념이 발생하도록 해야 한다. 분포와 변이를 강조하는 학교 통계교육을 통해 교사, 학생, 대중은 자료와 통계에 대한 결정론적인 입장을 완화시킬 수 있을 것이다. 따라서 이 영역에 대한 좀더 많은 연구가 필요하다.

참고문헌

Abelson, R. (1995). *Statistics as principled argument.* Hillsdale, NJ: Erlbaum.

Chance, B. L. (2002). Personal communication (email: April 11, 2002).

Cobb, P. (1999). Individual and collective mathematical development. The case of statistical data analysis. *Mathematical Thinking and Learning*, *1*(1), 5-43.

Cohen, D. K., & Ball, D. L. (1990). Relations between policy and practice: A commentary.

Educational Evaluation and Policy Analysis, *12*(3), 249-256.

Confrey, J. (1991). Learning to listen: A student's understanding of powers of ten, In E. von Glasersfeld (Ed.), *Radical constructivism in mathematics education* (pp. 111-138). Dordrecht, The Netherlands: Kluwer Academic Publishers.

Confrey, J. (1998). Voice and perspective: Hearing epistemological innovation in students' words. In M. Larochelle & N. Bednarz & J. Garrison (Eds.), *Constructivism and education* (pp. 104-120). New York: Cambridge University Press.

Confrey, J. (in preparation). *Systemic crossfire*. Unpublished manuscript.

Confrey, J., & Makar, K. (2002). *Developing secondary teachers' statistical inquiry through immersion in high-stakes accountability data*. Paper presented at the Twenty-fourth Annual Meeting of the North American Chapter of the International Group for the Psychology of Mathematics Education (PME-NA), Athens, GA.

delMas, R. C., Garfield, J., & Chance, B. L. (1999). A model of classroom research in action: Developing simulation activities to improve students' statistical reasoning. *Journal of Statistics Education*, *7*(3).

Erickson, T. (2001). *Data in depth: Exploring mathematics with Fathom*. Emeryville, CA: Key Curriculum Press.

Finzer, W. (2000). Fathom (Version 1.1). Emeryville, CA: Key Curriculum Press.

Friel, S., Curcio, F., & Bright, G. (2001). Making sense of graphs: Critical factors influencing comprehension and instructional implications. *Journal for Research in Mathematics Education*, *32*(2), 124-158.

Konold, C., & Higgins, T. (2002). Highlights of related research. In S. J. Russell, D. Schifter, & V. Bastable (Eds.), *Developing mathematical ideas: Working with data*, (pp. 165-201). Parsippany, NJ: Seymour Publications.

Konold, C., & Pollatsek, A. (2002). Data analysis as the search for signals in noisy processes. *Journal for Research in Mathematics Education*, *33*(4), 259-289.

Lappan, G., Fey, J. T., Fitzgerald, W. M., Friel, S. N., & Phillips, E. D. (1998). *Connected Mathematics: Data about us*. White Plains, NY: Seymour.

Lehrer, R., & Schauble, L. (2000). Modeling in mathematics and science. In R. Glaser (Ed.), *Advances in instructional psychology: Educational design and cognitive science* (Vol. 5, pp. 101-159). Mahwah, NJ: Erlbaum.

Lieberman, A., & Wood, D. R. (2003). *Inside the National Writing Project: Connecting network learning and classroom teaching*. New York: Teachers College Press.

Maker, K., & Confrey, J. (2002). *Comparing two distributions: Investigating secondary teachers' statistical thinking*. Paper presented at the Sixth International Conference on Teaching Statistics (ICOTS-6), Cape Town, South Africa.

Meletiou, M. (2000). *Developing students' conceptions of variation: An untapped well in statistical reasoning*. Unpublished dissertation, University of Texas, Austin.

National Writing Project. (2002, April). *National Writing Project Mission*. Author, Retrieved April 28, 2002, from www.writingproject.org

QSR. (1999). NVivo (Version 1.1). Melbourne, Australia: Qualitative Solutions and Research Pty. Ltd.

Snee, R. (1990). Statistical thinking and its contribution to total quality. *The American*

Statistician, 44(2), 116-121.

Stake, R. E. (1994). Case studies. In N. K. Denzin & Y. S. Lincoin (Eds.), *Handbook of qualitative research*. Thousand Oaks, CA: Sage.

Strauss, A., & Corbin, J. (1998). *Basics of qualitative research: Techniques and procedures for developing grounded theory.* Thousand Oaks, CA: Sage.

TERC. (1998). *Investigations in number, data, and space*. White Plains, NY: Seymour.

Watson, J., & Moritz, J. (1999). The beginning of statistical inference: Comparing two data sets. *Educational Studies in Mathematics, 37*, 145-168.

Wild, C., & Pfannkuch, M. (1999). Statistical thinking in empirical enquiry. *International Statistical Review, 67*(3), 223-265.

16장

통계적 추론 교육을 위한 수업 설계 원리

Paul Cobb and Kay McClain

개요

이 장에서는 초등학생의 통계적 추론을 향상시키기 위한 수업 설계 원리에 대하여 논의한다. 미국의 12세 학생을 대상으로 단일 변량 분석에 주목하여 몇 년 전에 수행했던 수업 설계 실험을 바탕으로 원리를 이끌어내고자 한다. 이러한 유형의 실험은 수업을 설계하고 학생들의 학습 분석을 피드백하여 설계를 수정하는 과정이 긴밀히 통합되는 순환 과정으로 이루어진다. 실험의 개요를 제시하고 학생들의 통계적 추론을 향상시키기 위한 구체적인 원리에 대해 논의하기에 앞서, 우리는 통계를 비교적 광범위하게 다루고 있음을 명백히 한다. 이 장에서 수업 설계 실험에 대한 접근방법은 자료 분석이 자료 생성, 탐색적 자료 분석(EDA), 통계적 추정이라는 세 가지 주요 측면으로 이루어진다는 Cobb과 Moore(1997)의 견해와 일치한다. 우리는 Cobb과 Moore의 견해가 주로 대학 수준의 통계교육에 관한 것이기는 하지만, 이들의 주요 관점을 중고등학교에도 적용할 수 있다고 주장한다.

EDA는 직접 구체적인 자료를 탐구하는 과정을 포함한다(Shaughnessey, Garfield, & Greer, 1996). Cobb과 Moore(1997)는 EDA가 자료 집합의 경향과 패턴에 관한 것이고, 표본과 모집단의 관계를 명시적으로 고려할 필요가 없으므로, 통계교육을 시작할 때 EDA에 초점을 두어 지도해야 한다고 주장한다. 이러한 접근에서 학생들은 자신들의 결론을 확실하게 확률적으로 입증할 필요가 없다. 대신에 구체적인 자료 집합에서 확인한 의미 있는 패턴에 기초하여 비형식적인 방식으로 결론을 내린다.

이러한 Cobb과 Moore(1997)의 주장은 EDA가 통계적 추정을 하기 위한 필수적이고 예비적인 활동이라는 취지를 담고 있다. 통계적 추정은 그 목표가 표본에서 확인한 패턴이 그 표본에서만 나타나는 특수한 것이 아니라, 표본이 추출된 더 큰 모집단에서 나타나는 경향일 가능성을 평가하는 것이라는 점에서 확률적이다. Cobb과 Moore가 지적했듯이, 표집분포와 같이 통계적 추정의 토대가 되는 핵심 개념은 대학생에게조차도 비교적 어려운 것이다.

또한 Cobb과 Moore는 학생들이 자료 분석에 친숙해지고 나서야 비로소 통계의 세 번째 측면인 주의 깊게 설계된 자료 생성 과정의 타당성을 인식할 수 있게 된다고 주장한다. 실제로 학생들이 자료를 분석하기 전에 자료 생성 과정을 설계하는 것을 먼저 배우면, 그러한 설계가 왜 중요한지를 이해하기 어려워하는 것으로 나타났다(Cobb & Moore, 1997, p.816). 이처럼 Cobb과 Moore가 EDA 이후에 자료 생성 과정에 대한 설계의 도입을 권장하였으나, 학생들이 자료로부터 얻은 결론의 타당성과 자료를 생성한 과정의 타당성 사이의 관련을 이해하는 것이 중요하며 이를 개발해야 함을 인정한다.

Cobb과 Moore(1997)의 연구는 구체적인 설계 원리를 개발하기 위한 초기 수업 설계의 틀을 제시한다. 이 장에서 소개할 설계 실험은 12세 학생을 대상으로 기본적인 EDA와 자료 생성 과정에 주목하여 수행하였다. 이 실험에 참여한 학생들 중 일부는 이변량 자료를 분석하는 후속실험에 참여하였고, 두 실험 모두에서 통계적 추정의 가능성을 탐구하였다.[42] Bakker와 Gravemeijer(7장)에 따르면, 통계적 추정에 대한 학생들의 추론 능력을 향상시키기 위해서는 자료 생성 과정이 반복되거나 표본의 크기를 증가시키는 활동이 필요하다. 이러한 활동을 통해 학생들은 예상했던 자료 집합의 특징들이 표본의 크기가 커짐에 따라 비교적 안정된다는 것을 확인할 수 있다. 표집분포라는 핵심적인 개념을 깊이 있게 이해시키고자 하는 수업 계열을 설계할 때, 단일변량과 이변량 자료 집합 형태의 상대적 안정성에 대한 학생들의 초기 직관을 사용하는 것도 가능할 것이다(Cobb, McClain, & Gravemeijer, 2003; Saldanha & Thompson, 2001). 이러한 추측은 수업 설계 원리를 더 광범위한 교육적 맥락에서 논의하기 위한 것이다. 이 장의 뒷부분에서는 주로 EDA와 자료 생성 맥락에서 학생들의 추론을 향상시키기 위한 교육적 논의를 다룰 것이다. 수업 설계

42) 두 번째 저자는 단일변량 자료에 대한 분석에 초점을 둔 이 설계 실험과 이전 설계 실험에서 교사로 활동하였으며, 첫 번째 저자는 보조 역할을 하였다.

원리를 제안하기 위하여, 우선 수업설계 실험에 대해 간략하게 살펴보고, 수업 설계의 모범적인 사례를 살펴본 후, 수업 환경의 5가지 측면을 고려하여 수업설계 원리를 제안한다. 학생들의 통계 학습을 촉진시키는 것으로 확인된 수업 환경의 5가지 측면은 다음과 같다.

- 중요한 통계적 아이디어에 주목하기
- 수업 활동
- 수업 활동 구조
- 학생들이 사용한 컴퓨터 기반 도구
- 수업 담화

수업 설계 실험의 개요

학생들의 추론에 대한 예비 평가

설계 실험을 준비하기 위한 예비 평가로, 연구 대상으로 선정한 학교의 7학년 학생들에게 전체 수행 평가와 면담을 실시하였다. 이 결과, 대부분의 학생들은 자료분석을 '수를 이용하여 무엇인가를 하는 것'이라고 알고 있었다(McGatha, Cobb, & McClain, 1999). 즉 학생들은 현상을 이해하거나 결정하거나 판단하기 위해 만들어진 어떤 상황의 특징이나 측면에 대한 측정값으로 자료를 보지 못하였다. 예를 들어, 한 시즌의 야구 경기에서 선수가 획득한 점수를 그 선수의 능력에 대한 측정값으로 보지 못하였다. 실제로, 학생들은 자료를 분석하기보다는 비교적 절차적인 방법으로 수를 단지 조작하기만 하였다. 또한 두 개의 자료 집합을 비교할 때 주어진 질문을 해결하는데 평균값이 적절한지를 고려하지 않고 평균값을 계산하였다. 예를 들어, 두 선수가 각 경기에서 획득한 점수가 주어진 경우에 단순히 평균값을 계산하는 것은 중요한 경기에 출전할 선수를 선발하기 위한 좋은 방법이 아닐 수 있다. 평균값으로만 비교한다면 두 선수의 점수 범위와 변이성의 차이를 간과하게 된다. 한 선수의 평균값이 아주 근소한 차이로 낮더라도 점수는 좀더 일관적일 수 있기 때문이다.

예비 평가 결과를 해석하는 과정에서 7학년 학생들이 자료에 대해 추론하는 고유의 심리적 단계를 살펴보는 대신에, 이전의 통계 수업에서 학습한 내용을 살펴보았다. 학생들은 막대그래프, 히스토그램, 원그래프 등과 같은 여러 가지 형태의 통계 그래프뿐만 아니라 평균값, 최빈값, 중앙값과 같은 대푯값을 계산하는 방법을 학습하였다. 추론에 대한 예비 평가를 통해 학생들이 이전에 학습한 내용뿐 아니라 질에 대해서도 알 수 있었다. 이전의 수업 활동에서 자료로부터 경향과 패턴을 발견하기 위해 그래프를 만들어내고 다루기보다는 그래프를 그리는 관습적인 방법과 계산 절차를 강조했음을 확인할 수 있었다. 이전에 받은 교육으로 학생들이 가지고 있는 추론의 관점은 설계 실험의 출발점을 명확히 하는데 유용하였다. 이러한 평가 결과를 바탕으로, 단지 어떤 기술과 능력을 재전달하는 것이 아니라, 학교에서 통계를 배우는 것이 어떤 의미인지에 대한 학생들의 신념에 영향을 주는 것을 목표로 설정하였다. 이를 위해서는 학생들이 단순히 수를 조작하거나 특정한 형태의 그래프를 그리게 하기보다는 중요한 질문에 답하기 위해 실제로 자료를 분석하게 하는 것이 매우 중요하다.

학생들의 추론에 대한 평가

예비 평가에서 나타난 학생들의 추론은 10주의 실험 후에 그들이 자료를 분석한 방법과는 크게 대조를 이룬다. 그 예로, 학생들은 통계 수업에서 AIDS 환자를 위한 두 가지 처치 프로토콜을 비교하는 활동으로 2개의 프로토콜 중 하나를 투여 받은 사람들의 T-세포수를 분석하였다.[43] 학생들은 186명에게 투여한 표준 프로토콜보다 46명에게 투여한 새로운 실험 프로토콜에서 T-세포수가 더 많이 증가되었는지를 평가하는 과제를 수행하였다. 학생들은 두 가지 컴퓨터 도구 중에서 두 번째 도구를 사용하여 분석한 자료를 그림 1과 같이 표현하였다.[44] 활동에 참여한 29명의 학생들 모두 실험 처치 프로토콜이 더 효과적이라는 결론을 내렸다. 그럼에도 불구하고, 이어진 전체 토론은 한 시간 넘게 진행되었으며 학생들은 제약회사 관리자에게 쓴 보고서가 타당한지와 자신들의 주장이 논리적인지를 검토하였다.

예를 들어, 한 집단의 학생들은 그림 1에 보이는 것처럼 컴퓨터 도구의 기능 중 하나를 사용하여 T-세포수 525를 기준으로 자료를 둘로 나누었다. 토론 과정에서 이 학생들이 525라는 수를 임의적으로 선택한 것이 아님을 분명히 확인할 수 있었다. 이들은 실험 처치 자료에서는 '언덕'이 525보다 큰 수에서 나타나는 반면, 표준 처치 자료에서는 '언덕'이 525보다 작은 수에서 나타나는 것을 확인하였다. 또한 토론에

43) 역자주: 의학에서 프로토콜은 환자를 치료하기 위한 실험 계획안을 의미한다.
44) 역자주: 이 장에서 사용한 컴퓨터 도구는 minitool 1과 minitool 2이다(자세한 사항은 7장 참고).

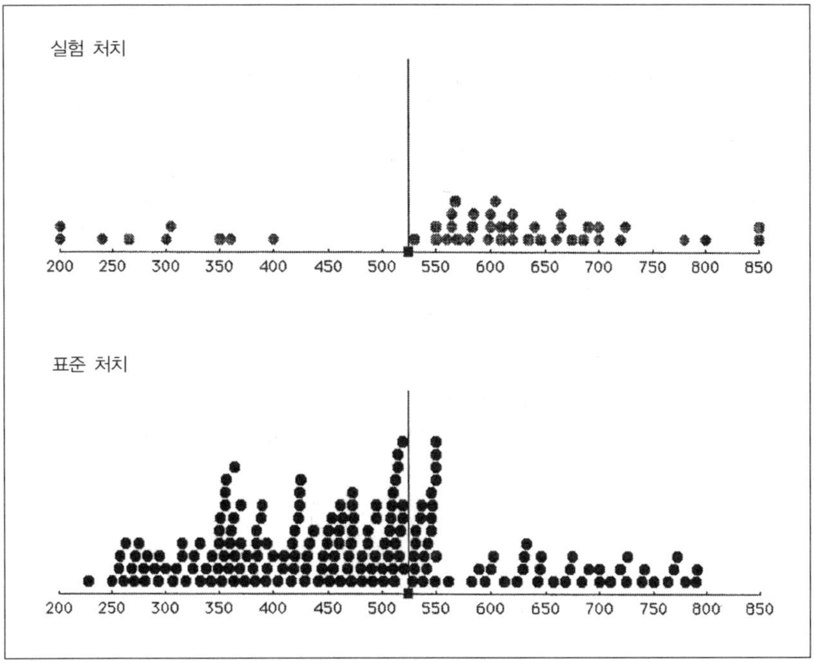

그림 1 T–세포수 525를 기준으로 분할한 AIDS 프로토콜 자료

참여한 이 학생들과 다른 학생들 모두 T–세포수가 525보다 많거나 적은 참여자의 수보다는 그 비율에 주목하며 그림 1의 결과를 절대도수보다는 상대도수에 관하여 추론하였다는 것이 분명하게 드러났다. 실험 처치를 받은 사람들의 T–세포수는 대부분 525보다 많지만, 표준 처치를 받은 사람들의 T–세포수는 대부분 525보다 적다고 주장하였다.

이러한 분석은 이 수업 활동에서 학생들이 제시한 가장 초보적인 것이다. 비교해 보면 다른 집단의 학생들은 컴퓨터 도구의 기능 중에서 개별 자료값을 나타내는 점을 숨기는 기능을 사용하고 그 다음 두 자료 집합을 각각 자료의 수가 같은 네 개의 집단으로 나누는 기능을 사용하였다(그림 2). 이 기능을 사용하면 상자그림과 유사하게 자료 집합에서 25%의 자료가 각각 수선으로 나뉜 네 구간에 들어가도록 할 수 있다. 한 학생이 설명한 것처럼, 이 그래프에서 T–세포수가 550을 넘은 환자 수를 비교해 보면 실험 처치를 받은 경우는 75%이지만 표준 처치를 받은 경우는 25%뿐이므로 실험 처치가 더 효과적이라는 것을 알 수 있다. 이는 토론에 참여한 다른 학생들처럼 이 학생도 수를 조작하는 절차를 따르기보다는 자료에 대해 실제로 추론했음을 의미한다.

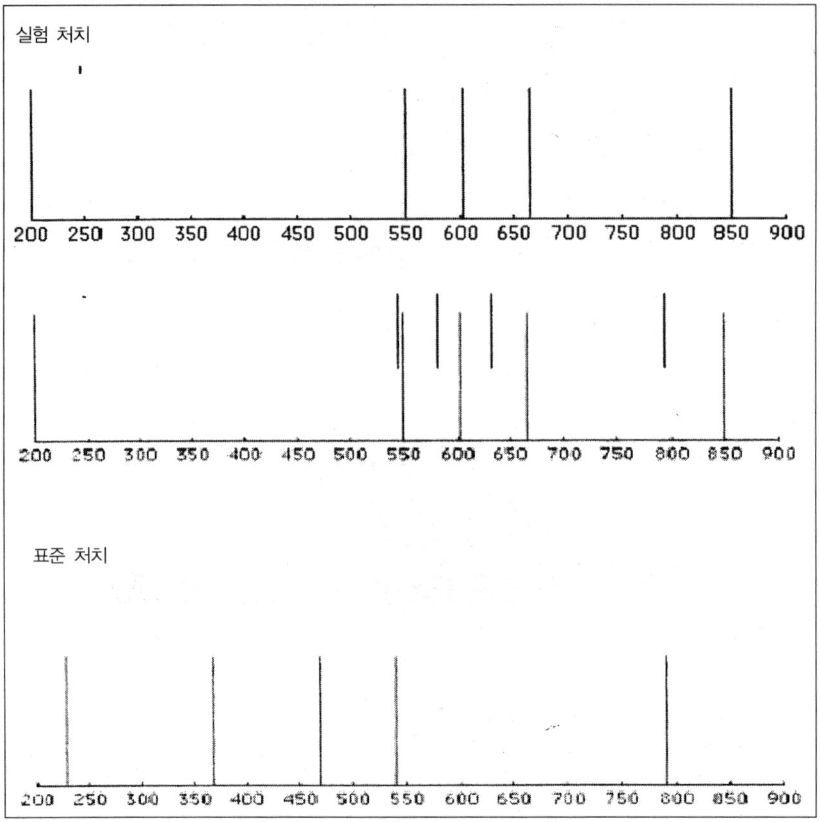

그림 2 개별적인 자료값을 숨기고, 자료의 수가 동일한 네 집단으로 나누어 표현한 AIDS 프로토콜 자료

앞에서는 다른 연구에서 수행된 설계 실험을 일부 자세하게 설명하였고, 학생들의 자료에 대한 추론을 개발시키기 위한 주요 단계들을 설명하였다(Cobb, 1999; McClain, Cobb, & Gravemeijer, 2000). Bakker와 Gravemeijer(7장)는 이 연구에서 사용한 것과 동일한 두 개의 컴퓨터 도구를 사용하여 네덜란드에서 일련의 네 개의 수업 설계 실험을 수행하여 보고하였다. 이 연구에서는 실험의 마지막 부분에 학생들의 추론을 기록하기 위해 개별 면담을 수행하였고, 이 면담이 수업 관찰을 보완해주었다는 것을 강조하였다. 면담 분석을 통해 상당수의 학생들이 표본의 크기가 다른 두 자료 집합을 똑같은 간격(히스토그램) 또는 자료의 수가 같은 네 개의 집단(상자그림)으로 조직한 그래프에서 자료가 어떻게 분포되어 있는지에 대한 패턴을 해석할 수 있음을 확인하였다. 이러한 점에서 Konold, Pollatsek, Well, Gagnon (1996)은 자료값의 범위 안에서 자료의 발생 비율에 초점을 두는 것이 통계적 관점의 핵심

이라고 주장한다. 예를 들어, T-세포수 525 초과 또는 미만 범위의 비율에 초점을 두는 것이다. 실험 후반부에 이루어진 토론에서 학생들이 자료값의 다양한 범위 안에서 자료의 비율에 관심을 가졌기 때문에, 이러한 통계적 관점이 발달하였음을 확인할 수 있었다. 또한 9개월 후에 동일한 학생들 몇 명과 후속 설계 실험을 시작하였을 때에도 이 학생들의 추론 능력은 퇴보하지 않았다는 것에 주목하였다(Cobb et al., 2003). 후속 실험의 초반부에 학생들은 비교적 정교한 방식으로 동일한 간격으로 나누어지거나 자료의 수가 같은 네 개의 집단으로 나누어진 자료 집합을 해석할 수 있었다. 지금까지 10주간의 실험이 이루어지는 동안 자료에 대한 학생들의 추론이 어떻게 변화되었는지를 대략적으로 살펴보았다. 이제 학생들의 자료에 대한 추론을 돕고자 계획했던 방법에 내재된 설계 원리와 추론의 변화 과정에 대해 살펴보도록 한다.

중요한 통계적 아이디어

통계적 아이디어를 포괄하는 개념으로서의 분포

수업 설계에 관하여 Wiggins와 McTighe(1998)은 학문의 핵심이 되는 '포괄적 아이디어'를 확인하는 것이 설계 과정을 시작하는데 중요하다고 강조한다. 이러한 포괄적 아이디어는 교실을 벗어나서도 그 가치가 지속되고 학생들이 관심을 가질 잠재성을 지니고 있다. 이러한 설계 원리는 여러 유형의 그래프를 그리는 관습적인 방법과 함께 평균값, 최빈값, 중앙값과 같이 관련된 개념을 대략 모아놓은 것으로 통계 영역을 축소시키는 초등 통계교육과정에서 특히 더 중요하다. McGatha(2000)는 설계 실험을 위해 우리가 준비한 실제 과정을 상세히 정리하였다. McGatha의 설명과 같이, 우리는 선행 연구들을 종합하고 예비 연구에서 수행 평가와 면담을 분석하였으며, 분포를 통계적 아이디어를 포괄하는 개념으로 생각하게 되었다. 따라서 이 설계 실험의 근본적인 목적 중의 하나는 학생들이 자료 집합을 발생가능한 자료값의 공간 안에 분포된 전체로 파악하고 이에 대해 추론하게 하는 것이었다(Konold et al., 1996; Hancock, Kaput, & Goldsmith, 1992; Konold & Higgins, in press; Wilensky, 1997). Bakker와 Gravemeijer(7장, 표 1)는 분포의 핵심적이고 조직적인 역할을 분명하게 설명했으며, 중심, 퍼짐, 왜도, 상대밀도와 같은 개념을 자료값의 공간내에서 특정한 자료 집합이 어떻게 분포하는지를 특징짓는 방법으로 설명하였다. 이러한 이들의 논의에 우리는 다양한 통계 그래프나 표현이 적절한 경향이나 패턴을 확인하기 위해 자료 분포를 구성하는 방법임을 추가한다. 다양한 통계 그래프나 표현을 이용하는 방법을 추가하였다. 앞의 사례에서처럼, AIDS 처치 자료를 분석했던 학생들은 두 처치 중 어느 것이 더 효과적인지를 주장하는데 적절한 패턴을 찾기 위해 두 자료 집합을 각각 상자그림의 예비적인 형태인 네 개의 집단으로 조직하였다. 좀더 일반적으로 말하면, 이 설계 실험의 접근을 통해 학생들이 자료에 대해 추론하는 방식은 그들이 자료를 표현하는 방식과 밀접하게 관련되어 함께 정교화 되며 발달하였다(Bieheler, 1993; de Lange, van Reeuwijk, Burrill, & Romberg, 1993; Lehrer & Romberg, 1996).

분포로서 이변량 자료 집합

분포에 대한 이러한 관점을 이변량 자료 분석으로까지 확장함으로써 기본적인 수업 설계 원리로 중요한 통계적 아이디어를 자세히 설명하는 것이 중요하다. 통계적 공변동은 두 자료 집합의 변이 사이의 관계를 나타낼 수 있기 때문에, 방향성과 힘이라는 특징은 때때로 산점도와 같은 2차원 그래프에서 비교적 분명하게 드러난다. 그러나 이변량 자료가 분포하는 방식에 주목하면, 통계 분석의 전문가가 갖고 있는 단일변량 분포에 대한 심상이 1차원이 아니듯이 공변동에 대한 심상 역시 2차원이 아니라는 것을 알 수 있다. 단일변량 자료의 경우, 전문가는 직선 그래프와 같은 표현에서 상대도수를 나타내는 2차원적 요소를 확인할 수 있다. 그러나 이변량 자료의 경우, 산점도에서 상대도수를 나타내는 3차원적 요소를 직접적으로 지각할 수 없다. 분석에 능숙한 전문가들은 산점도에서 자료값을 나타내는 점들의 상대밀도로 이 3차원적 요소를 해석한다고 알려져 있다.[45] 이변량 자료를 분포로 파악하는 과정에 포함된 추론 유형에 대한 이러한 분석으로 학생들이 산점도 그래프와 같은 2차원적 표현에 내포되어 있는 3차원적 요소를 읽어서 자료의 분포 형태를 보게 하려는 전반적인 수업 목표를 명료하게 하였고, 수업설계자가 근본적인 어려움에 직면해 있음을 분명히 알 수 있다.

통계적 아이디어를 포괄하는 개념에 주목함으로써 통계교육과정을 광범위하게 재개념화 할 수 있다는 것이 Bakker와 Gravemeijer(7장)의 주장인 동시에, 이 장에서

45) 1998년 8월부터 Patrick Thompson과의 사적인 대화를 통해 이변량 자료에서 암묵적인 3차원적인 요소에 처음 관심을 갖기 시작하였다.

우리가 주장하는 바이다. 따라서 이러한 설계 원리는 현행 교육과정에서 다루는 표준적인 주제를 각각 분리하여 주목한 연구와는 분명히 다르다. 중요한 통계적 아이디어에 주목하면 비교적 일관성있는 수업을 설계하고 개발할 수 있다는 장점이 있다. 이 설계 실험을 통해 학생들의 통계적 추론을 개발하는 것은 사실상 표집분포라는 핵심 개념을 이해하기 위해 대학수준까지 이어지는 장기적인 학습 경로의 첫 단계라고 볼 수 있다.

수업 활동

자료 분석의 탐구 정신

앞에서 언급한 바와 같이, 설계 실험에서 통계적 추정보다는 탐색적 자료 분석과 자료 생성 과정에 초점을 두었다. Biehler와 Steinbring(1991)은 증거 찾기를 목적으로 하는 탐정 활동을 EDA의 특징으로 보았다. 이와는 대조적으로, 통계적 추정은 이러한 증거가 자료가 추출된 모집단을 설명하기에 충분한지를 결정하고 판단하는 역할을 한다. 탐색적 자료 분석 활동이 탐정 활동이라는 Biehler와 Steinbring의 은유는 탐색하거나 탐구하는 태도가 자료 분석의 핵심이고 이는 당연히 중요한 수업 목표가 된다는 것을 분명히 한다. 이로부터, 자료 분석의 탐구 정신이 처음부터 학생들의 활동에 포함되어야 한다는 것을 초등 통계교육을 위한 기본적인 설계 원리로 정하였다. 이러한 원리는 자료 집합이 타당한지를 살펴보기 위해 학생들이 실제적이라고 생각하는 자료 집합을 분석하는 과정이 수업 활동에 포함되어야 함을 의미한다.

설계 실험 과정에서 개발한 수업 활동에는 두 가지 유형이 있다. 하나는 현상을 이해하기 위해 하나의 자료 집합을 분석하는 활동이고, 다른 하나는 결정이나 판단을 하기 위해 두 개의 자료 집합을 비교하는 활동이다. AIDS 처치에 관한 수업 활동은 두 번째 유형의 예이다. 이 활동에서 학생들은 제약회사 관리자에게 전달할 분석 보고서를 작성하였다. 이로 인하여 학생들은 현상을 이해하거나 분석에 근거한 결정을 하는데 특별한 청중을 고려하는 진정한 자료 분석을 할 수 있었다. 이러한 점에서, 자료 분석은 학교를 제외한 거의 모든 곳에서 특별한 청중을 염두에 두고 이루어진다는 것을 기억해야 한다(cf. Noss, Pozzi, & Hoyles, 1999).

중요한 통계적 아이디어에 주목하기

학생들이 자료 분석의 탐구 정신을 갖고 수업 활동에 참여하도록 하기 위해 분석에 대한 학급 토론을 하는 동안 중요한 통계적 아이디어에 주목하여 대화하도록 하였다(cf. Hancock, Kaput, & Goldsmith, 1992). 따라서 학생들이 탐구적인 자세로 분석을 하며 이와 동시에 중요한 통계적 아이디어가 떠오르도록 체계적으로 지원하는 것이 수업 설계의 과제이다. 이는 Dewey(1981)가 말한 **과정과 내용 사이의 이분법**을 초월하는 것을 의미한다. 탐구에 기초한 수업이 탐구 과정만을 강조하고 본질적인 학문적 아이디어를 간과한다는 비판을 때때로 받는다는 점에서 이것은 중요한 논의거리이다.

이러한 문제점에 접근하면서, 자료에 근거한 학생들의 다양한 논의는 수업 활동을 완성시키는 동시에 교사가 중요한 통계적 아이디어에 주목하도록 학급토론을 시작하고 안내할 수 있는 중요한 토대라 생각하였다. 따라서 기본적인 수업 설계 원리로서 구체적인 수업 활동을 개발하려는 목적은 학생들의 분석이 교사에게 수업을 안내하는 토대가 된다는 것을 확인하는 것이다. 이렇게 된다면 교사는 학생들이 자료 집합들을 조직하고 해석했던 다양한 방법을 이용하여 수업을 진행시키고 학급 토론을 시작하고 안내할 수 있을 것이다. 예를 들어, AIDS 처치에 관한 수업 활동 후에 학급 토론이 이루어지는 동안에 절대도수와 상대도수 사이의 차이, 자료의 수가 동일한 네 개의 집단으로 조직한 자료 해석, 특정한 구간에 있는 자료의 비율을 나타내기 위한 백분율 사용에 대하여 주로 논의하였다(Cobb, 1999; McClain et al, 2000).

이러한 수업 설계 원리를 제안하는데, 학생들이 구체적인 수업 활동을 완성시키며 나타날 수 있는 자료에 근거한 학생들의 다양한 논의를 예측하기 위해서는 매우 세밀한 수업 계획이 필요하였다. 수업 활동에서 작은 부분의 변화로 학생들이 제안하는 분석의 유형이 크게 영향을 받을 수 있으며 결과적으로 교사의 수업 계획을 이끄는 토대에 중대한 영향을 끼칠 수도 있기 때문에, 중요하지 않아 보이는 과제 시나리오의 특징과 자료 집합의 특별한 특징들에 대한 토론이 아주 길어졌다.

이러한 이유로 AIDS 처치에 관한 활동을 개발했을 때 절대도수와 상대도수 사이의 차이가 명확해지도록 의도적으로 두 집단의 자료의 수를 상당히 다르게 구성하였다. 그리고 자료 집합의 크기가 서로 다르다는 것이 타당해 보이며, 탐구 중인 주제가 가치 있어 보이는 과제 시나리오가 필요하였다. AIDS 처치에 관한 활동이 학생들의 추론에 도움이 되었지만, 몇몇 경우에 학생들이 활동에 참여하는 수준이나 그들이 제안한 분석 유형에 대한 추측은 잘못된 것으로 확인되었다. 이러한 상황에서,

수업 활동이 왜 부적절했는가를 이해하고 추측을 수정하고 새로운 수업 활동을 개발하기 위해서는 수업 활동을 분석해야 한다. 교사가 학생들의 탐구 지향 추론을 바탕으로 중요한 통계적 아이디어의 발달을 돕는 장기적인 수업 계열을 개발하기 위해서는, 겉보기에 중요하지 않아 보이는 수업 활동의 특징을 추측해보고, 이를 검토하여 수정하는 순환 과정이 반드시 필요하다.

수업 활동 구조

자료 생성 과정을 통한 말하기

앞에서 언급한 바와 같이, 설계 실험을 시작할 때 학생들이 자료를 단지 수가 아니라 탐구 중인 질문에 적절한 상황의 한 측면을 측정한 값으로 보도록 하는데 관심을 가졌다. 이를 위하여, 교사는 자료를 생성하는 과정에서 학생들과 이야기하면서 각 수업 활동을 소개하였다. 이러한 대화는 자주 교사와 학생이 함께 탐구 중인 특정 현상을 구성하고, 현상의 중요함을 분명히 하고, 측정해야 하는 상황의 적절한 측면들을 기술하고, 이러한 측면들을 어떻게 측정해야 하는지를 고려하는 긴 토론 과정으로 이루어졌다. 예를 들어, AIDS에 대한 프로토콜 연구라는 현상을 구성하고, 좀더 효과적인 처치를 개발하기 위해 혈액 샘플에서 T-세포수를 측정하여 비교하는 것에 대한 토론이 이루어졌다. 그런 후에, 교사는 이러한 과정에 따라 생성된 자료를 학생들에게 제시하였다. 대략 두 시간 이상에 걸친 수업 활동은 자료 생성 과정에 대한 학급 토론, 컴퓨터로 자료를 분석하는 개별 활동과 소집단 활동, 학생들의 분석 결과에 대한 학급 토론으로 이루어졌다.

수업 활동의 개발 과정에서 학생들이 자료 생성 과정에 대한 토론에 참여한다면 그들의 관심과 목적이 반영된 자료 집합을 생성할 수 있다고 추측하였으며(cf. Latour, 1987; Lehrer & Romberg, 1996; Roth, 1997) 이러한 추측은 옳았다. 예를 들어, 설계 실험을 시작한 첫 주에 이루어진 프로젝트 수업 활동에서 학생들은 실제로 자신들의 관심과 목적을 반영하여 자료를 분석하였다(Cobb, 1999; McClain et al. 2000). 또한 설계 실험이 진행됨에 따라 학생들이 자료 생성 과정에 대한 토론에 참여하는 방식이 변하였으며 교사로부터 학생으로 책임이 점차적으로 양도되었다.

실험 초기에 교사는 아주 적극적인 역할을 해야만 하였다. 그러나 실험 후반부에서는 학생들이 관련이 없는 변수들을 통제할 뿐만 아니라 표본추출 과정에도 관심을 가지면서 토론 과정에서 태도가 점차 변하였다. 우리는 학생들이 자료 생성을 학습하는 과정과 학습 과정을 돕는 방법에 대해 연구한 적이 있다(Cobb & Tzou, 2000). 실험의 후반부에서 학생들이 제안한 논의를 통하여, 자료에서 이끌어낸 결론의 타당성이 결정적으로 자료의 생성 과정에 달려있다는 것을 대부분의 학생들이 깨달았음을 알 수 있었다.

이 수업 활동에서 교사는 적절한 자료 생성 방법을 직접적으로 가르치려 하지 않았다는 점을 분명히 한다. 대신에 교사는 자료에 근거한 논의를 장려하는 수업 문화를 조성하였다. 이러한 문화에 기대어 학생들은 점차 자료 생성 과정이 자료에서 이끌어낼 수 있는 결론에 영향을 미칠 수 있음을 예측할 수 있다.

자료 수집과 자료 생성

이 장에서는 수업 설계 원리에 주목하므로, 자료 생성과 관련된 수업 설계에 대한 결정사항이 자주 학생들이 분석하려는 자료를 수집해야 하는지에 관한 질문으로 축소될 수 있을 것이다. 이 장의 설계 실험에서는 대부분의 경우 다음과 같은 이유로 학생들이 자료를 수집하지 않도록 하였다. 첫째, 설계 실험을 실행하기 위해 이용할 수 있는 수업 시간이 제한되어 있었다. 둘째, 교사가 논의거리를 드러내어 안내할 수 있는 수업 활동을 진행시키기 위해서 학생들이 분석할 자료 집합이 특별한 특징을 가져야만 하였다. 그러나 학생들이 스스로 생성하지 않은 자료에 대해 의미 있게 추론하는 경우만으로 설계 실험을 해석한다면 중요한 것을 놓칠 수도 있다. 초등 통계교육을 위한 설계 원리로서 우리는 이 연구에서의 결과를 토대로 학생들이 실제로 자료를 수집하든 수집하지 않든 자료 생성 과정을 통해 말하게 하는 것이 중요하다고 주장한다.

이러한 주장은 자료 수집이 자료 생성 과정의 한 단계지만 자료에 대한 측정을 포함한다는 것을 유념할 때 타당해진다. 과학교육에 관한 선행 연구에서는 학생들이 스스로 자료를 수집하면서도 이에 대한 근본적인 이유를 이해하지 못한 채 방법적 절차만을 따라 '올바른 자료'를 얻는 데에 관심을 갖는다고 지적하고 있다. 이는 수업 설계에서 학생들이 자료 수집 이전에 이루어지는 자료 생성과정에 참여하지 못하여 나타나는 결과로 볼 수 있다. 탐구하고 있는 현상의 중요성을 명백히 하고, 측정해야 하는 현상의 적절한 측면들을 기술하고, 그러한 측면들을 어떻게 측정해야 하는지를 고려하는 활동이 자료 수집에 앞서 자료 생성 단계에 포함된다. 이러한 단계에 학생들을 참여시키는 근본적인 목적은, 학생들이 탐구의 토대가 되는 자료 분석의 목적을 인식하여 결국 그들이 수집한 자료로 이끌어낼 수 있는 결론의 타당성에 자료 생성 과정이 영향을 미친다는 것을 인식하도록 하는 데에 있다. 이러한 유형의 접근방법으로 자료 수집을 가능하게 하는 일련의 방법론적 결정이 학생들에게 명백해진다고 간주할 수는 없지만, 자료 생성과정의 모든 단계에 학생들이 참여할 때 이러한 결정이 토론의 명백한 초점이 될 수 있다.

도구 사용

앞에서 언급한 바와 같이, EDA에서는 자료의 그래픽 표현을 만들어내고 조작하는데 컴퓨터 도구를 사용하는 것이 중요하다. 설계 실험에서 학생들은 두 가지 컴퓨터 도구를 사용하였다. 이 도구는 명시적으로 통계적 추론을 개발하기 위해 개발된 것이다. 앞에서 AIDS 처치 자료에 대한 분석을 논의할 때 이 도구 중에서 두 번째 도구에 대해 설명하였다. Bakker와 Gravemeijer(7장)는 자료를 조직할 때 두 번째 도구와 그림 3의 첫 번째 도구를 이용한 유용한 기능들을 설명하였다. 이들에 따르면, 학생들은 첫 번째 도구를 사용하여 40개의 자료값을 갖는 자료 집합을 즉시 조직할 수 있었고, 자료를 배열하고 분할할 수 있었다. 이 도구에 자료를 입력하면 각 자료값은 수평 막대로 표현된다. 그림 3은 서로 다른 두 상표의 건전지 중에서 어느 것이

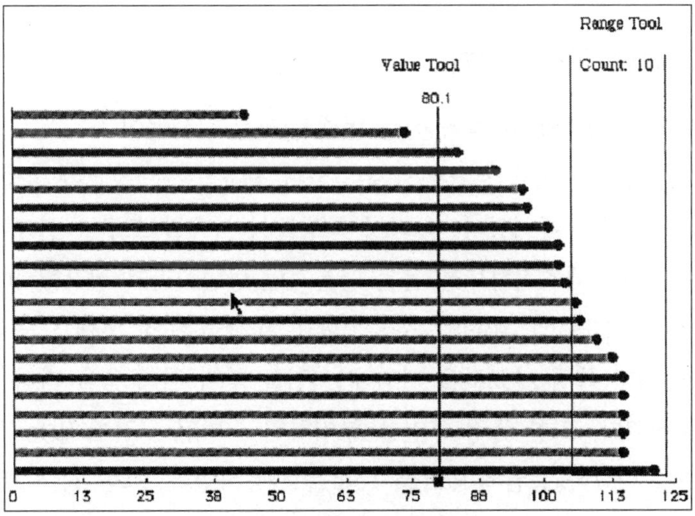

그림 3 첫 번째 컴퓨터 도구

더 오래 가는지를 알아보기 위해 생성한 자료로, 두 상표의 건전지 수명에 관하여 각각 10개의 자료를 나타낸 것이다.

학생들의 추론에 대한 컴퓨터 도구의 적합성

두 가지 컴퓨터 도구의 개발의 토대가 된 설계 원리는 수업 계열에서 특정한 시기에 학생들의 추론에 적합해야 한다는 것이었다(cf. Gravemeijer, 1994). 컴퓨터 도구에 대한 간단한 소개만으로 학생들이 자료에서 경향과 패턴을 조사하기 위해 도구를 사용했으므로 수업 관찰을 통해 이 도구가 학생들의 추론에 적합하다는 것이 확인되었다. 즉 설계 실험에 도구를 처음 도입하였을 때 학생들은 컴퓨터 도구에서 자료가 명료하게 표현되었다고 생각하였다. 설계 실험 초기에 학생들이 단지 수를 조작하기 보다는 실제로 자료를 분석하기를 기대하였고, 이를 위해 첫 번째 도구를 사용하여 각각의 자료값을 수평 막대로 나타내도록 하였다. 실험 첫 주에 컴퓨터 도구를 도입하여 학생들이 자료 집합을 분석하게 하였다. 건전지의 수명이나 자동차의 제동거리와 같은 자료값들이 선형성을 가지고 있듯이, 이러한 유형의 특성이 나타나는 자료 집합을 선정하였다. 앞에서 지적했듯이, 자료 생성과정을 통한 말하기와 컴퓨터 도구 사용으로 인하여 교사는 모든 학생들이 두 번째 수업 활동을 마치며 실제로 자료에 대해 추론하도록 이끄는 수업 담화를 시작할 수 있었다. 첫 번째 컴퓨터 도구를 사용하여 두 번째 수업 활동을 마쳤을 때, 모든 학생들이 자료에 대하여 실제로 추론할 수 있도록 교사는 수업 담화를 변화시킬 수 있었다.

학생들의 추론 향상시키기

컴퓨터 도구를 개발하는데 참조한 두 번째 원리는 학생들이 도구를 사용하여 자료를 분석하고 이에 대해 학급 토론에서 논의하며 점차적으로 정교한 방법으로 자료에 대해 추론하도록 하는 것이었다. 따라서 학생들이 사용할 도구를 설계하는 것은 그들이 통계적 추론을 재조직하도록 돕는 근본적인 방법이라고 생각했다(cf. Dorfler, 1993; Kaput, 1991;Meira, 1998; Pea, 1993). 학생들은 첫 번째 도구의 경우 자료 집합을 분할하거나 특정 자료값을 나타내는 점을 찾기 위해 축을 따라 수직인 막대를 끌어서 움직였다. 또한 특정 구간을 분리하거나 어떤 구간에 있는 각 자료 집합의 자료의 수를 비교하기 위해 Range Tool을 사용하였다. 그림 3은 수명이 긴 10개의 건전지를 표시하는데 Range Tool을 사용한 경우이다. 학생들은 이러한 방식으로 컴퓨터 도구를 사용하여 최솟값과 최댓값, 자료 집합의 범위, 특정 자료값의 위나 아래에 있는 자료의 수, 특정 구간에 있는 자료의 수, 중앙값과 평균값의 관계에 대하여 추론을 하기 시작하였다. 이러한 발전을 배경으로 하여 교사는 자료값이 축 위에 점으로 표현되는 두 번째 도구를 소개하였다(그림 1).

도구의 사용 순서

두 번째 도구는 학생들이 첫 번째 도구를 사용했을 때 개발했던 자료에 대한 추론 방식을 바탕으로 설계하였다. Bakker와 Gravemeijer가 언급한 바와 같이, 두 번째 도구는 첫 번째 도구에서 막대들을 보이지 않게 하고 막대 끝의 점들을 수직방향으로 떨어뜨려서 축 위에 쌓아서 표현한 것이다. 교사는 먼저 수평 막대로 표현된 자료를 보여준 후 수평 막대를 제거하고 점만 남게 하여, 결국 막대 끝의 점을 축 위로 옮기는 새로운 자료 표현 방식을 도입하였다. 추측했던 것처럼 학생들은 약간의 도움만으로 두 번째 도구를 사용하여 자료를 분석하였고, 축 위의 점들을 단지 선을 따라 놓인 점들을 모아놓은 것보다는 자료값의 집합을 나타내는 것으로 분명히 인식하였다. 그러나 학생들의 추론이 향상될 수 있었던 것은 교사가 단지 두 번째 도구를 조심스럽게 도입했기 때문은 아니다. 두 번째 도구가 학생들의 추론에 적합했던 이유를 설명하기 위해서는 첫 번째 도구를 사용한 수업 활동의 양상들을 더 자세히 살펴보아야 한다.

학생들이 첫 번째 도구를 사용하여 특정 구간 내에 또는 특정 자료값의 위나 아래에 있는 자료의 수를 세어 자료 집합들을 비교할 때, 이들의 추론에 주목함으로써 학습 활동의 양상들을 밝혀낼 수 있다. 예를 들면, 한 학생은 그림 3과 같이 80시간을 나타내는 수직선을 이용하여 자료를 분할하고 건전지 수명에 관한 자료를 분석했다고 설명하였다. 이 학생은 두 상표 중에서 한 상표는 수명이 80시간보다 짧은 건전지가 몇 개 있었지만, 다른 상표는 모두 수명이 80시간보다 길다고 설명하였다. 그리고 수명이 일관적인 건전지를 원했기 때문에 후자의 건전지가 더 우수하다고 판단하였다. 이것은 학생들이 막대의 끝에 있는 점의 위치에 주목하고 이를 축과 관련하여 인식했음을 보여주는 중요한 사례이다. 다시 말해서, 학생들이 첫 번째 도구를 사용할 때 미묘하지만 중요한 전환이 이루어졌다고 볼 수 있다. 각각의 자료값은 일반적으로 막대의 길이로 표현되었지만, 도구를 사용하며 자료값은 막대의 끝점을 의미하게 되었다.

이처럼 첫 번째 도구에 의해 추론이 발달되었기 때문에 새로 도입된 두 번째 도구가 학생들의 추론에 적합할 수 있었다. 학생들은 막대의 끝점들을 축 위에 떨어뜨려서 쌓는다는 교사의 설명을 쉽게 이해하였다. 또한 첫 번째 도구에서 수직인 막대와 Range Tool을 사용하여 자료 집합을 분할하는 경험을 했었기 때문에, 자료 집합을 다양한 방식으로 분할하는 두 번째 도구의 기능들을 바로 사용할 수 있었다. 이로 인하여 두 번째 도구는 학생들의 통계적 추론을 향상시키는데 도움이 될 수 있었다. 앞에서 AIDS 관련 수업 활동에 대하여 논의한 바와 같이, 학생들은 자료 집합을 개별적인 자료값을 무작위로 모아둔 것이 아니라 형태를 갖는 전체적인 분포로서 보게 되었다. 그리고 절대도수보다는 상대도수에 관하여 분포의 형태에 대해 추론하였고, 점차 정교한 방법으로 자료 집합을 조직하였다.

첫 번째 도구의 물리적 특징들을 조사하여 학습에 관한 중요한 측면들을 이끌어내는 것은 거의 불가능한 일이다. 우리는 통계적 아이디어를 직접 가르치려고 시도하지 않았으며, 학생들이 두 가지 컴퓨터 도구를 사용하면서 신비롭고 설명할 수 없는 방식으로 통계적 아이디어를 이해하기를 바랐다. 이것이 컴퓨터 도구를 개발하는데 참조한 세 번째 설계 원리이다. 도구를 설계할 때 학생들이 실제로 도구를 어떻게 사용하고 그것을 사용하여 무엇을 학습할 것인가에 주목하였다. 이러한 설계 원리가 비교적 일반적일지라도, 이 원리는 컴퓨터 분석 도구와 그래픽 표현이 중요한 역할을 하는 통계적 자료 분석에서 특히 중요하다. 또한 학생들이 주어진 도구를 사용하여 자료를 분석하는 활동의 본질이 어떻게 변하는지, 학생들이 개발하는 추론의 형태가 어떻게 변하는지를 고려해야 하는 수업 설계자에게 중요한 원리이다. 설계 실험에서 자료 집합을 개별적인 자료값의 모임이 아니라 전체적인 분포로 파악하고 분포로서의 자료 집합에 초점을 두는 것이 단순한 기계적인 절차가 되지 않았다는 것은 도구 설계에 중요한 차이가 있기 때문이다.

수업 담화

앞에서 자료 분석에 대해 함께 이야기하고 서로 비평하는 학급 토론을 자주 언급한 이유는 그만큼 담화가 학습에 도움이 되는 가치 있는 활동이라고 생각하기 때문이다. 이러한 점에서, 학습 목표에 맞게 수업이 잘 이루어질 수 있기 위해서는 중요한 통계적 아이디어에 주목하여 담화가 이루어져야 한다. 학급 토론이 중요하다는 것을 보다 분명히 하기 위해서, 자료에 근거한 논증 중에서 어떤 것을 허용할 수 있는지에 대한 기준이나 규범을 고찰하고 중요한 통계적 아이디어가 대화의 주제가 되도록 하는 우리의 목적에 대해서 논의하도록 한다.

통계적 논증에 대한 규범

Bakker와 Gravemeijer(7장)는 컴퓨터 도구를 적절히 사용하고 수업 활동을 주의 깊게 계획하고 교사가 학급 토론을 적절히 이끄는 것이 중요하듯이, 생산적인 수업 규범을 정립하는 것도 학습에 있어서 중요하다고 주장한다. 건전지의 수명에 관한 학생들의 분석 사례를 살펴보고 자료에 근거한 논증들 중에서 허용할 수 있는 것이 무엇인가라는 핵심적인 수업 규범의 중요성에 대해 논의할 것이다.

추론 과정을 설명한 첫 번째 학생은 건전지에 관한 자료에서 수명이 긴 10개의 자료값에 주목했다고 말하였다. 즉 그림 3과 같이 Range Tool을 사용하여 범위에 속한 10개의 자료값에 주목한 것이다. 이 학생은 수명이 긴 10개의 건전지 중 7개가 동일한 상표라는 것을 지적하고 따라서 이 상표가 더 좋다고 결론을 내렸다. 그러나 학급 토론이 이루어지는 동안에 수명이 긴 14개의 건전지가 아니라 10개에 주목한 이 학생의 결정이 비교적 임의적으로 이루어졌음이 밝혀졌다. 이와는 대조적으로 다른 한 학생은 수명이 적어도 80시간 이상인 건전지가 좋다고 생각해서 80시간을 기준으로 자료를 나누었다고 설명하면서, 자신이 자료를 조직한 방법이 두 상표 중에서 어느 상표의 건전지가 더 나은지를 묻는 질문에 적절한 이유를 명확하게 설명하였다.

학급 토론이 이어지면서, 학생들이 자신의 주장에 대해 정당화를 해야 할 의무가 점점 뚜렷하게 드러났다. 예를 들어, 세 번째 학생은 수명이 긴 10개의 건전지 중 7개가 같은 상표이지만 수명이 가장 짧은 건전지 2개도 이와 동일한 상표이기 때문에 "중요한 일에 이 상표의 건전지를 사용한다면 수명이 짧은 안 좋은 건전지를 고를 수도 있다."고 지적하면서 앞서 소개한 두 학생의 분석을 비교하였다. 교사와 학생들은 의견을 주고받으면서, 설계 실험에서 어떤 주장이 받아들여지기 위해서는 자료를 조직하는 방법이 질문을 해결하는 데에 왜 적절한가를 정당화해야 한다는 규범을 비교적 일찍 만들 수 있었다. 이러한 관점에서, 논증의 규범을 만드는 것은 통계교육을 위한 중요한 설계 원리의 한 요소이다. 학생들이 탐구하는 주제와 관련된 자료에서 경향과 패턴을 확인하기보다는 평균값, 중앙값, 범위와 같은 통계치만 계산해내는 분석이 잘못된 것임을 확인시키는데 규범을 만드는 것은 도움이 된다. 또한 규범을 만드는 것은 통계 분석에서 사용한 통계치가 해결하려는 질문에 적절한지를 정당화해야 한다는 중요한 학문적 규범을 안내하는 수단이 된다.

중요한 통계적 아이디어에 주목하기

중요한 통계적 아이디어에 주목하여 학급 토론이 이루어지기 위해서는 교사가 학급 토론을 계획할 때 사용할 접근 방법에 대하여 고찰할 필요가 있다. 설계 실험의 후반부의 한 차시 수업 시간에 학생들이 자료를 분석하고 보고서를 쓰도록 하였고 그 다음 차시에는 교사와 학생들이 학급 토론을 진행하였다. 교사는 학급 토론을 하기 전에 보고서를 검토하여 학생들이 자료에 대해 추론하는 다양한 방식을 확인할 수 있었기 때문에, 이러한 수업 계열은 교사에게 유용하였다. 또한 교사는 대화의 주제가 될 수 있는 중요한 통계적 논의거리에 관하여 추측할 수 있었다. 따라서 이러한 방식의 학급 토론을 계획하는 것은 학생들의 추론 결과를 비교하고 대조함으로써 학급 토론에서 실제로 나타날 수 있는 자료 분석 방법을 확인하고자 함이다 (McClain, 2002). 예를 들어, AIDS 처치에 관한 자료의 경우 교사는 학생들이 자료에 대하여 비례적으로 추론하고 자료의 수가 동일한 네 개의 집단으로 나누어 추론하는데 주목하도록 토론을 위한 네 가지 분석 결과를 순서를 정하여 제시하였다.

이와 같이 교사의 수업 계획 과정을 설명한 이유는 수업 활동과 도구의 설계가 중요하지만, 학생의 추론을 토대로 생산적인 논의를 이끌어 가는 교사의 지적 전문성 또한 중요하다는 것을 강조하기 위해서이다. 앞에서 언급했듯이 Dewey(1981)가 말한 과정과 내용 사이의 이분법을 초월하는 것이 중요함은 탐구적 태도가 필수적인 통계적 자료 분석에서 특히 더 중요하다. 따라서 교사의 증명으로 교육과정을 구성하려는 시도와는 대조적으로 교사가 중요한 역할을 해야 한다. 이것이 마지막 설계 원리이다. 교사를 실질적인 학급 토론을 조직할 책임을 가진 설계자로 보아야 한다. 교사는 학습 활동을 조직하여 학생들이 통계학을 알아가는 방식, 이 학문의 가치와 신념을 갖도록 도와주는 가장 근본적인 조력자이다. 그러므로 마지막 설계 원리는 수업 활동과 도구의 개발이 직접 학생들의 통계 학습에 도움이 된다고 생각하기보다는 교사의 중재적인 역할이 필요하다는 것이다. 교사는 학생들이 특정한 수업 활동을 수행하는데 도구를 사용하는 다양한 방식들을 이용하여 생산적인 학습 경험을 조직할 수 있어야 한다.

논의

이 장에서는 학생들의 통계적 추론을 개발하는데 도움이 되는 설계 원리를 제안하기 위해 모범적인 사례로 수업 설계 실험을 고안하였다. 이러한 원리는 다음과 같은 추측을 공식화하고 검증하는 것으로 이루어진다.

1. 분포와 같은 중요한 통계적 아이디어는 수업을 설계하고 개발하는 데에 도움이 될 수 있다.
2. 수업 활동은 다음 특징을 만족해야 한다.
   (a) 학생들의 수업 활동에 자료 분석의 탐구 정신이 깃들어 있어야 한다.
   (b) 교사는 학생들이 제안한 자료에 근거한 논증을 토대로 수업 계획을 달성해야 한다.
3. 자료 분석뿐만 아니라 자료 생성에 대한 추론을 향상시키는데 도움이 되도록 수업 활동을 조직해야 한다.
4. 자료 분석 도구는 다음 특징을 만족해야 한다.
   (a) 수업 계열에서 학생들의 추론에 적합한 시점에 도입해야 한다.
   (b) 점차 정교한 형태의 통계적 추론을 할 수 있도록 도와주는 기본적인 수단이 되어야 한다.
5. 수업 담화는 다음 특징을 만족해야 한다.
   (a) 통계적 논증이 포함되어야 한다. 즉 자료를 조직한 방식이 탐구하고 있는 현상에 대하여 통찰하게 하는 이유를 설명할 수 있어야 한다.
   (b) 학생들은 중요한 통계적 아이디어에 주목하여 지속적으로 의견을 교환해야 한다.

이 원리들을 각 절에서 분리해서 논의하였기 때문에, 어느 정도 서로 독립적인 원리인 것처럼 보인다. 그러나 이 원리들은 사실 아주 긴밀하게 관련되어 있다. 예를 들면, 교실에서 실제로 이루어지는 수업 활동들은 다음과 같은 사항들의 영향을 받는다.

- 통계를 하는 전반적인 목표(즉 해결해야 할 문제나 주제에 관한 자료에서 패턴을 확인하기)

- 수업 활동의 구조(예를 들어, 자료 생성 과정을 통하여 말하기)
- 학생들이 분석하기 위해 사용한 컴퓨터 도구
- 수업 담화의 특징(예를 들어, 중요한 통계적 논의거리가 대화의 주제가 되는 토론에 참여하기)

규정된 방법을 자료에 적용하는 것이 수업의 전반적인 목표이며 학급 토론을 하지 않고 교사가 단지 학생들의 분석을 평가하는 수업에서는 분명히 수업 활동의 모습이 매우 다를 것이다. 수업 설계 원리들은 상호의존적이므로 수업 활동을 생산적인 **활동 체계**가 되도록 설계하는 데에 이 원리들이 유용하다고 보는 것이 타당하다. 이러한 관점에서 수업 설계는 교사가 활동 체계로서의 수업 활동을 개발하는 데에 필요한 자원을 제공한다. 즉 교사는 학생들이 수업 활동에 참여하여 중요한 통계적 아이디어를 개발하고 추론을 발전시킬 수 있도록 하는 활동 체계가 되도록 수업을 설계해야 한다. 간단히 말해서, 활동 체계는 중요한 통계적 아이디어를 학습시키기 위해 설계된 것이다.

수업 활동 체계는 포괄적인 특징을 가지며 수업 설계에 관한 이러한 접근 방식은 교육과정에 초점을 두는 전통적인 방식을 초월하여 교사의 결정적이고 중재적인 역할을 인정한다. 이러한 관점이 일반적이지 않은 것처럼 보일 수 있으므로 실제로 이 논의와 상당히 일치하는 과학 학습에 관한 최근 연구 사례를 제시하면서 논의를 끝맺으려고 한다. Bransford, Brown, Cocking(2000)은 매우 영향력 있는 책인 《How People Learn》에서 과학 학습에 관한 최근 연구들을 종합하고, 학습 환경을 검토하기 위하여 서로 관련 있는 네 개의 렌즈로 구성된 틀을 제시하였다.

《How People Learn》에 제시된 첫 번째 렌즈는 학습 환경이 **지식 중심**으로 형성되어 있는 정도를 검토하는 것으로 학습 결과로 알기를 원하는 것과 할 수 있기를 원하는 것에 대한 주의 깊은 분석을 토대로 학습 환경을 검토한다. 이러한 점에서, 분포와 같이 중요한 통계적 아이디어를 중심으로 수업을 조직하고, 중요한 통계적 아이디어에 주목하여 학급 토론을 진행하고, 통계적 추론을 발달시킬 수 있는 도구를 설계하는 것이 수업 설계에 있어서 중요하다.

두 번째 렌즈는 학습 환경이 **학습자 중심**으로 형성되어 있는지에 관한 것으로 학습 환경이 학생들이 가진 선행지식, 흥미, 지력을 토대로 형성되어 있는 정도를 검토한다. 이 장에서 설계 연구는 학생들이 자료 생성 과정에 대해 토론하게 하고, 탐구하고 있는 논의거리에 관심을 갖도록 장려하고, 학생들의 통계적 추론에 적합한 도구를 설계하고, 이들이 제시한 분석을 토대로 학급 토론을 계획하는 것과 같이 모든 과정에서 학습자 중심으로 수업을 설계하였다.

세 번째 렌즈는 학습 환경이 **평가 중심**으로 형성되어 있는지에 관한 것이다. 즉 교사가 학생들의 추론에 맞게 수업을 조정하고 학생들이 자신의 생각을 점검하고 수정할 기회를 갖도록 학생들의 사고가 잘 드러나게 학습 환경이 구성되어 있는지를 검토한다. 이 장에서 설계 연구는 학생들이 자료 분석에 대해 서로 의견을 공유하고 피드백을 받는 학급 토론의 중요성을 언급하고 학생들이 작성한 보고서를 토대로 통계적 추론을 평가하는 방법을 검토했다는 점에서 평가 중심의 수업 설계를 고려했다고 볼 수 있다.

네 번째 렌즈는 학습 환경이 **공동체 중심**으로 형성되어 있는지에 관한 것으로 학생들이 질문을 두려움 없이 편안하게 할 수 있는지 뿐만 아니라 서로 협동적으로 학습할 수 있는지를 검토한다. 앞에서 제시한 AIDS 처치와 건전지 수명에 관한 수업 활동은 학습 공동체 중심으로 이루어졌으며, 특히 통계에서 허용될 수 있는 논증은 무엇인지에 대한 규범을 학생과 교사가 함께 만드는 것이 중요하다는 점을 지적한 바 있다.

초등 통계교육을 위해 우리가 제안한 수업 설계 원리가 《How People Learn》에 제시된 틀과 일치하므로 이 설계 원리는 신뢰할 만하다. 또한 이 틀이 광범위하고 다학문적 연구에 입각한 틀이기 때문에, 수업을 중요한 통계적 아이디어를 학습할 수 있도록 설계한 활동 체계로 보는 것이 중요하다는 우리의 주장을 뒷받침한다. 이 장에서 제안한 수업 설계 원리들이 지나치게 광범위한 범위에 걸쳐있는 것처럼 보일지도 모른다. 그러나 수업을 설계할 때 수업 활동과 컴퓨터 도구만을 고려하는 것은 오히려 지나치게 제한적인 방법일 것이다.

참고문헌

Biehler, R. (1993). Software tools and mathematics education: The case of statistics. In C. Keitel & K. Ruthven (Eds.), *Learning from computers: Mathematics education and technology* (pp. 68-100). Berlin: Springer.

Biehler, R., & Steinbring, H. (1991). Entdeckende Statistik, Strenget-und-Blatter, Boxplots: Konzepte, Begrundungen und Enfahrungen eines Unterrichtsversuches [Explorations in statistics, stem-and-leaf, boxplots: Concepts, justifications, and experience in a teaching experiment]. *Der Mathematikunterricht*, *37*(6), 5-32.

Bransford, J., Brown, A. L., & Cocking, R. R. (Eds.) (2000). *How people learn: Brain, mind, experience, and school*. Washington, DC: National Academy Press.

Cobb, G. W., & Moore, D. S. (1997). Mathematics, statistics, and teaching. *American Mathematical Monthly*, *104*, 801-823.

Cobb, P. (1999). Individual and collective mathematical learning: The case of statistical data analysis. *Mathematical Thinking and Learning*, *1*, 5-44.

Cobb, P., McClain, K., & Gravemeijer, K. P. E. (2003). Learning about statistical covariation. *Cognition and Instruction*, *21*, 1-78.

Cobb, P., & Tzou, C. (2000). *Learning about data creation*. Paper presented at the annual meeting of the American Educational Research Association, New Orleans.

de Lange, J., van Reeuwijk, M., Burrill, G., & Romberg, T. (1993). *Learning and testing mathematics in context. The case: Data visualization*. Madison: University of Wisconsin, National Center for Research in Mathematical Sciences Education.

Dewey, J. (1981). Experience and nature. In J. A. Boydston (Ed.), *John Dewey: The later works, 1925-1953* (Vol. 1). Carbondale: Southern Illinois University Press.

Dorfler, W. (1993). Computer use and views of the mind. In C. Keitel & K. Ruthven (Eds.), *Learning from computers: Mathematics education and technology* (pp. 159-186). Berlin: Springer-Verlag.

Gravemeijer, K. E. P. (1994) *Developing realistic mathematics education*. Utrecht, The Netherlands: CD-B Press.

Honcock, C., Kaput, J. J., & Goldsmith, L. T. (1992). Authentic inquiry with data: Critical barriers to classroom implementation. *Educational Psychologist*, *27*, 337-364.

Kaput, J. J. (1991). Notations and representations as mediators of constructive processes. In E. von Glasersfeld (Ed.), *Constructivism in mathematics education* (pp. 53-74). Dordrecht, The Netherlands: Kluwer.

Konold, C., & Higgins, T. (in press). Working with Data. In S. J. Russell & D. Schifter & V. Bastable (Eds.), *Developing Mathematical Ideas: Collecting, Representing, and Analyzing Data*. Parsippany, NJ: Seymour.

Konold, C., Pollatsek, A., Well, A., & Gagnon, A. (1996, July). *Students' analyzing data: Research of critical barriers*. Paper presented the Roundtable Conference of the International Association for Statistics Education, Granada, Spain.

Latour, B. (1987). *Science in action*. Cambridge, MA: Harvard University Press.

Lehrer, R., & Romberg, T. (1996). Exploring children's data modeling. *Cognition and Instruction, 14*, 69-108.

McClain, K. (2002). Teacher's and students' understanding: The role of tools and inscriptions in supporting effective communication. *Journal of the Learning Sciences*, *11*, 216-241.

McClain, K., Cobb. P., & Gravemeijer, K. (2000). Supporting students' ways of reasoning about data. In M. Burke (Ed.), *Learning mathematics for a new century* (2001 Yearbook of the National Council of Teachers of Mathematics, pp. 174-187). Reston, VA: National Council of Teachers of Mathematics.

McGatha. M. (2000). *Instructional design in the context of classroom-based research: Documenting the learning of a research team as it engaged in a mathematics design*

experiment. Unpublished dissertation, Vanderbilt University, Nashville, TN.
McGatha. M., Cobb. P., & McClain K. (1999, April). *An analysis of student's initial statistical understanding*. Paper presented at the annual meeting of the American Educational Research Association, Montreal.
Meira, L. (1998). Making sense of instructional deviese: The emergence of transparency in mathematical activity. *Journal for Research in Mathematics Education*, *29*, 121-142.
Noss, R., Pozzi, S., & Hoyles, C. (1999). Touching epistemologies: Statistics in practice. *Educational Studies in Mathematics*, *40*. 25-51.
Pea, R. D. (1993). Practices of distributed intelligence and designs for education, In G. Saloman (Ed.), *Distributed cognitions* (pp. 47-87). New York: Cambridge University Press.
Roth, W. M. (1997). Where is the context in contextual word problems? Mathematical practices and products in grade 8 students' answers to story problems. *Cognition and Instruction*, *14*, 487-527.
Saldanha, L. A., & Thompson, P. W. (2001). Students' reasoning about sampling distributions and statistical inference. In R. Speiser & C. Maher (Eds.), *Proceedings of the Twenty Third Annual Meeting of the North American Chapter of the International Group for the Psychology of Mathematics Education* (vol. 1, pp. 449-454), Snowbird, Utah, ERIC Clearinghouse for Science, Mathematics, and Environmental Education, Columbus, OH.
Shaughnessey, J. M., Garfield, J, & Greer, B. (1996). Data handling. In A. J. Bishop, K. Clements, C. Keitel, J. Kilpatrick, & C. Laborde (Eds.), *International handbook of mathematics education* (part 1, pp. 205-237). Dordrecht, The Netherlands: Kluwer.
Wiggins, G., & McTighe, J. (1998). *Understanding by design*. Alexandria, VA: Association for Curriculum and Supervision.
Wilensky, U. (1997). What is normal anyway? Therapy for epistemological anxiety. *Educational Studies in Mathematics*, *33*, 171-202.

17장

통계적 소양, 추론, 사고에 대한 연구
: 이슈, 난제, 시사점

J. Garfield and D. Ben-Zvi

개요

이 책은 통계교육에서 새롭게 부각되고 있는 통계적 소양, 추론, 사고에 대한 최근 연구들을 소개하고 있다. 여기에서는 앞의 연구들로부터 도출된 몇 가지 주요 이슈와 난제 그리고 학생들을 가르치고 평가하는데 있어서의 시사점에 대해 논의한다. 통계교육은 교육 연구에서 그 나름의 독특한 위치를 차지하는 새로운 영역이므로, 신생 연구 영역으로서 통계교육에 대한 몇 가지 논평으로 이 장을 시작하고자 한다. 그 다음 통계적 소양, 추론, 사고에 대한 연구와 관련된 다양한 이슈를 다루는데 통계의 포괄적인 아이디어에 대한 연구, 교육, 평가가 왜 중요한지, 통계적 추론을 발전시키는데 있어 공학의 역할은 무엇인지, 다양한 수준의 학생들과 교사를 어떻게 고려해야 하는지, 통계적 추론을 연구하는데 적절한 연구 방법은 무엇인지 등을 논의한다. 마지막으로 지도 및 평가와 관련하여 시사점을 고찰하고 후속 연구를 위한 방향을 제시하고자 한다.

새로운 연구 영역으로서 통계교육

통계학과 통계교육은 비교적 새로운 학문이다. 통계학은 최근에서야 학교 교육과정에 도입되었으며(NCTM, 2000) 대학에서도 새로운 과목이다(Bryce, 2000). NCTM

(2000)은 K-12학년에 걸친 교육과정에서 통계적 추론에 좀더 주목할 것을 권고한다. 그들이 제시한 통계교육과정의 목표는 다음과 같다.

- 모든 학생들이 자료를 통해 해결할 수 있는 문제를 형식화하고 해결방법을 찾기 위해 관련된 자료들을 수집하고 정리하고 표현할 수 있다.
- 자료 분석을 위한 적절한 통계 방법을 선택하고 사용할 수 있다.
- 자료에 기초한 추정과 예측을 발전시키고 평가할 수 있다.
- 기본적인 확률 개념을 이해하고 적용할 수 있다.

대학의 통계는 대학원에서 뿐만 아니라 학부에서도 많은 학문들과 통합되어 가르쳐진다. 대학에서 통계를 다루는 학생들은 과학, 공학, 산업, 의학과 같은 다양한 응용분야에서 미래의 통계 '사용자' 또는 '생산자'가 되거나 미래의 통계학자 또는 통계교사가 될 학생들이다. 지난 20년 동안 사회에서 통계적 정보를 사용하고 이해할 수 있는 학생이나 전문가들의 수요가 증가함에 따라 통계 강좌의 수도 꾸준히 증가해 왔다.

그러나 모든 학년에 걸쳐 통계 강좌가 많아지고 있음에도 불구하고 통계 교수를 돕기 위한 연구는 상당히 느린 속도로 진행되어 왔다. 통계교육에 대한 연구 문헌이 잘 알려지지 않았기 때문에 종종 통계학자들, 통계를 사용하는 다른 수많은 영역 그리고 학교에서 통계교육에 대한 연구 문헌을 가치 있는 것으로 여기지 않거나 유용하게 사용하지 못하였다(Joliffe, 1998). 이러한 영역의 연구자들은 통계교육이 하나의 학문으로 인식되기 위해서 뿐만 아니라, 연구 학문으로서 타당성을 다른 사람들에게 확신시키기 위해 통계교육 연구가 무엇인지를 정의할 필요가 있다고 주장하였다(Batanero, Garfield, Ottaviani, & Truran, 2000).

통계 교수와 학습에 관한 연구는 다른 영역의 연구와는 달리 그 나름의 관점, 문헌, 방법론, 연구 문제를 지닌 몇몇 다른 학문에 의해 수행되었으며 영향을 받아왔다. 예를 들어, 통계와 관련된 대부분의 초기 연구는 가능성과 무작위성의 개념에 초점을 맞춘 심리학자들에 의해 수행되었다(Piaget & Inhelder, 1975; Fischbein, 1975; Kahneman, Slovic, & Tversky, 1982). 심리학자들의 주된 노력은 관찰 또는 지필검사를 통해 사람들이 가능성을 판단하는 방법을 확인하는 것이었다. 추론에서 나타나는 오류를 확인한 여러 연구들(Kahneman et al., 1982; Konold, 1989)은 사람들이 우연 사건에서 판단을 내리고 의사 결정을 하기 위해 비통계적 발견술을 사용하는 경향이 있음을 발견하였다. 1980년대 말까지 많은 성인들이 확률적 사고를 필요로 하는 다양한 문제를 적절하게 다루지 못한다는 증거들이 제시되었다.

1980년대와 1990년대에 초등과 중·고등학교 수학교육과정에 통계와 확률을 포함시키고자 했던 많은 수학 교육 연구자들은 통계 및 자료 분석과 관련된 개념에 대한 학생들의 이해를 조사하기 시작하였다(Russell & Mokros, 1996; Mokros & Russell, 1995; Rubin, Bruce, & Tenney, 1991; Shaughnessy, 1992). 그리고 이들은 수학 교육의 이론적 틀과 방법론이 통계교육의 연구와 관련되어 있음을 확인하였다(Kelly & Lesh, 2000). 같은 시기에 몇몇 교육심리학자들은 통계 과정에서 결과를 예측할 때 학생들의 통계에 대한 태도와 불안감을 조사하였다(Wisenbaker & Scott, 1997; Schau & Mattern, 1997). 반면에 인지심리학자들은 학생들과 성인들이 통계적 추론을 올바르게 사용할 수 있도록 도울 수 있는 방법을 조사하였다(Fong, Krantz, & Nisbett, 1986; Nisbett, 1993; Sedlmeier, 1999). 최근 교육적 이슈에 관심을 두는 통계학자들이 증가하면서 연구 집단이 새롭게 나타나기 시작했다(Chance, 2002; Lee, Zeleke, & Wachtel, 2002; Wild, Triggs, & Pfannkuch, 1997). 이러한 연구자 중 일부는 특별한 교실 처치와 이들이 학습 결과에 미치는 영향을 조사하거나, 지도를 위한 발달 모델 및 전문가들의 통계적 사고에 대한 모델을 개발하였다.

지난 몇 십년간 이루어진 연구에서는 앞에서 언급한 다양한 학문 분야에서의 연구를 체계화하는 것이 부족했으며, 또한 방법론과 주요 연구 문제에 대한 합의가 부족하였다. 이러한 문제점을 해결하지 못한다면 이 분야를 발전시키고 연구와 교육을 연결지어 결과를 정립하기는 어려울 것이다. 다양한 분야에서 이루어진 연구를 통합한 노력의 한 예로 Lajoie(1998)가 편집한 책을 들 수 있는데, 이 책은 통계적 내용, 학습자의 요구, 교수 방법, 평가 목표에 관한 이슈를 다루고 있다. 이것은 통계학자, 수학 교육자, 심리학자의 노력이 통합된 결과로 K-12학년의 통계교육을 위한 연구 방향을 정립하는데 중점을 두고 있다.

The International Research Forums on Statistical Reasoning, Thinking, and Literacy(SRTL-1, 이스라엘; SRTL-2, 호주; SRTL-3, 미국)도 이러한 목표를 성취하기 위한 노력의 결과이다. SRTL에서는 여러 분야에서 연구를 수행하는 각국의 연구자들이 모여 연구 결과를 공유하며 그들의 방법론에 대해 논의하고 주요 이슈와 연구 문제를 제기한다. 그리고 그동안의 연구가 교수 실제와 명시적으로 연결되지 않았다는 비판이 있어왔는데 이에 대해 적절한 연결을 추구하려는 목표를 가지고 있다.

통계적 소양, 추론, 사고에 관한 연구

현재 통계가 단일 학문으로 간주되고 있음에도 불구하고 K-12학년에서는 수학 교육과정에서, 대학에서는 수학과에서 통계를 가르치고 있다. Moore(1998)와 같은 통계학자들은 통계와 수학의 차이점에 대해 논의하였다(4장). 이러한 논의를 통해 통계학자와 통계교육자들은 통계의 독특한 특징을 정의하였으며, 특히 통계적 소양, 추론, 사고의 차이를 명확히 구분하고자 하였다. 이 책의 앞부분(1-4장)에서 이러한 논의와 관련된 연구들을 요약하여 제시하고 있다.

각 장의 저자들은 통계적 소양, 추론, 사고에 관심이 있으며, 수학 교육, 인지심리학, 교육심리학, 통계학과 같은 다양한 학문에서 연구를 해온 사람들로 SRTL-1과 SRTL-2를 통해 서로 정보를 교환해왔다. 다양한 분야의 연구자들이 공동으로 연구한 결과는 2장, 13장, 14장에 소개되어 있다. 소개된 연구의 대부분은 녹화를 통한 관찰이나 면담과 같은 질적 자료에 대한 분석을 포함하고 있는데, 이는 통계의 양적인 특성에 비추어봤을 때 이상하게 느껴질 수 있다. 우리는 이러한 녹화 자료와 전사 자료를 공유함으로써 다른 연구자들로부터 유용한 피드백을 들을 수 있으며 연구의 중요한 측면을 더 잘 제시하고 논의할 수 있음을 알게 되었다. 방법론적 이슈에 대한 논의는 뒷부분에서 좀더 이루어진다.

이 책에 소개된 연구 주제들은 통계 교수의 초점이 통계적 기술, 공식, 절차에서 통계적 추론과 사고의 발달로 변화했음을 보여주고 있다. 추론에 관한 연구들은 '포괄적인 아이디어'로 언급되고 있는 통계의 핵심 개념에 초점을 맞추고 있다. 교육 연구는 점점 그 학문 분야의 포괄적인 아이디어를 명확히 정의하는 것에 대한 필요성을 인식해 왔으며, 또한 포괄적인 아이디어에 대한 연구, 교수, 평가에 관심을 가져왔다(Bransford, Brown, & Cocking, 2000; Wiggins, 1998). 다음에서는 통계의 포괄적인 아이디어를 나열하고 이에 대해 설명하고자 한다.

통계의 포괄적인 아이디어에 주목하기

이 책의 각 장에서는 학생들이 초・중・고・대학교에서 접하게 되는 자료, 분포, 평균과 같은 통계의 포괄적인 아이디어에 주목한다. 오늘날 많은 통계교육자들과 연구자들이 이들 포괄적인 아이디어에 주목해야 한다는 사실에 동의하고 있음에도 불구하고, 아직 이러한 아이디어들이 무엇인지에 대해서는 알려진 바가 거의 없다. 다음에 제시하고 있는 목록은 Friel이 그의 책(출판 중)에서 제시하고 있는 것과 유사하다.

- **자료** – 자료가 왜 필요한지, 자료가 어떻게 실세계의 특성이나 수치를 나타내는지, 자료가 어떻게 얻어지는지 그리고 수치나 언어 등과 같은 다양한 형태의 자료에 대해 아는 것이 중요하다.
- **분포** – 차이(gap), 군집, 특이점 등과 같은 독특한 특징뿐만 아니라, 형태, 중심, 퍼짐의 관점에서 조사되고 기술될 수 있는 양적 자료에 대한 표현을 의미한다.
- **경향** – 주목할 만한 신호나 패턴을 의미한다. 하나의 집단에 대한 산술평균, 두 집단을 비교하기 위한 산술평균의 차이, 이변량 자료에 대한 적합선이나 시간의 흐름에 따른 시계열 자료의 패턴 등이 여기에 해당된다.
- **변이성** – 측정 오차와 같이 자료 집합의 신호를 둘러싸고 있는 변이나 소음을 의미한다. 변이성은 자료 집합을 기술하고 설명하기 위한 것으로 성인의 머리 둘레와 같은 측정에서 나타나는 자연적인 변이를 반영한다.
- **모델** – 자료를 이해하고 설명하거나, 자료로부터 추측을 이끌어내는데 유용한 전형적인 것을 의미한다. 모델은 자료에 잘 '들어맞을 때' 유용하다. 모델의 몇 가지 예로 정규 곡선, 직선 또는 0.5의 확률을 갖는 무작위 이항 변량을 들 수 있다.
- **연관성** – 두 변량 사이의 특수한 관계를 의미한다. 하나의 변량에 대한 정보는 다른 변수의 값을 이해하고 설명하고 예측할 수 있도록 한다. 연관성은 양적 변량이나 범주형 변량 사이에서 관찰될 수도 있다. 이것은 또한 상관관계를 인과관계와 구별할 수 있게 한다.
- **표본과 표집** – 하나의 큰 집단에서 표본들을 추출하고 비교하는 과정과 관련된다. 표집 과정은 대표성을 갖는 표본을 얻는데 중요하다. 또한 표본은 중심 극한 정리를 설명하기 위해 표집 분포를 시뮬레이션 하는 것과 같이 이론을 생성

하는데 사용될 수도 있다.

- **추정** – 표본에 기초하여 더 큰 집단에 대한 결론을 추측하고 이끌어내는 것을 의미한다. Utts(2003)는 '효과가 없음'을 확인하는 것과 '유의미한 효과가 없음'을 확인하는 것의 차이를 아는 것뿐만 아니라, 실제적 유의성과 통계적 유의성을 구별하는 것, 역시 추정에 포함되어야 한다고 언급하였다.

우리가 많은 통계 수업을 관찰했을 때 항상 이러한 포괄적인 아이디어가 어떻게 제시되고 전개되는지 명확하게 드러나지 않았다. 대부분의 통계 수업 교실에서는 개념을 개별적으로 다루거나 기술을 강조하며 절차와 계산에 주목하고 있어 포괄적인 아이디어가 잘 드러나지 않는다. 하나의 주제를 학습하고 난 후 그 주제를 다시 언급하는 경우는 거의 없고, 학생들은 어떻게 포괄적인 아이디어가 실제로 내용에 토대를 제공하며 통계적 추론의 기초가 되는지 거의 알지 못한다. 예를 들어, 학생들은 중심과 퍼짐의 개념 그리고 이들이 자료 및 분포와 같은 다른 포괄적인 아이디어와 어떤 관계가 있는지에 대해 완벽하게 이해하지 못한 채 중심의 측정값이나 변이성을 계산하는 방법에 주목하게 된다. 그리고 이후 기술 통계에서의 중심과 퍼짐에 대한 개념을 표집 분포의 중심과 퍼짐의 개념과 연결하지 못하게 된다. 또한 연관성을 학습할 때 이변량 관계에서 각 변량의 중심과 퍼짐이 어떻게 구체화되는지 추적하지 못하게 된다.

교사들은 개념을 분리하여 지도하고 기술이나 절차에 주목하는 것을 넘어서는 교수 방법을 찾아야 하며, 또한 학생들이 포괄적인 아이디어와 그것들 사이의 상호관계를 이해할 수 있도록 지도해야 한다. 이러한 과정을 통해 교사들은 교육과정에서 포괄적인 아이디어를 명확하게 드러낼 수 있을 것이다. 예를 들어, Cobb(1999)은 7학년 통계 교육의 최종 목표를 분포로 설정한다면 중학교 통계교육과정이 좀더 일관성 있게 이루어질 수 있고 학생들의 통계적 추론을 강화할 수 있다고 주장한다. Bakker와 Gravemeijer(7장)는 교수의 초점을 형태의 비형식적 측면에 맞추어야 한다고 제안한다. 이 책의 여러 장에서 통계의 포괄적인 아이디어에 주목할 필요가 있다는 것과 그것이 어떻게 이루어질 수 있는지를 확인할 수 있다. 6장에서는 자료, 8장에서는 중심, 9장에서는 변이성, 10장에서는 공변동, 12장과 13장에서는 표집에 대해 다루고 있다. 그리고 공학 기반 학습 환경이 학생들이 통계의 포괄적인 아이디어에 대한 의미를 구성해 나가는데 여러 측면에서 도움이 됨을 제안하고 있다(Garfield & Burrill, 1997).

통계적 추론을 발전시키는데 있어서 공학의 역할

이 책의 대부분의 장에서는 통계적 추론을 발전시키는데 있어 공학의 사용을 언급하고 있다. 이는 통계라는 학문이 공학에 얼마나 의존해 왔는지, 공학이 통계 영역에 얼마나 많은 변화를 초래해 왔는지를 고려했을 때 놀라운 일은 아니다. 그러나 그래픽 계산기, 컴퓨터, 인터넷 등과 같은 공학 도구들이 많이 있음에도 불구하고, 이러한 도구들을 적절히 사용할 수 있는 방법은 무엇인지, 이들이 학생들의 학습에 어떠한 영향을 끼치는지에 대한 연구는 여전히 부족하다.

K-12 교육과정에서는 통계 내용과 교수 모두를 재정의하고자 노력한다. 그리고 그와 더불어 공학과의 상호 작용을 통해 통계를 가르치기 위한 다양한 전략을 제공하고 있으며 동시에 통계를 하는 새로운 방법을 제공하고 있다(Garfield & Burrill, 1997). 오늘날 컴퓨터, 소프트웨어, 인터넷은 통계 교수를 위한 필수적인 도구이다(Friel, 출판 중).

Ben-Zvi(2000)는 공학 도구를 통해 학생들이 어떻게 관찰한 현상을 반성하는지 뿐만 아니라 통계량을 '구하고' 통계 그래프로 '표현'함으로써 어떻게 지식을 활동적으로 구성하는지 설명하고 있다. 그는 컴퓨터를 인간이 정신적 한계를 초월하도록 돕는 인지적 도구로 보았다. 그러므로 공학은 단순히 학생들의 통계적 힘을 확대시키는 것이 아니라, 학생들이 그들의 물리적 활동과 정신적 활동을 재조직할 수 있도록 한다. 이 책에서 소개된 다음의 소프트웨어들은 좋은 공학 도구의 예가 된다.

- 스프레드시트(Excel©, 6장)나 자료 분석 프로그램(Statgraphics©, 11장)은 상업용 통계 패키지로, 자료를 분석하고 자료에 대한 시각적 표현을 구성하는데 이용된다. 이는 다양한 분포를 시뮬레이션하며 또한 쉽게 조작하고 수정할 수 있는 표현들을 제공한다.
- 교육용 자료 분석 도구(Fathom©, 15장)는 학생들이 자료와 자료 탐색에 대한 이해를 발전시키도록 돕는다. 자료를 구성하고 표현할 때 다양한 통계적 기능과 그래픽 기능을 이용해 심화된 통계 조사와 자료 분석을 할 수 있다(Friel, 출판 중). Fathom은 함수 그래프를 그리고, 생동감 있는 시뮬레이션을 창안하며, 역동적으로 자료 표현을 갱신할 수 있는 '드래그' 기능을 가지고 있다. 이것은 표현들 사이의 관계와 불변적인 현상을 잘 보여준다.

- **웹 또는 컴퓨터 기반의 애플릿**은 통계적 개념들을 시연하고 시각화하기 위해 개발되었다. 애플릿은 웹에 기초한 간단한 컴퓨터 프로그램으로 이것을 사용해 다양한 모수를 조작하고 변형함으로써 통계적 개념을 시각적으로 설명할 수 있다. Minitools(7장, 16장)는 특별한 형태의 애플릿으로 자료와 그래프의 연결을 이해하기 위한 '학습 경로'를 지원하고자 고안되었다.
- Sampling SIM(13장)과 같이 표집 분포의 시뮬레이션을 제공하기 위해 개발된 **독립형 시뮬레이션 소프트웨어**(Stand-alone simulation software)는 각 표본들 사이의 연결, 표본 평균 분포, 신뢰구간, p-값을 제공하는 등의 많은 기능을 가지고 있다.

Fathom, Minitools, Sampling SIM은 학생들이 추상적인 통계적 개념을 개념적으로 이해하고 발전시키며 자료를 분석하는데 필요한 태도와 추론을 발전시키기 위해 무엇을 보아야 하는지, 무엇을 해야 하는지에 기초를 두고 고안되었다. Bakker(2002)는 학생들의 학습을 향상시키기 위해 고안된 위의 도구들을 경로형(route-type) 소프트웨어와 탐색형(landscape-type) 소프트웨어로 구분하였는데, 특별한 학습 경로에 적합한 소규모의 애플릿과 응용 프로그램을 갖춘 Minitools와 같은 소프트웨어가 경로형 소프트웨어에 해당되며, Fathom이나 TinkerPlots와 같이 교사와 학생들이 자료를 자유로이 탐색할 수 있는 좀더 확장된 응용 프로그램을 갖춘 소프트웨어가 탐색형 소프트웨어에 해당된다.

교육현장에서 인터넷과 컴퓨터를 통한 의사소통(CMC)이 증가하는 것 또한 통계교육에 영향을 주었다. 이는 이 책에서 주목하고 있는 사항은 아니지만 학생들의 통계적 추론의 발달을 목표로 하는 통계 수업에서는 인터넷을 많이 사용하고 있다. 예를 들어, 다운로드가 가능한 형태의 자료는 탐색적 자료 분석에 대한 학습을 지원하는 웹에서 이용가능하다. 이러한 자료들은 자료 집합 보관소, 정부나 관공서, 교과서 자료를 통해 이용가능하다. 또 다른 예로는 학생들의 면대면 학습이나 원거리 학습을 지원하는 온라인상의 포럼, 이메일 등과 같은 CMC의 사용을 들 수 있다.

학생들이 통계를 배우고 이용하는데 공학이 큰 역할을 함에도 불구하고, 전 세계 대부분의 곳에서 심지어 선진국의 교실에서조차 공학의 이용이 가능하지 않다는 사실에 주목해야 한다. 이 책에서 제시한 연구들은 통계를 학습하는 다양한 유형의 학생들뿐만 아니라 공학을 사용하는 또는 사용하지 않는 다양한 교수학적 환경을 다루고 있다.

다양성의 고려

통계적 소양, 추론, 사고의 강조와 함께 통계교육 연구는 언제 무엇을 가르칠 것인지에 대한 연속성, 내용에 접근하는 방법과 기대하는 학습 결과를 도출할 수 있는 방법, 주제의 계열성, 학생들의 선행학습과 배경, 학년과 수준의 다양성에 관한 이슈를 반영하여 통계를 학습하는 학생들의 다양성을 고려해야만 한다. 지금까지는 학생들에게 새로운 통계 아이디어나 개념을 언제, 어떻게 소개할지 그리고 학교 급에 따라 통계적 아이디어와 개념을 어떻게 계열화할 것인지에 대해 거의 관심을 두지 않았다.

이 책에서 소개하는 각각의 연구들은 이러한 이슈들을 부분적으로만 다루고 있으나, 전체적으로 봤을 때 통계를 배우고 있는 학생들과 이미 배운 교사들의 다양성을 반영하고 있다. 통계적 소양에 대한 연구는 학생에서부터 성인에 이르기까지 방대한 '학습자' 집단을 모집단으로 하고 있다. Gal(3장)은 정보화 사회에 잘 적응할 수 있도록 모든 사람들에게 통계적 소양 교육을 제공하는 것이 중요하다고 강조하였다. 그러므로 통계적 소양에 대한 연구는 소양을 구성하는 요소의 확인 그리고 모든 시민들이 신문이나 미디어 정보를 비판적으로 읽고 평가할 수 있는 기본적인 소양을 지닐 수 있도록 하는 방법의 모색을 목표로 한다.

6장에서 Ben-Zvi가 관찰한 학생들과 7장에서 Bakker와 Gravemeijer가 관찰한 학생들은 상위 수준의 학생들이었다. 이들이 보여준 추론 형식은 특별한 상황과 환경에서 나타난 다소 독특한 결과이다. 그러나 이들 연구는 몇 가지 중요한 교수·학습 이슈를 제시하고 있으며 서로 다른 학생들이 추론을 어떻게 발전시키는지에 대해서도 설명하고 있다. 또한 특수한 방식의 통계적 추론을 도와주는 소프트웨어나 자료를 사용하지 않고 그래프를 예측하는 것과 같은 학생들의 참여를 유도하는 의미 있는 활동을 제시한다. 그리고 몇몇 장에서는 특정한 사회수학적(통계적) 규범과 실제(Cobb & McClain, 16장), 적절한 공학 도구의 사용, 신중하게 계획된 교수학적 활동, 학급 토의를 조화롭게 이끄는 교사의 기술 등을 정립하는 것이 필요하다고 언급한다.

Ben-Zvi(6장)와 Mickelson과 Heaton(14장)은 그들의 연구에 참여한 교사들의 교수학적 지식이나 통계적 지식 및 기술이 평균 이상이라고 설명하고 있다. 이것은 통계 교수에 대해 적절하게 훈련받지 않은 '평균적인' 초등학교와 중학교 교사의 역할은 이와 상당히 다를 수 있음을 말해준다. 학생들에게 새롭고 복잡한 통계라는 과목을 적절히 가르치기 위해 교사들에게도 적절한 교육이 필요하다. 그러므로 모든 학교 급의 교사들이 적절한 내용 지식과 교수학적 지식을 갖추기 위해 어떻게 해야 하는지, 그리고 이러한 주제들을 성공적으로 가르치기 위해 교사에게 필요한 것이 무엇인지에 대해 더 많은 연구가 이루어져야 한다.

통계적 추론 연구를 위한 연구 방법론

이 책의 각 장은 통계적 소양, 추론, 사고를 연구하는데 사용된 다양한 연구 방법들을 제시하고 있다. Ben-Zvi(6장)와 Mickelson과 Heaton(14장)은 하나 또는 두 개의 사례를 자세히 연구하기 위해 자연스러운 교실 환경에서 사례 연구를 실시하였다. Batanero, Tauber, Sánchez(11장)는 시험에서 개방형 문제를 제시하고 이에 대한 학생들의 반응을 분석하기 위해 기호론적 접근을 시도하였다. Chance, delMas, Garfield(13장)는 통계적 추론을 반영한 소프트웨어를 개발하고 통계적 추론 모델을 정립하기 위해 집단적 교실 연구를 수행하였다. 이들은 통계적 추론 모델을 개발하면서 소프트웨어를 이용한 활동이 학생들의 추론에 어떠한 영향을 미치는지 연구하기 위해 순환주기를 사용하였다. 교실 연구에 대한 이러한 방법은 Bakker와 Gravemeijer(7장), Cobb과 McClain(16장)의 연구에서 사용된 교실 교수 실험과 유사한데, 이 연구자들은 이를 설계 실험(Lesh, 2002)이라고 부른다. Watson(12장)은 표본에 대한 학생들의 추론 과정을 조사하기 위해 장기 연구를 수행하였다.

이미 언급한 바와 같이, 교실 수업의 녹화와 교사 또는 학생들과의 면담은 질적 자료를 수집하는 방법으로 대부분의 연구에 사용되었다. 학생들의 신체적 행동뿐만 아니라, 언어적 행동을 관찰한 비디오를 분석하면서 학생들의 추론과 학습의 사회문화적 과정을 더욱 쉽게 이해할 수 있었다. 또 다른 질적 자료에는 개방형 문제에 대한 학생들의 반응, 교사와 연구자의 필드노트, 학생들이 구성한 그래프나 통계 프로젝트 등과 같은 학생들의 활동에 대한 결과물 등이 있다.

Makar와 Confrey(15장)는 질적 자료를 교사들의 통계적 추론에 대한 양적 자료와 통합하였다. 양적 자료의 대부분은 통계적 내용 지식에 대한 사전 검사와 사후 검사 결과이며, 녹화된 면담을 전사한 후에는 토대 이론(Strauss & Corbin, 1998)을 사용하여 분석하였다. 다른 몇몇 연구들(Reading & Shaughnessy, 9장; Moritz,

10장; Batanero et al., 11장; Watson, 12장)은 학생 평가 맥락에서 양적 자료의 일부를 제시하고 있다.

학생과 교사를 대상으로 연구하고 있는 주제가 통계인데 실제로 연구에는 통계적 요약이 거의 포함되어 있지 않아 놀랍게 여겨질 수 있다. 그리고 이 책의 연구들이 실험 설계의 대표적 형태인 집단을 비교하는 실험 처치나 통제 집단이 있는 전통적인 설계 실험이 아니라는 것 또한 놀랍게 여겨질 것이다. 그러나 대부분의 통계교육 연구는 학생들의 사고와 추론의 특성을 이해하기 위해, 그리고 학생들의 사고와 추론이 어떻게 발달하는지를 조사하기 위해 질적 방법을 사용하는 수학 및 과학교육의 전통을 따르는 경향이 있다(Kelly & Lesh, 2000). 아마도 이러한 기초적인 정보가 좀더 수집되고 분석된 후에야 구체적인 학습 활동, 교수학적 방법, 교육과정, 공학적 도구의 형태, 평가를 비교하는 소규모의 실험 연구들이 이루어질 수 있을 것이다.

이러한 연구를 수행하기 전에 먼저 교육이 지속적으로 학생들의 추론에 미치는 영향이 무엇인지 연구해야 하며 개념 발달 모델을 조사해야 한다. 이러한 모델들은 종단 연구와 같이 장기간에 걸쳐, 또는 임상 면담이나 교실 담화와 같이 중대한 변화기 동안 추론이 어떻게 변화하는지에 대한 주의 깊은 조사와 분석을 통해 가능할 것이다.

지도 및 평가를 위한 시사점

통계적 사고(2장), 통계적 소양(3장), 통계적 추론(4장)에 주목한 장에서 각 저자들은 학생들이 통계적 사고, 소양, 추론을 발달시킬 수 있도록 교수 설계가 이루어져야 한다고 주장한다. 예를 들어, Pfannkuch와 Wild(2장)는 통계적 사고를 발전시키기 위해 강조해야 하는 영역에 대해 논의하고 있으며, Gal(3장)은 통계적 소양을 위해 필요한 기초 지식과 성향에 대해 설명하고 있다. 또한 delMas(4장)는 자료에 대한 경험을 통해 통계적 추론을 발달시키는 것에 대해 설명하고 있다.

이 책의 목표 중 하나는 학생들의 통계 학습을 향상시키기 위해 교사들이 여기에 소개된 연구를 어떻게 참고할 것인지 제언하는 것이다. 대부분의 교사들이 일반적으로 그들의 교과목 학습과 관련된 연구를 많이 참고하지 않더라도, 초・중・고・대학교에서 통계를 가르치는 교사들은 이 책에서 제시하는 주요 개념들의 추론에 대한 연구를 참고하기를 바란다. 이러한 연구들은 학생들이 특별한 주제를 학습할 때 겪는 어려움에 대한 정보를 제공하기 때문에 교사들은 이들 연구를 통해 학생들의 오류나 오개념의 원인이 무엇인지 인식할 수 있다. 뿐만 아니라 학생들의 학습에 대한 비형식적 평가 및 형식적 평가에서 무엇을 확인해야 하는지에 대한 정보를 제공해준다. 게다가 서로 다른 연령대에서 기대할 수 있는 통계적 추론의 형태와 관련된 가치 있는 정보를 제공해준다. 교사들은 5장에서 언급된 통계적 추론의 인지 발달 모델을 통해 학생들을 가르치는 동안 학생들 개개인의 통계적 추론의 발달과 집단적인 발달을 추적할 수 있게 된다. 인지 모델은 학생들의 통계적 추론의 일관된 모습을 제시하기 때문에 교사들은 이런 모델들을 통해 교수 설계 및 수행에 필요한 기본적인 지식을 얻을 수 있다.

이러한 연구들은 학생들에게 다양한 통계 주제를 가르치는 것이 왜 어려운지 설명하고 있으며 또한 다양한 통계 주제의 복잡성에 대해서도 자세히 서술하고 있다. 몇몇 저자들이 강조한 것처럼 교사는 내용만 전달하는 역할에서 벗어나야 하며 기술과 계산의 지도를 넘어서야 한다. 저자들은 교사의 역할이 신중하게 설계된 학습 환경을 제공하는 것이며, 또한 적절한 공학적 도구 및 흥미로운 실제 자료를 학생들이 접근 가능하도록 제시하는 것이라고 주장한다. 그리고 교사는 교실 활동과 교실 토론을 조화롭게 이끌어야 하고 사회통계적 규범을 확립해야 하고(Cobb & McClain, 16장), 학문의 대표자로서 적절한 시기에 비지시적으로 중재할 수 있어야 한다(Voigt, 1995). 교사들은 개념의 복잡성과 어려움을 인식해야 할 뿐만 아니라, 바람직한 통계적 소양, 추론, 사고와 관련된 학습 목표들을 인식해야 한다. 그래야 평가가 제대로 이루어질 수 있고 학습 목표와 평가 결과를 비교할 수 있다. 또한 교사는 내용과 도구 및 자료 분석과정에 익숙해야 한다.

이 책의 각 장은 학생들이 하나의 과정 또는 몇 년 간의 교육을 받는 동안 다양한 환경에서 통계의 포괄적인 아이디어를 접해야 하며 또한 이 아이디어들이 결합된 추론을 경험해야 한다고 강조한다. 저자들은 학생들의 추론을 발전시키기 위해 공학을 어떻게 활용할 수 있는지에 대한 여러 제안을 제시하고 있으며, 이러한 도구를 사용할 때 학생들이 무엇을 보았으며 무엇을 알게 되었는지 설명하도록 독려해야 한다고 주장한다.

대부분의 저자들은 다양한 학교 급의 교실에서 교사들이 사용할 수 있는 몇몇 형태의 학습 활동과 다양한 자료들을 제시하고 있다. 이들에 따르면 각 장에서 교사들은 학습 활동이 학생들의 추론에 어떠한 영향을 미치는지를 관찰할 수 있는 방법을 찾을 수 있다. 또한, 교사는 단지 학생들이 그 주제에 대한 활동을 수행한 것만으로 그 주제를 학습했다고 단정지어서는 안 된다. 마지막으로, 교사들이 그들의 교실에 연구 결과를 적용하고 지속적으로 그들이 이용한 활동, 학습자료, 방법을 수정하고 향상시키기 위해 수집된 정보를 사용하도록 독려해야 한다. 우리는 모든 주제를 알려고 노력하는 것보다 몇 가지 개념을 심도 있게 학습하는 것이 더 나을 것이라고 믿는다. 이것이 체계적인 방법으로 이루어질 수 있다면 좀더 많은 주제들이 한 학년에서가 아니라 여러 학년에 걸쳐 학습될 수 있을 것이다.

많은 교육자들과 같이 우리는 교실 수업이 적절한 평가 방법과 병행되어야 한다고 생각한다. 이것은 학생뿐만 아니라 교사들이 추론을 명확하게 인식하도록 하는데 도움이 된다. 평가는 누적적인 목적으로뿐만 아니라 발달을 형성해나가는 목적으로 사용되어야 한다. 그리고 학습 목표와 일치해야 한다. 대부분의 경우 평가의 한 형태인 수행 평가가 학생들의 통계적 추론과 사고를 가장 잘 확인할 수 있는 것으로 간주된다(Gal & Garfield, 1997; Garfield & Gal, 1999).

기대되는 학습 결과를 확인하기 위해 어떠한 평가 형태가 적절한지 먼저 고민해보고, 다시 어떠한 교수 방법과 교육 활동이 이러한 목표를 이끌어 낼 수 있는지 고려해 보는 것이 도움이 될 것이다(Wiggins, 1998). 그러면 학생들에 대한 평가 자료는 통계적 추론의 발달과 같은 중요한 학습 목표에 어느 정도 도달되었는지를 평가하는데 사용될 수 있을 것이다.

후속 연구 방향

이 책에서 논의된 통계적 소양, 추론, 사고에 대한 중요성을 고려해볼 때, 이 영역에 종사하는 사람들이 이에 대한 동일한 언어와 정의를 사용하는 것이 중요하다. 이와 함께 통계적 소양, 추론, 사고에 대한 기준을 설정하고 교육 자료 및 교육과정의 개발, 평가 설계, 교사 교육 준비, 후속 연구 등을 시행할 때 이 기준이 사용되어야 한다.

통계교육 연구 영역은 새로운 분야이기 때문에 이 책에서 제시된 모든 영역에서 더 많은 연구가 필요하다. 다양한 교육 환경에서 세계 곳곳의 다양한 연령의 학생들을 대상으로 여러 교육 자료와 공학 도구를 사용하여 연구가 수행되어야 할 것이다. 다양한 유형의 통계적 추론이 어떻게 발달하는지 좀더 알아가면서 그리고 서로 다른 환경에서 통계적 추론이 어떻게 작용하는지 조사하면서 지속적으로 인지 발달 모델을 탐구할 필요가 있다. 이러한 모델의 타당성을 확인하고 신중하게 설계된 교육을 통해 추론, 사고, 소양을 촉진시키는데 모델을 어떻게 활용할 수 있는지 연구할 필요가 있다.

통계적 소양, 추론, 사고를 평가하기 위한 평가 도구와 교육 자료가 절실히 필요하다. 미래에는 평가나 연구 프로젝트를 통해 서로 다른 교육과정과 교육 환경에서 학습하는 학생들을 비교할 수 있는 이용하기 쉬운 우수한 도구를 사용할 수 있을 것이다.

요약

이 책은 통계적 소양, 추론, 사고에 대한 정의, 특징, 발달을 명확히 설명하면서 통계교육 연구 영역의 '기본적인 논의'에 주목하였다. 통계교육 연구 영역이 성장함에 따라 이 책의 연구들은 일반적인 연구 문헌으로 기여할 뿐만 아니라 이 분야를 위한 강력한 토대를 제공하는데 도움이 될 것이다. 통계교육 연구 영역은 새로운 연구 영역이며 미래의 통계 교수·학습뿐만 아니라, 하나의 학문으로 발전하는데 기여하는 열정있는 연구자들과 교육자들이 있기 때문에 매우 흥미로운 분야이다. 따라서 연구 방향을 설정하고 이를 실천하는데 있어서 좀더 많은 참여자들이 함께 할 수 있는 여지가 있음을 밝혀둔다. SRTL-4와 SRTL-5 그리고 ICOTS(International Conference on Teaching Statistics), ICME (International Congress on Mathematical Education), PME(International Group for the Psychology of Mathematics Education)과 같은 국제적인 연구학회에서 더 많은 새로운 얼굴을 마주할 수 있기를 기대한다.

참고문헌

Bakker, A. (2002). Route-type and landscape-type software for learning statistical data analysis. In B. Phillips (Chief Ed.), *Developing a Statistically Literate Society: Proceedings of the Sixth International Conference on Teaching Statistics*, Voorburg, The Netherlands (CD-ROM).

Batanero, C., Garfield, J, Ottaviani, M. G., and Truran, J. (2000). Research in statistical education: Some priority questions. *Statistical Education Research Newsletter*, *1*(2), 2-6.

Ben-Zvi, D. (2000). Toward understanding the role of technological tools in statistical learning. *Mathematical Thinking and Learning*, *2*(1&2), 127-155.

Bransford, J., Brown, A. L., & Cocking, R. R. (Eds.). (2000). H*ow people learn: Brain, mind, experience, and school*. Washington, DC: National Academy Press.

Bryce, G. B. (2002). Undergraduate statistics education: An introduction and review of selected literature. *Journal of Statistics Education*, *10*(2). Retrieved June 23, 2003 form http://www.amstat.org/publications/jes/v10n2/bryce.html.

Chance, B. L. (2002). Components of statistical thinking and implication for instruction and assessment. *Journal of Statistics Education*, *10*(3). Retrieved April 7, 2003, from http://www.amstat.org/publications/jse/.

Cobb, P. (1999). Individual and collective mathematical development: The case of statistical data analysis. *Mathematical Thinking and Learning, 1*(1), 5-43.

Fischbein, E. (1975). *The intuitive sources of probabilistic thinking in children*. Dordrecht, The Netherlands: D. Reidel.

Fong G. T., Krantz, D. H., & Nisbett, R. E. (1986). The effects of statistical training on thinking about everyday problems. *Congnitive Psychology*, *18*, 253-292.

Friel, S. N. (in press). The research frontier: Where technology interacts with the teaching and learning of data analysis and statistics. In M. K. Heid & G. W. Blume (Eds.), *Research on technology and the teaching and learning of mathematics: Syntheses and perspectives, vol. 1*. Greenwich, CT: Information Age Publishing.

Gal, I., & Garfield, J. B. (Eds.). (1997). *The assessment challenge in statistics education*. Voorburg, The Netherlands: International Statistical Institute.

Garfield, J. B., & Burrill, G. (Eds.). (1997). *Research on the role of technology in teaching and learning statistics. In Proceedings of the 1996 IASE Round Table Conference*, Granada, Spain. Voorburg, The Netherland: International Statistical Institute.

Garfield, J., & Gal. I. (1999). Teaching and assessing statistical reasoning. In. L. V. Stiff (Ed.), *Developing mathematical reasoning in grades K-12* (NCTM 1999 Yearbook), pp. 207-219. Reston, VA: National Council of Teachers of Mathematics.

Joliffe, F. (1998). What is research in statistical educations? In L. Pereira-Mendoza, L. Seu Kea, T. Wee Kee, & W. K. Wong (Eds.), *Proceedings of the Fifth International Conference on Teaching Statistics*, pp. 801-806. Singapore: International Statistical Institute.

Kahneman, D., Slovic, P., & Tversky, A. (Eds.). (1982). *Judgment under uncertainty: Heuristics and biases*. New York: Cambridge University Press.

Konold, C. (1989). Informal conceptions of probability. *Cognition and Instruction*, *6*, 59-98.

Kelly, A. E., & Lesh, R. A. (Eds.). (2000). *Handbook of research design in mathematics and science education*. Mahwah, NJ: Erlbaum.

Lajoie, S. P. (Ed.). (1998). *Reflections on statistics: Learning, teaching, and assessment in grades K-12*. Mahwah, NJ: Erlbaum.

Lee, C., Zeleke, A., & Wachtel, H. (2002). Where do students get lost? The concept of variation. In B. Phillips (Chief Ed.), Developing a Statistically Literate Society: *Proceedings of the Sixth International Conference on Teaching Statistics*. Voorburg: The Netherlands (CD-ROM).

Lesh, R. (2002). Research design in mathematics education: Focusing on design experiments. In L. English (Ed.), *International Handbook of Research Design in Mathematics Education*. Hillsdale, NJ: Erlbaum.

Mokros, J., & Russell, S. J. (1995). Children's concepts of a verage and representativeness. *Journal for Research in Mathematics Education*, *26*, 20-39.

Moore, D. (1998). Statistics among the liberal arts. *Journal of the American Statistical Association*, *93*, 1253-1259.

National Council of Teachers of Mathematics (NCTM). (2000). *Principlis and standards for school mathematics*. Reston, VA: NCTM.

Nisbett, R. (1993). *Rules for reasoning*. Hillsdale, NJ: Erlbaum.

Piaget, J., & Inhelder, B. (1975). *The origin of the idea of chance in children*. London: Routledge & Kegan Paul.

Rubin, A., Bruce, B., & Tenney, Y. (1991). Learning about sampling: Trouble at the core of statistics. In D. Vere-Jones (Ed.), *Proceedings of the Third International Conference on Teaching Statistics, vol. 1* (pp. 314-319). Voorburg, The Netherlands: International Statistical Institute.

Russell, S. J., & Mokros, J. (1996). What do children understand about average? *Teaching Children Mathematics*, *2*, 360-364.

Schau, C., & Mattern, N. (1997). Assessing students' connected understanding of statistical relationships. In I. Gal & J. B. Garfield (Eds.), *The Assessment Challenge in Statistics Education* (pp. 91-104). Amsterdam, Netherlands: IOS Press.

Sedlmeier, P. (1999). *Improving statistical reasoning: Theoretical models and practical implications*. Hillsdale, NJ: Erlbaum.

Shaughnessy, J. M. (1992). Research in probability and statistics: Reflections and directions. In D. Grouws (Ed.), *Handbook of research on mathematics teaching and learning* (pp. 465-494). New York: Macmillan.

Strauss, A., & Corbin, J. (1998). *Basics of qualitative research: Techinques and procedures for developing grounded theory*. Thousand Oaks, CA: Sage.

Utts, J. (2003). What educated citizens should know about statistics and probability. *The American Statistician*, *57*(2), 74-79.

Voigt, J. (1995). Thematic patterns of interaction and socio-mathematical norms. In P. Cobb & H. Bauersfeld (Eds.), *Emergence of mathematical meaning: Interaction in classroom cultures* (pp. 163-201). Hillsdale, NJ: Erlbaum.

Wiggins, G. (1998). *Understanding by design*. Alexandria, VA: ASCD Press.

Wisenbaker, J., & Scott, J. (1997). Modeling aspects of students' attitudes and achievement in introductory statistics courses. Paper presented at AERA Annual Meeting, Chicago.

Wild, C., Triggs, C., & Pfannkuch, M. (1997). Assessment on a budget: Using traditional methods imaginatively. In I. Gal & J. B. Garfield (Eds.), *The Assessment Challenge in Statistics Education*. Amsterdam, Netherlands: IOS Press.

찾아보기

ㅊ

ㅌ

ㅍ

ㅎ

The Challenge of Developing Statistical Literacy, Reasoning and Thinking
by Dani Ben-Zvi and Joan Garfield
ISBN 978-1-4020-277-7

26 중등수학교육

통계적 사고의 의미와 교육

지은이 대니 벤 즈비 · 조안 가필드
옮긴이 이경화 · 지은정 · 고은성 · 강현영 · 신보미
이동환 · 이은경 · 이정연 · 박민선 · 박미미
펴낸이 조경희
펴낸곳 경문사
펴낸날 2010년 4월 5일 1판 1쇄
2020년 3월 2일 1판 2쇄
등 록 1979년 11월 9일 제 1979-000023호
주 소 04057, 서울특별시 마포구 와우산로 174
전 화 (02)332-2004 팩스 (02)336-5193
이메일 kyungmoon@kyungmoon.com
facebook facebook.com/kyungmoonsa

값 28,000원

ISBN 978-89-6105-273-3
978-89-7282-760-2 (세트)

★ 경문사 홈페이지에 오시면 즐거운 일이 생깁니다.
http://www.kyungmoon.com

한국과학기술출판협회 회원사